天鹅座的爱情故事

亚亚——著

作家出版社

目　录

一　爱你的宿命

下着大雪的清晨，一片雾蒙蒙的，光秃秃的树木，在寒风中吱呀吱呀地响着，像是赤裸裸的流浪者，于万般无奈之下，浅吟低唱而成的一支最冗长的歌，一切仿佛来到了世界尽头的荒原，茫茫大地浑然生成一股空幻的迷乱。

火暴暴的梦境也是这样的，他的眼皮蠕动了几下，微微眯着的眼睛犹如暗夜滴落的星子，铺天盖地的雪片闪亮着这个世界。

一个热乎乎的、雪白的肉团就镶嵌在火暴暴的怀里，他的牙齿扣住了她，漫长的吻让彼此窒息，她的白色碎花裙子坠落在地，一层一层剥开，她的身体仿佛盛放着的大朵的玫瑰，她的皮肤柔滑细腻，那些飘落的衣物也是春色满地。温柔的光芒，抚慰着爱的身骨，紧紧地拥抱，让每一根骨头都在飞，沉重的呼吸让他们滚动着碾压过去，像空气里的尘埃流转，纠缠生生不息。

火暴暴伏在她的长发里，声音低低地说："我爱你。"

梦境如誓言，信仰如庙宇，身体里藏着抑制不住的灵魂。从第一次做这样的梦开始，"我爱你"就成了梦境的咒语，这三个字一出，灵验异常，火暴暴的梦仿佛"咔嚓"一声，立刻断裂开来，不知道是不是太过甜蜜，甜裂了心。每次火暴暴都想忍住不说，每次都忍不住说出口，每次都到此戛然而止。

1

火暴暴醒来，额头上溢满汗滴，手里揉捏着他的陨石羽毛吊坠，蜷缩在这大大软床里，回味着梦境，恋恋不舍不想把眼睛睁开。每一次她都来他梦里到此一游，他却什么也留不住。也许正因为留不住，才叫做梦吧，火暴暴常常这样安慰自己。

自始至终，即使在梦中，他们俩也没说过一句话，纯粹得只是一个梦，以至于火暴暴"我爱你"三个字刚说出口，就必须离开梦境，而她，沉默无声。莫名其妙的梦，抽离一切，了无声息，静悄悄的。火暴暴在心里给她取了名字，"爱的小哑巴"。

火暴暴留恋他的床，外观看起来就像一枚戒指，即使梦境消失殆尽，他还裹在厚厚的棉被里不肯出来，因为梦，他有着严重的恋床癖，直到苏雪儿的眼睫毛快要扫到他的脸上。

"怎么样？又在梦里缠绵悱恻了吧？瞧你那一脸春梦未醒的小样儿。"苏雪儿看着火暴暴一副痴傻的样子，问出了这个她已经问了N遍的问题，顺便嘴不饶人地损着火暴暴。

火暴暴没回答她，看了她一眼，没好气地说："每次你都这样进我房间，合适吗？都多大了，一点规矩也没有。"

"没觉得不合适啊，我的规矩不就是习惯了吗？"

"什么叫做习惯了？我什么时候让你养成这习惯了？"

"拜托，我自己养成的还不行吗？这点你还真管不着。"

火暴暴不想和苏雪儿再讨论下去，对他来说，和一个女生斗嘴无聊极了，特别是和苏雪儿斗嘴，这不是他火暴暴的性格。不过，心里忍不住暗暗埋怨好哥们儿，那个叫做连年的家伙，如果不是他大嘴巴，苏雪儿怎么知道自己的梦境的，这样的梦，他也只有和连年分享过。

苏雪儿的嘴巴快要凑到火暴暴的耳朵了，她呼出的每一口热气，都像是咬上了他的耳朵，说："别想了，你'爱的小哑巴'就是我，这辈子你都归我管了。"

火暴暴一惊，心想，连年这小子果真不靠谱，不知道苏雪儿给他什么好处了，嘴巴就没个把门的，连"爱的小哑巴"都给出卖了。

苏雪儿的脸在火暴暴眼前晃荡，她就像上天派来打扫他的梦的，火暴暴瞄了她一眼说："你是'爱的小黄连'。"

苏雪儿一听，说："小黄连也不错，只要在你火暴暴心里有位置，那就是一份满足。再说了，人都说哑巴吃黄连，有口难言，所以说，你就祈祷吧，我和小哑巴是一个人，否则，敢和我抢你火暴暴，我让她变成真的哑巴！"

"你恶毒不恶毒啊，这是一个单纯的女孩脑子里应该有的想法吗？"

"对不起，单纯不是我想要就能有的，本姑娘天生不单纯。"苏雪儿说着，还手舞足蹈的，无意间触碰到了火暴暴的头发，"啊"的一声跳开，连着后退几步，靠上了一堵结实的肉墙，扭头一看，是连年。

火暴暴眼睁睁地看着，又一位大摇大摆直入他房间的人来了，他无数次警告过他们，这种习惯不好，但是无奈这两个人没一个接受的，谁也不听他的，当他的话是空气，只剩下火暴暴努力承受了，脑袋里存放着一堆"忍"字，随时都能拿来数一数，谁让他仨是从小到大的小伙伴呢。

在这个顶级富豪别墅区里，住户是有限的，孩子是有限的，同龄的孩子更是有限的，能玩到一起那是非常稀有的，而他们三个人，却一直好好的，年轻的友情万岁！更何况，火暴暴家之所以能住进这样的豪宅里，连家和苏家功不可没，更是他这些年来从事滑雪运动的赞助商，火暴暴无论怎么着，也得罪不起财神爷家的少爷小姐们。

也许，天意终究是有意护着他的，譬如他的头发，无数次这样扎着苏雪儿，让她始终不能太靠近。特别是最近两三个月，因为身体不适，火暴暴没有训练也没有比赛，头发齐刷刷地生长，像蓬勃的松叶尖，又像顶着一头齐整的钢针，整个头发仿佛处于充电状态。只有到比赛的时候，因为要戴头盔，逼不得已要剃光头。

"手贱遭报应了吧！"连年顺手推开苏雪儿，幸灾乐祸地说。苏雪儿丢一个白眼给他，白眼珠子翻得像是要滚一个雪球，狠狠地砸向连年，连年一点也没当回事，继续说："你说你一个女孩子，不说要你像大家闺秀一样，好歹也是富家千金，整天往男人房间里钻，这是怎么回事啊？"

"你管得着吗？你不是和我一样吗？"苏雪儿反驳说。

"我和你不一样，我是男人！"连年理直气壮地说。

"那可不一定。"苏雪儿斜眼睨着连年，看得连年直心虚，问："喂，你什么意思？"

"我的意思你最懂，你是男人的身体女人心，看来看去就特别娘，瞧我对暴暴哥好，你那个吃醋的劲儿！"

这不是苏雪儿第一次这么说连年了，一直是这么开玩笑的，玩笑开多了，就跟真的一样，甚至整个朋友圈子，都在传火暴暴和连年才是真爱，基情四射。对于兄弟间的断背，火暴暴和连年都是懒得辩解的，这在苏雪儿眼中，相当于默认。以至于每次苏雪儿老调重弹，连年每次还故意好奇地问她什么意思，其实，所有的答案到最后都变成了吵嘴，他们之间的语言就像张开的血盆大口，互相撕咬着对方。

连年白白净净，精瘦型，这是长期健身的结果。他留着帅气的中长发，即便是一米八的身高，在苏雪儿眼里，他她一直就娘。苏雪儿开玩笑开大了的时候，就直接称呼连年为"连娘娘"，说他的名字"niannian"就是少了两个"gg"，变成"niangniang"就对了。

每次被苏雪儿诋毁得严重的时候，连年自动调整为大脑不在服务区状态，对她的话再无应答，这是休战的最好时刻。有一点，他和火暴暴是同一个频道的，那就是都不喜欢和女生斗嘴，太无聊，特别是苏雪儿。但是，某些时候，连年又特别喜欢与苏雪儿斗嘴，想着打败了她那张嘴，她的心就会臣服，这也算以毒攻毒。

有些瞬间，连年想了想苏雪儿的话，想着他和火暴暴，本来就像连体的兄弟，关系好也没错，瞬间嘴角上扬，微微笑开来。每当这个时候，苏雪儿就用那刺穿耳膜的声音说："脸红了吧？承认了吧？原来你才是我那该死的情敌，早晚都要灭了你。"

"照你这么说，火爸爸火妈妈都是你情敌。"连年毫不客气地回击，这种节奏，一定是新一轮战火要开始。

"你俩真有意思，当着我的面，在我的地盘吵架，得亏这房子墙厚，否则早该炸了，也是你俩脸皮不薄，怎么戳都不透。"火暴暴说着，推开两个人说，"让让，两位让开，我要出去了。"火暴暴简直是用超音速的速度跑开了，剩下连年和苏雪儿，嘴巴闭上，整栋房子都安静下来。

他是火暴暴，风一样的男孩。

歌颂年轻的友情，其实是上一代友情的延续，原本他们三个人的爸爸，就是三个好伙伴。

那个时候，火川、连一宁和苏辉同住一个胡同里，三个人是出了名的淘，每次闯了祸，火川总能第一个逃离现场，他能跑，这能跑也是优势，从校队到市队，甚至一度到了国家队，用连一宁的话说："火川一无是处，就会跑，逃得真快，是不是赛场上总是想着有人追！"可惜的是，跑了那么久，火川还是没跑进奥运会。后来退役了，单凭跑步，养家糊口都成个问题。

对于连一宁和苏辉，火川的一概回应是："就你们俩还瞧不起我跑步，你们连这个技能也没有，伯父伯母没说你们游手好闲，不务正业？胡同小流氓？"是的，三个小伙伴中，彼此的长辈们最看好的，也就是火川了，起码有一特长，而他们俩可真是一无是处了，成了普通得不能再普通的败家孩子，扔到人堆里都没人愿意瞧一眼的穷鬼了。至于小流氓，在那个时代的父母眼中，稍微有点棱角的孩子，都能扯上这个词儿。

火川是第一个有女朋友的，第一个结婚，孩子也是第一个出生的。在他的两个小伙伴眼中，真的是羡慕嫉妒恨，感觉他们曾经都是携带了隐性小流氓的基因，怎么就什么好事，都让火川一人赶上了呢？最惹人眼红的是，火嫂子很漂亮，那不是一般的漂亮，是勾人魂儿的漂亮。

在连一宁和苏辉那段单身的日子里，他们一见火嫂子就冲着吹口哨，吊儿郎当地吆喝着："嫂子美，咋那么美！美到咱们心窝里；嫂子嫂子真漂亮，就在我川哥心坎上。"而最擅长跑的火川，这次再也不逃了，紧紧地把媳妇搂在怀里，生怕一个不小心，被这俩单身坏小子占了便宜去。

火川结婚对这俩伙伴产生了新的刺激，这两个人脑子活，天生都不是安分守己的主儿，以前三个人在一起，每次惹事儿也都是他俩在背后出谋划策，剩下火川，也就只有能跑的份儿了，这俩伙伴还总是看着他的背影发笑说："跑步的真是单纯物种，智商线都发达在两条腿上了。"

时间如白驹过隙，青春一溜烟轻飘飘地走了，光阴跳动的频率，绝无停止之处，也无力挽留。

和火川相比，连一宁和苏辉，就被一种风雨欲来的逼迫感迎面吹着，有点透不过气，他们都到了一定的年纪，感受到了压力。同时感受到的，还有动力和欲望，他们也想要成家，把漂亮的妞儿娶回家。当他们有了要成家先立业的意识后，开始一门心思地想着怎么赚钱，赚大钱。

连一宁和苏辉，并不是长辈们眼中的一无是处，他们眼中的自己，就是啥苦都能吃，啥活都能干，不见得有识，有胆儿却是必须的。可是，大多数的成功之路，在有了胆之后，识就来了，胆识从来都是一个词组，分不开。

连一宁幻想着说："等我们有钱了，就雇火川那小子每天给我们跑三圈，让他嘚瑟。"

苏辉接着说："那怎么行，等我们赚大钱了，买三栋大别墅，你一栋，我一栋，火川一栋，我们把他的腿承包了，让他每天绕着我们房子跑，我们俩看着坐着喝酒聊天。"一说到火川，两个人的思想立刻统一一致，畅谈一下美好未来，就特别的海阔天空。

婚后的火川还时不时地有训练，连一宁和苏辉就去工地搬砖，他们俩人缘不错，顺着杆子爬得很快，渐渐地变成了工头，接着又成了一家房地产商的得力干将，之后两个人又另起炉灶，成立了自己的房地产公司，当上了名副其实的老板。之所以搞房地产，在这两个文化程度不高的男人心里，最初有一个共同的理念，那就是有了房子，就有了女人，不给自己的女人造房子，就心里有愧，像家暴了人家一样，不算大老爷们儿。

带着这样的信念，连一宁和苏辉，又发现自己的一个优点，彼此都挺适合当老板的。他们善于经营，手底下的员工也格外给力，年轻人的生意江湖，个个都跟打了鸡血似的，再加上正好赶上了房地产开发的大热潮，暴发户像割不完的韭菜一样，一茬一茬地冒出来。连一宁和苏辉的公司生意越来越好，发展势头迅猛，以至最后成为业界翘楚，只要说起他们俩的名字，许多人都会竖起大拇指，交口称赞，关于他们俩的各种励志范儿的心灵鸡汤，也是应运而生，炒得火热。

现在提起连一宁和苏辉，更是不可同日而语，公司已经集团化了，两个人涉足的也不仅仅是房地产了。而他们俩的头衔，多得恐怕连他们自己也记不清楚，除了大名鼎鼎的企业家，还有各种富豪排行榜及慈善家、球会会长、俱乐部董事等，甚至连他们不好意思提及的学历，经过到各类商学院走一圈，一大堆字母组合的头衔让他们应接不暇。

偶尔闲谈，他们回忆往昔，看看自己曾经走过的路，说过的话，一切都应验了的。理想看起来很难，也很简单，只要努力去实现。

连一宁和苏辉无论处于什么地位，从来没有忘记他们的好伙伴火川，特别是火川有了儿子之后，他们真的当火川是亲兄弟，火暴暴就是自己孩子一样，无论是创业初期还是如今功成名就，都在帮着扶持这个家庭。

说来也挺有意思的，火川刚结婚那会儿，为了过二人世界，两口子想晚两年要孩子，等到他们想要孩子的时候，却怎么也怀不上了。就这样两口子忙着计划怎么怀孕的日子里，时间一拖再拖，一直拖到了连一宁和苏辉捞到第一桶金，有了各自的女朋友。

为了放松心情，哥儿几个决定出去野外帐篷露营，这是他们仨还是毛头小子时，最喜欢的事儿，那个时候的梦，能够睡在心仪的帐篷里，就是幸福的。现在，除了要野营的各种顶级标配，想着各自带着属于自己的女人去野营，浑身的细胞仿佛都叽叽歪歪地要跳出来，除了激动还是激动，躁动得一刻也停不下来。

野营地，夜空静谧而璀璨，仿佛在童话世界，血液的路径是银河，银河系大团星座清晰可见。人类在整个宇宙相对于其他生命而言，就是一个新生儿，孤独而脆弱，好像是这个宇宙野生动物园，一只只还不会觅食的小兽们。

夜晚降临，大片的繁星就像手工缝制在黑幕上的花儿。火川他们三对亲密爱人并排坐着，仰望星空。

男人们指着星空感慨："这些星星真大个儿，雾霾的城市，已经很少看到这么多的星星了。"

女人们则不停地赞叹："星星真的像宝石一样光闪晶莹。"她们数星星，有着鉴定宝石一样的心情。

男人们心里想着，科学的进步一定告诉了大家，星星和地球一样复杂，灰尘、石渣什么都有。女人们想着，星星那边的世界，是否和这个地球一样，可以吃吃吃、买买买。

火嫂说："也不知道星星那儿有没有人类。"

火川说："应该没你这样的人类。"

连一宁说："难道有火哥这样的人类?"

苏辉的女朋友说："我知道，有外星人类。"

连一宁的女朋友附和说："我也觉得有。"她们俩话音刚落，连一宁和苏辉异口同声地说："你俩都是外星人。"他们俩话音刚落，大家一起说："今夜，我们都是外星人。"随即，一群嘻嘻哈哈的笑声在星夜来回飘荡，包括那些爱的甜言蜜语，温柔的梦。

仰望天上星河，低眉人间烟火。密密匝匝的星群，像散布在高空中细碎的玻璃片。亲密的爱人们，想找一片辽阔的星空躺下，没有人打扰；他们就在这片辽阔的星空安眠，请勿打扰。

在我们头顶，云彩之上，万物远离凡尘，那是人类常说的天堂。传说中只有纯洁的灵魂，才可以乘船渡过银河。

在银河系穿梭的天空船，到达世界之光，这是幸福的领域，因为纯净而散发着耀眼的光芒。天空大陆居住的天族，就像人类居住在地球上一样，他们有自己的理想家园。

一群群白色的鸟儿，他们幼小而轻软，像一朵朵白色的绣球立在指尖。还有一个个沉入睡眠的小东西，他们拥有一张玫瑰脸。那些在路上留下小脚印符号的，也很可爱，熙熙攘攘，他们都是有羽毛的生物。

天鹅奶奶守护着他们的家园，不让这里陷入任何灾难，这里的人聪明勤劳也不贪婪，他们热爱他们的家，他们的梦都是好的，他们的日子过得有滋有味，丰富多彩，一点儿也不单调。

音乐叮咚，轻松流畅，像是雨水，轻轻滑过树枝和叶子的遮挡，然后急速穿透坠落，迫不及待想要到达渴望的土地和归宿。

天鹅少女带着天鹅吊坠，穿着天鹅衣，她雪白的长脖子，如玉生光。她一笑倾城，白衣胜雪，雪白的浪漫像一片片雪花填满的海，有着与天地相应的灵气，立于一大片辽阔的雪光中。

回眸一看，一眼万年，她的眼神如涓涓清露般，让心都变得柔软。她长及脚踝的天鹅衣，清透的白色中飘荡着雪花的样子，微风吹过，百褶裙摆印出雪花层次，她不需要旋转、舞蹈，也能感觉到她和雪花一起飞。

她一丝一根扬起的长发，都牵引着他的视线，他对她是一见钟情，在那么多的天鹅少女中，他一眼就看上了她。她也早早地注意到了他，他戴着陨石羽毛吊坠，就像长在他眼睑的睫毛，她一直就停留在他的眼角旁边。

天鹅少女是天鹅奶奶最喜欢的天鹅圣女，她的名字叫鹅溪溪，她的追随者叫鹅真河，他们都是来自天鹅座的天族。

每次都这样，鹅真河一见到鹅溪溪，眼神就呈直线状态，愣愣地歪着脖子，鹅溪溪笑着说："怎么总是呆呆的，呆头鹅是从你这儿开始的？"

鹅真河有点不好意思，说："也许你嫁给我就好了。"

"嫁给你，拿什么娶我？"

"我可以向你保证，绝不打电话叫走孩子，我们会生出天族最出色的宝贝！"鹅真河的话像风一样，吹进了鹅溪溪的耳朵，一字一句都让她脸红心跳。

在天族里，可以随便相好，尽情爱，不受任何约束，他们的祖先原本是出于增强繁育能力，扩充天族人口基数为目的。可惜这么一来，天族的人数不但没有增加，反而减少了。因为大家在爱来爱去中，发现爱能到来，就会离去，有太多无法掌握的因素和不可抗力。他们相信分手的时候到了，那是爱的另一种宿命，不以任何一种可能威胁爱情，不能把情感生活过到咬牙切齿的份儿上。

有些人和事只能在心里存在和发生，不能在生活里出现。从成长到成熟，那是照耀人性的光明，爱的到来是完整心灵的，即使分离了，各自也是带着阳光前行。爱情的光亮和黑暗，原本就是一体的。

他们的文明又异常发达，当那些不能够走到终点的爱人们出现问题时，两个人如果发现爱得不够深，或者不再相爱了，只要孩子还未出生，双方可以和孩子商量，就像给孩子"打电话"一样。

一般都是爸爸先虔诚地说："宝贝宝贝，爸爸害怕做不好你爸爸，请你先不要到来。"然后妈妈祈祷着说："亲爱的宝贝，妈妈爱你，请你继续留在妈妈身体里，做回最初你的样子。"

血脉连心，这时的宝贝虽然不会说话，但能感受到母体的紧张和父亲的慌乱，宝贝的基因来于父母，基因决定着基因的理解，沉睡的宝宝们会进入迷幻睡眠状态，渐渐丧失生命体征，把母体的还给母体，属于父亲的，随着母体的自然分泌物无形地消失，就这样脚不沾地地顺从了命运。

未降生的婴儿怀着英雄似的悲壮，他们的父母将陷入一百天黑暗之中，等再次见到光明之时，将过去的爱全忘记，已经分手的人会选择一个神秘的地方，插上一根天鹅羽毛，这仿佛是爱的别离和祭奠。

所以，不"打电话"叫走孩子，这是一个真爱的承诺。

鹅溪溪接受了鹅真河，就只为这一句话承诺，她答应了他的请求，住进了他们的天鹅房子里。

在天族里，他们鹅姓的人，原本就是爱情的象征。

天鹅房子呈球形，依水而建，陨石碎块堆砌而成，房前屋后满满全是香蒲草，这种植物的花很奇特，花开在茎上，盛开的花朵就像一支女款古巴雪茄，细看会忍不住想抽上一口，而成果实时，就变成霸气的男人专属古巴雪茄，会让人心里一沉，闻到男人特殊的味道。

天鹅奶奶牵着鹅溪溪的手，她一身天鹅羽毛婚纱，出自九十九位天鹅母亲之手；头顶金线重楼编织的花环，取自天鹅奶奶亲自栽培的金线重楼，把最新鲜的枝剪下来，然后再一枝一枝精挑细选，由九位天鹅少女一环一扣编织而成。这种植物是由一圈轮生的叶子中冒出一朵花，落于顶端的花儿，像一滴幸福的泪水。戴着金线重楼花环的人，那是至高无上的地位，得到真爱的眷顾和守护，拥有宇宙间无与匹敌的好运气。

鹅溪溪靡颜腻理，巧笑嫣然，阳光透过祈福树的叶子，反射出她的千娇百媚，鹅真河英俊的脸上，也被缠绕出唯美的光圈。

鹅溪溪胸前的天鹅吊坠，从出生就没取下来过，她是天鹅圣女，是最高贵的上一任天鹅圣女的独生女儿，初当新娘，她一紧张，就抚摸一下那长期陪伴的天鹅吊坠，仿佛被妈妈的手握着。

看着鹅溪溪出嫁，天鹅奶奶笑得满脸皱纹都打起了深深的褶皱，想到鹅溪溪在答应了鹅真河的求婚时，兴冲冲地跑到她面前说："奶奶，我要嫁人了。"

天鹅奶奶看了她一眼说："谁啊？是鹅真河？"对于鹅溪溪心上的恋人，天鹅奶奶一早就知道。

鹅溪溪撒娇说："奶奶，你明明知道还问？"鹅溪溪的脸上燃烧着一大团羞涩，当她柔声细气地给奶奶讲了经过，和奶奶四目相对时，强烈的羞涩已经晕开了她整张脸，她不好意思地说："奶奶，你又笑话人家。"

天鹅奶奶看了她忸怩的样子说："溪溪啊，傻不傻，就这样嫁了？"

鹅溪溪说："傻就傻吧，他就是我傻傻的爱情。"

"真没想到，鹅真河一句话就把你娶了。"

"奶奶，他就是一句话不说，我也想嫁给她。"

鹅溪溪说着，心里又想着："爱有时候别说一句话，就算沉默无声，若是心有感应，也是深情，这是其爱越深、其言越寡的见证。"

洞房花烛夜，喘口气的瞬间，就像四月天的雨水那样的呜咽，又像秋天收获的粮食那样灿烂明亮，二人世界，氤氲香甜，整个幸福感是一场巨大的洪流，席卷着灵与肉，这是已经充分燃烧的火焰包裹着的两颗心，时间停止在熠煜的光芒中，不动声色，暖意洋洋。

在爱里，灵魂坚固，只有天真的爱，才能够得着这样的天堂。

阳光直射下来，透过树影，像是高空轻轻落下的小巴掌，隐隐地张开手指，若有若无地拍在行人身上，摁下温暖的印记。

自从上次野营回来，火嫂就怀孕了，两口子高兴得三天两头请连一宁他们聚餐，好消息也是接二连三地到来，吴玉和张岚也相继怀孕了。

吴玉是连一宁的女朋友，张岚是苏辉的女朋友，看到这种情况，两个人着急忙慌地立刻办了婚礼。

此后，每次相聚，连一宁都不忘了说："看来我们三个人祖传的染色体都要互相等等。"

苏辉说："是啊，缘分。"

火川说："我是离你们越来越远了，你们现在都是土豪了……"火川话没说完，就被连一宁和苏辉合伙拧着脖子摁着头灌酒，任何时候，他们俩都会当火川是好兄弟，一家人，友情岁月不可忘。

火嫂、吴玉和张岚三个孕妇相约在附近的森林公园散步，肚子看上去是一个比一个大，尤其是火嫂，感觉随时随地都要生，的确，预产期已经近了。

这是古树保护最好的一个公园，上千株古树林立，枝干虬曲苍劲，拿云攫石，岁月的沧桑染黑了原本的模样，可依然在千年的寂静里，展示着生命的鲜活。

人们常说，六月天，孩儿的脸，说变就变。三个人出门时天气还好好的，转眼就起风了，风很大，三个孕妇虽然挺着大肚子，笨重的身体在风中，感觉像张厚厚的纸片在飘，被风哧溜哧溜地撕着，已经有零星的雨滴落下来，扑在脸上是痛的。

虽然离家不远，一看到这样的天气，三个人紧张得不行，特别是火嫂，有临产的症状，已经电话通知了火川，火川随即拨打了120，一起往森林公园而来。

乌云压顶，电闪雷鸣，暗黑的天空像戳出了黑洞，雨毫无节制地直漏下来，落在地上啪嗒啪嗒的。虽然接受过"打雷下雨的时候，不要躲在大树底下"的常识，但是，当倾盆大雨迎头泼来，她们三个人本能地靠近了大树，这棵大树枝繁叶茂，看那黝黑的树皮，猜想起码也得有上千年了吧。

天空一道白光，闪电滑过时空的间隙，击中了火嫂，当一大众人跟着120呼啸而来时，火嫂已经陷入昏迷状态。

火川、连一宁和苏辉都吓坏了，三个孕妇集体被送到了医院，幸运的是吴玉和张岚有惊无险，一切安好，而火嫂虽被雷电击中，也无大碍，并且顺利产下了一个男婴。这个孩子是伴随着闪电奏鸣曲降临到这个世界上，火川给儿子取名火暴暴，不久吴玉和张岚分别生下一男一女，男孩就是连年，女孩就是苏雪儿。

时间是最残忍的存在，很多看不见的真相总是被它一一暴露出来。

火暴暴果然不是一个正常的孩子，由于被闪电击中，他的心脏有着严重的缺陷，可以说是一颗"已经死去的心脏"，完全没有了心跳，这点谁也解释不了，因为火暴暴他活着，所有的人，包括火爸爸火妈妈在内，都不知道他为什么能活，当然也不知道他会不会瞬间就死去。一想到这儿，火妈妈就心痛，泪水就像那天的大雨一样，哗啦啦地从眼睛里流出个没够，她常常捶打着胸口，念叨着，后悔出去散步，没有保护好儿子。

火暴暴出生时是没有头发的，自从他的头发长出来，头发就是直立的，仿佛永远处于充电状态。看到火暴暴状况百出，连一宁和苏辉起初真的担心，连年和苏雪儿也会有问题。私底下，连一宁和苏辉也会聊起这样的话题。

"你说暴暴这孩子，真像个充电娃娃。"连一宁说。

"是啊，这孩子的心脏那么奇妙，可能就是和充电有关系，万一有一天断电了……"苏辉这话一出口，自己就打自己嘴巴，他和连一宁就像火川一样，都很疼爱火暴暴，不希望任何不好的事儿发生，可是不希望归不希望，总归是担忧的。

这些年，火爸爸火妈妈一直带着火暴暴看病，地球都快被绕一圈了，花了很多钱，也没看出个所以然来，听得最多的就是火暴暴现在能够活着，就是奇迹，其他真的是听天由命了。对于居住在地球上的人类来说，什么是"天"？真的只是一个实实在在的想象，一个有着千奇百怪传说故事的地方，一个个科学探索带来骄傲和自豪的地方。

火家的生活，若不是连一宁和苏辉帮衬着，这个家早就陷入了绝境。当连一宁和苏辉搬进新家时，他们出于对火川的哥们儿情义，也给火川准备一套，火川自是拒绝，死活不跟他们搬在一起。

"你要真当我们是兄弟，你就收下钥匙，快点搬过去，不想你我还想暴暴呢！"连一宁说着说着就急了，扯着嗓子提高了音量。

"我们一家除了给你们添麻烦还是麻烦。"火川心想，他们怎么会理解自己的心情，原本是兄弟哥们儿，现在真的是自己一家的救命恩人了，他欠下的人情债，恐怕这辈子都难还完。仔细想想，亲兄弟还明算账呢，这俩哥们儿，从来没让他在金钱上犯愁，尤其在儿子治病的问题上，更是竭尽全能。常言说救急不救穷，为了医治儿子，也就默默接受了好哥们儿的资助，自己是有住处的，再接受哥们儿的深情厚谊，实在是惭愧了。

"麻烦什么啊，我看暴暴这孩子与众不同，将来可不是一般人物，就当我们投资了。"苏辉是体谅火哥的心情的。

"对的，对的，你们想想，这个世界上心脏会跳的人多得是，只有暴暴的心脏不会跳，暴暴天生就是上头条的命，我还想跟着沾光呢。"连一宁跟着说。

"不希望他上什么头条，只希望他是个平常的孩子，健健康康，平平安安，我也再无别的要求了。"听到火哥这么说，连一宁也觉得自己的话欠妥，一旁的苏辉也对他使了眼色。

"其实，没有火哥就没有我们今天，我们当时的梦想，就是赚大钱了，让你和我们住一起，让你绕着房子跑步，你的两条腿是属于我们哥儿俩的，我们可不允许你离开我们的视线，你不能随便离开，要妥妥地和我们在一起。"苏辉开始活跃气氛。

的确，火暴暴带来的爆炸性新闻，让火爸爸火妈妈很压抑，所有的人都是看稀奇，谁能理解父母心是有多担忧自己的孩子一无所知的生命呢？他们心里明白，这孩子就像个气泡，哪一天一不小心，就破了，什么都没有了。

"什么？你们俩什么时候都不忘整我。"苏辉的话果然带动了火川。

"不会了，我们现在的主要任务是养暴暴，照顾好他。"连一宁答话说。

"哎，别太期望了，这孩子不知道什么时候眼睛一闭，就不睁了。"一想到儿子的未来，火川心里就乱糟糟的，一点儿也不乐观。

"呸呸呸，乌鸦嘴，有这么诅咒自己孩子的吗？"火嫂一听，不乐意了，这话简直是捅她的心窝子。

"是啊，嫂子说得对，就算咱们被闪电劈了，那也是幸福的闪电。"苏辉这么一说，也觉得不合适，急忙把钥匙塞进嫂子手里说，"嫂子，钥匙你收下，年年和雪儿还等着和暴暴玩呢。"

"不能要，又不是到没地儿住的地步了。"火川坚持着。

连一宁接过话说："火哥，不带你这样的，你不能代表嫂子拒绝，大老爷们儿，别磨磨叽叽。"

"总向你们伸手，这不合适。"火川心里很矛盾，日子对他来说，太艰难了。

"合适合适，兄弟的就是你的，一家人，甭客气。"苏辉上来插话，又经过和连一宁一番劝慰，总算说服了火川，再加上火嫂的确想给火暴暴换个环境，左邻右舍的眼光，其他小朋友也不和火暴暴玩，只有连年和苏雪儿，像是天生的缘分，能够和火暴暴玩在一起。

就这样这几家人一直生活在一块儿，只要连苏两家搬家，火家一家人也跟着搬家，他们住别墅火家也跟着住别墅，反正连一宁和苏辉在商场风生水起，根本不差一套房子，几家人感情融洽，一切都习惯了，习惯了也就顺其自然了。

只有光阴消逝了，大家才注意到那些发生过的事情。

在苏雪儿两岁的时候，苏辉和张岚离婚了，理由很简单，他爱上了一个叫唐心草的女人。

苏雪儿的抚养权归了苏辉，但是，苏雪儿几乎是火妈妈一手带大的，亲如母女，她在火妈妈心中的地位，那是远远高于火暴暴和连年这俩男孩子的。

火暴暴带着一颗"死去的心脏"活着，一直到他六岁，虽然时不时莫名其妙地发高烧，最后都能平安地度过。

火暴暴喜欢冬天，仿佛和雪有着天然的亲近感，更小的时候无论他怎么哭闹不舒服，只要下起了雪，把他放在雪窝里，立刻就能打起滚来，把自己滚成一个雪团，如果不是他直直的头发，看起来和正常孩子是一样的。

雪花飞着盘旋着升腾着，很像一些个细绒绒的小羽毛在空中摆弄着起舞。

火暴暴的眼睛里跳跃着渴望的火苗，自从连叔叔送给他一个滑雪板，他就想学习单板滑雪。运动一直是火川的爱好，别看跑步，那可是他心头的爱，自从火暴暴生病后，火川就不跑了，心里也特别惦念。

儿子提出了要学习单板滑雪的要求，火川答应考虑考虑，他内心感慨的是，如果不是儿子的身体状况，说不定是天生搞体育的好苗子，果然是遗传了他的运动细胞，虎父无犬子。再往远了想，如果儿子一切正常，说不定能帮自己实现奥运梦想，他跑了那么多年，连奥运的边也没沾着。可是，现实的情况是，以火暴暴的身体，让他无法望子成龙，更不能期待子承父业，像连一宁和苏辉培养他们的孩子那样。

连一宁和苏辉培养连年和苏雪儿是奔着继承者去的。

对于火川来说，他只想让他的儿子在有生之年，好好地开心地活着。话虽然很沉重，火暴暴还只是一个孩子，但是大家都觉得他活了好久一样。生命带给火暴暴的这场浩劫，时刻折磨着他父母的心，牵动着爱着他的每一个人的脉搏。

有一颗"死去的心脏"的儿子想要学习单板滑雪，火川纵然有着千万个不放心，还是和火妈妈商量，但遭到了更强烈的反对。

"瞧瞧年年和雪儿，健健康康的都没学什么单板滑雪。"火妈妈嘟囔着。

"暴暴喜欢，不是吗？能让孩子快乐不好吗？"火爸爸轻声说。

"他想干什么就干什么？万一出意外了怎么办？"火妈妈看了火爸爸一眼，不满地说。

"运动运动说不定就好了呢？"关于儿子，火川心存希望，固然希望渺茫，哪怕一点点，也是希望。

"如果是运动，像你那样跑步也就算了，单板滑雪？之前我听都没听过，打听一下才知道，极限运动啊，你不要儿子的命了，本身心脏就那样，到时候再缺胳膊断腿的。"火妈妈不无担心地说。

"你想得也太严重了，人家那么多孩子也都没见变成残疾！再说，跑步也没你想得那么简单，运动都是科学的，不痛不痒不可能！"火爸爸语重心长地说。

"别人的孩子我管不着，我只管我的暴暴，我可怜的孩子，就算他一动不动，我只要看着他是活的我就知足了。"想到儿子，火妈妈就有些哽咽了。

"你是知足了，可是孩子他有他的需要啊。"站在儿子的角度，火川是理解孩子的。

"别和我讲这些，我也想让他做他喜欢的事情，可是，我不敢拿我儿子的生命去冒险！"火妈妈说着，眼泪就掉了下来。火爸爸想了想，火妈妈的话也是对的，这样一种运动，适合儿子吗？火爸爸的心里犯起了嘀咕。

"不，我就要滑雪。"火暴暴突然出现在爸爸妈妈房间，吓了他们一跳，因为儿子身体的缘故，他们的卧室从来不关门。所以，从小火暴暴的卧室门也是习惯性地开着，直到长大。

火妈妈急忙掀开被窝，让儿子钻进来，搂着他说："我们跟爸爸学跑步好吗？"

"就不跑步，就要滑雪。"火暴暴是一个有着长长的睫毛的小男孩，和妈妈说话时，他的睫毛一忽闪，仿佛刮起了一阵风，吹到妈妈的眼睛里，妈妈的眼睛湿润了。说来也奇怪，火暴暴只有头发是直直的，他的眼睫毛弯弯，大大的眼睛，漂亮得像个babygirl。

听到儿子的话，火爸爸和火妈妈互相看了一眼，之前他们心里有一个默契，就是不知道儿子能活多久，一般火暴暴喜欢的事儿，他们都尽量满足，这次的单板滑雪实在是危险系数太高了，才出现火妈妈据理力争的情况。但是，看看现在火暴暴的坚持，无奈之下，他们也只好答应了，最爱的一方总是最先妥协的。不过，对于儿子，他们又实在有太多的不放心，最后，火川只好陪儿子一起学习单板滑雪，结果很明显，火暴暴比他这个田径运动员出身的老爹，进步快得多。

天鹅座永远出现在北方的夜空，在那里，星星幻化出十字形，在刻骨的冷风中闪闪发光。

一场大雪过后，薄雾里闪着光，飞虫们无声地扇动着翅膀，火棘树上的落雪正在慢慢融化，红红的果实映着白白的雪，真是一场极美的"雪火之吻"。

火棘树旁，一个白衣白裙的小姑娘，穿着红色的小靴子，戴着红色的帽子，清澈的大眼睛，白嫩的皮肤，天真无邪地微笑着，和雪后的景色，恰到好处地融入。

"妈妈，我好看吗？"声音脆脆的，甜甜的。

"好看，你是天鹅座最漂亮的小仙女。"鹅溪溪看着女儿，笑成了一朵花儿。

"何止好看，简直是无法形容的漂亮，有个这样的女儿，感觉真好。"鹅真河有女万事足，千真万确的事儿。

鹅小鸟从出生就留着长发，一直扎着小辫子。雪天，爸爸妈妈带着她玩雪，雨天，爸爸妈妈带着她玩水；她哭时爸爸的大手会给她抹眼泪，妈妈温柔地把她抱在怀里；她笑时爸爸会把她扛在肩头，妈妈轻轻地抚摸着她的头。这一幕幕温馨的镜头，一直存在鹅小鸟的脑海里，即使爸爸妈妈在身边，鹅小鸟也想着他们，爱他们。鹅小鸟的脸常常在爸爸的掌心暖暖而鲜艳，她的梦就被爸爸妈妈托起扶摇升空，她天天看着爸爸妈妈恩爱的身影。

鹅小鸟最喜欢玩的，还是爸爸妈妈带着她魔法飞行。他们飞行，在浩瀚的宇宙星团中嬉戏，每一个路过的生命，都会投来祝福的眼神，各种莫名的声音、光线和色彩贴身相随，巍峨壮观的景色循环，连一些新星碰撞后的灰烬，都是神圣的，有着难以比拟的美丽。

幸福和快乐就是如此持久不散的余迹。

火暴暴反复练习着"落叶飘"，火爸爸的眼睛从来没有离开过儿子的身影，他就是这样眼睁睁地看着火暴暴倒下，一瞬间，火爸爸的眼前黑了一片。

救护人员到来，救护人员离开，火暴暴没有心跳不稀奇，只是这一次，他丧失了所有的生命体征，只有那漂亮得像女孩子的一张脸，眼睛闭着，睫毛弯弯，一切都没有变，他是睡着了，睡相依然好看，但他的温暖戛然而止。

"我的孩子……"火妈妈哭得可怜，哭得在场的每一个人都落下了泪水，这是人间最悲伤的画面。

火暴暴的样子就像活着的一样，火妈妈不允许任何人碰他，她相信这个仿佛带着死的尊严和信仰而来的孩子，一定会出现奇迹。

爆炸的天鹅座超新星比满月还明亮，致盲性光源把所有的黑暗都染上了苍白色，巨型爆炸团和与女儿玩魔法飞行的一家人碰撞，鹅小鸟依靠着父母的力量冲出爆炸的旋涡，爸爸妈妈双手一起举起她的形象，雕塑一样，竖立在她的脑海里。

生命的灵魂在天空中，他们在那里休息直到转世。

火暴暴在通往灵魂世界和天国的入口处，与来自天鹅座的灵魂不期而遇，他们没有遇见其他异世界的子民，这一刻，只有他们俩相遇，这是彼此的宿命。

鹅小鸟的脸上挂满泪线，脖子上戴着天鹅吊坠，手里紧紧握着陨石羽毛吊坠，她灵气的眼神一直盯着火暴暴，盯得火暴暴有种不寒而栗的感觉，她在向他走来。

她的耳边响着妈妈的声音："靠近他，靠近他，把爸爸的吊坠给他戴上。"

火暴暴像个木偶一样，他想动动不了，任由这个满脸泪光的小女孩给他戴上了陨石羽毛吊坠，戴上吊坠的那一刻，火暴暴感觉到心痛了，像炸了一样，他的表情异常扭曲，看起来是受了巨大的刺激。

看到火暴暴这么难受，小姑娘情不自禁地伸手摸了摸他的头发，一瞬间，火暴暴的头发柔柔顺顺耷拉下来，仿佛吹一口气就能飘起来。

所有的人都说火暴暴彻底地告别了人世，这个历经劫难的生命终于解脱了，连火爸爸都有点松了一口气的感觉。可是火妈妈不一样，虽然从火暴暴一出生，她就对儿子未知的命运做好了充足的准备，但是当这一天真的来临，她始终不能相信，她的眼珠子就像被盐水浸泡过似的，发着涩涩的生痛，除了哭还是哭。

昏昏沉沉的火妈妈，分明看到了儿子头发的变化，这个过程持续不长，火暴暴的头发很快又恢复到原来的样子，只是那一瞬间，火妈妈分明感觉到她的手穿过了儿子柔软的头发，第一次感觉到儿子的头发滑过她的手掌。

"你别这样了，这样下去你就产生幻觉了。"火爸爸劝慰说。

"绝对不是幻觉，我看到了，我确认！"火妈妈肯定地说。

"那是你眼花了。"火爸爸根本不相信。

"凭着一个当妈妈的直觉，不会错！再说，你看看暴暴的身体，至今没一点变化，如果他真的死了，为什么没有尸体的样子?"火妈妈说。

关于这一点，火爸爸也难以解释，他又仔细地看了看儿子，突然发现儿子脖子上多了一样东西，凑近一看，一个石头的羽毛吊坠，还没来得及细想这是什么东西，他突然感受到了儿子强有力的心跳，急忙拉着火妈妈的手，放在儿子胸口，火妈妈一激动，几度站不稳，幸亏有火爸爸扶着。

鹅小鸟亲眼目睹了小男孩直直的头发，在她的手心里却是水草一样的柔软，她抚摸他时，他的表情轻松了很多，可是她的脸却发生了裂变一样，包括她的身体，被一种无形的力量撕裂着。鹅小鸟的胸口像是被挖了一个洞，整个身体被撞击穿透了，如狂风席卷的一片薄薄的落叶，她在巨大的恐惧中失去了知觉。

火暴暴醒了，他的手紧紧抓住陨石羽毛吊坠，浑身被汗水浸透了，双脚不停地踢弹着，像是要去追什么。

火暴暴感觉到丹田升起一股热气，这是他从来没有过的，模糊的视野一下子变得比较清晰，自己都能听到呼吸顺畅的心跳声。

一切都像梦，火暴暴稚嫩的眼睛里，映着这样一幅画，那是他见过的最漂亮的小女孩，却在轻轻抚摸他的头发时，带着一张可怕的脸，被一个火球裹住消失了。他觉得他是见鬼了，可是这鬼却那么真实，真实得让他相信，她温暖的小手是来安抚他那一刻的痛苦的，这份善意来自心底。

火暴暴本能地想去掉这个身上多出来的玩意儿，但是被爸爸妈妈严令禁止。火爸爸火妈妈不敢让儿子取下，他们觉得儿子能够活下来，和这个突如其来的东西有关系，就当做一个护身符吧！让火暴暴好好戴着，千叮咛万嘱咐任何时候不能取下来。同时交代一切认识的熟人和朋友，特别是连年和苏雪儿，说这东西关乎火暴暴的生命，千万别和暴暴哥哥拿这个要命的玩意儿开玩笑。

当生命时时受到威胁时，对待生命的隆重，就像一个誓言。

鹅溪溪和鹅真河凭着最后一丝天鹅之光的力量，给女儿传达了信息，把她送到了天鹅奶奶身边。鹅小鸟的父母，合力用烟消云散保留了女儿完整的灵魂，这是他们对女儿最后的溺爱和拯救。

鹅小鸟像是搭乘着一个火球飞滚回来的，天鹅奶奶一看到她，老泪纵横，她知道，鹅溪溪和鹅真河，已经用焚毁自己的方式，全力守护住了他们的女儿。

天空闪出一道红光，聚拢在天鹅奶奶合起的掌心里，雪花一样的白色羽毛状物体布满天空，每一片都湿湿的，像是摇摇欲坠，又分明是在随风飞升。

此时的鹅小鸟早已面目全非，让人不忍直视，她已经没有了心脏，胸口留下的窟窿像个风洞，残忍得难以形容。

天鹅座上，天鹅圣女的孩子，都有一颗不灭之星心脏，心脏红光闪闪，从不同的角度看，能看到无数星星在闪耀。可是，鹅小鸟的心脏被一种极其暴力的方式取走了，她就像一张被揉烂的纸片，贴在了天鹅毯上，没有任何气息。

鹅小鸟的父母之所以倾尽全力，把她送到天鹅奶奶身边，就是知道天鹅奶奶一定会救活她。黑黑的石头闪耀着寒光，冰冷异常，这块上百亿年的黑心石，取自巫师星云，或者是和鹅小鸟的缘分，只能借助它让破碎的鹅小鸟复原，鹅小鸟将会有一颗黑心石心脏。

创造力的来源，那是为爱设想的一切。或许生命就是一件极其偶然的事情，一切血缘既无来处，也无去路，只有爱的路径，指引着爱的宿命。

蔚蓝色的星球，一片汪洋，大片的水域，推起卷云笼罩天空，擎起凝冰覆盖极地，白色风暴来临，这是积雪带来的庄严。

惊风飘白日，光景西驰流，那个随着灾难而生，伴随着一场奇遇，神奇般康复的火暴暴，转眼已是翩翩美少年。

冬天的树结冰了，挂在风中叮咚叮咚。

风雪之中，火暴暴就像天空派下来的天将，一系列滑雪动作引爆着眼球，这项很酷的极限运动，再加上富有传奇色彩的火暴暴，用暴暴粉丝的话说："暴暴一出现，亮瞎你们的双眼！"

一般情况下，苏雪儿会这么说："暴暴哥一出现，谁也别来抢头条！"的确，除了高出一般人的超难动作外，火暴暴还原创了许多有趣够酷的动作组合，他连续的后空翻的表演足以称霸单板界，绰号"魔兽"。

火暴暴的粉丝已经为他的很多招牌动作疯狂，而火暴暴的这些动作都已经超越了疯狂，他就是一个把单板滑雪滑成神话的人。

连年和苏雪儿本来都是要到美国念书的，结果只有连年一个人去了。苏雪儿小时候是坚持不离开火妈妈，长大后更是舍不得离开，她要和火妈妈一起，陪着火暴暴训练、比赛……总之，只要有火暴暴出现的地方，就一定有这两位的身影，铁杆粉儿。

"你是脑残粉儿。"连年一见苏雪儿，就会这么说。

"脑残也是爱。"苏雪儿辩驳。

"脑残那可真不是爱！是残害。"火暴暴的耳边，全是妈妈和苏雪儿的掌声欢呼声，别看只有这两个女人，那声音热闹得像过年时的鞭炮声一样，震得耳朵轰鸣。

"不许你们这么说我的雪儿。"每当看到两个男孩子要联手对付雪儿的时候，火妈妈就会站出来表明立场。

"真肉麻，以后你们俩过吧！"火暴暴说。

"是我们仨过。"苏雪儿话音刚落，脑子一转，立刻纠正说，"还有火爸爸，我们一家四口过。"这些话常被苏雪儿挂在嘴边，以至于她亲爹苏辉常常吃醋说："这是自己当家做主把自己嫁出去的节奏！"

"你做梦去吧！最适合你的是火妈妈！"连年的话飘过来，苏雪儿的眼神像一把小飞刀。

"你才做梦呢！你和暴暴哥分开两年了，我们从来没有分开过，这才叫青梅竹马两小无猜呢！"一提到火暴暴，苏雪儿总带着一种天下至尊的骄傲神情。

"对了，年，还没问你呢，快说说学校的事儿。"火暴暴对连年的学校很好奇，之前只是听说，现在想让连年说说体会，如果不是滑雪训练，他也真的很想去。

两年留学生活，连年改变很多。连年去美国上学的那段日子，是他唯一离开小伙伴的日子。

连年的学校，传说中的沙漠哈佛，有一个超级文艺范儿的名字，叫做"深泉学院"，却是一座纯男生学校，那里一年只录取十三个男生，没有手机信号，是沙漠中唯一的绿色，有点置身外星球的感觉。

初到那里的时候，连年怎么也想不通，从小按照继承者培养自己的老爸，会让自己去上这样破败不堪的学校，校门上的字都模糊不清，不过，和当地的景色很搭配，确实不一样。

就在其他富二代花巨资上各种高大上的学校时，连年的这个学校，几乎不用现金，学生也不用付学费。在此之前，连年一直上的是国际学校，说实在的，起初连年也不想去，但是他还是在老爸连一宁的各种逼迫下，踏上了求学之路，真正到了那儿，才发现的确有意思，两年就这么坚持下来了。

每当火暴暴给连年打电话时，如果仅仅听连年的答案，真看不出连年是留学出去的，好像下放到某个农场里去的。

火暴暴问："年，你在干什么？"

"我在按照食谱做饭。""我在喂马。""我在喂猪。""我在喂牛。"电话的那一端，连年的答案基本如此。起初听得火暴暴一头雾水，虽然连年在留学走之前大家都多少还是对学校了解的，但没想到是这么紧凑而繁忙的生活。用连年的话说，那里可真是戒酒的好地方，没时间也没有酒。

也许到了那一刻，连年才知道爸爸为什么这么做了。火暴暴一直到六岁之后身体才正常，即使这样，那一头直直的头发，始终是火爸爸火妈妈的心头隐患，怕火暴暴随时随地会隐身而去。在火暴暴身上发生的不同寻常的事儿太多了，任何意外都见怪不怪，同时也无时无刻不担忧着，再加上火暴暴从事运动，没人让他喝酒也会力阻他喝酒，对他除了保护还是保护，火暴暴对滑雪出奇的热爱，他自己也自律，所以至今火暴暴滴酒不沾；而苏雪儿是个女孩子，大家除了宠爱她对她没任何要求，她一门心思都在火暴暴身上，一见火暴暴她就脑残；只有连年，从小跟着酒罐子叔伯们和爸爸一起喝酒，小时候大家觉得好玩，等长大了，当连一宁意识到问题严重时，连年已经养成了酗酒的习惯。打听来打听去，连一宁觉得这学校非常适合连年。当连一宁把学校的资料发给连年看时，连年的嘶吼声随之而来。

"什么学校啊，我同学都是名校！"

"名校好进，你这学校可难进了！全球就录取那么几个人，你想想你能不能进得去？"老爹的激将法让连年沉静下来，他答应考虑考虑。

面对新的选择，年轻人需要更有说服力更有挑战的理由才能定下心来。

在连年去读书的那段时间，火暴暴每次无聊的时候，就特别想知道连年在干什么，他太好奇了。

"年，忙什么呢？"

"刚给母羊接生完。"

"你爹是让你去学兽医的吗？"火暴暴调侃说。

"我正在给小羊喂奶，可能我爹是让我提前练习当奶爸，到时候给他生一窝孙子吧！"连年说着，自己都想笑。

火暴暴笑着说："就怕你当了羊娃它爹后，再也不想当孩儿他爹了。"

"还是你了解我！我还真想看看我爹悔不当初的样子。"

回忆当时，连爸爸最终正是用养动物这条诱惑着连年到这个学校的。

那时，连爸爸说："年年，愿意一边上学一边养动物吗？"

"爸爸你不是最讨厌我养小动物的吗？"

"是让你到学校养。"

连年又仔细地看了学校的资料，还真可以，虽然连年脑子里依然盘旋着 N 个不愿意，内心里充满着各种嫌弃，但是他知道，最大的一条就是那么美好的青春里，怎么会去一所没有女孩子的学校？虽然苏雪儿的脑子里，一直猜测连年是暗恋着火暴暴而不肯离开的。但是最终，他还是在各种五花八门的猜想驱使下，留学到了深泉学院，骨子里，连年也不太想和所有的同学一样，齐整整地去名校刷存在感。

在深泉学院上学的日子里，连年每天四点起床看书，然后喂动物，上课，虽然没有小伙伴的陪伴很寂寞，但是过得很充实，他甚至跟着师母学会了织毛衣。火暴暴和苏雪儿听到这儿，笑得趴在地上，像两只背影颤抖着要钻进地毯里的虫子，开心无所遁形。

透明的青春穿过年轻的欢声笑语。

落日隐去了最后一道光线。

大片的星星像是从蒸笼里蒸出来的，热气腾腾地扑到鹅小鸟的眼睛里，她的眼睛凉凉的。

天鹅座哭泣的云彩上，鹅小鸟静静地坐在那里，一种无声无息极致的美。

记忆的语言，思念的芽苗，鹅小鸟泪如狂风落叶，覆盖满天星辰，她想爸爸妈妈了。

"你下来，谁让你坐到哭泣的云彩上去的？"鹅娥在叫她。

鹅小鸟转过脸来，擦了擦眼泪说："我又没坐到会笑的云彩上去。"

"什么云彩都不许你坐！"鹅娥怒不可遏地说。

"对，不许你坐！"和鹅娥一起的天鹅少女们七嘴八舌地说。

鹅小鸟的眼泪又落下来了，梨花带雨般纷纷洒洒。

"瞧，你的眼泪多丑，你哭的泪水就是黑色的，你哭出的眼泪会伤害别人的，会把云彩弄脏的，会污染空气的。"

"你们不要这么夸张好不好，总是用这种方式欺凌我，你们要是再这样做，我就到你们家哭去，撒泼打滚地哭，信不信用我的眼泪淹了你们家。"鹅小鸟也生气了，嘟嘟啦啦地说着，嘴不饶人。

天鹅座的哭泣的云彩，是负责下雨的；微笑的云彩，是负责播洒阳光的；愤怒的云彩会落下冰雹；无聊的云彩会出现雾霾……

鹅小鸟知道，大家也不完全是针对她，她的眼泪的确没那么好，只是她控制不住自己的情绪，没有爸爸妈妈的日子里，她也觉得特委屈，情绪多变，她就特别爱坐在云彩上。

不仅仅是情绪，她觉得她的心也不一样了，小时候大家叫她黑心鬼，长大了大家都说她铁石心肠，仿佛一切美好，都随着爸爸妈妈的离开而离开了。

"你就是个自私鬼，你爸爸妈妈都被你害死了。"

"是的，除了天鹅奶奶，没有人喜欢你。"

"我们大家都不要理她，她又丑又笨。"鹅娥号召着大家，一起排斥鹅小鸟。

她们叽叽喳喳轮番围攻鹅小鸟，鹅小鸟突然伸出手掌，她的手在伸出去的一瞬间变得巨大无比，一片黑手印飞出去，她们全都倒下，透露出惊恐的眼神。

"真开心，让你们教训我。"鹅小鸟的眼睛里像插把钢刀一样，看着这群倒下的天鹅少女们，想到自己小时候被她们欺负，长大了还被她们欺负，她恨不得一下子碾碎她们，她的脚被一种无形的力量撕扯着，一股黑风开始在她周围卷起。

"不能这么做，小鸟！"白发苍苍的天鹅奶奶及时赶过来。

自从那一年救活鹅小鸟，黑心石带来的亿年黑的力量，彻底地改变了她的天鹅之心，说是改变也不对，那时鹅小鸟的不灭之星心脏已经不复存在，只有巫师星云的黑心石可以填补，天鹅奶奶一想到这儿，就无奈地摇头。

鹅小鸟是天鹅圣女的女儿，自身携带着只有天鹅之母的孩子才有的天鹅萌，这使她没有完全被亿年黑控制，但是随着她长大，亿年黑的力量也在不停地生长扩充，天鹅奶奶心里不敢预测，在岁月疾驰的未来，作为鹅溪溪和鹅真河留下的独生女儿，鹅小鸟的命运究竟指向何方！

天鹅墓地旁，绿玫瑰盛放，每一株绿玫瑰，都是天鹅奶奶带着鹅小鸟一起种下的。绿玫瑰一株一株种下，一株一株成长，一株一株盛开，一片一片叶子上都沾满了最好的时光，这是只存在于天上的爱情。

鹅小鸟的父母就葬于此，为了救女儿，他们幻化于无形，这里埋葬的，只是天鹅书，关于他们夫妻二人的天鹅书。

飞屋紧邻天鹅墓地，这是所有失败者、伤心人的聚集地，是天鹅座最尊贵的地方。当然，房子修建得异常漂亮，材质么么石，是天鹅座最古老的建材，因为稀有，只能用来建造飞屋。住进飞屋的人，没有人对他们嘲笑或者讥讽，所有的人给他们鼓励和爱，可以让他们重新成长飞翔起来。

鹅小鸟就是飞屋的常客，天鹅奶奶以此来压制她的亿年黑，只有爱能召唤爱。

飞屋，固然被称为最尊贵的地方，可即使再尊贵，还是没有人愿意到这儿来，繁华是繁华，很凄凉，只能等人伸出手，温暖地搭救。鹅小鸟知道，除了天鹅奶奶，没有人会对她这么做，亿年黑一发作，大家都怕她，亿年黑不发作，她也不再是爸爸妈妈还在时那个可爱的小女孩了，她的整张脸都像是被星星之火喷溅出来的，密集综合征的人看了会犯病，斑斑点点数不清，连她自己都不敢看自己那张脸。

天鹅奶奶来到鹅小鸟身边，说："你是被命运眷顾的孩子，就算是雪上加霜也没关系的！"

"可是老祖奶，我会难过，我害怕！"

"你不用怕，你想想，你经历过的别人都没有，你是独一无二的。"

"我真的很想和原来一样，有爸爸妈妈还有漂亮的脸蛋。"

"看来我们的小鸟长大了，渴望美丽了。"

"我们是天鹅族，人人美丽人人都爱美丽，连老祖奶你也是一位漂亮的老太太，只有我最丑，还时不时地犯坏。"

"小鸟，你记住，你就是天生的天鹅，永远！不管你多么丑多么坏，你都是天鹅，你的妈妈是天鹅圣女，这都是没办法改变的事情。"

"可是大家都笑话我，天鹅之母生出了最丑的孩子。"所有的天鹅圣女都是天鹅之母，她们的女儿都是最漂亮的。

"别灰心，任何时候，都要记得你来自美丽的天鹅座。"天鹅奶奶语重心长地说。

"嗯呢，不灰心，想爸爸妈妈的时候，我就是最漂亮的。"

鹅小鸟想到，爸爸妈妈在离开她的那一刻，借助天鹅之光塞进她耳朵的话，爸爸妈妈仿佛已经预知到，她即使能够侥幸活下来，也再不会是原来的样子。

当初，鹅溪溪和鹅真河在共同拯救女儿的过程中，见证了属于他们的永恒，实践了一死到白头的诺言。鹅溪溪是天鹅圣女，承载着天鹅之母的无上荣光，纵然他们拥有宇宙间无与匹敌的好运气，也难以对抗宿命的节点，一切该结束的结束，该继续的继续，转入轮回。所以说，运气虽然远在星辰之外，但终究是平等的，每个人的遭遇，无可替代。

天鹅湾，那里有一片最灿烂的星空，爸爸和妈妈还在的时候，是经常带鹅小鸟去的。如今坐在这里，鹅小鸟告诉自己，不要害怕，星光闪耀，那都是爸爸妈妈捎给自己的礼物。

"伤心难过的时候，记得妈妈教给你的天鹅之歌。"

"你就是掉落在爸妈怀抱里的天鹅精灵。"

这是最后一次在天鹅湾的时候，爸爸妈妈留给鹅小鸟的最后两句话，鹅小鸟想着想着，她的眼泪就出来了，黑黑的泪滴，滴在她的手心里。

"真是一颗讨厌的黑心。"鹅小鸟自己也厌恶着，如果仅仅靠着黑心才能活着，她可以选择的话，真想天鹅奶奶不要救活她，她喜欢白白的干净的色彩，她喜欢云朵，可是只要不受黑心的驱使，她不敢去坐，她怕哭，别人哭，是湿湿的，她哭，都是脏脏的。

鹅小鸟的脑子里又出现了这样的梦，爱的气氛轻轻一挥洒，整颗心都跟着颤动，牙齿碰撞的声音都能听得见，他的鼻息暖暖的，他的吻就像落在她唇角的雪花，落下即化，他们的一切都在融化中瘫软下来。他揉弄着她的发丝说："你真好看，真好看。"

梦中一张脸，醒来一张脸，抚摸着自己密密麻麻的那张脸，鹅小鸟很心痛，有什么东西戳了一下，空荡荡的透着风。他虽然是模糊的身影，次次都看不清，但是直觉知道，那是帅得一塌糊涂的味道。

青春薄如蝉翼，爱情一如期许，世界上所有人的心念，都是情感森林的源头，那里茂盛丰富，牵引着爱你的宿命。

二　四个女仆和一只会说话的公鸡

那些过去的时光，是一道被岁月打磨的半凝固风景，被人——路过，成为生命中一场渐行渐远的奢望。

"天鹅兽鸟屋"，和兽和鸟都没关系，其实是一座庭院式花屋，是唐心草全部家当。前院是营业的，后院是自己的惬意田园生活，她除了画画，清点下账册，就是种花植草，这就是她知足的生活。如果没有苏雪儿的捣乱，她的日子过得花是花儿，草是草儿，悠然自得。

唐心草心里烦透了，她雇用的花工再度被苏雪儿赶走了。说起来，苏辉对自己也够痴情的，当年因为爱上了她而离了婚，这么多年下来，唐心草心里越来越明白，爱情是爱情，适合是适合，她和苏辉之间，有爱情，但不适合。只是苏辉一直的坚持，每隔三年五载的就变着法儿地求婚，唐心草诧异这个男人的热乎劲儿，始终是有增无减，但是她始终没法答应，也答应不了，婚姻对她来说，已经拖着长长的尾巴离开了她的生活。

什么事情拖久了，即使是真的，感觉也都假了。

苏辉一而再再而三的表白，带来的除了是一次次苏雪儿的无理取闹，从唐心草那儿没有得到任何结果。

"别再幼稚了，维持现状不是很好吗？"

"我爱你，我就幼稚了，怎么着？"女儿都长大了，苏辉依然像一个大孩子的口气，唐心草是习惯了的。

"真是和你女儿一个调，受不了你们父女俩了！"

"她会嫁人的，我也想嫁给你！"唐心草满脸阴云，苏辉觉得有责任逗她开心，见唐心草不搭理他，接着说，"我跟了你那么多年了，一直为你守身如玉，至今都没名分，不甘心！"

唐心草一听，眼角轻扬，出现了一份笑意，说："我都没找你要名分，一个大老爷们儿跑来找我要名分？真稀奇！"

"求你了，让我名正言顺了吧！"苏辉心想，脸皮不要了，反正豁出去了，不能辜负这些年他们一起的时光。苏辉像一个情窦初开的小伙子一样，使出死缠烂打，反正他爱她，死心塌地地爱着。

唐心草的心是坚定的，她觉得苏辉父女俩就是她的宿敌，爹不正经，女儿胡闹，他们俩谁也管不了谁，让她成了最无辜的人。再加上当年离婚的张岚，出国后变成土豪回来了，这下苏雪儿有亲娘撑腰，还有干妈火妈妈一味袒护着，让唐心草陷入了艰难境地，她是惹不起也躲不起。

唐心草的房子门前，种了一棵蓝花楹树，蓝花楹树下有漆了防水油漆的秋千架，还处处散落着一些矢车菊在那儿摇头晃脑。每棵树每一株植物甚至每一片花瓣，都是一个美丽怒放的生命奇迹，花开花落，美不胜收。

天色渐晚，唐心草度过了忧伤的一天，她的花屋还没从苏雪儿的新一轮骚乱中恢复过来。

门前的蓝花楹树，花语是在绝望中等待爱情。爱情已经有了，在脑海里在心里也能白头偕老，灵魂里的爱情也是一生一世，唐心草觉得，她应该新生。可是，一想到苏辉父女，脑子里就乱糟糟，她摆弄着胸前的苔藓项链，绿油油的苔藓被植入了玻璃球中，美得令人心醉，她抬头看了看天，满头心事幻重重。

当年苏辉离婚，这个仇苏雪儿是记在唐心草头上了，她已经最后一次放话，明天就来封门。较真来讲苏雪儿做不到，唐心草可以反抗甚至可以报警，可是她知道，她爱苏辉，苏辉能够容忍他的女儿，她唐心草就能做到，只是唐心草真的发愁，她该怎么做？她不求完美，也无法要求立刻相安无事，爱着的人总是因为那些爱意，有着千丝万缕的联系，剪不断理还乱的纠缠，她只求每一天的生活过得平静一点点，或者苏雪儿砸场时能少点狼狈少点凌乱。苏雪儿是一次又一次不依不饶，张岚的归来及苏辉死活不复婚，让苏雪儿更是变本加厉地折腾，唐心草真的累了，再这么折腾下去，她真到也濒临寻死觅活的节奏了。

天空，空前绝后的蓝彻入骨，唐心草一袭蓝裙，像一摊被浸染的海水一样，窝在房门口的躺椅上，呆呆地看着天上，她仿佛有一种幻觉，天上也是一团乱糟糟的，像是映衬她糟糕的心情。

今晚的超级月亮和壮观的天鹅星团将共同点亮夜空，极光和流星并燃，在绚烂的天象中，天空仿佛被打破了一个洞，那些生存在流星内部的生物们，透过这个洞的缝隙，散落在地球上。这些高阶智慧生命，他们都必定存在于宇宙中，而且是大量存在及数目众多，只是如果他们不主动现身，人类目前发现不了，那是因为人类的历史太短暂了。往更远的地方想，也许地球上还没有人类的时候，他们就已经是这里的常客了。

唐心草揉了揉眼睛，直到她确信她不是眼花了，随即她吓倒了，又被一股骤然而起的风吹醒了过来，仔细地看看眼前人，她有气无力地拍了拍自己的头，冷静了又冷静，还是处于震惊中不可自拔。

四个漂亮得无法形容的姑娘，一字排开出现在她面前，如果不是天上的仙女，那一定是某个剧组走散了的古装四女神，长头发，皮肤白皙，白衣飘飘，胸口戴着树叶形项链，透明的，像冰凌做成的，薄得匪夷所思，更让唐心草匪夷所思的是，她们身旁的大公鸡，通身雪白，鸡冠也是白的，羽毛蓬松，五根脚趾，羽毛光滑得像被一层塑料薄膜包裹着的，月光一样的晃眼，它的脖子上悬挂着辣椒形状的项链，看不出什么质地。

唐心草真的反应不过来，不过漂亮总归是赏心悦目不吓人的，谁知她们四个一闪开，身后还有一位长发姑娘，身材比她们娇小些，才被挡得严严实实，唐心草没看见。她一副凝聚了尘埃云气、日月精华的模样，具备天地磁场。她长发及腰，柔亮的发丝上缀着昙花花饰，胸前是天鹅吊坠，身穿吊带羽毛长裙，雪白的肩膀裸露着，皮肤晶莹近似透明的白，只是她的脸，蒙了一层面纱，只能看到一双圆溜溜的大眼睛，在唐心草面前闪动，这更让她确信，是剧组的演员和道具来到她面前了。

没等唐心草说话，她们自我介绍起来，反正唐心草除了倾听只能倾听，一时她还弄不清来龙去脉反应不过来，两耳轰鸣，全是嗡嗡的声音。总之，四个姑娘的名字依次是四、九、一、二，有一个很特别的姓氏"鹅"。

"我叫鹅叽叽。"公鸡一开口，唐心草差点灵魂出窍，她狠狠地掐了掐自己，确认这不是梦，眼睛又扫了扫四周，是自己的地盘没错，周围的环境每个细节都是自己熟悉的，她一下子清醒了，意识到自己遇见了不速之客，不像是走错门的。

"我叫小鸟。"鹅小鸟一时不能适应陌生的环境，看到自己的公鸡都落落大方地介绍了，急忙上来说。

"可你明明是人啊。"唐心草壮了壮胆说。心里默念着，虽然公鸡会说话奇特了些，但是这几位总归说的是人话，她又仔细想想，公鸡说不定就是一只电子仿真鸡呢？如果是电子仿真鸡，别说人话，恐怕什么话都能说也不足为怪，只是这鸡太活灵活现了，真的一样。

"只是名字叫小鸟。"鹅四上来补了一句。

"能把面纱揭开吗？"唐心草好奇地问。

"不能。"唐心草话音一落，就遭到了鹅小鸟断然拒绝。

"难道是一位丑姑娘？"听到唐心草这么问，鹅小鸟心想："这人类也太不客气了吧！谁规定的戴面纱就叫丑呢？不知道是神秘感吗？"其实鹅小鸟心里明白，实实在在的，就是因为自己的那张丑脸，才戴上了天鹅面纱。

"她喜欢神秘。"鹅四插嘴说完之后，投给鹅小鸟一个眼神，像是说，我最懂你。

"哦,那好吧!你们可以走了,我要关门了。"唐心草下了逐客令,从藤椅上爬起来想要转身离开。

"不行。"身后的那几位名叫数字的异口同声地说。

唐心草的心怦怦地跳,不敢回头看,潜意识里想,难道鬼缠身了?转念一想,在这灯火通明的城市,谁怕谁啊?鬼不是也要怕恶人的,于是,猛然一回头,提高了声调:"你们要干什么?"

"别害怕!别担心!别着急!"鹅四脸上堆起一堆笑容,先是劝慰,接着说,"应聘的,应聘的……"鹅四一口气说了好几个应聘的,然后等唐心草平复了一下,指了指她门口贴的招聘广告。

唐心草上去就撕了下来,想着花工一个一个被苏雪儿赶走,自己无奈之下重新贴了招聘广告,没想到这么快就有人来应聘了,问题是应聘又能怎么样?唐心草还不知道明天怎么应付苏雪儿,心里越想越烦。

"你们还是走吧!我不需要招聘了。"

"Why?"公鸡说话了,还转着英文,听得唐心草好想笑,紧绷的神经略显松弛。

"就算我把你们招聘过来,你们也留不下来,明天就会被人赶走。"苏雪儿的话还在耳边,警告唐心草招谁来也没用,看谁能是她苏雪儿的对手。唐心草越想越灰心,即使把这帮人留下,留下一晚有什么用?明天苏雪儿就会大驾光临,她眼前全是花工受到苏雪儿欺凌落荒而逃的场景。

"我知道你在想什么?我们互相帮忙吧!我们刚刚来到这儿,无处可去,你若留下我们,我们帮你做事,种花植草是我们的拿手活,肯定保证你的花草铺子,红红火火,蒸蒸日上。"一直沉默的鹅小鸟说话了,笑意盈盈,信心满满。

唐心草打心眼里盘算着,反正自己对明天的事儿根本无招架之力,这几位突然出现的奇葩,说不定是老天爷派下来帮助自己的,恶人需要恶人磨,也许只有她们能和苏雪儿对垒了,她累了,真不想操这份心了,留下她们,好歹明天也有壮胆儿的,这也算救命的稻草。

"我还带了天外花种来，肯定给你种出不一样的花儿。"看唐心草不说话，鹅小鸟继续说。

"天外花种？你外星人啊？"

"哦，是从我老家带来的，老家叫天外。"鹅四急忙解释，唐心草想想也是，没细究天外在哪个省哪个村的，再看她们的衣着，不知道她们是不是在她们的家乡，都是这么穿的。

经过考虑，唐心草指了指花屋的名字"天鹅兽鸟屋"说："你们留下吧，还真应景了。"

一群人高兴地欢呼起来，像是流浪的孩子终于找到了落脚地。一切安静下来，鹅小鸟站在院子里，仰头望了望天，内心里祈祷说："我北方的故乡，在地球上看你们，真的美呆了。"

夜深了，每颗星星都像是忙着要去恋爱，它们眨着眼睛，羞涩地闪进云层。那是鹅小鸟最熟悉的星星，是她的天鹅座，看着它们，鹅小鸟沉沉进入了梦乡。

透视全景银河，酷似巨人的眼睛，大大地睁着，闪亮耀眼，又看起来像通往遥远宇宙的入口，神秘莫测。天鹅座完全沉浸在白茫茫的银河之中，爆发着显赫的无上荣光。

鹅小鸟再次在爱的梦境中醒来："老祖奶，我怎么了？"她无辜的大眼睛盯着天鹅奶奶那张苍老的面孔。

"还记不记得你和爸爸妈妈的最后一次魔法飞行？"天鹅奶奶没回答鹅小鸟，反而直接问起了她父母的事儿。

"记得，但不清楚。"毕竟当时年纪小，鹅小鸟无法把事件复原，在她内心里最深刻的，就是对父母无尽的思念。"

"起来，跟我走吧！时间到了，你该去找回自己的心了。"天鹅奶奶心里明白，黑心石持续的能力是有限的，一旦黑心石心脏死去，鹅小鸟再也不能复活，除了她自己的那颗不灭之星心脏，再也找不到任何补救措施。

"我的心？不是已经死了吗？"鹅小鸟很诧异，那一场灾难，让她失去了双亲，自己只是在父母的保护之下，才被天鹅奶奶捡回了一条小命。

"你的心还活着，只是丢了。"鹅小鸟还是不明白，她被天鹅奶奶牵着手，一直向前走。

绿油油的青苔，铺满了天边小路，在清亮的薄光中，闪闪发亮，这光芒，犹如天鹅之羽轻轻扇开，从心灵之地飞起的绿毯子。

当年鹅溪溪和鹅真河为了拯救女儿，不惜一切代价耗尽最后一丝天鹅之光，为了让女儿能够活着，他们必须取出女儿的不灭之星心脏，在天国灵魂出入的十字路口，遇见有缘人，不灭之星心脏只有通过地球上的原住民寄存，必须是人类。而女儿虽然得到了黑心石心脏，黑心石天然的本性时刻侵害着女儿，可这也是迫不得已的唯一选择。

这一切鹅小鸟是深有体会，父母在万物复苏，父母走了冰冻三尺，她成了一只除了天鹅奶奶之外众人嫌弃的鹅小鸟。记忆是温暖的，哪怕只是从天鹅奶奶口中的复述，鹅小鸟感觉到，爸爸妈妈的爱回来了。

天鹅奶奶摘下昙花，取名"月下美人"，插在鹅小鸟的发间，是驱邪，也是保佑着她平安。

"老祖奶，我这么丑，怎么能戴'月下美人'？会被人笑话的！"鹅小鸟不好意思地说。

"'月下美人'不是随便什么人都能戴的，只有真正漂亮的姑娘，才可以。"天鹅奶奶的话，鹅小鸟也只当是安慰。

"我真的要去找我的心？怎么找？有什么线索吗？"鹅小鸟不敢相信，她的心还活着，还能找回来。

"你会感应到的。"天鹅奶奶温和地说。

"黑心石能感应到我的真心？"

"是的，等真正的不灭之星心脏回来，黑心石会被吞噬，完全消失，再也不会让你受折磨了。"天鹅奶奶说着，叹了口气，她是多么希望，鹅小鸟早日得到解脱，成为正常的少女。

说着说着，天鹅奶奶和鹅小鸟就来到天鹅墓地，四位白衣飘飘的女子和大公鸡早已等候在此，她们是天鹅座的守护神女和神宠，这次回来，是陪着鹅小鸟一起到地球，帮助她找回不灭之星心脏的。她们一一做了介绍，鹅小鸟虽然是第一次见到她们，事实上她们本身就是天鹅之母的女仆，每一位天鹅圣女降生的同时，会选出四位同一时间出生的守护神女和一只神宠，随时随地等候着天鹅圣女的召唤。

“我不要。”鹅小鸟的排斥，让大家都很意外。

“怎么能不要？她们会照顾好你的，你一个人去怎么能让老祖奶放心？”天鹅奶奶一脸不解地问。

“你看，女仆都是美女，我这么丑，我不要啦！”鹅小鸟明显是在撒娇，一听到她的理由，大家都笑了，随即鹅四递上了天鹅面纱，天鹅奶奶帮鹅小鸟戴上说：“老祖奶只能帮你到这儿了，记住，面纱一旦揭开，就再也不能戴上。”

天鹅面纱遮挡了鹅小鸟丑陋的脸庞，只露出一双乌黑的大眼睛，长长的睫毛翘翘的，美得像春天的稻花一样。鹅四拿了镜子给她，她看着镜中人，心里想着，眼睛是勾魂儿的，少了脸蛋上那一堆斑斑点点，还真漂亮，忍不住说出口来：“要是脸上只长眼睛就好了。”

“去火星，火星人是那样的。”鹅四回答她。

“才不要。”鹅小鸟嘴巴一噘起，可以挂个瓶子上去。

鹅溪溪和鹅真河的墓地旁，天鹅奶奶开始了祈祷：“让沉睡的苏醒，让爱你的宿命抵达。”当年，鹅溪溪和鹅真河把鹅小鸟托付给她老人家，天鹅奶奶心里也没有把握，能不能守护好鹅小鸟，不辜负他们夫妻所托。

时光荏苒，黑心石心脏的大限已到，鹅小鸟必须在这之前，让不灭之星心脏归位，否则，谁也没有回天之力，天鹅奶奶反复叮嘱着。

猛然间，鹅小鸟的脑海里就闪出一段画面，一个小男孩痛苦的脸庞，她的手轻轻掠过他的头发，一根根直发在她的手下柔软下去，那种感觉仿佛一下子窜到手心里来了，难道他就是不灭之星心脏的寄存体？现在怎么样了呢？鹅小鸟好奇着。如果真是这样，鹅小鸟已经离开了不灭之星心脏那么多年，这么多年的分离，该怎么归来呢？一连串的问题在鹅小鸟的脑子里冒泡，咕嘟咕嘟的。

火暴暴的脑子要炸一样，他的爱爱梦越来越频繁了，那一颗心仿佛不在自己体内，一切都不受控制，每次他都想看清楚那个女孩是谁，可是该死的"我爱你"一出口，随即分离，他感觉自己快疯了。

自从那一年相遇之后，火暴暴有时候会想起那个漂亮得惊为天人的小女孩，在他面前滚着火球消失。只是她白瓷一样的小手，安慰他穿过了他的头发，火暴暴清晰地感觉到，那一刻他的头发第一次顺溜溜地滑过耳根。往极端了想，火暴暴想着是不是那个小女孩的灵魂来追他了，想着想着他就把自己想得毛骨悚然。算起来，如果真是鬼，那个小女孩也长大了，并且这样子的梦，的确是从自己过完十八岁生日之后开始的。

现在，火暴暴的头发依然是直直的，硬硬的，他的眼睫毛也比小时候更长了，蒲扇一样，在这个看脸的时代，火暴暴的那张脸，无论走到哪儿，刷人气人气爆棚，刷帅气帅气逼人，他的粉丝就像疯狂的小陀螺，火暴暴所到之处，必定刮起暴暴旋风，从外貌协会的到单板滑雪的，女粉们一个个都站不稳，男粉也为之癫狂。

火暴暴的心里，常常被一种莫名的情绪牵引着，有着说不出来的焦躁，也许是遗憾吧！再也没有一个女孩的手，能让他的头发听话一下，哪怕一下下，火暴暴也满足了，整天顶着一头钢针一样的头发，每逢训练或者比赛因为戴头盔还要剃光头，连睡觉都不舒服，何况会影响帅的档次，像是在头上养了一棵只长松针的矮矬小树。

"已经很帅了。"每当火暴暴为头发发愁时，火妈妈都这么安慰他。也许在每一位妈妈心中，自己的儿子都是最帅的，正确地说："妈妈眼中出帅哥。"

"情人眼中也出帅哥，我看你最帅。"苏雪儿吃喝着。

"你看着帅有什么用？暴和你也不是情人！"连年毫不客气地说。

"怎么不是？他有说过不是？再说了，不是我还能有谁？"连年的话，苏雪儿一向不是当耳旁风就是不相信。

"来，你过来。"火暴暴冲苏雪儿招手，苏雪儿"嗖"一下就到了火暴暴面前，火暴暴拿起她的手，就往自己头上摸，苏雪儿"啊"的一声，立刻跳开，火暴暴和连年笑到面部肌肉痉挛。

"验证一下，的确不是！"火暴暴甩出一句话。

苏雪儿气得不行，说："这个世界上能改变你头发的人根本就不存在，你天生就这样，也天生就是属于我的，我有坚强的意志力。"

"真爱的确属于天生的，而不属于意志的！"火暴暴一句话出口，立刻招来了一堆叽叽喳喳的问题："你恋爱了？"妈妈悄悄问，怕伤了雪儿的心；"哥们儿这是哪儿来的心得呢？"连年说；"有暗恋对象了？是我吗？是我吗？"苏雪儿的焦急模样，让火暴暴起身离开，和亲近的人说话，总是被无聊的刨根问底搞得心乱如麻。

或者，火暴暴心里有一个小小的愿望，那就是当年的那个小女孩，真的只是一个灵魂吗？既然当年有缘相遇，他也期待一个意外的重逢，可惜的是，这个重逢迟迟不能到来。

火暴暴仰望天空，空幻的色彩，携带着一种无法探寻的秘密，他闭着眼睛，内心里闪动着一句话："在那些活跃的星星里，请告诉我你的所在。"

天鹅星团聚集，天鹅座从升到落犹如天鹅飞翔，就像星星活在自己的世界里。在月亮最接近地球时，众多生命体会到呼吸，在七彩火光中，他们仿佛没有来，也没有走，那都是人类不知道的事儿。

蓝花楹树下，公鸡蹲在秋千架上，晃晃悠悠，新的一天开始了。

唐心草的院子里，花儿挤破头地开着。

"看着我都替你们脸红。"鹅小鸟冲着花儿说。

"我们又没惹你！"

"别说了，再说就吃掉你们，我饿了。"

"吃吃吃，你就知道吃，丑啊。"这是一个只有鹅小鸟听到的声音，这个声音一落，"啊呜"一口就到了鹅小鸟的嘴巴里，接着就是吧唧吧唧响，然后就是鹅小鸟的笑声："叫你顶嘴！"

"啊，我的花儿呢？昨天还开得好好的，一朵，两朵，三朵……怎么不见了呢？"

鹅四急忙上前，连劝慰带搀扶地拉走了唐心草，避免她数清楚了心痛。

鹅小鸟一双无辜的大眼睛，看得其他花儿颤巍巍的，说："来，张开你们可爱的嘴巴，亲一下。"鹅小鸟说着，嘴巴就伸了过去。

"不要啊！救命啊！"

"不要闹了，小鸟。"鹅四阻止了她。

"没吃饱呢，是花儿自己喊我来吃早餐呢。"

"哎。"鹅四叹了口气，心想，等不灭之星心脏回来了，一切就好了。

鹅九、鹅一、鹅二和鹅四早已换好了唐心草准备的衣服，只有鹅小鸟坚持不要，她坚持她的天鹅面纱和天鹅裙最搭配，她们谁也说服不了她，只好一起到前院，准备这一天的工作，毕竟不能白吃白喝，大白公鸡早已溜达到前院大门外玩去了。

阳光明晃晃的，爬过树梢，树叶上染了一圈又一圈金色的光环，有风在院子里打起了小旋涡，像是笑开了的大大的酒窝。

他背对着出现在前院的大门外，风吹鼓胀了他的白色衬衫，转过身来，他笑得灿烂，感觉一瞬间，可以把太阳灭掉。火暴暴一眼瞧过去，电量足足的，鹅四、鹅九、鹅一、鹅二一副花痴状，仿佛被电得外焦里嫩。

"美女们好！"连年在她们眼前晃了晃手，四个人才从呆滞状态恢复过来。

"啊，又一位帅哥！"四个人定了定神，才发现又一位帅得让人睁不开眼的人就在眼前。

"你们神经病啊！没见过男人吗？"接着一位凌厉非常的女孩出现了，张口就出言不逊。

看着四位女孩子，苏雪儿气都不打一处来，想着这唐心草还真不是省油的灯，昨天她发出那样的警告，却依然我行我素，立刻又招来了人，分明就是和自己作对。苏雪儿又仔细打量一下眼前这四位女子，对得起美女这两个字，比以往的都漂亮。苏雪儿想，漂亮有什么用？她苏雪儿又不是男人，心里暗暗发誓，一定要和唐心草死磕到底。

鹅小鸟在昨天到唐心草家里之后，借助天鹅巫，就看出了唐心草内心的烦恼，所以才提出了条件，唐心草收留她们，她们为她排忧解难，看着苏雪儿盛气凌人的模样，鹅小鸟就知道，挑战来了，而黑心石的力量，在内心里撺掇得厉害。

火暴暴和连年也打心眼里佩服唐阿姨，真是经得起折腾，苏雪儿一次一次砸场子，他们有的是亲眼目睹，有的是亲耳听闻，到了今天，唐阿姨始终不抛弃、不放弃的态度，真的让他们另眼相看，也觉得苏叔叔是乱担心，低估了一个女人为了爱情的承受力。本来他们是受苏叔叔所托，和苏雪儿一起到来，适当地控制下场面，不让苏雪儿闹到不可收拾的地步。

苏雪儿一句刺耳的"神经病"，鹅小鸟站了出来，挥一挥手，鹅四几个人默默退下，该干什么干什么，一边忙碌去了。

此刻，无论是火暴暴、连年还是苏雪儿，都觉得这女孩打扮有问题，穿衣用时下流行的话说，是仙范儿，可戴个面纱要干吗呢？这个大问号，让他们都忘了是来干吗的了。

火暴暴和连年等着看好戏，因为面纱女孩直冲苏雪儿而来，两个女人产生的火花，向来好看。

"你好，我姓鹅，叫小鸟。"鹅小鸟平静得完全颠覆了她啊呜啊呜咬上花儿时的嚣张。

"一只大白鹅的鹅？"这名字真的雷住了苏雪儿，她惊讶地问。

"天鹅的鹅。"鹅小鸟依旧和顺地说。

"一只破鸟充什么天鹅？"苏雪儿不屑地说。

"不用充，本来就是。"鹅小鸟信心十足地说。

苏雪儿一听，简直不敢相信自己的耳朵，大声对一旁站着的火暴暴和连年说："她说她是一只天鹅鸟。"苏雪儿也表达不清楚了，她们说的话火暴暴和连年能听到，连年立刻手机搜索了，这姓人类还真有，确认不是见鬼了。

鹅小鸟渐渐感觉到，黑心石心脏正在变烟囱要冒火。

"问她为什么戴着面纱啊？"连年起哄说。

"对，为什么戴面纱？不敢露脸？"苏雪儿接着问。

"那是本姑娘漂亮，怕吓着你。"鹅小鸟说。

"一个土得掉渣的名字，能有一张什么样的脸，你吓我一个看看？"火暴暴实在憋不住了，没见过这么往自己脸上贴金的，一定是整容整坏了脸，顺带着连脑子也整坏了。

"就不吓你，怎么样？"想到刚刚鹅四那几个还对此人花痴，鹅小鸟小箭一样的眼神投过去，瞅了又瞅，看了又看，还是很一般，真没觉得帅哪儿了。

"那是你铁石心肠。"鹅四看出了她的心思，突然冒出来，在她耳边说。

鹅小鸟想想也是，黑心石的力量盖世，害得她连哭都是黑色的泪滴，谁能打动她啊！

火暴暴的心脏爆棚，就想看看这位口称鹅小鸟的面纱女孩的模样，从来没有的好奇心让他靠近她，鹅小鸟刚刚还感觉到滋滋冒烟的黑心石心脏，好像彻底熄火了，她这才下意识地猜猜看，是不灭之星心脏来了，天鹅奶奶告诉过她：只要黑心石心脏变乖了，那就是不灭之星心脏靠近她了。

鹅小鸟试着用天鹅巫读他的心，发现读不了，她更确认不灭之星心脏真的来了，因为天鹅巫可以读任何人的心，唯独读不出属于自己的那颗不灭之星心脏。鹅小鸟祈祷过快点让不灭之星心脏归位，但没想过这么快，这么顺利不灭之星心脏就送上门来，看来，是自己的就是自己的，分离多少年还是自己的。

一瞬间，鹅小鸟有隐藏不住的兴奋，抓狂起来，她甚至能幻想出，立刻从那个人胸口掏出自己的心脏来。于是，她张牙舞爪地扑向他，火暴暴一把把她拉过来，伸手扯下她的面纱，那是一张漂亮得让人无法呼吸的脸，大大的眼睛，惊愕不淡定，却像一汪清泉，把火暴暴陷入进去，她的脸色白得过分，很像深冬落下的第一片雪花，火暴暴捧起她的脸，情不自禁地吻了下去，她的脸被他覆盖着，仿佛雪静悄悄地融化，清凌凌的水流过脸颊。

鹅小鸟长长的眼睫毛下，挂着晶莹的泪滴，她的唇承受着火暴暴越来越炽热的吻，她无处安放的一双手往上扬了扬，轻轻穿过火暴暴的头发，发丝滑过她的指缝，顺着风飘动。

这是梦境，火暴暴是心动加感动，喘息之中，他张口而出"我爱你"。一切静止了一样，这位美得如魔似仙的女孩，她一动不动，没任何回应，火暴暴再度确认，他继续说着我爱你，她的墨瞳幽深，火暴暴看不出个究竟，仿佛她听不懂他讲话，她真像"爱的小哑巴"。

一切都在电光石火的一瞬间，发生得太快，所有的人都看呆了，木头人一般的静立不动。

苏雪儿是第一个反应过来的，火暴暴就这样赤裸裸地在她面前，疯狂地亲吻另一个女孩，那深情的场面，苏雪儿看不懂。从面纱掉下来的那一刻，谁也没看清鹅小鸟的脸，只看到面纱轻轻滑落，火暴暴的一张脸就覆盖了上去，遮蔽得严严实实的，仿佛要一口吞掉那张脸。火暴暴和鹅小鸟像久别重逢的恋人，迫不及待地倾诉着思念，一吻定格的镜头，让在场的每一个人都不解。

"你怎么可以亲她！"随着苏雪儿的一声咆哮，鹅小鸟也反应过来，狠狠地推开火暴暴，力量之大，出乎火暴暴意料，他忍不住后退几步，这时大家才看清面纱背后的那张脸，包括火暴暴自己。

当不灭之星心脏和分离的肉身重逢，一切都是情不自禁的，鹅小鸟的眼泪，是肉身对不灭之星心脏的呼唤，心和肉身重叠着，每一滴泪水晶莹透亮。火暴暴被鹅小鸟大力推开，泪滴立刻变成了黑色，墨汁一样，鹅小鸟脸上挂着密密麻麻的黑黑的泪线，刚刚过来的唐心草一下子捂住了自己的眼睛。

除了鹅小鸟的女仆们，其他人都需要闭会儿眼睛定定神，而火暴暴的脑子彻底凌乱了，他迅速地离开了现场，近乎逃命一般。

"能够丑得让火暴暴落荒而逃，这还真是难得一见。"连年觉得有点意思，他好奇什么样的力量让火暴暴迷失自己，众目睽睽之下，忘情地和一个这样的女孩深吻，除了已知的火暴暴的梦，现实中没有可能啊。连年分析来分析去，还是无解，转身离开，急于去火暴暴那里找到答案。

连年抬起脚步时，他忍不住回头望望那个丑女孩，鹅小鸟这名字已经就够难听的了，她那一张脸出现，彻底打败了她的名字，让人更深刻地记住了她，那就是一个丑得出奇、行为怪异的丑女孩。

"人类太无情了，比我们那儿还会看脸。"鹅小鸟愤愤不平，整个宇宙仿佛都是为美颜所生，真让人绝望。

连年突然停住了脚步，回转身来，径直地向鹅小鸟走去。

连年走到鹅小鸟面前，从口袋里掏出纸巾，伸手去擦鹅小鸟脸上的黑线。连年心想，这姑娘是玩魔术的，一定是在逗他们玩。连年认认真真地把那些黑色物质擦掉，他不认为那是眼泪，也没有人觉得这是眼泪，连年想好好看个清楚，这个女孩在搞什么鬼，好好的女孩子干吗要抹一脸黑？

连年的动作轻柔，鹅小鸟感受得到，这是一颗暖暖的心脏。当然，她能知道连年心里怎么想，是好奇，是对一个女孩丑成这样的同情，但是无论是什么，这一刻是鹅小鸟需要的。

清理掉黑色物质，那的确是一张丑丑的脸，连年终于可以确定了，不是他眼花了看错了，只是当他盯上了鹅小鸟的眼睛后，仿佛一朵漂亮的花儿瞬间绽放了花骨朵儿。

"眼睛很好看啊！"连年说。

"这也叫好看？简直丑得不像人类！"苏雪儿瞪了连年一眼说。

"我本来就不是人类。"鹅小鸟说。

"快说，你是什么人？"连年越来越觉得有意思了，能让火暴暴那样表现的的确不是人类，他很好奇是来自哪儿的。

"我是外星人。"鹅小鸟说。

"哪个星球的？"连年一本正经地继续追问，其实他都憋得快受不了啦，连肚子都忍不住想笑，一颤一颤的。

"天鹅座。"鹅小鸟认真地说。

"神经病啊，我看她简直是疯子，我天天研究星座，暴暴哥天蝎我双鱼，百分之百绝配，他怎么会和什么天鹅接吻，我不相信也没听说过这星座，胡说八道到我星座小半仙这里了。"听连年和鹅小鸟对话，苏雪儿实在无法自控，她不想再在这里待一分钟，但是她也没有忘记要办的事情，今天是来封唐心草的门的。

苏雪儿不再理会鹅小鸟，她到处寻找唐心草，唐心草在看到鹅小鸟那张脸时，已经早早地躲开了，她不敢确定自己遇见了什么事儿，也不敢迎接苏雪儿接下来会怎么闹，干脆来一个眼不见为净，反正有新来的神勇女孩们替自己挡着。

苏雪儿找不到唐心草，眼前的大白公鸡晃来晃去，苏雪儿自言自语说："真碍眼，早晚拔光你的毛。"

"头发才给你拔光呢！"大公鸡一说话，苏雪儿只觉得眼冒金星，拍了拍自己脑门，确定大白天的不会见鬼。随即她就发疯了一样，开始动手砸店摔东西，苏雪儿累得气喘吁吁，发现砸什么砸不烂，摔什么摔不动，先前的四位女孩各自忙着自己的事情，当苏雪儿空气一样，再看看连年，竟然和鹅小鸟有说有笑，完全没把那张丑脸放在眼里似的。苏雪儿的身体渐渐地膨胀着一种疼痛，一浪接一浪，汇聚在手心，苏雪儿一看，手心里咕咕地往外冒血。

"鬼啊。"苏雪儿一声惨叫，急忙向连年扑过去。连年扶着捧着手心一直发抖的苏雪儿，抚弄了几下她的手心，没什么问题！苏雪儿再看看自己的手心，什么也没有，迅速地拉着连年的手，嘴巴里不停地念着："鬼不要跟过来，不要跟来！"连年被苏雪儿拼命拉着，一溜烟儿地远远跑开了。

一切恢复了平静，仿佛什么事儿也没发生，只有鹅小鸟，叹息着她的天鹅面纱再也戴不上去了，以后必须得扛着这张丑脸吸引眼球了，她无奈地摇晃着脑袋，像要把她那张脸甩开一样。

阳光开始了肆无忌惮地打滚，气温渐渐地升高。

回到家的苏雪儿，越想越生气，她觉得自己倒霉透顶了，不但没有封了唐心草的店门，还赔上了火暴暴的吻，甚至连年都莫名其妙地像是和那丑女有了默契，还聊上天了，早知道真不该让他们跟着去，苏雪儿的怒火终于朝着她爹开了过去。

"你发什么疯？你爹我最失败的，就是没把你教好！"对女儿没来由的迁怒，苏辉生气地说。

"千万别这么说，你都没教过我，还谈什么好不好？"女儿这么回答，苏辉想想也是，从离婚的那一刻起，女儿基本上是在火家长大的。

"怎么不直接回你火妈妈家，来我这儿干吗？"

"我是担心你，怎么说你也是亲爹，来给你提个醒，告诉你唐心草身上有妖气，她家里闹鬼。"

"你就是那个鬼吧，哪次不是你闹得不可开交？存心找茬儿气人。"

"有你这样没良心的爹吗？我这么好心好意的！"

"你要真是爹的乖女儿，你就放爹一马。我和你妈妈是不可能了。"苏辉说出这话，心里也有点不舒服，他实在不想当女儿的面这么说。

"好吧，答应你了，可以不和妈妈复婚，但是要和唐心草那个女人断得一干二净！我不允许我的帅爸爸找个半老徐娘！"

"你这是夸爸爸还是贬爸爸？什么时候觉得爸爸帅了？爸爸都有白发了。"苏辉不知道女儿心里又有什么新主意。

"你放心，你有钱有名，成熟稳重，大叔配萝莉，这才合适啊！"

"你爹不是大叔，也不要什么萝莉，只要你唐阿姨！"

"哟哟哟，厉害了我的爹，看不出你还挺痴情啊，我实在是不懂，明明是我妈妈眼中的渣男，怎么到了那个女人面前，就成了忠诚好男人了？"

"别没大没小的，目无尊长，大人的事儿，你小孩别插手。"对于女儿，苏辉真的分不清是自己错了，还是女儿错了，他们父女的日常，就是这样，不如一般父女温馨，也不似朋友亲密，也不像敌人那样对立，磕磕绊绊，推撞敲打着过生活，什么话都能脱口而出。

"我就知道你会这么说，我都快嫁人了还是小孩子吗？只是作为一个女儿的第六感，我偏偏不喜欢唐心草，她没我妈妈漂亮也不比我妈妈年轻，你说你要诚心给我找小妈，也找个年轻漂亮的，你有面子，我也有面子，最好能找个和我年龄相当的，那样我也多了个小姐妹，有利于沟通，又方便家庭和谐。"

"你说你一个姑娘家，这一套一套都哪里来的？"女儿的一番话，让苏辉震惊了。

"还哪里来？网上到处都是，什么父女恋啊、爷孙恋，我还以为老爹你也要赶时髦。"

"你这孩子说话没法听了，都是什么不着调的理论，那个时髦你爹我赶不起，别瞎操心。"

"您啊，就是太谦虚了，不信我给您老征个婚，送个房子赠辆车什么的，后面还不排着队。"

"你啊，可别损你爹了。"

"我这是爱护你，为了你好，再说了，你求婚不是都不成功吗？何必一棵树上吊死，既然换新的，就要换个年轻漂亮的萌妹子，看着也养眼。要是有一天你躺下了，还能做你小老伴，退一步讲，就算是个小保姆也贴心不是，年轻有活力，照顾你多完美。"苏雪儿越说越痛快，越说越辽阔，想象力乱飞，连说带演的。

"我要那么做，那你爹真不男人，你唐阿姨跟了我那么多年，怎可辜负。"

"那我妈妈还跟你生了我呢。"说来说去，苏雪儿还是为妈妈鸣不平。

"所以我爱你，我也爱过你妈妈。"说到这儿，苏辉觉得，趁早和女儿结束这个话题，说多了她不知道又聊到哪儿去。可是，苏雪儿偏不，一句一句往苏辉耳朵里灌，字字都不离开唐心草，满口都是她那儿新来的女孩不是人，有丑女还有会说话的大公鸡，连空气里都是鬼魅的味道。

苏辉是知道的，苏雪儿一见到唐心草，就变得非常邪乎。要想让女儿闭嘴，只得提火暴暴，随口来了一句："听你火妈妈说，暴暴不舒服了，像是病了。"

"不病才怪，在唐心草家撞鬼了。"苏雪儿话音一落，就不见了身影。

苏辉望着女儿消失的门口，无奈地笑笑，现在的孩子，他是越来越不懂了，每次交流沟通后，依然只剩下一头雾水，除了一头雾水还是一头雾水。

"你脑子里整天装的什么？"连一宁厉声质问儿子连年。

"脑浆。"连年给出了他认为最正确的答案。

连年回答得很干脆，连一宁听得火大。对于这个儿子，从连一宁到吴玉是没有一点办法，恋爱不好好谈，三天两头地换，没一个正形。再加上苏雪儿常常煽风点火说，连年的真爱是火暴暴，本来谁也不信，挡不住话说多了。再看看外面的世界，有影有形有趋势，已经超出了他们理解的范围，这让连一宁和火川都有点着急，希望他们的儿子们早点安定下来，虽然夫人们都看好苏雪儿，但是作为爸爸，他们并不过多干预。

连一宁想着，当年他和火川还有苏辉天天在一起，连内裤都换着穿的，怎么都没往彼此爱慕上想呢？只想着兄弟情了，现在孩子的思维方式，他们别说跟不上，仿佛连切入口都找不到了，并且儿子口口声声说，要做不婚族。

"不婚？你没这权利。"连一宁不客气地说。

"你这是霸道啊，爸爸，我自己不能做主吗？"

"你还真不能做主！你有什么资格不让我和你妈妈当爷爷奶奶？"

"你们养我就是为了做爷爷奶奶？"

"男女相爱，传宗接代，必须的。"

"好吧，我答应你们，一定满足你们这个愿望，甚至可以生很多孩子，反正我们家也养得起，但这和婚姻没关系！"

"这什么逻辑？"

"不结婚，但不排斥生孩子，像我这样上得了厅堂下得了厨房的富二代，只属于一个女人太可惜了，你儿子我不忍心伤各式各样小美女的心啊。"连年故作潇洒，洋洋得意地说。

看着儿子越说越来劲儿，连一宁心想："瞎显摆，这还是年轻不懂，早晚那个把你收拾得服服帖帖的人会来。"

从这一点讲，连年很羡慕火暴暴，他有一副随时不知道什么时候就要出大事的身体，火爸爸和火妈妈从小就任他为所欲为，只要他好好活着，想干什么干什么，只做自己喜欢的、高兴的事儿。连年有时候在想，是不是所有的孩子都到了随时随地要丢掉小命的地步，才能有选择的自由。

望子成龙望女成凤本没有错，但是，有些孩子就不想做人中龙凤，就想做只走地鸡，想去哪儿就去哪儿，乐得一个逍遥自在。

连年心里一直想着火暴暴的事儿，在唐阿姨那里发生的一切，不可思议，他不想和父亲再讨论什么婚不婚孩子不孩子的话题，父母对他的期望远远不止这些，永远满足不完。父母的爱有多深，希望就有多大，得需要多完美的一个孩子，才能承受，这是连年常有的感慨。

不过，此时此刻，连年心急火燎地最想知道，火暴暴究竟着了什么迷，和那个丑女上演吻戏，还那么投入，这里面有多少悬而未决的秘密。

火暴暴的确是失魂落魄地回到家的。即使结果不堪入目，火暴暴仍然记得，在面纱揭下来的那一刻，那个女孩的美，从来没见过的美，美到极致，说是让他丧失了全部意识是不对的，当时他只有一个意识，并且不可控制，压抑不了地吻上她！

"遇见美女扑上去就亲，绝不放过，这就对了。"连年和苏雪儿已经在他身边坐了一会儿了，火暴暴还是回不过神来，倒是连年的这句话叫醒了他。

"你们也觉得是美女？不是我眼花了？"火暴暴始终确定不了鹅小鸟的样子，美和丑仿佛就在他眼前变幻，到现在他也分不清，到底哪一张脸属于鹅小鸟。

"你眼没花，丑得没法儿看，我替你鉴定完毕。"苏雪儿说。

"可是面纱揭开时，真的很漂亮，不是吗？你们没看见？"火暴暴问。

"真没看见，只看见你骚动的后脑勺！"连年揶揄说。

"都这时候你还开玩笑，你们没看见我的头发软了吗？"

"没看见。"苏雪儿斩钉截铁地说，打死她都不愿意相信，这个世界上有靠一只手抚摸，就能让火暴暴的头发变得柔柔顺顺，除非哪一天科技发达到那种地步，能够生产出一种专门诊治火暴暴这类头发的洗发水，概率还高些。

"年，你也没看见？"听到苏雪儿那么说，火暴暴依旧不死心，问连年说。

"没看见。"连年的回答，彻底打消了火暴暴的念头，记忆在反复，他明明有一种感觉，在亲吻的时刻，他的头发是软软的，这种感觉很深刻，忘不了。

火暴暴的眼前，又浮现出那张白玉一样绝美的脸，猛然间又记起了被火球裹走的那张惊悚的脸，那一年，栀子花一样的小小女孩，他的头发在她的小小手轻抚下乖乖听话，绵绵软软，像是一个意外的小小誓言。

这个誓言不稳，因为不会有人指望着会出现，今天发生的一切，火暴暴有种被追魂的感觉，他把头埋在双腿间，像一只孤独的成年鸵鸟。

鹅小鸟也纳闷着呢，明明是热烈欢迎自己的不灭之星心脏的，为什么被吻得毫无招架之力，任由那个连名字都不知道的人为所欲为？更让鹅小鸟想不通的是，面纱扯下去，自己的那张丑脸没吓倒他？难道他是重口味，专门喜欢丑的？可是他又为什么那么狼狈地逃跑呢？

是怕羞吗?

在一个接一个的问号中,鹅小鸟越思越想越不开心,当她想到火暴暴是因为怕羞而离开时,忍不住笑出声来,自言自语说:"我还没来得及羞涩呢。"

"你这样的黑心肠,哪懂羞涩啊。"鹅四冲着傻呆的鹅小鸟说。

"凭什么我就不能羞涩了?他占我便宜你没看见?"

"我们都以为是你占人家便宜呢!快照照镜子,是不是有点自作多情。"虽然是鹅小鸟的女仆,她们之间,更像是朋友,特别是鹅四,她是天鹅座的一等女仆,能够守候在天鹅圣女身边的女仆,地位也是至尊至高。

"不照镜子我也知道,天鹅面纱没了,我拿我的丑脸怎么办啊?"鹅小鸟垂头丧气地说。

"丑咱们不怕,搁不住那家伙眼瞎啊?"鹅四捉弄鹅小鸟说。

听鹅四这么拿自己逗乐,鹅小鸟丑丑的脸快拧成一团了,鹅四飞速跑开,作为天鹅圣女的鹅小鸟,她自身的天鹅之怒可是谁也惹不起的。

在这个宇宙里,谁要是对天鹅有不轨之心或者伤害她们,哪怕仅仅是对天鹅羽毛不敬,都会导致灾祸降临。如果是谁伤害了鹅小鸟,那么就必须面对天鹅之怒。鹅小鸟当然知道自己的武器所在,她恨不得找个喇叭大声喊:"别惹我!管你是坏小子还是男神!"可是,她又陷入了对那个吻的苦思冥想,她每一次的梦,仿佛是那种温存与疏离感的延续。

鹅小鸟的脑海里也存在那一年那一个漂亮的小男孩,他一头像是充了电的头发,在她的手穿过之时,滑溜溜的,而就在这一天,她的手再次穿过接吻男生的头发时,同样的感觉回来了。

鹅小鸟确认,那一年她遇见的,只不过是不灭之星的寄存体,现在遇见的,还是寄存体,要回到自己身体里的,是只有至高无上骄傲的天鹅圣女才拥有的不灭之星心脏。

也许一切存在,皆为命运之安排,万物之想象。一颗星一个梦想，在遥远的天际绽放光芒。

曾经，鹅溪溪和鹅真河夫妻二人陪着女儿愉快地玩魔法飞行，如今，鹅小鸟成了他们死不瞑目的存在。父母在，爱在福也在，父母不在了，他们也希望孩子永远活在他们的庇佑之下，一生安好。

火暴暴自己也说不清，浪漫的长吻之后，又有遭雷轰的感觉，其实，对鹅小鸟来说，又何尝不是？不灭之星的秘密，她也只从天鹅奶奶那儿知道一点点。

不灭之星心脏靠近，鹅小鸟的黑心石心脏会变乖，她的天鹅巫能读出众人之心，唯独读不出属于自己的不灭之星，以此来证明，寄存体内深埋着来自天鹅圣女的不灭之星心脏。

其实，只要不灭之星的寄存体近身鹅小鸟一个肩膀的距离之内，她就会恢复原来的模样，鹅小鸟小时候是一个漂亮异常的小姑娘，女大十八变，越变越好看，那么现在的她，是一个好看得不得了的姑娘。

火暴暴眼中出现的，是真实的鹅小鸟，她的一切正常，泪水和所有美丽的姑娘的一样，晶莹透亮，梨花带雨更是美得超越了语言的界限，无法形容。

同样的事实是，一旦不灭之星没有归位，寄存体又超出了一个肩膀的距离，那鹅小鸟依然是旧模样，丑得难以想象。

当然，这一切的不正常现象，都将随着不灭之星最终所属恢复平静。

那一年，鹅溪溪和鹅真河明知无力回天，他们一家三口要葬身于巨星爆炸中心，一切都会如一缕青烟一样消失不见。情急之下，为了女儿的生命能够得以保存，他们忍受了女儿失去不灭之星心脏的痛苦，不得不用极其残忍的方式取出，用来安放在来自地球的有缘人身上。这种巨大的创伤是源于父母的终极之爱。

火暴暴的眼中，一直还残留着鹅小鸟那张痛苦的脸，记忆不可磨灭。

火暴暴是鹅溪溪和鹅真河的无意之选，却是命中注定的有缘分，因为只有这宿命的缘分，才能承受得了不灭之星，当时鹅溪溪和鹅真河的决定，也是赌一把，死马当活马医，看鹅小鸟能不能逃过劫难。

生命的劫难总是一环扣一环，有生存就会有波澜，在命运的起伏中感知到生活的酸甜苦辣咸。鹅小鸟和火暴暴之间，谁也不知道下一幕会是什么在上演。

火暴暴接受了不灭之星，就意味着连他那颗"死去的心脏"也不复存在了，这些年，他只不过是替鹅小鸟养着一颗心的寄存体，一旦不灭之星心脏离开，他将一无所有，那就是必死无疑，这是一个无情无人道而不能说的秘密。

鹅四心里明白，但是她不能说出一切，又必须要让鹅小鸟知道，知道鹅小鸟应该知道的，那就是不灭之星必须回来。

有缘分的人都逃不离一个坐标点，那就是相爱。

鹅溪溪和鹅真河的决定，在天鹅奶奶知道不灭之星还活着的那一刻，就知道鹅小鸟命中相爱的人，就是不灭之星的寄存体。

正是因为这样，两个年轻人，一个在地球，一个在天鹅座，却有着在一起的美梦，从他们长大后，那个缠绵的梦境就会在他们的脑海里盘旋不走。

对守护鹅小鸟的人来说，火暴暴要爱是必须的，这里有她们对不灭之星的期待，但是她们必须管住鹅小鸟，绝对不允许也不能爱上火暴暴，所以火暴暴一旦表白，鹅小鸟就会被天鹅之圈击中，听不见他的声音，而因为受天鹅之圈的禁锢，鹅小鸟也不能对火暴暴表白，如果触及表白的边界，鹅小鸟就变成了听不见、说不出，类似一个小哑巴。

鹅小鸟能听见万物之言，也能听得见火暴暴说话，唯独听不见他说我爱你，这是天鹅之圈的诅咒，也是爱她的长辈们的良苦用心。为了使鹅小鸟顺利取回不灭之星，她一定不能爱上火暴暴，因为在这个宇宙里，没有一个爱的人，能够狠下心，为了自己活着，眼睁睁地看着心爱的人去死。真爱，是忠于劫难的。

鹅四一点一滴地讲给鹅小鸟，凭着记忆的片段，鹅小鸟的脑子里全是爸爸妈妈当年拼命保护自己的样子，她流下了黑黑的泪滴。

"好脏，好丑！"鹅小鸟抹了一把眼泪说。

"那就别哭了，等不灭之星回来就好了。"鹅四劝慰说。

"是的，今天让不灭之星逃脱了。"鹅小鸟不甘心地说。

"这次逃脱是个意外，以后还有机会，记住，你绝不能爱上那个寄存体！"

"我的命是爸爸妈妈拿性命换来的，我一定会好好听话，好好活着，我要回我自己的心，是天经地义的。"鹅小鸟坚定不移地说。

"听话就好，千万别爱上他！"鹅四强调着，提醒着鹅小鸟。

"你这一遍一遍提醒的，我还真想爱上他呢。"

"那是我适得其反了？是你不懂，爱情威力无穷，被宿命绑在一起的爱情，更是无穷大啊。"

"放心好了，我绝不会爱上他！"鹅小鸟信誓旦旦地说。

"其实你的寄存体蛮帅的，说起来真可惜。"

"是你舍不得了吧？"

听到鹅小鸟这么问，鹅四心里隐隐作痛，那是因为她是这个宿命的洞悉者，心里祈祷着："鸟啊鸟，愿你是舍得的。"

鹅四心里明白一切，当鹅小鸟得到不灭之星的光芒照耀的那一刻，恢复原来的模样，和火暴暴俊男美女太般配，画面美得不敢看，说起来真的不忍心。可是这是命中注定的结局，谁也无法更改，不让鹅小鸟爱上，在爱上之前让他们分离，是唯一的选择。只是现在，鹅小鸟是体会不到的，她的爱情暂时关闭了眼睛，她才会这么无动于衷。

火暴暴清晰地记得，在忘情的激吻中，他是表白了的，"我爱你"一出口，丑姑娘呆若木鸡，而在梦中，梦会立刻断片。她一样的不言不语，梦中"爱的小哑巴"和这个丑姑娘的影子在火暴暴心里不停地晃，渐渐地竟然成了一个人，火暴暴忍不住揪了揪自己竖立的头发，发尖扎得他生痛，他告诉自己，这场面真的hold不住。

"从小对你千依百顺，真是把你这孩子宠坏了。"火妈妈一旁念叨着。

苏雪儿情不自禁地火上浇油说："是的，火妈妈，暴暴哥就是和这个丑女上演了激情戏码。"

把头缩在被窝里不用看，火暴暴也知道这是妈妈和快嘴苏雪儿的对话，只是他没明白，这又发生什么了。

"快起来，看看你干的好事！"火妈妈说。

"暴暴哥，你上头条了！"苏雪儿一副唯恐天下不乱的模样。

在这资讯发达的时代，头条都不够明星们抢的，火暴暴想不通，自己做了什么了，还上了头条了。

"爱上上去，上头条还不好？"火暴暴心想，不过是滑雪那些事儿，能多大点事儿啊？前几天刚接受《国际滑雪杂志》的独家专访，不过是在谈感情方面时，说自己单身，撇清了和苏雪儿的关系。但是，火暴暴很快反应过来，听苏雪儿和妈妈的对话中有提到丑女，他马上钻出被窝，头刚刚露出被角，妈妈手里的报纸就劈头盖脸地朝他扔过来。

"能不能温柔点，你儿子还虚弱着呢。"火暴暴抱怨说。

"这些年也风平浪静了，我不用那么担心你了，我老了，我得好好考虑自己承受能力问题了。"火妈妈是气不打一处来。

火妈妈说什么火暴暴并没仔细听，瞄了一眼报纸，不看不知道，一看吓一跳，从体育版到娱乐版，头版头条赫然写着《滑雪魔兽和女友当街激吻》，其他几份报纸的标题也大多相差无几，同时都附上了现场照片，照片证实了一切，那个女孩丑得让火暴暴不能直视，新闻内容上也说，原来雪上魔兽果然属于魔兽派的，重口味，眼光的确与众不同。

"看来你心情不错，还看得那么仔细？"苏雪儿明显说的是反话，火暴暴没时间搭理她，他以前的确是不关心自己的任何新闻的，这些年他所有的绯闻都给了苏雪儿了，他是想看看有没有一家报纸，拍下了他眼中那张漂亮的脸，面纱去掉的一刻，那么美，火暴暴陷入了奇幻的感觉，一瞬间难以自拔。

凭借着在滑雪界"魔兽"的地位，集俊朗的外表、健康的形象、传奇故事于一身的火暴暴，无疑是广告商的宠儿，每到一处，都吸引着大众眼球，用他两位商界大佬叔叔的话说："除了洗发水，我们暴暴代言什么什么热销。"就是这样一个火暴暴，和一个丑女上演了惊心动魄的吻戏。

火暴暴看了下手机和电脑，新闻在各大网站迅速蔓延开来，微博都上了热门话题，看了看评论，有说丑女无敌的，有说他的未婚妻明明就是富二代苏家大小姐；有说苏家大小姐和连家公子也是青梅竹马，有说滑雪魔兽变成劈腿大王了，有说帅哥一般都眼瞎，还有说他和连年满满都是基情……总之，各种言论乱纷纷，火暴暴立刻关了手机和电脑，他需要静一静。

恰巧，连年也抱着报纸来了，火暴暴一看，又来一添乱的，随即掀起被子蒙住了脸，这一刻，他什么都不想听见，什么也不想看见。

又是新的一天，是个下雨天。

多雨的天气，空气里湿答答的，像是能拧出水来。

唐心草心满意足地看了自己的前院后院，一切都完好无损，深深地为这几位天降人才赞叹，她终于有靠得住的人了，起码不似以前，苏雪儿来一次，一次比一次凌乱不堪，像被强盗洗劫过的场面，让唐心草想想就心累。

现在，她可以悠闲地坐在飘雨的屋檐下，看着雨滴落下来，随即打开了陈年的自酿石榴酒，雨天的暗影在酒里荡来荡去，她娴静的脸庞落在杯底，觉得成熟就是把所有的敏感磨成心里的茧。

大公鸡在雨中踩水，溅起的雨花绕在它的脚腕上，像是要给它戴上一串水珠链子，雪白的羽毛，高傲的姿态，它从天上来，无论雨怎么淋在它身上，它也成不了落汤鸡。

失去了天鹅面纱的鹅小鸟，终于不坚持和她面纱搭配的仙女范儿了，一件樱桃印花森女系连衣裙上身，大摆伞裙在她的跳跃下灵动飘逸，娇媚的身材透着可爱，如果不看脸，就没一点惊险。

"你说谁长得惊险呢?"

唐心草左看右看,身边没人,不解地问:"和我说话呢?"

"是的,你心里在说我长得很惊险。"

"我心里怎么想你能知道?"

"当然知道,我能读你的心。"鹅小鸟说着,伸出长长的手臂指着唐心草的胸口,让她忍不住吓了一跳。换了新衣服的鹅小鸟,唐心草再度打量她,胳膊长腿长脖子长,巴掌小脸,气质自然而然流露出一种难以拒绝的高傲。

唐心草是退役的芭蕾舞演员,内心里又实实在在地为这个女孩的那张脸可惜,如果是一张白白净净的脸蛋,这就是一只标准的小天鹅。

"漂亮有漂亮的好,丑也有丑的吸引力,不是吗?"

鹅小鸟这么问,唐心草都不知道怎么回答她,随口敷衍一句:"有点道理。"

鹅小鸟像是心满意足了似的,张开双臂,冲进雨里,及腰长发,瞬间在雨水中湿漉漉地闪着光,她那张丑丑的脸孔朝天仰望,嘴巴张得大大的,雨滴一下子约好了一样,集体发奋地往她嘴巴里跑。

"你疯了!"唐心草以为刺激到鹅小鸟了,冲进雨里就把她拉到屋檐下。

"干吗那么小气啊,我在吃雨。"

鹅小鸟这么一说,唐心草真的觉得不可理喻,为了以后长久相处,她不得不对鹅小鸟进行一些行为上的指导和约束。

"你要是再这样疯疯癫癫的,我不许你在我这里了!"唐心草严肃地说。

"你不会赶我们走的,我们能帮你平息骚乱。"鹅小鸟的言外之意,她们才是制服苏雪儿的唯一武器,唐心草纳闷地想着,看着简简单单的小姑娘,还真是穿透了她的心墙,知道她的心思。

"我没说赶她们走,我只要你走。"

"我走她们就必须走,她们都是我的女仆,我才是真正的主人,丑姑娘也能当家的,不要那么颜值优先。"

鹅小鸟这么一说，唐心草还真不明白她唱的是哪出戏了，怎么四个如花似玉的女孩，还成了这个丑姑娘的仆人了，这演戏能演到自己家吗？唐心草是满脑子疑惑，却又无法解。

"她说得没错，我们是她的仆人。"鹅四过来，替鹅小鸟证明。

"我也是。"公鸡再度说话，唐心草傻眼了，一种见鬼的感觉瞬间遍及全身，仿佛有穿越之感的天旋地转。

"老板娘，你别怕，高科技，仿真鸡。"鹅四安慰说。

唐心草立刻抓住了鹅四的手，在她眼中，只有鹅四最像人，起码是能够沟通的。唐心草说："我的目的不是赶你们走，我也挺喜欢你们的，只是别让小鸟到前院，毕竟有顾客，她的脸和一些不正常行为都不适合做销售，就让她在后院里照顾照顾花儿吧！"

鹅小鸟一听，立刻兴奋了，一个劲儿地点头表示同意，可是她的耳朵里，全是"救命啊，不要啊"的反对声，当然，花花草草们表示害怕，它们都是鹅小鸟饱肚子的食物。

世界万物，每一种生命都会感到疼痛。

鹅四能够感受到唐心草的担忧，也心知唐心草的家是她们到这个地球上最好的落脚处，反握着唐心草的手说："你放心，小鸟只是小时候生过重病，她才会这样反常，面有瑕疵，原本她是这个世界上最美的姑娘，美得如玉生光。"

这一点，唐心草也看得出来，在鹅小鸟身上，除了那张丑丑的脸，绝无任何挑剔之处，那白嫩的皮肤，晶莹剔透，吹弹可破，仿佛所有的不愉快都集中到脸上去了。

"怎么会取这样的店名，'天鹅兽鸟屋'？"鹅小鸟突然问起了店名的事情。

"根据心情瞎编乱造的。"唐心草淡淡地说。

"看来我们真有缘分啊。"鹅小鸟很喜欢这个名字。

鹅四从口袋里拿出一包种子，告诉唐心草说："不只让她帮你照顾花儿，还让她帮你种花儿。"

"那倒不用了，我这院子里的花儿，已经够多了。"唐心草看着自己满园的花花草草，很是满足。

"那怎么能够，我还要……"不等吃字出口，鹅四就捂住了她的嘴，接着唐心草的话说："我们这花种不一样，只要对着任何空地撒下去，无论是石头缝还是枯木缝隙，只要三天，你就能收获一个不一样的花园。"

来自天鹅座的花种，是鹅小鸟赖以生存的粮食，只要是种子落下的地方，就会开满鲜花。唐心草听着也好奇，一切就遂她们意了。

而此时的鹅小鸟，眼神落在其他的花花草草身上，嘴巴哼哼地说了句："还不谢谢我，不吃你们了。"所有花儿低头，躲避鹅小鸟嗖嗖小箭一样的眼神。

唐心草看着说："这些花最近不知道怎么了，个个无精打采的，有点蔫，你们好好看看，需要的话买点花药。"

鹅小鸟眼睛一亮，说："好的好的。"只有她身后，一片花儿的唉声叹气，埋怨主人简直是引狼入室，花儿朵朵都是要入鸟口。

天空中，雨停了，雷电和彩虹一同出现，美轮美奂，让人惊叹，就在这奇特的天象中，火妈妈怒气冲冲地直奔而来，嘴里喊着唐心草的名字，苏雪儿紧随其后。

苏雪儿心想，凭着自己的力量，是斗不过唐心草家新来的那几个怪人，得借火妈妈的手，把她们赶走，反正自己也不想她们在，特别是那个丑女孩，被苏雪儿视为一号眼中钉，这点和火妈妈保持一致，这么丑的姑娘，和那么帅的儿子接吻，简直是坑了儿子的那张嘴，也毁了儿子的好形象，一想到这儿，火妈妈气都不打一处来，恨不得一下子就掐死那个和儿子接吻的人。

"得让暴暴哥去洗洗嘴巴。"苏雪儿说。

"嘴巴容易洗，新闻都八卦成这样了，能容易抹去吗？"在唐心草的院子里，这两位前来找茬儿的停下了脚步，一眼就看见了鹅小鸟，鹅小鸟的眼睛毫不客气地盯着她们，女人间的小宇宙，仿佛一下就要爆发。

双方间的表情都僵硬了，也没谁说一句话，鹅小鸟忍不住败下阵来，那位姑娘她眼熟，可这位阿姨很陌生，鹅小鸟豁出去自己那张丑脸笑笑说："老板娘一会儿就出来。"

鹅小鸟笑起来，那张不好看的脸上，眼下边就有两个小坑儿，叫做泪坑儿，火妈妈根本没听她说什么，所有的注意力还集中在鹅小鸟的脸上，说："丑成这样，果真是命不好。"有讲究的家庭，会认为面相上有泪坑儿的人命不好。

"阿姨，客气些讲话不好吗？"鹅四走过来，对火妈妈说。

"看你这姑娘美美的，让唐心草出来，把这个丑丫头给我赶走！"火妈妈明显是针对着鹅小鸟而来，报纸上那张清晰的丑脸，像是复印在了火妈妈心里，让她一眼就认出鹅小鸟，这丑得太出奇也成就了超高的辨识度。

"老板娘出来了也没有用，她赶不走我们！"鹅四回复说。

"我还真没听说过，老板娘赶不走员工的！"

"你没听错，我确实赶不走她们，我也不想赶走她们。"唐心草出来说。

"唐心草，诚心作对是不是？"唐心草的不合作，让火妈妈出乎意料，为了一个丑得不能见人的员工，她至于吗？这些人什么来路？火妈妈一时搞不懂，沉思了一下问："她们是你亲戚？"

"我们毫无关系。"唐心草否定说。

"那你护着她们干什么？"火妈妈实在不解唐心草安的什么心。

"火妈妈，我知道，她一直勾引我爸爸，现在弄这一帮小妖精勾引暴暴哥，你都不知道？连年都和那丑丫头有说有笑呢！她们全都是妖孽！"苏雪儿急忙在边上煽风点火。

"你嘴巴里会出刀子吗？不能好好说话吗？女生最可爱的就是嘴巴你不知道吗？因为嘴巴可以亲吻，这是世界上最甜蜜的，小心你的嘴巴太锋利再也得不到 kiss 了！"鹅小鸟的话音一落，苏雪儿惊恐地捂住了嘴巴，听到鹅小鸟说出这样的话，火妈妈很诧异，什么样的女孩能说出这样的话？这得多没有教养，张口闭口把亲吻挂在嘴边上？儿子那个走火入魔的吻，来得也太邪门，火妈妈越想越不对劲儿，问："唐心草从哪儿把你们招过来的？"

"是老板娘人好，我们自己送上门的。"鹅小鸟说，虽然唐心草也说自己丑，但是鹅小鸟依然能从她那儿感觉到善意，这和别人嘴巴里出来的不一样。

"那你们是哪儿人啊？"

"外星人。"

"神经病。"火妈妈听到鹅小鸟的答案，真的觉得没有再说下去的必要，在这个地球上，除了神经病，还会有谁冠冕堂皇地说自己是外星人。再看看这几个女人的表情，从唐心草到丑姑娘，火妈妈是怎么看怎么觉得不正常，背后突起一股凉风，吓得火妈妈赶快拉着苏雪儿的手："这是不祥之地，我们快快离开。"

也许所有女人的心理都是这样，当自己束手无策的时候，总能给自己找一个美好而心安理得的理由，然后给对方安上一个邪恶而遭人唾弃的头衔。

三　K流星雨有多温暖

　　风哗啦啦地吹着，院子里的多肉安安静静地躺着，数着星辰迎接晨曦中的露水，花朵睡醒前鹅小鸟必须醒来，她飘然而至，柔软而优美，她身着蕾丝荷叶边灯笼袖睡裙，站在花丛中，没人知道她站了多久，露水挂满了她的衣衫。

　　离开了天鹅座，来到了地球上，鹅四她们的生活和人类一样，一切都没有改变，只有鹅小鸟不可以，天鹅圣女的地位，黑心石心脏的侵蚀，失去不灭之星的缺憾和折磨等等，看似至高无上，其实多的是心酸和坎坷，看似尊贵无比，却要承受超越常人的诋毁和磨难。

　　"哎，小鸟其实挺可怜的。"透过窗子，鹅四看着鹅小鸟木呆呆地站着，像个犯错的孩子一样。

　　"是的，都不如我们当仆人的好。"鹅九说。

　　"想来想去，命运好公平，瞧我们多平凡，平凡得连灾难都离我们好远。"鹅二说。

　　"好事多磨吧！但愿不灭之星归位后，小鸟从此以后都好好的。"四个女仆你一言我一语地说着，等太阳出来了，鹅小鸟的洗澡时间就结束了。

　　那一年留下的后遗症，除了丢失了不灭之星，和彻底地毁了鹅小鸟的那张脸，这是能看得见的。其实，她看似完好的皮肤之下，满目疮痍，她不能洗澡，只能借助露水的湿润，驱除她的疲劳和灰尘。

每当这个时刻，也是鹅小鸟最伤心的时候，自从天鹅奶奶救活她以后，她知道必须以露水的滋养才能洗澡时，特别的难过，因为在此以前，哪一次不是在爸爸妈妈的精心呵护下洗澡的？这种记忆遥远而模糊，对父母的思念却是抓心挠肝，她的泪滴混合在清新的空气里，散落在干燥的尘土上，打起一小股一小股的烟儿。

所以，当火妈妈气势汹汹地质问她的时候，她打心眼里没有过分讨厌这位妈妈，所有的父母发泄于别人身上的愤怒，不过是对自己孩子固执的偏爱。虽然鹅小鸟连那个寄存体的名字都不知道，但是她羡慕他，能够做一个让妈妈操心的孩子，其实也是幸福的。

穿衣显瘦，脱衣有肉，在火妈妈眼中，儿子就是最帅的。可是，眼看帅帅的儿子招呼也没打一个，驾驶着他的车子，随着一声引擎轰鸣，就不见了踪影。自从儿子长大后，连火妈妈都产生了恋儿子情结似的，觉得自己桀骜不驯的儿子，就是霸气的魔兽，怎么看都帅出了男人的新高度。她心里就纳闷，怎么就和那个丑女吻上了呢？

"年轻人，吻了就吻了，你这当妈妈的，吃什么醋啊？"火爸爸倒是对儿子的激吻事件很看得开。

"吻谁不好？偏偏吻个丑得没法看的女孩。"鹅小鸟的丑，是火妈妈耿耿于怀的，更重要的是，她怕影响到苏雪儿和火暴暴的感情。

"这美和丑怎么界定的？说不定儿子就是看着好呢？再说了，男人看女人，和女人看女人，本来就有着本质的区别。"

"什么本质的区别？男人不都是喜欢青春貌美、风情妩媚的吗？反正那样的丑媳妇我是不会接受的。"

"后面这话怎么那么耳熟啊？我追你的时候，是不是我妈妈也这么说过？"

"是啊，你妈还真以为你帅到天上去了呢！"

"这道理不就清楚了，在每一个当婆婆的心里，都找不到一个合适的儿媳妇。"

"你这话没道理，如果是雪儿，我举双手赞成。"

"你赞成有什么用，关键是暴暴要同意，我倒是看着暴暴和连年这俩孩子，都对雪儿不是那个意思。"

"他们就是贪玩，分不清好和坏，等等就好了。"

火爸爸和火妈妈你一句我一句地交流着孩子们的话题，火妈妈突然来了一句："我怎么找不到我们的结婚证了？"

"要结婚证干吗？我们又不打算离婚。"火爸爸的话，火妈妈一时没有反应过来，反应过来后，还是蛮感动的。想想身边的同学朋友，离婚的离婚，再婚的再婚，再婚了的又离的，之前她还一直担心火爸爸会受到影响，现在看来，感情一如既往，可以放心了。火妈妈松了口气，想着一起走过的日子，都是一步一步熬过来的，或许，成功的婚姻，就得这么熬着，从青丝到白发，熬出一个地久天长。

"天鹅兽鸟屋"的门口，限量版的兰博基尼分外耀眼，比这车子还要闪亮的是，他一身海洋风格的装扮，携带着一脸橘色温暖的微笑，像是阳光穿透云层，一下子扑进了女孩子们的眼睛。

"啧啧啧……帅得不让人活了。"来自天鹅座的四个女仆花痴，口水都要掉下来了。

"美女们好。"连年冲鹅四她们摆摆手，如此的礼貌周到。

"哎哟，我的心要跳出来了。"鹅九捂住胸口说。

连年四处张望了一下，没有寻见鹅小鸟，走上前去问："丑丫头呢？"

"我们这儿没有丑丫头。"连年的话一出口，鹅四顿时觉得，形象大打折扣。

"不好意思，我是来找小鸟的。"连年很坦诚地说，鹅小鸟介绍自己名字时的形象在他脑海里晃。

"小鸟也不在。"

"鹅小鸟，鹅小鸟……"听到鹅四这么说，连年不再理会她，径直朝着后院走去，边走边喊。

突然，就有人从背后捂住了他的嘴巴，连年一转身，把她扣在了怀里。那个娇小的身材，和一米八的连年相比，真的像抱在怀里的小宠物，而她刚刚从背后捂连年嘴巴的时候，就像吊在树枝上的小猴子。

一缕长发被风吹上了她的脸庞，这张丑丑的脸庞，只是让连年觉得和其他女生不一样，甚至他觉得，所有的女生都长成这样，也没什么关系。

连年轻轻地把她脸上的头发拨开，两个人都不好意思地笑了一下，鹅小鸟这才意识到，她离一个男生如此近，女孩子的羞涩瞬间在她脸上铺满开来，每一粒斑斑点点都在红晕中荡漾。

鹅小鸟还没来得及让这种羞涩感持续一下，眼睛里仿佛一下子突突往外冒火星，兴奋地说："我的心，我的心，我的心来了。"说着就往外冲。

感受到鹅小鸟的速度，连年觉得这个奇怪的女孩，不知道又要搞出什么新花样，随即飞快地跟了上去，看看她究竟怎么样。连年从来没有感受到，一个女孩的世界这么好玩，从第一次见到她，虽然丑得不一般，但是他们之间，却有着莫名的亲近感，温温和和的，这也许就是相近的气息和趣味。

火暴暴的注意力并没有集中在鹅小鸟的脸上，不知道为什么，这个时刻，他在意的不是这张丑丑的脸，而是刚刚鹅小鸟和连年的那一幕，他看得清清楚楚，他特别想知道，连年要干什么？就算是个丑丫头，也是他火暴暴吻过的，连年怎么能够偷偷摸摸和自己吻过的女孩亲密？

"你来这里怎么没告诉我？"火暴暴有点生气地问连年。

"你来也没告诉我啊。"连年一看火暴暴是冲自己的，漫不经心地说。

"年，你什么时候变得这么无聊了？刚刚和这个丑丫头在干吗？"火暴暴不知道为什么纠结，就是心里有股气不顺。

"丑也不会害人啊，一起开心一下不好吗？"在鹅小鸟身上，连年体会到一种隐秘的快乐。

"你和这丑姑娘在一起开心?"火暴暴很诧异。

看着火暴暴像是真的急了,连年也不知道怎么解释,仿佛也不需要解释。正在这个时候,鹅小鸟像个发射出来的炮弹一样朝火暴暴的胸口砸过去,并且两只手做出了掏鸟窝一样的动作,运动员出身的火暴暴,在她冲过来的那一刻,就像捏橡皮泥一样把她捏在身边不动弹,看来力气是使大了,鹅小鸟水汪汪的大眼睛里腾起一层厚厚的水雾。

鹅小鸟的脸上,冰雪湖光,精致的五官散发着夺目的色彩,这是不灭之星的力量,她恢复了女孩子最美的模样,她和火暴暴之间的距离,已经没有缝隙,不需要一个肩膀的距离。

"是你! 没有错!"火暴暴看傻了,如果不是紧紧箍住鹅小鸟的那份疼痛,他差一点又吻了上去,这天上掉下来的诱惑,火暴暴没有一点抵抗力。

"刚刚还丑丑的,怎么变脸了?"连年总觉得,鹅小鸟那一脸的密密麻麻,是她故意的,她一定有一种家传的洗脸的,随时能够洗掉。

鹅小鸟心里明白,虽然火暴暴弄痛了她,她还是坚持靠在他身上,不能离开,她再也不要恢复到自己原来的丑样子,这个不灭之星的寄存体,在她没有取出不灭之星之前,她最好一直黏在他身边,永远不要超过一个肩膀的距离才好。

鹅小鸟打着自己的如意小算盘,她甜滋滋地朝着火暴暴翻了个白眼,火暴暴也瞧着她,眼睛里滋啦啦地冒火,两个人之间有一种不寻常的电流。

"小鸟,原来你真是美女!"唐心草看到鹅小鸟,惊喜异常。

唐阿姨的出现,火暴暴一把推开鹅小鸟,有点紧张有点不好意思,鹅小鸟一个趔趄,正好被连年扶住,才没跌倒,她委屈地望了连年一眼,连年又被这个无辜的小眼神温柔地撞了一下。

火暴暴再看鹅小鸟,心里咯噔一下:"该死的,在我心里都丑上阴影了。"火暴暴不明白,究竟又发生了什么,这女孩丑丑的脸又回来了,还是身后始终有一个看不见的贼,把那个漂亮的女孩偷走了?

"我说你们怎么都不在家，我一猜你们就是在这儿。"苏雪儿的到来，谁也猜不透这气氛里将要爆发什么脾气。"怎么？和外星人聊得还很愉快吧？"苏雪儿问。火暴暴和连年，他们俩看她一眼，没说话，苏雪儿接着说："上次我和火妈妈一起见识过了，她说她是外星人，你们还敢来啊？"

"你和火妈妈一起来过，我和暴暴怎么不知道啊？"连年说。

苏雪儿一副天机不可泄露的模样，火暴暴内心埋怨妈妈多管闲事。

看着年轻人尴尬的现场，唐心草好心地介绍说："大家都年轻人，吵也吵过了，都过去了，互相介绍一下。"

大家一一介绍自己的名字，当火暴暴再次对上鹅小鸟时，他故意站得远远的。

鹅小鸟心想："火暴暴，我记住你了，今天不会让你逃走的，为了美丽，也要把不灭之星要回来。"

而连年介绍的时候，他们之间是温暖的笑意，这让鹅小鸟感受到了来自人类的善良。

鹅小鸟和苏雪儿，先前是介绍过的，重新认识一下，依然是针尖对麦芒，两个人的眼珠子像两个滚动的火球一样，互相投递。

"你是从外星球上丑下来的吧？来地球看帅哥的？"苏雪儿挑衅地说，当然她不会真的相信鹅小鸟是真的外星人。

"我的心丢了，来地球找心的。"鹅小鸟实话实说，一本正经地回答。可是，她越是认真，让旁观的人越觉得可笑，连年脸上的笑容没有变，火暴暴是一脸的不屑，心想："快去看精神科吧！"

"心丢了？找心？你疯了？没心你能活？你的心在哪儿？"苏雪儿想，反正是胡说八道，那就来个彻底的，看这个丑丫头到底闹哪样。

鹅小鸟再没有回答她，只是张开双臂，扑向了火暴暴，她高高举起的手，抱着火暴暴的头发揉啊揉，火暴暴直直的头发在她的手下，像一根根抽干了水分的水草，软软的飘飘的，纵然被揉得乱七八糟，也是乖乖的服帖的。

因为和不灭之星心脏的亲密接触，鹅小鸟那张白白净净的小脸映在火暴暴的眼睛里，他能感受到头发的顺滑，内心膨胀着一种感动，他脑子里一片空白，忘记了所有人的存在，鹅小鸟的嘴像是被他吸住了，这个吻像是来得恰是时候，他们吻了好久不松口，也不松手。

唐心草和鹅四她们早已掉转头去，连雪白的大公鸡都溜走了。只有连年，他看着，他不懂，自己左甩一个女孩，右甩一个女孩，但是从来没有像火暴暴这样，以这种方式对待女孩子。莫名的，连年就为鹅小鸟惋惜，他相信，火暴暴这些年从不恋爱，是因为没把一个女孩子看在眼里，他对鹅小鸟的不屑和轻视连年是看得见的，连年心里真的好乱，一个自己最好的朋友，一个毫不相关的女孩，他到底放不下的是什么呢？

"鹅小鸟是疯子，暴暴哥你也疯了吗？"苏雪儿大声叫着，冲过去把他们分开。

火暴暴终于喘了口气，鹅小鸟挽着他的手臂不放，心里像念咒语一样："这是我的，是我的，无论发生什么绝不撒手。"鹅小鸟要自己的不灭之星，为了美她也要不顾一切和这个寄存体在一起。

连年看不懂鹅小鸟的把戏，苏雪儿更是不懂，火暴暴更多不懂的是自己，他什么时候对一个女孩这么冲动过，简直不可理喻，他不停地问自己，一遍一遍审视自己。

"你松开。"苏雪儿急了，使劲地掰鹅小鸟的手。

"掰不动，掰不动。"鹅小鸟得意地说。

苏雪儿还真的掰不动，即便是火暴暴，如果鹅小鸟有防备故意不离开，他也从他身边弄不走她，只要鹅小鸟想要，火暴暴就是自己的，那颗不灭之星心脏会附带着寄存体都朝鹅小鸟而来。

"别闹了，小鸟。"鹅四就怕鹅小鸟这样，她必须阻止她，她怕这没完没了的纠缠变成没完没了的爱，这是要取回不灭之星的她们最不愿看到的。

"你够了。"火暴暴强势推开她，她伸出手去就往他胸口上抓，火暴暴的胸口顿时出现了指痕，他还来不及愤怒，只听鹅小鸟说："老祖奶没教我怎么取出来啊！这么直接，太血淋淋了吧？"

火暴暴脑子轰鸣，见鬼的感觉再次袭来，转身就跑，鹅小鸟起身就追，呼唤着："我的心，我的心……"原本躲在暗处的相机们，无数的镜头朝着他们拍过来。

火暴暴风一样地上了他的车，风一样地离开，鹅小鸟哪儿见过这架势，一步一步往后退，直到退到连年身后，两只手紧紧抓住连年的外套，连年轻轻地把她的手挪开，说："再见。"

鹅小鸟本想说不要再见，可是连年的大长腿步伐很快，一下子就穿过围观的镜头，只听见他那辆兰博基尼的发动机，怒吼一声就不见了。

遇见记者，玩的就是快闪，眼见火暴暴和连年都撤离了，这是不属于一个人战争的地方，苏雪儿的粉色玛莎拉蒂也紧跟着飞驰而去，像一闪而过的粉色飘带，如同主人的心情，飘啊飘，难以着地。

一切声音沉静下来，仿佛所有的事件都烟消云散，也许这个世界上，可怕的不是事件的发生，而是声音的喧闹。

没有风的清早，日光四处垂落，鹅小鸟的身影在光线之中出没，如果不看脸，堪称世界上最美的背影女孩。偶尔她翻动着上次火妈妈遗落的报纸，又瞧了瞧，看着火暴暴投入地亲吻自己的样子，还真有点陶醉。心里有点沾沾自喜，原来被美男亲吻，是可以忍受的，哪怕很陌生，哪怕不是爱情。

"看吧，你又摊上事儿了。"唐心草说着，就拿出一摞报纸给鹅小鸟看。

鹅小鸟接过来一看，先是高兴了一番，这次镜头清晰地拍到了她漂亮的脸庞，她忍不住摸了摸自己的脸蛋，得意地想原来自己可以这么美，看来早点取回不灭之星，是势在必行的事儿。

"看起来你很开心？"一看到新闻，唐心草快急死了，上次火妈妈让她赶鹅小鸟走，她虽然拒绝了，但是这一次又发生了这样的事情，她都不知接下来该怎么处理，火妈妈一定不会善罢甘休的。但是，再看看鹅小鸟，一副没事儿人一样，还能瞧出她脸上透露着喜色，唐心草真替她着急。

"是开心啊，你不觉得我的照片很漂亮？爱美是女孩子的天性不是吗？"鹅小鸟凑近唐心草，指着报纸上的照片给她看。

"话是这么说的，你有没想过，我们会有麻烦的。"唐心草哪儿会有和她一样的心情，这件事不会就这么过去的。

火暴暴虽然只是一个滑雪运动员，但是他凭着那张帅气的脸，以及一切发生在他身上不可复制的原因，成为众多年轻粉丝的偶像，一提到火暴暴，粉丝们也是如痴如狂。

如果不是火暴暴痴迷于滑雪，他早已成为炙手可热的超一线明星了，事实上现在的火暴暴，也早已盖过众多明星的光芒，各大时尚杂志专访，狗仔队跟拍，再加上背后两位财团大佬叔叔的支持，组建的幕后团队，实力强劲地打造火暴暴，无论是专业的还是商业的。何况火暴暴还是普通老百姓眼中的豪门少爷，却这样接二连三地和一个来路不明的女孩亲吻，成为八卦头条的轰动事件，他们一定会追究的，不会就此不了了之的。

"放心吧，有麻烦我们扛着。"鹅小鸟丑丑的小脸上晒出一个调皮的微笑，唐心草对她是无可奈何，看着她拍着胸脯保证自己是有担当的，在这些天相处下来，一向凭着直觉和善意与人交往的唐心草，越来越喜欢这个丑丑的姑娘。这些年陷入和苏辉的爱里，她一个人独来独往惯了，突然身边多了个这样的女孩，她产生了莫名的亲近感，这个女孩子，她总是时不时地向唐心草展露自己对她的保护和依赖，被人保护着，依赖着，这不就是亲人的感觉吗？

唐心草的脸上荡漾着微笑，一切都随她去吧！生活就是这样，总是一件事一件事地发生，悲欢离合都是在解决事件的过程中存在。

火暴暴的手机是一条接一条地接收到新闻，每一个手机推送的头条新闻都和自己有关，标题是一个比一个劲爆，《当火暴暴遇见玩化装舞会的女孩》《滑雪魔兽二度热吻定情》《火暴暴上演舌吻大戏，苏家大小姐打翻醋坛子》，等等。可是，这些都不是火暴暴关注的重点，他清晰地看到那个女孩的样子，还有她在揉摸他的头发时，所有的发丝在她的手下那么听话，这究竟是怎么了？火暴暴真的不懂，也真的对某种未知产生一种期待，这种期待有陶醉的感觉。

"暴暴哥，火妈妈叫你下来。"苏雪儿的脚步和她的声音一起到来，不用说，火暴暴也明白，他能看到的，火妈妈一定也看到了，刑讯逼供时间到了。

看到儿子再度被这样的花边新闻侵扰，火妈妈忍无可忍了，不但要和火暴暴好好地说清楚，还把三家人都召集起来，连已经离婚的张岚也赶了过来。

对张岚来讲，毕竟这事儿牵扯到宝贝女儿的终身大事，虽然她不确定，火暴暴和连年到底谁最终能够成为她的乘龙快婿，但是在她眼中，二选一，更何况在当时女儿的眼中，打心眼里是非火暴暴不嫁的。

火暴暴一下楼，看到这么一大堆人，顿时眼晕，找个借口说自己不舒服，急于转身躲回自己的房间。

"你给我下来。"火妈妈眼疾手快，一把上去就抓住了火暴暴。

看得火爸爸直笑着说："我们家真是个个都是运动好手，瞧这抓人动作，不做专业柔道运动员可惜了。"

"你不帮忙也就算了，还说风凉话。"在和儿子的拉扯中，火妈妈也没忘记说下火爸爸。

"啊啊啊……"苏雪儿蹿上去当火妈妈助手，一不小心碰到火暴暴的头发，再度被刺痛感打败，哇哇乱叫。

"有那么夸张吗？叫什么？人家小鸟就不这样。"看着苏雪儿那受不了的表情，连年面无表情地说。

"小鸟？什么小鸟？"连年一提鹅小鸟的名字，几位爸爸妈妈张大嘴巴，集体发问，看来对这个名字，大家都感觉新鲜。

连年从散落在桌子上的报纸里，挑出一张图片最清晰的报纸，指着上面的女孩说："她叫鹅小鸟。"

"鹅就鹅，鸟就是鸟，什么鹅小鸟，这是人名吗？"连妈妈说。

"是人名，就是和暴暴哥接吻的那个丑丫头的名字。"苏雪儿连忙认真地回答连妈妈。

"这名字也真够怪的。"鹅这个姓连妈妈是第一次听说，想不通父母怎么会给孩子取这样的名字。想当年她和连爸爸给连年取名字，那是连年有余的意思，本来想着要是有二胎或者三胎的话，就叫连有和连余，没想到生完连年之后，肚子再也没有动静了，搞得连一宁有事没事地就说她肚皮不争气，幸亏还有连年这棵独苗苗，来给连妈妈撑门面。

"她怪不怪和我们没关系，暴暴这孩子中了邪了，怎么能和她做这种事儿。"火妈妈言语里不只有埋怨，还有愤恨。

"依我说，嫂子，这没什么大不了的，年轻人亲亲热热的不是很正常吗？"苏辉安慰火妈妈。

"喂，你还是不是我亲爹？暴暴哥是我的！"苏雪儿呵斥苏辉说。

"我又不是东西，你说是你的就是你的？"火暴暴反驳苏雪儿。

"看吧，我就说你这样霸道不行，会引来逆反心理。"苏辉总是觉得，虽然老哥儿仨感情不错，但是目前从火暴暴到连年，没看得出来他们对自己的女儿有追求的意思。当然，苏辉心里也很希望，这两个男孩子有一个对女儿产生的是爱情，只是希望总归是希望，女儿被自己宠坏了，对待男孩子的方式让他总不放心，觉得有问题。

"你就闭嘴吧，还不都是你那个女人惹出来的！"张岚的话，立刻把火烧到了苏辉身上。

"这又关人家什么事儿？"把唐心草牵扯进来，苏辉是一百个不愿意。

"怎么不关她的事儿？人是她的人，地方是她的地方，哪一点她脱得了干系？"张岚越说越激动。

"说白了，你就是还为当年的事儿记仇！"

"跟你们记仇，我犯得着吗？我要真记仇，当年就不会跟你离婚，耗也耗死你。"

张岚真的来气了，当年苏辉出轨，心高气傲的她很痛快，快刀斩乱麻，豪爽地就答应了苏辉的离婚请求，离完婚后，远赴异国，仿佛在苏辉身上，一片情感也没留，如今是单身妈妈逆袭，从离婚女人到女强人的完美蜕变。

"你是把我耗死了，我至今都单身，不是吗？"

"那是你求婚不成，赖我？"

"是我冤枉你吗？你怎么教唆雪儿的，需要我一点一点给你说清楚吗？"

"我想怎么样就怎么样？你管得着吗？她不肯嫁给你，证明她还要点脸！谁让她做了不光彩的事儿！"

"你说什么？"苏辉噌的一下起身，火爸爸立刻把他按下来说："说孩子的事儿呢，你们这是干吗啊？"

"我觉得岚说得没错，那个女人就是灾星，怎么我们的孩子都到她那鬼宅去了。"吴玉力挺张岚，不顾连一宁不停使来的眼色。

"我也赞同，怎么奇奇怪怪的事儿都在她家？我上次还特意找了她，她不领情，她身边就没一个像正常人的！"火妈妈也表示支持。

"我看你们就是嫉妒，这个世界上对女人最不好的不是男人，是你们女人自己。"眼看着现场的女人们统一战线，都针对起唐心草来，苏辉提高了声调说。

这些年来，苏辉一直觉得愧对前妻，无论是生活上还是女儿的问题上，只要张岚张口，他是有求必应，说白了张岚能够华丽丽地转身，正是这位前夫的鼎力支持，财力和人力怎么要怎么给，苏辉从来没说过一个不字。

苏辉明白是自己错了，错的就是不该爱上了唐心草，害得唐心草至今单身，爱着他想着他却不愿意嫁给他，这种伤痛，已经让他们的爱情飞不到婚姻里去了。苏辉一次一次求婚遭拒，唐心草的心意不过是，只想安安静静地爱着，给他快乐。

情感不是权利也不是占有，是让最心爱的人打心底里愉悦。

唐心草眼神里流动的涓涓清露，以及这些年来爱的心酸，让苏辉一想起就不舒服，他真的爱这个女人，这个女人也爱着他，他们不能在一起，就是因为他们的爱背负了沉重的枷锁，苏辉以结束婚姻作为代价，他觉得他尽力地弥补了，他可以展开怀抱开始新生活。可是，唐心草过不去这坎，她理解的爱是两个人的，就像一片片叶子，只活在属于两个人自己的形状里，不被打扰；如一季一季的花开，只开在自己的枝头，没有缠绕。所以，在唐心草的心里，已经没有了婚姻，再或许，对她来说，爱是无框无边的，婚姻的篮子盛不下。

无论苏辉怎么解释怎么说，也减轻不了大家对唐心草的责难，几个女人依然在耳边，叽叽喳喳地说着唐心草的不是，听得苏辉一阵一阵地难受。不知道是不是所有的家庭都这样，但凡聚会，有家长在，男主人不多话，已经长大的孩子们也不多话，只剩下孩子妈妈们的议论纷纷了。

虽然苏辉和张岚离婚了，火妈妈和连妈妈就没当她离婚过，在这些人面前，张岚俨然还是苏辉老婆的姿态。

"我看还是岚最爱你，苏辉你就知足吧！"火妈妈这么说着，也招呼火爸爸劝劝。

"是啊，我们岚最好了。"连妈妈跟着附和。

"你们这是干什么啊，孩子们都在呢。"火爸爸说着，心想，这男人们的世界和女人们的世界天生不兼容，看来很难聊出个一二三来，聊来聊去恐怕都聊成了是非。

听着话题转移到苏叔叔身上，火暴暴当然要保持沉默，这对他是最有利的，连年也保持着和他一贯的默契。

"我当然好了，我才是最爱他，还给他生了可爱的雪儿。"张岚半开玩笑半当真地说。

"心草也爱我，没给我生孩子。"苏辉说完，起身就走了，他的背影，透着风，这风不是从身边吹过，而是直接灌入胸口。

"哎，你说你们何必呢，把那哥们儿逼疯了对你们有什么好处？人家唐心草也够意思了，两次怀孕是自己悄悄地去做的人流，就是顾及雪儿，作为一个女人，就算是她爱了不该爱的人，她这么对自己，还不是觉得心里愧疚？无论什么事儿都有个限度，都这么多年了，能过去的就过去吧！"连爸爸说完，也站起身走了。

火暴暴看着，暗暗自喜，这是要散会的节奏。

"你们真是有点过分了，这些年我们一路看过来，如果那个女人不善良，我们都不会让苏辉胡来！"火爸爸真的觉得女人的嘴巴太锋利，日子会过得不顺心。

"你们这些人，就会替那个女人说话，你们男人都喜欢妖孽。"连妈妈说。

"看来，你们都懂得心疼外面的那位啊！"火妈妈也觉得，怎么这些男人都帮着唐心草说话。

"火哥你觉得我错了？苏辉他就想让我当古代的贤妻，然后给他纳妾。"张岚有点委屈地说。

"别往自己脸上贴金，你天生就不是贤妻那块料。"苏辉又大踏步地回来了，接着张岚的话说。

"好，还是你最了解我！"

眼看着这前夫前妻要急眼，火爸爸急忙说："你们说，喊你们来是教训暴暴那孩子的，你们可好，当着孩子们的面吵起来了。"

"对对对，说到重点了。"火妈妈反应过来的同时，火暴暴和连年也反应过来了，两个人一起风驰电掣般地消失在长辈们面前，只剩下还没反应过来的苏雪儿，愤愤地对父母说："你们都是离婚男女了，还不分场合不分地点地吵吵，我真是看够了，心都为你们操碎了。"苏雪儿说完，一溜烟地小跑出去。

"这孩子是怎么说话的？"张岚不解地说。

"我看雪儿说得对，为了雪儿，你们以后好好的吧！"火爸爸说。

"算了算了，还是好好地说说暴暴吧！"火妈妈转移话题，言归正传，孩子们都不在了，只有众多的长辈们，你一言我一语地商量对策。

一个家庭太热闹了，让人心不安；一个生活的世界太热闹了，让人心动荡。岁月静好，这些都是美丽的期待。

唐心草常常幻想自己是植物，植物是没有婚姻的，她甚至赞同一些婚姻是反人性的观点，动物们就从来不结婚，婚姻应该是轻松而开心的。

唐心草和苏辉之间，有爱情也走不进婚姻，婚姻那本书内容太多，唐心草觉得自己无力招架，学不会。

也许人类和动物的区别是责任，对婚姻是责任，对真爱也是责任，只是婚姻的责任是强有力的制约，像是书面合同；真爱的责任，爱就够了，没有什么七七八八的要求，仅仅秉承着爱的契约精神，有了信任和知觉，就有了存在。爱情来了就来了，天真而坦率，婚姻则需要更现实的心态得以持续的发展力。

唐心草曾经两次怀孕，两次流掉，很多时候，所谓爱情，是很残忍的一件事情，不经意地想起，难免伤怀。即使寂寥时和鹅小鸟谈谈心，诉说着过往，唐心草的脸上还是那么恬淡，背后生长茂盛的大叶醉鱼草，开出灿烂的花朵。

鹅小鸟摇晃着脑袋，看唐心草说得多平常，她觉得非常不可思议，说："在我们那儿，你一个人肯定不可以做到，我们那儿要想不要自己的孩子，必须是父母双方给孩子打电话，如果父母有爱情的话，打电话也流不掉，因为孩子的基因里，就是你们的爱情结晶。"

鹅小鸟的话，让唐心草差点笑出来，只觉得这个女孩又犯傻了，胎儿怎么能通过打电话决定流与不流呢？这可能就是小女孩的一种想象，唐心草随口说着："你懂什么啊？"

"我当然懂了，我爸爸向我妈妈求婚时的誓言，就是绝不打电话叫我走。"

唐心草一听，越来越离谱了，起身站起来，想到大门口走走，或者去蓝花楹树下的秋千架上坐坐，自从这几个女孩带着大公鸡意外地到来，大多时候，秋千架都被那只雪白的大公鸡霸占着。

天气不错，天空中挂满了白白的小云朵，棉花团一样，飘来飘去。

唐心草刚走到门口，就和苏辉迎头碰上，唐心草微微一笑，苏辉立刻上前，来了一个深深的拥抱，看得鹅小鸟的眼珠子乌溜溜地转，唐心草忸怩一下，有点不好意思。

"没关系，我什么都没看见。"鹅小鸟双手捂着眼睛跑开了，手指缝大大地开着，露着她那黑黑的眼珠。

唐心草看她一眼，笑了笑心想："看不见谁信啊？总是玩这些幼稚的小把戏。"

苏辉一点也没把这个丑姑娘看在眼里，他来找唐心草，目的就是让这个丑姑娘离开，避免给唐心草惹不必要的麻烦。

和苏辉肩并肩坐了下来，唐心草能感受到苏辉面色凝重，知道他肯定不是为了单纯地看她而来。事实也是如此，一个沸腾的家庭聚会之后，苏辉毛遂自荐前来找唐心草谈谈，他若是不来，估计两位嫂子和前妻会组团来，他不愿意唐心草一个人面对。

"你让她们都来就是，有什么非要和小鸟过不去的。"唐心草轻描淡写地说。

"你和她非亲非故，干吗非要留下她？我负责给你找花工，不就行了？"

"你需要负责的事儿太多，我就不劳烦你了。"听苏辉这么说，唐心草真心的有点不高兴，以前苏雪儿每次闹得天翻地覆的时候，苏辉哪一次是管得住的？所以他的话，唐心草也就是听听，只是因为她一直爱着他。

"我不是要你怎么样，我是担心你这样她们会一致针对你。"

"那又有什么关系？她们这么做有什么理由？"

"都说了几遍了，不是为了暴暴吗？这对暴暴影响不好。"

"那也是暴暴自己找上门的，小鸟自始至终没有离开我的家门。"

"你就算帮帮我，不行吗？"当男人对女人拿不出更好的办法时，就只有乞求了。

"如果暴暴和小鸟不可能，有什么必要非要人家离开？如果他们就是真的恋爱了，男未婚女未嫁，别人可以拆，你怎么忍心？看看我们俩身上的千疮百孔，难道让所有的人都像我们一样？在生活里煎熬？"

唐心草这么说，苏辉无言以对，婚姻和家，这必定是一个女孩最好的归宿和向往，可是这些年来，是他的原因，让唐心草从一个不谙世事的女孩，活脱脱地变成了一个宁愿孤独、不要相守的女人。

爱得深的都有罪！当命运的神经和爱情接通时，每一次微小的悸动，都是剧痛。

苏辉会为唐心草心疼，这一刻，看着她如水一样的眼睛，他缓缓地说："对不起。"苏辉话一出口，唐心草的手轻轻地摁住了他的嘴巴，说："我不愿沧桑之后尽是沧桑，我愿意沧桑之后只剩天真，我们不管，让他们顺其自然吧！真情实感就需要天然流动。"

苏辉点点头，想起一首老歌的一句歌词："当所有心碎的人都同意，请让我们顺其自然。"

"我们都是平凡人，能在彼此的生命里出现，留下感动，倾心一生，这就够了。"唐心草把头靠在苏辉的肩膀上，这就是生命中最温柔的力量。

火暴暴心里怎么也解不开，虽然新闻炒得铺天盖地，他以前不在乎，现在也不会在乎，他只想弄清楚，自己是怎么啦？那个丑女到底是怎么一回事儿？虽然火妈妈号召大家抵制丑女，但是火暴暴心里明白，一切都是自己主动的。

火暴暴从车里拿出报纸，关于这个女孩一会儿美一会儿丑的，连记者都觉得，是她在玩逆天化妆术游戏。火暴暴仔细看照片，心里宽慰很多，这的确是一个美丽的女孩，美得像一个旋涡，看见她的男生就会吻上去。

"那我怎么没吻上去呢？"当火暴暴说出自己的想法时，连年提出了自己的疑问。

"是啊，最奇怪的是，我的头发是软的，难道她真是外星人？"火暴暴猜想。

"我希望是的，到时候你可以自豪地说，我的女友是外星人。"什么时候，连年都不忘拿火暴暴开玩笑。

"也许只有这一个可能了，反正发生在我身上的怪事那么多。"火暴暴说。

"你可别自作多情了，鬼才信她是外星人。"言归正传，连年确认，外星人，那都是子虚乌有的。

"对对对，她肯定不是外星人，她是鬼啊。"火暴暴想着就害怕，的确，映在他眼前的那张漂亮的脸，让他的脑子里浮现出曾经那个小女孩的模样，也是这么美，算起来她长大了，就应该是这个样子，最重要的证据，就是那个小女孩的手轻轻拂过他的头发，他的头发一样的听话。

"异想天开吧你。"打死连年都不信，什么外星人什么鬼的，火暴暴的遭遇，不过是被闪电击中的幸存者，这只能是一个奇迹，那些超过奇迹的，都是虚无的。

火暴暴和连年刚从车上下来，就看见苏雪儿抱着双臂堵在了"天鹅兽鸟屋"门口，冲着他们说："我这个半仙儿算得还真准，猜着你们就是要到这里来。"

火暴暴和连年对视一眼，没回应她，从小他们就习惯了让苏雪儿自作聪明。

"暴暴、年年、雪儿，你们还是走吧！"唐心草实在不愿意这帮孩子们再在她这儿闹出动静，随即下了逐客令。

"其他人可以走，火暴暴要留下来。"鹅小鸟突然冒出来，唐心草看她一眼，说："你别添麻烦了，快回后院去。"

"不不不，阿姨，我们就是来找她的。"火暴暴和连年异口同声地说。

鹅小鸟一听，对着火暴暴说："快过来，靠近，靠近我，我的心，我的心啊。"

看着鹅小鸟见了火暴暴之后，一张丑丑的脸开心得要笑烂的样子，连年说："你是色女吗？"

"是啊，这么厚脸皮，这么肉麻。"苏雪儿说着，感觉鸡皮疙瘩要掉一地。

火暴暴朝着鹅小鸟过去，苏雪儿狠狠地拽住了他说："她是小妖孽，专门吸你元气的，暴暴哥你怎么那么听她的话？"

火暴暴止住了脚步，看着鹅小鸟，说真的，那张脸真无法让人直视，何况有密集恐惧症的火暴暴，他强忍住胸口往上涌的呕吐感，冷冷地、酷酷地问鹅小鸟："你从哪儿来的？"

火暴暴这么一问，大家都想知道，鹅小鸟用手指指了指天空说："天上来的，我们是天族。"

"少数民族有这个族？"火暴暴回头问连年。

"人家说了，是天上的，不是地球上的族，当然我们这里的少数民族没这个族。"连年笑着说，越听下去越好玩了。

"天族造访人间，是你们的幸运！"鹅小鸟得意地说。

"当我们是小孩子？骗着玩呢？"苏雪儿不懂，一个丑得出奇的家伙，怎么这么嘚瑟，张开嗓门说，"你怎么那么丑啊？"

丑还真是鹅小鸟的死穴，一句话问得她心里难过，虽然远离了那一年的灾难现场，伤痕却难以忘记。由此可想，大自然的威力，即使是外星人，也对抗不了。宇宙是宽阔的，无论是人类还是外星人，无论科技多么发达，都是渺小而未知的，在强大的自然空间世界，不堪一击。

"这个问题你可以回答一下。"火暴暴说。

"别人都可以嫌弃我丑，唯独你不可以，我丑是因为我的心在你心里。"鹅小鸟的语调有点悲戚戚，却把现场所有的人都绕晕了。

"丑有丑的特点，怎么了？小鸟，我支持你！"连年微笑着对小鸟说。

连年是站在自己一边的，这对鹅小鸟是个鼓励，鹅小鸟努力挤出一个微笑，本来想对连年说声谢谢，却看见火暴暴已经拨开苏雪儿的牵制，径直地走过来，温柔地拉起她的手，放在了自己头上。

和每一次的靠近一样，不灭之星在身旁，鹅小鸟再度成为最美女孩的样子，火暴暴的头发柔柔软软地滑落，他终于验证了这个事实。鹅小鸟的双手，还被火暴暴高高举着放在自己的头发上。

"你松开啊，胳膊举痛了！"鹅小鸟叫着。

火暴暴傻愣愣地松开了她，立刻双手捧起鹅小鸟的脸，目光在她脸上巡视，一个该死的斑点也没有，白净的皮肤，散发着致命的吸引力。

眼看着亲吻事件将要再一次上演，唐心草一把拉开了鹅小鸟，苏雪儿紧紧地拽着火暴暴，把他们隔开了距离。突然，鹅小鸟的手一紧，她的手感觉要被箍断了似的，被火暴暴拼命握着，两个人速度快得像一道虚影，留给在场的人眼前的耳边的只有汽车的尾巴和发动的声音。

鹅四眼睁睁地看着鹅小鸟和火暴暴一起离开，她不知道怎么阻止，虽然她们的规则里，鹅小鸟一定不能爱上火暴暴，不让她爱，是因为不灭之星必须回来，而现在放纵她，是因为她可以不爱火暴暴，但是必须得让火暴暴爱上她，这是取回不灭之星的唯一方法。当然，其中的缘由和秘密，谁能完全把握住，命运的走向，时常潜伏在人们意想不到的地方。火暴暴虽然只是个寄存体，却和不灭之星有着宿命般的缘分，这样不灭之星心脏才能在他的身体里活下去，从当年在巨星爆炸中心的损伤中恢复过来。

其实，常规意义上讲，火暴暴在六岁那年，是真的死了，活下来的火暴暴，只不过是鹅溪溪和鹅真河为女儿选中的寄存体。只是鹅溪溪和鹅真河当时并不知道，不灭之星是否真的能活下去？女儿是否能够得到彻底的拯救？当天鹅奶奶知道不灭之星真的活了下来的时候，鹅溪溪和鹅真河当年的希望，是实现了的。接下来只等着这个寄存体奉献真爱，等候鹅小鸟取回不灭之星心脏，这就是火暴暴为什么能够活到现在的理由。

命运如水流，川流不息，看似强横，实则是无力的悲伤，难逃随波逐流的大潮。

自从被火暴暴拉上车，从他脚踩油门的那一刻起，鹅小鸟就觉得自己坐在飞车上，一路上无论转弯还是直道，车速始终没有降下来，直到在一栋靠近海边的别墅门口才停下。

火暴暴刚下车，一位老伯伯小跑着开门迎接，鹅小鸟走下车时，老伯伯看了一眼，顿时吓了一跳，鹅小鸟听得见他心里说什么，不过就是"这么丑的丫头，暴暴是从哪儿找来的"，从他的眼神看，也透露着对火暴暴的担心。为了打消老伯伯的忧虑，鹅小鸟上去就挽住了火暴暴的手臂，故意歪歪脑袋，靠在火暴暴的肩膀上，冲着老伯伯欢快地打招呼说："老伯伯您好，我叫小鸟。"老伯伯的耳朵里仿佛真的传来鸟叫声，他揉了揉眼睛说："真是年纪大了，眼睛不好使了。"不用说，在靠近火暴暴的那一刻，鹅小鸟又成了天真无邪的美少女。

看着鹅小鸟那个热情劲儿，火暴暴也不想扫兴，介绍说："这是季伯伯，专门负责看管这个房子的。"

鹅小鸟的脸上要笑出花儿来，再次打招呼说："季伯伯好。"这次稳重了好多。

火暴暴走着，鹅小鸟像吊在他身上的植物，寸步不离，季伯伯摇了摇头，心想："没见过这么主动的女孩，也没见过火暴暴带女孩子来这里。"这栋海边的别墅，是火暴暴拿到第一个滑雪冠军时，连叔叔和苏叔叔送的奖品。由于季伯伯孤身一人，又是火妈妈的远亲，就被火妈妈接了过来，一方面是帮忙打理这个房子，另一方面也让老伯伯有个安身之所，等于就是在火家养老了。

别墅依山而建，进入院子的路由鹅卵石铺成，院子很宽阔，种满了各种树木，郁郁葱葱的，其中也不乏一些古树，树皮里都能看出时间的味道，仿佛树心里藏着千年的故事，看着很美，各种花儿也开得很满，色彩浓烈。

房子很大，感觉很空旷，虽然有季伯伯在住，依然少了人间烟火的味道，静得只剩下火暴暴拖着鹅小鸟上楼的声音。火暴暴的步子很快，鹅小鸟瞄了一眼这个家，很混搭，很个性，看来，即使火暴暴不住，他还是用心收拾过的，每一个细节处都透露着漫无边际的年轻气息。

鹅小鸟和火暴暴一直来到他的卧室，卧室的灯饰是鸟笼状的，望着那张minotti休闲睡床，鹅小鸟心里一惊，脑子里突然就冒出来那个梦境，有点结结巴巴地说："你、你要干什么？"她不明白火暴暴干吗把她带进卧室。

"就要……"火暴暴手一使劲，头一低，惊愕之下，鹅小鸟仰起的小脸，正好贴在火暴暴的鼻子之下，她的皮肤发烫。

"你还知道害羞？头条都上过了，你还怕什么？"火暴暴对自己莫名其妙地亲一个女孩子有疑问，也对这个被亲而不知拒绝的女孩充满好奇。

"我是女孩子，当然害羞了。"鹅小鸟有点吞吞吐吐地说。

"我才要害羞呢，那可是我的初吻。"火暴暴的脸也红了，前面的亲密接触，众目睽睽之下，他们好像都不知道自己做了什么似的，现在，两个人单独相处，年轻男女该有的羞涩一下子全来了。

"我也是第一次。"鹅小鸟摆弄着自己的手指，可是，她想到了梦境，同时，火暴暴也想到了，两个人情不自禁地凑近了嘴巴。

"你离我远点！"火暴暴单独带鹅小鸟离开，目的就是想解除内心的疑问，他强忍着冲动，压抑着内心的火花，使劲地推开鹅小鸟，拉开了卧室的另一扇门。

火暴暴的这间卧室，连通着一个很大的露台，露台上鲜花和绿植萦绕，摆放了藤椅和木桌，生长茂盛的鹅掌柴就在水养的大花瓶里，株形丰满优美。

本身还在为火暴暴推她而不痛快的鹅小鸟，猛然看到一排排倒挂金钟，开得绚烂，简直就像一个豪华无比的饕餮大餐，妖艳得可以夺去人的呼吸，看上去很美味。鹅小鸟不由自主地噘起嘴巴，仿佛她的嘴巴一瞬间嗖嗖地长起来一样，嘴唇很快就够上了花朵。

"你吃什么？"火暴暴看她抿嘴巴，挤开她的嘴一看，吓了一跳，"你怎么吃我家花？"

"那么多，吃一下有什么不可以？"

"那好吃吗？"火暴暴对她的行为震惊万分，想顺着她说的说下去，看她能说出个什么所以然来。

"口味一般般，只是模样好看些。"看着她咂吧咂吧嘴，一点也不是开玩笑，认真品尝的样子，火暴暴惊诧异常。

"你故意扮丑，行为怪异，想用这些吸引我是吗？如果仅仅是这样，你大可不必，我承认你很美，美得不像人类！"

"我本来就不是人类。"说这话的时候，鹅小鸟是相当的淡定。

火暴暴感觉自己的眼珠子要掉出来了，说："你是想说你是外星人？外星人也想嫁入豪门？嫁个有钱人？"

"我是属于天鹅座的，也是有身份有地位还很尊贵，我根本不需要钱。"鹅小鸟细致地回答他。

火暴暴不明白她说什么，想靠近他的，怎么着也都有点目的吧，他毫不客气地说："我是运动界大明星，你不会不知道吧？"火暴暴想，就算鹅小鸟再怎么装傻，各大新闻头条带来的轰动效应，她不会感受不到吧？

"你是我的心。"鹅小鸟就这么心安理得地说着。

"我和你正经地说事儿，你能不能好好讲话。"知道鹅小鸟不按常理出牌，火暴暴提醒她，让她好好说话。

"我不是大明星，可我是天鹅公主。"鹅小鸟的口气，就似小孩子样的，火暴暴真的觉得无聊了，只听她接着说："我的仆人，都能守护星星，鹅四就守护着天上最亮的星，你觉得我们谁比谁厉害？"

"不过就是唐阿姨的一帮小花工，痴心妄想地做梦罢了。"火暴暴嘴里嘟囔着，觉得两个人讲话根本不在一个频道上。

鹅小鸟的话，火暴暴当然就是那么一听，让他相信，那真是活见鬼了。亲近火暴暴，因为有不灭之星的存在，黑心石心脏平静得像不存在一样，鹅小鸟受不了火暴暴的傲慢，也许这就是人类固有的偏见，他们不知道的、不懂的、没见识过的，就是不可信的、不存在的。鹅小鸟一步一步走开，离他远远的，她的脸上，瞬间恢复了一如既往的麻脸，绵软细润里面透露着寒光，阴森森的。

"这样的美男，直接动手取出不灭之星会不会太残忍？"

"必须残忍啊，为了保命也要做！你看我虽然坏，我却一直让你活着。"黑心石心脏和鹅小鸟悄悄对话说。

"没有更好的办法了吗？"

"我喜欢血腥的味道。"黑心石发出这样的声音时，鹅小鸟感觉奇痒难耐，手立刻伸直，直冲火暴暴的胸口而去。

"我眼没花啊，姑娘你的脸怎么了?"鹅小鸟一下子撞到了季伯伯身上，头还被一个硬东西生生地撞了一下，疼得鹅小鸟的五官都纠结在了一起。

"你没事吧?"这一幕就在火暴暴眼前发生，过程他看得清清楚楚，虽然他不明白，鹅小鸟突然伸着手冲他是干什么，但是因为有过被她抓伤的经验，他朝后退走，正巧季伯伯来找他，手里拿着小相架，鹅小鸟像被什么冲昏头了一样，傻愣愣地撞了上去。

鹅小鸟劲儿使猛了，她自己也弄不清楚，每次对火暴暴发力的时候，有着夸张的张狂，这是黑心石的恶作剧吗?现在又和火暴暴不到一个肩膀的距离，黑心石沉默得就像一块无语的石头。

季伯伯拿的小相框里，是火暴暴六岁时的照片，那个漂亮的小男孩，就站在积雪的空地上，微微笑着，鹅小鸟挠了挠头，好像是见过呢?

"暴暴，以前的旧相架坏了，我重新给你做了一个，你看还行不?"季伯伯说。

"谢谢伯伯，放书房好了，您先去忙吧!"火暴暴急于把季伯伯支走，立即问鹅小鸟说，"你那么凶巴巴的要做什么?"

"我要我的心!"鹅小鸟理直气壮地说。

"神经病!"这下彻底把火暴暴惹火了，看来这种人心理不正常，火暴暴感觉到，要离她远点了，冷冰冰地说，"你走吧!"

"我不走。"鹅小鸟张口拒绝，让火暴暴意想不到，她还纠缠上了。

"喂，你要不要这么厚脸皮啊，这是我家啊!"

"又不是我要来，是你让我来的。"

"那我现在要你走，不行吗?"两个人任性地打起了嘴仗。鹅小鸟的眼神里，再度浮现出冰尖一样的光芒，伸手就向火暴暴抓去，她知道，她的指尖上闪动着天鹅之光，这是可以取出不灭之星的力量。

火暴暴终于意识到，也许这个女孩，身上真有超能力，可是这一切都晚了，他呆若木鸡一样闭上了眼睛，成为一个任人宰割的帅气蜡像，陨石羽毛吊坠，就在这一刻跳了出来。

鹅小鸟泪如雨下，滚烫的泪水滴在了火暴暴的手上，一切平息了下来，火暴暴睁开眼睛，鹅小鸟的双手捧着陨石羽毛吊坠，颤抖着，再看她那张脸，不停地和小时候转换。

火暴暴脑子里"嗡"的一声，麻麻的，当年的感觉清晰浮现。那个漂亮得惊为天人的小女孩，缓缓地走向他，给他戴上了这个陨石羽毛吊坠，那一刻碎裂的疼痛还在，那个小女孩布满泪痕的脸和让人不寒而栗的目光，像一个个分剪的镜头，就在鹅小鸟的脸上变幻，火暴暴终于认出她来。

"原来这世界上真有鬼。"这一刻，火暴暴是信上了鬼的，他脑子里残留的，全是漂亮的小女孩最后一刻的恐怖画面，飞滚的火球席卷她而去，不可能活到现在。"难道投胎转世了？"火暴暴想着，此刻，他脑子里被各种奇思妙想占据着，头顶上像是有直升机飞过，轰隆隆地响着。

鹅小鸟泪眼蒙眬，恍惚中，她仿佛又到了另一种境界，光晕旖旎舞动像是有神迹降临，耳边响起温纯细语，那是妈妈的声音，她听妈妈的话，把爸爸的陨石羽毛吊坠戴到了小男孩的脖子上。鹅小鸟记得爸爸的样子，爸爸宽厚的大手，抚摸她时有类似电流的触感，火花迸溅的一层一层传达到她记忆深处，爸爸的最后一丝呼吸，就落在了陨石羽毛吊坠上，睹物思人，终于和爸爸相逢了。

比记忆更敏锐的直觉直勾勾地抓住鹅小鸟不放，她哭得像是没有了呼吸。那一年的意外灾难，鹅溪溪和鹅真河夫妻双双遇难，为了拯救女儿，他们幻化于无形，唯一的剩余就是他们自身的能量，最后一刻鹅溪溪回归到天鹅吊坠，鹅真河消融于陨石羽毛吊坠。这些年来，他们像是从来不曾离开，天鹅吊坠鹅小鸟一直佩戴着，而鹅真河就是用陨石羽毛吊坠的力量，让火暴暴成为不灭之星的寄存体，那样一来，若是不灭之星活下去，天鹅奶奶能够得到陨石羽毛吊坠和不灭之星心脏在一起的讯息，找到彻底让鹅小鸟活下去的方法。

鹅小鸟哭得心碎，大大的眼睛湿漉漉的，灌满大颗的泪滴，啪嗒啪嗒往下掉，握在手心里的陨石羽毛吊坠也透着细密的水泽，火暴暴有点方寸大乱，他不知道从何说起从何安慰。

"这是你的?"火暴暴虽然这么问，但是他现在基本可以确定，这个女孩，就是当年给他戴上陨石羽毛吊坠的小女孩，只是他诧异的是，她是怎么活过来的。

"是我爸爸的。"鹅小鸟的声音，像被泪水浸泡过的，说到爸爸二字，更是啜泣不止。

"那我还给你。"火暴暴说着，就想取下，耳边却响起妈妈一遍一遍的警告，无论发生任何事情，都不可以取下，就算是连年和苏雪儿，平常也连碰都不敢碰这个玩意儿。自从那一年火暴暴奇迹般地活过来，大家都觉得这个突然多出来的东西，就是火暴暴的命。

火暴暴这才想起，出现的小女孩只是他的梦。那一年他重病，遇见这个小女孩，只是梦，不是什么见鬼了，梦中的小女孩怎么会死呢?何况她有超能力，她爸爸也有? 她全家都有? 火暴暴虽然觉得这一切不可信，目前也只能这样解释了，否则怎么会有那么离奇的梦，还有这个陨石羽毛吊坠怎么会来到他身边，他相信鹅小鸟一家人都不是平常人，就像自己一样，自己也是外界盛传的体内有非常人物质的，从一头充电的头发到死而复生的事情看，遇见的尽是奇葩事儿。

火暴暴心里想，也许是真的找到知音了。想到这一层，火暴暴顿时开朗起来，脸上的凝重也淡了去，想起了鹅小鸟之前说的话，于是，他反问说："我真是你的心?"

"嗯。"鹅小鸟拼命地点点头。

"那你要拿走吗?"

鹅小鸟又点点头，她双眼含泪，在点头的那一刻，泪水垂悬欲滴，火暴暴再度陷入意乱情迷，他的嘴巴封住了她的嘴巴，这又是一个甜蜜悠长的吻，仿佛每一次都发生得措手不及却又恰如其分。

立在露台上，俯览万家灯火，千万盏明灯照在水面上，天空的月亮，像是被风吹落在了岸边，或者，每一处光亮之下，都有一个暖心的故事。抬头看看天，他们感觉星星靠得格外近。火暴暴十指紧扣地牵着鹅小鸟，如果手牵手是好感，十指相扣一定是爱了，美好的到来常常让人觉得格外幸福。

自从爆发了头条事件后，唐心草的"天鹅兽鸟屋"人满为患，生意好得不得了，不知道的还以为是苏辉借助火暴暴在帮他的老情人炒作。曾经，苏辉和唐心草的情事，也是八卦小报的新闻热点，老百姓街头巷尾的谈资，只是那个时候的资讯还没发达到像今天这样，各种让人脑洞大开和丧心病狂的事儿层出不穷。正是基于这样的原因，这个花店，一般了解些情况的人，都知道是苏老板的女人开的。

一时间，"天鹅兽鸟屋"一下子红了，成了大家追捧的花店，说是炙手可热的名店也不过分。唐心草默默经营了那么多年，纯属爱好，不求赚钱，只求不赔钱，这下有要发财的节奏，甚至各种投资都找上门来，愿意帮助扩大，开分店，或者连锁店加盟，等等。唐心草是没那心思的，而对于身边这几个来路不明的人，她也懒得细问，谁知道她们哪一天会不会莫名其妙地消失呢？就像她们不知所以地到来一样。唐心草心里，真的是这么想的，一切顺其自然好了。

当然，那些带钱来找唐心草谈合作的，都是不懂她底细的，但凡知道她的人，一听到苏辉的名字，基本上也都闪了，在外人眼里，能和苏辉在一起的人，根本不差钱。各种声音是是非非唐心草已经习惯了，她的眉心皱成了一个小疙瘩，那是她在担心，鹅小鸟彻夜未归。

"老板娘不要担心了，她不会有事的。"看着唐心草担忧的样子，鹅四安慰着说。

"你们号称是她的仆人，主人不见了，不担心她出事？"唐心草看不懂鹅四她们没事儿人一样。

"有事才好呢……"鹅四刚想说出这句话，忍一忍又咽了回去说，"她不会有事的，她那么丑，要吃亏也是火暴暴吃亏。"

"你这是什么话？暴暴和我们不是一个世界的人，趁早别和他纠缠在一起。"唐心草用"我们"来表达和她们的关系，有点把她们当成亲人的意思，可以说话、谈心、依存，却又互不过问对方太多事情，这是最好的一种亲密关系。

"说得好，我们和火暴暴本来就不是一类人，所以不会纠缠的，放心好了。"鹅四乐观地说着，却看见鹅小鸟已经站在院子中央，阳光像金色的丝线，穿过架空的大花架走廊落在她身上。禾雀花抽出了新叶，绿油油的，已经老去的叶子灰灰的，一簇一簇串状的花穗，直接生长在藤蔓上，像一串串小铃铛，欢快地招呼着鹅小鸟。

唐心草立刻起身朝她走过去，轻轻地拥抱了她一下说："暴暴没欺负你吧？"

鹅小鸟摇摇头，唐心草的心情，就像看到和男朋友私奔突然归来的女儿一样，嘴巴里不停地说："没事就好，没事就好。"看到唐心草这么关切自己，鹅小鸟微微笑着，给她一个大大的拥抱说："你真好。"抱着唐心草的感觉，鹅小鸟有种小时候被妈妈抱着的感觉。

"你没失身？"鹅四义正辞严地问。

"你脸色这么沉重干吗？期盼我失身呢？"看鹅四的表情，鹅小鸟不痛快。

"是期盼着，那样我们就可以早点回天鹅座。"心里的话，鹅四脱口而出。

"我失身就能回天鹅座？什么逻辑啊？"

鹅小鸟听着惊讶，鹅四却是很冷静，昨晚天鹅座的 K 流星雨到来，她以为是不灭之星归来的预兆。

"取走不灭之星他会怎么样？"鹅小鸟反问说。

"他当然会死啊。"不经大脑的话，鹅四连忙捂住了自己的嘴巴。

"我不想他死。"鹅四最担心的问题来了，鹅小鸟的心里有了舍不得，这不像黑心石做事的风格。她上前敲敲鹅小鸟的胸口，说："你怎么不说话了？不是铁石心肠吗？以前这丫头因为你做了多少坏事？现在怎么心软了？"

鹅小鸟的心脏闷声说："K 流星雨很温暖啊。"

"K 流星雨有多温暖？"鹅四问鹅小鸟。

鹅小鸟再度反问鹅四说："是不是有别的方法？老祖奶不可能让

我那么直接挖出心来，哪怕他只是一个寄存体，挖心之痛太不人道。"

鹅小鸟终于问起了鹅四正常取出不灭之星的方法，她之前没有考虑过火暴暴死活，现在既然想到了，就想着能找出更好的办法。黑心石的力量在减弱，她知道，她没有太久的日子可以等待，爸爸妈妈处心积虑，就是为了这一天，无论如何，是要取回不灭之星的。

"你别伤脑筋了，别被寄存体的美色迷惑了。"鹅四提醒她说。

"没有啦，我只是想，可不可以让我做个安静的美少女，别干那么血淋淋的事情。"

"谁告诉你是那样直接挖出来的?"

"照你这么说，我之前的方法都错了? 那你快告诉我有什么新方法，是否可以保护他?"

"保护他? 你做梦去吧! 算了算了，不说了，脑子都被你说乱了，顺其自然吧。"鹅四不想就这个话题再谈下去，不过想着将来，她的神经也纠结成一团麻绳，命运的死结，终需各种疼痛来解。

关于她们谈的这一切，唐心草听不懂也不想听，早早地离开了，这会儿远远站着给她们手势，招呼她们进屋去，外面要下雨了。

天空的阴云，不浓烈，有点像水墨，温暖一点，很像炊烟。

鹅小鸟望着窗外，手抚肿胀的嘴唇，火暴暴的暴吻之下，她的嘴唇在蜕皮，感觉在她小小的嘴上，盖了一个大大的嘴唇印章，仿佛在她的嘴上，又画了另外一张嘴。鹅小鸟的舌尖痛，舌头上有齿痕，窗外是要下雨了，她等待着自己再度燃起的飘动降落。

"流星雨来了，我想和你谈恋爱。"吻后宁静的片刻，火暴暴大胆地表白，这是他第一次这样对待一个女孩。

来自天鹅座的K流星雨，带着青白色的光焰，悠悠滑过天空，速度没有那么快，它们在冲入大气层后粉身碎骨燃起的火球，在天幕上绘出美丽的画图。在夜空中优雅展翅翱翔的天鹅座，投下了一朵一朵绚烂的流星之花，这份天意就洋溢在眼底。

"好温暖的流星雨。"鹅小鸟仿佛被一股暖流击中，开心地说。

"流星雨有温度？"

"但是心有温度啊。"鹅小鸟莫名地感觉到，黑心石心脏第一次有了温热的感觉，她暗暗猜想，那是因为不灭之星在身旁，"我认识你的灵魂，你信不信？"

"绝不相信。"火暴暴斩钉截铁地说。

"你们人类的灵魂叫超炫，你们看不见我看得见，人类的科学家已经证实了。"鹅小鸟说得有理有据。

"我知道，你有超能力。"

"什么超能力啊，你上网查查，就能看到。"听鹅小鸟一说，火暴暴立刻打开手机查查看，果然还是真的，看来自己真是孤陋寡闻了。

鹅小鸟的脸，夜色下尤其动人，火暴暴看在心里，这是他牵挂已久的那个小女孩，所以才有了成年时的梦。鹅小鸟的手扬起来，摸了摸他的头发，满头顺滑的头发被这一刻的温柔淹没着。

"你要是早点来就好了，因为头发这样，受过各种歧视和嘲笑。"

"你不是高富帅吗？还有人敢看你笑话？"

"你这么说不就是在看我笑话？笑话才不会选择你是什么人什么身份呢。越是焦点，越被人集中嘲笑，就像定位打击一样。"听火暴暴这么说，鹅小鸟是深有体会的，她那张丑丑的脸，受过多少冷眼和欺凌，当然，也和她的黑心石心脏作怪有关。

"好吧，我不会看你笑话的。"鹅小鸟温顺地说。

"你来了，我就不害怕了。"火暴暴突然觉得，那么多年的直发，真的是一个恐怖经验。

"是啊，我来了。"鹅小鸟眼睛里闪动着光。

这时 K 流星雨一阵一阵滑落，仿佛预示着，如果遇见命中注定的那个人，任何时候都不算晚。

"你就是我的小女孩，不知道你名字的时候我就亲你了，为了你我忘记了羞涩。"火暴暴自己也诧异，怎么一张嘴巴所有的话都像是蜜糖罐里泡出来的，这不像自己，还好，鹅小鸟没反应，否则多么尴尬。

"流星雨好温暖。"鹅小鸟再次欢呼。

我们头顶的灿烂星空，有银河系、太阳系。火暴暴想到在天文馆银河演示厅看，地球简直微小得就像一粒米。现在，他和鹅小鸟，就在这一粒米的地方，看来自天鹅座的 K 流星雨，他们谈情说爱，看流星雨有多温暖。

鹅小鸟指着北方，祈祷说："美丽的天鹅座，引领我们飞升。"

鹅小鸟的样子，在火暴暴心底荡漾，他阻挡不住这波澜，对着鹅小鸟的耳边说："我爱你。"鹅小鸟再度中天鹅之圈，顿时变成了不能说不能听的小哑巴，火暴暴看着她木雕一样的傻呆状，想着自己的梦，美美地笑了。

突如其来的爱情，像是被火暴暴单独拎出来，置放在浩瀚的宇宙空间，幸福的心跳声清晰可辨，K 流星雨是那么温暖。

四 你是我的心跳

火家的大房子里，正被愤怒的烟雾缭绕着。在场的人谁也没有想到，火暴暴竟然带着鹅小鸟去了海边别墅，那栋房子除了季伯伯，基本没人去。不是不想去，而是火暴暴早早说过，那是他的私人天地，没他允许，任何人都不要去，每次火妈妈带着苏雪儿去的时候，火暴暴就满脸的不高兴，展现一副拒人千里之外的冷漠。也只有连年，在火暴暴想去的时候，一起跟着去，事实上火暴暴也很少去。但是现在，出乎意料的是，鹅小鸟不但去了，还在那里过夜了。

火妈妈一遍又一遍责怪自己粗心大意，在知道火暴暴在海边别墅的时候，就应该打听还有谁在。苏雪儿心里更是充满着懊悔，明明亲眼看到火暴暴带着鹅小鸟走的，就应该早点给火妈妈通风报信，可是给她一万个理由她也找不出，一向冷冰冰的冰雪一样的火暴暴，对鹅小鸟热情到了惊人的地步，之前的亲吻，苏雪儿还觉得是没搞清楚状况，现在，她有一种强烈的感觉，她的麻烦来了，火暴暴离她更远了，虽然一起长大，她像是从来不了解火暴暴。只有连年，站在一旁，静观其变，沉默不语。

已经被火妈妈揉成一大团的报纸，直接冲着火暴暴那张帅气的脸砸过去，火暴暴接过来扔开了去。火暴暴在手机里的新闻推送已经看到，自己又成头条了，不过这次的标题他还是挺喜欢的。记者拍到了鹅小鸟伸手抚摸他头发的那一刻，配图中他的头发那么柔顺，标题就是《当火暴暴遇见了治愈系女生》；配图还有星空下他和鹅小鸟的长吻，标题是《K流星雨有多温暖》，事前大家也都知道，天文馆发布了今晚天鹅座的K流星雨降临，这个标题，的确让人感到温暖；标题《你是我的心跳》，配图是火暴暴搂住鹅小鸟一起走进卧室时，还在他们俩的身影上画出一颗心。

记者蹲守了一个晚上，火暴暴直到睡到自然醒才送鹅小鸟离开，标题很契合的是《滑雪魔兽的浪漫之夜》。火暴暴并不否认，浪漫也是有点浪漫的，不过什么都没发生。看完流星，彼此说了太多的话，鹅小鸟因为陨石羽毛吊坠，陷入对父母的思念，泪奔之后，她哭累了，火暴暴也听累了，两个人就那样，洗都没洗从露台进卧室就睡着了。

"明明知道有记者跟拍，你还恣意妄为，不为自己考虑，不为家人考虑，也不为背后的那些赞助商和代言的广告商考虑吗？"火暴暴这么做，火妈妈觉得是任性而过分。

"这口气很像经纪人，我不喜欢。"火暴暴觉得，小时候那么温柔的妈妈，怎么现在变得连说话口气都那么生硬，他感觉不舒服。

"那你让我怎么说，都是我们把你宠坏了。"

"继续宠爱不好吗？让我做自己喜欢的事儿。"

"可是你长大了，什么事儿能做什么事儿不能做得有起码的分辨能力了。"

"我这么大了，和一个女孩子在一起，不可以吗？"

"那总得看看是什么女孩子吧！"火妈妈话一说完，火暴暴把自己刚刚丢开的报纸重新拿过来，递给火妈妈说："再仔细看看，看仔细了，这女孩子怎么了？"说完之后，又把自己手机打开，点开新闻链接，放在火爸爸眼前说："您老也看看清楚。"

"还是很清纯的一个女孩子。"火爸爸看着鹅小鸟的样子，还是蛮喜欢的。

"清纯的同义词就是风骚入骨。"苏雪儿想着以前爸爸形容唐心草清纯时，妈妈的注释。

"这是你一个女孩子该说的话吗？暴暴的事儿，你瞎捣什么乱。"很明显，连年站在火暴暴一边。

"是啊，怎么说你也是有家教的女孩，怎么能说出这样的话！"火暴暴接着连年的话说。

"你说你们这俩男孩子怎么了？好好对雪儿，别总针对她！"火妈妈护着苏雪儿，呵斥两个男孩子。

"她那么丑，你不会真要和她谈恋爱吧？"看火暴暴这架势，苏雪儿觉得，自己的危机感越来越大了。

火暴暴从火妈妈手里拿过报纸，给苏雪儿看说："丑吗？哪一点丑了？"在火暴暴身边的鹅小鸟，真的很漂亮，苏雪儿怎么着也不能睁眼说瞎话，闭口不言。

"你这样绯闻缠身是不行的！"火妈妈说。

"如果就是恋爱呢？"火暴暴想，无论鹅小鸟听见听不见，反正自己已经表白了。

"你和这个女孩要谈恋爱？她是谁？父母做什么的？家在哪儿？你都知道吗？"

"我不在乎这个，你说的那些我不关心。"

"你不关心我关心，不能让什么乱七八糟的女人在我儿子身边，绝不允许！"火妈妈态度强硬，为了缓和气氛，火爸爸又翻了翻报纸说："这都是什么乱七八糟的新闻，以后少看点，别太当回事了。"

"这些都是风中放屁，不用管就会散的，谁在乎？"连年说。

火暴暴为连年鼓起掌来，投了无数赞赏的眼光，在苏雪儿看来，这是基情四射，心想，有机会得找连年聊聊，说不定他也在吃火暴暴和鹅小鸟的醋呢？对于连年对火暴暴有爱慕之心，苏雪儿依然不改初衷。虽然连年身边有过不少女孩子，苏雪儿认为，那都是逢场作戏，不能当真的，她唯独把连年看成竞争对手这件事儿，当成真了。

瞧着孩子们胡闹，火妈妈叹气说："你们都在这么好的环境下成长，怎么长成了这个样子？"火妈妈甚至怀念起小时候那个病不离身的小火暴暴了，乖乖地坐在她腿上，好像得到了来自妈妈的无限能量。火妈妈也喜欢他这样，觉得每次抱他都不一样，抱一次大一次，直到最后怀抱装不下他，而他也学会了远离妈妈的怀抱和挣扎，想到这儿，火妈妈有点伤感地说："我真想念你们的小时候。"

"那您还记得当年我是怎么活下来的?"

火妈妈说："生下你就是个奇迹，你能活下来更是个奇迹，你能活到现在我得感谢苍天!"

"你不用感谢苍天了，你就感谢感谢那个女孩就行了。"

"这和她有什么关系?"

火妈妈满脸狐疑，火暴暴问："那我的这个吊坠怎么来的?"

"当然还是奇迹啊。"火妈妈回答说，不觉得有什么问题。

"如果这个世界真有奇迹，这个女孩就是我命中的奇迹，我有一个梦，吊坠是她给我戴上的。"

这也太邪乎了，火妈妈越听越迷糊，问火暴暴说："你怎么确定是她? 你自己都说那是梦了。"

"她和梦中的人长得一模一样。"

"那时候你几岁她几岁? 你见到的又是多大的女孩了? 你不会连她长大都知道吧?"

"我看到了她的小时候。"

"我看你是神经了。"

"你总是这样讲话，她就是，现在我也做梦，都是她。"

"那你说说现在的梦和以前的有什么差别?"

"以前梦中她死了，没想到她还活着，现在做梦就是谈恋爱。"火暴暴想着梦中甜蜜的场景，现在回味着每一次和鹅小鸟的吻，那是和梦中一样的甜蜜度。

"做梦谈恋爱?"

听着母子俩互相对峙，直到这儿，火爸爸实在听不下去了，说："这是男孩的正常心理生理反应，青春期的男孩子都有的。"

"绝对不是的，我确认过了，她说这个是她爸爸的。"火暴暴摸着陨石羽毛吊坠说。

火妈妈一听，这是来要儿子的命的啊？不只是儿子被那个女孩夺走了，连陨石羽毛吊坠也成了她的了，傻儿子竟然还信以为真，立刻问："那她要你还给她了？"

"她倒没说，我说可以还给她。"

"你疯了。"

"我没疯，关键时刻我想到您的话了，没给她。"

听到儿子这么说，火妈妈总觉得自己平常的唠叨没有白费，儿子是记住了自己的话的，随即问："那她最后没要？"

"忘记了吧。"

火妈妈想着这一堆事儿，就觉得有必要把那个女孩赶快解决掉，有多远滚多远，最好不要再看见。火妈妈和苏雪儿互相看了一眼，心领神会，两个人的脑子里，都是想着怎么样对付鹅小鸟的办法。

雨来得快去得也快，雨后天晴，太阳透着金属一样的光亮，仿佛敲上去能听见美妙的声音。这一刻的感觉真好，光线中，花影中，鹅小鸟携带着雨后的湿润，她的身上有从树叶子上滚下来的水珠，和她一起飞舞。

鹅小鸟已经看到报纸，那个《K流星雨有多温暖》的标题，真是应对了她的心声，当看到《你是我的心跳》时她想到当时手指点点指着火暴暴的胸口说："我知道你的心一定跳了，因为我的心跳了。"瞬间脸上堆满了红扑扑的微笑。

"这可不是你晒幸福的时候，醒醒吧！你是来要心的。"鹅四提醒着说。

"非要不灭之星才能治愈我？想想好痛。"鹅小鸟双手紧捂胸口，做出一副心疼的样子。

"治愈的过程本身就是疼痛。"鹅四说。

"感觉我从生下来就好艰难的。"鹅小鸟低着头，心里充满着抱怨。

"你艰难什么啊？火暴暴才叫艰难，明明在努力奋斗，却始终只是你的寄存体，这个真相，才真叫一个可怜。"站在火暴暴的角度想，他也是困境重重。

"那我们更应该善待他啊。"鹅小鸟说。

"赏他一个全尸就行了。"鹅四随口一说，鹅小鸟立即不高兴了，小脸耷拉下来，对着鹅四说："我看你比黑心石心脏还黑，怎么这么冷酷无情？"

"你才叫奇怪呢！不灭之星回来，你就完美无瑕了，就算不为了活着，女孩子为了漂亮也是会玩命的，要知道，多少爱美的女孩，都成了整容刀下的冤死鬼。"

鹅小鸟知道，鹅四讲得是有道理的，她也曾信誓旦旦地想这么做，只是不知道为什么，内心里被勉强填满了，这的确不是黑心石的味道。

"警告你，黑心石靠近不灭之星太久，会加速黑心石的灭亡，这就是你必须快点取回不灭之星的意义。"鹅四知道，鹅小鸟的一切反应，都是她宿命里必须存在的，她也很矛盾，这些命运，究竟想要什么样的意旨。

"你一定知道方法的，对吧？"鹅小鸟再度问起。

说真的，鹅四真的不知道该怎么回答，仿佛这个答案难以启齿。

火妈妈风尘仆仆地赶过来，苏雪儿紧随其后，看到她们，鹅小鸟和鹅四中断了谈话，两个人四只眼睛乌溜溜地看着她们。

"明明还是很丑啊，一点改变也没有。"苏雪儿说。

起初火妈妈还以为鹅四是鹅小鸟，仔细看看不是的，再仔细看，确认这个丑女就是，她之前已知是丑女，只是好奇这次报纸上明明是个漂亮的女孩，这一美一丑到底是什么关系？当苏雪儿提醒她一切都是鹅小鸟的手段，其实就是同一个人时，火妈妈的心顿时凉了半截，不是说嫌弃人丑，这也太丑了些，她越来越不懂儿子的心思了，就这样的女孩子，还说什么是他梦中的女孩。不过，火妈妈给自己心里定了底线，无论是美是丑是好是坏，都要和儿子远离，自从这个女孩子出现，火暴暴的一切都不正常了，这种不正常让火妈妈招架不住。

"丑也比你好。"鹅四说。

"饿死你。"苏雪儿听到鹅四的名字，就想这家得是多缺吃的，取了这么个名字。

鹅四还想说什么，却看唐心草走了过来。自从有了鹅小鸟她们，唐心草也像有了壮胆的，看着火妈妈和苏雪儿，也没以往那么忧心了。而这一次，唐心草在火妈妈和苏雪儿身上，没有找到以往的凌厉，她们看起来客气好多。

"火嫂有事吗？"其实，唐心草心里明白，一定又为了报纸上那些事儿来的。

"心草，虽然你和苏辉没结婚，但是你们这么多年了，我一直视你为弟妹一样的，我们家暴暴你也算看着长大的，你知道他从小可怜，好不容易捡回一条命，能平平安安到现在，我心都操碎了，我真诚地拜托你，行行好，让这个奇怪的女孩子，哪里来，哪里去吧。"

"是啊是啊，小妈，你就帮我们一次吧！"为了和火妈妈配合，苏雪儿真是连小妈都认了，心里念叨着："反正老爹也吃了秤砣铁了心了，非这个女人不娶了，先叫几声让他们高兴高兴。"

鹅小鸟心想，这人真是做得出啊，看来老板娘要是心一软，真的赶自己走了怎么办？

唐心草轻轻拍了拍鹅小鸟说："这些年来，火嫂您也知道，我一直孤身一人，小鸟就像我流浪多年的女儿回来了一样，我们相处得很愉快，我实在找不出任何理由，让她离开。"

她们说的都是实话，听起来一个比一个凄惨，女人在一起比惨的时候，实质上是谁也不退让，谁也不心软。

"这么说你还和上次一样，坚持让她留下来？"火妈妈语气开始强硬。

"原谅我无法做到。人都是有感情的，一只猫、一条狗、一朵花我都舍不得遗弃，何况是人。"唐心草也展现了前所未有的倔强。

还没等火妈妈张开口，只看见鹅小鸟呜啦呜啦地哭了起来，黑黑的泪水在她的脸上织成网状，甚是恐怖。

"你这又是玩什么把戏？"火妈妈有点吓坏了。

直到火暴暴抱住她，鹅小鸟还能感觉到火暴暴身上风的气息，他速度快得突破了眨眼的速度，让火妈妈感叹，真是继承了他爹火川的跑步基因。

和火暴暴肩并肩站着，残留在脸上的泪痕变得那么清澈，仙姿玉貌，连紧跟着火暴暴身后而来的连年，都看傻了。

看着鹅小鸟在自己眼皮子底下完全变了一张脸，火妈妈感慨着："现在的女孩子化样真多，都不理解她们处在哪一个世界了。"

只见火暴暴拿起鹅小鸟的手，她的手穿过火暴暴直撅撅的头发，感受到火暴暴很喜欢，鹅小鸟故意恶作剧似的使劲地揉了揉他的头发，无论鹅小鸟怎么做，火暴暴的头发都是柔滑顺软。

当着妈妈的面，火暴暴像是在做一个神奇的实验一样，他牵着鹅小鸟走到妈妈面前说："那年我重病，梦中的小女孩的手摸过我的头发，我的头发会软，这些年我都记得，现在，只有她的手可以。"这种场景，感觉像是王子拿着水晶鞋在找他的灰姑娘一样。

火暴暴诉说的是梦，火妈妈回忆起来的却是事实，当年那个和死了一样的儿子，他的头发一瞬间软了下去的场景，火妈妈是历历在目，虽然火爸爸一再说是她眼花了，但是她相信那是真实存在的，特别是火暴暴最终活了下来，更让她相信，如这会儿的感觉，这个鹅小鸟，也许真是一只惹不起的鸟。

听火暴暴说当时和自己认识是梦，鹅小鸟迫不及待地说："那不是梦，那是真的。"

"你别说话。"火暴暴让鹅小鸟闭嘴，是因为她的话总是让火暴暴活在见鬼的感觉里。

当鹅小鸟的手指轻轻穿过火暴暴的头发时，苏雪儿看得明白，情敌真的来了，之前是自己太掉以轻心了，再看看连年，一脸忧伤的样子，失落的身形倒映在灿亮的日光里。

苏雪儿觉得有必要和连年联手，打败这个号称"爱的小哑巴"的女孩，只有她，不表白，不说话，却可以让火暴暴的头发丝丝顺滑。

苏雪儿原本以为，火暴暴口中那个"爱的小哑巴"是不存在的，梦走了一切都空空荡荡。而想到火暴暴也曾称呼她为"爱的小黄连"，仔细想想，也很不错，爱情本来就是苦苦的，一如她这么多年想火暴暴的心情。鹅小鸟的出现，让苏雪儿强烈地感觉到，这个"爱的小黄连"要变成真的小黄连了，要和"爱的小哑巴"进行一场爱的大作战，她第一次强烈地感觉到，信心受到打击。

院子里突然闹哄哄的，一群少男少女直冲着鹅小鸟和火暴暴而来，看到一条横幅才知道，原来是火暴暴的粉丝。火暴暴一看到这架势，立刻头皮发麻，不知道会出现什么事儿，只见他们集体喊："一二三，丑丑，我们支持你。"说着，就蜂拥上去与鹅小鸟和火暴暴合影。

鹅小鸟抗议说："别喊丑丑，不好听，我是天鹅，漂亮的天鹅。"鹅小鸟一边说一边旋转做飞翔的姿态，超越了离火暴暴一个肩膀的距离，丑丑的脸就回来了，粉丝们看到鹅小鸟变脸，集体欢呼，在他们眼中，这是多好玩多有趣的事儿，对于年轻人来说，这就够了。

原本在火妈妈怒不可遏地赶到唐心草店里找麻烦时，粉丝们是跟着来的，他们看到了一系列新闻后，反对的和点赞的都有，甚至还有粉丝组织了"挺丑大联盟"，表示对鹅小鸟的支持，当然也有反对的，准备和火妈妈一起围攻鹅小鸟。只是到了现场，看到鹅小鸟的神奇效应，再看到火暴暴英雄救美一样，来到鹅小鸟身边，俊男美女站在一起，很养眼，没有谁跟漂亮的人和事儿过不去，这在现代的孩子中，感觉到特别宽容。

"别闹了，再闹下去又要头条了。"闹腾了一阵之后，火暴暴开始劝大家离开，粉丝们热闹也看了，合影也得到了，心满意足地离开了。只有火妈妈和苏雪儿，依旧各怀心事，包括连年，头也低低的，好像他们的头顶有一层厚厚的阴云压着一样。

火暴暴再度确认，悄悄地对鹅小鸟说我爱你，她仿佛丧失了听说功能，变成了他梦中的小哑巴。真的遇见一个不会说我爱你的女孩，头发还是那么听话，火暴暴的幸福感在上升，他确认就是她，要爱的她。

"不是要爱，我是要心的。"听了火暴暴低声絮语，鹅小鸟强调着回应。

火暴暴没有辩驳，难道要爱和要心不是一样的吗？每次他说我爱你，鹅小鸟爱搭不理，火暴暴就觉得她是装的，心想还真能装，真是装出人生新高度。

"我爱你。"火暴暴大声说，他是想玩一下，众人都听傻了，火妈妈觉得这个儿子疯了，可能是犯病了，要不就是当年重病留下的后遗症，火妈妈进行各种推测。

"我听不见。"鹅小鸟看得见火暴暴的嘴形，是在和她说话，她大声回答。

"我爱你我爱你！"火暴暴扯着嗓子连声喊。

"听不见听不见。"鹅小鸟似乎有逗乐的意趣。

一个声音巨响，一个坚持听不见，围观的人各忙各的去了，觉得他们在胡闹，只有鹅四一拨人知道，鹅小鸟是受了天鹅之圈的力量，她听不见表白，她也表白不出。火暴暴认了，这个女孩子是最高明的伪装者，否则其他话她怎么能听得见？甚至自己内心的声音她都能懂，这离奇？真不如梦中那个肉肉的小雪球乖。

鹅小鸟听不懂，对火暴暴来说，不懂就是爱的另一种魅力。

鹅小鸟的内心迸发一种急于表白的焦躁，特别是看到苏雪儿的眼神时，她想向大家宣告，火暴暴就是我的。

在天鹅座，每当长辈们去世，都会留下一根羽毛，制作成鹅羽笔，所以写字对于来自天鹅座的鹅小鸟来说，那是小菜一碟。很快，鹅小鸟就在满是她和火暴暴新闻的报纸上，写下了"我爱你"。

躺在报纸上的大大三个字，写得很漂亮，地球上的文字，鹅小鸟是信手拈来，真不是个事儿，火暴暴却激动得把她紧紧抱在怀中。

对于第一次爱的人，以往的空白，都是无爱的痛苦时光，在爱的绝望之丘，抱住了最喜欢的人，幸福油然而生。

火暴暴牵着鹅小鸟的手，两只手十指紧扣地冲着阳光伸出去，顺着手指的方向抬头望，阳光太光亮，照得眼睛睁不开，能够听见的，就是你是我的心跳。

　　站立的小草在这个清新的牧场睡了一夜，风一吹，像浅浅的绿油油的水纹波动。土地就是一种美好的存在，无不散发着泥土的芳香，朴意隐繁华，植物们都有一颗苏醒的心，有着感恩于自然的觉悟，日光是很好的疗愈师，正用心阅读每一片自然的勃勃生机。

　　丑丑的鹅小鸟卖萌时，看得连年心痒难耐，忍不住躁动地想亲密一番。他们一起在松软的泥土上踩啊踩，仿佛要卸掉身上的负能量，广袤的土地是一个宽厚的消磁场，一切不愉快都能不翼而飞，泥土里冒出来的生命都是新鲜的，鹅小鸟捏出一个栩栩如生的小泥人。

　　"你真是心灵手巧。"连年忍不住赞叹道。

　　"我有那么好？"

　　"看你的字，还真是出自书香门第？了不起啊小鸟。"连年有种这个女孩身上，有着各种深藏不露的感觉。

　　"我是吃香的。"鹅小鸟说着，随手揪起身边的紫花地丁，咀嚼起来。连年急忙掰开她的嘴，伸出手指就往外抠，却被鹅小鸟咬得痛得哇哇叫，她已经最快速地吃掉了花。

　　"很香吗？"连年故作镇定地问。

　　"味道还过得去，没有我家的好吃。"

　　"你在家吃花儿？"连年已经不是第一次好奇了。

　　"是啊，一日三餐全是花儿，好无聊。"鹅小鸟无奈地说。

　　"不换口味？譬如吃点肉什么的？"连年心想，反正她喜欢胡说八道，干脆就顺着她，将这种不着调进行到底。

　　鹅小鸟摇摇头说："我吃素。"

　　"素你个头啦，我们也是有血有肉的好吧！"身边的紫花地丁叫起来，鹅小鸟当然听得见说："乖啊，我尽量不吃你了。"其实，现在的鹅小鸟在外面，已经很少乱吃了，她自己在"天鹅兽鸟屋"种的，已经足够她顿顿饱餐了。

　　看着鹅小鸟自言自语，连年觉得，可能她真的不属于地球。连年之所以把鹅小鸟单独约出来，就是想看看，和他在一起的鹅小鸟，会有什么不一样。事实证明，在他身边的鹅小鸟没有任何变化，脸还是那张丑丑的脸，只有暖意洋洋的微笑，亮堂堂的，像被日光剪起了毛边。

"我看你的手可以当洗发液，让我也来试一下。"连年开着鹅小鸟的玩笑，学火暴暴拿着鹅小鸟的手在自己头上摸摸看。

鹅小鸟挣扎开来，把手抽出来说："不行的，也只有在暴暴身上起作用，你们的发质本身就不同。"

"看来你只属于暴暴一个人了？"

"我也不知道将来会怎样，反正现在开心就好了。"想到以后，鹅小鸟有点无精打采。

"为什么在暴暴身边会变得不一样？"连年提出了自己的疑问。

"因为他是我的心。"鹅小鸟一本正经地回答。

鹅小鸟说的是再苍白不过的事实，而连年觉得这是多么专注深情的表白，从她给火暴暴写出"我爱你"的时候，连年心里就觉得，他像是还没恋就失恋了的人，火暴暴总是先他一步吸引人。虽然连年对鹅小鸟没有什么企图心，但是，内心的失落却一阵一阵朝上涌，他忍不住趴在鹅小鸟的肩头，想借此冷静一下。

鹅小鸟扎着马尾辫，又是另一种气质范，清爽利落，干净透彻，她不懂连年好好的怎么了，像安慰孩子一样摸摸连年的头，她身后长长的马尾辫摇摇晃晃，突然像是被人抓住，扯得头皮生痛，鹅小鸟啊地叫了一声，回头一看，是火暴暴，他的眼睛里喷射出愤怒的流火。

"你是花吃多了，就很花心是吧？"火暴暴怒气未消。

"我哪有？"鹅小鸟反驳说。

"你这么丑了，还敢勾搭我兄弟？有没有自尊啊？"火暴暴像是丧失了理智。

连年却很冷静地说："我没觉得她丑！暴暴你别太过分了！"长这么大，连年和火暴暴从来没有红过脸，也就让苏雪儿以为他们之间有真爱。

"小鸟是我吻过的女人。你和她在一起，还说我过分？"火暴暴酷酷的眼神透着极端的郁闷。

"就是约出来玩玩，不可以吗？"连年耐着性子给火暴暴解释。

"玩玩？你还是找那些被你甩的女生去玩吧，以后离小鸟远点！"

"你凭什么这么做？"连年觉得火暴暴太霸道，高声说。

鹅小鸟也觉得不可理喻，说："年一直对我不错，即使我这么丑，他也对我很好，是好朋友啊。"

听鹅小鸟这么一说，火暴暴感觉内心压抑的火把，正在熊熊燃烧，说："听着你很感动啊？还喊得那么亲切，是在这里山盟海誓以身相许？就像在别墅里对我一样？你这个花……"没等火暴暴说完，啪的一声一个响亮的耳光，打得火暴暴脸热辣辣地痛。在出手的那一刻鹅小鸟没有犹豫，手收回来渐渐地感觉到心痛，但是又想到火暴暴的不信任和那些伤人的话，鹅小鸟拉着连年的手，一起走开。

连年和鹅小鸟刚迈出几步，火暴暴的拳头就冲着连年打了过来，一个是梦里现实里都缠绵悱恻心爱的女生，一个是从小玩到大的小伙伴，他们俩一同离去的背影，像一个巨大的背叛撩拨着火暴暴的心，他终于按捺不住，动了手。

火暴暴下手不轻，一拳下去有点晕的连年反应过来，冲着火暴暴就打过去，两个人扭打成了一团，鹅小鸟顿时傻眼了，嘴里喊着"别打了"就钻进两个人缝里扯开他们，两个高高大大的帅气男生，鹅小鸟的小小身板死撑着，苏雪儿的加入，才彻底地把他们分开。

曾经，苏雪儿一度怀疑，连年之所以和她分享火暴暴的小秘密，就是想和她联手，赶走火暴暴梦中"爱的小哑巴"。苏雪儿以为连年虽然不像她那样爱着火暴暴，起码和火暴暴的情感不一般。现在，眼看着两位有真爱情愫的小伙伴，为了鹅小鸟大打出手，苏雪儿真的很泄气，她的心里，掠过一团巨大的寂寞。

"为了这样丑的她，你们俩打架？值得吗？"苏雪儿质问。

火暴暴没回答她，一把拽过鹅小鸟，迈开他的大长腿，像一团旋风消失在他们的视线。

望着火暴暴离去的背影，苏雪儿黯然神伤，没有暗恋的青春是不完整的，苏雪儿觉得她和连年都对火暴暴充满了暗恋："吃醋也不用这么暴力吧？你打暴暴干吗？"

连年白了苏雪儿一眼，没理她，心想，女生爱上一个男生，看事情终究是不长眼睛的，暗暗埋怨苏雪儿："没看见是火暴暴先动手的吗？"

看连年不搭理自己，苏雪儿说："年，你就是个爱劈腿的渣渣，小时候你喜欢我，长大后你黏着暴暴哥，现在要鹅小鸟，还不带上你甩掉的那些七荤八素的女人们。"

"你别胡说八道了，懒得和你说话，一遇见火暴暴，你的智商总是下线。"

"可惜你只能和我说话，那只小鸟跟着暴暴哥飞走了。"苏雪儿说这话是为了气连年，可是仔细想想，把自己也气得不行，又接着说，"要不我们俩联手，拆散他们？"

"无聊，说你没智商还是真的。"对于苏雪儿的种种心机，连年是没有兴趣的，他的心，苏雪儿不懂。

"那你眼睁睁地看着暴暴哥被抢走？他一直是你和我争抢的对象啊？"苏雪儿还是一味地追着火暴暴的话题问。

"你别左一个暴暴右一个暴暴的，和你说话头疼，这么多年你都不长进，难怪暴暴不喜欢你。"

"暴暴哥不喜欢我？怎么可能？"苏雪儿知道火暴暴对她没那么好，但是要是全盘否定说不喜欢，她是不甘心也不愿意接受的。

"信不信你自己想吧，别挡路，我要走了。"

"不许走，说你为什么要带小鸟来这里？她配吗？"苏雪儿一直以为，火暴暴和连年都是她的，她不懂连年为什么要单独和鹅小鸟在一起。

"你不是都说了吗？我现在要鹅小鸟，我喜欢她，想追求她，满意了吧。"连年觉得，和苏雪儿讲话费劲，速战速决最好，没必要和她说太多。

连年的话让苏雪儿吃惊也不吃惊，以前连年和火暴暴对她话少得可怜，一见到鹅小鸟两个人的话匣子都打开了，这分明是在喜欢的人面前爱表现。苏雪儿感觉到头顶的天空一片一片地发晕，自己身边的两个男孩子，怎么一下了都对鹅小鸟着迷了，这个女孩，到底有什么魔力，她产生了前所未有的挫败感。

鹅小鸟的手一直被火暴暴紧紧地握着，力量之大，感觉到指骨脆脆的痛。他们像是走了很久，直到日光在枝头的绿叶中，猛烈地蹦跳着，火暴暴和鹅小鸟身上的汗珠，也顺着皮肤滚滚而下。

"你还要带着我走多久？"鹅小鸟累了，火暴暴的脚步还没有停下来，像是要把他心中的怨气走丢一样。

鹅小鸟使劲地挣扎开手，又被火暴暴抓了回去，鹅小鸟说："痛啊。"

火暴暴冷冷地看她一眼说："你骗我，和连年出去怎么不说一声？"

"为什么要告诉你？"

"因为我是你男朋友，你不都写了字表白吗？"火暴暴脑海里，盘旋着让他心动的"我爱你"。

"写字也不代表什么，和年在一起聊聊感觉不错，他也是你的朋友，有什么错。"

"亏你还知道，年是我的好朋友，你这个花心的女人，兔子不吃窝边草你知道不知道？你还真下得去手。"听了鹅小鸟的话，火暴暴真是气不打一处来。

"我和年又没什么，你那么紧张干什么？"

鹅小鸟这样说，火暴暴哑口无言，他自己也不清楚，怎么一听到鹅小鸟和连年单独相处，心里竟然充满了委屈和冲动，甚至和自己最亲密的伙伴不惜翻脸。

"反正不管了，以后没我的允许，不能这样。"这话听起来，多少有点撒娇的味道，火暴暴想想，自己都惭愧。

"就你这样不信任自己的女朋友也不信任自己的好朋友的，天生就是找骗的。"

"你是说你骗我？你写的'我爱你'都是骗我的？"火暴暴说出"我爱你"之后，才意识到这三个字鹅小鸟是有免疫力的，她听不见。随口又问："你在连年身边很丑你知道吗？"

"我在任何人身边都很丑，这我知道。"鹅小鸟说得很平静，因为丑，她也习惯了各种说辞。

"知道还那么得意？不自卑吗？"火暴暴突然有个神奇的想法，觉得一个男人要想留住一个女人，就是让她自卑，那样就会像只小狗一样，乖乖地趴在自己身边，因为她在外面，不能抛头露面，没有伙伴。

"我很骄傲，因为我那么丑年还愿意和我做朋友。"鹅小鸟偏偏不吃火暴暴这一套。

"我也没有嫌弃你啊，是你一靠近我就变漂亮了，真正的爱情是要你美丽的，你应该感谢的是我，不是年！"火暴暴提醒鹅小鸟，她每次都高高兴兴地黏着自己，还不是因为在自己身边就变得美，谁知自己一会儿不在，她就向连年那边倒，想着想着火暴暴就火了，心想要是在古代，这也是最不守妇道的一只鸟。

鹅小鸟看着火暴暴在嘀咕，像是自己不懂忘恩负义了似的，大声说："你没什么了不起，我在你身边不丑，是因为你有不灭之星，那是我的。"

"不灭之星是什么东西？我根本没有，你也别总拿丑说事儿，来考验我？"一段日子相处下来，火暴暴相信鹅小鸟有超乎常人的能力，但说什么不灭之星的他根本不会信。

"没考验你，不灭之星就是我的心，我的心在你身上。"

鹅小鸟的话，火暴暴怎么听怎么觉得是火辣辣的表白，不过的确让他心情好了很多，说："就算你在我身边不丑了，但是你是臭臭的，你都要臭气熏天了，我也没嫌你臭。"

"就算我臭臭的，你也管不住。"在火暴暴面前，鹅小鸟就是这么自信，而容忍她自信的火暴暴，这就是爱。

也许，女生的自信就是来自于对喜欢的男生的确定，当鹅小鸟感觉到火暴暴的喜欢，她才有了自信，即使自己是那种臭臭的女生，火暴暴还是会喜欢，两个人瞬间从吵架变成了斗嘴。

火暴暴和鹅小鸟，一个随心所欲，一个娇蛮任性，日光拉长了他们的身影，两个人影紧紧相随，爱在心底荡漾，一言一行全是心动的痕迹。

鹅小鸟仰起头，长长的马尾垂到腰际，她张着口说："我是顺着阳光呼吸的，为了找你，我跑了多少光年。"

听到她用光年形容，火暴暴就头大，不过，还是逢迎她说："你一路辛苦了，我们终于相遇了。"

鹅小鸟用恶狠狠的语调说："所以你要报答我，要听话啊，再不听话就把你的头发揪下来，一根一根拼图。"

火暴暴说："算你狠。"

鹅小鸟点点头，像是赞成他的话一样，承认自己狠了点。火暴暴说："是不是看着年也很帅，动心了？"

"是啊，我很想把年纳入我的后宫。"

"你一个女生，竟然敢要后宫？"火暴暴说着，高举拳头像是要冲着鹅小鸟砸下去，鹅小鸟立刻做投降状说："年是很帅，可是你是我心里长出来的，能从我这铁石心肠里长出来你，可真不容易啊。"火暴暴虽然听得云里雾里的，但是能够感受到，他在鹅小鸟心里的位置，是不一样的，很动情地吻了她一下，"我爱你"也是脱口而出，只是鹅小鸟听不着。

"你必须珍惜我的心。"鹅小鸟警告说。

"为什么？"看着鹅小鸟的表情，好像自己真不珍惜她了一样，火暴暴问。

"否则你会死。"鹅小鸟霸气十足地说。

火暴暴刚想反驳，不带这么吓唬人的，就看见鹅小鸟一下子冲进了街边的花坛，像狗一样，耸动着鼻子，一朵花就那样消失在她的嘴巴里。

看着她抿嘴巴，火暴暴很无奈地说："不至于吧？花有那么好吃吗？一看见你就忙着去咬？也不用洗洗吗？"

"味道真不好。"鹅小鸟抱怨说。

"味道好才怪。"火暴暴挺害怕她这样，也不担心打药也不担心环境污染吃了中毒吗？火暴暴硬生生地安慰她说，"以后别乱吃啊，这是不文明现象，警察叔叔来了，会把你抓走的。"

"我是外星人。"

"你又来了，警察专抓你这个外星人，敢来地球搞破坏。"

火暴暴说着说着，就觉得可笑，鹅小鸟也跟着他傻笑，两个人嘻嘻哈哈笑成一团。在天鹅座，鹅小鸟吃花吃草，不用洗的，那里干净得每一滴雨水都纯净无瑕，所有的植被都是亿万年的活泉浇灌而成。

火暴暴刚进家门，就看到一张张铁青的脸，因为他和连年打架的事儿，几家人基本到齐了。不用猜就可以知道，肯定是快嘴苏雪儿回来告状了，以他对年的了解，在外面打死也不会回家说的，虽然从没和年像今天这样打过，但是这是男孩子之间应有的默契。

原本，火妈妈也是一脸怒气，当她站起来看到儿子脸上的瘀青时，心疼起来，急忙走到跟前，问："痛吗？"妈妈的手刚碰到脸，火暴暴就痛得杀猪般地号叫，很明显，他是夸张的。就在和鹅小鸟分手之前，她的手抚摸着他的脸问："还痛吗？"火暴暴笑着说："不痛，一点也不痛了。"恋爱中的男生，妈妈的手和心爱的女孩的手真是天壤之别。

"痛你还和年打架？"火妈妈责怪他说。

火暴暴沉默，看了一眼连年，连年也不说话。

连妈妈说："为了一个女孩子，你们俩还动起手来了，瞧瞧这都把脸打成什么样了？"连妈妈说着，扳起连年的脸，也是满脸的肿胀，看来，愤怒的时候，两个人下手都不轻。

"年，对不起了，是我误会了。"和鹅小鸟和好后，火暴暴开始检讨自己，觉得自己的确过分了，随即向连年道歉。

连年看了看火暴暴说："你没误会，我是喜欢小鸟，要把她捉回来。"连年言语平淡，但是在火暴暴看来，这就是赤裸裸的挑衅，本来平息的愤怒一下子又起来了，说："你再说一句试试看。"

当着家长的面，眼看着两个男孩子斗了起来，只听苏雪儿捂住耳朵尖叫说："暴暴哥，我才是火爸爸火妈妈公认的儿媳妇，鹅小鸟那妖孽进不了你家门。"苏雪儿的口气，真像她妈妈张岚。

"看吧！早就说过，雪儿就是你的娃娃亲、童养媳，你们俩是捆绑一起的。"苏雪儿这么一闹，连年有点幸灾乐祸地说。

"落井下石。别忘了，她也是你家公认的儿媳妇。"火暴暴提醒连年说，心想，只要自己坚持不喜欢苏雪儿，那么众位家长的目标一定落在连年身上。

"我是自由的，雪儿指定的是你。"

"我也是自由的，我是我自己。"

听着孩子们斗嘴，家长们也不知道从哪儿插话好，有一点公认的是，火妈妈和连妈妈都承认，苏雪儿的确是她们心目中儿媳妇的标准人选。

"暴暴哥，你是我的，必须是我的。"苏雪儿不依不饶地说，这话她从小说到大了，想什么时候说就什么时候说。

"没错，暴暴我告诉你，我不管你和那个小鸟是什么关系，以后不要联系了。"火妈妈说。

"怎么能不联系？你能管住我的梦？"火暴暴反问妈妈。

"是的，火妈妈，暴暴哥梦里都是那只小鸟。"苏雪儿也着急，原来火暴暴的梦里，就是现在的那个鹅小鸟。

"别瞎说，那都是胡思乱想的，不可能。"这话火妈妈根本不会信。

"当然可能，梦中的小鸟和现实的小鸟都听不懂我的表白，我的梦当然我做主。"火暴暴试图让火妈妈相信。

"那是鹅小鸟故意装作听不见。"苏雪儿说。

"我爱你。"火暴暴突然附在苏雪儿耳边说，这句话热乎乎地传到她耳朵里，心里。

"暴暴哥，我也爱你。"苏雪儿立刻高兴得手舞足蹈起来。

"你怎么不装一个给我试试，真爱是压抑不住内心的呼唤的，她不是装的，但是我相信，总有一天，会把她唤醒。"火暴暴说完，不想再听大家的理论，上楼进了房间，锁上了门，这是他第一次锁上自己的卧室门。

是儿子长大了还是真的变了，火妈妈一时也想不通，上次亲眼见到鹅小鸟的威力，她的确和一般的女孩子不一样，起码儿子的头发就是最好的见证，可是，这一切来得太突然太邪乎，火妈妈还真不敢照单全收，也只能静观其变了。

自从鹅小鸟在院子里撒下天外花种，唐心草的院子里的花儿总是满满的，哪怕一个小小的缝隙，都长出各种不知名的花儿。

树木百年皆有灵，鹅小鸟用一根老木头做了一个花器，类似一个大大的浴桶，被灌满了半桶水，里面养着一棵树，没有肥沃的土壤，枝枝叶叶也生长得很茂盛。她偏爱老木头，用这种方式延续树木之美，这都是经历了时间浸透再次展示了重生的力量。

虽然花草繁多，养花养得久了，都有心灵感应了，唐心草只要仔细扫过一眼，就知道哪些花儿又不见了，起初她以为苏雪儿给自己捣乱，现在她知道，一切都是鹅小鸟的恶作剧。

"又吃花了？"唐心草问。

"吃了，只吃了一棵。"鹅小鸟乖乖地承认。

"你说花儿好好的你吃它们干什么？你是小鸟，不应该吃虫子吗？"唐心草故意逗她说。

"才不呢，不吃肉。"

"那你可以吃瓜果蔬菜，或者吃草也行啊。"

"不行，都没花儿香，我种它们就是为了吃的。"

"你还真是外星人。"

"本来就是。"

鹅小鸟越是肯定，唐心草越难以置信，只是认为现在的孩子，恨不得每个人都有自己的独立星球，有一个自己的独立王国，建立一个独特的自我成长世界。

唐心草用心地侍弄自己的花，鹅小鸟冲着花儿说："瞧你们这些养尊处优的，真把你们惯坏了。"

"花儿能被人养着，那是因为它们是花儿。"唐心草说。

"那人呢？不能被养着？"

"人好也有人养啊！"

"那谁养我谁养我？我就不用那么辛苦种花了。"

"你这才叫好吃懒做吧？这样只有被抛弃的命，你不是外星人吗？干吗还要人养？"

"说得也是，无论什么人，都得自己勤劳致富，亲力亲为，自力更生吧！"

"懂得这道理就进步了。"听到这个时候，鹅小鸟才听出唐心草又在给自己上人类的说教课，真不好听，但是已经听进去了，这个像妈妈的女人，真是让自己不习惯，但又很喜欢。

"真棒，你终于开了。"听到鹅小鸟得意地叫，唐心草赶到她身边，在这个院子里最阴暗的角落，开出了黑色的玫瑰，这种花的花语是："你是恶魔，且为我所有。"这是唐心草一直想种植却从来没有成功的，却没想到在这个不起眼的地方，也不适合培育的环境中，鹅小鸟竟然养成了。鹅小鸟努力地挤出两行泪，这黑黑的泪滴落在黑色玫瑰上，花儿更显得油光发亮，黑色，是黑心石心脏最钟情的颜色，这玫瑰的颜色，和鹅小鸟的眼泪浑然天成。

"'天鹅兽鸟屋'，独一无二的泪滴黑玫瑰，我们要发财了。"鹅小鸟欢呼着。

"放在这里我们自己看就好了，不要卖了。"

"就要卖啊，好报答你管吃管住。"鹅小鸟搂住唐心草的脖子，亲昵地说。

"我不要你报答，就算送我的好了。"

"好东西要大家分享，你卖吧，我继续给你种。"

"这种黑玫瑰，有邪恶的暗示，不会有人买的，留着自己看吧！"唐心草对黑玫瑰的卖相不看好。

"怎么可能？物以稀为贵呢，我们就叫泪滴黑玫瑰，称之为献给失恋的人。"

"都失恋了，谁还有心情买花啊？"唐心草认为鹅小鸟的逻辑不通。

"正是因为这样，才需要我们的泪滴黑玫瑰，这是正能量，红玫瑰是召唤好的爱情到来，我们的黑玫瑰是让那些坏的爱情滚蛋的。"听到这儿，唐心草总算有点明白鹅小鸟的意思了，心想："这小脑袋瓜子，还真藏有一本生意经。"

果然，"天鹅兽鸟屋"独有的泪滴黑玫瑰一上市，就遭到了疯抢，一扫而光，鹅小鸟的身影，整天躲在她的那个小角落，拼命地种她的黑玫瑰。鹅小鸟相信经过她手的黑玫瑰，的确有一种力量，真的能够寻回失落的爱情，假意的爱情毫无留恋，失恋的时候，死去那颗想要复合的心，是命运的另一种美好启示。

没有火暴暴在身边，鹅小鸟的脸就丑得很直接，苏雪儿看着就觉得碍眼。

"我只是丑，又不是病菌，不会传染。"看着苏雪儿莫名出现在自己眼前，又对自己躲来躲去，鹅小鸟忿忿地说。

"那我也怕，谁知道你那黑色的眼泪什么时候会跑出来，洒到我身上怎么办，这可都是名牌。"苏雪儿说着，指着自己的一身名牌。

"名牌了不起啊？穿在你身上，不过是一个会走路的名牌，瞧瞧我种的大脚掌萝卜，五个脚趾的，你可以吗？"鹅小鸟得意的神情溢于言表。

"你天生就是一农民，还外星人呢。"

"我就是农民，外星移民过来的农民啊。"

"所以说，你和暴暴哥就不是一个档次的，我们都是金字塔尖的人，鹅小鸟你别痴心妄想了，你连做金字塔地砖下的小草根也不配。"苏雪儿看着鹅小鸟的样子，怎么也想不通哪一点能配得上火暴暴。

"好久不见苏小姐，这是炫富的节奏吗？"看着鹅小鸟和苏雪儿你一言我一语地斗嘴，鹅四、鹅九、鹅一和鹅二过来围观，正好听到苏雪儿的话，鹅一毫不客气地说。

"有富才能炫，让你们鹅小鸟炫一个给我看看？"苏雪儿打心眼里瞧不上她们，一帮花工，不过是不知道使了什么花招，骗了小妈，还骗了火暴暴和连年，想想都生气。

"我就怕我们小鸟炫耀的你炫耀不起。"鹅四说。

"就是，整个地球才多大？就你家那点钱？想着都可笑。"鹅二冷冷地说。

"人最怕就是自以为是了。"鹅九轻蔑地看了苏雪儿一眼说。

苏雪儿觉得自己势单力薄了，这几位号称是鹅小鸟女仆的人，个个都是高冷美女，看起来更像外星人，反观鹅小鸟，瘦瘦弱弱一个小女生，起码样子看起来好欺负。"你这个苏雪儿，又来欺负我家小鸟。"大白公鸡凶巴巴地伸出鸡爪子，无形中这爪子在苏雪儿眼中变得特别大，她"啊"地大叫一声，冲着唐心草扑去，躲在唐心草怀里哆嗦，不停地叫小妈。

唐心草拍着苏雪儿说："你们别吵了，都吃饭吧。"大家还是听唐心草的话，围坐在大木桌旁。

"喂，苏雪儿你怎么不走啊？"鹅小鸟看苏雪儿也坐下了，问她。

"这是我小妈家，等小妈和我爸爸结婚了，也是我的家，你们算什么？"苏雪儿一口一个小妈地叫着，从没有像现在这么热情过。

"这会儿想到你爸爸和你小妈了，想小妈嫁给你爸爸了？怎么可能，我心草妈妈不会要你爸爸的。"鹅小鸟也称呼唐心草为妈妈。

"是的，你和你爸爸别做白日梦了。"鹅四接过来说。

"我爸爸可是成熟老帅哥，把我爸爸扔出去，不知道有多少女人求嫁喊老公呢！"苏雪儿对老爸苏辉充满信心，心想："说不定求认爹的都排好了队呢。"

"再帅哥也老了啊。"鹅小鸟说了这一句，急忙捂住了自己嘴巴，苏叔叔可是心草妈妈的心上人，赶紧投给唐心草一个抱歉的眼神，又替自己打圆场说，"你爸爸那么好，你留在家里吧，反正我心草妈妈也不要，求婚不都被拒绝了？"鹅小鸟这么一说，感觉又错了，又一个不好意思的眼神投给唐心草。

"不懂别乱说，我小妈是想嫁给我爸爸的，都怪我不好，天天捣乱来着。"苏雪儿一做自我检讨，大家齐刷刷地看着她，这不是她风格。

"不正常，肯定不正常，一个人反常的时候，往往都是居心不良。"鹅九说。

"我举双手赞同小九的话，肯定有目的的。"鹅一说。

"难道是为了火暴暴？你究竟想干什么啊？"鹅二着急地说。

"兵来将挡水来土掩，我们怕什么。"还是鹅四会做总结。

"吃饭都堵不住你们的嘴啊，都别说了。"唐心草的话，让大家安静了下来。苏雪儿要喝饮料，却怎么也打不开瓶盖，她不客气地指使鹅四说："帮我拧开。"鹅四嘴巴一张，瓶盖就开了，说："这还不简单吗？吹一吹就开了，比你炫富简单多了。"苏雪儿有点抖，真的害怕了，说："你们真的是妖孽，小妈，你不怕吗？"

不等唐心草说，一旁站着的鹅小鸟跳过来说："这叫不做亏心事，不怕鬼敲门。"

不过，唐心草还是安慰苏雪儿说："她们都是跟你闹着玩的，就像变魔术一样。"唐心草这么安慰苏雪儿，其实她自己也不知怎么回事，只是感觉大家都很善良，没有恶意，她们的到来也的确让自己少操了好多心，起码苏雪儿都不会在自己这里胡闹了，所以，一切也没有计较那么多，没往别处想。

夜晚的风有点大，仿佛把天空吹皱了一样，星星飘飘荡荡。来自天鹅座的鹈鹕星云和北美星云，很漂亮，这距离地球一千五百光年的地方，是除了鹅小鸟她们之外，寻常人类难得一见。

苏雪儿从车里取出她的高倍望远镜，看着星空不停地发出赞叹。

"吵死人了，一副望远镜有什么稀奇，那么落伍的东西还能拿出来秀？"鹅一实在讨厌苏雪儿的显摆。

"这一点儿也不落伍，你态度好点儿我给你看看。"

"谁稀罕，我随便睁眼瞧一瞧，都比你们人类所有望远镜看得远。"

苏雪儿没有理会鹅一，觉得她们就是一群不知天高地厚的神经病。

"算了，小一，去找小四她们玩去吧！"鹅小鸟打发走鹅一，对苏雪儿说：

"你该回你家了，不奉陪了，我们要关门休息了。"

"鹅小鸟，我再警告你一次，暴暴哥你高攀不起。"

"你以为你是谁，论高攀，是火暴暴高攀了我们小鸟呢，不是为了拿回不灭之星，谁来理你们，你们算什么，有钱就是像样人了？比我们过得好到哪儿了？莫名其妙的人类。"鹅一说着，推起鹅小鸟就离开了。

只剩苏雪儿一脑袋问号，揣测着不灭之星究竟是个什么东西，她越想越多，直至最后一丝冷笑，想着这几个奇怪的人，还总是张口人类闭口人类，还真不拿自己当人类了，鬼才相信她们是外星人，做梦做多了吧。

很多人就是这样，习惯性地嘲笑着别人，不辨真假，只是习惯了嘲笑。

每天翻开报纸，火爸爸和火妈妈内心就有点烦，总是少不了火暴暴和鹅小鸟的那点事儿。

火暴暴的旧伤已经完全康复了，马上要投入训练，可是看他现在的情况，好像除了鹅小鸟还是鹅小鸟，这哪像之前除了迷恋滑雪眼中再无其他的那个火暴暴。虽然青年男女恋爱没关系，可这正是火暴暴运动生涯的黄金时期，在火爸爸心里，还有自己多年未完成的梦想，那就是参加奥运会。

火爸爸心里一直有这未了的心愿，他替儿子盘算着，无论儿子的职业生涯有多么辉煌，可是，如果不能参加奥运会，将是很大的遗憾，更何况这届奥运会就在家门口举行，这是千载难逢的机会，火爸爸不想让儿子受到任何影响，火暴暴身上，让他看到了延续梦想的希望。虽然以火暴暴的名气和资历，凭着世界第一的排名，毫无疑问会为国出战，但是，这毕竟代表着国家，谨慎的火爸爸不愿意出任何纰漏，哪怕一点点风险他都不愿看到，这和火妈妈想到了一处。

"只要你说一声，让暴暴和她分开，我想暴暴不会反抗你的。"火妈妈觉得，火暴暴的放肆，和火爸爸的纵容有关系，在教育火暴暴的问题上，从来都是严母慈父。

"对现在的孩子，太直接太暴力可能行不通。"对于儿子，火爸爸觉得放养挺好。

"那我什么办法也都想了，暴暴这孩子软硬不吃。"自从鹅小鸟出现，火妈妈为火暴暴的事情一直处于焦虑状态。

"正在热恋中，分是不可能的，现在只想着怎么让他们好好相处，别再在报纸上闹那么大动静。"

"是啊，快点让他们消停。"火妈妈唉声叹气地说。

"年轻人，少管他们自然而然就安静了，你越是告诉他们别这样别那样，他们越给你对着来，不说别的，就我们身边这几个孩子，哪一个不是这样？"

"没有像暴暴这么不省心的，小时候他病得死去活来，我们整天跟着担惊受怕，好不容易好了些吧，看见他的头发我就心疼，终于长大成人了吧，谈个恋爱也把人气个半死。"

"人活着，总是要生病的，想想，要是一次病都不生，也挺寂寞，怪没意思的，因为暴暴的病，我们不知道多心疼他，现在他恋爱了，是个高兴的事儿，你别总是着急上火的，那么多提心吊胆，其实就是你一个人杞人忧天。"火爸爸的口气甚是平静。

"可我怎么高兴不起来呢，那个女孩子，我们根本不了解。"

"如果那个姑娘真像你们说的那么神奇，对儿子有这样那样的魔力，我是能够接受的，儿子开心，有什么不好。"

"那雪儿怎么办？她可是一门心思扑在暴暴身上。"

"儿女自有儿女福，别想那么多，让孩子们自己解决，没有过不了的坎儿。"

"说得也是，只要暴暴的心能够静下来，接受那女孩子也不是件坏事。"火妈妈又想到火暴暴的头发，她往最好的想，也许这是保护儿子的小女神，听着现在的孩子们都叫男神女神的，她把这个头衔送给鹅小鸟，只要为了儿子好。

鹅小鸟就是这样出现在火爸爸火妈妈面前的。天气好得不得了，天蓝得像失真了一样，火暴暴开车去接她，鹅四死活要跟着。

"有你这样的吗？是我这丑媳妇要去见公婆。"鹅小鸟对鹅四的纠缠不理解。

"别别别，求你了，你别一下子就公婆了，这才哪儿到哪儿啊？"看到鹅小鸟的认真劲儿，鹅四就害怕。

"那你想怎么着啊，不要我和暴暴在一起？"

鹅小鸟这么一问，鹅四一时也不知道该怎么答，要想顺利拿回不灭之星，鹅小鸟还真得和火暴暴在一起。

"不说话，我就走了，你别跟着，不合适。"鹅小鸟再次告诉鹅四。

"我是担心你，别太重感情了，你要想着你爸爸妈妈的话，不灭之星必须取回来。"

"你别担心了，我相信，什么时候我要取暴暴的心，他都会给我的，不信我问他。"鹅小鸟招手让火暴暴过来，张口就问，"我要拿走你的心，给不给？"火暴暴一听，她又来这一套了，每天像拼命考验自己似的，就拍着胸脯保证："一直都是你的，你什么时候取都给你。"

"听见了吧，我亲爱的四，你就放心好了。"鹅小鸟说完，就挽着火暴暴的胳膊走了，留给鹅四一个缥缈的背影。

看着他们离开，鹅四一屁股坐在台阶上，她能感受到，时间的压迫。黑心石心脏在不灭之星的笼罩之下，会越来越弱，鹅小鸟每天和火暴暴在一起，渐渐会消失，如果不及时拿回不灭之星，鹅小鸟就彻底没救了。可是，如果不让他们在一起，不灭之星该怎么取回？他们必须相爱，他们必须承受这个结果，这种矛盾，究竟怎么破？当年鹅真河和鹅溪溪为了挽救女儿，下了这么大一盘棋，鹅小鸟是活了下来，可是这究竟是幸福还是折磨呢？命运是好是坏，谁也无从把握。

不过，鹅四下定决心，找个机会和鹅小鸟好好谈谈，取回不灭之星的事不能再拖了，不管鹅小鸟愿不愿意，这个方法势在必行。

宇宙是一个大活体，火暴暴就是鹅小鸟的一个小活体，是爱也是天敌。也许大多数爱的道理是一样的，得到是因为爱，失去也是因为爱。

鹅小鸟长发及腰，眉清目秀，大大的眼睛灵动有神，一袭仙范儿十足的白色连衣裙，和火暴暴手牵手站在一起，真是登对，连火爸爸和火妈妈看了也默默含笑。

细细打量一番之后，火妈妈起身牵起鹅小鸟的手，鹅小鸟不解其意，紧紧地向火暴暴身上靠了靠，心想："打死都不能离开火暴暴一步，否则会原形毕露。"以往鹅小鸟离开火暴暴，会变成丑丑的样子，火暴暴从来没有细究，他总以为鹅小鸟是和他开玩笑，从没想过鹅小鸟不在他身边的丑样子是真的。可是，鹅小鸟终究知道这是事实，她拼命地往火暴暴身上黏，火暴暴也享受着鹅小鸟黏人的感觉。

看着他们俩忸怩的状态，火爸爸对火妈妈说："你干吗呢？别吓着人家孩子。"

火爸爸以为，是火妈妈让鹅小鸟紧张了，只见火妈妈拿着鹅小鸟的手，放在了火暴暴的头发上，这一刻，火暴暴的头发温柔顺滑，看得火爸爸也惊呆了说："原来这都是真的，看来，这个姑娘的确和我们暴暴有缘分。"

"这么说，爸爸同意我和小鸟交往了。"听到爸爸这么说，火暴暴有点兴奋了。

"同意是同意了，你得想想你的正事了，最近玩疯了吧？"火爸爸提醒火暴暴说。

"嗯，只要让小鸟留在我身边，做什么都答应。"火暴暴愉快地说。

"留在身边？怎么留？"瞧儿子那个激动劲儿，火妈妈觉得有必要泼冷水，同时也朝火爸爸看了看，责怪他答应得太快，本来只说是带回家见见的。

"反正家里房子这么多，小鸟可以来家里住啊。"火暴暴想得简单，说得也理所当然。

"她不是在你唐阿姨那里打工吗？"一说到打工这两个字，火妈妈心里就不甘，怎么这么优秀的儿子找了个打工妹呢！随即脸就沉了下去。

"不是打工，小鸟她有仆人的。"看着妈妈变了脸，火暴暴替鹅小鸟解释说。

"仆人？你说那几个叫做数字的姑娘吗？算了，我也不懂你们都唱的哪一出，反正你们俩听好了，你们相互喜欢，我不反对，但是别再弄出一些乱七八糟的事情到记者那儿了，还有，对雪儿好点，客气点。"火妈妈心里仔细考量，这个姑娘能让儿子的头发产生变化，的确不同寻常，同意他们在一起，也是权宜之计。

"是的，鹅四她们是老祖奶派下来照顾我的。"鹅小鸟说。

火暴暴拉了拉她，意思是让她不要说话，避免节外生枝，反正妈妈已经答应了，鹅小鸟以后在这个家可以出入自由了。

随即，火暴暴说："我和小鸟一定对雪儿好好的，保证做到。"话一说完，火暴暴就带着鹅小鸟参观。

大门口的阳光，拉长了他们的影子，两个肩膀抖动，幸福地笑着。

从火暴暴和鹅小鸟进门的那一刻，苏雪儿和连年都看在眼里，几家人住在同一个小区，谁家有什么动静都很清楚，何况之前火爸爸和火妈妈都和他们的家长沟通过。

刺眼的日光像小针尖一样，苏雪儿感觉全身布满细密的痛，她紧紧地咬了咬嘴唇，始终没说一句话。

"看样子他们成功了，暴暴恋爱了，这么平静不像你啊。"连年说。

苏雪儿依然一脸倔强，什么都不说，连年走近她，看着她下嘴唇清晰地咬出了齿痕，说："别忍了，想哭就哭吧。"连年说着，还拍了拍自己的肩膀，示意她可以在自己的肩膀哭泣。

苏雪儿并不答话，也不理连年，也许，每个人的心里都有一个隐藏起来的小怪兽，逃避那些伤害和被伤害的时光。

父母之间的深情厚谊，从小到大在一起成长的小伙伴，曾经少男之心的涟漪，让连年也不忍心坐视不管，他像是对苏雪儿展现了难有的宽容说："要是愤怒，就发泄一下吧？"

苏雪儿说："一边待着去，好戏在后头，看谁能笑到最后。"苏雪儿嘴角的冷笑，让连年也看不明白，这点也不像她，她任性是任性，但是这样的表情让人有点捉摸不透。

当一个人面目恐惧的时候，那是真心的难过了。

火暴暴是苏雪儿的初恋，她都爱这些年了，却被一个突然冒出来的女孩轻而易举地得到了，她怎么可能不恨？难道自己精心准备的一场爱情，到时候出现的女主角是别人？苏雪儿找不到任何理由来理解火暴暴和鹅小鸟。

每个第一次爱的人，爱初恋就像爱自己，哪怕最后到手的只是一场回忆。

回忆悠远，那一年的夏天，苏雪儿的长发还没剪，鹅小鸟还没出现，苏雪儿感觉一切都是她的，虽然火暴暴没表白，但是她想什么时候拥有，那都是唾手可得的。现在，从火暴暴到连年，甚至火爸爸火妈妈、连伯伯连伯母都被鹅小鸟吸引了去，自己的爹只在唐心草身旁，一副谄媚的样子，这些原本苏雪儿最亲近的一张张脸，如今看在眼里让她心里冷冰冰的，像掉进了冰窖。

为了欢迎鹅小鸟，也算是正式介绍给大家认识，按照火暴暴的要求，大家一起去露营，为了寻求好玩，年轻人一致要求去简单的地方，追求人迹罕至的地方。

在这城市的附近，要想找个人少的地方，还真不多，但是好好想想，还真有，并不远，也谈不上人迹罕至，只是因为没被开发，也就是人比较少。因为大家都各有各事，想要整整齐齐地出个远门，也是不太现实的，大人们只好将就着，陪着孩子们一起出来，反正只要不待在城市的家中，随便野外一片空地，现代的孩子好像看起来都是满足的。

很多时候，大家以为，新一代的孩子欲望很大，需求很多，事实上在现实里，他们想得简单而纯粹。

因为没有兄弟姐妹，他们更珍惜小伙伴的情谊；因为城市一天比一天繁华，他们更渴望朴素的天地；因为人越聚越多，他们更想要三五成群的恬淡生活。新时期的孩子一直活在加法中，即便一切都是好的，金钱、光环、奢侈品等等看似耀眼的，背负多了，也有难以承受的沉重，不像父辈一代，连吃苦都是一门心思，心甘情愿，现代社会，是孩子们浮躁了，还是传统的遗失导致环境没有好好守护孩子们的心灵？是值得长辈们思考的。

阳光直射在草地上，山岩间，绿树青翠，溪流蜿蜒，低峰矮石，一切看起来都那么和谐统一。等风来，树叶一片呼啦呼啦地响着。

这一次，鹅小鸟是绝对的主角。因为鹅小鸟的缘故，唐心草来了，四个女仆顺理成章地也跟着来了，只有那只雪白的大公鸡，被留在了家里。

唐心草的到来，让苏辉很高兴，张岚看不到复婚的可能，已经又回到了国外，女儿现在也不反对了，还张口闭口地喊着小妈，一想到这些，苏辉的脸上就洋溢着幸福。

苏雪儿第一次跳出了大家的视线，曾经，这都是以她为中心的，这一刻，大家只顾着欢笑，谁还在意她的落寞，特别是火暴暴，和鹅小鸟像连体婴儿一样，一秒钟也分不开。看得苏雪儿眼里硌得生痛，她觉得，原本属于她的暴暴哥的世界她看不见了，被鹅小鸟挡得严严实实，她踮起脚尖跳起来也看不见了，一瞬间，她难过得像掉进了万丈深渊。

看上去连年倒是无所谓，保持他一贯作风，无论什么境遇都要风流倜傥，帅帅的样子让鹅四她们自始至终犯花痴。

天黑了下来，空旷的山野和大颗的星星，让夜晚显得古老而庄严，山里人家的灯火，忽明忽暗，像一双双瞌睡的眼睛，一切都是静悄悄的，只有小溪哗啦啦流着，显得行色匆匆。他们一行人的帐篷就在溪边的一块草地上，大人们散坐在一起，各有各的话说，各有各的温馨。

年轻人又忙着做宵夜吃，吃晚餐的时候大家都不饿，要入睡的时候又都觉得没吃饱，这像是现代孩子们的通病。

鹅小鸟端着一大碗面给火暴暴吃，突然间，她的眼泪就滴了进去，有不灭之星在身旁，她的泪水晶莹剔透，可是，黑心石心脏的亿年黑不是闹着玩的，在不灭之星那里碰撞得厉害，这碗泪滴汤面一下肚，火暴暴的心脏突突的，一鼓一鼓的，要跳出胸腔。

火暴暴突然手捂胸口仰天躺在地上，苏雪儿大声尖叫："暴暴哥，你怎么了？鹅小鸟，你给暴暴哥吃什么了？"苏雪儿发出一连串的质问。

大家只听到苏雪儿的呼喊声，等到一起赶过来的时候，已经风平浪静，这只是一瞬间的事儿，不过是黑心石心脏的恶作剧，提醒鹅小鸟快点取心，自己快扛不住了，鹅四也不住地给鹅小鸟使眼色。

看着火暴暴平安无事，苏雪儿一头扑在火暴暴怀里说："暴暴哥，你吓死我了，你是属于我的，属于我的……"苏雪儿真的哭了，大人们看到这场景，都各自散了，孩子们的事儿，还是让他们自己消化吧！

"什么叫属于你的，别傻了，你还是我妹妹。"火暴暴安慰苏雪儿说。

"你电视剧看多了吧？谁和你是兄妹了？"苏雪儿一听，一把推开火暴暴，也使劲儿地推了在火暴暴身旁的鹅小鸟一下，悻悻地走开了。

看繁星满天，给人一种星星也很忙的感觉。

鹅小鸟倚在火暴暴身旁，望着星空，曾经，她就像一个流浪惯了的姑娘，在风中歌唱，在那薄薄的歌声里，思念着爸爸妈妈。这一刻，待在火暴暴身边，虽然静静地站着，她感觉她在飞，她的翅膀是透明的。

"你说我瘦不瘦？"鹅小鸟突然问火暴暴。火暴暴知道，她每一次问个问题，仿佛就要展示一样技能，接着问："又要闹哪样？"

"抱我，你抱我。"鹅小鸟眼睛乌亮乌亮的，张开双手求抱抱。

"不抱，刚刚被泪滴汤面吓着了，抱不动。"火暴暴故意说。

"你抱抱试试嘛。"鹅小鸟一边撒娇说着，一边双手搂住火暴暴的脖子，把自己吊在他身上，感觉火暴暴的怀抱尺寸就是为她量身定制的。火暴暴抬起手把她抱了起来，随即又把她扔了出去，鹅小鸟的屁股结结实实地落在了地上，一脸的委屈。不等她爬起来，火暴暴再度把她抱起，认认真真的公主抱，可是还没等鹅小鸟得意，又一次从火暴暴的怀抱里落下来，屁股摔得生痛。

"你欺负我。"鹅小鸟真的不高兴了。

火暴暴靠近她，细声细语地说："你小声点，你要干什么？你吓死我了，我抱着你像抱一团空气，什么也没有啊，你得给我说清楚，是怎么回事？"

"我本来就没有体重啊，所以，比瘦，谁也比不过我，我是地球上最瘦的女孩。"

"算了吧，我还是喜欢你是胖胖的。"

当鹅小鸟两次从火暴暴的怀抱里落下来，结结实实地摔了一个屁股蹲儿的时候，火暴暴也被结结实实地吓了一大跳，这没有体重的人，第一次抱他觉得是幻觉，再试验原来是真的没重量，的确有吓到火暴暴，首先让他想到了鬼，只是和鹅小鸟在一起，他忘记了是人是鬼还有什么关系。事实上，鹅小鸟的确没有体重，在不灭之星回来之前，她只有灵魂暂时栖居在黑心石上。

"无论我是什么样，你只能喜欢我这样的。"

"太霸道。"

"那我就在你的神经末尾挂上铃铛，你一思考，铃铛就丁零零地响，提醒你想我，你只能想我，你想别人会头痛。"鹅小鸟手里不知道摇晃一个什么东西，对着火暴暴说。

"花招还真多，随便你吧！"

两个人彼此紧紧贴着，彼此的味道瞬间爬满了毛孔，彼此触电的感觉一直没有消退，可是火暴暴却噗噗地放了几声屁，鹅小鸟捂着鼻子，笑得肚子要痉挛。

火暴暴却火急火燎地说："吃撑了，我要上厕所，你快来给我送纸啊。"火暴暴用手指了指上厕所的方向，让鹅小鸟一会儿去找她。

"秀恩爱，死得快吧。"苏雪儿终于等来了自己的好机会，她坚信，火暴暴不可能拉屎还和鹅小鸟在一起，离开了火暴暴的鹅小鸟，又恢复到原来的样子。

原本要回帐篷拿纸巾的，苏雪儿就盯着鹅小鸟，看她怎么敢以这面目见大家，看到鹅小鸟尴尬，连年急忙拿来纸巾给她，却被苏雪儿强势夺回去，三个人你争我抢的，连妈妈走了过来，虽然夜晚不光亮，还是看到了鹅小鸟的那张脸，大惊失色说："小鸟的脸怎么了？"连妈妈这么一喊，大家都跟着过来，鹅小鸟什么也不想了，冲着火暴暴拉屎的地方跑过去。

"没我在身旁，出乱子了吧，以后我拉屎你也得跟着我。"火暴暴戏弄鹅小鸟说。

鹅小鸟不说话，眼窝里湿湿润润的，火暴暴接着说："我的擦屁股纸呢。"

火暴暴一问，鹅小鸟才反应过来，说："你等等。"

鹅小鸟说完，就离开了火暴暴，看她向黑黑的树林中走去，火暴暴不禁担心，还好她很快就回来了，两只手不停地搓揉心形的树叶子，然后递给火暴暴，接过这些叶子，闻起来还发着淡淡的香味。

"你给我这些干吗？拿的纸呢？"

"这就是啊，在卫生纸不流行的时候，这是最好最天然的擦屁股纸，已经软软的了，很好用的，你试下吧？"

火暴暴蹲得屁股都凉了，竟然等来了用树叶子擦屁股，长这么大也没干过，拒绝说："你去给我拿纸去，我不要。"

"不要我走了，告诉你，这是新土豪标准，清新透气环保，不信你告诉记者，一准儿引起潮流。"

反正是火暴暴要擦屁股，鹅小鸟有恃无恐地说，她话音刚落，火暴暴已经擦完站在她面前，双手捂住她的嘴说："敢在外面乱说，我……"下面的话火暴暴没说出口，用行动代替，咬了鹅小鸟的嘴巴一口，两个人会心地笑了笑，手牵着手，美美地出现在大家面前，连妈妈也只当自己眼花了。

"看，流星。"不知道谁说了一句。

一颗好亮的流星滑过天际，她们的身边，却少了一个人，那是鹅四趁人不注意，幻化成流星从他们眼前飞逝而过。

"这是我的流星。"鹅小鸟手舞足蹈起来。

"流星也是你的，你以为你爹是宇宙之王啊。"苏雪儿讥讽鹅小鸟说。

"小鸟也就随口一说，你别这么针对她。"火暴暴替鹅小鸟解释说。

鹅小鸟本来还想张口说就算她爸爸不是宇宙之王，但是她想要流星还是可以有的，这是苏雪儿有多少钱都不能买的，但是，她的嘴巴被火暴暴的大手死死地捂住，捂得火暴暴手都酸了的时候，鹅小鸟的头乖乖地靠在他的肩膀上。

火暴暴不想让鹅小鸟说太多，言多必失，虽然她的确有与众不同之处，火暴暴想得最多的也就是可能和自己一样，有着离奇的遭遇，说是外星人，谁都以为是开玩笑，再说多了，恐怕当鹅小鸟是邪灵了。关于鹅小鸟，火暴暴解释不清也不想解释，所以大多时候，他希望鹅小鸟少废话。

"擦完屁股手都没洗，还那么爱捂人家嘴巴，臭死了。"鹅小鸟抱怨说。

"怎么会臭呢？再闻闻。"火暴暴说着，把手伸到鹅小鸟的鼻子下，自己的嘴巴也紧紧凑上去，鹅小鸟立刻羞红了脸，双手抚摸着火暴暴的胸口说："这是我的心跳。"

"是，是你的心跳。"火暴暴肯定地回答她，吻着她。

"你们就是一个呸呸呸。"这毫无顾忌的甜蜜，看得苏雪儿讨厌至极。

"走了走了。"连年和苏雪儿一样看不下去，拉着苏雪儿走得远远的。其实，火暴暴眼看苏雪儿和鹅小鸟又要吵嘴，在捂住鹅小鸟嘴巴的同时特意拉开了距离，他和鹅小鸟亲密的时候，离连年和苏雪儿并不近，只是在连年和苏雪儿心里太清楚，所以眼睛也看得清楚。

喜欢是一种折磨人的专注力，有时候即使不在身边，也许都能看得见。

鹅小鸟和苏雪儿之间，各有各的招数，真像一场外星土妞和地球时髦女的战争，最终要抢夺火暴暴这颗可贵的心，她们都有资本和优势。鹅小鸟的确不一般，超越了所有人类；苏雪儿家的确有钱，千金大小姐。

可是，炫耀的幸福往往只停留在表面，每个人有每个人的欢喜，每个人有每个人的悲剧，每个人身上发生的，谁也不比谁多，谁也不比谁少，世界再怎么沧海巨变，其实就是那么公平那么简单。

五　梦想长大了

六岁之前的火暴暴，伴随他的是一次又一次不停反复的生病，恐怖的病史，奇迹般的康复，随之而来的单板之王的美誉，让火暴暴出名很早。火暴暴勤奋而不夸耀勤奋，可以说，生病的时候，他把命给了病痛，滑雪的时候，他把命交给了这项运动。

认识鹅小鸟之前，火暴暴一年有一半的时间都在训练场上，他的训练疯狂，让人难以想象，那个时候火妈妈常常说："我的儿子几乎要住在了 U 形池里。"像是有发泄不完的精力。

大保罗和小保罗是父子俩，他们是火暴暴十岁那年，连一宁和苏辉特意给火暴暴聘请的专职外教。刚开始只有大保罗在带火暴暴，后来小保罗也加入了父亲的团队，在他们眼中，时常伴随着这样的情景，一个小小身影，套着硕大的衣服，戴着头盔，在空中旋转飞翔，他的腾空要比大他不少的选手高，滞空时间也更长，让他可以轻松地做各种花哨的动作，像一片自由的叶子，从容地落地，当他取掉头盔时，是一个光头，那一头像是充电的直发，不得不让他每次上场都剃头。

"师哥，好久不见，好想你哦。"火暴暴刚回到训练场，小师妹林瑶就一头朝他的怀抱扎进来，脸蛋红扑扑的，有着和鹅小鸟相似的大眼睛，一样忽闪忽闪的，完全忽视紧紧挽着火暴暴手臂的鹅小鸟，鹅小鸟能听到林瑶的心跳声，那是所有女孩子遇见喜欢的人相似的心跳。

没有鹅小鸟的时候，林瑶是苏雪儿最大的吃醋对象，但是因为火妈妈独宠于她，再加上火苏两家的情谊和苏家大小姐的身份，让她不屑于林瑶。此刻，苏雪儿紧盯着鹅小鸟的反应，同时也看着林瑶，心想："鹅小鸟可不是好惹的。"苏雪儿之所以认为鹅小鸟不好惹，是因为有火暴暴撑腰，起码目前，有一项事实让苏雪儿不得不承认，火暴暴和鹅小鸟正处于热恋期，一个接一个肆无忌惮的热吻曾经在众人的眼皮子底下生动上演。

看着林瑶扑向自己，火暴暴让她在自己的怀抱里停留了一会儿，这不是林瑶第一次对自己这样，以往她也是这么做的，哪怕火暴暴只离开一会儿，再见到林瑶她就会扑过去说好久不见。

火暴暴不讨厌林瑶，甚至是挺宠爱她的，除了具有滑雪的天赋之外，这个小女孩一直跟着大小保罗父子练习，就算日久生情的情分也够了。

火暴暴回到训练场，大保罗和小保罗一起迎接，还没来得及打招呼，就被林瑶抢先一步抱住了，要是以往，他们会欣赏一会儿林瑶对火暴暴的撒娇，可是现在，他们看到了鹅小鸟愤怒集结的脸，赶忙上前拉开林瑶。

"鹅小鸟。"大保罗露出慈祥的笑容，和鹅小鸟打招呼。

鹅小鸟一听，本来想问怎么知道自己名字的，转念一想，以她和火暴暴一次次上头条的影响力，估计不知道的也不是地球人了吧！鹅小鸟努力地挤出一个笑容，听火暴暴一一给她做介绍，到了林瑶的时候，两个女孩子细细打量一番，突然林瑶用对火暴暴的方式，同样地抱住了鹅小鸟，鹅小鸟哪见过这样的架势，心想："这也太热情了吧?"苏雪儿也看不出林瑶唱的哪一出。

"我喜欢你。"林瑶娇滴滴地说。

"喜欢我?"鹅小鸟很诧异，指着自己的鼻子问。

"我都看过报纸了，你是暴暴哥哥喜欢的魔法姐姐，只要是暴暴哥哥喜欢的，我都喜欢。"林瑶微笑的脸，像明媚的阳光一览无余。

魔法姐姐是林瑶对鹅小鸟的称呼，因为报纸上一会儿丑一会儿美的鹅小鸟，连记者也搞不懂她的世界，以为她在闹着玩，但是林瑶不一样，她觉得这个姐姐会魔法，是不一样的姐姐。

听到林瑶这么说，苏雪儿真的瞧不起她，知道她嘴巴甜，没想到嘴巴这么甜，从一个小马屁精长成了一个大马屁精，曾经，她也是被林瑶的好话一箩筐给灌晕了。

林瑶是一位甜甜润润的小姑娘，笑起来有两个深深的酒窝，特别爱笑，满满一身透着美好，这也是她能在苏雪儿的视线里存活那么久的原因。最主要的是，苏雪儿虽然知道林瑶可以和火暴暴撒娇，火暴暴不拒绝，但是她从没感受到火暴暴喜欢林瑶，这是苏雪儿最了解火暴暴的地方。

从出生就一直忙于生病，大病初愈就投入了滑雪训练，长大后和梦里的小哑巴纠缠不休，时常被梦境困扰。林瑶，这个近乎〇〇后的小师妹，从没在火暴暴的心里停留过，也只有看见她的那一刻，火暴暴才会眼到心到，愿意对她好，陪她玩陪她各种无聊。

有时候就是有这样一种感情，不见是不存在的，见到也愿意给予温情和关怀，你的无聊就是我的无聊，互相无聊的依靠诉说不同的无聊，还没长大的时候，总感觉有那么多愉快的无聊。

鹅小鸟虽然一瞬间集齐了愤怒，那是黑心石心脏一时的恶意，静下心来，她是一清二楚的，火暴暴这个人，不是苏雪儿的，更不可能是这个小师妹的，就是她的，因为这个世界上已经没有真正的火暴暴，只有属于她鹅小鸟的火暴暴，在爱的宿命中，那颗不灭之星心脏，只等待着她的到来。

"小师妹长大了，一直觉得她好小，还是那个扎羊角辫的小孩。"火暴暴感慨地说。

"我早就举办过成人礼了，师哥没有来，以为我还是小孩子。"林瑶有着许久没见火暴暴的失望，但她依然笑嘻嘻地说。

苏雪儿之所以信任火暴暴和林瑶之间没什么，那是私下里火暴暴和林瑶并没有交集，少有联系，火暴暴的私生活里，在鹅小鸟出现之前，也只有她和连年常常出现，她也一度把连年当做障碍物来看着。

"那我现在恭喜你，长大了。"时间真快，连○○边上的小丫头都长大了，可能是出名太早，90靠前的火暴暴突然感觉自己老了，对于这项酷炫多姿的运动，这个年纪真的不能说年轻了。

大保罗拍了拍火暴暴的肩膀说："你们都长大了，梦想也长大了，加油好好干吧！是你们的好时机。"

"是啊，得好好干了，我都感觉到岁月不饶人了。"火暴暴说。

"超越梦想，你是最棒的！"大保罗朝火暴暴竖起大拇指。

听到大保罗这么说，火暴暴抬头看了看天，他的梦想的确长大了，这一次，将是他接近奥运冠军最近的一次，火爸爸一直说，他的梦想老了，作为老一辈运动员的儿子，儿子的梦想长大了。

梦想长大了，这次奥运会，是第一次在家门口举办的冬季奥运会，虽然拿过那么多冠军，但是与上一次奥运会失之交臂的痛，让火暴暴刻骨铭心。如今，能在家乡父老面前为国争光，这是作为新一代青年最渴望的，火暴暴想要这一刻的荣耀，在梦想面前真正露个脸。

这是火暴暴伤愈后第一次回训练场，能来的人都陪着他来了。

当年，连一宁和苏辉看上了火暴暴的滑雪天赋，专门给他在这个名不见经传的山谷里打造了一个私人滑雪场，因为地处偏僻而略显神秘，很少有人知道，只属于火暴暴。

火暴暴喜欢这一片白雪皑皑的世界，他一个人练习，从来不担心自己的技巧被别人学去。后来，随着火暴暴名气越来越大，这里的设施也越来越健全，不但火暴暴的外教大小保罗成为了国家队教练，这里也成了国家滑雪队的集训中心。

火暴暴的回归激活了这片雪地，喧闹声惊动了远处树上的鸟儿，它们拍打着翅膀飞向天空，空荡荡的雪野只剩下耳边的风声。

阳光折射进雪场，雪地一片透明，云朵笼罩在雪峰上，像一层薄薄的纱幕，飘飘然晃悠悠的雪花落下来，雪如鹅毛，落在地上变成柔软的暄雪，即使摔起来也感觉不到疼痛。

这一切是那么亲切那么纯净，天使一样的空气，火暴暴触摸着雪地，感觉到这是天空和灵魂的，他看了看鹅小鸟，此刻，他总觉得鹅小鸟就是天空的，他是灵魂的，灵魂在天空里飘着，没有任何压迫感，爱得舒服而安静。

荣冬是刚从省队上来的，第一次见到火暴暴，激动得有点手舞足蹈，像小坦克一样冲到火暴暴面前，一张笑破了的脸对着火暴暴喊："师哥好，签个名吧!"荣冬说着，双手奉上一本杂志。

火暴暴接过来一看，这是一本老杂志了，是一本《歌手》杂志，这是他第一次获得单板U形池冠军时，这家杂志对他的专访。这本杂志在国内很火，许多一线歌手挤破头排着队要上封面，可是他们却破天荒地对火暴暴发出了邀请。

封面上火暴暴透露着王者风范，脚下摆放着熊熊燃烧的滑雪板，发出"我本来就是魔兽"的口号。事实也是如此，除去伤别的奥运会，他几乎囊括了这个项目的所有冠军。

火暴暴最开始练单板滑雪时，这项运动在国内还没那么风靡，正是因为他的卓越表现，使这个小众的运动成为风潮。

起初，火妈妈根本没想过要火暴暴职业滑雪，只是当时儿子喜欢，病愈后的火暴暴很调皮，火妈妈以为把他绑在滑雪板上他就老实了。基本没有人相信，这个只靠空余时间练练的孩子能得冠军。

看看曾经走过的路，现在想想，这份甜蜜，足以让人满足而骄傲。

拿着荣冬递过的笔，火暴暴是第一次见他，认真地询问过名字，林瑶在一旁说："我和荣冬就是师哥的铁杆粉丝。"

"我是粉丝，你不是喜欢师哥吗?"荣冬说。

林瑶喜欢火暴暴，她不隐藏，似乎人尽皆知，可是她就是那种容易付出容易受伤容易复原的女孩，以前是有苏雪儿，现在是有鹅小鸟，听荣冬这么说，她的心像有秒针拨弄，一字一句慢吞吞地说："我当然喜欢师哥，我喜欢师哥的一切，包括小鸟姐姐。"说着，又给鹅小鸟一个熊抱。

火暴暴眼睛笑眯眯地看着林瑶，她是个聪明伶俐的女孩，透明着温暖着，这样的女孩子很可爱，连被伤害和被拒绝都能维护得那么温暖，这需要一颗善良绵柔的心。

就在大家的脸上都挂满微笑时，只有一张脸是冰封的，王允泽的脸上自始至终没有任何表情，霜冻住了一样，他的眼神只在两个人身上停留过，那就是火暴暴和林瑶。

王允泽是新科世界杯冠军，也是火暴暴的小师弟，现在，他是火暴暴的主要竞争对手。

不得不说，火暴暴要想在家门口拿到这块奥运金牌，必须跨过王允泽这一关，在火暴暴休养生息的日子里，王允泽的世界排名已经上升到第二了。对于国家队，这是双保险，谁得第一无所谓，反正金牌留在我们这儿就好了，但是无论对于火暴暴还是王允泽个人，都有着不一样的意义。

虽然小师弟的成绩突飞猛进，在火暴暴心里，就是有这样的自信，只要他能够完成动作，任何人都没戏，他依然是最高难度的保持者，就算这个难度已经被小师弟打破了，他仍然有这样的坚定。

王允泽心里明白，师哥的动作比任何人都完美，他佩服师哥，也视为偶像，但是，他就想离火暴暴远远的，不是躲避他的光环，而是看不惯林瑶对火暴暴的热情。所以，当所有人都给火暴暴亲热地打招呼时，他显得是那么格格不入，即使火暴暴主动朝他看过来，他也只是安静地点头示意，没说什么话。

鹅小鸟悄悄对火暴暴说："他一定喜欢林瑶。"

"又来充当算命的了？"火暴暴说。

"这用得着算命的吗？傻子都能看出来，你师弟吃醋呢。"

"没事儿的，有你在，他不就明白了，我和小师妹没什么的。"

"哎，我的情敌还真不少，你的妹妹还真多，我的心很花吗？"鹅小鸟在反省，那个藏在火暴暴身体里的不灭之星，是颗花心？

"你的心是很花。"火暴暴肯定地说。

"我的心怎么会花？我就只有你一个，瞧你左一个妹妹右一个妹妹的。"

"那时候我单身。"

"不是有梦吗？梦里不是有我吗？"

"那我忘记自己不是单身了，如果梦里算数的话。"

"别再说了，再说翻脸了。"

鹅小鸟突然间的委屈，让火暴暴不知所措，只得不停地说好话。火暴暴哪儿知道，这是黑心石心脏的抗议，黑心石作为不灭之星的替代品，它一生只能存在一次，这一次的机会还是只为作为天鹅圣女的鹅小鸟存在，只有她能容得下这个替代品，承受得住黑心石亿年黑的侵袭。因为无论黑心石心脏怎么黑，鹅小鸟的生命里出现的仅仅是一次次类似的恶作剧，即使濒临悲剧发生时，也有天鹅奶奶守护着。如果换成别人拿黑心石做替代，一是几乎不可能，二是即使侥幸成功也会变成无恶不作的大坏蛋，终将死无葬身之地。而鹅小鸟却没有，无论多么痛苦，她始终保持着善良的底线，纵使铁石心肠，也对美好向往，所以在天鹅座，从来没有人去试用黑心石，只有鹅小鸟生命垂危之际，那是天鹅奶奶拯救她时，不得已的办法。

黑心石心脏的委屈，是从开始它就知道，一旦不灭之星归来，它将荡然无存，它黑心石别的作用没有，就是不花心，它只与黑暗为伍，独自属于那更广阔的外太空。鹅小鸟嘴里说的是不灭之星花心，而火暴暴说的可是它黑心石要花心，这下黑心石可火了，总觉得不灭之星仗着爱意欺负它。黑心石聚集着一切负能量，不灭之星却是其天然死敌，无论多强大的恶意，都不是爱的对手，对恨的制约，始终是爱。

鹅小鸟捶打着胸口，是要黑心石乖点，火暴暴把她抱在怀里，不灭之星如此紧紧地靠近，黑心石顿时安静下来，鹅小鸟差点流出眼泪。其实，鹅小鸟和黑心石心脏都知道，黑心石心脏的气息越来越弱，如果不灭之星再不回来，鹅小鸟将会彻底死去。纵然有着亿年黑的力量，黑心石心脏渴望拯救鹅小鸟，天鹅圣女的长期养护，让它宁愿消失，被不灭之星覆盖，也绝不愿意留下一个恶的躯壳。

休息了这么久，再回到训练场，有种恍如隔世的感觉，火暴暴一遍又一遍地感叹着，师弟师妹们都长大了，一和他们聊起，个个都自信满满，梦想巨大。

"是人就会长大啊，我们小时候还相遇过呢。"鹅小鸟双手捧着脸蛋说。

"可是，你是长大的鬼啊。"火暴暴一听鹅小鸟提小时候，始终逃不脱见鬼的感觉。

"啊。"火暴暴叫了一声，是鹅小鸟狠狠地掐了他一下，火妈妈看在眼里，很是不高兴。

再次见到林瑶时，火妈妈也曾有这样的想法，就算儿子不喜欢苏雪儿，培养培养林瑶说不定能当自己未来儿媳妇呢，毕竟这小丫头和儿子有共同的爱好，常见儿子对她也不错，反正在火妈妈眼中，都比鹅小鸟强，起码是知根知底的，一说什么能说到一块去。

关于这个问题，火妈妈试图和火暴暴沟通过，火暴暴只有一句话："爱就是爱了，知根知底的不是爱情，是户口。"对于已经长大的孩子，父母总是充满着太多的无奈。

热爱单板滑雪的孩子们，不只青春洋溢，男的帅得个性，女的美得任性。白色的雪场，鲜艳的滑雪服，一个个运动员腾空，做各种动作，像抛出去翻滚着的水果蔬菜，一系列动作下来，就像是水果拼盘。

单板滑雪是需要天赋和灵感的运动，当他们飞到空中，就像精灵般的轻巧，而不是靠身体力量决定一切。和别的运动员不一样的是，每一次比赛时，火暴暴都会做前所未有的动作，有时候临到比赛，他都能突发奇想，做出意想不到的新动作，他一直喜欢源源不断的新鲜感。

火暴暴对这项运动，仿佛有着永不枯竭的创造力，所以，现在的国家队中，他和其他的师弟师妹不一样，他是自己带自己的，大小保罗对于火暴暴来讲，只是名义上的教练，他所有让人眼花缭乱的动作，都凭着他的感觉和想象进行设计和揣摩，也许这就是他对这项运动的灵感赋予的本能。

为了备战奥运会，火暴暴在练习空中转体1620，这个动作除了火暴暴，地球上还没人做过，也没人做到，即使是火暴暴，他也没有百分之百把握。他一遍一遍练习，一次一次落在海绵池内，次次感觉都不对，次次都觉得不理想，失望的同时，让他觉得很愤怒。

对新动作不满的火暴暴，需要安静，每当他愤怒的时候，他都需要安静，以保持自己的专注，他一个人一动不动地躺在池子里。

当火暴暴在训练场上要完成空中转体1620时，就算不完美，也足够让围观者瞠目结舌。事实上，在火暴暴提出要用1620征战奥运会时，除了他自己，没有人同意。因为大家都知道，空中转体1440已经是火暴暴信手拈来的动作，虽然说王允泽现在也可以做，但是包括王允泽自己在内，心里都明白，即便是同样的动作，也存在着巨大的差距。

对王允泽这样拿过世界杯冠军的运动员来说，在做动作时都会尝试找一些参照物，而火暴暴完全不需要，只需要凭着感觉就能做到，超自然的感觉往往让火暴暴的动作更有看头，他的风格独树一帜，无论是技巧还是个性已经完全融合在了一起。

因为是火暴暴的师弟，常人看来王允泽只能跟进，无法超越，他最初踏入滑雪世界，引起大家注意的也是作为火暴暴的师弟这个身份，即使拿到了世界杯冠军，大家在关注他时也总是忘不了火暴暴。无论别人怎样想，王允泽坚信自己，他相信总有一天会超越火暴暴，就像火暴暴当初相信自己能赢其他人一样。

练习1620的过程并不顺利，始终是差点感觉，大家都觉得动作已经完成了，可是火暴暴感觉到不流畅，平常他做动作，能感受到轻松，这一次，他觉得很吃力，总是觉得在某个细节上不够完美。

大家都认为火暴暴是自己在和自己找不痛快，为难自己，完全没必要，事实上，只要顺利地完成1440，这个奥运冠军就没跑。之前，火暴暴在几乎每场他参加的单板滑雪比赛中获胜，他的空中翻腾旋转比别人快，在空中待的时间也足够长，可以让他那些又高又飘又花哨的动作达到尽善尽美，一气呵成。所以，即便有选手在奥运会上使出1440，同样的动作在火暴暴面前，没什么优势可言。

火暴暴的追求不仅仅是最强最好，他还要最不一样的，以前他总是光头，现在他可以绑个小马尾，系上鹅小鸟给他的羽毛头绳，头发一样软软的，他觉得好神奇，以前他觉得鹅小鸟神奇，现在他觉得自己和鹅小鸟一样神奇。

始终摸不准感觉的火暴暴，使劲儿地扯下头上的羽毛头绳，在头绳掉下那一刻，头发立刻冲天而上。火暴暴很无奈，赶忙系上，魔兽这个名字，更坐实了，不是有兽性，还有魔性，他闭上眼睛，脸朝天空。

"暴暴，看我。"鹅小鸟喊着。

鹅小鸟光着脚丫在雪地上跳跃，她的身子倾斜，一个转身，完成了天极旋转。只见鹅小鸟身体一轻，飞了起来，她原本没有体重，她的身体都不及一片雪花的重量，雪白的衣服让她和雪花混合在一起，很鬼魅地在空中飘荡。

鹅小鸟看了火暴暴1620N遍了，她也不知道火暴暴想要达到什么效果，说是给火暴暴一个示范也好，还是逗逗他开心也好，鹅小鸟就这样冲上了空中，周围的人都看傻了眼。

鹅小鸟落地时，火暴暴看都没看她一眼，倒是连年，急忙上去，双手捧着她的脚丫子，拉开衣服就塞到自己胸口，就在自己的胸口上，把厚厚的棉袜雪地靴匆匆地往她脚上套。

鹅小鸟一落地，火暴暴就滑入池内，开始自己的新一轮动作，他顺利地完成了1620，无论是腾空高度还是转体，都恰到好处做得天衣无缝，在大家庆祝的欢呼声中，火暴暴感觉到能量汇集，小宇宙爆发了，要的就是这种感觉。这时，火暴暴才注意到连年，他和鹅小鸟站在一起，站得很近，超过火暴暴接受的距离，他的醋意立刻涌上心头。

"离小鸟远点，不说过了吗？"众目睽睽之下，火暴暴如此粗暴地对待连年，这是以往没有的。

"你没看见小鸟是光着脚的吗？"连年反驳说。

"轮到你心疼吗？"

"喂，暴暴，你过分了。"鹅小鸟真的委屈，这一刻，她似乎明白，原来她的冷只有连年看在了眼里。

鹅小鸟说着，牵着连年的手要走，火暴暴拉着，说："对不起。"
"对不起"一出口，火暴暴的气焰一下子灭了，他感觉到鹅小鸟和连年在一起的力量，他们俩执意牵着手要离开，火暴暴强势拉住不让走，三个人在撕扯着。

"暴暴，你放开！"鹅小鸟怒了，对着火暴暴吼。

"就不放开。"

"你这么做就没意思了。"看着火暴暴对自己耍赖，鹅小鸟一时不知怎么办。

"我没觉得没意思，你知道不知道，你在年身边很丑！"

"这话你说过几次了，我听都听够了，威胁不了我，我又没想加入外貌协会，再说年也不嫌弃我。"鹅小鸟怒气冲冲地说。

斗起嘴来，火暴暴是拿鹅小鸟没一点办法的，他转向连年说："你松开她。"

连年看了看火暴暴，不知道要说什么，不是他不松开，是从一开始就是鹅小鸟紧紧地握住他，她的小小手掌在那一刻是那么有力量。看着连年不说话，火暴暴的眼睛中透着火光。

看这架势，大小保罗急忙跑了上来，小保罗不住地称赞鹅小鸟，想要岔开话题说："小鸟，你太厉害了，来我们女队吧！"

"不行。"火暴暴和鹅小鸟异口同声地拒绝。

黑心石是什么奇怪的物质，鹅小鸟是心知肚明的，她不会给自己惹麻烦，奥运会的层层体检，说不定会把自己检测出一个怪物来。虽然火暴暴的不灭之星心脏，也非比寻常，但是，一旦进入人类的躯体，和普通人相差无异。而火暴暴虽然不确定鹅小鸟的来历，但是她非同常人这种起码的判断是有的，他只想让鹅小鸟乖乖地待在他身边，不出差池。

瞧着两个人的默契，大家都笑了，鹅小鸟紧握着连年的手，也在不知不觉中松开了，年轻人就是这样，犯错快，承认错误快，忘得也快。

闹了一阵不痛快之后，鹅小鸟靠在火暴暴肩头说："以后不许你这样对我。"

"我对你怎么了？"火暴暴不解地问。

"我冷了你要知道。"鹅小鸟略显委屈地说。

"你冷不冷我怎么能知道？你说我才能知道啊。"

"换作年，他就会知道。"

"哦，那我也知道了，下次你再脱光的时候，我就知道了。"

"你才脱光了呢，只是光脚丫。"

"你说你飞就飞，干吗非要光脚丫？"

"只有光脚我才能飞啊，为了你我冰天雪地光脚丫，你不心疼啊？"

"心疼。"火暴暴嘴里说着心疼，心想，怎么会呢？当鹅小鸟招呼他看她时，他只注意鹅小鸟的飞行动作了，其他根本没顾上看，想到这儿，又忍不住责怪连年，作为好哥们儿，他应该提醒自己一下，结果一个人跑过去献殷勤，摆明要见缝插针，看来，以后对年不能掉以轻心了。

当火暴暴说心疼她的时候，鹅小鸟的心里像蝴蝶一样飞舞着，只有来自不灭之星的爱情，才能在她的黑心石心脏里翩翩起舞。

望着鹅小鸟一闪一闪的大眼睛，在火暴暴眼中就像永不停歇的星星，让他变得活力充沛，一下子他又呆呆愣愣地看着她，眼神一刻也不离开她。

"发什么呆呢？"鹅小鸟问。

"头痛呢。"火暴暴说。

鹅小鸟摸了摸他的头，一切正常，奇怪不发烧不感冒的怎么会头痛，然后打趣他说："是想起哪个妹妹头痛了？"

"你说过你在我的神经上系了铃铛，想别人会头痛，我才不敢呢，可是我想你，也会头痛啊。"

"我就在你身边，别撒谎了。"

"你在我身边，我也想着你。"

火暴暴这么说，鹅小鸟的心底有无限温暖淌过，随后幸福满满地说："只要想一个人，想狠了谁头都会痛啊。"火暴暴点点头，认可她说的话。正处于相爱的人，谁都是在狠狠的思念中这么过来的。

作为田径运动员，火爸爸的梦想曾经燃烧得那么强烈，他就是这样眼睁睁地看着自己的梦想，一天一天老去，人也跟着一天一天老去，这样坐在一个地方等老的滋味，真的很乏味。

随着火暴暴完成后空翻1620，这别说是在国家队，放眼整个滑雪世界，都是祖宗级的，火爸爸再度体会到，梦想的滋味，他曾经化为一摊灰烬的梦想，在儿子身上，让他点燃烧着了。

把为国争光当成神圣的梦一样的火爸爸，不停地提着各种意见，以把自己多年的经验传给火暴暴，毕竟奥运会四年一次，又赶上了在自己的国家举办，说起来真是千载难逢的好机会。虽然火暴暴大大小小拿过那么多冠军，但他却是第一次参加奥运会，火爸爸那颗放不下的心抖动着，他有太多的话想说，听得火暴暴想在耳朵眼里塞棉花。

火爸爸一点也不理会火暴暴不耐烦的样子，继续说着："就从形象上来说，我们那个时期的运动员都比你们强，一出场，个个仪表堂堂，正义凛然。"

"瞧你话说的，我们也是朝气蓬勃的，难道都是贼眉鼠眼的？话又说回来，不都是你们生出来的？"火暴暴知道，爸爸又进入到思想理论境界了。

"是我们生出来的，可你们没有继承好优良传统，一句话说白了，国家现在太惯着你们了。"

"跑题了跑题了，你再这样打死我也不聊了。"瞧着爸爸上纲上线了，火暴暴想逃，受不了爸爸这样的教育方式。火暴暴不知道别的90后是怎么想的，但是他知道自己，父辈一代总是替他们有着各种担心，他总认为他很清楚地知道自己要什么，路，得是自己走的，争气不争气都是自己的事情，不会因为爸爸多说几句就会改变初衷。

"参加比赛那是代表国家形象，你瞧瞧，你是没有办法，每次要剃光头。"火爸爸说到这儿，火暴暴立刻做出暂停手势说："打住打住，光头怎么了？和尚是光头吧？你喜欢的主持人是光头吧？连国宴的御厨都是光头吧？你怎么可以歧视光头？"

"不是歧视，你以前参加过比赛，除了你你见过光头吗？国宴的御厨是光头？你见过？"

"落伍了吧？我也是读书看报的。"

话说到这儿，火爸爸心想："这小子是真看了报纸的，这个习惯不错。"关于国宴御厨是光头这件事儿，火爸爸也从报纸上看到了。火暴暴一猜爸爸肯定是赞许他读书看报的，心想："千真万确没读书没看报，是手机推送新闻瞧了一眼，亏得记性好。"火暴暴想和爸爸快点结束对谈，说："我现在有头发了，不用再光头了。"火暴暴说着，看了鹅小鸟一眼，又挠挠自己被天鹅羽毛头绳绑住的短短的马尾辫。

鹅小鸟似懂非懂地听着他们父子谈话，安安静静地坐在火暴暴身边，火爸爸的话匣子依然关不上，说："你头发是长了，可是看看你什么发型，一个男孩子，搞得像女孩子一样扎辫子。"

火暴暴明白，他之所以能留下头发，是因为鹅小鸟的那根天鹅羽毛头绳，头发只有这么长，才绑得住，他不想给爸爸解释那么多，否则更会没完没了，说："要不剃光头，要不留下小辫子，二选一，随你便，你说我妈妈都不管，你操那么多心干吗呀？"

"那是你妈妈没当过运动员，我当过我知道运动是需要非常刻苦的，看看你们的心思都在哪儿了？"

"我们也是认认真真训练，才取得好成绩，不是吗？"

"你们是态度有问题，就不说别人了，就那个荣冬，看看他，头发见一次一个颜色，耳洞都有八个，这事儿要是以前，绝对不允许的。"

"时代在进步，这不是以前了，现在运动员的精神面貌跟以前不一样了，很多大牌运动员都有文身，这有什么关系？"

"这没关系？要是在我们那个时候，自己都抬不起头来。"

"所以你们是你们，我们是我们，现在领导和教练的管理方法，已经进入人性化时代了，你也别伤脑筋了，好好做我爸爸，我会让你骄傲的。"

"对你，我的要求就是，上为国争光，下不给爹丢脸。"火爸爸话里话外，都没提到自己，火暴暴心里抱怨，真和老爹不在同一个频道。

"爸爸，我得认真地和你说说，我做任何事儿，首先是想成为我自己，我为自己骄傲时，我才能为身边的一切感到光荣。"

"那我也认真地告诉你，等国旗升起时，你就能感受到那份光荣，和别的不一样，太不一样了。就像当年我们出国比赛，参加驻外使馆的欢迎宴会，在驻外使馆看到国旗的那一刻，就想哭。"说这些的时候，火爸爸的眼角都是湿润的，那些年残留的气味，呼吸一下还能感动。

"那我和小鸟就先让让，你先哭一会儿，让眼泪飞一会儿。"本来想逗逗爸爸，可是火暴暴看到爸爸严肃而沉默。

梦想与光荣，谁都想要，可是火暴暴真的扛不住爸爸的反复唠叨，梦想是他的梦想，虽然承担了爸爸的梦想，但终归结底这个梦想是独立的，再狠一点，火暴暴认为，完全和爸爸八竿子打不着。

因为喜欢这项运动，他努力，因为想要成功，他拼搏，因为承载着对这片土地属于自己的热爱，他感到光荣，这是一种本能，就像血液在血管里、眼泪在眼睛里那么应该，不是爸爸想的那样，是因为爸爸需要怎么就怎么，而是自己的感受是什么。

火爸爸心里也觉得别扭，怎么和儿子的沟通那么不顺畅，但是他还是要提醒火暴暴说："你不说你是偶像，那就应该做好榜样。"

"我更应该做好自己，自己是一个小太阳，才能靠光芒吸引人。"

"别辜负了领导对你的期望。"

"领导才不像你这样顽固不化，我们领导可开明了，朋友似的。"

"那你们也要见好就收，别把宽容当做放纵。"

"哎，和你讲话真有代沟，如果一代人和一代人都一样，还传宗接代个什么劲儿啊？"

"传宗接代就是一种传承。"

"再怎么传承也得让人接受吧？再说了，是传承也是更新吧？你用你的方式，我用我的方式，怎么可能做到一切都一样？那我和小鸟来个KISS，你和妈妈可以吗？"

火暴暴说着，小鸟嘴就凑过去，两个人嘟嘟亲嘴。正巧火妈妈也过来了，爸爸妈妈看着，都不知道怎么样应付这样的孩子。

火妈妈说："怎么遇见了你这样的孩子，天生就是来折磨我的。"

"等你遇见孙子时会更不一样，好好活着，活到你孙子结婚，看看人家怎么表达爱。"

"你是小时候生病，没好好管教你，等有了孙子，得严加管教。"

"行行行！随便你怎么管教。"

"爱只要是爱，怎么表达都是爱。"鹅小鸟插了一句。

"现在的女孩都这么直接吗？把爱挂在嘴边上，矜持一点不好吗？"火妈妈说。

"不是不矜持，是忘记矜持了，再不直接就错过了，那不是更可惜？"鹅小鸟的话，让火爸爸火妈妈一时无语。

火暴暴接着说："不是你们那个年代的女孩了，不信你到公园瞧瞧，从拍照姿势都能看出是哪个年代的。"

"那倒是，一个一个小疯子，走哪儿拍哪儿的就是你们这一代。"火妈妈说。

"那往草地上一卧，用胳膊支起脑袋，就是我妈的典型形象。"火暴暴说着，自己都笑了出来，这是他和鹅小鸟一起陪着爸爸妈妈去公园，爸爸帮妈妈拍照时，妈妈就那么自然而然地醉卧在草地上。

"你什么儿子，嘲笑你妈。"火妈妈说着，就朝火暴暴伸出手来，鹅小鸟一边护着火暴暴一边说："暴暴长大了，你怎么打他？"

"长大了也是我儿子，想打就打，你一个女孩子，懂不懂什么是羞涩？"

火妈妈这么一说，鹅小鸟脸红了起来，为了火暴暴，她早已忘记了羞涩，那么多的亲吻，春风细雨般地融化在心里。

脸色绯红的鹅小鸟被火暴暴牵着，一口气跑上楼，进了火暴暴的房间，房间里不时传出嘻嘻哈哈的笑声。

成长中，所有的习惯和秩序都被指令格式化，家长们更喜欢那些安分守己的孩子，可是，这些90后的孩子们，他们更相信自己的直觉，他们渴望自由而不喜欢受控制的成长，这听起来是不可能，可他们却因为对某项事物的坦率执着而更显纯粹，喜欢什么就快马加鞭地付诸行动，在行动中生长出蓬勃向上的人生。对他们来说，真心喜欢的，才是幸运的事情。

火爸爸曾经给火暴暴讲过一个故事，就是他当运动员的时候，他和他的队友被教练叫出去看天上的大雁，寒冷的冬天如同冰窖一样，看了好大一会儿，他们冻得眼泪鼻涕都要出来了，这时教练说："其实，大雁一直在飞，但是从表面上看，它们好像没有动过，就算吃苦，也是要坚持的。"

这个故事曾经深深地感动着火暴暴，后来火暴暴就想，上一辈吃的苦，是扎扎实实地在吃苦，他们把苦当苦吃，而他和他的小师弟师妹们，要把苦当快乐吃，反正是吃苦，好的心情完全不一样，只是转变了思维。

每一次心痛在成长，每一个梦想在升华，这需要一步一步领悟，火暴暴最讨厌火爸爸这种硬灌入式的方法。自从有了鹅小鸟，他在爸爸心中连王允泽都不如，在火爸爸眼中，他是沉迷于恋爱了，仿佛王允泽和林瑶成了好孩子代表。

的确，王允泽沉默不多话，勤学苦练，是个努力上进的孩子，林瑶虽然生性好动，但是纯真可爱，正是长辈们喜欢的那种小孩。

在火暴暴养伤的日子里，王允泽凭借着1440第一次拿到冠军，但是他明白，这是师哥没有参加，他完成的质量和师哥还是有一定的差距的。现在，师哥已经成功完成1620，他也想试试，想归想，但是他知道，这是做不到的。谦卑的个性，让王允泽看上去那么忧郁，风雪扫过他的身边，活脱脱的一个漫画中的少年。

看着王允泽在漫天飞雪中发呆，林瑶走了过去，双手在他眼前晃了晃说："休息时刻也不出去玩？大家都出去玩了，一起去吧！"

王允泽沉默着，不说话。

"是看师哥完成1620了，心里不舒服？"林瑶试探着问。因为当所有的人都向火暴暴祝福时，唯独王允泽像根木桩子一样站着，即使火暴暴主动走向他，他也只是礼貌性地拥抱一下。

"师哥是大神级，你别和他比，我们都不和他比。"林瑶说。

"为什么不能比？"王允泽反问。

"说了师哥和我们不一样。"林瑶一再强调着。

"怎么就不一样了?"王允泽强调着,林瑶回答不出来,手足无措地站在他面前。

王允泽佩服火暴暴,但是他不觉得火暴暴和他们不一样,如果真有不一样,他认为火暴暴只是比他们更努力,付出了更多,这仰视和被仰视的心态,都是满满正能量。

林瑶不说话,就站在王允泽身边,王允泽更安静了,他心里只想着一句话:"就这样站着,静静地站着,也是挺好的。"

自从上次锁门之后,火暴暴每次进卧室,都开始锁门了,特别是再把鹅小鸟锁在里面,这是一个甜蜜的二人世界。

看着鹅小鸟,火暴暴觉得,她的一切都是笨笨的,也许所有的人在爱一个人的时候,都觉得对方是笨笨的。在火暴暴心中,鹅小鸟就这样笨手笨脚大摇大摆地闯进了他心里,像一缕细细的日光,明亮而柔软,温暖着,喜悦着,让他感受到被爱的快乐。

火暴暴常常闭着眼睛,抓住鹅小鸟的手说:"不要走,不要走,闯进我心里了就不要走。"是存心捉弄她也好,是认真也罢,就想这样赖着鹅小鸟。

"什么叫闯进你心里了?是我就在我心里。"鹅小鸟当然知道,不灭之星才是自己的心,不灭之星属于她,是多么理所当然的事儿。

"好吧,我愿意做你的心。"火暴暴说着,往鹅小鸟身上蹭了蹭,他短短的马尾掠过鹅小鸟的脖颈,痒痒的。

鹅小鸟推了推他说:"你爸爸那么反对你扎马尾,要不我给你做羽毛发卡吧?一定也管用的,把头发剪短了,别个发卡就可以了。"

火暴暴一惊说:"那不更像女人?"

"你就做我的女人吧!当鸟的女人也挺好的。"鹅小鸟甜滋滋地笑着。

看着鹅小鸟志在必得的样儿,火暴暴伸手就挠她痒痒,房间内充斥着一团一团的笑声,直到苏雪儿咚咚咚地敲门。

"暴暴哥，开门。"苏雪儿在门外喊着。

"不开。"不等火暴暴应声，鹅小鸟就拒绝说。

"小鸟，开门。"连年轻声说。

一听是连年的声音，鹅小鸟立刻打开了门，火暴暴瞪了她一眼，觉得这差别对待太明显，而连年看了苏雪儿一眼说："现在叫暴暴哥没用了，还是喊小鸟开门比较管用。"说完，连年就一脸微笑地朝向鹅小鸟。

"讨厌，以前我都没有敲门的习惯，都是直接进来的。"苏雪儿不满地嚷着。

"这习惯不存在了，你也看清局势，改改吧，我可不惯着你。"鹅小鸟摆明自己的立场。

"暴暴哥哥会惯着我，他说过，他会永远惯着我，宠我的。"苏雪儿朝火暴暴投递一个求助的眼神。曾经，火暴暴是这么说过，他也的确像个大哥哥一样任由苏雪儿胡搅蛮缠，虽然有许多的不满，基本不会制止她，可是，这一切，在鹅小鸟面前，显得是那么苍白无力。

"以后暴暴只能惯着我一个人，你，得靠边站了。"

"别过分了啊，雪儿还是我的小妹妹。"见鹅小鸟有点仗势欺人，火暴暴不得不替苏雪儿说话。从苏雪儿喊门不开，到为连年开门，鹅小鸟知道情理上有点说不过去，见火暴暴这么说，做了个鬼脸，嘴巴紧紧抿着，不说话了。

火暴暴替自己说话，苏雪儿内心一下子雀跃起来，立刻上前挽着火暴暴，撒娇说："我就是你冬天的雪，你离不开的，我的名字就是因为你喜欢雪才叫雪的，雪是你爱的喜欢的。"苏雪儿说的是事实，她的名字是后来改的，因为她喜欢火暴暴，火暴暴喜欢雪。

鹅小鸟那边歇了，苏雪儿这边开始了，火暴暴翻了个白眼，心想："原来都是不好惹的主儿。"随即说："我和小鸟都这样了，往事不要再提了，你的心思该翻篇了。"

"往事？你们之间还有那么多往事？"这下，鹅小鸟可不愿意了。

"当然有，暴暴哥还是胚胎时就是我的了。"苏雪儿终于找到攻击鹅小鸟的理由了。

"哦，你是想说指腹为婚是吧？可惜现在换人了，我是专门来收暴暴的心的，你们game over了。"被苏雪儿激起来，鹅小鸟一副斗志昂扬的架势。

这新一轮的叽叽喳喳如火如荼，还好连年上来转移话题，对鹅小鸟说："你不是和暴暴也有好多往事？你说你是外星人，那一定是来自外星球了，你们一起长大，怎么可能？"

"我们小时候就见过，怎么不可能？不信你问暴暴。"这一点火暴暴当然是认同的，虽然他不清楚这究竟是怎么一回事，他也不想弄清楚，反正开心就好了。

"当然不可能，引力不对，时间是不一样的，难道你不知道星际时间，有时候一个小时就相当于地球N个小时？"

"对不起，这么烧脑的知识我不懂，我没法解释，反正我们就是这样长大了，遇见了，在一起了。"鹅小鸟说得坦坦荡荡，理直气壮。这样一句简单的话，鹅小鸟就装疯卖傻似的说不出，做出一副脑抽筋的模样，连年心里觉得可笑，这是什么外星人啊，真想在鹅小鸟脸上写下外星人三个字，逗逗她。

天鹅巫的力量，当然能让鹅小鸟知道连年在想什么，她眼珠子骨碌碌地转着，对连年说："有事儿找鹅四，她什么都懂的。"鹅小鸟看着连年，贼溜溜的，连年一如既往地微微笑着，对她无语。

火暴暴伸出长长的胳膊搭在鹅小鸟的肩头，笑意溢满眼底，傲然地说："我们相爱就够了。"随后对苏雪儿说，"以后别那么多废话了，好好地去谈自己的恋爱，高兴点儿。"

看着火暴暴和鹅小鸟秀恩爱，苏雪儿嘴里嘟囔着："秀恩爱，死得快，走着瞧。"

苏雪儿从小到大的梦想，就是喜欢火暴暴，这个死心眼的姑娘，她没考虑过别人，所以人人都羡慕青梅竹马，殊不知青梅竹马最容易把人引入死胡同。

现在，他们都长大了，梦想也长大了，巨大的梦想还在后面，等着他们到来。这些属于新时代的孩子们，他们节奏很快地紧紧跟着时代的步伐，就像大千世界里生命顽强的草芥，四季不停地生长，开疆扩土，横行蔓延，他们的青春气势惊人。

国家滑雪场，坐落在群山环抱之中，林密雪厚，景色宜人，这里的设施是最好的，一动一静，尽情释放自然的和谐的韵律。

每一片雪花不尽相同，它们或大或小从天上落入到人间，它们仿佛很在乎空中姿态，争先恐后地抢占属于自己的一席之地。

离开幕式只有十天时间了，火暴暴和他的队友们前来适应场地，冬奥会第一次在自己的国家主办，他们强烈地感受到了天时地利人和的气息，主场的氛围，像是一个满满正能量的加油站。

这片场地对于国家滑雪队的人来说，并不陌生，在投入奥运会使用之前，为了回馈雪迷，他们在这里举办过表演赛，只是当时火暴暴并没有参加。

带着训练时的傲人战绩，火暴暴来到了这里，踏着雪，他感觉到脚底像是踩了风火轮，为了征服这片场地，火暴暴已经做好了充足的准备。火暴暴做完一系列基本活动，使身体达到最好的状态，然后登上了滑雪板，他要在这片神圣的场地上完成1620。

鹅小鸟就这样痴痴地望着他，正在完成动作的火暴暴勇敢而潇洒，鹅小鸟的心像是突然被熄灭的蜡烛，在她还没意识到时已经恍恍惚惚倒下，火暴暴空中转体1620+抓板动作，突然间天昏地暗，头晕目眩，一个重心不稳，摔了下来。

黑心石心脏微微颤抖，提醒鹅小鸟取回不灭之星迫在眉睫。不灭之星植入人体，那就是人的心脏，只是在这个时刻，不灭之星的心底里，始终指向命运的归宿，宿命的感应，注定有牵连。鹅小鸟几乎是和火暴暴一起倒下，只是没有人注意到她，所有的目光都集中在火暴暴身上，从他完成动作到受伤，一切都发生在眨眼间的事儿。

也就是那么一会儿，不灭之星心脏感受到了危机，鹅小鸟只是晕了一下，很快就醒了过来，甚至都没人发现她发生了什么。可是，火暴暴不一样，最糟糕的事情发生了，非常不幸，他摔断了两根肋骨，所有的人都不敢相信自己的眼睛，所有的人都不愿接受这个事实。

受伤了的火暴暴自始至终都被前呼后拥着，鹅小鸟甚至靠不近前，即使她想靠近，也会遭到火妈妈和苏雪儿的阻拦，她的心情很沮丧。看着鹅小鸟一副霜打了的模样，不知道什么时候，连年悄悄地站在她身边，问鹅小鸟说："还好吗？没事吧？"

鹅小鸟乖巧地摇了摇头，她明显地感觉到，自己的力量不足了，像是电池快没电的感觉，她双手扯着连年的衣襟，头软绵绵地耷拉在连年的胸前，感觉到疲惫。

"你脸色不太好。"

听连年这么一说，鹅小鸟伸手捂了捂脸蛋，说："一离开暴暴不就丑了吗？"

连年点点头，心想："那倒是。"

鹅小鸟的头又低垂在连年胸口上，连年柔声问："病了吗？"病这个字，在之前连年从没和鹅小鸟联系到一块，因为通过这些日子的相处，连年相信，鹅小鸟一定是有超能力的地球人。可是，鹅小鸟像是真的病了，连年脑子里闪现着鹅小鸟说过的那些话，火暴暴是她的心，她是来找心的，这一刻，连年是当真的。想到这儿，连年不由分说拉着鹅小鸟的手，牵着她一起去找火暴暴。

从火暴暴摔下来的那一刻，现场的医生就给出了诊断，养伤需要时间，终于安静下来一会儿，火暴暴才发现有一阵子没看见鹅小鸟了，心里难免担心，左顾右盼下，依然没看见她的踪影。火暴暴自己也不知道为什么，原本一切都好好的，刹那间心里像是裂了个缝，抽着痛，一分心，就摔了下来。

火爸爸怎么都不信，这一切真实地发生了，看上去他比火暴暴遭受的打击还大，不停地唉声叹气。毫无疑问，火暴暴拥有最出色的医疗团队和得到最好最及时的救治，但是肋骨骨折，伤愈复出是需要时间的，很显然，留给火暴暴的时间并不够。

"不听老人言吃亏在眼前，担心什么来什么。"火爸爸心里很是悲观，作为运动员，最害怕掉进厄运魔咒里，而火暴暴偏偏碰上了这样的霉运。

上次奥运会之前，火暴暴已经是单板滑雪第一人了，当时，他是最被看好的，无论从哪方面说，大家都认为其他运动员是来争第二的，冠军非火暴暴莫属。可是，就在奥运开赛之际，火暴暴两根肋骨断裂，被迫退出。而这次失误，依然是那两根肋骨，所有的场景仿佛在还原，那些旧的画面像是在昨天。所以，当火暴暴摔下来，感觉胸痛时，大家都知道事情不妙，悲剧重演。其实，即便是火暴暴这样级别的运动员，失误也是常有的，用火爸爸的话说："早不摔，晚不摔，总是等到奥运会时摔，平常摔了也没事，奥运一摔就骨折，总是旧伤之处添新伤。"

平常火爸爸并不唠叨火暴暴，但是只要动了比赛这根神经，他就会牵肠挂肚不停地说着，直到听到火暴暴受不了。受伤的事情让火暴暴也很懊恼，他心里更有点烦的是鹅小鸟去哪儿了，明明知道自己受伤了还不紧跟在身边，爸爸的声音还在他耳边不停地响着。

"你和妈妈能不能让我安静，受伤了你们不心疼吗？"

"心疼归心疼，你这不是耽误比赛了吗？瞧把你爸爸急的，恨不得替你去比赛。"火妈妈说着，火暴暴看了下妈妈说："小鸟呢，我急着见她，帮我把她找回来。"

"你这是命令谁呢？"火妈妈一听到鹅小鸟的名字，就不太高兴，她总是隐隐约约觉得，如果没有鹅小鸟，火暴暴就不会受伤，于是说，"别提小鸟小鸟的了，都是她，才让你分心的，我总觉得少了她你是不会受伤的。"

"我觉得也是，那只鸟和她身边的人都怪怪的，不吉利的感觉。"苏雪儿帮腔说。

"哎呀，雪儿，你真是提醒我了，我也是觉得这个女孩是克星！"苏雪儿的话，总是能说到火妈妈的心坎里。

正在这时，连年和鹅小鸟一起走了过来，听到火妈妈的话，连年说："阿姨这么说不公平，小鸟没出现时暴暴还不是伤过。"

"年说得对，你这个不讲道理的妈妈。"火暴暴说。

"我就不讲道理了，还不是为了你好。"

"每次都说为了我好，每次都做一个任性多事的妈。"对于妈妈，火暴暴很无奈，还好看到鹅小鸟了，急忙招呼鹅小鸟到自己身边来。

看到火暴暴还在那里躺着，鹅小鸟心疼极了，细细地问："痛不痛？"

"想你才痛。"好大一会儿没看到鹅小鸟了，火暴暴说得肉麻，也是向和鹅小鸟一起到来的连年示威，让他不要在自己不在的时候，总是往鹅小鸟身边凑，火暴暴故意给鹅小鸟撒娇，鹅小鸟有点不好意思，本来轻轻抚摸着他胸口的手推搡了下火暴暴，火暴暴"哎哟"一声，火妈妈立刻拉开了鹅小鸟说："你懂不懂轻重啊。"

也许每一位做母亲的心里都有一种巨力，护儿心切的火妈妈在一瞬间会爆发，就那么拉鹅小鸟一下，使出的劲儿真是大，可能连火妈妈自己也没想到，如果不是连年反应迅速，鹅小鸟会远远地摔出去。

连年双手扶着鹅小鸟的胳膊，鹅小鸟委屈得想哭，嘴撇得都快要挂到两只耳朵上了。

而火暴暴的眼神并没有落在鹅小鸟身上，他始终盯着连年紧紧挽扶着鹅小鸟的手，大声说："妈妈，你要做什么呀！总是给年制造护花使者的机会。"

听到火暴暴这么说，鹅小鸟的心里透着小小的失望，也有点生气，暗暗埋怨火暴暴不像合格的男朋友，都这个时候了还只吃醋，就这么点小心眼。

"没办法啊，不灭之星就是小心眼，还是我好吧？可惜我快要不行了。"黑心石心脏提醒着鹅小鸟。

火妈妈心疼受伤的儿子，儿子一门心思在鹅小鸟身上，连自己的好兄弟的醋都吃，火妈妈冲着鹅小鸟说："看来我儿子的魂都被你勾走了，心都不在了。"

"你儿子的心本来就是我的。"这一刻，鹅小鸟实话实说，不想示弱。

"我反对。"火妈妈认定这是恋爱男女的情话，不可能会想到火暴暴的心，原本就是鹅小鸟的不灭之星。

"反对无效，否则你儿子会死得很惨！"鹅小鸟脸色苍白，站在连年身边的她，一脸斑点闪着寒光，让火妈妈看了不寒而栗，一瞬间她觉得这个女孩就像要自己儿子命的，不是开玩笑的是真的。

看到妈妈有点吓着了，火暴暴对着鹅小鸟吼起来："怎么能威胁我妈？"

鹅小鸟微微笑，双手十指相连，做了个心形，不言而喻，所有的原因都是我爱你。看到鹅小鸟这样，火暴暴算是没招了，火妈妈觉得更邪乎了，凭什么自己辛辛苦苦养大的儿子受这个女孩的摆布，不甘心也没办法，只能摇头。

火暴暴受伤的消息虽然经过媒体大肆报道，但是大家对于国家队前景相当乐观，毕竟还有王允泽，再说火暴暴还没说过放弃比赛，只不过多少让人担心着。火爸爸闷闷不乐，在火暴暴受伤后的每一秒，他都是那么难熬。

火爸爸在火妈妈面前走来走去，一刻也不安定。

"停，你别这样了，再晃下去我头都晕了。"火妈妈实在忍不住了说。

"你说这么好的机会怎么就错过了呢？哎！"火爸爸的叹气声像是穿过屋顶，绵延到天空里去。

"想想你当年，儿子已经比你优秀了，我知足了。"

"妇人之见，我当年不是没参加过奥运会吗？"

"凭什么你没参加过的就非要儿子参加？"火妈妈的语言就像湍急的瀑布，一说就停不下来，继续说，"我知道你想要光宗耀祖，再光宗耀祖也不能要了儿子的命啊。"

"就光宗耀祖这么简单吗？这是代表国家的比赛，是每个运动员的梦想。"

"你就别做梦了，我只要我儿子好好的，再说那么多运动员为国争光，不差我家暴暴一个。"

"要都照你这么想，奥运会不用举办了。"火爸爸和火妈妈你一句我一句地争论着，火爸爸一向迁就火妈妈，唯独涉及火暴暴比赛的事情是寸步不让，火暴暴只好出面调停。火暴暴无法给出任何答案，他不能说不行，那会让爸爸彻底失望；他更不能说行，会让妈妈更担心，爸爸妈妈都是爱，只是立场不一样。还好，火暴暴能够找到办法让爸爸妈妈妥协，那就是他的需要，他说饿了，妈妈就会忙乎着做他爱吃的；他说痛了，爸爸就会找到缓解他疼痛的方法，爸爸妈妈都为自己忙了，给他们找点事做，很快就会忘记各自的立场，专心致志为儿子服务，这个方法屡试不爽，对父母很好用。

其实，从受伤的那一刻起，虽然大家都认为火暴暴会再一次悲情告别奥运会，但是火暴暴从不这样想，他考虑的不是能不能上场，而是受伤以后，是降低难度选1440，还是依然挑战最高难度1620，这届冬奥会，他决不会放弃，在火暴暴的心里，早已有了主意，只是他不说，避免大家着急胡乱支招。

年轻，就是这样有主意，不用瞻前顾后。

火暴暴喜欢冬天，喜欢雪，厚厚的积雪下，是土地和这个季节最深情的孕育，为了来年的万物生长，必须要经历一个严寒的过程，收获就是这么坚实而伟大。

冬天的夜，即便是街道上，也那么安静，树木光秃秃地孤立着，只有万家灯火点燃着人间的光，暖洋洋地照耀着回家的路。

冷清的街上，火暴暴和鹅小鸟慢悠悠地走着，与其说是他想散散步，不如说他想释放一下心情。火暴暴特意叫来了王允泽，在这个时候，他特别想和这个冷傲的小师弟聊聊，从心底里，火暴暴最喜欢他，这个仿佛和冰雪一样味道的少年。

林瑶和荣冬一起过来了，这是赛前的最后一次狂欢，火暴暴叫上了连年，只有连年能安排好他们的活动，组织能力特别强，还有副手苏雪儿，此刻苏雪儿的优点能全部发挥出来，因为她能保证食物的品质。

作为运动员，是不能随便乱吃的，特别是大赛之前半年，是不允许吃外面的食物的，对于90后的小吃货们来讲，有一个万能的后勤很重要，而这个角色连年和苏雪儿都能做到。

虽然无论是国家队还是火暴暴的团队，都有专业的后勤保障，但是年轻的小伙伴们在一起，只想要他们自己的主场，所以，这是一群少年们的party，一切都由他们做主，啤酒火锅烤串一应俱全，没有什么比大雪天烧烤更惬意的感觉了。

在食物面前，一切都变得那么和谐。连年和苏雪儿直接拿酒瓶子碰杯，这样的场景火暴暴很熟悉，从小他们俩就这样，平常两个人也不见得怎么好，一到饭桌上两个人就霸气外露，直奔着吃喝去了，非常登对。

屋子里是一番热闹，火暴暴和王允泽双手插入口袋，两位安安静静都很帅，火暴暴扎着俏皮的小马尾，自从有了鹅小鸟的羽毛头绳，火暴暴再也不用担心自己的头发了，而王允泽，一如既往的清爽利落，干干净净如冬夜的星辰。

"我知道师哥想说什么。"反而是王允泽先开了口。

"知道了就说说看。"

"也没什么多说的，我支持师哥做1620。"王允泽直截了当地说。

"我用1440就可以拿冠军。"

"那可不一定。"

"说说为什么？"

"虽然大家都看好师哥，觉得师哥1440比我做得好，我曾经也这么认为，但是就目前情况来看，不一样了。现在师哥有伤在身，而我经历过世界杯之后，1440对我不是什么难事儿，师哥一直认可我的天赋和能力，相信师哥比谁都清楚，如果师哥用1440，我的胜算还多些，何况我会对你放弃1620很失望，而师哥是不会做出让师弟师妹们失望的事情的，一直都是你一马当先，鼓励着我们！"

的确，从火暴暴成名的那一刻起，他都是国家单板滑雪队的大哥，说他是师弟师妹的好榜样，同时也是对自己的鞭策。火暴暴沉默了一会儿，对王允泽说："继续说下去。"

"我们就是应该拼了，奥运会多少年一次，我们能拼的也就这么几次。难道我们喜欢这项运动，不就是因为它本身充满着各种挑战和刺激？超越自己，这是多么理所当然的事儿！"

火暴暴看着这位小师弟，这个沉默而略显孤独的少年，思路理智而清晰，曾经在他面前怯弱的少年，真的长大了。这就是区别于日常少年的90后运动员，他们付出了超越常人的坚韧和耐心，在专业上，他们是那么的沉稳和成熟，少年不可欺。

一切都如火暴暴所料，当他决定用1620征战奥运会的时候，除了王允泽和鹅小鸟，竟然没人赞成，大家都看好他用1440，甚至连退路都给他想好了，即使带伤出战输给了王允泽也没关系。这一刻，火暴暴觉得孤独，孤独不是找不到呼应的那个人，而是找不到呼应的途径。

既然决心已定，就不可更改。

"你那个小师弟就不安好心，你和他是竞争关系，他当然要你做最危险的。"苏雪儿着急地护着火暴暴。

"雪儿说得有道理，允泽这孩子平常和谁都不亲近，你怎么能相信他？"

"不懂别瞎说，再说小鸟也支持我呢，她总不会害我吧？"每次苏雪儿说出离谱的话，火妈妈总能跟得上节奏，火暴暴反驳她们说。

"那可说不好，谁会承认自己是害人精呢？"苏雪儿又把矛头对准了鹅小鸟。

"别说了，没人当你是哑巴！"连年让苏雪儿闭嘴。

火暴暴看了连年一眼，尽是醋意，每次都被他抢先一步，在对待鹅小鸟的事上，他这个正牌男朋友总是慢半拍。

"你们还是年轻，这么重要的比赛，竟然做出如此轻率的选择。"火爸爸忧心忡忡地说。

"如果说我年轻，你就认为我不谨慎而有纰漏，那你也因为年长太过谨慎而劳累伤神，否则皱纹是怎么来的！"

"长皱纹是因为我老了，什么时候都该谨慎做事！"

"我知道了，你别想太多了，我能参加比赛，不就是最开心的事吗？相信你儿子。"火暴暴拍了拍爸爸的肩膀，以示安慰。

火妈妈却说："反正我谁都不信，暴暴刚受伤，听话咱们不比了。"

"不可能。"火爸爸和火暴暴异口同声地说。只要有一线希望，火爸爸决不会让儿子放弃，他等了好久终于等到今天了，这是他的中国梦；只要不是不能动了，火暴暴也绝对会坚持，在这点上，父子俩保持一致。

火妈妈先是一惊，然后说："那为什么不保险点，非要用1620，是担心1440比不过王允泽？"

听了妈妈的话，火暴暴真的想笑，原来妈妈也这么专业了，他不想和妈妈解释过多，和小师弟之间的信任和默契，让他没有任何和比赛无关的担忧，大家都是真心地热爱这项运动，追求永无止境。

火暴暴心里明白，无论是1440还是1620，他都是赌一把的性质，小师弟说得没错，以目前的状态，如果同时使用1440，他没把握能赢。这一次，火暴暴是不成功便成仁，两个动作对他来说，要不就是高质量完成，要不就是伤势影响发挥，失误或者退赛都有可能，对他来说，完成1440和1620没有太大区别。

"所以啊，允泽这孩子才支持你用1620，还是不能放心他。"火暴暴的一切，都让火妈妈牵挂。

"允泽是个好孩子，他心里也憋着一股劲儿，有时候我更觉得他像年轻时的我。"火爸爸很喜欢王允泽，不住地夸赞说。

"你年轻时就是一个戴着运动员帽子的小流氓，瞧瞧你和连一宁和苏辉干的那些好事儿。"

"说孩子们的事儿呢，别总说到我身上，允泽这个孩子我了解，他内心是一个很骄傲的孩子。"

火爸爸不愧是老一辈的运动员，能够了解到作为运动员那颗骄傲的心，虽然一代人和一代人不一样，但是那颗骄傲的心一直都在，拥有这样心脏的运动少年们，会让他们无论处于什么境地，都坚持自己的原则，这就是传统的规矩。

因为伤势，火暴暴没有参加开幕式，这引起了传媒的各种揣测，直到火暴暴出现在赛场上，记者们立刻就围了上去。

面对媒体记者，火暴暴表示自己感觉还不错，但是对于自己的恢复状态说不清，连他自己都不相信还能在赛道上飞驰，从赛前训练来看，火暴暴微笑着打趣说："一切都还行！来赛场的路上能明显感到痛，但是一到雪道上疼痛就消失了，舒服多了。"

听到火暴暴这么说，大家欢呼雀跃起来，特别是国内的记者和粉丝，信心爆棚，大家对火暴暴拿这块金牌，没有疑虑。只是因为火暴暴有奥运悲情史，专业的评论员还是更看好王允泽一点点，不过，对于火暴暴能够站在赛场上，因为他强大的实力，任何人都不敢掉以轻心。用一位记者的话说，火暴暴不用比，只要往赛场上一站，吓唬吓唬他们，也就赢了。

奥运的殊荣，对任何一个国家队的运动员来说，都不会仅仅是想站在那里，一场努力与拼搏的见证，即将上演。

火暴暴帅，王允泽帅，这个项目是奥运会平均年龄最小的，刚刚二十岁，个个都是花样美男，想着超越了平均年龄好几岁的火暴暴，已经是爷爷级的了。参与这个项目的，不仅仅年轻，各种护具武装好，护脸蒙上，个个都是蒙面大侠出场，背后是大屏幕介绍，如果不看大屏幕，很难分清谁是谁，只是等蒙面大侠们完成动作后，在露出真面目时，蓬勃的青春朝气光彩照人。

以往在赛场上，火暴暴除了专业的技能亮眼外，他那光头也引人注目，现在，他终于做到和别人一样，美发飘飘了。在这个爱美的时代，在这青春的年纪，谁都喜欢酷一点帅一点，火暴暴的头上依然系着鹅小鸟的羽毛头绳。最开始的时候，他在头盔上DIY一个小鸟的标志，奥组委不允许，被迫去掉了。

拿过那么多冠军，火暴暴第一次冲击奥运会金牌之旅开始了，比赛的过程也和他的伤势一样充满着曲折，资格赛的失误，让他没有能够直接进入决赛，而小师弟王允泽，以第一名压倒性的优势直接进入了决赛。

还好有惊无险，火暴暴最终还是站在了决赛的赛场上，决赛的过程异常顺利，从第一轮到第二轮，火暴暴都顶住压力完成了标志性的空中旋转1620，完美得无法形容，连电视台的评论员都激动地喊出了："火暴暴不但是来拿冠军的，他野心勃勃地再一次刷新了这个项目的新高度。"

同样，这也是王允泽的第一次奥运之旅，虽然资格赛发挥很好，却在决赛中第一轮连续第二个triple cork中摔倒，第二轮中他调整状态，高质量地完成了1440，获得了一枚铜牌。

赛后火暴暴很想哭，感觉和以往任何冠军不一样，他裹着五星红旗趴在雪地上，仿佛要把自己的身体揉进雪地里，这红红的色彩，如雪里的一团火焰。

从雪地上爬起来，火暴暴紧紧拥抱着小师弟，面对记者的采访，火暴暴说："拿到冠军实现了我的奥运梦想，虽然整个过程很曲折，像坐过山车一样，但是我做到了，我爱我的国家，爱大家。"火暴暴很激动，有些语无伦次。

颁奖仪式上，升国旗，奏国歌，看着五星红旗冉冉升起，这一刻，火暴暴体会到了爸爸的心情，他真有大哭一场的冲动。

而更激动的火爸爸，想着自己当年做运动员，一心想为国争光，但是拼了老命也没进入奥运会，现在儿子是冠军，虽然不是跑出来的冠军，火爸爸也觉得知足了，不禁老泪纵横。

倒是王允泽，这个孤傲的少年，看不出什么表情。颁奖仪式一结束，他就匆匆地离开了，林瑶看过他落寞的背影，却留下来继续为火暴暴欢呼。就在火暴暴开心地接受大家的祝福时，他一直没有忘记搜索鹅小鸟的影子，却不知鹅小鸟已经悄悄地溜到他身后，一把夺过他的捧花，张嘴就吃起来。

火暴暴知道鹅小鸟要吃花了，急忙捂住他地嘴，说："你是想让所有人当你是怪物？"

"没关系啊，我愿意做你的小怪物。"

"可是我不愿意，我要你好好的。"

"那我吃到了，味道不错啊，你让我再吃一口。"在捂鹅小鸟嘴巴的同时，火暴暴已经把捧花重新拿了过来。

其实，记者们有人认出了鹅小鸟，曾经，鹅小鸟和火暴暴一起上过那么多次头条，熟悉的记者知道她就是火暴暴的女朋友。当火暴暴比赛时还有镜头扫过鹅小鸟的脸，大家都见怪不怪了，以为她故意扮丑，现在也挺流行女孩脸上有点斑斑点点呢，那些都是可爱的小雀斑。

金牌重要，运动员的努力更重要，无论是站在赛场上的，还是幕后的，成功的还是悲情的，只要为拼搏洒下了汗水，都是值得尊敬的。

终于感觉只有自己一个人了，事实上并不是，只是王允泽感觉身边没有熟悉的人了，他停住了脚步，站在那里一动不动，仿佛时间在他身上，都停止了。可是，王允泽的泪水，像奔腾的溪流，他哭了，这表情在他的脸上看起来特别动人，冰雪一样的少年融化，满脸泪痕。

让王允泽痛哭的不是金牌，他内心对火暴暴是心服口服，可是他又真的想要这块金牌，他渴望的是用这块金牌换林瑶的心，哪怕多看他一眼也好，这就是一个少年简单的烦恼和惆怅。因为只要有火暴暴在，林瑶的心神从来都在火暴暴身上，即便以前火暴暴有苏雪儿，现在有鹅小鸟，但是只要见到火暴暴，林瑶仿佛都离不开他的身影，眼珠子骨碌碌地跟着他转。

王允泽默默地喜欢林瑶，他多么希望小师妹的眼神像降落伞一样降落到他身上，可惜总是那么远，每一次，他都只能遥遥地望着她飘在火暴暴身边。而火暴暴的这个单板滑雪 U 形池冠军，他做出了这项运动有史以来难度最高的腾空翻加旋转 1620，后来，这被评为这届奥运会最震撼的十大镜头第一名。

每个年轻人的脑子里，都有着各种不一样的情感，这些如山涧清溪般的爱恋，是曲折迂回的，谁也无法将其掰成一条直线。青春终会逝去，年轻的思想永远流行！

六　雪花的疤痕

我爱着你的时候我就靠近了冬天，等待一场大雪接着一场大雪的到来，情人之间，温柔絮语。鹅小鸟趴在火暴暴肩头，长长的头发披散下来，传统的天鹅发饰，整体透着美到灵魂里的气息。

奥运会后，火暴暴再次登上了《歌手》杂志封面，和上一次不一样的是，这次是两个人的身影。火暴暴把奥运金牌挂在鹅小鸟的脖子上，两个人紧紧依偎在一起，甜蜜地笑着，看着两个人的合影，巨大的幸福感冲击着火暴暴的大脑，让他有一丝晕眩。

冬天是最美的季节，温暖会来得更明显一些，那些心爱的雪人们，在火焰和冰川之间，在永恒的雪上。

天空中开始飘着一朵一朵雪花，鹅小鸟眼睛里闪烁着快乐，伸手去接着说："看这一朵一朵雪花，也是有疤痕的。"

"让我瞧瞧。"火暴暴说着，顺着鹅小鸟的意思，故意摊开她的掌心，看到的只是一点点细微微的水渍。

"怎么样？不见了吧？太温暖了它就不会生存了。"鹅小鸟说。

"听不懂。"火暴暴听不懂鹅小鸟要说什么。

黑心石心脏一次一次敲起了危险的警钟，她该怎样取回不灭之星。火暴暴不懂鹅小鸟的疤痕，那是看不见的，从鹅小鸟捡回生命的那一刻，她的心头就烙下这条深深的疤痕，那是爱你的宿命，生生世世的印记。

雪下得越来越大，小小的雪花膨胀着开放，雪朵很大，像是盛大而密集的聚会，鹅小鸟吐着舌头，有雪花落在她的舌尖上。

"又开始吃雪了，能不能不乱吃啊？"

"雪花也是花儿，雪花很干净。"

"跟你没法聊啊，真是外星球的？"

鹅小鸟肯定地点点头，火暴暴又否定地摇摇头，两个人对视一眼，鹅小鸟说："想起来了，心草妈妈的生日要到了，我要给她做一个天鹅座的鲜花星球。"

想到心草妈妈，鹅小鸟就想立刻回家，在这个地球上，"天鹅兽鸟屋"已经是她的家了，看火暴暴没回应，只顾盯着手机看，鹅小鸟不乐意地说："谁给你发的信息啊，都顾不上和我说话了？"

"是新闻，美国天鹅座飞船升空六秒爆炸了。"

"哦，真是一件悲伤的事情，我代表天鹅座，慰问你们人类。"

看着鹅小鸟一副虔诚而神圣的样子，火暴暴差点想笑说："我知道你和别人不一样，大不了你也是超能力人类，别把自己整得像外星人代表似的。"

"我本来就是。"

火暴暴认认真真地盯着鹅小鸟说："你本来就是鬼。"

火暴暴话语一落，鹅小鸟的拳头疾风骤雨般落下，说："你真是地球上最笨的人，大笨蛋，暴暴是个大笨蛋。"

"我怎么会笨？我都能和外星人代表谈恋爱，你什么时候召开外星人大会，带我去长长见识？"火暴暴打趣鹅小鸟说。

"你还真去不了，你又不能活一万岁。"

"好了，我明白你的意思了，你就是想当我的爱妃，希望对着我喊万岁万岁万万岁吧！"火暴暴依然是开玩笑的口气，鹅小鸟可不是，银河系有一千亿颗太阳一样的恒星，分布在草帽一样的盘子里，外星人就在浩瀚的宇宙中大量存在，多得谁也数不清，只是人类没发现！存在高等智慧的肯定不只地球一个。地球还是很年轻，才四十六亿年，有能力发出信号文明的也不过不到八十年。

人类要想见外星人，跑得快也要一万年，所以人类还不具备这样的能力，鹅小鸟能来到地球上，那文明不知道要高出人类多少倍，才不稀罕抢人类资源，因为和火暴暴争论不休时，火暴暴闹她说："外星人到地球都是来打劫的。"

如果说鹅小鸟到这儿是打劫的，那她只是来打劫她的爱情的，她要取回不灭之星，可惜遇见了爱情。抬头望北方，那是天鹅座，天国的天鹅，最高贵的天鹅，包含着生命的起点和归宿。鹅小鸟，她思念故乡了。

唐心草的阳光花房里，苏辉在给她帮忙，虽然唐心草一直嫌弃他，觉得他越帮越忙，养花种草这些事儿，他根本不懂。只是苏辉干得多了，摸索着也就熟练了，唐心草没有制止他，一个大男人在心爱的女人面前爱表现，都像是一个还没长大的小破孩。

唐心草一辈子都愿意，让苏辉活在自己的爱里，像个孩子似的活着，她给予他为所欲为的爱，让他在她的一切里任性，爱就是如此简单，心甘情愿。

唐心草就这样看着苏辉忙活，他一刻也停不下来，苏辉的一举一动，唐心草都看在眼里，她得到了足够的氧气，得到了温暖的心跳。有了这样的记忆，无论多远的距离，都能闻到他的气息，爱的男人就住在自己心里，伴随着自己的每一次呼吸。

鹅小鸟回来了，唐心草很开心，只见她手里拿着一个天鹅形的小瓶子，高高兴兴地向唐心草炫耀说："送给心草妈妈的。"

"你不是说要给我做鲜花星球吗？这是什么？"

"鲜花星球是要做的，到时候可以在我们前院店子里展示，这是地球上没有的，彗星味儿的香水，快来闻闻。"

鹅小鸟的瓶盖一打开，一股类似酒精的清香，还有一丝香甜的后味，总之，这种味道形容不了，却难以忘记。

鹅小鸟对唐心草说："这是彗星的味道。"

"我很感动，谢谢你小鸟。"唐心卓拥抱着鹅小鸟，她可不相信这真的是彗星的味道，唐心草只当是她与众不同地逗自己开心，一旁的苏辉却拿着瓶子不放，一直惦念着这是不是真的从彗星上来的。

事实就是如此，这就是真实的彗星味儿的香水，地球上已经有了，只是绝不公开发售，只在科学家的实验室里存放，平常人也见不着。

冷冷的天气，正是山地玫瑰复活的季节，睡过了整整一个夏天的干枯的枝干，看起来像是枯死了一样，可是，只要严寒到来，这种活在冬季里的植物就会达到极致的美，鹅小鸟兴奋地说："我家的玫瑰复活了。"

"看到你这么开心，这么健康，我也放心了。"在鹅小鸟不在"天鹅兽鸟屋"的日子里，鹅四不停地和唐心草聊着鹅小鸟会生病，会重病，可把唐心草担心坏了，几乎是一天一个电话关心着鹅小鸟。

寒风早已摇光了院子里老树的叶子，等风再来，枝丫依然在空中不甘心地晃动着，鹅小鸟的黑心石心脏不安稳地躁动，就像此刻招摇的枝丫，她多么渴望一颗平凡的心灵，像树木深埋地下的根系，安静而丰富。

四季恒温花房里，田七草长得很茂盛，一片绿意盎然。鹅小鸟每天醒来第一件事情，就是用它拿来刷牙，不只鹅小鸟这么做，鹅四她们都这样，起初唐心草看着好笑说："不是外星人吗？这么落伍啊？有牙膏不用？"

一听到牙膏，她们集体拼命摇头，不肯尝试，在她们的理念里，天然的植物能产生爱与快乐，保护与健康。

其实，我们人类的先祖也是这样，神农氏尝遍百草，来用植物的灵魂把医药知识告诉人们，所有的智慧在轮回，宇宙空间流转，很难说谁比谁超前。

这是鹅小鸟到来后唐心草的第一个生日，在唐心草生日之际，鹅小鸟带着她的女仆们精心制作了天鹅座鲜花星球，同时，在"天鹅兽鸟屋"，绿光天外星空鲜花花盒出售，搭配上苔藓小公鸡，是比照着鹅小鸟的那只会说话的大公鸡做的。

今晚的星空灿烂，满天星星就像花儿，一朵一朵开在夜幕里。

唐心草原本想简简单单地过，但是苏辉还是邀请了他的朋友们，当然就包括了火川一家和连一宁一家，而鹅小鸟也把后院布置一番，取名就叫"兽鸟屋的花草铺子"，花花草草，这是唐心草的心头爱，也是鹅小鸟赖以生存的粮食。

美好的爱情就像美好的植物一样，永无止境。

整个鲜花星球，采用了绣球花和芍药花，绣球的花语是幸福和希望，芍药的花语是情有独钟，"天鹅兽鸟屋"的门口，就挂着欢迎来登陆鲜花星球的牌子。鹅小鸟挽着唐心草的手臂，以母女装出现在大家面前，两个人发型一致，戴着"天鹅兽鸟屋"永生花小花冠，苏辉和火暴暴的眼睛，看成了一条直线。站在一旁的苏雪儿，则死死地盯着这两个男人，实在忍不下去了，拿手在他们面前晃着，说："当着我们的面，你们会不会太过分！"

火妈妈温柔地揽过苏雪儿说："你是火妈妈的乖女儿！"火妈妈的这份温暖，让苏雪儿安静了不少。

唐心草的这个生日，温馨而美好。可是，鹅四和其他来自天鹅座的女仆们都愁眉不展，包括那只爱说话的大公鸡，她们心事重重的，觉得悲剧就要来临，再不拿回不灭之星，鹅小鸟将要大难临头。

鹅四悄悄地把鹅小鸟拉到一旁，从她回来，还没好好地认真对谈过，鹅四感觉鹅小鸟陷入了爱情，忘记了自己要干吗了似的。

"说什么？快点，暴暴他们还没走呢。"看着鹅四鬼鬼祟祟神神秘秘的，鹅小鸟不知道她要干什么。

"他没走更好，咱们得想想怎么顺利取回不灭之星。"鹅四不想和鹅小鸟绕弯，直接进入话题。

"暴暴接下来有个比赛，等他比赛完再说吧。"看着鹅四说得那么急，鹅小鸟只想再缓缓。

"等他比赛完你的小命就呜呼了！"鹅四白了鹅小鸟一眼说。

"我真的坚持不到暴暴这次比赛完？不是说有方法可以延迟一下吗？"

"是，你可以吃救心菜。"鹅四没好气地说。

鹅小鸟立刻着急地催促她说："那你快点去找啊，还在这里愣着干什么？"

听鹅小鸟的口气，好像鹅四是万能的一样，完全没想一切哪有那么容易，有了爱情就不顾身边人的感受，鹅四给她泼冷水说："我上哪儿找，地球环境这么差，救心菜那么古老，恐怕早已灭绝了。"

"你别吓我啊，我不信，能从你口中说出救心菜来，你一定是已经给我准备好了。"鹅小鸟就是这么聪明，这下她可以有备无患了，再也不愿多和鹅四说一句话，欢快地跑到了火暴暴身边。

"这人不但重色轻友，还重色轻命啊。"鹅四埋怨着鹅小鸟。

鹅四很无奈地拍了拍自己的头，想着该怎么解救鹅小鸟，这个陷入爱情深井里的人，坐井观天，只是命运，让她继承了天鹅圣女，智商真让人着急。鹅四对鹅小鸟是一阵急一阵忧，是为她担心，毕竟鹅小鸟没等她把话说清楚，就真的以为有了救心菜就后顾无忧了。

鹅四转过头，看到鹅九、鹅一、鹅二和大公鸡默默地站在她身后，她们四个又看了看大公鸡，眼眶都红了一圈。接下来，她们只有静静期待火暴暴赶快比赛完，黑心石心脏能坚持到不灭之星归来。

冬天的阳光，有点不经冻，像是受伤了一样，躲避着人的视线。自从火暴暴拿了奥运会冠军，火妈妈也算是默许了他们的爱情，只是偶尔还会念叨一下火暴暴说："傻儿子就知道做傻事。"

火暴暴倒是一点儿也不介意地对妈妈说："要做就做很傻很开心的事儿。"

童年的记忆很深刻，那一场重病火暴暴忘不了，他就是在山穷水尽处与小时候的鹅小鸟相遇，现在想想真的很美，美得不像是真实经历过，也的的确确是一场不可思议的事儿，不敢相信是发生过存在过的。

"你知不知道？我第一次遇见你，我一下子感觉我没心了。"想起来火暴暴还心有余悸地说，他的这种感觉并没有错，那正是不灭之星心脏载入他身体之时。鹅小鸟所能知道的，也只是后来听说的，当时她比火暴暴还小，那一次灾难，导致她成为一个孤儿，她不愿回忆这些。

鹅小鸟沉默不作声，她觉得身体渐木，感受不到外界的刺激了。

"怎么了？我在和你说话。"火暴暴不满地说。

"我听见了，你没心就对了，你的心是我的。"

"认真点好不好？又来说这种话气人。"火暴暴想和鹅小鸟表达当时的痛苦，鹅小鸟一边逃避着记忆，一边又说的是真心话，可是，火暴暴怎么能够理解她的世界，总觉得鹅小鸟在敷衍他。

"这样就气着你了？你太容易生气了吧？我的心给了你那么多年，我还没有抱怨呢！"

"怎么好好的聊天像是吵架？"

"我心情不好，生理期了，别惹我！"

"你们女生就是真麻烦，月月都有。"

"说过了你不要惹我，你知不知道这么做会把我气死的！"

火暴暴莫名其妙的，怎么说着说着成这样了，有点闷闷不乐地说："你放心，气是气不死人的。"

"真的会气死人的。"鹅小鸟近乎咆哮地说。

"我还没见过气死的。"

"那是你没文化，知道女生生理期体内会产生一种毒素吗？临床实验可以杀死一只小白鼠，是绝对不能生气的，你这是要毒死我啊！"

听鹅小鸟这么一说，还真把火暴暴震住了，随即拥抱着她说："本来准备一大堆话，好想和你说，我不停地和你说话，就是想让你多看我几眼，注意我啊。"

火暴暴的话，让鹅小鸟全身一热，她不知道自己怎么了，心烦异常。黑心石心脏仿佛连躁动的力气也没有了，使她感觉到很恶心，看谁都不顺眼，总想发脾气，又赶上了生理期，她觉得自己濒临爆炸的边缘。火暴暴学着婴儿一样的哭闹撒娇，算是把她拉了回来。

"好烦好烦。"鹅小鸟也不知道怎么了，烦恼使她有种呕吐感。

看着鹅小鸟垂头丧气的样子，火暴暴束手无策，逗她说："外星人也怕烦？"

"你信我是外星人了？"

"无论你是谁，我爱你。""我爱你"一出口，火暴暴才意识到，这三个字鹅小鸟是听不见的，她的耳朵像是塞了棉花，转而用手势表达。

"那我的心会还给我？如果伤害到你了，你也会还给我？"

"如果是你伤害我我无力反抗，这颗心你说是你的就是你的，你想拿走就拿走，原本就是你的。"

"满世界那么多好女孩，你为什么这么对我，还是只对我一个这样？"

鹅小鸟突然的多愁善感、患得患失，让火暴暴一时不知如何应付，说："我要去你的灵魂深处把你的想法都扒拉出来，一一给你解决掉。"

"你讲话声音嗡嗡嗡，好像一只大苍蝇。"鹅小鸟的脑子乱了，火暴暴的话她一阵一阵听不清。

"所以你有想拍死我的冲动？"

"如果真有下辈子，下辈子我要做你妈妈，让你打光棍，永远不给你娶媳妇。"鹅小鸟自说自话，已经是答非所问了。

"我这辈子的妈妈都很厉害了，被闪电劈了都活了下来，还生下我。"

"我不害怕任何破坏和拆散，我害怕因果，害怕天意，突然就很害怕那些我们不知道的，命中注定的那些事儿。"

火暴暴仔细地盯着鹅小鸟的眼睛，他第一次发现这双大眼睛里如此空洞无神，他开始担心了，说："你病了吗？"

鹅小鸟没有回答，只是感慨地说："我们之间的距离好远，隔着无数个如沙粒一样多的星球，路过一个又一个彗星，可是我们还是风尘仆仆地相遇了。对你的爱，就是我心上的甜美牢笼。在我心里，脑海里，为你建造一座爱情深藏的殿堂。除了真心，这个世界上并无珍贵之物。"

"你这都说的什么话啊？"火暴暴是真的急了。

"情话都是在离别的时候说的。"

火暴暴感觉鹅小鸟傻了一样，让他突然有种恐怖的感觉，他紧紧地搂住她说："没事的，一切有我在。"在火暴暴心里，他一直觉得鹅小鸟是不同寻常的人，这莫名的症状，让他打心底里害怕。

"心里有爱的眼睛，只有爱的眼睛才看得见。"鹅小鸟这么一说，火暴暴眼泪都快要出来了，说："你眼睛看不见了吗？鸟儿？"

"看得见，看得见。"鹅小鸟猛然灿烂起来，火暴暴的热泪一滴一滴滴在她手上。黑心石心脏微弱的气息开始显现，导致鹅小鸟所有的身体器官急速衰退，她是一会儿一会儿地听不见，眼睛像是被一双手蒙住了一样，只能透过细小的指缝看外面。但是，出于爱的本能，鹅小鸟感受到火暴暴哭泣的声音，她倾尽其力发出自己最后的声音，让火暴暴不要担心，准备好接下来的比赛。

火暴暴虽然为鹅小鸟的反复无常感受到真实的担惊受怕，但是好在她终于像是正常了一样，鹅毛一样的雪花落在鹅小鸟的鼻梁上，她的睫毛弯弯很勾人，火暴暴轻轻地吻了下去。

雪越下越大越来越密集，他们的世界，一一在雪中讲述，他们的一切都带着雪，飘飘荡荡，膨胀着爱的苦痛与幸福。

这是国际雪联在奥运后举办的首个冠军赛，火暴暴自信满满地站在雪道上，从赛前的准备来看，一切都不错，1620这个动作，放眼单板滑雪界，也只有他和王允泽能做。小师弟这么快追赶上来，火暴暴很欣慰，甚至连火爸爸都禁不住地称赞王允泽，是个天赋超常的孩子。

单板滑雪是我国的优势项目，又是年轻人喜爱和追捧的，所以，无论是国家队领导还是基层教练员，都为拥有这样的后备力量而感到高兴。

即使是和师哥同场PK，王允泽依然展现出良好的自信，师哥是伤愈复出，他是从奥运会后从没间断过训练，幸运从来不会辜负勤奋的少年。王允泽抬头朝天祈祷，他的眼神透亮，越向上看，越清澈。

这一次，无论是火暴暴还是王允泽，从一开始都进行得很顺利，资格赛两个人发挥都很完美，结果如大家所料，火暴暴力压王允泽排名第一，双双直接进入决赛。

决赛第一轮结束，火暴暴还是排在第一，王允泽紧随其后，经历过奥运会的惊心动魄，这一次火暴暴的亲友团轻松多了，大家有说有笑，开开心心地等待着最后的结果。

决赛第二轮，王允泽超常发挥完成了1620，拿到了全场最高分，接下来只等火暴暴出场了，大屏幕里正在播放着对火暴暴的介绍，这场单板U形池的比赛，现场观众非常多，可见火暴暴的超高人气。当然，小鲜肉王允泽一路飙升的人气也非同一般，他们受到热烈的追捧。

同在现场围观的鹅小鸟，两眼一黑，倒了下去。鹅小鸟没有重量，她就像一个薄薄的纸片一样，紧紧地贴着雪地，白色的雪面，她身着红红的外衣，躺在那里像一个新鲜的剪纸。正是有这样的担心，鹅四一直跟在她身边，看着黑心石心脏终于走到了尽头，带着鹅小鸟纸片一样飞走了。

所有的人都没注意到也没感觉到，有鹅四在也不可能让任何人看到，只有连年和苏雪儿看见了。不过，连年和苏雪儿仅仅是看到了鹅小鸟晕倒，剩下的一切在他们脑子里是空白，脑子像被水洗过一样，什么也记不起。只是鹅小鸟真的不见了，苏雪儿惊呼鹅小鸟是鬼，连年急忙捂住了她的嘴，让她不要胡说。

火暴暴跃起抓板，一阵致命的疼痛袭来，他摔了下来，摔下来的火暴暴并无大碍，痛感也随即消失，但是他和冠军是彻底无缘了。单板之神爆冷，小师弟王允泽理所当然地拿到了冠军，当林瑶开心地跑向王允泽时，他露出了难得一见的灿烂笑容。

火暴暴拿到了亚军，输给小师弟，作为运动员来讲，早晚会有这么一天的，他有思想准备。火暴暴放心不下的是鹅小鸟，总觉得她出事了，可惜遍寻不见她的身影，额头上布满了汗珠。

大家都以为火暴暴出现了失误，火暴暴也懒得解释，只是火妈妈不依不饶地说："好好的怎么会摔下来？"

"运动场上什么事儿都可能发生，允泽比我训练得多，这是他应得的。"火暴暴真心地为小师弟开心。同时开心的还有火爸爸，作为老运动员，看到新人登上最高领奖台，是值得庆贺值得高兴的。

火暴暴四处找不到鹅小鸟，首先就问连年，连年能给他说的，也只是他看见的开始。此刻，火暴暴隐隐约约觉得，鹅小鸟一定出大事了，顿时感觉不好了。

唐心草不知道发生了什么事儿，鹅一、鹅二和鹅九包括那只会说话的公鸡一下子就不见了，鹅四是跟鹅小鸟一起走的，她知道，这几个人的消失，让她担心会不会鹅小鸟她们永远离开了她，再也不回来了。同时消失的还有一棵水养树，那是鹅小鸟刚来时，鹅四她们就用一个巨大的瓦罐养下的，她们称为处子之树。

唐心草只好暂时休店，一个人很失落，没有她们的时间还真难熬，各种不适应。让唐心草更为忧心的是，是不是鹅小鸟真的出了什么事儿，之前她不问她们的事情，可是这不告而别来得太突然了。

这是地球上一个古老的岛屿，生存着许多珍贵而稀有的植物，千万年与大陆板块的隔离，生成了只有在这个岛上才存在的植物。

茂盛的草丛中，开满了神奇的花儿，鹅小鸟一袭白裙，正是她刚到地球时的装扮，静静地躺在花草丛中。阳光穿过处子之树，树的影子恰到好处投射到鹅小鸟身上，这是天鹅之眼，鹅小鸟的眼睛微微睁开。

鹅小鸟想起身站起来，才发觉自己像被固定住了一样，除了眼珠子能动和嘴巴能说话，其他仿佛不是长在自己身上的。

"这是哪儿？我怎么了？暴暴呢？"鹅小鸟问。

看着鹅小鸟醒来，就立刻提出一连串的问题，鹅四的心情很复杂,不无伤感地说:"别提你的暴暴了,你已经死了。"

"我死了?我正和你说话呢我怎么死了?我还没给暴暴告别呢!他比赛怎么样了?"

"比赛输了。"鹅一实在忍不住,告诉了她。

"那他一定很伤心吧?"

"你别管他了,你先看看你自己,黑心石心脏已经死了,你能活吗?"鹅四真替鹅小鸟着急,照这样下去,即使救活了她,不灭之星能回来吗?她那么爱。

"救心菜呢?快给我,我要吃。"

"你就记得救心菜了,救心菜救不了你。"

"可以的,四你说过救心菜可以延续我的生命的,哪怕只给我一个和暴暴告别的时间呢,求你了。"

"给你时间不是让你和火暴暴告别的,是让你彻底拿回不灭之星,再也不能拖延了。"鹅四语气冰冷,是让鹅小鸟长记性,一遍遍地警告她。

"我知道了,救心菜在哪儿?"

"在这里。"鹅九抱着大公鸡给鹅小鸟看。

"它是神宠啊。"

"神宠天生就是为你死的。"鹅四说话的口气没变,还是那么生硬。

"要它死?我不,我舍不得。"鹅小鸟一听到大公鸡要死,怎么着也不肯。

"哪有死那么简单,是要你吃掉它。"

"我吃素,我要吃救心菜!"鹅小鸟坚持不要。

"别胡闹了,必须是你的神宠先吃救心菜,然后你吃你神宠的肉,喝肉汤,当然,鸡骨头会送回天鹅座安葬,是为你而死的。"鹅四近乎无情地说。

"我不要,你怎么不早告诉我,早告诉我,我就把不灭之星要回来了。"鹅小鸟的眼泪顺着眼角流下。

其实,在唐心草过生日时,鹅四就想告诉她,只是鹅小鸟没让鹅四把话说完，这就是天意，当时鹅四包括大公鸡在内，都看穿了这结局。

命运既定的路线，从来没有意外，不可逆转。

"别闹了，你现在全靠天鹅之眼在这里说话，等日光没了，说什么都来不及了。"鹅四提醒鹅小鸟说。

"那别救我了，让我死吧！"

听到鹅小鸟这么说，大公鸡也流泪了，它已经吃了救心菜，就算鹅小鸟不吃它，它也必须死去，拯救鹅小鸟，是它存在的必要。"你吃掉我吧，我愿意。"

"对不起。"鹅小鸟眼泪哗哗地流着，在天鹅座，神宠是和亲人一样的，她不知道为什么要接受这样的命运，为了自己活着，失去了父母，失去神宠，是不是也要失去火暴暴呢？一切都未知，一切都是那么的让她伤心。

"我是为你而生的，我最爱你。"神宠动情地说。

"对不起，我会告诉天鹅奶奶厚葬你的白骨。"

"嗯，我知道，鹅九、鹅一和鹅二会带我回去的，就算我只剩一把白骨，等你从地球归来，我也会随风叮当站立起来。"

鹅小鸟哭成了花脸猫，泪水就像小螃蟹的钳子抓挠着她的脸，痒痒的，她四肢无法动，想挠挠都没办法。鹅小鸟心里明白，等她回到天鹅座，她点多少蜡烛都毫无意义，鹅叽叽的骨头，不可能真的叮当随风站起来。一想到这儿，伤心如海，无边无际。鹅四一脸冰霜，鹅九抱着大公鸡，鹅一和鹅二守护处子之树，以保证鹅小鸟的身体一直在处子之树的树影庇佑之下。

事实上鹅小鸟的泪水不能擦，不能有任何阻挡和干扰，就这样尽情而任性地流着。鹅小鸟必须要耗尽泪水，她流出的每一滴泪水，都将被鹅四收集。只见鹅四手里提着一个天鹅羽毛型囊袋，渐渐地鼓起来，鹅小鸟哭着哭着，渐渐地闭上了眼睛，长长的睫毛上还垂着泪珠，只是鹅四的羽毛囊袋从她身上飘过，她的整张脸瞬间恢复了干燥。这被收集起来的眼泪，将和神泉水一起，搭配神宠，熬制成汤，把鹅小鸟的生命拉长。

昏沉中鹅小鸟仿佛回到小时候，她并不是像她说的一直吃素。在当时，每一年天鹅奶奶会给鹅小鸟吃一次鸡，她甚至对解剖鸡很有兴趣，蹲在厨房长老面前，一边看一边申请自己最爱吃的大鸡腿，那种香味扑鼻而来。

高高的悬崖峭壁上，生长着植物活化石之称的崖柏，它有着苍劲俊美的神形，它曾经被世界权威组织认定已经灭绝，可是在这个地方，却生机勃勃地活在人世间。悬崖峭壁之下，是一汪清泉，这是鲜有人知的神泉，处子之树的树影投射到神泉之上。

鹅小鸟苏醒过来，看到只有自己和鹅四，鹅九、鹅一和鹅二已经消失，不用问鹅小鸟也知道，她们已经回天鹅座了，落叶归根。举头望无尽的星云，一种怅然若失爬上鹅小鸟的心头。

地球上只剩下鹅小鸟和鹅四在孤独地等待不灭之星归位，一想到鹅九、鹅一和鹅二回到了故乡，鹅四的眼眶就湿了，鹅小鸟也想落泪，可是她的眼球干涩得厉害，她眨巴眨巴眼睛，努力挤也没挤出一滴泪来。

"我的眼泪去哪儿了？"鹅小鸟很诧异，明明很伤心，流不出眼泪，感觉跟假的一样，转而又想想，一定是之前哭多了，看来眼泪是有限的。

看鹅四不理自己，鹅小鸟很无趣，说："我也不是故意的。"

"你记得，只能救你这一次，救不了你第二次，你得知道珍惜。再说了，这也是治标不治本的，看来天鹅奶奶真爱你，早知道你有这场劫难的。"

"你能不能温柔点跟我说话？"鹅小鸟感觉到鹅四的话像夹了冰棍一样，冷冷的。

"你刚好，我们回你心草妈妈那里休息，等你休息下，我们快点拿心走人。"鹅四面无表情地说。

"四，我要你好好跟我讲话。"鹅小鸟受不了鹅四的态度。

"你的温柔都给你的爱情了，神宠没了……"鹅四想着就伤心，天鹅神宠一直是由天鹅女仆们养育的，在天鹅座，神宠一直就和鹅四她们在一起，一直逞强坚持着的鹅四，呜呜地哭了起来，眼泪倾盆而下。

鹅小鸟安抚着鹅四，说："哭吧，哭吧，哭一哭就好了，我也哭！"

鹅小鸟跟着鹅四呜呜几声，她一滴泪也不流，揉了揉眼睛，鹅四瞄了她一眼，心想："哭得跟真的一样。"看着她的样子，又忍不住好笑说："去用泉水洗个脸吧！"

"四，我这不会是回光返照吧？"泉水边，鹅小鸟惊呼着叫鹅四，鹅四没搭理她，提醒她快点走，鹅小鸟一脸斑点彻底消失，美如朝霞映雪。

火暴暴四处寻找，鹅小鸟就像是从地球上消失了，音信全无。天空零星地飘起了雪花，火暴暴伸手去接，想着鹅小鸟说，雪花都是有疤痕的。

雪不紧不慢地下着，站在"天鹅兽鸟屋"门口，火暴暴的脚已经冻痛了。

唐阿姨家新来了花工，火暴暴看着她们开门关门，一直也没看见唐阿姨的身影，想来她也是为鹅小鸟的不辞而别而伤心吧！火暴暴躲在黑暗中抽泣，一边哭着一边想："在没人的地方哭一哭，也是很舒服的。"

"暴暴哥，回家吧！"不知道什么时候，苏雪儿站在身后，苏雪儿的身后，是连年。

"你们跟踪我？"

"还用跟踪你，一猜就知道你在这儿。"连年说。

"年，你不是也喜欢小鸟吗？你怎么不伤心？为什么只有我伤心？你对小鸟的根本不是爱情！"火暴暴突然扯起连年的衣领，嘶吼着，发泄着他全部的压抑。

"疯子。"连年一把推开火暴暴，心想："暴暴说得对，他对小鸟充满着关心和好奇，但那真的不是爱情，没有火暴暴这么疯。"不过，鹅小鸟的突然离开，特别是就在连年眼皮子底下，刹那间就不见了，而且他是看到她晕倒了，想到这儿，连年心里也特失落。

"要不要打一架？"连年向火暴暴约架。

"打就打。"火暴暴说着，就挥起了拳头，连年也不示弱，眨眼间两个人脸上都挂了彩。

苏雪儿哇啦哇啦地哭着，夹在他们中间拉架，苏雪儿哭得疯狂，让两个人很扫兴，再没有一点兴致，拍拍身上的积雪，一起回家。

三个人刚进小区大门就看到几家的大人们在等候，不用说，苏雪儿已经汇报情况了。爸爸们都觉得没什么，男孩子打打就完事了，火妈妈和连妈妈可不干了，两位妈妈牵着两个儿子，一起朝火暴暴家走去，连年死活不肯。

"到你火妈妈家，好好说清楚，看你和暴暴怎么又打上了？"连妈妈说。

"多大点事儿啊，我和暴暴没什么。"连年说着，搂住火暴暴的脖子，朝他使眼色，避免被两位妈妈彻夜唠叨。

"是啊，阿姨，我和年没事。"火暴暴说。

"没事你们俩就打架啊？以为还小呢！"火妈妈说。

"男孩子，越打越亲，小时候我们仨天天打在一起。"苏辉指了指火川和连一宁说。听苏辉这么一说，几位爸爸一搅和，火暴暴和连年趁机逃脱，各回各家，大人们也就无话可说了。

自从鹅四她们离开，虽然已经找好了新来的花工，但是少了鹅小鸟，唐心草觉得特别冷清。唐心草在院子里站了站，脑海里浮现着鹅小鸟她们初次到来的场景，唐心草无奈地摇了摇头，心里想着："她们就这么来去匆匆的，也许自己真是遇见了天外飞仙了，说不定哪一会儿她们就又回来了。"

在院子里站得久了，唐心草感觉到有点凉，转身回屋。

突然，一个温暖的身体从后边抱住她，一股暖流顿时传遍唐心草全身，转过身也紧紧地拥抱着她说："我的鸟儿，你回来了，心草妈妈还以为再也见不着你了，可把我担心坏了。"

鹅小鸟甜甜地笑着说："怎么会呢？我可舍不得心草妈妈。"

唐心草看了看鹅四，再往门外看看，说："怎么就你们两个？她们呢？"

"她们回老家了。"鹅四抢先一步说。

"公鸡呢？"

"我吃了。"鹅小鸟回答得很干脆，可是又抱着唐心草呜咽着，唐心草抬手给她擦眼泪，又忍不住轻轻拍了她一下说："又给我调皮，光打雷不下雨。"

"我是很难过。"鹅小鸟强调说。

"别难过了，公鸡作为食材，本来就只是桌上的一盘菜。"唐心草安慰鹅小鸟说。

"我的公鸡不一样，它是神宠，它还有名字，叫鹅叽叽。"鹅小鸟不说，大家仿佛都忘记了公鸡的名字了。

唐心草知道，在刚见面时听公鸡说了，当时还在想，这只公鸡要是有个兄弟，应该是叫鹅咕咕吧！事实上，唐心草也猜错了，在天鹅座，神宠是没有兄弟姐妹的，是独生的，唯一的。

"那也是为你而生为你而死的，没什么见怪不怪的。"唐心草安慰说。先前见过鹅小鸟太多稀奇古怪的事儿，现在再和她交流也没什么障碍了。

听到心草妈妈这么说，鹅小鸟心里舒服多了。

"说说你们干吗去了，一走就是七天。"鹅小鸟在岛上过了一天，回到这里已经过去了七天。"原来时差这么长。"鹅小鸟在心里发出深切的感叹。

"我是治病去了，你看，我脸上的斑点全没了。"鹅小鸟伸长脖子，把脸凑近给唐心草看，唐心草轻轻捏了她一下脸蛋说："我都没相信你有过。"的确如此，除了初见面的那段日子，之后唐心草根本没在意过她脸上的斑，一会儿有一会儿无的，见过她的人都肯定是她没有，以为是她的恶作剧。

"天鹅兽鸟屋"门前的蓝花楹树下，鹅小鸟坐在秋千架上发呆，曾经，这是她的神宠大公鸡最喜欢坐的。

鹅小鸟抱着苔藓小公鸡，这是在唐心草生日时，比照着她的神宠做的，她一阵一阵难过，对着苔藓小公鸡说："四说我在爱情面前变成疯子了？我是吗？"问出这些后，鹅小鸟想了想又说，"也许女人在爱情面前都是疯子吧，因为我的拖延症，竟然把你吃了。"鹅小鸟越想越不是滋味，如果早日取回不灭之星，神宠不至于一把白骨回到天鹅座。

鹅小鸟黯然神伤，又想起那句公鸡说的话："就算我只剩一把白骨，等你从地球归来，我也会随风叮当站立起来。"鹅小鸟反复回味着，神宠就是神宠，连遗言都这么有诗意。

天鹅座上，天鹅圣女的神宠是最有文化的，它们都是开启天鹅圣女心智的老师。

一些关于大公鸡的记忆席卷而来，鹅小鸟不禁悲从中来，一排幼儿园的小朋友路过她身旁，唱起儿歌："大公鸡，喔喔啼，每天叫我早早起。"

这一刻，鹅小鸟想呼喊她的神宠回来，好想好思念，她想哭却是哭不出来。自从鹅小鸟吃了神宠得以延续生命，说是惩罚也好是副作用也罢，她丧失了哭泣的功能，她再也不会哭不会流泪了。之前鹅小鸟还以为只是那一会儿哭多了，没泪了，后来鹅四实话告诉她，她再也不会有泪滴。不会哭，听起来像是好事情，谁没憋过谁不知道，就像小时候挨揍，父母一声吼："憋住！"这得多难受。

此时，鹅小鸟正憋住思念的眼泪，她嘴里念着："我才华横溢的神宠鹅叽叽，爱你爱你，愿你安好。"

火暴暴背后像是背了个火球，怒气冲冲直奔鹅小鸟而来，鹅小鸟依然心情低落地坐着，看都不看火暴暴一眼。

"回来变哑巴了吗？不能打电话不能说一声吗？"因为太过思念，火暴暴咄咄逼人地说。

鹅小鸟白了他一眼，继续沉默，被这几日相思煎熬着的火暴暴，抡起胳膊就把她抱了起来，鹅小鸟双手抱着苔藓小公鸡，她的两条腿乱踢腾，猛然鹅小鸟不知从哪儿来的力气，一下子挣脱火暴暴，同时，火暴暴踉跄倒地，苔藓小公鸡也远远地飞出去，连影子都看不见。

鹅小鸟携带着她的黑心石心脏满血复活，刚刚复活的黑心石的暴戾之气处于正强盛期，本身因为不灭之星会削弱它的戾气，无奈这次黑心石心脏只是短暂地延续鹅小鸟的生命，疯狂起来，它的黑暗力量谁也挡不住，且是针对不灭之星心脏的一股脑发泄。

鹅小鸟的拳头像是长了钢钉，噼里啪啦地朝着火暴暴没有边界地狂轰过去，黑心石心脏把无尽的焦灼释放给不灭之星，火暴暴顿时鼻青脸肿。鹅小鸟的拳头带着风，冲着火暴暴的胸口呼呼而来，陨石羽毛吊坠上，沾着火暴暴的血，闪闪发亮。鹅小鸟惊恐的大眼睛里，火暴暴的鼻血一滴一滴滴在陨石羽毛吊坠上，她机械般地委顿在地。

“打我，继续打我，你打我也比思念的痛苦好过。”

“打你？我为什么要打你？你是暴暴啊！”看着火暴暴的惨样，鹅小鸟一脸无辜地问，把火暴暴弄迷糊了，心想，这丫头一定是病糊涂了，从和唐阿姨的通话中，知道鹅小鸟回来了，也知道她是医病去了。

“那我亲一下。”火暴暴说着嘴巴就凑了过去，要是以往，鹅小鸟会噘起她的嘴唇，立刻和火暴暴黏在一起。可是，以为鹅小鸟已经平息的火暴暴，“啊”地大叫一声，鹅小鸟一口咬住了他的嘴巴，下嘴真狠，痛得火暴暴的脸都变形了。

火暴暴真的生气了，豁出去了说：“来吧！咬我吧！咬死我。”随即就把自己流血的嘴唇朝鹅小鸟深吻下去，这深深一吻，黑心石心脏哆嗦一下，渐渐地安稳下来，火暴暴吻着吻着，晕倒在鹅小鸟的怀抱里。

新闻大标题，《当滑雪魔兽遭遇野蛮女友》，紧握着报纸，火妈妈快揉成了一个实心的纸团，朝火暴暴砸过去。

“你心疼不心疼啊，我都躺在病床上了。”火暴暴对着妈妈叫。

晕倒之后，火暴暴被紧急送往医院，经过检查，只是情绪过度激动引起的单纯性晕厥，并无大碍。

火妈妈可不这么认为，她伸手拉起火暴暴的袖子，说："看看这个胳膊，不是很爱你吗？"

火暴暴的胳膊被鹅小鸟连掐带抓的，像是挂了一串紫葡萄，让站在一旁的苏雪儿不忍直视，带着哭腔说："好心疼暴暴哥。"

苏雪儿落泪了，鹅小鸟干巴巴地站在那里，除了眼睛里深埋的忧伤，看不出什么表情，这更惹火了火妈妈，说："跟你多大仇啊？下这么狠的手？"

鹅小鸟低着头，她说不出因由，只听火暴暴说："我是运动员，起码的抗击打能力还是有的。"

"火暴暴，我真瞧不起你，有你这样的吗？被女人打了还这么招摇？"火妈妈真心地看不懂，儿子变成傻子了一样。

"打情骂俏你不懂，你和爸爸不是常说打是亲骂是爱吗？"

"有这样的打法？打到医院里了？再打小命就没了。"

"时代在进步，这就是我爱的证明。"火暴暴看着胳膊上那串紫葡萄，忍不住想笑，想着鹅小鸟，打架也展现了她超常的绘画天赋。

"我看你是想开死亡证明吧？爸爸妈妈养你容易吗？从小你就不省心，一身全是病，盼着你好，盼着你长大，长大了你竟然给我招来了这么一个惹祸精。"火妈妈的矛头始终指向鹅小鸟。

鹅小鸟的手轻轻抚摸着那串紫葡萄，柔声说："对不起，你能原谅我吗？就当我喝醉了。"

"你根本不喝酒，别找借口了。"苏雪儿说。

"关你什么事儿，别多嘴。"连年阻止苏雪儿说。

火暴暴没说原谅不原谅的话，只说："靠过来，抱一下。"鹅小鸟回来了，这对火暴暴来说，才是最开心的事儿。

鹅小鸟看了看周围，火爸爸一听儿子的话，立即闪了出去，连年也跟着走，看苏雪儿还站在那里，连年不由分说，直接把她拉走了。火妈妈眼见儿子有好了伤疤忘了痛的架势，再想训斥时也不好意思一个人待着，只好悻悻走开，任由他们俩在一起了。

所有的人都离开了，只剩下两个人，火暴暴紧紧地搂住鹅小鸟，两个人的嘴唇如花似火地碰触着，亲吻着，感觉心脏都跳出来了，无论是不灭之星还是黑心石都分不清了，他们处在同一个呼吸频道，这一瞬间的香甜，滑入了千万年难以倾尽的永恒。

我国南方最古老的神庙，正门朝向北方的天鹅座，在星空的沐浴之下，眼前的景象，就像万年前的外星人聚集地。北方的夜空，天鹅座的天津九、天津一和天津二闪着直达心灵的光芒。

天鹅座，一个充满着浪漫而神秘的星座。

在天鹅座，有兴趣的天鹅奶奶教过她们人类文化课，鹅四开始朗诵诗句，这是德国浪漫主义诗人海涅写的："星星很聪明，它们有理由，远远地避开我们人寰；星星挂在天幕上面，像世界之灯，永远安全。"

"跑到这儿，就是专门为我读诗的？"鹅小鸟一想着又突然离开，心草妈妈和火暴暴会担心，心急如火烧。

"没礼貌的丫头，这是你的祖先曾经到过的地方。"鹅四虽为仆，但在天鹅座，能做天鹅圣女的仆人的，也是能够对其训诫和护佑的。

"参观遗迹也不用这个时候啊，我的日子不多了，你是知道的啊。"

"你没忘你时日不多就好。"鹅四声音低沉下来，轻轻地给鹅小鸟说必须要取回不灭之星的方法。

鹅小鸟一听，脑子"轰"的一声响，简直不敢相信自己的耳朵。其实，鹅四刚知道的时候，也觉得尴尬和勉强。

取回不灭之星，鹅小鸟要和火暴暴爱爱，这是相爱的人最亲密的行为，对于热恋中的鹅小鸟和火暴暴来说，正是内心最深的渴求，如果一切就这么简单，不灭之星归位将是顺理成章的事儿。可是，一切又没那么容易，不相爱不能让火暴暴心甘情愿地还回不灭之星，相爱了鹅小鸟怎么忍心以如此残忍的方式毁灭火暴暴，这个方法实在是相互矛盾又不通情理。

"太不可理喻了。"鹅小鸟的排斥不是没有道理，她的脑子里纠结成一团绳，想来想去，直白地说，"你那意思要我和暴暴上床，还让我不爱他，但是他必须爱我，那样不灭之星才能自然天成地回归？"

"理解正确。"鹅四点点头说。

"那你去吧，你不爱他，看你能不能和他上床？"鹅小鸟怎么也接受不了。

"可是火暴暴也不爱我，命中注定他爱你！"

"那我也爱他，我下不了手，不信你试试？"

"又不是我要不灭之星，他又不是我的心，命中也注定你不能爱他。"

"那我也不要了，这是什么破命，没有爱，我还怎么活，没有爱的人，我生活的意义在哪里？"鹅小鸟气呼呼地说。

"你怎么能不要？忘记你的爸爸妈妈了？他们是为了谁？"

"四，我和暴暴的感情你又不是不知道，不上床我都舍不得，上床了我肯定会更舍不得。"鹅小鸟拉着鹅四的胳膊，近乎哀求地说，她的声音越说越小，女孩子的羞涩让她的话仿佛是随着呼吸出来的。

鹅小鸟脸色绯红，鹅四看着她，心想："也是难为她了。"不过又一想："这丫头真的不懂克制，还说什么上了床更舍不得的话。"于是没好气地说："不上床你拿不回不灭之星。"

"什么意思啊，我和暴暴上床，就是为了让他去死？"鹅小鸟开始闹情绪了。

"别说得那么难听，是你拿回原本属于你的东西，真实的火暴暴早死了，他能活到现在，都是拜你所赐。"鹅四试图安慰鹅小鸟，尽量消除她的愧疚之心。

"这么说我才是暴暴的恩人？"

"没错，你这么想就对了。"

"不懂你的逻辑，不灭之星是靠暴暴养活的，他不应该是我的恩人吗？"

"你们互相有恩，所以你们注定相爱，恩是你们的缘分，相爱是你们的劫难，分离之后互不亏欠。"鹅四说得很清楚，听得鹅小鸟心里冷冰冰的，猛然间，她就想到了那些落下来的雪花，每一片都是有疤痕的，难道所有的爱，都和雪花一样，有着各自的疤痕？有着不知所踪的命运？受创都是在所难免的？鹅小鸟心里嘀咕着，说："这是什么命啊？我从天鹅座来，搞个一夜情，要了暴暴的命，我却活下来。"

鹅小鸟不懂，这命运的轨迹如果真是这样，玩笑真的开大了。

"你必须活着！"鹅四说这话时，一群群鸟儿飞过，这是刚刚离世的人的灵魂被带往北方的天国。

天鹅座的众星，是子午线的保卫者之一，天鹅奶奶手持天杖，鹅小鸟能清晰地看到她的脸庞。慈祥的天鹅奶奶，是鹅小鸟最爱着的人，她想哭，她没有眼泪了，她对着天空挥着手，说："我想老祖奶了。"

"找到你的心，拿回来，错过了时间，你不能活！"天鹅奶奶声如洪钟地传来了对鹅小鸟的警示。

"无论怎么着，没有暴暴，我不愿活。"鹅小鸟任性地说。

"哎，你这孩子，说的什么话，想想你爸爸妈妈的良苦用心。"

"没有忘，可是爸爸妈妈希望我幸福，不是吗？也许爸爸妈妈的本意是要我活着，经历成长和爱，我感受到了，这就够了。"

"哎……"天鹅奶奶又是一声叹息，说，"鸟儿，你看这是谁？"

鹅溪溪和鹅真河的容颜，一点没变，出现在天鹅座的群星之间，即便是黑心石心脏，也有碎裂的感觉，爸爸妈妈不言不语地对着鹅小鸟微笑，鹅小鸟伸出手，她渴望爸爸妈妈真的过来，牵着她的手。

"爸爸妈妈，这条取心的路太残酷而漫长，我好累，让我享受美好时光吧，我不怕活得太短，我怕没有和最爱的人度过最后的浪漫时光。"鹅小鸟真切地说，她话音一落，鹅溪溪和鹅真河的模样消失，天鹅座的火流星随即喷发，鹅小鸟的眼睛生痛，看着最亲的人的脸庞——离开。

火流星的到来，也许是祝福吧！悲伤过了，鹅小鸟猜测着。如果爱的心如流星，在那瞬间而逝的光晕里，隐藏着最感动的星语心愿。

鹅四看着实在不忍心，说："如果你真舍不得，那你就远离他，我们回天鹅座，这样你能活得久点。"

黑心石远离不灭之星，能够坚持的时间长一些，特别是鹅小鸟和火暴暴的亲密行为，不灭之星每一次靠近，黑心石心脏随时都会危在旦夕，甚至每一次牵手，每一个亲吻，都严重损伤黑心石的气力。

"不能回，天鹅奶奶会担心。"鹅小鸟愁眉不展地说。

"别骗自己了，你是不想走，就是想留在这儿，完全不要命了？"这也不行，那也不行，鹅小鸟终将把自己送向不归之路，鹅四烦恼透顶。

"我就是想留在这儿，远远地看着他，他好好的，我就满足了。"

"能做到远远地看着？"鹅四不相信地看着鹅小鸟。

"我向你保证！"

"但愿你能做到，你要知道，不灭之星每一次靠近，都会加速黑心石心脏的死亡。"

"嗯，我会保护好自己的，那样我可以看着暴暴幸福地活在地球上。"一想到火暴暴，鹅小鸟的脸上就积满了笑容，想着想着，笑着笑着，所有的花儿都开了，她听到了花开的声音。

此时此刻，鹅小鸟像是明白了一个道理，心里默默祈祷着："我的暴暴，我仅仅以为你是爸爸妈妈为我找的一个寄存体，原来是我误会了，你就是我今生生死相依的人。我能活着，是你守护了我的心脏，你能活着，是有守护我的心脏的责任，这一切都是为了我，若是取走不灭之星，让你死去，我宁愿黑心石熄灭最后的光，让我死去，就让不灭之星替我去爱你。"

爱如星光，在漆黑的夜晚也会盎然前行，爱的翅膀，刻着信念的梦想，月亮，那么明亮，升起眼睛的方向，寂寞与爱共存。

火暴暴一瞬间胸口剧痛，一瞬间又完全消失，医生请到家里，检查不出任何问题。火妈妈觉得火暴暴的症状很诡异，又记起来他六岁那年那场病，虽然奇迹般地活了下来，但是在火妈妈心里，一直放不下，她总觉得有一天，儿子的命会突然被一双看不见的黑手拿走，不祥的预感朝着她心头绕。

"暴暴哥好些了吗？"一看到苏雪儿到来，火妈妈急忙握住她的手说："根本没什么事儿，来，陪火妈妈聊聊。"自从有了鹅小鸟，打破了这个家庭的平衡，火妈妈已经好久没和苏雪儿好好地谈谈心了。

"怎么了，火妈妈？是暴暴哥惹你生气了？"在火妈妈面前，苏雪儿是个很贴心的姑娘。

"雪儿，你给火妈妈说说，那个鹅小鸟是不是不正常，专门来克你暴暴哥的，是个灾星？"

"火妈妈你有预感吗？反正我有这样的预感，有一段时间我经常去小妈那里，听过鹅九她们在说，要找不灭之星什么的。"

"不灭之星是个什么东西？"火妈妈疑惑地问。

"我也在猜，后来想想，小鸟她刚刚见到暴暴哥的时候，呼着喊着说暴暴哥是她的心，那个时候他们都不认识，鹅小鸟为什么这么说，听起来好吓人。"

"我也有这种想法，总觉得这个小鸟来者不善，可又说不出原因来。"

"火妈妈，你知道吗？鹅九、鹅一和鹅二还有那只奇怪的电子鸡都不见了，我问了小妈，小妈说她们回老家了，鸡被小鸟吃了，小鸟多爱那只鸡啊，怎么会吃掉呢？现在捧着个苔藓鸡模型，有时候发呆像个傻子一样。"

"还有这种事儿呢？看起来这个女孩子真的来路不正。"听苏雪儿这么说，火妈妈觉得事情更蹊跷了。

"鹅小鸟说过她是外星人。"

"这我就不信了，不过她和我们普通人不一样，这点是可以肯定的。"火妈妈一边说一边想着，突然有点不寒而栗，说，"难道真有鬼吗？"火妈妈想到火暴暴念着鹅小鸟，说是他梦中的女孩，小时候见过，还有火暴暴生病时，那个莫名其妙多出来的陨石羽毛吊坠，竟然也说是鹅小鸟她爹的。

"可能真的是鬼来了，暴暴哥鬼迷心窍了，否则他怎么一见鹅小鸟就亲上了，我和他青梅竹马，他都没亲过我。"苏雪儿满脸不高兴地说。

"不能不能，现在到处都是电，明明亮亮的，到处是人，哪儿来的鬼，我们别瞎猜了。"火妈妈转而否定和苏雪儿的胡思乱想，这自己吓自己的感觉实在不好受。

"宁可信其有不可信其无，发生在暴暴哥身上的奇怪事儿不少了。火妈妈，您不知道，上次暴暴哥受伤输掉比赛时，鹅小鸟晕倒了，然后就不见了，年也知道，他不让我说。"

"怪不得后来就不见她了，玩消失了？"

"不是消失，说是医病去了，你看现在，她的仆人和鸡都不见了，只剩一个鹅四在身边。"

"只听这些名字都稀奇古怪的。"

"火妈妈，会不会她们要找的不灭之星就是暴暴哥的心啊？"苏雪儿这么一问，火妈妈顿时有种警觉，她想到儿子奥运会赛前肋骨断裂时，鹅小鸟满脸寒光像剑一样，仿佛一下子都能刺穿他们，再想想，鹅小鸟的存在，火暴暴和连年情同手足的小伙伴，总是打个没完没了，更想到曾经火暴暴带鹅小鸟去海边别墅时，季伯伯说看到鹅小鸟吃他们家的花儿。

"你可真是提醒我了，雪儿。"想到儿子胸口痛得滚来滚去，一会儿又没事了，火妈妈觉得，虽然她拿不出什么证据，但是这个鹅小鸟，一定就像是鬼片里前来讨要儿子的心的，管她是什么鬼，真正凶起来谁怕谁！火妈妈给自己壮胆，女人的敏感与直觉，天生都是当侦探的料。

"雪儿，不能再让你暴暴哥和鹅小鸟在一起了，你要帮助火妈妈，我们一起拆散他们。"

"我们行吗？"瞧着火暴暴爱着鹅小鸟的态度，苏雪儿质疑她们的能力，她有点怕万一弄巧成拙，火暴暴和连年都会责怪她，说，"说不定鹅小鸟不是坏人呢？"

"不管了，我的第六感很不好，所以不能拿你暴暴哥的命做赌注，我这当妈妈的，输不起。"

"又在密谋什么呢？" 火暴暴问。

"要你和鹅小鸟分开。" 火妈妈干脆利落地回答说。

"不可能，别做白日梦了，妈妈你怎么总想着让儿子伤心。"火暴暴刚下楼，就看到妈妈和苏雪儿聊得欢，总觉得和自己的事情有关，一问还真是这么回事儿。

"为了你的小命，我宁愿你伤心。"火妈妈斩钉截铁地说。

"怎么了？又把小鸟当成小鬼了？你放心，就算她真的是小鬼，生是我的鬼，死是我的死鬼，我和她纠缠到底，不会放过她的。"火暴暴还想滔滔不绝地说下去，表白表白忠心，以断了火妈妈拆散他和鹅小鸟的念头，只是火妈妈没给他机会，起身就走了出去，苏雪儿瞪了火暴暴一眼，也跟着走了。

火暴暴看着她们的背影，无奈地摇摇头说："真是闲得无聊了。"随后摸了摸自己的胸口，自言自语念叨说："我想你了，鸟儿，你是否耳朵一热，听见了呢。"不管鹅小鸟听见听不见，思念的幸福，迷惑人心。

自从和苏雪儿聊过鹅小鸟，火妈妈的心里一刻也不能平静，看着儿子绑着那根羽毛头绳，那短短的马尾晃动着，火妈妈心里就被搅得乱哄哄，想不通什么人能够做到，一根头绳就能让儿子多年充电似的头发变得柔柔顺顺。

火妈妈再也按捺不住了，叫上司机就直奔唐心草的"天鹅兽鸟屋"而去。

苏辉给唐心草运来了许多岩石，唐心草拿来做花器，众多的多肉聚集在一起，这矮小安静的植物看起来也足够霸气。

火妈妈笑着出现在唐心草面前，露出洁白的牙齿，鹅小鸟站在唐心草身后，总觉得火妈妈的牙齿会咬人似的。唐心草很疑惑地看着火妈妈，既然来了，一定是有事的，可是她又不说，反而东瞧瞧西看看，脸上的笑意一直没有消退。

"火嫂有事儿找我？"唐心草忍不住问。

"没事儿，就是来看看小鸟，随便聊聊。"

"我知道你要说什么。"鹅小鸟从唐心草背后蹿出来，天鹅巫的力量，已经告诉她了火妈妈的心事。

"哦？你知道，这么厉害？"火妈妈心想，反正这个丫头来历不明，种种行为表示，好像没有什么她做不出来的。

"要我和暴暴分手对不对？"鹅小鸟的眼珠子骨碌碌转着，看着火妈妈说。

鹅小鸟的直截了当，让火妈妈出乎意料之外，真是完全没想到。不过，这样的态度对她来说，是一件好事情，火妈妈脸上的笑容一时更丰满了，说："这么说你有心理准备？是同意还是不同意呢？"

"百分之百同意。"

"不后悔？认真的？该不会是骗我吧？"

"没开玩笑，认真的。"鹅小鸟诚恳地说。

火妈妈有点怀疑自己听错了，顺利得有点难以想象，就在火妈妈还想不通为什么的时候，火暴暴就像从门外射进来的一颗子弹，一下子击中鹅小鸟的脑门，他冲着鹅小鸟说："和我分手，你有什么权利？"

"暴暴，小鸟都说了分手了，你别纠缠了。"火妈妈一把拽住儿子，像是要把他一下子拽回肚子里，还是一个小胎儿，没经历过这些成长的艰辛。

虽然每个父母都望子成龙，可是火妈妈不一样，或许是曾经的日子太多曲折，火暴暴从一出生就遭受病痛折磨，火妈妈的那颗心，悬得太久了。所以，即使火暴暴算是功成名就了，在火妈妈心里，依然还是一个最朴素的愿望，希望儿子好好的，不要再经受什么大风大浪了。

一看火暴暴来了，鹅小鸟立即转头就往屋里跑，她一刻都不能忘记，要远离火暴暴，远离那颗不灭之星心脏，她要能活多久就多久，能多活一天就能多感受到火暴暴一天，直到活到闭上眼睛，彻底地和火暴暴说再见。既然命运已经安排好了，鹅小鸟凭着对火暴暴的爱情，安然接受了这份天意，她要火暴暴好好地活在这地球上，享受每一天。

火暴暴挣脱了火妈妈，奔着鹅小鸟就追，鹅四直愣愣地阻挡在他面前。

此时，连火暴暴都纳闷了，怎么鹅小鸟变了，鹅四也变了，甚至连唐心草也看不明白了，不明白的还有火妈妈，她心里暗暗高兴，难道真有天助，让鹅小鸟她们改变了心意，不再和自己的儿子有任何瓜葛。

"鹅四，你为什么拦我？"

"你妈妈愿意你们分，小鸟愿意你们分，我也愿意你们分，既然你们是要分的，就不要再追了。"

"不行，我要问清楚。"

"那我告诉你，如果你爱她，就离开她。"

"这什么道理？爱才会在一起。"火暴暴迷惑不解地说。

"没道理，你就走吧！"

"我不走，爱就爱了，又不会死人，为什么要分开？"

"你们的爱会死人的。"鹅四的脸冰若寒霜，如她说出的一字一句。

"这是什么该死的借口？"

"一点也不是借口，就是你这该死的爱，会害死小鸟的。"

听着火暴暴和鹅四对话，唐心草越听越糊涂，心里担忧着鹅小鸟究竟出了什么事，要不然好好的小情侣，怎么说分就要分，连个好好的解释也没有。

"既然各有各的担心，分开刚刚好。"原本火妈妈也听不出个所以然来，但是觉得鹅四的担心和自己的一样，顿时找到了认同感，只不过鹅四担心的是鹅小鸟，她担心的是自己的儿子。

"不要再说了。"火暴暴的心突突地跳着，两眼发直，眼泪突然崩开了堤口，哗哗地流着，他的视线渐渐模糊，脑子里一片空白，高高的身影，像西下的夕阳映照的树影，倒在了地上。

窗口之内，鹅小鸟看着急救车拉走了火暴暴，她心疼，但是她不担心，她知道，她的不灭之星在火暴暴的身体里，火暴暴一切都会平安无事。

阴处风干的枪炮玫瑰，沧桑而隽永，晨光下，鹅小鸟数着花瓣，一瓣两瓣，暴暴在做什么？鹅小鸟和花瓣自问自答。

"既然那么想他，为什么不去看看?"唐心草走过来，温和地对鹅小鸟说。鹅小鸟看看她，猛然的委屈让她紧紧抱着唐心草。

"怎么了小鸟？给心草妈妈说说，为什么非要分手?"

鹅小鸟还是不答话，头摇得像拨浪鼓一样。

"想哭就哭吧，哭一哭就好了。"唐心草安慰地说。鹅小鸟是真心地想哭，可是现实中她连哭的能力都没有，她憋得好难受，搂住唐心草的手不停地颤抖。

唐心草拉开她的手，看着她干燥的脸庞，眼睛像干涸了一样，说："怎么了？小鸟，你是不是病了？像个小可怜一样。"

"我就是个可怜虫。"想着和火暴暴走到今天，鹅小鸟也觉得自己很可怜，这种明明想爱不能爱的伤痛，她有意疯狂地爱火暴暴一次，哪怕速速死去，但是她实在是怕，她不知道命运吹的是什么风，万一一不小心伤了火暴暴，她不懂，仿佛她的一切，都被打包带走了。

所有的离别都能承受，所有的留恋却万分痛苦。鹅小鸟用对火暴暴的爱克制爱，原地守护，这是更深刻的生活。

一切都如鹅小鸟想的那样，火暴暴到了医院就苏醒过来，平安无事。在火妈妈的坚持下，大张旗鼓地做了各项检查，依然没有任何问题，火妈妈还是不放心，坚持让火暴暴在医院多观察几天。

不过，醒了过来的火暴暴，仿佛记不起鹅小鸟那么多，在他住院的这几天里，苏雪儿是悉心照顾，火妈妈看在眼里，恨不得就把医院

191

当家，希望火暴暴住得更长一些，给火暴暴和苏雪儿制造更多的机会。在医院里，火妈妈觉得火暴暴不那么排斥苏雪儿了，这是个巨大的变化，她怕回到家里，这个变化再变回去了。

有同样感觉的还有苏雪儿，她感觉到以前的暴暴哥哥回来了，偶尔还刮苏雪儿的鼻子，和苏雪儿闹着玩，这是小时候的动作，已经多少年没做过了。

鹅小鸟悄悄地站在病房前，就这样看着火暴暴和苏雪儿，她的脸上没有泪滴，她闭了闭眼睛，感觉眼睫毛也像干枯的茅草一样覆盖下来，想想和火暴暴在一起的痕迹，心痛得无法呼吸。

鹅小鸟一步一步走开，走出了这个场面，她的腿有点酸软，在那已经开始返青的草地上，蹲了下来，双手捂着脸，却没有泪落下来。等着心里缓和一些，鹅小鸟用双手抹了抹眼睛，低下头去，有一滴水滑落草丛，她以为自己哭了，抬头一看，天空有雨滴下来，她一根一根揪着草尖，有草被她从土壤里揪出来。

鹅四撑伞走了过来，一把拉住她，直到在一个僻静的屋檐下，才放开来，说："你明明知道，不灭之星每晕倒一次，就会忘记你一次，直到最后把你全部忘记，就算你死了，他也不会记起。"

鹅小鸟沉默不语，鹅四再一次问："现在去唤回不灭之星，取心走人，还来得及。"

鹅小鸟看了看密密匝匝的雨线，到处都是湿漉漉的，她感觉到自己的身体里没有一点水分，像是一片燃烧过的灰烬。

"这样选择好吗？值得吗？"鹅四苦口婆心地劝着，问着。

"暴暴好好活着，就是最值得最美好的事儿。"鹅小鸟还是最初的答案，一点也不曾改变。

"既然想开了，何必要伤心？"

"在这浩瀚的宇宙里，我只要一个，我努力地寻找俘虏我心的人，无论多么不容易，找到了就满足了，我是渺小的，我一无所知，可是我拿出了生命在爱，至于结果，我认了。"

鹅四看了鹅小鸟一眼，那是多么坚定的表情，一切痛楚和付出都转化为爱，只是为了让对方更好更幸福。

又是那样一场梦，女孩的身体在他的怀抱里蠕动，他和这个白色肉团一丝不挂地连在一起。所有忘记的都在梦中复苏，陨石羽毛吊坠在拍打着他的心脏，每拍打一次火暴暴的脑子里就闪现出鹅小鸟的那张脸，他呼唤着她的名字醒来。

火暴暴捏着汗津津的陨石羽毛吊坠，记忆瞬间清晰，这是鹅小鸟父亲的遗物，难道这是来自父亲的叮嘱？鹅小鸟的大眼睛在火暴暴眼前闪现，眼睫毛一忽闪仿佛就能碰到火暴暴的眼睑，火暴暴的眼睛里立刻有泪落下来，所有相爱的温暖扑面而来。

天空像失去控制了一样，雨夹雪拥挤着朝着大地狂奔，火暴暴蹚着雪水，两只脚在鞋窝里浸泡得肿胀、发烫，每走一步，里面就像一群小蚂蚁在搬家一样。

"天鹅兽鸟屋"门前，火暴暴苦苦哀求着唐阿姨，如此的深夜，火暴暴像一根帅气的电线杆立在那儿。

"唐阿姨，小鸟不见我，你给我说说清楚。"火暴暴从来没有如此卑微过，他长这么大，认识唐心草那么久，累积起来也没有这个夜晚给唐心草说的话多。

"连我自己都不清楚，怎么能给你说清楚。"唐心草的确不明白，这两个孩子到底怎么了？

"明明可以擦肩而过的，为什么非要来到我心里。"火暴暴仰起头，昏黄的路灯映照着他满脸泪痕。

"别念了，这么肉麻，小鸟听不见。"见火暴暴纠缠一个晚上了，鹅四不耐烦地说。

"鹅四，你可怜可怜我，告诉我为什么？"

"这是你们的命，信不信？"

"我就不信命，命里我早该死了，我不是活得好好的？"

"那是有一个女孩给了你一颗心，珍贵的心！你就好好活着吧！"

"你说是小鸟的心给我了，可是没有她，我要心干什么？"

"给你说不清楚。"鹅四说着，强行拉着唐心草，关闭了大门。以鹅四的能力，火暴暴是阻挡不住的，他傻呆呆地站着，站成了一棵树的模样。

雨已经停了，只剩雪花安安静静地飘着，火暴暴想起，鹅小鸟问过他说："如果我在下雪天，你会不会牵着我的手？"

可是现在，不是不牵手，不是不愿意，是该怎么努力，才能够得着心爱女孩的手。

看那满天空的雪花，自由自在，它们的疤痕去哪儿了？快乐了一个冬天，只等春暖花开，不再生存。

这一场春雪，最后一片雪花的疤痕珍如皇冠，在这坚硬的夜晚，雪花悠然，潜入大地的睡眠。

很多时候，每走一步，都像是到达，偏偏又有着背道而驰的感觉，如雪花，暖意来临时，生命终结处。更如雪花，如此不卑不亢，不偏不倚，落在季节过了看不到的地方，时间是不携带过滤的，像是一笔画下之后，又画下沉重的另一笔，知道吗？那是雪花的伤痕，没有出处，没有来历。

七　意外的爱情事件

春天正是花儿的好时光，毕毕剥剥地全开了。光阴看似波澜不惊，却隐藏着像大海般浩瀚而多变，所有日常的归属，都如同海中拾贝一样。

连年的这栋别墅，就像从天空卸下来的一块云彩，落在山顶之上。

别墅宅基地与暴露的悬崖紧密相连，可以俯瞰整片的大海，屋顶带无边界泳池，连年喜欢室内外和大自然无缝连接，与周围的山水树木、海鸟蓝天融入一起，仿佛一幅纯美的画卷。

赤素馨花树的阴凉，香喷喷的花儿，风吹四处，阵阵花香弥漫。别墅的后院是美得令人陶醉的花园，花工们把花花草草侍弄得很好。纯白的别墅，白色的橡木地板，全白内饰的奢华布置，大气的空间设计，鹅小鸟像是小人国的人进了巨屋一样，看东看西，从进屋的那一刻，都没停下来。鹅小鸟穿着天蓝色的风衣，在房子里飘来荡去像是摊开的一块海水，泼墨弄彩。

连年双手交叉拥抱着自己的手背，双眼专注地盯着鹅小鸟，随即牵着她往楼上跑，鹅小鸟的及腰长发在身后飘，美似妖孽。

连年的卧室完全被大面积玻璃窗包围，一片毫无遮拦的视野，每一扇窗子都能看到不同的景色，鹅小鸟兴奋地趴在窗前。

"别发呆了，一会儿带你去海边。"连年说。

"不是很想动。"鹅小鸟慵懒的样子，像一只睁不开眼的小猫。

"那就休息一下，刚刚不是说累了吗？去床上躺会儿。"

看着连年的小屋子床架，鹅小鸟问："你让我睡你的床？"

"当然了，我专门定制的小屋子床架，一张床就是全世界，睡上去，其他的都和你不相关了。"

"年，你真是个暖男。"

"那可不一定，你记得，要是我做了对不起你的事儿，可不要恨我。"

听连年这么说，鹅小鸟心里咯噔一下，心想："连年能做什么对不起我的事儿？"鹅小鸟再看看四周，偌大的房子，寂静无声，她突然有点紧张，内心里躁动着："该不会连年对我图谋不轨？"

鹅小鸟的脑子里闪着缤纷的猜想，连年的脸快贴到她的脸上了，说："怕我色你？心怀不轨？"

鹅小鸟忽的一下跳了起来，说："你敢。"

"那你色我。"连年说完，瞧着鹅小鸟那一惊一乍的样子，忍不住哈哈大笑起来。

鹅小鸟生气地说："你又吓到我了。"

"小鸟的胆子什么时候这么小了？这不像你。"

"我知道你是开玩笑。"

"我不是开玩笑。"连年收起了笑容，表情严重而认真。

鹅小鸟伸出手去，一把扯过连年的头发，一瞬间，连年那张精致雕刻般的脸痛得扭曲成一团，鹅小鸟说："再敢放肆，这就是下场。"鹅小鸟松了手，连年揉了揉头，说："真是的，下那么重手。"

鹅小鸟的手伸过来，轻轻地摸了摸，说："听话就不揍你了。"

连年飘逸的中长发发型被鹅小鸟撕扯得乱蓬蓬的，像窝在头顶的一堆稻草。

"剪了吧！"鹅小鸟说。

"不错的主意。"原本鹅小鸟就这么随口一说，却没想到连年回答得那么干脆，他点点头，眼睛亮晶晶的，仿佛能从里面掉出星星来。

"你一直留长发，就为了我弄乱了就要剪？"连年应承得痛快，鹅小鸟反而不解了，疑惑地问。

"是因为暴暴。"连年回答说。

一提到火暴暴，鹅小鸟的眼皮瞬间耷拉下来，像要关闭眼前的世界。

连年接着说："暴暴的头发是天生的，注定他不能留长发，比赛时他是光头，训练时他是光头，只有他休息或者受伤时，头上才有头发，好不容易长出来，接着训练比赛又是光头，为了和他不一样，我留着长发，要不两位那么帅的帅哥，总得有个区别吧！现在呢，不一样了，有了你的羽毛头绳，他也留起了长发，那我只好剪掉了，就是不喜欢和他一样。"

鹅小鸟托着腮，像是想要说什么，又保持着安静。

"你不是也因为暴暴想让我剪的吗？看到我会想起他？我和暴暴一起长大，很多人都说我们越长越像。"

"才不像，一眼我就认出来。"说这话时，鹅小鸟的信心足足的。

连年看着鹅小鸟，她目光空灵，魅惑的长发垂在后背上，连年的手轻轻穿过她的长发说："真的很漂亮。"

鹅小鸟本来想说，自己是很漂亮，毫不客气地接受连年的赞美，可是肚子却不争气地在咕噜噜叫着，提醒着她快要饿瘪了。

连年贴心地问："想怎么吃呢？"

"年，你知道我是吃花的。"鹅小鸟说。

"给你准备好了，新鲜采摘的花儿，天然有机的。"

"年，还是你懂我，不把我当成小怪物看？"

"我信你是外星人。"

连年的一句话，鹅小鸟很感动，为了这份信任，她吃得香香的。在连年心里，有着千头万绪的惆怅，鹅小鸟是不是外星人他不知道，他只知道，信她就够了。

爱在猝不及防的时候离开，就像经受了一场大规模的恐怖袭击。

想到鹅小鸟这个名字，火暴暴的思念犹如万马奔腾，在脑子里一刻也停不下来。火暴暴的内心被煎熬得哇哇叫，呼唤着鹅小鸟的名字，可是他确认，即使把鹅小鸟的耳朵喊掉了，她也不会得到感应。

火暴暴觉得全身冰冷，是条件反射般的冷。站在五十三层的阳台上，火暴暴把头朝下，有泪落到距离地面五十三层的楼下，虽然是万家灯火，虽然鹅小鸟还在这座城市，没有她在身边，整个城市就像死去的海。

门铃声接连不断地传来，手机铃声也一直响着，已经有一阵子了，火暴暴置之不理。他之所以躲到繁华闹市中这栋公寓里，就是不想被打扰。但是，从门铃第一声响起，火暴暴就知道，是苏雪儿来了，也许只有苏雪儿才对自己这么执着。

门终于开了，苏雪儿为自己的坚持笑逐颜开，可是，一看到火暴暴的那张脸，苏雪儿的笑容顿时僵住了，她从来没有见过如此颓废无精打采的火暴暴。

"有事吗?"火暴暴平静地说。

"没事。"一时之间，苏雪儿也不知道该说些什么。

"没事不要来了，我就想在一个人的世界停一停。"

"可是火妈妈和我都很担心你。"

"我不是好好的，你都看到了，可以走了。"鹅小鸟的贸然离开，当一切挽回都无济于事时，百无聊赖的火暴暴只想平静下来，承受这一个又一个失眠的夜晚。火暴暴的坚强，武装到牙齿，咬得牙齿咯咯响。

"我不走，我要陪你。"苏雪儿就是不想走，哪怕面对着一个这样的火暴暴，有他在，她觉得空气里的氧气足够多，"暴暴哥，你觉得这个世界的真心很多吗? 为什么一次一次这样对我?"

"你冷一冷吧! 别这么热了!"

"我冷却不了，就像你对小鸟一样。"

火暴暴听到小鸟这个名字，他弯下腰去，疼痛得哭泣，渐渐地哭出声来。

"暴暴哥，你怎么可以这样子，我好心疼。"

"别对我这样了，我是个不幸的人。"

"暴暴哥，你还有我。"苏雪儿说着，就把自己塞进火暴暴的怀抱，紧紧地搂住火暴暴。苏雪儿的香气，让火暴暴暂时得到片刻的安慰，曾经，温温软软的鹅小鸟，也是这样挂在他的怀抱里。

蔚蓝的大海，轻轻絮语，一望无边，海水拍打着礁石，溅起了浪花，发出哗哗的声音，鹅小鸟的心里叽叽喳喳，她分不清那是一种什么声音。

"海边的理发师，等你剪发呢。"连年招呼着鹅小鸟，他坐在沙滩上，左手拿着梳子、镜子，右手拿着剪刀，笑眯眯的。

鹅小鸟走了过来说："年，真的让我剪啊？"

连年肯定地点点头，晃晃手里的剪刀，让她别犹豫。

"可是我真的不会啊。"鹅小鸟哪儿会理发啊，不过是信口胡说的一句话，没想到连年当真了要剪，还非要鹅小鸟亲自给他剪。

"你随便剪，想怎么剪就怎么剪。"

"年，你是怎么了？平常不是最爱护自己的发型吗？"鹅小鸟知道，连年常年出入高档发型屋，爱发如命，竟然允许让她在自己的头上胡作非为。

"你什么时候这么啰唆了。"看着鹅小鸟犹豫不决，连年说。

"剪就剪，反正闲着也是闲着，剪你的头发玩也不错。"鹅小鸟说着，拿起剪刀在连年头上乱剪一番。鹅小鸟下手很快，如割草一般，连年的头发飘散而落，鹅小鸟拿着镜子给连年照照说："感觉怎么样？"

"我这么帅的人，配什么发型都不错。"

"帅哥都这么自恋？"

"帅哥当然要自恋，不过，也的确干净清爽了不少。"

这一幕一幕被前来的火暴暴和苏雪儿看得清清楚楚，火暴暴的眼睛里像插了冰，苏雪儿轻轻地挽着他的胳膊说："就知道他们躲在这儿。"

火暴暴任由苏雪儿挽着，径直地走向连年和鹅小鸟。两男两女，互相对视，每个人心中都有不同的温度，明明是两个人的爱情，现在看来，像是一场四个人的戏剧。

"年，你什么时候变得这么庸俗？头发像狗啃的一样。"火暴暴直视着连年说，挑衅的意味很浓。

"庸俗才会幸福，狗啃的一样很开心。"

"年，你好会秀恩爱。"苏雪儿说。

"当然会秀，恋爱经验那么丰富，不用在傻瓜鸟身上可惜了。"火暴暴的愤怒在升腾。

鹅小鸟一直低着头，她不敢抬眼看，听到火暴暴这么说，心里忍不住酸楚，头低得更低了，眼睛直勾勾地盯着自己的脚尖，连年牵着她的手说："别理他，他就是羡慕嫉妒恨，吃醋。"

"我吃醋？"火暴暴指了指自己，接着说，"喜欢我的人那么多，我想要什么样的爱情都会有，瞧，现成的。"苏雪儿立即依偎上去，她的手一扬，摸到了火暴暴的头发，天鹅羽毛头绳随即滑落，火暴暴短短的马尾松散下来，发硬的直发瞬间如针尖穿过苏雪儿的手，苏雪儿痛得情不自禁地往后躲。

"咎由自取。"连年看着苏雪儿痛得眼睛里噙满了泪，又提醒她说，"你说他们能分开吗？你起哄什么，暴暴连小鸟的一个头绳都离不开！"

"怎么分不开，你不是和这只鸟在一起了？你也是跟着瞎起哄？"苏雪儿忿忿不平地说。

"谁说我离不开，等下我就去剃光头。"火暴暴说着，就把天鹅羽毛头绳狠狠地甩在鹅小鸟面前。

"对，暴暴哥光头也比你帅，就是比你好，一直比你好，没想到你是落井下石的小人。"苏雪儿一边指责着连年，一边向火暴暴靠近，也许是只顾着呵斥连年了，她的手又不小心碰到了火暴暴的头发，苏雪儿的眼泪顺脸流下。

"自作自受，哭什么？最讨厌你哭。"连年说。

"从小你就不喜欢我哭，就哭给你看。"

瞧着苏雪儿跟自己赌气的样子，连年突然笑了。

火暴暴温柔地给苏雪儿抹去泪滴，苏雪儿羞涩着，这样的场景，鹅小鸟面无表情，她的眼睛里没有泪可以流出。

"花心鸟，好好跟着年吧，我只爱为我哭的女生。"火暴暴这么一说，苏雪儿贴火暴暴贴得更紧了。

连年实在看不下去，说："雪儿你就是个道具，暴暴不爱你你感觉不出来吗？只是利用你减轻痛苦。"

"能让暴暴哥不难过，做道具我愿意，也不是随便什么人都能做爱的道具的。"

"还爱的道具，你真是无药可救了。"

"我爱得光明磊落，不像你，偷偷摸摸和这只破鸟在一起。"

"你那些光明磊落的爱，对暴暴都是负担！"

就在连年和苏雪儿唇枪舌剑之时，火暴暴狠狠地瞪着鹅小鸟，他的每一个字仿佛都是从嘴里挤出来的。火暴暴说："你说过我是花盆你是花，没花盆子了你会枯萎的，现在我看你离死没多远了。"

火暴暴的诅咒，让鹅小鸟心里反而开阔了很多，他说得没错，自己的确离死没多远了，但愿有一天，火暴暴能带着这样的心情忘了她，因为爱的忘却太艰难了。

"暴暴你别过分。"连年吼道。

"我就过分了。"其实话出口的那一刻，火暴暴的心抽着痛，一点点的悔意朝着心头涌，自己怎么能够对很爱很爱的女孩，产生这样的恶意。可是，一想到鹅小鸟这没来由的背叛，火暴暴的恨同样朝着心头绕，他摆脱不了。

"你要怎样？"

鹅小鸟想知道，要怎样才能让火暴暴好过些，火暴暴的眼睛里闪烁着泪光，说："你的心长翅膀了？会飞？变得那么快？"

海风吹着，鹅小鸟的一缕长发扫过眼前，她朝着更远的大海方向，说："是的，飞走了，一切都被风吹得无影无踪。"

说好的未来不见了，再一次得到鹅小鸟的印证，火暴暴指着鹅小鸟说："你就是一把狠心的小匕首。"

火暴暴说完，牵着苏雪儿，他们的背影越走越远，直到再也看不见，连年轻抚着鹅小鸟的双肩，鹅小鸟把头靠在他的肩膀上，世界平静得只有呼吸，只可以呼吸。

看着满院子的花儿，它们努力盛放，对抗着各自的悲伤。鹅小鸟的眼眸冰凉，眼底浸透着绵绵的忧伤，她倔强地选择离开了火暴暴，却还没找到忘记的力量。

恍惚中，"天鹅兽鸟屋"门口，一个高高的身影，她的心一动，仔细看清楚，是连年来了。

"看到是我，感觉到失望了?"连年打趣地说。

"怎么可能，你也是帅哥。"鹅小鸟用同样的口吻对他说。

"你可别忘了，第一次见你，我可是夸你来着。"

"现在还会夸吗?"

"夸，当然夸，现在你的脸都洁白无瑕了……"连年夸着夸着，脸上的笑容就荡漾开来，鹅小鸟却把头抵着他的胸膛，说："年，给我点温暖吧!"

"小鸟，我们俩谈恋爱好不好?"

"是假装谈恋爱?"

"不假装，没准谈着谈着就成真的了呢? 反正我可以说我爱你。"

连年对鹅小鸟说我爱你，鹅小鸟听得一清二楚，她都明白，就算连年对她很好很好，偏偏心里觉得那不是爱情，而火暴暴的表白她完全听不见，却直觉知道那是命中注定的爱情，一切不可言说，不可逆转，不可更改。

人有时候就是这样，能够陪在身边说爱你的人并没有感觉，偏偏被冰冷的像小石头一样硌得慌的人吸引着，或者，这就是爱的宿命。

鹅小鸟想给火暴暴一个爱的安全距离，不让火暴暴发现，悄悄躲在角落，看着火暴暴风生水起，快乐幸福。

"如果这个世界只能成双成对地活着，那我就是唯一一个孤单的人，除了暴暴，我再也找不到各种尺寸都符合我的了。"鹅小鸟连说带比画着火暴暴怀抱的形状，她的身体钻进去，恰到好处。

"那为什么不继续在一起？"连年问。

"没有为什么就是最好的为什么。"

"其实鹅四已经把一切都告诉我了。"

"谁允许她多嘴的？"

"她也是为你担心，希望我还能作为朋友陪在你身旁。"

鹅小鸟不说话了，所有的因缘已经显现，自从她决定远离不灭之星，她就下定决心要和这个决定好好相处，养护好这颗决定的种子，直到最后看到火暴暴幸福的样子。

所有不好的都发生得那么及时，也许这就是好的意义。正是因为刻骨铭心剥离的痛，才有了这样珍贵的信念，只有爱的人好好的，一切作为都值得。

天空的云彩咧着嘴笑，连年说："你就是个善良的小怪物。"

"我只知道，暴暴能好好地活在这地球上，无论他在谁身边，我都是幸福的。"

"不难过吗？"

"我是外星人啊，我也没有眼泪了，怎么会难过？"鹅小鸟努力地微笑，连年拍拍她的头，心里默念："愿所有的爱都不孤独，起码都真心地付出着。"

爱如三千米深的海，所有的人都争先恐后地溺水一游。一切都在漂流，唯独爱情永恒；一切都会老去，唯独爱情年轻，爱，在这坚硬的年代，每个人都是自己的精神信徒。

已经是深夜了，连家的大宅里，依然灯火通明，连妈妈做梦也没想到，儿子竟然和鹅小鸟在一起了。连妈妈三番两次劝说，连年不听不解释，心力交瘁之下，连妈妈像是病了，火妈妈急忙赶来探望，毕竟鹅小鸟这个女孩，关联着她们的孩子们。

"火嫂，你说他们怎么到一起的？我怎么想都想不通。"连妈妈是百思不得其解。

"我也想不通，本来我是想她和暴暴分手的，但是没想到那么顺利，她好像做好了准备一样，她和年在一起，我也没想到。"火妈妈想不到归想不到，可是对于这个结果，她是乐见的。连妈妈的态度恰恰相反，当听到苏雪儿说连年和鹅小鸟在一起时，还让鹅小鸟帮着剪掉了头发，再看看儿子那乱糟糟的发型，连妈妈简直要疯了。

"头发呢，头发呢？"连妈妈对着连年喊。

"剪了。"连年回答说。

"我知道你剪了，也知道是那个小鸟给你剪的，你有没有出息，她是暴暴不要的女孩子，你给捡回来？"

"不要提暴暴，我不想听，也不要那么说小鸟，会显得妈妈没有礼貌。"

"不想听你也得听，你看看暴暴，以前没办法，必须光头，现在的头发多好看，形象很重要的，儿子。"连妈妈苦口婆心地说。

"那你找他做儿子去吧，现在暴暴留个长发就好看了，以前我留的时候你怎么说的，说我是流氓儿子。"想到以前，连年觉得特别委屈，虽然和火暴暴是好哥们儿，但是这帮家长们真偏心，火暴暴先天不足成了大家的保护对象，苏雪儿是女孩子也碰不得，大家无论是好的坏的都往他身上装，他真的受不了。

"以前是以前，现在是现在，现在不是不管了吗？"

"不管了就不要唠叨了，耳朵都要聋了。"

"聋不了，你的耳朵没那么脆弱。"

看到妈妈软硬不吃，连年上前搂住妈妈，认认真真地说："别说耳朵，我整个人都很脆弱，信不信我哭一个给你看？"听儿子这么一说，连妈妈愣住了，就在她发愣的一瞬间，连年做出呜呜哭的样子，等连妈妈反应过来，他人早已进入了自己房间，关上了门，怎么敲也不开。

连妈妈陷入和儿子冲突的沉思之中，火妈妈说："别胡思乱想了，你心情好了，才有力气管这些让人操心的孩子。"

"想要心情好，真的很难。"

"你看我不是也过来了吗？"

"那是的，现在火嫂心情一定好，暴暴和雪儿在一起了，那个倒霉的女孩子又缠上我家连年了。"

"你也不要太忧心，依我看根本不用管，慢慢地他们自己就散了，你看小鸟刚和暴暴在一起时，我怎么做他们都不分开，后来还不是自然而然地就散了，分开的速度连我都没想到。"

"说不忧心是假的，我怎么能放下心来。"

"没有什么不放心的，过几天说不定又变了，也许就再也不招惹我们家孩子了，远远地离开了。"

"是啊，现在她和年在一起，火嫂您倒是乐观了。"连妈妈酸溜溜地说。

"我还真是乐见其成呢，暴暴的生日要到了，我想趁着这个机会给暴暴和雪儿订婚，这样就彻底安心了。"

"对对对，打铁还得趁热。"

"我也是这么想的，等暴暴和雪儿稳定了，我们一起再好好收拾年那个小子。"两位妈妈交头接耳一合计，一出大剧就要上演。

夜幕下的天空透着宁静，漂浮着一丝丝流云，像透明的薄纱，像梳理过的羽毛，一层层羽毛也从鹅小鸟的心里生长，金黄色的月亮高高地挂在天空上，它的光芒垂向大地。

鹅小鸟咂吧咂吧嘴，心里想着月亮的味道，摘下吃一口尝尝也不错，因为心草妈妈给她吃过了鲜花月饼，让她情不自禁地想到了月亮。星星像是一把撒出去的，在高空里温柔地颤抖，成群结队的星光游动，路过的云彩，被拦腰抱住。

据说坐在无忧树下，可以忘掉所有忧愁。曾经，唐心草为情所困为爱烦恼，苏辉特意在这并不适合无忧树生长的城市，请人培植出了新品种无忧树，种在唐心草的院子里。

无忧树上的无忧花盛开，红似火焰，鹅小鸟静静地坐在无忧树旁，不知道她什么时候开始坐在那里的，也不知道她还要坐到什么时候。

城市的灯火，星星点点地蔓延。没有鹅小鸟的日子，火暴暴感觉心不在心里，心悬挂在身体外面，他不敢加快步伐，他怕一不小心，那颗心就沉重地坠落在地面上，或者飞离他的身体，到天光云影里去。

"天鹅兽鸟屋"门口，火暴暴徘徊了很久。月光普照，火暴暴暗暗埋怨着："月老爷爷眼花了，配错对了？"的确，火暴暴真实地感受到，苏雪儿离他越来越近了，如果他再不来，鹅小鸟将要彻底退出他的生活。没有鹅小鸟的人生，火暴暴着实有些害怕，他不敢想象。

火暴暴鼓励自己，勇敢一点，不过就是一场恋爱，分了就分了，没什么了不起。可是，在这样的夜，他是如此孤单，想念鹅小鸟是痛苦的，但他宁愿被这种痛苦填满，也不想被空虚无聊淹没，那些爱的往昔，一直包围着他，陪着他生长。对鹅小鸟的感情，缓缓流动，重重地砸进记忆里，过往的一切都沿着月光而来，火暴暴从这片月色中拔不出来。

鹅四看到像是火暴暴的身影进来，想上前劝阻，被唐心草拦住说："我不管小鸟遇到什么麻烦事了，非要和暴暴分手！退一万步讲，即便是要去死，多一点快乐不是很好吗？"

"我也不知道这么做对不对。"鹅小鸟的状态一天差似一天，鹅四也懊恼着，在这最后的时光里，也只有火暴暴能够让她快乐，这一点，鹅四和鹅小鸟都明白，可是都矛盾着。

"既然无法判断，就顺其自然，对待情感的最好的方式，就是给予宽容，别去干涉他们。"

"我也不想多事，可是他们真的不能再靠近了，小鸟我了解，一见到暴暴，她绝对经不起勾引，万一再亲上了怎么办？"

"这不是你应该操的心，公平地来说，谁说是暴暴勾引小鸟，不是小鸟勾引暴暴？"

"这两个人的命，就是相互勾引。"

"不是命，是相爱的人都这样。"爱着的人共有的磁场，唐心草是深深地体会过。

"爱真是麻烦。"

"麻烦也愿意爱，否则不白活了。"天鹅圣女的女仆们是没有爱情的，唐心草所说的，鹅四终究是一知半解，她只能看身边的人爱来爱去，看着她们一个一个为爱受折磨，为爱受委屈，却全心全意。

"我们已经关门了，火暴暴怎么进来的?"唐心草没再回答她，直接把鹅四拖走了。

其实，唐心草和火暴暴通过电话，故意没有锁门，让火暴暴推门而入。唐心草看着火暴暴和鹅小鸟从分开的那一天起，各自郁郁寡欢，她真的于心不忍，两个年轻人的悲伤，唐心草是非常体谅。

鹅小鸟没有眼泪，不会哭泣，记忆的感伤穿越永恒的瞬间。火暴暴的视线冰凉，他看着鹅小鸟，鹅小鸟的眼神飘忽，看到他时，唇角隐藏着些许笑意。

"你好!"鹅小鸟率先打开了这僵局。

"你好!"火暴暴复制她的话，可是，早知道是"你好"，他宁愿一直站在这寂静里。

这样的开场，这样的客气，让两个人都不适应，什么时候，他们变得如此陌生，如果换一种语言，如果可以，鹅小鸟多想冲上去说："我的暴暴，我要吃肉肉。"在他们亲密的时候，鹅小鸟总是说火暴暴是她的肉肉，唯一可以吃的肉肉，不过是情侣之间如胶似漆的比喻。

鹅小鸟心里明白，在这个地球上，她再也不能和火暴暴并肩而立，她即将烟消云散，而火暴暴将是闪耀的星，他一直都是闪耀的星。

鹅小鸟冲火暴暴笑笑，笑得还很甜，火暴暴回应了她同样的笑容，在这样的笑脸里，火暴暴的肩膀一耸一耸地抽动着，难道遗忘真的比想象得快，他们已经好久没有这样笑了。

火暴暴泪流满面，情绪激动，有无数说不出口的想法。夜风中夹杂着花香，鹅小鸟掉进了火暴暴漆黑的眼眸里，那一点点光亮晶莹，是泪滴。

火暴暴捧着鹅小鸟脸颊，在她的额头上深情一吻，温柔的气息，如初见时一模一样。

"这味道，我忘不掉。"火暴暴声音低低地倾诉着。

"我期盼着，就是要你好好的。"鹅小鸟难以拒绝，强烈的思念已经让她的大脑断片了。

"我翘首以盼的，也是要你好好的。"

鹅小鸟的长发飘着香气，她的眼睛小鹿一样透着灵敏。"暴暴，我的暴暴。"压抑的情感，让鹅小鸟动心地呼唤，这是他们在一起时，鹅小鸟最直白的宣言，一遍一遍强调着火暴暴是自己的。

"我是你的暴暴，我要捉住你不放，永远都不放。"再次捕捉到彼此的爱意，火暴暴任性地说。

"你知道吗？我每一次离开你，我的背影都在向你招手，告诉你，抱着我。"

"我们才分开不太久，你的爱还没走远，我试一试，看能不能追回来。"

鹅小鸟痛彻心扉，对火暴暴的爱，完完整整的，从来没有离开，一直留在心底。

时光回流，爱意附体，火暴暴的鼻尖碰着鹅小鸟的鼻尖，他的唇朝着鹅小鸟的唇深吻下去。

"不要命了。"鹅四一声呵斥，鹅小鸟一把推开火暴暴，火暴暴的怀抱瞬间被夜风包裹。

"鹅四，你要干什么？"火暴暴不满地说。

"我要你还回不灭之星。"鹅四真的是急了，她不想管火暴暴是死是活，对她来说，鹅小鸟活着才重要，她想把整个事情的经过原原本本告诉火暴暴。不过，鹅小鸟要杀人的眼光立刻朝鹅四投来，鹅四知道，为了火暴暴，鹅小鸟是什么事儿都能做出来的。

"你是指心吗？"火暴暴指着自己的胸口问，见鹅四不言不语，火暴暴接着说，"拿去，随便拿去。"这一刻，火暴暴觉得，别说要心，就算是要命，他也愿意，只要能和鹅小鸟再吻一次，再多爱一天。

"我可拿不走，你走吧！"鹅四下逐客令。

"我不走，小鸟她是爱我的，你都看见了。"

"我什么都没看见，她不爱你，不信你再问她一次。"鹅四相信经过自己的提醒，鹅小鸟已经冷静下来了。

"你走吧，暴暴，就当我们没爱过。"鹅小鸟说。

"爱就是爱，怎么一会儿有一会儿没的，你是机器人吗？你告诉我怎么做到和你一样。"火暴暴被鹅小鸟的态度整糊涂了。

"刚刚我是和你闹着玩的，从一开始我就是和你闹着玩的。"鹅小鸟突然笑着说。

"算了，是我自作多情了，我以为你改变了心意。"火暴暴心灰意冷地说。

"暴暴。"鹅小鸟再度呼唤。

"不要叫我。"说是赌气也好，争气也罢，鹅小鸟的变化，让火暴暴无心再听她想要说什么。

"暴暴，我想和你说……"

"不要说了。"火暴暴粗暴地打断了鹅小鸟，他紧握拳头，感觉手指骨清脆地响着。火暴暴大步流星地离开，直到走了好远好远，他的拳头才渐渐松开，他的泪水再次打开了阀门。

爱的眼泪，爱的人看不见，这一夜的天和地都能看见，风吹过，泪不干。

鹅小鸟的眼睛里，不会再有泪水，火暴暴走了，她还傻怔怔地站在原地。

"生我气了？"鹅四小心翼翼地问。

"应该谢谢你。"

"我知道你生气了，可是你不是答应远远地看着他就好吗？我知道你舍不得那个吻，可是如果你不取回不灭之星，也许这个吻，就能要你的命。"

"四，我怎么觉得命没有那个吻重要？"

"你又这样，女孩子应该矜持点，别总是色色的，好怀念你以前清纯的样子。"

"我怎么不怀念呢？我更喜欢现在，虽然这样的经历会过去，我知道会一直擎在心尖上。"

"受不了你了，恋爱中的人都这样吗？再说那万一害了暴暴呢？你害怕了吧？"鹅四就是知道，怎么戳中鹅小鸟的软肋。

"是害怕，我要努力做到，让暴暴心安理得地放弃我这个将死的人。"

"我们走吧，回到我们的天鹅座，也许天鹅奶奶能有更好的办法。"

"来的时候天鹅奶奶不说了吗？在地球上才能决定我能活多久。"

"可是地球现在变得挺糟糕的，我不喜欢这儿。"

"天鹅座是我们的故乡，可是我却舍不得离开这儿，不想走，四，你能理解吗？"

"哎，你就是想说，因为暴暴你爱上了这个星球。"两个人你一言我一语地交谈着，终究也没说出个所以然来，夜深了，一切都进入了梦里。

也许，爱的宿命就是一路狂奔扑向他，然后错过，无论多深的相爱，终须一别。

皇家天鹅绒开了，黑红的色彩泛着绒光，金黄色的花蕊亮丽无比，这让一早起来看花的唐心草很快乐，鹅小鸟也探着脑袋分享着她的开心。

"终于开了，我的宝贝。"唐心草一向视花如宝。

鹅小鸟趴上去嗅了嗅，天鹅绒花儿怕她张口，一旁紧张的还有唐心草，不过，她还是试图放松下来，说："怎么了？又想吃我的花儿？"

"不会吃了，我现在只吃我自己种的。"

"开玩笑了，心草妈妈疼你，想吃你就咬一口。"虽然很心疼花儿，但是看到鹅小鸟，唐心草还是更心疼她。花儿没了还可以再种，鹅小鸟消失了唐心草不知道去哪儿寻找，而且，她总感觉鹅小鸟快要离开她了，这种感觉让她心里格外难受。

"我吃不动人间的花儿了。"鹅小鸟有气无力地说。

"不喜欢你这样，心草妈妈想看到活泼可爱的你，永远像我的小女儿一样。"唐心草宠溺地说。

"谢谢你，心草妈妈。"对于决意离去的人来说，最害怕的就是舍不得，如果说这个地球上，除了火暴暴之外，还能让鹅小鸟万分留恋的人，那就是唐心草了。

"我要你谢什么，你来到我身边，给我带来了很多快乐。"

"要是有一天我走了呢？"

"你该不会用对待暴暴的方式对待我吧？"唐心草总觉得鹅小鸟用近乎无情的方式和火暴暴分了手，她不清楚这丫头葫芦里究竟卖的什么药，但是她担心这样的一刻也降临到自己头上。

还没等鹅小鸟回答，她们就听到一阵阵笑声，唐心草往门口看了一眼，只见苏雪儿挽着苏辉的胳膊走了过来，父女俩满脸笑容，像是有天大的好事发生。

"基因真强大，父女俩的笑容一模一样。"唐心草感叹说。

"那我也和心草妈妈一样，您爱养花我爱吃。"鹅小鸟撒娇说着，苏辉父女已经到了她们身旁。

"聊什么呢？那么热闹。"苏辉说。

"什么事儿这么开心啊，笑得那么大声？"唐心草反问说。

苏辉本想支开鹅小鸟再说的，只听苏雪儿说："我要和暴暴哥订婚了。"

只这一句就心碎，鹅小鸟的身体顿时像被抽去了骨头，唐心草急忙扶住她，一切都像静止了一样。

唐心草把苏辉拉到一边，低声细语地说："你女儿幼稚，你跟着幼稚是吗？你不知道小鸟和暴暴的关系吗？专门到这儿来说这个。"

"我也不想当小鸟的面说啊，是雪儿那丫头嘴快。"苏辉解释说。

"你不知道你女儿什么人啊？嘴里心里从来都没有藏住过事儿。"

"我知道，我知道，可是雪儿是让我来邀请你一起去参加的，孩子也是好心。"

"这是她亲妈的事儿，和我没关系。"

"你这么说就不讲理了，雪儿是真心地想让你去，再说她亲妈也从国外回不来。"

"是拿我当替补了吗?"

"你知道我不是那个意思，这么多年，你不了解我?"

唐心草拍拍自己的额头，觉得可能是太过担心鹅小鸟，和苏辉说话有些急了，她相信这父女俩没有恶意，这些年的相处，她是清楚的。"对不起，我有点糊涂了。"

"孩子们的好事儿，别那么紧张。"苏辉安抚说。

"可是我还是去不了，小鸟她心情不好，我不放心。"

"论亲疏，雪儿才是你真正的女儿吧? 怎么着你也是雪儿的正牌小妈。"

"别说得那么理直气壮的，谁答应嫁给你了。"

"在我心里，你早嫁给我了，小妈也是妈，必须给我的孩子当妈妈。"看着苏辉那个较劲儿的样子，唐心草心里温暖汇聚，笑意融融。唐心草和苏辉在一起这么多年，她就喜欢他的这股精气神，无论遇到什么情况，苏辉对唐心草的心，从来都是坚定不移的。

即使他们有意躲着，只要想听，鹅小鸟也能听到他们的对话。

"心草妈妈，你去吧! 我会好好的。"

"你一定要好好的，别让心草妈妈牵挂。"鹅小鸟点点头。苏辉父女俩看到唐心草答应了，又是一阵笑声在空中荡漾，随后苏辉也对鹅小鸟安慰了一番，总之说的都是她是好孩子之类的话。在长辈的眼里，孩子们的恋爱总是说过去就能过去的事儿，一切都没什么大不了的。

经过火妈妈和连妈妈的精心策划，在火暴暴的生日这天，他和苏雪儿的订婚典礼如期举行。这是连家和苏家自己开的超五星级酒店，气派雍容的宴会厅，洋溢着优雅高贵的格调。满地的永生花瓣，素雅的花艺与白色的靠椅，食物的香气，温暖的灯光，一场和谐、幸福的订婚仪式尽在眼前，静候着王子与公主的童话出现。

没有了鹅小鸟的羽毛头绳，火暴暴头发竖直，冲天而上，一切造型完毕，他的回头率是非常的高。刚开始火妈妈劝说火暴暴剪掉，就算光头也比这样子好，火暴暴坚持不肯，反正只要火暴暴同意订婚了，其他的火妈妈也懒得管他了。

火暴暴一个人找个角落，想安静地坐一坐，他能想到的酒店最安静的地方，也正是连年想到的，火暴暴到来时，看到连年早已经坐在了那里。

"都要订婚了？还有闲心瞎逛，不能认真点吗？"连年说。

"没有不认真啊。"

"不后悔吗，暴暴？"

"我火暴暴的字典里没有后悔二字，不是也正好成全了你和小鸟？"

"不说那没用的，我再问一句，你是真心地想和雪儿订婚？"

"你问得也够白痴，不订婚我穿这么正式干吗？"火暴暴的鼻尖酸出了痛感，他的眼眶一红，迅速把脸转向别处。

连年的眼睛，一刻也没离开火暴暴的表情。

鹅小鸟静衣素面，皮肤干净透明，眼睛里流露出水一样的苍凉，像一朵纯白的花苞，在清新的空气里，一边花开，一边凋零。鹅小鸟感觉到空气很稀薄，她陷入了缺氧般的痛苦之中。

"我只给他说生日快乐。"鹅小鸟握着手机，不停地说。

"人家是订婚，你省省心吧！"不想鹅小鸟太难过，鹅四给她泼冷水说。

"我只给他说生日快乐。"鹅小鸟又重复了一遍。

"差你一个吗？"

"我知道不差我一个，他身边的人那么多，可我还是想给他说生日快乐，我只想给他说生日快乐。"

"忍一忍吧，忍忍一切就过去了。"

"只想给他说生日快乐。"鹅小鸟就执拗地说着，听得鹅四没脾气，感慨每一个爱的人，是不是都把自己变成了奴才模样。

黑暗和寂静里，火暴暴多想给鹅小鸟打个电话，电话号码总是拨到最后一个数字，一切停止。在和连年一起的沉默里，火暴暴一直重复着拨号动作，这个号码在他心里背得滚瓜烂熟。每一次，火暴暴给鹅小鸟打电话，都不直接拨号，喜欢一个数字一个数字地拨号，像是在拨弄着自己的心，每一个数字出来，就有一堆思念不听话地跟着跳出来，刹那间，他的大脑一片空白，仿佛头朝下坠入幸福和甜蜜里。

"生日快乐。"手机显示鹅小鸟发来的生日祝福，为此，火暴暴想着是不是命中注定的心有灵犀。鹅小鸟曾经给他说可以做朋友，普通朋友，但是只看一眼就心动的人，怎么能回到朋友的位置，他做不到，就像忘记一样做不到。

"谢谢您。"火暴暴的回信，并没让鹅小鸟心里好过一点，她死死地盯着手机屏幕，这三个字刺痛着她的心，火暴暴对她说谢谢是有的，但是从来没有用过如此的敬语"您"，鹅小鸟多希望是那个"你"！

鹅小鸟的脑子里乱纷纷，火暴暴的信息再次传来："你怎么知道我今天过生日？"

如果说敬语的客气让鹅小鸟失望，那么这个问题彻底让鹅小鸟的心冰凉，她回说："你只说过一次，我记得了。"

就是那场天鹅座的K流星雨时，鹅小鸟无意问起，火暴暴随口说了一下，但是，就是这颗爱着的心，死死地记住了。

鹅小鸟不知道火暴暴是怎么不记得的，她没有问，是因为她觉得，她记得就够了，没有必要非让火暴暴也记得，甚至她希望，火暴暴忘记得越多越好，就让一切在他的脑海里干干净净。但是，鹅小鸟还是发出了这样的信息："你告诉我时我们还在一起，你忘记时你已在雪儿身边，只要你好好的，一切都好。"

"这么关心我，为什么离开我？"火暴暴知道，问了也白问，起初他以为是妈妈反对的结果，后来他相信这是鹅小鸟自己的选择。直到火暴暴走进宴会现场，他再也没有收到鹅小鸟的回信，随手发了一句："祝我订婚快乐吧！"然后对身后的连年说："你也祝我订婚快乐吧！"

连年看都不看火暴暴一眼，每多看一眼就打乱自己的心跳，有想冲上去狠狠揍他的冲动。

看着火暴暴的信息，鹅小鸟的心脏怦的一声，像是停止了跳动，巨大的撕裂感让她体会锥心之痛。原本最后一次见面时，鹅小鸟想对火暴暴说，等他生日到了，在午夜的十二点，她给他过生日，她想第一时间给火暴暴第一个祝福，可惜火暴暴没给她说出口的机会，也许这就是天意。

明明知道生日这天也是火暴暴的订婚典礼，鹅小鸟坚持亲手做了一个蛋糕，准备好蜡烛，她一个人唱着火暴暴听不见的生日歌。

"为什么只点一根蜡烛？"

"这个世界上唯一的暴暴。"

"再提醒你，人家今晚订婚了，你这样子傻不傻？"

"是很可笑，对吧？可是爱就是这么可笑这么天真，想起暴暴，我还是幸福的。"鹅小鸟痴痴地望着天空，鹅四猜不出她。鹅小鸟只是想，火暴暴在她的记忆里活着，她愿意在火暴暴的记忆里死去，就像从来没有出现过。火暴暴眼睛里的色彩，一直还在鹅小鸟的眼睛里保存着，她不会再哭泣，再也没有了泪滴。

前来参加火暴暴和苏雪儿订婚典礼的，除了一些至亲，基本上都是父辈们的朋友和生意上的伙伴。不过，火暴暴的国家队队友包括大小保罗父子都来了，火暴暴心情低落，没有和任何人打招呼的兴趣。

"我是不是有错觉了？订婚不应该是高高兴兴的吗？暴暴师哥怎么不开心？像是谁欠钱不还了一样。"火暴暴国家队的二号粉丝，小师弟荣冬说。

之所以说荣冬是二号粉丝，因为头号粉丝的地位被小师妹林瑶霸占了，谁也无法动摇。

"暴暴师哥才不会因为欠钱不还不开心，他又不差钱。"林瑶说。

"那是为什么啊？"荣冬不解地问。

"你们俩能不能安静点。"一旁的王允泽说。

火暴暴不在的时候，王允泽就是队里的大哥哥，他有点少年老成，要比火暴暴严肃得多，荣冬还真有点怕他，他一说话，荣冬立刻把嘴巴闭得紧紧的。

"可是真替暴暴师哥担心，我知道他最喜欢的是小鸟姐姐，一定是这个原因。"林瑶还是忍不住地说。

"小师妹又吃醋了？"荣冬悄悄插嘴说。

"我喜欢暴暴哥喜欢的一切，如果这一切有我，我就是幸福的，如果没有，也没关系，当小师妹也不错哦。"好的爱，一定是积极乐观的，就像林瑶这样。

"你这么说他会真的吃醋。"荣冬神神秘秘地指着王允泽说。

"吃什么醋！好好训练吧！这才是正道。"他们的悄悄话，王允泽听得很清楚。

"嗯，我们是要好好训练，等暴暴师哥退役了，我们滑雪荣耀之队要继续传承。"别看林瑶年纪小，集体荣誉时刻牢记在心上。

"暴暴师哥先天有病，能完成这样的成就，已经是神级的人物了，我崇拜他！"荣冬说。

"我也崇拜，至今他还是最高难度的保持者，虽然允泽师哥也能做，但是没有暴暴师哥做得好。"林瑶实话实说，王允泽听了，轻轻地说一声："我会努力的，你也要像对暴暴师哥一样，给我加油啊！"

"我和师妹会一直站在师哥们背后，给你们加油。"荣冬说。

"不能光给我们加油，你们也要努力！"王允泽说。

在年轻的新一代运动员心里，全是阳光，从头到脚，满满全是正能量。

灯光在主台汇聚，苏雪儿身着传统礼服，改良旗袍式样，一针一珠缝制成古典花边，头戴永生花蕾丝小花冠，端庄秀雅，气质不凡。当火暴暴和苏雪儿站在一起，说是金童玉女，天作之合，一点也不过分，看上去百分之百般配，所有的人都笑得合不拢嘴，到处洋溢着喜气。

自始至终，火暴暴都没有笑容，火妈妈和连妈妈的心一直悬着，生怕火暴暴临阵脱逃。特别是火妈妈，她一直盼着这一天，在鹅小鸟刚出现时，她几乎是要放弃了的，没想到最后还能得以实现，对她来说，简直是意外的惊喜。

直到火暴暴取出订婚戒指，火妈妈的心才稍稍落下，这戒指一旦给苏雪儿戴上，就确定了结婚的意愿，火妈妈手捂胸口，心想老天终于听到自己的祷告了，就要心想事成了。

就在火暴暴要给苏雪儿戴戒指时，连年近乎疯狂地拉起火暴暴就跑，谁也不知道是连年力气太大，还是火暴暴本来就想跑，他们很快就消失在人群中，奔出酒店，打到的士，一气呵成，顺利得像是有准备一样，他们以迅雷不及掩耳之势远离了订婚的现场。

一切都发生得快而突然，一群目瞪口呆的人成了他们的背景板，苏雪儿潸然泪下，呆呆地站在那里。当众人的窃窃私语变成了喧哗声，火爸爸和苏辉包括连一宁都忙着和亲朋好友致歉，一一道别。

"千防万防防暴暴，没想到年那小子来这一招。"火妈妈生气地说。

出现这样的状况，连妈妈感觉到很惭愧，毕竟好好的一件事，被连年给搅和了，满脸歉疚地对火妈妈说："火嫂，等找到年，我一定好好收拾他！"

"我也饶不了暴暴！"火妈妈说。

唐心草一直守护在苏雪儿身边，她也不知道要说什么，两个男孩子结伙离开，她猜想是和鹅小鸟有关。

"你开心了？"苏雪儿悲戚戚地说。

唐心草不知道怎么回答她，说开心？那是不可能的，苏辉说得没错，于情于理她都应该站在苏雪儿这一边，她是那么爱苏辉，她不可能存心让苏雪儿难过。可是，要说不开心，唐心草仿佛又有种解脱感，那是替鹅小鸟着想的一种隐秘的快乐。

"您是不是也盼望着暴暴哥离开我？"苏雪儿接着说。

"雪儿，别这么说，我只希望你找到真正爱你的。"

"你那意思是暴暴哥不爱我？"

"我不懂你们年轻人是怎么想的。"唐心草当然明白，火暴暴是爱鹅小鸟的，这是大家都心知肚明的事儿，只是在这一刻，无论如何，她都不想让苏雪儿有过多伤心。

"我知道，暴暴哥不爱我，我知道的……"苏雪儿猛然把头埋进唐心草的怀抱，嘴里不停地絮絮叨叨地说着，她的泪如倾盆大雨，哭得唐心草心里眼里都湿湿的。

唐心草一开始以为苏雪儿不明白，原来爱在每个人心里，爱与不爱的界限都很清楚，只是苏雪儿陷入了对火暴暴的爱中，她把火暴暴的一点点好都夸大成了爱情，但愿经历这一次，她能懂，强求的情感只是路过的风景。

"好雪儿，咱们不哭，回头见到暴暴和年，我一定好好地教训他们。"在苏雪儿扑进自己怀抱哭的那一刻，唐心草抱住她，她心里的天平似乎向苏雪儿倾斜了很多，这是她最爱的男人的女儿，她一百个一千个不愿意苏雪儿难过。

唐心草紧紧地拥着苏雪儿，瞬间她就找到了妈妈对待女儿的心情，轻轻地给她擦着眼泪说："是暴暴不好，咱们不要他！"

"被拒绝的次数太多了，我不会再爱暴暴哥了，真的不会再要他了。"苏雪儿边哭边说。

"这就对了，我的女儿这么好，火暴暴那小子不配。"苏辉过来说。

"是的，雪儿，我们最漂亮的白雪公主，以后连伯伯给你找个最好的。"连一宁也安慰说。

"别哭了，火爸爸给你出气，找到暴暴那小子我抽他。"火爸爸心想，儿子太不靠谱了，可是又想，连年那小子抽什么风，捣什么乱啊。

"暴暴就是个不懂事的小破孩，雪儿你别和他计较，我和你火妈妈最喜欢你。对了，还有年，真是皮痒痒了，以为长大了就不挨揍了吗？这次我和你连伯伯非得再揍他一次！"连妈妈说。一群长辈，不停地连哄带捧，直到苏雪儿破涕为笑才方休。

整个场面随着火暴暴的出走乱成一团。

"我就知道暴暴哥会逃。"林瑶说。

"你怎么会知道？"王允泽不解地问。

"不是爱情，怎么能订婚呢？"

王允泽想想，林瑶说得也对，他也觉得，在暴暴师哥心里，喜欢的是小鸟姐姐。王允泽在心里给自己鼓劲，一定要艰苦训练，努力拼搏，希望有一天，小师妹林瑶因为爱情，乖乖地和自己在一起。

王允泽想着想着，就笑了，小师妹林瑶和师弟荣冬，也跟着傻笑，青春的日子，爱哭爱笑爱感动的年纪，一切都是丰沛的。

虽然连年牵着火暴暴，两个人看似默契十足地上了车，但是他们心里都像憋着一股气，没处撒。毫无目地的火暴暴和连年，一上车就让的士司机往僻静处开，听得的士司机心里直犯怵，不过，再看看这两个人的仪表，不像是趁黑打劫的。于是，司机师傅随便在一个社区公园的树林旁，让他们下了车。

两个人匆匆地下了车，脚一落地，气氛就更激烈了，两个人仇视着对方，仿佛都不清楚这些无缘无故的仇恨从哪儿来。

连年呼地一拳打过去，火暴暴呼地一拳打过来，两个人下手都不轻，各自挨了一拳之后，他们安静地坐了下来，沉默了一阵，然后像什么事儿都没发生过似的，开始聊天。男孩子的友情就这么奇怪，打完了开始谈心了，就像酒喝多了真话就出来了一样。

"我拉你走你就走啊?"连年问。

"你拉我走我就走!"火暴暴回答。火暴暴说得轻松，事实也是如此，自从跟年走后，他的心仿佛没那么沉重了。

"你对小鸟还是念念不忘?"

"年，你是喜欢雪儿的。"火暴暴没回答连年，他终于说出了心里的这句话，许久以来他都想说，一直没找到合适的机会。

"没错，所以现在小鸟在我身边，你感觉如何?你不爱雪儿，你却总是拿她当挡箭牌，让她活在对你的误会当中，这么多年不接受甚至都不愿意看别的男生!"火暴暴第一次说出来，连年第一次承认，他心里的这块石头终于落了地。

"所以你用小鸟来报复我，就是想让我知道，心爱的女孩被当挡箭牌的感觉吗?"

"是的。"连年语气坚定。

"幼稚。"火暴暴突然觉得很可笑，兜了那么大一圈。

"你也好不到哪儿去，自从你和小鸟在一起，不是哭就是和我打架？难道不幼稚？"

"可是，你怎么可以这样对待小鸟，雪儿的事儿是她自己找的，我从来没说喜欢过她！"

"雪儿是什么样的人，难道你不知道吗？她需要你给她讲得明白些，你可以说清楚的，为什么不那么做？"

"雪儿做什么都是她自愿的。"火暴暴虽然嘴上认为是苏雪儿的一厢情愿，心里还是觉得很心虚。

火暴暴不得不承认，连年说得并没有错，这些年来，他出于各种原因，从来没有站在苏雪儿的立场好好考虑过，认认真真地和苏雪儿谈谈，让她彻底死了这颗心，反而是任由火妈妈给苏雪儿煽风点火，让苏雪儿一门心思地把所有情感放在他身上。甚至，连火暴暴都不能理解自己的是，在鹅小鸟离开自己的日子里，他竟然利用苏雪儿填补那些空荡荡的日子，虽然明明知道，苏雪儿填补不了。从连年的一番话来讲，看来的确是他了解苏雪儿更多一些，也许只有爱，才愿意更深刻细致地去了解。

"我也是你的小鸟自己找上门的。"连年恼火地说。

"年，你真卑鄙，小鸟和别的女孩不一样。"火暴暴怒目而视地对着连年。

"别说我了，你也不见得多高尚，在我眼中，雪儿是一样的与众不同。"

"那你为什么不表白？早点告诉她啊！"

"还不简单，她的眼中只有你，可是我没想到，你竟然真的和雪儿订婚。"连年的语气略带伤感与怨怒。

"那我要是不和雪儿订婚，你还要继续装吗？"

"我能装得过你吗？真以为你要和雪儿订婚了，现在我是知道了，就算我不拉你走，恐怕你自己也会找机会跑掉的。"

"好吧，这一次，算你成功了，雪儿肯定恨死我了，你好好地去追她吧！相信长辈们都会支持你的，我只求你一件事儿，别再纠缠小鸟了。"

"暴暴，你自以为聪明，你知不知道？我和小鸟没什么，小鸟她快死了！"

"你胡说！"火暴暴抓起连年，叫嚣着说。火暴暴是这样诅咒过鹅小鸟，可是他的观念里，即便是欺负和诅咒，他也只允许自己欺负和诅咒鹅小鸟，这话从连年嘴里说出来，火暴暴听着实在是怒火填胸，他和连年之间，又是一阵噼里啪啦的练拳声。

夜风徐徐而来，这个夜晚没有星光，只有两个热血青年，席卷着一股爱情的气流，翻滚着，在这一刻，他们心中，除了各自深爱的女孩，一无所有。

苏雪儿坚持要和唐心草一起走，要去"天鹅兽鸟屋"去住。经历过这样的一场风波，没有人试图劝阻她，大家都很心疼苏雪儿，想顺着她。无论怎么说，订婚典礼上，准新郎逃跑了，这对一个女孩子来讲，是个不小的打击，即便觉得有点为难的唐心草，也点头答应了。

唐心草的为难之处，当然是鹅小鸟，她还猜不出苏雪儿要去她那里干什么，两个女孩子能不能和平相处？想到这儿，她是一头乱麻。但是，再想到事情刚刚平息，怎么说苏雪儿也是受了这么大的委屈和挫折，作为长辈，唐心草尽心竭力地呵护着苏雪儿难过的心。

流泪的手心，流泪的蜡烛，只是她的眼睛，再也没有泪滴。鹅小鸟给火暴暴点起的生日蜡烛早已熄灭，她还是一个人坐在那里不肯离开。安安静静的时光，紧贴着灵魂流逝，在命运里颠簸的爱情，让她体会着越来越激烈的悲伤。

唐心草和苏雪儿刚走进院子，就看到鹅小鸟雕塑般地坐在那里，灯光下，是一张苍白的脸，唐心草急忙过去，一摸手冰凉，说："鹅四呢，怎么让你一个人坐这儿。"

"我在这儿呢。"鹅四怎么劝都劝不住鹅小鸟，自己躺在黑暗处的躺椅上，快睡着了。

"你快看看小鸟，她怎么了？"

"别理她，我嘴巴都说破皮了，没用，有爱情的人生好压抑。"看着鹅小鸟，鹅四都替她憋得慌，真想给她说，别忍了，爱干吗干吗去吧，活一分钟就快乐一分钟吧！

"鹅四姐姐说得对，都是该死的爱情。"苏雪儿说。

"你怎么来了？"鹅四不解地问。

"我想和小鸟说说话。"真是怕什么来什么，在来之前，唐心草就害怕苏雪儿会和鹅小鸟聊天，也不是怕她们聊，怕她们聊不好吵起来。现在，两个女孩都受了爱情的伤，唐心草担心她们谁也伤不起，或者伤了谁她都不愿意。

"我也想和雪儿说说话。"一直沉默的鹅小鸟说。

原本还在担心着的唐心草，心想，也罢，兵来将挡水来土掩，女孩子的事儿，就让她们自己解决吧，随即拉着鹅四进屋去了，只留她们俩在院子里。只是春日的夜，风还不温暖，鹅四随后拿出了两条毯子，让她们分别裹上。

只看苏雪儿一眼，鹅小鸟就看到了她哭红的眼睛。

"你想说什么？"两个人异口同声地说。

苏雪儿笑笑，让鹅小鸟先说，她感觉夜空下，她和鹅小鸟很像，此刻，她们同是爱情的傻瓜。这就是苏雪儿为什么来，她觉得，能够体会她心情的，也许只有鹅小鸟，因为她们都在用同样的心情，真真切切地爱着一个男人。也许经过这一次，她苏雪儿是爱过了，而鹅小鸟的爱，会一直继续。

"雪儿，你不恨我吗？"鹅小鸟知道，苏雪儿之前对她的所有敌视，都是和火暴暴有关的，她们对彼此都心怀芥蒂。

苏雪儿想了想说："一开始想恨，后来想着，女孩子应该珍惜自己身上的每一片羽毛，不能因为爱情把自己毁了，变得面目可憎，恨人的味道太不美妙，我还是喜欢热情、烂漫、天真，即使幼稚也死性不改，可爱与善良，值得封存，值得保存，值得延续。"苏雪儿的话，让鹅小鸟刮目相看，这个世界上，真心有爱的女孩，无论得到和失去，美丽的心灵会让她们与悲伤和平相处，无怨无悔。

"你看树梢有风，我好想爬上树梢，凉快凉快。"苏雪儿望着院落里的树，可能是哭多了，嗓音略微沙哑。

"如果你喜欢，我们可以随时上树梢。"鹅小鸟想，爬树梢，这简直是小菜一碟，她能比树枝上的鸟儿技术都强。

"我知道你会飞，可是我不想动了。"苏雪儿撇撇嘴，咬咬牙，聚精会神一下，再大颗的泪滴，最后都能老老实实地待在原地，她努力把持着，不让眼泪出发，不让落下。

鹅小鸟的天鹅巫，读不到火暴暴的心，因为那原本是她的不灭之星，经过这些日子，她读到连年的，把连年这些年无法倾诉的心事，全部读个明白。

"年才是真正喜欢你的人。"鹅小鸟直截了当地说。

"怎么可能？你要说小时候还差不多，后来他就一直看我不顺眼。"

"你信我的，没错儿。"

"就算我信你，你什么意思？是给我找对象？怕我再和你抢暴暴哥？"话说到这份儿上，苏雪儿也不怀疑鹅小鸟是不怀好意了，只是试探着鹅小鸟问。

"不怕，我和暴暴不可能了，没有你还有别人，我也希望有别人会爱他。"

"你不知道暴暴哥逃跑了？年带着他一起逃跑了，难道不是因为你吗？他们两个都对你那么好。"一想到这儿，苏雪儿的眼眶又湿了，她之所以找鹅小鸟聊天，是想彻底宣告认输，这一次，她是真的放弃了。

"我不知道。"鹅小鸟说。

"你不是很神奇吗？"

"我再神奇也对抗不了自己的命运。"

"那命中注定你们要分开？"

"像是这样的。"鹅小鸟无奈地说。

"你不难过吗？"

"难过又怎样？"

"难过了就哭啊，哭一哭就好过了些，哭完了也好做决定，我现在就哭完了，决定不再爱暴暴哥了，突然有种云淡风轻的感觉。"苏雪儿很纳闷，鹅小鸟那么伤心，为什么不落泪，转而又想，可能是泪哭干了，哭多了就把眼泪吃肚子里了，所谓茁壮成长，就是这些傻傻的热气腾腾的日子。

鹅小鸟知道，她和苏雪儿不一样，这宿命的爱情，早已注定。鹅小鸟说："说放就能放的，那都不是爱情。"

"也许吧，我突然觉得以前好傻，暴暴哥对我也不错，干吗非要死乞白赖地找他要爱情啊？"当苏雪儿转过了爱情的弯儿，她也相信了，她的真命天子没有到来，因为她从来没有像鹅小鸟这般痛苦，单单看她一个身影，就知道她有多难过。

苏雪儿还可以在大千世界继续寻求自己的爱情，退一万步讲，还有连年在她身后，鹅小鸟不一样，她的生命只有这么长，火暴暴就是她广袤的天和地，她只要围着火暴暴打转，哪怕只是一点点狭小的缝隙，她也觉得获得了可以依赖的氧气。

春日的晨光羞答答的，胆怯怯的，映照在宽阔的院落里。晨露中，两个女孩子窝成卷儿，一人团在一个躺椅上，昨夜，两个人聊着聊着睡着了。

当火暴暴抱起鹅小鸟，她是有分辨的，她以为在做梦，伸手搂住火暴暴的脖子，使劲往他怀抱里蹭，然后把头歪在火暴暴的胸口，安然入眠。鹅小鸟不愿意睁开眼睛，不愿意醒，这个味道太让人迷醉，她舒服极了，梦中的花儿全开了。

好久好久，苏雪儿都没有好好睡过了，可能是哭得太厉害了，眼睛有点睁不开，她也不想睁开，感觉好累，任由连年抱上了车，她还一味地在哭累了的疲惫中沉沉入睡。

原本唐心草和鹅四早早地醒来了，看到两个人裹着毯子睡得香，不忍心叫醒她们，对于还在为爱情疗愈的人来说，能睡个好觉简直是个最大的安慰，因为太多时候，她们是睡不着的。于是，唐心草又给她们每人加了一条毯子，打开了"天鹅兽鸟屋"前院的大门，方便花工们来上班，安排好这一切，她和鹅四也去睡回笼觉了。等唐心草和鹅四一觉醒来，院子里找不到人了，只听花工们说，是火暴暴和连年把她们带走了。

鹅四一听，唉声叹气地说："完蛋了，小鸟命不久矣。"

"别瞎说，说不定什么事儿也没有。"

"自作孽不可活，听天由命了。"鹅四故作轻松地说。

"年纪轻轻的，别那么悲观，别的我不知道，在暴暴身边的小鸟，一定是快乐的，看她在我们身边半死不活的样子，我宁愿让她在暴暴身边。"一听到鹅小鸟是被火暴暴带走了，唐心草也就放心了，至于苏雪儿，有连年在，她也没什么要牵挂的。

"耳朵伸过来，我给你说个秘密，说不定你就会改变主意。"鹅四料定，她要给唐心草说出真相，唐心草一定会后悔的，说不定会立即把鹅小鸟找回来。

"你们一天到晚都神神秘秘的，我对秘密没兴趣，有话大声说。"在唐心草心里，小孩子就是秘密多，还总藏不住。

"小鸟真的会死！"鹅四大声说。

"这话你刚刚说过了，我不信。"

之后，鹅四嘴巴不停地说，说她们是天鹅座的，说她们来寻找不灭之星的整个过程。唐心草只当听故事一样，觉得可能是自己真的老了，年轻的孩子们的思维都跑到地球外面了。

鹅四见怎么说唐心草都不信，也就无聊地去整理花草了。唐心草只觉得鹅小鸟她们的确有点异类，可是，在人类社会，异类多了，怎么能说是外星人？还天鹅座？在唐心草的印象里，十二星座还真没这个。唐心草没心思管这些，总之，两个哭丧着脸的女孩子都走了，她也不用跟着愁眉不展了，可以舒心地喝完早茶喝下午茶了。但是，想到鹅小鸟，她终于回到了火暴暴身旁，应该是没什么比这更能让她开心的事儿了。唐心草满脑子奔跑的都是鹅小鸟快乐的身影，感觉更是安心了，这将是惬意的一天。

凉风习习，天空透着清澈而纯粹的蓝。

连年的海边别墅，被他称为白色城堡，里面传来了一阵一阵刺耳的叫声，连年捂住耳朵，听着苏雪儿一边尖叫一边说："年，要不要这么变态啊？我做梦都没想到，是你来抢婚，而不是小鸟！你把暴暴哥藏哪儿了，快给我还回来！"自从听了鹅小鸟的分析，苏雪儿在连年面前肆无忌惮地怒斥起来，她故意试试，连年是真的喜欢她吗？像小时候一样？

小时候的连年和苏雪儿是最要好的，他们虽然不排斥火暴暴，但是一直瞧不起那个小病号，直到火暴暴滑雪以后，这一点才改观，后来就演变成两个人争抢火暴暴的场面。

"暴暴都跟我走了，你还想一棵树上吊死啊？"

"就喜欢一棵树上吊死。"苏雪儿赌气说。

"后院里好多棵树，你先去吊一个给我看。"

"要吊你也得陪我去，小鸟说了，你喜欢的是我？"

"别自作多情了，怎么可能？"连年的脸唰的一下红了，因为怕被苏雪儿揭穿，极力否认说。

"不可能我怎么会在这里？我猜想小鸟一定是和暴暴哥在一起。"

"关你什么事儿？"苏雪儿一提到火暴暴，连年一下子紧张起来了。

"当然关我事了，怎么说暴暴哥差点儿成了我的未婚夫。"

"差得远呢，你和暴暴不可能，暴暴他从来都没喜欢过你，没有小鸟他也不会喜欢你的！"

"你怎么那么肯定？你是暴暴哥肚子里的蛔虫啊？"

"就是这么自信！否则这么多年兄弟白做了。"连年心想，自己潜伏火暴暴身边那么多年，不知道暴暴怎么想的才怪。

"年，你这个幸灾乐祸的坏蛋！"

"幸灾乐祸的不是坏蛋，是真的喜欢你，那只神奇的小鸟说对了，我也给暴暴坦白了。"连年蚊子哼哼般地说。

"是谁刚刚大声否认，现在又小声告白了，放心，我听不见听不

天鹅座的爱情故事

见。"苏雪儿打趣连年说。

"那我讨厌你的名字还不行啊。"

"怎么了，我名字不好听吗?"

"还不是你，因为暴暴滑雪你改的名字吗? 你这个名字，永远都和暴暴脱不了关系!"

"没打算脱离关系啊，暴暴哥还是暴暴哥。"

"那你考虑过我的感受吗?"

"你也没考虑过我的感受!"

"我都用心良苦了，还没考虑? 那我问你，雪什么颜色?"

"白色。"

"那我的房子什么颜色?"

"白色。"

当初连年的这栋别墅，从里到外通体白色，让大家都看不明白，一个男孩子，一片雪白，不是自恋就是有洁癖，其实，连年的心里，只是因为住了一个苏雪儿。苏雪儿心里乐乐陶陶，再也说不出话了。苏雪儿心想，鹅小鸟之前说得没错，原来这些年，火暴暴在连年眼中，一直是情敌。

连年瞄了苏雪儿一眼说:"蠢到你这份儿上，我也认了。"

"我不如小鸟那样爱暴暴哥，我也认了。"苏雪儿突然又想到鹅小鸟那忧伤的样子。

到了现在，苏雪儿意识到，她对火暴暴的爱，其实真的很浅，如果鹅小鸟是沉到水底，她只是浮在表面。苏雪儿习惯了火暴暴，习惯了因为火暴暴而享受着那些来自大人们的鼓励和夸奖，说她和火暴暴怎么登对，也许这只是少女时期一份爱的虚荣而已。要不然也不会是现在这样，当苏雪儿知道连年喜欢自己时，竟然满心欢喜，火暴暴这个名字，仿佛随时可以扔到九霄云外去，即便再想起，也总是和鹅小鸟一起，心里平静得没有一点波澜，若真爱，以她的脾气，很难做到这一点。

"小鸟是挺不容易的，是暴暴误会了她。"连年说。

"如果这误会继续，暴暴哥会不会真的和我订婚？"

"你别想了，继续不下去的，当暴暴知道是他误会了小鸟时，疯了一样，他在乎这个误会，证明他爱小鸟！"

"是真的爱小鸟，换作是我，暴暴哥从来不在乎误会不误会。"

"看到你这么愚蠢，拿你怎么办呢？"

"为什么你一直骂我蠢，好几次了，不原谅你。"

"不原谅我你又能怎样？"

"连妈妈说要揍你，打得你屁股开花！"苏雪儿像小时候一样，幻想着连年挨打的样子。

"那也得我愿意挨揍才行，我不愿意，他们揍不动了。"

"你这个不孝子，欺负父母年纪大了？"

"是我孝顺他们，不希望他们再付出体力劳动了，打人多累啊。"打人很累，这是连年在和火暴暴打架过程中取得的经验。

"那就以后对我好点，不好就挨打，怎么着我也是心高气傲的苏家大小姐。"

"现在想起了自己不用那么卑微了？"

"是，我也就给暴暴哥低过头。"

"那为什么对我把头抬得那么高？"连年说着，把苏雪儿扬起的脖子往下摁了摁，苏雪儿故意僵直着脖子说："头太低了得不到爱情。"

"这就对了，所以即使我爱你，我也要挺胸抬头！"

"所以你拈花惹草，甩了那么多女孩，对鹅小鸟也不放过？"

"这得解释下，我花心，难道不是为了引起你的注意？至于小鸟，就是想让你清醒一下，看看暴暴究竟爱谁。"

"那你也不用总是夸小鸟贬低我，为了她你总是凶我，还说喜欢她。"想到以前种种，苏雪儿真的很生气。

"小鸟是真的好，夸她是由衷的，喜欢她也是真心的，好女孩当然有人夸有人喜欢了，但这和爱不一样。"

"那你说你是爱我的。"

"我爱你但我不惯你毛病。"

"我就要你惯我毛病呢?"苏雪儿撒娇说。

"那我还夸小鸟,她从天鹅座来,漂亮、善良、朴素……可爱得要死。"

房间里瞬间没有了任何声音,苏雪儿使出了绝招,以吻封缄就是这个意思。

连年说得对,打人是件累活,当他和火暴暴互打,累得满头大汗、筋疲力尽时,连年给火暴暴说了一切,额头的汗水被风吹凉,火暴暴的眼泪流出来。连年是相信鹅四的,鹅四也有能力让他相信,火暴暴更相信,从小他就不同常人,他知道,他的一切奇迹也许正是来自天鹅座的魔力,这神不知鬼不觉的事儿,正是爱的宿命。

在带鹅小鸟去别墅的路上,火暴暴的眼睛里,斑斑泪光。火暴暴在想,他和鹅小鸟的爱情,如果真是命中注定的,是一场烟火过后的生命劫难,那么为了鹅小鸟,他什么都愿意做,曾经,鹅小鸟第一次说,他的心是她的,火暴暴就准备好了,要,随时随地可以拿。

火暴暴和鹅小鸟,他们都知道让对方置于死地的方法,他们什么也不说,他们的行动告诉自己:"让我消失了吧!为了我爱的人!"爱的护佑,从来都是给予爱的人,只要对方好好活着。

火暴暴的眼泪,挂在眼角,凉凉的,藏在眼里,热热的,流下来,断了线的,落在地上,是碎的。爱的心都会碎,碎裂的心像一枚铜镜,映照着人生的残缺和爱的完整。

鹅小鸟缓缓醒来,虽然这个地方她只来过一次,但是她却那么熟悉,当时是天鹅座的K流星雨到来时,她来过,她记住了,仿佛世世代代在此居住一样的清晰。

火暴暴趴在床边,微微笑着看着鹅小鸟,鹅小鸟的心猛然一动,她已经有一些日子,没有看到火暴暴的笑容了,她伸出手,想抚摸一下他的脸颊,又茫然地缩了回去,却被火暴暴伸手抓住,把她的手紧紧握在手心。

"年呢?"爱的汇聚力,让鹅小鸟害怕这份专注,她试图分散精

七 意外的爱情事件

229

力，转移话题。

"不说他。"

"就是想说说年，不想说别的。"

"不想我吗？"火暴暴问，听者都能感受到深情。

鹅小鸟甩了甩头，仿佛要把头从脖子上甩出去，有点小夸张。火暴暴叹了口气说："你是喜欢年？"

"喜欢。"鹅小鸟话一出口，她感觉有泪滴打在她的手上，她觉得自己没力气了，黑心石心脏奄奄一息，可能真的快要告别这个世界了，她感到了恐惧，好像有些话不说，就再也没有机会说出了一样，匆匆忙忙说着自我矛盾的话："年，就像众多森林里一棵有礼貌的树，而你是生长在我心里的，无论你长成什么样，都是我心里最好的暴暴。"鹅小鸟的脑海里，浮现着曾经，那些爱的小动作，火暴暴偷偷地亲吻她，或者把她的手握住，一起插进裤袋里，一想到此，鹅小鸟心就温柔地颤抖。

"鸟儿，我已经知道了，全都知道了。"

"知道什么啊？"

"连年知道的我都知道了。"

"那是鹅四瞎说的，你别信，天底下哪有那么奇怪的事儿。"

"小鸟，我信了，我的心我的直觉都信了，如果非要一命换一命，我宁愿是你活着。"

"暴暴，你怎么是这个地球上最笨的人？"

"你才是全宇宙最笨的外星人！"

"所以说，笨蛋和笨蛋是不能在一起的。"

"有你在身旁，就是我的梦想。"火暴暴把鹅小鸟拉起来，紧紧地把她抱在怀中，鹅小鸟挣扎着拒绝。

"打我，再打我一次。"

鹅小鸟的拳头轻轻落在火暴暴的胸口，那心跳声，就是她的心跳，爱意咕咕地往外冒。在分离的日子里，火暴暴不在身边，却一直在她心里。

"暴暴，抱住我，你的抱抱好温暖。"鹅小鸟又近乎乞求地呼唤，一切都快要结束了，黑心石心脏的凌乱，她也傻傻分不清。

"我宁愿你打死我，也绝不放弃，我的爱情就没放弃这个字眼。"火暴暴坚定地说。

纵然是铁石心肠，也难逃过爱的缠绵绕指柔，鹅小鸟有泪流出来，泪流不止，她听到了黑心石彻底碎裂的声音，她扑向了火暴暴。

扑进火暴暴怀抱的那一刻，两个人深情相望，只那一个眼神，馋得他们大口大口地吸气，呼吸不过来，火暴暴狠狠地吻了上去。

自从那天火暴暴把天鹅羽毛头绳甩给她，鹅小鸟就一直带在身旁，她把天鹅羽毛头绳重新给火暴暴绑上去，那直冲天空的头发瞬间变成垂垂的小马尾。

"我没舍得剃掉头发，我总是等着你回来。"

"你说你只爱为你哭的女生，其实那个时候，我没有眼泪了。"

"现在泪水回来了。"

"回来了，全是你的，只有我为你哭，我再也不要你哭了，你是我的纯爷们儿。"

"纯爷们儿才会为他的女人流眼泪。"

鹅小鸟的嘴唇再次啄上了火暴暴，火暴暴动情地问："我还是你的心吗？"

"你是我的心，有你，心才会跳，永远的。" 豆大的泪水从眼角流下，留下清晰的泪痕，鹅小鸟又哭了，她的眼泪，哗啦啦地流淌着。也许，每个人的眼泪都是有限度有定额的，鹅小鸟的眼泪，是独独属于火暴暴的。

这个世界只有一个火暴暴，也只有一个鹅小鸟，就是在这样的时光里，他们与爱情相恋，一刻也不愿分开。只有相爱的所在，才能称得上花样年华，有痴心妄想的爱情，就青春不老。火暴暴和鹅小鸟在一起，就是属于他们的花样年华，年轻男女的青葱岁月。

火暴暴和鹅小鸟手牵手，相拥着到大露台上，好好的天气突然下起了雨，雨滴就像小巧玲珑的炸弹，在这对相爱的人身体上开着花，两个人紧紧拥抱着，分不清是泪还是雨。爱在一起，无论面对什么天气，都是那么愉悦开心。他们笑着，他们看着彼此微笑的脸，觉得自己全身都在微笑，连背影都是微笑着的。

当火暴暴和鹅小鸟、连年和苏雪儿四人一起，再度出现在众位家长面前时，火妈妈彻底愤怒了，与之不同的是，连妈妈心里乐开了花儿。

"原来我们年喜欢的是雪儿啊。"连妈妈开心地说。

"年这孩子真是的，也不早说，早说不就没那么多事了吗?"火妈妈说。

"年从小就喜欢雪儿，长大了反而不敢说了，都怪你火嫂，总是替暴暴霸占着雪儿。"连妈妈想想过往，忍不住对火妈妈埋怨说。

"想想我也是的，差点耽误了两个孩子，可是这暴暴和小鸟，我不敢想。"火妈妈看着火暴暴和鹅小鸟的样子，头顶上仿佛罩着晕圈，随时可以倒下去。

"用年轻人的话说，真爱最重要，想开点，就像当初你劝我这样。"连妈妈劝慰说。

"但愿吧，随他们吧，这心操够了，太累了。"火妈妈无奈地看了火暴暴一眼。

"你就好好休息吧，我也不想你累。"火暴暴说。

"是啊，现在不是很好吗?"连年说。

"今天是世界宽容日，我们都宽容过去，勇敢向前吧!"苏雪儿说。

鹅小鸟依然沉默不言，只要站在火暴暴身边，她就是幸福的，她不说，她只享受着心里的幸福，怕一张嘴就打破了。

只是，连年正正经经地走向鹅小鸟，认认真真地说了句："对不起，小鸟。"

鹅小鸟知道，连年是利用她吸引苏雪儿的，说："你给我说过，如果做了对不起我的事儿，让我原谅你，既然你备案了，那我就原谅你了。"

"就知道小鸟最好了。"连年笑着说。

"我呢，我呢，夸一个。"苏雪儿调皮地说。

"你比他们都好。"连年说。

"有你这么夸的吗？夸一个贬一群。"火暴暴不满地说。

"我是开玩笑了。"连年说。

大家都知道连年在开玩笑，善良的孩子们，总是有一个幸福的磁场，这让他们历经波折之后，始终积极向上。他们都是从过去的情感中解脱出来的，他们正在体会着更真实的幸福。

每个女孩遇见自己的心上人，那感觉都是相似的，心跳得厉害。可是，苏雪儿和连年认识那么久，她第一次出现了这样的心跳，是以往和火暴暴在一起从来没有过的，站在连年身边的苏雪儿，满脸羞涩，再加上家长们一起哄，她的脸更红了。

"我们雪儿就是个傻孩子，还怕羞？"火妈妈说。

"怕羞就对了，怕羞才是真爱，像我们那个时候，越是见到喜欢的男孩子，越是躲着。"连妈妈说。

火妈妈看了看鹅小鸟，她就纳闷了，为什么从一开始，鹅小鸟就那么主动，随后说："小鸟就是和别人不一样，第一次见暴暴不就上头条了吗？"火妈妈是想提醒大家，火暴暴和鹅小鸟初相见时的亲吻事件。

鹅小鸟一脸尴尬，苏雪儿替她解围说："暴暴哥和小鸟不一样，其实他们认识N年了，好不容易重逢，不亲热点怎么行？"

"认识那么久，我们怎么没见过？你们谁见过？"当火妈妈一串问题过来，火暴暴觉得没必要去谈这些问题，会没完没了的，还说不清楚。于是，他给连年使了一个眼色，两个人默契十足的，一拍即合，分别牵着鹅小鸟和苏雪儿开溜，只剩家长们在背后说东道西，年轻的人们再也听不见他们的只言片语。

意外的爱情事件，悲欢离合，奠定着生活的根基。相爱的人，只要抬头，望向天空，就能看见爱情的翅膀，心里若有飞翔，那翅膀就会一直地飞。

八 在一起的浪漫时光

鹅小鸟的眼泪回来了，爱情也回来了，仿佛生命也回来了。

和火暴暴和好如初的鹅小鸟，之前一直担心着的亲吻事件，发生了竟也平安无事，火暴暴想："亲了没事，那爱爱也会没事的，不会像鹅四说的那样恐怖，命运里一定有看不见的奇迹，天意也不愿意和真心相爱的人过不去吧？"火暴暴越是这样想，越觉得这样的日子一定会持续下去，这样的日子也让人过不够。

在火暴暴身边的鹅小鸟，恢复了以往的娇俏活泼，所有命运既定的衰败痕迹都没有，反而看起来更好。曾经在分离的日子里，像蔫了的花儿一样，如今却像沙漠的复活草一样，生机勃勃。唐心草笑了笑，这一切都属于相爱的人，幸福的日子就要来临。

和鹅小鸟在一起，火暴暴很开心，他也想让鹅小鸟开心，只想让她开心。

幽静的街道两旁，种满了会开花的树，他们和无数花瓣擦肩而过，纷纷扬扬，有些花瓣落在鹅小鸟的发梢上，火暴暴轻轻帮她摘下，眼睛里的鹅小鸟和路边的景色一样，美得心动。

鹅小鸟抬起她的大眼睛，问火暴暴说："我好看吗？"

"好看得没人性。"

"这是最高级的赞美吧？你说过我是你的小魔兽。"

"是啊，我是大魔兽。"

"两只魔兽手牵手，一只魔兽喝醉酒；两只魔兽抱着走，一只魔兽心痒痒呢！你是宇宙里最好的暴暴。"鹅小鸟自编自唱自跳地开心着，时不时地还不忘伸手挠火暴暴一下。

"看到你这么开心，我就觉得我老了，一夜到白头，这是多么的满足。"火暴暴好想，一直就这样，直到白发苍苍，刻骨铭心的爱里，总是住着迫不及待的少年老成。

"我告诉你，我最喜欢听你说三个字。"

"我爱你？"

鹅小鸟蹦跳的小细腿停下来，转身捧着火暴暴的脸，说："是'我很好'！每次听到这三个字，我就觉得特别幸福，我的暴暴是好好的。"

"哎，别杞人忧天了，我能有什么事儿。"火暴暴满不在乎地说。心里却想着，如果他的身上有一个死穴，那就是这个小鸟，只要她平安无事，火暴暴再苦再累怕什么！

"暴暴，我苦苦寻你，只是我爱你，我爱你，我爱你……"鹅小鸟的爱像是说不完了一样，火暴暴只能唇角挂着笑，跟着她说话的节奏不停地点头，低声安抚着说："我知道，我知道，我知道……"

"你知道我爱你，可你不知道多深。"

"别冤枉我，我爱你也爱得深刻。"

"你是我的糖豆，到了我的嘴巴里，谁也抠不出来了，再也不让任何人抠出来了，我好幸福。"鹅小鸟双手背后，脸仰向天空，一副我有暴暴我骄傲的模样，路过的人，都看到这是恋爱中女孩特有的幸福。

"放心吧，是你的糖豆，只会在你的嘴巴里融化。"火暴暴说。

两个人十指紧扣地牵手，火暴暴使了使劲，夹得鹅小鸟手指痛。

"弄痛我啦！"十指连心，痛遍全身，鹅小鸟叫着。

"以后再不听话，这就是刑罚。"想到之前的事儿，火暴暴还不忘提醒她。

"你欺负我。"

"欺负你是我的专利。"

"那别人欺负我了呢？"

"敢！我放你的鸟爪去挠他们！"

"应该是放我们俩的魔爪一起去挠他们！"两个人说说笑笑，眼神捕捉着对方，爱意迎接着爱意，鹅小鸟心疼了一下，说："暴暴，你瘦了，我要你马上胖回来。"

"那我能要求你有体重吗？我怕风把你吹跑了。"

"别看没体重，风吹不动我！"鹅小鸟立刻把自己竖立在原地说。

"那我抱得动吧！"火暴暴说着，把她抱了起来，连着转了几圈。

"放我下来！"鹅小鸟喊着，两个人嘻嘻哈哈拧成一团。快乐的身影，渐渐隐没在街口拐角处。

有火暴暴在身旁，这个世界就变了样，全是幸福的。这样的时光，哪怕只活一刻，也是值得的。爱情是有根系的，无论过去多么辛苦，只为靠近，那个跋山涉水、千寻万找的鹅小鸟，她躲在角落，孤独地等待过的爱情，终于来到了身边。

下雨了，连年和苏雪儿一起，并肩站在躲雨的屋檐下，微风一吹，雨丝溅湿他们的衣服，连年牵着苏雪儿往后靠靠。

苏雪儿想到小时候，小小年纪的连年替她打着伞，她喜欢听雨滴吧嗒吧嗒地落在雨伞上的声音，她觉得这是天使流下的眼泪，在和自己说话，那种自我的想象和交流很开心。

"要是我们没长大多好，长大后的世界孤单不好玩。"苏雪儿说。

"我喜欢长大。"连年说。

"为什么？"苏雪儿疑惑地问。

"长大了可以当家做主，可以娶老婆生孩子。"连年得意地说。

"你就这点出息啊？"

"就这点出息，能完成就不错了，你以为娶你很容易啊？是谁之前还要在暴暴那儿吊死不活了呢？"连年打趣苏雪儿说。

"你再揭我丑我就不理你了。"

"雪儿，你知道你什么时候最漂亮吗？"

"我什么时候都是最漂亮的。"每个女孩子都坚信自己，从来没有丑过，没有最漂亮，只有更漂亮。

连年没理她，只顾自己说："是我看你笑的时候，你一笑，浅浅的酒窝，似醉非醉，微醺微醺。"

"我有酒窝吗?"连苏雪儿都不记得，自己曾经长过酒窝。苏雪儿这么一问，让连年非常扫兴。其实，也只有连年，能看出苏雪儿有酒窝，她浅浅的酒窝，也只有连年这样的专注，才能在她的脸上找出酒窝来。

如果爱，爱的人能从被爱的人身上找出一切，都是自己心有所属的存在。

当记忆铺天盖地而来，仿佛感觉那些微凉的小雨点，已经穿越时光，又落在他们身上，苏雪儿的睫毛湿湿的，雨鞋踩在地上噗叽噗叽地响。

那个时候连年酗酒，就是当看到苏雪儿心中眼中只有火暴暴时，他常常一个人爬上屋顶，仰天长叹，只剩下白色的球鞋和破损的牛仔裤在屋檐下晃荡。

连年无数次说忘了苏雪儿这个丫头，可是只要她一笑，连年就彻底无招。

"要是一个女孩，长到一个怀抱里，再也挪不出来，该是多么幸福啊。"苏雪儿感慨地说。苏雪儿想到小时候，她坐在连年的怀抱里，两个人一起看着病恹恹的火暴暴，那场景好玩又可笑，还被连妈妈拍了下来，至今一翻看影集，都能引起大人们的一番笑声。

"不合适的时候还是要挪一挪，你该不是还想着暴暴吧?"

"我想你啊，笨蛋。"苏雪儿现在体会到，和连年在一起，连年爱着她，她也爱着连年，这是多么美好的事情，只是之前她太不小心，差点错过了。

爱人的心果真是需要细细体谅细细发现。爱是天然的财富，就隐藏在微小的琐事里而不被剥夺。

因为鹅小鸟的缘故，火暴暴已经进入了全面的休假状态，他有他的打算和计划，要和鹅小鸟度过浪漫的二人时光，之前不是训练就是比赛，再加上发生了那么多事儿，脑子里留下的是一堆熙熙攘攘的记忆。

鹅小鸟也是这么想，她希望有一天回想起来，那是属于她和火暴暴的缓慢时光，两个人轻轻地说着话，慢慢地走走路，呼吸着彼此的味道，惦念着爱的美好。

"你们怎么整得像告别一样？"苏雪儿不懂，怎么连她和连年都不让跟着，多一些人去玩不好吗？

"我也反对不带我们一起。"连年说。

"暴暴，我也觉得你们这么做不合适，起码会担心啊？"火妈妈说。

"没什么好说的，我们又不走远，就在这附近转转。"火暴暴平静地说。

"附近？那你去哪儿呀？"苏雪儿急忙问。

"不知道。"火暴暴说不知道，是因为他真的不知道，他只想和鹅小鸟漫无目的的，走哪儿是哪儿，想停哪儿在哪儿，当然，他还是有他一定的打算的。

"那绝对不行，你觉得是你正常还是小鸟正常，万一有什么意外怎么办？"虽然现在大家相安无事，但是过去的一切火妈妈可不会忘记，那些发生的稀奇古怪的事儿，让她无法安心。

"我和小鸟正常得很，没什么意外的。"火暴暴说。

"越是说自己正常的人越不正常，你见过神经病说自己是神经病的吗？"火妈妈追问。

"越说越离谱了，你们爱怎么想就怎么想吧！"火暴暴早有准备，把行李搬上休旅车，牵着鹅小鸟，不管身后的议论纷纷，他和他的小鸟要去山谷中，看星星去了。再看看鹅小鸟，她的眼睛亮得那么深，亮得那么认真。

山林间，人迹稀少，古树掩映，山涧河溪，雾生半山腰，仙姿婆娑。两座山并不高，两山之间的低凹处，像桥一样连接着两侧的峰峦，形成了一片宽阔的谷地。谷地里有山里人家耕耘过的痕迹，草丛中石竹花冒出了脑袋，而红红的紫云英像一片燃烧的火焰，美丽亮眼。

天色已晚，火暴暴和鹅小鸟打算在这里安营扎寨，他们要一起和大自然同眠。

夕阳沉了下去，星星闪耀在天空中，它们调皮地眨着眼睛，像一幅高贵的奢侈的艺术品。

鹅小鸟清脆地朗读："当夜色降临，我站在台阶上倾听；星星蜂拥在花园里，而我站在黑暗中。听，一颗星星落地作响！你别赤脚在这草地上散步，我的花园到处是星星的碎片。"

为火暴暴读诗的鹅小鸟很专注，鹅小鸟看着好奇地望着她的火暴暴说："这是芬兰诗人伊迪丝·索德格朗的《星星》。"

"外星人都这么会念诗呢？"

"鹅叽叽教的，我的鹅叽叽已经回到了天鹅座。"鹅小鸟望着北方，那是天鹅座的方向，低头祈祷。

鹅小鸟星星似的眼睛，仿佛要进入到火暴暴的心里去，山谷中的风，让她的身上带着一股寒气，这股寒气，近似于庄严。

火暴暴的手接连在鹅小鸟的眼睛前晃，她的眼睛一眨不眨，像是从脸上飞了出去，过了一会儿，她说："暴暴，我愿意在地球上陪你衰老，只要你是暴暴，我就是那只朝着你飞的鸟儿。"

"听起来很不错！"火暴暴开心地说。

"暴暴，你会忘了我吗？"

"你的名字，就是我死了，只要听到你的名字，也是我想回来的地方。"

鹅小鸟伸手捂住火暴暴的嘴，任何时候，她都不愿意从火暴暴口中听到死字。虽然以前有过那么多病，火暴暴从来没有提过死字，只有面对鹅小鸟的时候，他自然而然地提到了，这就是自然而然的爱，是拿出生命在爱。

"如果有一天，是我闭上了眼睛，我希望是你幸福的开始，就像我在的时候一样，过着有爱的生活。"鹅小鸟喃喃地说。

"不可能。"火暴暴摇摇头，接着说，"有你，我才有幸福的模样，我常常在想，只有你的怀抱是天堂，没有什么比你更重要。"

"每当你抱着我，我也觉得那就是天堂该有的样子。"鹅小鸟做了一个拥抱的手势，火暴暴决不会让她落空，立刻抱住了她说："所以你要好好地活，你活着最重要，你的生命最重要。"火暴暴一再强调。

"生命和活着，固然重要，但是只有精神和心灵，才会产生爱，我只要我们在一起。"鹅小鸟说着，眼睛模糊了视线，她牵起火暴暴的手，两个人的手始终不再分开，手和手之间是有语言的，眼神和眼神的对视中，爱意延伸，蔓延开来。

"我在天际流浪，终于在最后时刻抓住了你的手。"鹅小鸟的脸上洋溢着幸福。

"有时候我问过自己，你为什么会爱我?"

"不要问为什么爱，我们的前世今生，每次转世，你都不在，只有这一次，只有一次相遇，一见倾心。"

"真是天意。"天意和命中注定，是火暴暴给自己的最好的解释。

"你说我们要穿越了怎么办?"鹅小鸟饶有兴趣地问。

"那我就骑马挂枪闯天下。"火暴暴顿时豪情壮志地说。

"会带着我吗?"

"带着，一定得带着，把你装在旅行袋里打包走。"

"跟着你走，跟着你走!"

两个人说着说着，眼前好像闪现一幅画，小女人的男人走四方，她的心一直跟着他，再也不要离开他。

夜深了，星星像从山谷里长出来似的，就在他们的头顶，两个人身披星光，钻进了帐篷。火暴暴与鹅小鸟和衣而睡，两个人安静地闭上眼，连个呼吸也没有，他们像是同一个人。只有一只蚊子，不识相的"嗡儿"了几声。

"肯定是只胖蚊子。"鹅小鸟警惕地说。

"胖瘦你都知道啊?"

"它的叫声太沉重，喝血喝多了。"鹅小鸟说着，在被窝里扭动了一下，火暴暴说："如果有蚊子咬你，你就叫我，我睡着了也叫醒我。"

火暴暴说完，还是不放心，四处查看帐篷，等他转身躺下，鹅小鸟搂住他的脖子撒娇说："你刚离开一会儿，蚊子就来欺负我了。"

"蚊子这么没眼力价？敢咬我的外星人女友？"

"敢啊，你就是大蚊子，爱咬我。"鹅小鸟说着，呜呜地假哭着。

"再哭还咬。"火暴暴随即拉起鹅小鸟的手，咬了她一下手指头，然后问，"在你眼中，我就是一只大蚊子？"

"在我眼中，你是我的大男孩，属于我的大男孩。"鹅小鸟一本正经地说。

"那我老了呢？"

"你的白发，我的雪花。"

"你说得我眼中都快有泪花了。"火暴暴真想，等到老去时，他们还在一起，那应该是世界上最浪漫的事儿吧！

"我想要的就是和你永远在一起，我知道那需要奇迹，而我太过平凡，奇迹和我不相关的。"鹅小鸟说。

"你已经不平凡了，从天鹅座那么远来找我。"

鹅小鸟一声叹息，说："终究是逃不了命运的。"

"相信我，你会没事的。"火暴暴在鹅小鸟的额头上轻轻地亲了一下，鹅小鸟回亲了一下他，两个人的爱相互辉映，安稳地进入了梦乡。

睡在寂静的山间，睡到自然醒，日光斑驳，一片一片像飞舞的蝴蝶，扑到他们身上，温暖地摩挲着他们的身体，让人心旷神怡。

鹅小鸟伸着懒腰，对着阳光发笑。

"干吗呢？"

"我在阳光里，笑着想你。"

"我就在身边呢。"火暴暴上去拥抱着她。

鹅小鸟就在火暴暴的怀抱中，两个人一步一步向前挪动，她扭转头，说："暴暴，亲我。"火暴暴乖乖地亲了一下，鹅小鸟说："你亲我的时光，忘记了整个宇宙的悲伤。"

"又胡思乱想什么呢？"看鹅小鸟心事重重的样子，火暴暴问。

"暴暴，我是天鹅外星人，我有翅膀，我会保护你不受伤的。"鹅小鸟信誓旦旦地说，那表情，仿佛是天塌下来，她要扛着。

"你放心，我是人类，也有翅膀。"

"你翅膀在哪儿？给我瞧瞧。"

"想你的时候，我心里就会长出翅膀。"火暴暴说。

"那你看我的。"一瞬间，鹅小鸟就从火暴暴的怀抱里消失了，火暴暴四处寻找，均不见踪迹，就在他心急火燎的时候，先听到鹅小鸟的声音说："暴暴，你吹口哨，我就下来了。"

火暴暴望向天空，鹅小鸟正以鹅的形式在空中行走，由于太过心急，火暴暴几次吹口哨都吹不响，鹅小鸟故意赖在空中不下来，等火暴暴的口哨终于响起，鹅小鸟已经从背后拥抱着他。

"看，这是什么？"鹅小鸟举着一个用花草编织的戒指给火暴暴看。

"送我的？"

鹅小鸟开心地点点头说："我要你记得，我爱你，我期待着，那鲜花一样的亲吻，你的手指上还没有我的戒指，我只想给你，暴暴。"

"那我要怎么回报你？"

"亲亲我吧！就当今天是我们的亲亲日。"

火暴暴温柔地亲了一下，一吻倾城。

柔情蜜意的时光，不是谁离不开谁，也不是离不开爱情，而是离不开两个人在一起的爱情，这就是爱情的浪漫。

这是一个山里的村庄，少有的几户人家，屋主们盖起了各式各样的小木屋，说是几位厌倦了城市生活的好朋友，一起约定来山里隐居。他们的小木屋一方面自己居住，也可以随时招待过路的旅人，众多的驴友都来此居住过，有钱就留下点钱，没钱借宿几晚也没关系。

和都市生活相比，这里平静很多，他们随时可以放音乐，开乡村party，再也不用担心吵着对门对面的邻居。

火暴暴和鹅小鸟到来时，他们正在搞烧烤派对，烤鱼、烤地瓜、烤牛羊肉、各种新鲜的烤蔬菜，香味四溢，热情的李达上来就给火暴暴一个大大的拥抱，说："欢迎你来。"

火暴暴是在旅行网上和李达相识的，他是名资深驴友，这个小山村，就是在他的鼓动下，志趣相投的朋友们来这里相聚，渐渐地在旅游和驴友圈子里小有名气，成了年轻人欢聚时的农家乐似的。

火暴暴和李达的朋友们一起互作介绍，当介绍到鹅小鸟时，她却一直往身后躲，火暴暴把她从身后拉出来，说："未来老婆。"

"欢迎欢迎。"大家一片欢呼，这欢呼声在之前已经响了 N 阵，安静的山村仿佛都在摇晃，那是当大家看到火暴暴时，知道的不知道的，到最后都知道火暴暴的身份时，大家由衷地鼓掌，气氛热闹。

"老婆就老婆，还未来老婆，看人家都不好意思了。"李达说。

"口误，就是老婆。"第一次这么称呼，面对第一次爱的人，火暴暴也有点小害羞。

鹅小鸟的眼神充满了闪躲，这时火暴暴才感觉到不对劲儿，柔声问："怎么了？"

"烤野鹅。"鹅小鸟有点惊慌地说。

"哦，我们叫大雁，人工养殖的，没事儿，可好吃了。"李达说着，就拉着火暴暴去尝尝。

看着鹅小鸟的样子，火暴暴当然担心，不过又想，不过是烤野鹅，又不是烤天鹅，她怕什么呢？外星人胆子这么小吗？

鹅小鸟还是缩着，她想到小时候，妈妈说："鸟儿，只要是鹅，都是我们的同类，基因决定着，我们有责任不伤害她们。"一想起有关妈妈的一言一句，鹅小鸟就有点伤感。

"我的烤野鹅呢，怎么不见了？"李达大呼小叫的。众目睽睽之下，眼见着快要烤熟的野鹅不翼而飞，谁也不知道发生了什么，大家是一片诧异。

鹅小鸟悠然自得地坐在那儿，看着他们一群人吵吵闹闹，她一直笑着，火暴暴什么也不说，直至最后跟着她笑，只要看到她开心，他心里就没有什么接受不了的。

小木屋的周边是天然的草地，蘑菇种植房，还有一条长长的土沟，生长着许许多多的茅草根，李达说是乡村野果，鹅小鸟尝了下，甜甜的，好喜欢的味道。

火暴暴见鹅小鸟喜欢，沟沟沿沿地找着，滚了一身的土，笑容灿烂地对鹅小鸟说："我像个农民吧？"

"我就爱你这个农民。"

"那我们就不走了，我天天给你找茅草根吃。"

"好吧，不走了，我们一起种庄稼去。"两个人说着笑着开心着。火暴暴身上全是茅草根的味道，鹅小鸟说他变成了茅草根味道的暴暴。

"那你来吃我，吃我啊。"

鹅小鸟的嘴小鸡啄米似的亲了上去。

在树林的灌木丛中，竟然有一些熟透的小红果子，落满一地。自然落在地上的小红果，完好无缺，只有被人踏过的地方，一些小红果粉身碎骨，在和火暴暴你追我赶的嬉戏中，看到它们，鹅小鸟变得小心翼翼起来。

不是秋天，也有树叶落下，鹅小鸟一片一片收集，用沾着绿色的叶子包裹着那些小红果。

"你要做什么？不会要带回去吃吧？"火暴暴担心鹅小鸟，怕一不小心她又往嘴里塞。

鹅小鸟摇摇头，随地找了个瓦片，开始松土，火暴暴一看这架势，肯定是黛玉葬花那一套，想不到外星人女孩也好这个，不再问了，动手帮忙，很快就刨了一个深深的坑。

鹅小鸟把小红果埋了起来，火暴暴说："这下放心了？想不到你还这么多愁善感呢。"

"你懂什么？埋了它们，它们就什么都不知道了，什么也不记得了。"

"照你这么说，这些家伙不记得我们埋过它们了？"无聊的时候，火暴暴也会顺着鹅小鸟的思维，陪着她胡思乱想。

"它们也不会记得自己，等它们长成小苗，钻出土壤时，泥土会替它们记得，这些小苗是怎么来的。"

火暴暴本来还想问些什么，怕越问问题越多，反正鹅小鸟总是有比他的问题还多的答案，等着他，随即火暴暴转移话题，要求回到集体中去，和李达他们一起谈天说笑。

天然的小河，湍流不息，可以徒手摸鱼。火暴暴和李达都下了河，李达一直笑话火暴暴没有抓鱼经验，赌他一条也抓不住。

鹅小鸟蹲在河边，对李达大声说："要是暴暴抓住了，你赌什么？"

"你说什么就什么吧！"李达爽快地说。

"不行，这不公平，一条鱼谁不会抓啊。"杨颖说。

杨颖是李达的女朋友，她知道李达是抓鱼好手，但是这不是赌数量，是赌火暴暴能不能抓到一条鱼，觉得没什么意思，对李达也不公平。因为只要火暴暴抓到一条鱼，就算赢了，这闭着眼睛摸也能摸到一条鱼。

"算了，别赌了，我就是浑水摸鱼，玩玩。"火暴暴让鹅小鸟别起哄，他真的对自己没信心，本来也只是想跟着李达下水玩玩，新鲜一下。

一看到火暴暴怯场了，杨颖来劲儿了，说："要不这样，火暴暴和李达赌谁抓的鱼多？"

"那我必赢啊。"李达自信地说。

"那可不一定，我相信暴暴，暴暴加油！"鹅小鸟鼓励着火暴暴说。

"我相信李达，无论是我们的村民还是过路的驴友们，还从来没人赢过李达！我家达达就是抓鱼达人。"杨颖说。

两个女生较劲起来，两个男人紧急开始了，以往抓鱼能手李达，别说抓了，一个鱼影儿都没找到，感觉鱼儿们都去外婆家走亲戚去了；反观火暴暴，他的鱼篓很快就满了，火暴暴感觉鱼儿们都在往他手里钻一样，钻进他手里就不愿出来了，乖乖地被他一条一条扔进鱼篓。最后，李达就放弃了，成了火暴暴的个人抓鱼表演赛，看得众人目瞪口呆。

"你在国家队练抓鱼的吧?"李达和火暴暴开玩笑说。

"瞎说。"

"我看你别玩U形池了,要是有抓鱼比赛你一定也是世界第一。"李达郁闷地说。胜负结果很明显,所有的人都看不明白,李达是怎么了?平常他们吃鱼,李达都是去河里现抓,李达在这条河里,就像在鱼塘里捞鱼一样,今天竟然一条也没抓到,中邪了似的。

鹅小鸟开心地看着鱼篓子,亲昵地捧着火暴暴的脸亲了一下,说:"庆祝我的英雄凯旋。"

"我知道,没有你,我赢不了。"火暴暴说。

"没有你,我连蹲在河边的劲儿也没有,蹲得我腿都麻了,快背我。"

鹅小鸟爬上了火暴暴的背,掀开火暴暴的小马尾,在他的脖子上啃了一下,火暴暴又痒又疼,没理她,背着她进了屋子,心里的幸福一阵乱扑腾。

温馨的小木屋里,很有家的感觉,两个人洗漱完毕。鹅小鸟躺在床上,身穿火暴暴的男式休闲衬衣,她的身体在衣服里晃荡,就像躲在火暴暴的怀抱里撒娇一样。调皮的鹅小鸟还套上了火暴暴的袜子。

"臭不臭啊,袜子都没洗。"

"不臭,你不洗澡我也不觉得臭。"鹅小鸟这么说,是因为洗漱之前,她故意赖着不让火暴暴洗澡,说就喜欢他汗湿的味道,火暴暴差点当真了,只是很认真地给她说:"我每次睡觉前都得冲冲的。"鹅小鸟捂着嘴巴笑,其实只是逗逗他,她就喜欢看火暴暴那认真的表情,鹅小鸟是超爱干净的,甚至有些微洁癖,不可能让火暴暴脏兮兮地入睡。

火暴暴知道鹅小鸟又在和他闹着玩,他伸手去脱她的袜子,说:"别胡闹了,快把袜子脱掉。"

"不脱,穿上你的袜子,感觉像你的脚牵着我的脚一样。"

"这是什么话,人都是手牵手,谁听过脚牵着脚的。"

"我就要脚牵着脚,你的脚印在哪儿,我的脚印就在哪儿。"

"那我的脚印在你脸上。"火暴暴说着，伸出自己的大脚，做一个往鹅小鸟脸上踩一个脚印的架势，鹅小鸟不但没有闪躲，反而伸手抓住他的脚，以鼻子为坐标点，贴在自己的整张脸上。

火暴暴脚心痒痒的，鹅小鸟张口咬了一下，说："香香的。"火暴暴的心里，涌动着异常的感动。这就是爱，纯白的时光，单纯如童年的心。

本身只有巴掌脸的鹅小鸟，被火暴暴一只大脚压下来，感觉要变成大饼脸，火暴暴把脚拿下了，鹅小鸟死活拽着不肯，接着就开始挠他脚心，极度怕痒的火暴暴，连连求饶。

平息下来，鹅小鸟还天花乱坠地说着，火暴暴已有困意，叫了暂停。火暴暴觉得要这么和鹅小鸟聊下去，会没个够，说："爱在哪儿，心就在哪儿。"温柔地抱着她，两个人的身体，混合成一个人的味道。

入睡前，鹅小鸟非要把火暴暴拉到镜子面前。

火暴暴不知道她要做什么，只是顺从她，当两个人的身影出现在镜子里，鹅小鸟说："合影，这张照片就叫郎才女貌。"鹅小鸟指着镜子里的他们俩。

"什么郎才女貌啊，这不合适，应该是郎貌女貌，郎才女才。"火暴暴说。

"我爱听，暴暴，你是我的好暴暴。"对于火暴暴，鹅小鸟总是夸不完。

"你的话能把我美得东倒西歪。"鹅小鸟的话在心里，真是美滋滋的。

"这么美?"鹅小鸟问。

"就这么美。"火暴暴回答着鹅小鸟，猛地向她靠近，两个开心的身体连接在一起。

"为什么不照合影啊?非得在镜子里才算照片?"火暴暴很奇怪，难道外星人都是这么干的?鹅小鸟不允许火暴暴拍她，也不愿意和火暴暴照合影，原本一张照片很简单，手机分分秒秒的事儿。可是，在鹅小鸟心里，这是一个悲伤的话题，虽然目前一切平静，以鹅小鸟天性的直觉，消逝只在一瞬间。既然是命运的抉择，鹅小鸟已经做好了准备，只是她怕她离开以后，火暴暴想起他们有过的从前，会伤感，如果留下恩爱的合影，睹物思人，她怕会伤火暴暴的心。

爱就是这样无微不至，润物无声。

小木屋的床并不大，高大的火暴暴和鹅小鸟两个人睡在一起，略显拥挤。火暴暴轻轻地把薄被盖在鹅小鸟身上，鹅小鸟娇小的身体往他身上贴了贴，就像一只毫无心事的小猪一样，酣然入梦。

火暴暴是被鹅小鸟踢醒的，鹅小鸟可能是做梦了，梦中的她乱踢腾，嘴巴微微张着，仿佛有话说，又没说出口。突然，鹅小鸟一头扎进火暴暴的胸口，他的胸口刹那间湿漉漉的一片，梦里的鹅小鸟，哭了，火暴暴继续醒着，她依然睡着。

火暴暴一直看着鹅小鸟，直到天快亮时才渐渐睡去。鹅小鸟慵懒地睁开眼睛，阳光透过窗子照进了房间，整个房间暖洋洋的。

看着火暴暴熟睡的样子，鹅小鸟心想："阳光真好，在暴暴的身边醒来真好。"再看火暴暴，他已经睁着明亮的大眼睛，盯着鹅小鸟，他们互相看彼此的那一刻，他们触摸到了彼此的气息，如同感受天地的浪漫。

"原来天鹅的睡相是猪的样子。"想到鹅小鸟睡觉时的样子，火暴暴就想笑。鹅小鸟本来想反驳火暴暴，喷嚏却一个接一个的，火暴暴急忙摸了摸她的头，担心她是不是感冒了，睡觉像个孩子似的不老实。

"放心，我不会感冒的，就算真的感冒了，我还是幸福的，不是说打喷嚏的时候，就是你在想我，我愿意打喷嚏。"

"傻瓜。"

鹅小鸟捧着火暴暴的脸说："你照照我，照照我就好了。"

火暴暴不解，鹅小鸟两只手像捧着最心爱之物一样，捧着火暴暴的脸不肯撒手。鹅小鸟特别喜欢捧着火暴暴的脸，她觉得像捧起来的太阳，火暴暴就是她的太阳一样的男人。

"这个世界上，只有一个男人和太阳一样，就是我的，就是你，每当你照耀着我，我就什么病都没有了。"

"傻瓜，我的傻瓜小魔兽。"火暴暴环抱着她，紧紧地向这个娇小的身躯依偎。

"暴暴，命里我们相爱相克，你在地我在天，可是我还是那么爱你，爱发生在你身上的每一寸光阴。"

"我知道，我都知道。"

"我听到不灭之星在你的身体里跳动，我感受你的呼吸，这一切，在以后都将混合着我凝固的血液，成为不可磨灭的印记。"

火暴暴无言应答，他吻进了她的呼吸。爱上一个人就是这样，就算是自己的心，也会心甘情愿地奉上。

爱的骄傲，是情感最纯正的血统。

山影交错的谷地之中，古老的寺庙屹立千年，周围的景色都是历经千百年之后，自然而成，冷山公社就坐落于此。

林荫古道旁，一片一片野茶园，绿莹莹的，不时看到成群结队的摄影爱好者，的确是摄影的好地方。晨光里云霞般的色彩绚丽，山中的大白鹅，悠闲地走在幽静的竹林小路上。

酒店没有大门，只在寺庙旁的路边儿，一大块没有经过打磨的石头上，雕刻着冷山公社几个字，如果不仔细看，很容易错过。进入酒店的路不通汽车，浓绿的树丛里，一座座古村屋隐匿而存，泥墙青瓦，青藤漫过屋顶。

原木包装的酒店大堂，周到细致的服务生，礼貌中尽是客气，如果不预定，这里任何时候都是没有房间的。当然，火暴暴不一样，连年和苏雪儿更不一样，这原本就是连一宁和苏辉开的酒店。

酒店是根据古村屋改建而成，村屋原始面貌不变，依旧保持着古朴宁静的模样，只是对内部进行了全面改造。从奢华到极简，冷山公社和古寺交织在一起，与古寺相得益彰，相映成趣。

冷山公社的每个房间都是独立的庭院，当火暴暴和鹅小鸟站在院子里，很像一幅美丽了百年的画卷，周围异常安静，只有风穿过树叶的沙沙声。

"暴暴，我有点冷。"鹅小鸟说。

"我也这么觉得。"火暴暴揽过鹅小鸟，把她拥在怀里。

可能因为太静谧了，给人的感觉就是有点冷，只剩心灵里一片空净。

当年，连一宁和苏辉第一眼就看上了这个地方，觉得有意思，立刻着手进行商业开发。连一宁和苏辉热衷的方向，就是私密和低调，想给客人提供无拘无束的生活方式，让住到这儿的客人，体会的不仅仅是旅行，还有居家的感觉。

说起酒店的名字，是和火爸爸有关的。当火爸爸跟着连一宁和苏辉一起来考察时，连一宁问他什么感觉，火爸爸脱口而出："山多好冷。"

这一点，连一宁和苏辉都认同，进入山中，云深树密，的确有点冷，连一宁索性说："我们的酒店就叫冷山公社吧?"

"有个什么具体的意思没?"苏辉问。

"冷山就像火哥说的，冷冷的山，我想着，来我们这里的人，得有个温暖的人在身边，无论是亲情的、友情的还是爱情的，相伴才暖和，公社你就能理解了，怀个旧，多简单明了的名字。"

听连一宁这么一说，大家都觉得可行，之后就有了藏身于此的酒店。

酒店园内的石板路上，火暴暴牵着鹅小鸟漫步，两个人不说话，就这样静静的，融入静静的景色里。

"这么巧，怎么这么巧? 不期而遇啊!"从背后传来熟悉的声音，火暴暴和鹅小鸟一扭头，就看到苏雪儿挽着连年，站在了身后。

"你们这么做有意思吗? 无聊啊?"对于他们的到来，火暴暴不开心，鹅小鸟倒是表示了欢迎说："一起玩也挺好的。"

"对对对，小鸟说得对。"苏雪儿忙着补充。

"太无趣。"火暴暴还是不开心。

"早告诉你了，不要跟过来，就是不听。"连年埋怨苏雪儿说。

"我也是想大家一起才好玩吗？要不这样好了，我们就算碰个面，然后装作不认识，各玩各的。"苏雪儿出主意说。

"说到要做到！"火暴暴一再强调，只想和鹅小鸟度过二人世界。

"好了，能做到能做到。"苏雪儿不停地保证，然后拉过火暴暴，附在他耳边说："火妈妈让我告诉你，和外星人同居小心点。"连年也趁机转告鹅小鸟说："鹅四让我告诉你，和地球人同居，要多保重。"

"你们俩是鬼使者吗？"听完他们的话，火暴暴和鹅小鸟异口同声地说。这个时候，连年和苏雪儿才知道，原来彼此都有捎话来，还都隐瞒着对方。

"要不我们把人还换回来吧？"瞧这情景，苏雪儿故意说

"打死都不换，给我老实点儿，你这见异思迁的毛病，得改！"连年立刻制止苏雪儿，苏雪儿像是完全没听进耳朵里，继续对着火暴暴说："暴暴哥，我们一起聚聚吧！"

"请勿打扰！"火暴暴甩出这句话，带着鹅小鸟径直离开。剩下连年和苏雪儿，还在无休止地争论着什么，不过，一切都会在情侣间的浓情蜜意中化开，一些亲密朋友间的玩笑，只是生活里的一点点小小恶作剧。

被独特的自然环境环绕的冷山公社，有着不一样的气场，在这里的任何一个地方，都能感受到心底的安宁。

阳光中，弥漫着茶香，火暴暴和鹅小鸟面对面坐着，各留温馨在心上，这是属于他们的下午茶时光。

鹅小鸟像是对芝士蛋糕和提子酥饼比较偏爱，吃得津津有味，满口喷香。她点了伯爵茶，这是一种由优质印度红茶和意大利压榨柠檬油配制成的混合茶，茶具被服务生一一摆上桌面，一个一个瓶瓶罐罐再加上茶匙、托盘，看得鹅小鸟眼花缭乱。

"原来吃饭也需要勤快的人，这比我吃花儿复杂得多了。"

"这不是吃饭，只是消磨一下时间，等晚上带你吃大餐。"

"那我可得好好打扮。"

"嗯，打扮漂亮点儿。"

在鹅小鸟的世界里，正常吃饭对她来说是一件好奇又费力的事儿，她觉得之前的生活方式，真适合懒人。

天色渐渐暗下来，两个人打算起身离开，鹅小鸟看着火暴暴朝另一个方向走去，急忙跟了过去。

"再让我看见你们，朋友都没得做了！"火暴暴早已发现了连年和苏雪儿，只是没去搭理他们，结束了和鹅小鸟的下午茶，他直接走过去，严肃地警告他们。

"怎么着，你能来，我们不能来吗？"这次是连年不乐意了。

"本来我还想你能管管雪儿呢，听你这么说，你们真是天生一对。"

"多大点儿事儿啊，有必要这么愤怒？"苏雪儿觉得，完全没必要发火。

"算了，暴暴。"鹅小鸟试图阻止火暴暴，在帮他们打圆场。

"好了，暴暴，这次保证，不会影响到你了。"连年知道火暴暴有事儿，他也不是什么事儿都依着苏雪儿，只是他有着这样的担心，生怕火暴暴和鹅小鸟万一有事儿时，身边没人照应。对连年来说，火暴暴是儿时的小伙伴，长大后的好兄弟，而鹅小鸟，是一位善良可爱的女孩，连年怕他们俩有一个不得已，出了什么意外，如果按照鹅四说的，这个意外不久就要到来。也许意外本身，就是属于火暴暴和鹅小鸟的命运既定轨道，连年想着，脑子有点乱。

苏雪儿怔怔地站在连年身边，说："暴暴哥现在这么讨厌我们？"

"他有事儿吧！"

"什么事儿？"

"我们都不知道的事儿。"两个人的神情都有点颓废，看着火暴暴和鹅小鸟已经远远走开，连年和苏雪儿也走了出去。

素色的山石，朦胧的山色，若有若无的古寺钟声，这一切都蕴含着生活的本意，平淡纯真而不受干扰，是那么清净。

冷山公社的云海餐厅，火暴暴身着正装，绅士一般，鹅小鸟穿着花朵散摆连衣裙，出现在火暴暴面前。

轻盈的蜡烛散发着柔和的光，隔着一个桌面的距离，两个人的眼睛始终在追随着对方。火暴暴和鹅小鸟，都是共需一颗心的人，他们的灵魂，隔着一个宇宙的距离，可是命运，却让他们在这一刻，相互陪伴着。

相爱，是最不会被厌弃的相随。窗边的树，桌案上的花儿，爱之即得，寻常的日子和最爱的人，有太多太多事情可以做。

餐桌上的食物，褪去了烦琐的加工，一切返璞归真，以自然为本。但是，摆盘是极为讲究的，如花艺师一样，摆出不同的插花艺术，这里是各种拼菜图案，很是漂亮。譬如说莫奈花园，就用各种色彩的菜叶子组成，这是最接近鹅小鸟的生活方式，她很喜欢。

"暴暴，谢谢你。"鹅小鸟很感动，来到地球上之后，所谓俯首人间烟火，大概就是能够和火暴暴一起，简简单单地吃个饭。

"干杯。"火暴暴举起酒杯，示意鹅小鸟。鹅小鸟第一次喝酒，之前火暴暴给她介绍，这就是爱情酒。火暴暴说的爱情酒，其实就是葡萄酒，在葡萄酒背后，有一个动人的爱情故事。

"故事大概是这样的，就是有一位爱吃葡萄的国王，把吃不完的葡萄藏在密封的罐子中，为了防人偷吃，给罐子贴了个毒药的标签。可是，忙碌的国王忘记了这件事，这个标有毒药的罐子，被一位长期受国王冷暴力的妃子看见了，她不堪忍受情感折磨，爱情枯萎，意欲寻死，喝下了这罐毒药。结果妃子不但没死，反而越来越美，也重新找回了和国王消逝的爱情。"经不住鹅小鸟的纠缠，火暴暴给她讲了这个故事。

火暴暴的故事刚讲完，鹅小鸟竟然大口大口咕嘟嘟地对着酒瓶喝了起来，连气都没换一口，真是一口气喝完的，别说火暴暴，连远远站立的服务生都惊呆了。

"原来美容的酒在地球，早知道小时候就来这里了。"鹅小鸟摇摇欲坠，飘飘欲仙地窝在火暴暴的怀里。

人都说女大十八变，可是，丑过的女孩子，她的记忆里，永远深藏着一颗自卑的心，逮着机会，就想扔一个橡皮擦过去，擦掉那些丑丑的记忆。女生爱美，真是玩命的，火暴暴这是见识过了。

两个人的时光，就在鹅小鸟微醺之后，变成肉泥的那一刻，宣告结束。两个人的爱情，不能遗忘。迷幻的风景，美满终生，他们的灵魂，萦绕在月亮出来之后。

晨岚之中，碧绿的七叶树，枝枝叶叶播散了大片的阳光，一朵一朵素色小花探出了头，好看得甚至有了声音和气味。

鹅小鸟跟着火暴暴一起忙碌着，两个人一起做饭，一点一点往里面加盐，像是一点一点添加记忆。

鹅小鸟最近的变化特别大，火暴暴心里有纳闷，鹅小鸟也有点不解，她渴望着食物的味道，希望也能像鹅四一样吃地球上的美味食物，现在，一切都能做到了。

254

火暴暴最拿手的蘑菇浓汤和迷迭香烤土豆，还有芒果甜点，鹅小鸟吃得很满足。可能是吃得太多，刚刚吃过早餐的鹅小鸟，就觉得累，想入睡。

"不要睡着，不要睡着。"鹅小鸟的耳边，仿佛传来了鹅四焦急的声音。事实也是如此，如果鹅小鸟就这样睡去，她将再也不会醒来。

"困啊，困。"鹅小鸟念着。

冷山公社的床很大，鹅小鸟缩在火暴暴的怀中，几乎看不到她，火暴暴像抱着孩子一样抱着她，鹅小鸟在火暴暴的怀里陶醉，两个人只占了床的一角。没事的时候，即使是大白天，两个人也喜欢这样躺着，安安静静地感受着彼此的温度，一点一点在上升。

"暴暴，你在我身边，我感觉到你会离去，因为你让我心动得窒息，暴暴，你是这样帅，从来没有人这么帅过，我爱你，只是因为我爱你，只是因为你是暴暴，我才那么爱你。"鹅小鸟说着爱火暴暴的话，潜意识里，她在给自己提神，她是那么不愿闭上眼睛。

"我的小魔兽，我拿你怎么办？"每次听到鹅小鸟这么说话的时候，火暴暴都不知道该怎么表达，才能说出心里的爱。

"暴暴，你是我的小火柴，一点一点烧痛我，这持续的小火球，使我更加想你。"

"你是我的老婆。"火暴暴狠狠地抱了她一下，霸气而动情地说。

"暴暴，我喜欢你喊我老婆，我好幸福。"鹅小鸟想到在李达那儿，火暴暴第一次说她是老婆，不过当时她只顾着烤野鹅的事儿了，一时没反应过来。如今再听，这是她最想听到的。

"老婆老婆老婆……让我一次喊个够。"火暴暴任性地叫着，鹅小鸟开心得像小孩子一样手舞足蹈。温情脉脉的硬汉子一样的火暴暴，扯着嗓子喊老婆，难道这不算爱过一辈子？

火暴暴的呼喊叫醒了鹅小鸟的倦意，他的手机铃声一次接一次地响，一看是连年来的电话，火暴暴极不情愿，心想："以前年不是这样缠人的，现在都给自己保证过了，怎么还这样呢？"火暴暴没理会一再作响的电话声，接着收到连年的信息，说是已经支开了苏雪儿，有要事要和他单独商谈。

看到这情景，鹅小鸟一边劝火暴暴去看一下，一边帮火暴暴拿外套，甚至把鞋子都给他准备好了。

"你越来越像我的小主妇了。"火暴暴说。

鹅小鸟得意地在火暴暴脸上亲一下，然后把他推出门去，不是有急事，以鹅小鸟对年的了解，他不会这样催火暴暴的。

青石凳上，连年坐着，火暴暴站在他面前，两个人对峙了一阵，互不说话。

"十万火急地叫我出来了，怎么不说话？"就算只分开一刻，火暴暴也牵挂着鹅小鸟，他急于和连年早早完事，好快点回房，首先开口说。

"我觉得你这么做太自私了，火爸爸火妈妈知道了多难过？"

"不能让他们知道。"

"早晚会知道，他们怎么办，你想过没有？"

"我顾不了那么多了，小时候我已经死过一次，就当我再死一次吧！"

"暴暴，你能不能冷静点，小鸟非同常人，也许她有她的活法，她的什么天鹅奶奶还有鹅四，总是能有机会救她的。"

"我不赌小鸟的命。"

"那你忍心这样对待父母？"

"希望他们能原谅我。"

火暴暴决心已定，天鹅座的K流星雨今夜到来，那是还回不灭之星的最佳时刻，他已经错过一次，他决不会再错过第二次。在和鹅小鸟共度的浪漫时光里，不是他陪鹅小鸟，而是鹅小鸟在陪他，度过这生命最后的时光。当然，这一切鹅小鸟并不知情，也许她很快就知道了。

月光从木格窗户透进来，鹅小鸟就守在门口，细细地倾听着火暴暴的脚步，等待着他回来。

火暴暴刚在鹅小鸟的视线中出现，她就像饿疯了的小狗一样扑上去，挂在火暴暴的胸口，两个人拥着进了房间。

火暴暴坐在鞋凳上，鹅小鸟蹲下去给他脱鞋，因为没做过，她竟然没解开鞋带，就拼命往下拉，结果一屁股坐在地上，火暴暴看着她直笑，等她意识到要解开鞋带时，火暴暴反而不让了，就喜欢看她蹲在地上的样子。

摔个屁股蹾儿的鹅小鸟反而笑着说："和你在一起，给你脱鞋子都是幸福的，要是我能一辈子给你脱鞋，那我该有多幸福啊。"

火暴暴没说话，只是看着她，长长的头发垂下，遮住了她的脸庞，火暴暴的眼睛里，渐渐湿润起来。

"我是一只因爱而生的小鸟，我活在我自由的世界，我的爱，全凭着感觉和审美到来，暴暴，你就是唯一的。"

鹅小鸟说得很煽情，她的话席卷着火暴暴的大脑，火暴暴拼命地抱住她，抱到床上去，两个人一起，滚到被窝里。

大床上，白色帷幔和被子，裹着两个分不开的身体，轻柔而浪漫。

鹅小鸟趴在床上，火暴暴抚摸着她的背，偶尔她会汪汪地学小狗叫，然后说："如果是一辈子，我要你永远像现在一样，摸狗狗，摸狗狗，好幸福。"

"你是天鹅，别总想着当狗。"火暴暴逗她说。

"就喜欢做你的小狗，让你像抚摸小狗一样抚摸我。"鹅小鸟说完，翻了个身，坐了起来说，"你是暴暴，你是唯一的暴暴，我要你好好的。"鹅小鸟捧着火暴暴的脸，一字一吻地说。

"我愿意永远做你的寄存体，只要你活着，我才能活着，哪怕我死了，也是我认为的活着，因为我爱你。"火暴暴说。

爱得无能为力还在爱，那才是爱情，所有的爱情之美都在于爱的信念与持久、坚韧。就像火暴暴和鹅小鸟，他们心里清楚，谁也治愈不了他们，只有他们彼此。可是，就是他们这两个相爱的人，命中注定要完成拯救和奉献的责任，其中一个，要离去，要离去。

明白了天意，火暴暴就以为，在命运的回旋线上，他和鹅小鸟，总是连接在一起，那个线头不能断，不允许断！如果被迫断了，他宁愿做被命运之绳抛出去的那一个。

"鸟儿，如果我们天天这样在一起，你想怎样？"火暴暴问鹅小鸟说。

"我想生个暴暴的baby。"话就这么脱口而出，鹅小鸟烟视媚行。火暴暴凑近了鹅小鸟，把头钻到她的脖子里，说："鸟儿，来，叫一个宝宝。"

鹅小鸟忍耐着脖子里的痒痒说："你本来就是我的宝宝。"

猛然地，鹅小鸟意识到不对了，使着劲儿推开火暴暴说："你要干什么？"

"给我爱爱。"火暴暴等待着这一刻，虽然是他的不归路，却是还回不灭之星的唯一途径。

"暴暴，你不能这样，我不要。"鹅小鸟感觉自己快抵抗不了，火暴暴带来的奇异的触感。

"鸟儿,你活着,你要好好地活着。"火暴暴心里清楚,只要流星夜,只要爱这一次,他和鹅小鸟的永别,就彻底地钉在了掌心的爱情线上。

"暴暴,我也要你好好的,如果你爱我,更应该因为爱上我渴望长命百岁。"鹅小鸟说着,身体却在烧,火暴暴像火一样,扑向她。喘息的瞬间,鹅小鸟依然试图阻止说:"暴暴,我是外星人,死了活活了死,甚至长生不老都有可能,你要好好的……"火暴暴才不信鹅小鸟的话,如果真是那样,她也不会成为外星孤儿,渐渐地,鹅小鸟说什么,火暴暴也听不清了,而鹅小鸟说的话,也被自己的感官世界淹没,曾经梦中的场景,点点滴滴汇聚而来,枝枝末末的细节,一一到来。

火暴暴的手指仿佛带着魔力,鹅小鸟鼻翼下激烈起伏的节奏,就在这样的时光里,他们的身体在一起,唇角相连,深刻地印证着彼此。

鹅小鸟搂住火暴暴的脖子,一遍一遍说自己好幸福,火暴暴也会说,小鸟是暴暴的,暴暴是小鸟的。无数簇微细的电流从他们的毛孔里喷出,这是藏匿在他们的皮肤里,疯狂而肆意的温柔颤抖。相爱的人身体就像浸泡在温泉之中,甜蜜而温暖,体会着爱的给予和快乐。

天鹅座的K流星雨如期而至,每一颗流星都携带着翅膀,那是来自天鹅母体的骄傲,它们飞翔,寻找真爱,寻找爱情。

鹅小鸟的脖子上、胸口间,尽是吻痕,深深的,像是倾诉着永远难以消逝,不能忘记。火暴暴看着自己的杰作,那一个一个吻痕,就是他在鹅小鸟身上印的一颗一颗小草莓,像点在她身上的小红灯笼。

火暴暴拿起鹅小鸟的手,轻吻一下,自言自语地说:"这都是我盖的印章,你逃不掉了。"

天鹅座出现了暗星云,仿佛拉开了生命浩劫序幕。

鹅小鸟一动不动,像活着时一样,她身体的余热还没消退,当火暴暴把手伸过去,才发现她已经没有了呼吸。

这个时候，火暴暴才意识到，不灭之星还在自己这儿，他的心还在强有力地跳动着。火暴暴抱起鹅小鸟，发现是那么沉重，以前的鹅小鸟，是没有一点重量的，火暴暴的眼泪一滴一滴落下，说："你一定不会有事的，我们还在爱，我们不分开。"

火暴暴的心碎了，他听到了声音，是不灭之星的心碎了，找不到一片完整的。

鹅小鸟死了，她的死第一时间聚齐了她在地球上的小伙伴，连年和苏雪儿。火暴暴不让任何人碰她，直到鹅四到米。

当K流星雨出现时，鹅四已经来到，她只等待这天鹅座的暗星云出现，这也是她坚守的最后一刻。

一见到鹅四，火暴暴厉声质问："不是说只有我能救活她吗？为什么我还活着？"火暴暴又扯着自己的胸口，对着心说："你怎么不去小鸟那儿？"

鹅四面无表情，冷若冰霜，对火暴暴的言语置之不理，只淡淡地说了一句："我来收尸的，别影响我。"

鹅四的话，让火暴暴、连年和苏雪儿彻底相信，鹅小鸟是真的死了，之前他们都抱有希望，鹅小鸟是不会死的。特别是连年和苏雪儿，他们压根儿就不信，鹅小鸟能真的死，在他们眼中，鹅小鸟是外星人，能从天鹅座到地球这样来去自由，死亡算个什么事儿？这一刻，他们相信，死亡降临，对谁都不会客气不会宽容，活着，都是要付出代价的。

鹅小鸟的谜底，其实在她不顾劝阻，重新和火暴暴在一起时，在他们和好如初的深吻里，早已解开。随着她和火暴暴的挚爱，黑心石心脏彻底湮灭，鹅小鸟之所以能丧失天鹅之圈的制约，能吃能玩能说我爱你，一切恢复如常人，那也是天鹅之光的最后力量，使她回光返照，度过属于她的有限日子。事实上，从黑心石心脏消失的那一刻，无论怎么天时地利人和，不灭之星再也回不来，火暴暴再也还不回去，不灭之星彻底成为独属于火暴暴的心脏，普普通通的一颗心，噗通噗通的心跳。现在，只能眼睁睁地看着鹅小鸟消失，消失在地尽头，天尽头。

因为太过悲伤，事情已经发生了，一切回天乏力，不可挽回。鹅四不忍心告诉鹅小鸟，也狠不下心告诉火暴暴，带着对他们的美好祝愿，愿他们相爱过，浪漫过，这些都是生命里回不去的美好时光。曾经，无论是火暴暴还是鹅小鸟，都心存侥幸，侥幸这种东西，从来都不出现在命运的局里。

火暴暴手捂着脸，泪水从他的指缝进出来，想着和鹅小鸟在一起的浪漫时光，她拼命地说我爱你，当时沉浸在幸福中，火暴暴竟然忘了，曾经的鹅小鸟是表达不出，也听不见的。后来，他们一起吃饭，睡觉，一个男人和一个女人，像一个家，他说爱，她也能懂了，太开心了，火暴暴都想不起问问为什么。偶尔，火暴暴一个人冷静时，他能想到的，也许是爱创造了奇迹，还是老天被他决心要还回不灭之星的举动感动了，融化了宿命的安排？所有的猜测，到这儿都结束了，最终还是鹅小鸟以死亡的方式离开了，如果能够早知道，还能更珍惜，做得更好一些。当过去的场景一幕一幕闪现，爱很甜，泪很咸，火暴暴伤心的泪水，滚落满地。

誓言如铁，也许经过风吹雨打，锈迹斑斓，但是一字一句还是誓言，嵌入在一起的浪漫时光里。

九　鹅小鸟的正确养殖方法

天空飘起了蒙蒙细雨，火暴暴觉得像下起了细密的针尖，轻轻触碰，全身都是痛的。鹅小鸟和他说的每一句话每一个字，仿佛都埋进了火暴暴的皮肤里，雨淋湿了他，那些话好像裸露出来，清晰得他看得见，听得见。

如果可以，火暴暴宁愿一直停留在告别中，他的小鸟还在他的身边，扑棱棱地飞起来。如果这是命运，他怎么舍得让鹅小鸟一个人去对抗，战斗是属于他们俩的，鹅小鸟最终却扔下了他。

渐渐地，火暴暴心生悔恨，早知道一切无用，他说什么也不会那么疯狂地爱，或许鹅小鸟还能多活一阵子，这么一来，他觉得是自己害了鹅小鸟。

火暴暴抬头望了望天空，十指的指尖在发痛，悲伤蔓延着，感觉有个旋涡，把他卷入轮回的磨盘，不停地旋转，一直把他转得毫无知觉甩出来。而天空，也像被突然之间甩干了一样，晴朗起来。

所有的灵魂都回归故里，每个灵魂都会回到他的星球，他的世界。

天鹅座美丽的郁金香星云，如地球上的郁金香模样，鹅小鸟如沐天恩，被白纱覆盖，火暴暴忧伤地站在她身旁。

这是寺庙的北门，夜深人静，鹅小鸟头朝北方，鹅四向北祈祷。

在到此之前，鹅四只允许火暴暴一个人跟着，说这是最后的告别。到了现在，火暴暴终于相信，鹅小鸟真的离开了，他的小鸟一去不复返了。

火暴暴紧紧抓住鹅小鸟冰冷的小手，紧紧贴在自己的脸上，泪水滚落下来，沾湿了鹅小鸟的手。

"我不允许你离开，不灭之星是你的，你怎么可以不取走？"火暴暴甚至羡慕覆盖着鹅小鸟的那层白纱，乞求变成他的手、他的眼睛、他的嘴、他的心拥抱着她，随鹅小鸟而去。

"忘了吧，小鸟也希望你幸福。"鹅四有气无力地说。

"那么深刻，怎么能忘掉？"

"你说过的话不都忘记了吗？时间久了什么都能忘。"

火暴暴知道，鹅四抱怨他给鹅小鸟说过生日的话，竟然被自己忘记了，也许来自天鹅座的爱情，远远超越了他想象的意义。

火暴暴深深地自责，鹅四说："何人梦里无花落？你好自为之吧！"

也许生命就是这样，花开花落留不住，轰轰烈烈留不住，无声无息留不住，只有消逝是响彻天际的，留得住。

大风吹来，像要把星星从天空吹下来，落叶如急雨一般。

鹅四对着鹅小鸟的尸体说："你是铁石心肠拥有黑心，却义无反顾经历一场缠绵悱恻的爱情，最后却要带着死去的你回天鹅座。"

该离开的时候，鹅小鸟的尸体和鹅四悲伤地一起化为原形，像星群一样出现在北方的夜空，以灵魂飞行的迷幻状态抵达天鹅座。

鹅小鸟躺过的地方，郁金香花开遍地，连寺庙的僧人都莫名其妙，不清楚这些花儿从哪儿来的。

火暴暴一直看着这片郁金香花，连年和苏雪儿赶来时，问他什么也不说，就陪着他看着，直到火暴暴撑不下去，倒在了地上。火暴暴的脑海里，每一朵郁金香花都装了翅膀，也是飞着找爱情的。

进口三色莲，开得像小怪物，唐心草想着，要是鹅小鸟还在，她一定会喜欢的，她就喜欢那些稀奇古怪的东西，总是不喜欢和别人一样。

唐心草黯然神伤，原来鹅小鸟用猝不及防的方式和她告别，不，确切地说她们根本没有告别，一切都没说，一切都来不及。

和火暴暴的心情差不多，唐心草心里也后悔着，她一遍又一遍给苏辉说："早知道是这样的，我也拦着小鸟了，不和暴暴在一起，能够活得更久点？我应该信鹅四的话的。"

"拦什么拦！如果真有那么神奇，正因为快死了，才要更痛快地活一次，命不在长，在心动的时间有多长，就像我对你。"

唐心草看了苏辉一眼，苏辉回应着她的眼神，说："只要你看着我，我一定得长寿地活着。"

"那你就长寿地活着吧！我会一直看着你的。"

"真是我的好女人。"苏辉说着，就又搂又抱的。

"收敛点儿好吧！我们都老了。"

"我们才不老，我们的灵魂那么年轻，只要是充满热情，老去的只是生理时间，而我们的精神世界，就像你养的花花草草一样，只能越来越好。"

"那就别废话了，去，给我浇花去。"

"我这么大的老板给你浇花？"说这话的时候，苏辉其实已经行动了，只是和唐心草开玩笑，一直以来，他就是这么干的。

"多大的老板在我眼中，不过就是会浇花的男人而已。"唐心草说得没错，她爱侍弄花草，苏辉也跟着业务精熟，现在，甚至各种花儿的病害都能懂，说他是植物医生都够资格了。

苏辉一边唱着："我愿意，我什么都愿意……"一边熟练地穿梭在花丛中，此刻的唐心草，像个地主婆似的，躺在躺椅上，闭着眼睛休息，偶尔眯着一条眼缝，看着这个男人为她忙碌，这是情有独钟的幸福。

鹅小鸟就这样从众人的视线中彻底消失了，除了火暴暴，没人知道鹅四带她去哪儿了，而自从鹅小鸟不在了之后，火暴暴一直把自己关在房间里，几乎断了和外界的联系。

当连年和苏雪儿又一次敲不开火暴暴的门，无功而返时，两个人想到之前的种种，都在为他们两个人在一起的浪漫时光感动。

"要是我像小鸟一样死了，你会不会这么做？"

"不会。"连年肯定地回答。

"你就是没有暴暴哥好。"苏雪儿不高兴地说。

"好什么好，都伤心成那个样子了，还叫好？最讨厌你们女生，不是比死就是比哪个男人为你们伤心多一些，怎么不比怎么让男人们高兴？"现在很流行虐男朋友心态，对于这样的女孩，连年很不喜欢。

"你就是小男生心态，可别用男人这个词。"

"随你怎么说，不过我警告你，再敢给我说死来死去地考验我，就揍你！"

"你揍一个我看看！"

"真要揍？"

"真要你揍。"苏雪儿话音一落，连年的手照着苏雪儿的屁股拍几下，他下手很重，落下去很轻。可是苏雪儿反击的手，看似无力，揪下去真的好痛，苏雪儿扯起连年的耳朵，高高的连年只得跟着她走，低着头，一路求饶。

天鹅座上，有鸽子在飞翔，每只鸽子，胸口都像是血染过的一片，这是得有多伤心，才能长成一副胸口中弹的模样。翩翩起舞的透翅蝶，像一面面小镜子在飞舞着，若隐若现，在绚烂的日光里，它们幻色斑斓，像玩耍着的小天使。

天鹅墓地旁，开满了黑色矮牵牛、德古拉兰、金脉鸢尾、黑杰克三色堇、魔须兰、老虎须、黑色罂粟花、堪察加贝母、蜀葵、黑色郁金香、黑色虞美人，这些都是小时候的鹅小鸟，最喜欢的花儿，黑心石心脏最钟情的全黑系。一片乌黑的花儿，倾情盛放，充满着黑暗和死亡的气息，若不是熟悉的地方，见者必将胆战心惊打寒战。

黑色的花儿绕着鹅小鸟的墓地开，离她的墓地不远的地方，埋葬着她的父母和鹅叽叽，那儿的花儿是五彩缤纷，开得正艳。

雪白的天鹅裙，含苞待放的娃娃兰做的花环，鹅小鸟静静地躺在那里，天鹅奶奶老泪纵横，终究还是用娃娃兰花骨朵覆盖了她。

红色的曼珠沙华，开满了小山坡，它的花语是"悲伤的回忆"，传说中这花香有魔力，能唤起死者生前的记忆。路过这个小山坡，火暴暴停留了一会儿，鹅小鸟曾经给他念过金子美玲的诗，诗里提到过，曼珠沙华是地下亡人点燃的烟火。如今，火暴暴一个人，遇见这一团烟火，是鹅小鸟在地下开庆典吗？如果真是小鸟，火暴暴也会为这样的庆典高兴一阵，可惜不是，火暴暴亲眼看着，鹅小鸟的尸体被鹅四牵引着，以天鹅的姿态消失在天际。

火暴暴干涩的眼睛，轻轻地弥漫了一层水雾，他的眼睛已经累了，他仰望天空，心里想着："鸟儿，如果我哭累了，你的翅膀会来接我吗？"

爱情在星际空间流离失所，爱的眼睛会一直在上面寻找。

火暴暴先是找一片草地坐了下来，接着又躺了下去，他像是做了一个梦，鹅小鸟冲他笑着，喃喃细语，她的大眼睛平凡而温暖，火暴暴想仔细看看，一切都无影踪，包括这个梦，顿时，心痛到昏厥。

师弟师妹们都出国比赛了，无论是师弟还是师妹，他们现在能力比起曾经的火暴暴，已经是旗鼓相当了。人都说长江后浪推前浪，前浪死在沙滩上，火暴暴觉得，是他该离开国家队的时候了，他想坐在沙滩上，看着师弟师妹们，青出于蓝而胜于蓝。

火暴暴决定退役，大家没有赞成，也都没有反对，因为近来的日子，大家明显地感觉到，火暴暴是力不从心。

早在火暴暴刚刚成名的时候，连一宁和苏辉都开发了关于他的品牌，做得非常成功，可以说，火暴暴退役之后，去经营自己的品牌就好了。可是，火暴暴给大家的理由是，他要去上学。

火暴暴刚开始有这想法的时候，是鹅小鸟给他念诗歌，当时，火暴暴想着，一个外星人都那么会念诗，可怕的是她的老师竟然是鹅叽叽，那得多深的文化功底啊，火暴暴感觉自己要不去校园走一遭，就跟不上潮流似的，何况鹅小鸟还开玩笑说会嫌弃他。

"我觉得是这样的暴暴，你退役我们不反对，但是你和叔叔们一起做生意，不是更好吗？学校已经不适合你了。"一听火暴暴要去上学，连一宁给出自己的建议。

"生意你们可以做，品牌团队可以去经营，对我来说，上学是最重要的，要把没学的知识补过来。"火暴暴说。

火爸爸觉得儿子说得在理，运动员退役后选择上学的不在少数，只是他好奇，儿子什么时候这么喜欢上学了。不过，思来想去，系统地学习一下文化课，总是好的，火爸爸没发表任何意见，也就是默许了。

因为鹅小鸟的离开，火暴暴痛不欲生的样子，火妈妈和长辈们也看够了，现在，只要他想做的，一切都随他。好像又回到火暴暴小时候，那些疾病缠身的日子，无论火暴暴要做什么，大家都依着他一样。

火妈妈说："终于想着病都好了吧！没想到还有这个病根。"在火妈妈眼中，鹅小鸟就是火暴暴的病，虽然大家都信鹅小鸟死了，可是回到家里的火暴暴，什么都没说，什么都不想说，所有人听到的，都是苏雪儿版本，而最后的场景，也只留在了火暴暴的脑海里。

"我也觉得那个鹅小鸟，就是暴暴的不治之症。"连妈妈说。虽然长辈们窃窃私语，火暴暴断断续续地听，他听得到听不到不重要，重要的是鹅小鸟这个名字，镌刻在心上，那些过去的点点滴滴，记不起的，伤心，记起来的，还是伤心，有她在的日子，真好。

火暴暴想到，鹅小鸟的梦想，她说如果可以，她想和火暴暴一起，好好学习人类文化，现在，鹅小鸟不在了，作为人类，火暴暴觉得没有任何理由不好好学习，这是鹅小鸟的梦想，所以，火暴暴要当学霸。

过去，因为生病，因为滑雪，火暴暴的文凭只停留在高中阶段，现在，他要上大学，代表他的外星人老婆去上人类的大学，正如鹅小鸟一本正经地说："书香是生命的气味。"

火暴暴再度落泪，想到他给鹅小鸟保证过，说鹅小鸟一定会没事的，只要他把不灭之星还给她，谁知道宿命还有不可靠的时候，有些事一旦错过，就不再存在。

一切都如鹅小鸟预料的那样，火暴暴没有她的一张照片，一张合影，火暴暴只能从曾经关于他们的各种消息的碎片中，来找他们在一起的证据，那些报纸，成了火暴暴每天必看一遍的内容。值得庆幸的是，就是奥运夺冠之后，他和鹅小鸟一起登上《歌手》杂志封面，这成了最好的合影留念。如今，这本杂志，就被火暴暴放在胸口，伴随着他醒来又入睡。

鹅小鸟和鹅四回到天鹅座，在这个地球上，再也没有鹅小鸟的痕迹，她就像从来没有来过，可是在火暴暴的心里，她一直没有走，从来不曾离开过。

火暴暴想着他接下来的生活，他想平静一下，不用再像之前那么拼搏，虽然每努力一次，就会像爬梯子一样，一步一步高升，可是现在，他想走在和鹅小鸟一起走过的路上，仰望那养育着鹅小鸟的星空，回到校园，静静地做自己喜欢的每一件小事儿。

火暴暴退役，并没有召开新闻发布会，只是发了一个视频，给他的国家队队友们。大小保罗带着王允泽他们，在国外比赛完直接就投入了新的训练，当他们看到火暴暴的视频时，都流下了眼泪。

视频是以"我爱你们，我是火暴暴"为结束语的，火暴暴在录这段视频的时候，他努力控制自己的泪水，他多想说："我爱你小鸟，我是暴暴。"可是他知道，即便他的人生充满着那么多的奇迹，鹅小鸟再也回不来了。

火暴暴一个人坐在窗前，一动不动，像画面定格的风景。

火暴暴想着在冷山公社，他和鹅小鸟在一起的浪漫时光。

"在我离开以前，我得教会你怎么吃。"火暴暴说。

"吃是本能啊，我不用学，我也不需要了。"

火暴暴想着这些话，当时的他，以还回不灭之星之后，赴死的心，教鹅小鸟生存法则。如今回忆起鹅小鸟说的话，也许是她天鹅圣女的直觉，早已知道，那个死去的人，必将是自己。

火暴暴思念强烈，对鹅小鸟的思念穿透了灵魂画图，他祈祷，就算鹅小鸟已死，能否像小时候一样，有灵魂重逢的那一刻。

被鹅小鸟触摸啃噬过的地方，发着淡淡的痛，那些相爱的气息，随着狠狠的思念泄入茫无天际的星空中。

火暴暴绝望地望着天空，面无表情地流泪，他心里默念着："我的小鸟，我的小天鹅，一定在星空某处看着我。"

火暴暴吹起口哨，想着曾经鹅小鸟和他玩游戏，不知道现在她还能不能从天空中下来。火暴暴仿佛产生一种幻觉，大雪扬扬洒洒地飘着，地上的雪和天上的星星，都像被冻住了一样，纹丝不动。鹅小鸟团了一个雪球，咬了一口，丢给火暴暴，火暴暴接着吃了一口，又丢向天空的鹅小鸟，两个人一个在天一个在地，你一口我一口地吃着雪团，鹅小鸟穿着红色的小袄，就像一个红灯笼高高挂在天空，他在鹅小鸟身上留下的小草莓形状，又溅到他的脑海里，他的大脑进入眩晕状态。

连年约火暴暴喝酒，本来是要劝慰火暴暴的，结果自己喝得烂醉，火暴暴没心情理他，召来了苏雪儿接连年回家。

空荡荡的大房子，父母们相约出外旅行了，苏雪儿扶着连年，体力不支，两个人一起倒在了床上。连年使着蛮劲儿抱着苏雪儿，抱着抱着就变成了旖旎的风光，两个人到幸福里去，到幸福里来。

日子一天一天地过，有一种难过，是不表露不流泪的，为了不让长辈们担心，火暴暴的泪水像是止住了，偶尔，他的脸上有淡淡的笑容。

苏雪儿的怀孕，成了在鹅小鸟离去以后，让大家喜笑颜开值得一番庆祝的好消息。连一宁和苏辉不停地唠叨着："这次我们领先了，我们要当老大了。"这意外的惊喜，让大家心情舒畅，看到火暴暴也在为连年祝福，火妈妈揪着的心也稍稍放下。

自从失去了鹅小鸟，在众人的眼中，火暴暴就像一片乌云，大家看到他不高兴，谁也没心情开心，现在，终于见到了一丝明朗。

火暴暴想起和鹅小鸟的日子，她说她想生暴暴的baby，这一字一句，回忆起来，是多么天真而幼稚的梦想。

天鹅座上，娃娃兰盛开，一朵一朵花儿，开得就像一个一个摇篮，里面还躺着一个小baby。

鹅四带着鹅九、鹅一和鹅二她们一起，拨开覆盖着鹅小鸟的娃娃兰花丛。像是经历了一个漫长的睡眠，鹅小鸟微微地睁开眼睛，她的腹部隆起，五个月了。鹅小鸟安静地躺在墓地旁，天鹅奶奶并没有把她下葬，只等着娃娃兰花儿开；若是娃娃兰花儿不开，鹅小鸟将永远埋葬在天鹅墓地。

天鹅圣女的孩子，携带了不灭之星的基因，复制了一颗不灭之星，拯救了她的母体。鹅四她们很不解，早知道是这样，何必让鹅小鸟吃尽情感的苦，直接和火暴暴结婚生子就行了。问过天鹅奶奶才知道，经历爱，是鹅小鸟宿命的劫难，而仅仅依靠着baby带来不灭之星的幸运，这个几率太低了，之前没有过，谁也不知道。如今，小baby降临，也许这就是宿命的意义。

鹅小鸟醒来，她的脑海里翻卷着浪花，每一波都带着对火暴暴的思念，她的泪水流在心里，竟是铁马冰河般的汹涌。

鹅小鸟的眼泪，是通往地球的捷径，她想念她远在地球上的那颗心，她手轻抚着腹部，她知道火暴暴的地址，而火暴暴却不知道她的，她想念火暴暴，而这一切，火暴暴是什么都不知道。

人类的祖先相信，他们的生命是来自太空的。天鹅的能力是可以遗传的，鹅小鸟和她的小baby，将和遗失在地球上的不灭之星血脉相连。生命本身就是一个整体。以保证我们在这个世界上不被孤立。

校园里，火暴暴虽然形单影只，但他心里，却是两个人在校园，鹅小鸟仿佛就在身边。

石榴花开了，结石榴了，火暴暴又想念了。

在唐心草的院子里，火暴暴没事就会来坐坐，这是鹅小鸟在地球上的家。火暴暴看着鹅小鸟养的一堆绿爪、红爪、黑爪……它们都还在，心草阿姨把它们也照顾得很好。爪爪们嫩嫩的，火暴暴轻轻地触碰着，想着鹅小鸟的手，曾经像爪爪一样挠着他，幸福盎然，悲伤来临。思念的时刻，孤独就特别嚣张。

"告诉过你，我来自天鹅座，只要你一抬头，就能看见我的翅膀。"鹅小鸟说。

火暴暴低着头，这的确是鹅小鸟说过的话，记忆就像在耳边放了一个喇叭，不停地对着他的耳朵播放。

"还不抬头？"鹅小鸟又说了一句。

火暴暴还是不敢抬头看，他无数次直视天空，天空都是一无所有，别说鹅小鸟的翅膀了，一根羽毛也没见着，火暴暴害怕巨大的期盼落差，他已经不敢仰望了。

一根羽毛落在火暴暴的脚边，他忍不住抬头看，天空还是那样的天空，星星还是那样的星星，一切都没有改变。

鹅小鸟戴着羽毛帽子，她的头发短了些，笑容更温和，眼神更清澈，脚穿裸色蝴蝶结平跟鞋，悄悄地站在火暴暴身后，用一根手指轻轻地摁了他一下肩膀，火暴暴没有反应，她用两根手指摁了两下，火暴暴还是没有反应，直到用五个手指一个巴掌拍过去的时候，火暴暴还以为是唐心草，说了一句："不用管我，唐阿姨。"

"我是你小妈妈，偏要管你。"鹅小鸟从背后俯身在火暴暴的背上，有泪水顺着火暴暴的脖颈流了下去，火暴暴不敢认，他一动不动地背着趴在背上的人，一动不动，直到唐心草的尖叫声传来，他才确认，真是他的小鸟回来了。

"哈哈，还是我们家的是老大。"火爸爸笑得合不拢嘴，一遍一遍地给连一宁和苏辉炫耀着。

鹅小鸟和苏雪儿走在一起，看着她们俩大腹便便的样子，火妈妈想起当年，她和连妈妈还有苏妈妈在一起的场景，光阴一下子就这么过去了。

火暴暴的那颗心，高兴得疯狂地跳舞，他的小鸟回来了，他的天鹅孕妇回来了。

鹅小鸟手捧着火暴暴的脸问："还记得我们的亲亲日吗？"

"不记得了。"

鹅小鸟一个不高兴，冲着他嘴唇啃了一下说："既然你不记得了，我要天天都过亲亲日，来，亲一个。"

"要的就是这效果，亲吧亲吧加倍亲吧！"火暴暴故意说忘记，他知道会得到这样甜蜜的惩罚。

亲累了玩累了的鹅小鸟，倒在火暴暴身上说："你说过要给我改善生活，不再让我过以前的日子。"

"我有说过这样的话？"

"记性太差了吧？"

"逗你玩呢，你就算把我吃了，都没问题。"

"那我来了，来吃你了。"鹅小鸟说着，吃花儿一样的节奏重重地扑向火暴暴。

"喂，你小心点，肚子里有我孩子。"火暴暴提醒鹅小鸟注意说。

"你就担心 baby 了，不知道我是需要和 baby 一起重新生长吗？"

"好吧，我错了，那请问你是吃花儿呢还是吃饭？"

"当然吃饭，我有 baby，需要更好的营养。"

火暴暴给鹅小鸟准备的餐点，可以说是饕餮盛宴，只是不见鹅小鸟动手动口，火暴暴问："还不吃？"

"我是一只小小鸟，我本来就是需要喂的，我要你喂我。"

"如果是这样，我会熟练掌握正确养殖小鸟的方法。"

"还有你的 baby。"

"是，你们俩我都养着。"

上学路上，一位酷酷的帅哥，一位长发飘逸大肚子孕妇，一起走在清新的阳光里，他们看到阳光，也会因为阳光正直而健康。

"爱就是我们的不灭之星，baby 也是，家也是，这个世界上，一切美好的都是。"火暴暴说。

"我们应该会活到世界末日吧?"鹅小鸟问。

"我们的爱一定会到世界末日,有爱,世界末日不会来的。"

"那我要长长久久地活着,你要养我。"

"放心吧,你被我承包了。"两个人甜蜜地倾诉着,从晨起到黄昏,爱是星空给出的最后答案。

不管家有多小,都能孕育出伟大的梦想。

鹅小鸟天鹅吊坠和火暴暴陨石羽毛吊坠合二为一,化为心形,戴在他们儿子的脖子上,这颗心就是家,是鹅溪溪和鹅真河最后的爱,给予了他们的子孙,一代一代,代代相传,他们一家幸福地生活在地球上。

家是这个世界最美的地方,火暴暴和鹅小鸟,他们的家,原本就是一颗共同的心,不灭之星,永不消逝。有彼此的生活,就是幸福。

爱的呵护和守望,这才是结结实实的人生。

图书在版编目（CIP）数据

天鹅座的爱情故事 / 亚亚著． -- 北京：作家出版社，
2018.1

ISBN 978-7-5063-9843-5

Ⅰ．①天… Ⅱ．①亚… Ⅲ．①长篇小说 – 中国 – 当代
Ⅳ．①I247.5

中国版本图书馆CIP数据核字（2017）第321841号

天鹅座的爱情故事

作　　者：亚　亚
责任编辑：韩　星
装帧设计：刘红刚
出版发行：作家出版社
社　　址：北京农展馆南里10号　　　邮　编：100125
电话传真：86-10-65930756（出版发行部）
　　　　　86-10-65004079（总编室）
　　　　　86-10-65015116（邮购部）
E-mail:zuojia@zuojia.net.cn
http://www.haozuojia.com（作家在线）
印　　刷：中煤（北京）印务有限公司
成品尺寸：152×230
字　　数：236千
印　　张：17.25
版　　次：2018年1月第1版
印　　次：2018年1月第1次印刷
ISBN 978-7-5063-9843-5
定　　价：38.00元

理想丰满

追求理想，顺便赚钱

泡女明星的"死亡定律"

给别人面子,

就是尊重别人、降低自己、委屈自己

富人的财富早晚是大家的
不必仇富

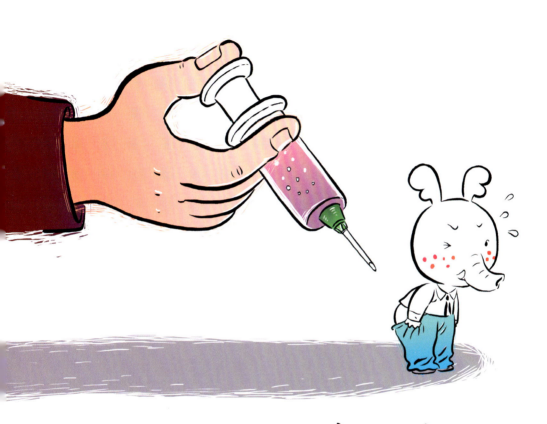

住宅问题：是青春痘还是疾病？

外面软
里面也软

外面软
里面硬

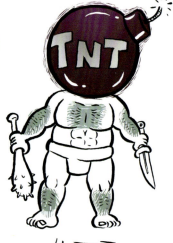

外面硬
里面更硬

外面硬
里面软

男人的分类

冯仑 著

聂峻◎插图

文化艺术出版社

Culture and Art Publishing House

图书在版编目（CIP）数据

理想丰满 / 冯仑著. —北京：文化艺术出版社， 2011.11
ISBN 978-7-5039-5226-5

Ⅰ.①理… Ⅱ.①冯… Ⅲ.①民营企业—企业管理—
研究—中国 Ⅳ.①F279.245

中国版本图书馆CIP数据核字(2011)第215852号

上架建议：经管·励志

理想丰满

作　　者	冯　仑
责任编辑	潘　艳
整体监制	一　草
策划编辑	李吉军
营销编辑	刘　迎
版式设计	张丽娜
封面设计	杨大炜
内文插图	聂　峻
出版发行	文化艺术出版社
出版发行	北京市东城区东四八条52号 邮编　100700
网　　址	www.whyscbs.net
电子邮箱	whysbooks@263.nte
电　　话	（010）84057666（总编室）　84057667（办公室） （010）84057691—84057677（发行部）
传　　真	（010）84057660（总编室）　84057670（办公室） （010）84057690（发行部）
经　　销	新华书店
印　　刷	北京世纪雨田印刷有限公司
版　　次	2012年1月第1版 2014年6月第5次印刷
开　　本	720×1015毫米　1/16
印　　张	25
字　　数	350千字
书　　号	ISBN 978-7-5039-5226-5
定　　价	45.00元

目录

contents

站得高，尿得远（自序）

1949年新中国成立后，毛泽东为了让中国人民迅速过上共产主义的幸福生活，在中国大力推行公有制，普天之下，皆归公有，率土之滨，莫非国企，结果却发生了三年灾害。中国经济发展缓慢，甚至停滞。1976年之后，邓小平所推行的改革开放战略的核心就是大力发展民营企业和市场经济。30多年过去了，民营企业已撑起中国经济的大半江山，贡献了70％的就业、50％的税收和50％以上的公益捐款。如今，中国人均GDP已步入中等发达国家水平。

民营企业由野蛮生长到理想丰满的内因，即自我完善的历程固然重要，但它赖以生存与发展的外部政策与体制环境也十分重要，甚至是决定性的。例如保护私人财产权利的制度，倘若一个人拼命干活、创业、创新，把企业做大做强，到头来工作成果（具体表现为个人财产或金钱）却与自己毫无关系，或关系含混不清，要么只有几十年使用和支配权，要么今天说是你的、明天有可能又被剥夺，那他立即会作出一个理性的决定：放下手头的活不干了，拔腿开溜。又比如充分自由竞争的市场经济制度，如果没有充分自由竞争的市场经济制度，不让市场在生产要素的配置方面起决定作用；如果一个微观经济活动不是由企业和消费者决策，而是任由政府行政权力无限延伸，用闲不住的手代替市场这只看不见的手，既发结婚证，又管做爱姿势，但就是不管有无高潮和生不生孩子，那企业就只能野合（违规）或自宫（退出市场）。市场效率一方面取决于交易速度的快慢和交易成本的高低，另一方面也取决于市场对企业家创新能力的定价（即超额利润的高低）。什么叫好政府？什么是有利于完善市场经济体制的好政策、好体制？关键要看它是否能提高交易速度，降低交易费用，以及提高对企业家创新能力的市场溢价。要做到这些，最好的办法就是小政府、大服务，小管制、大市场。比如企业创造出利润完成初次分配后，再通过缴税或消费者购买以及公民个人公益捐款等方式完成财富的二次、三次甚至四次分配。分配过程必须有一整套兼顾公平与效率的良好制度，以及切实有效的自我调节机制。最后，还必须建立确保上述几项市场经济制度能够有效运行的基本制度和法律体系、政治体系（民主与法制）及社会体系。总之，这些都是民营企业持续、健康发展的空气和水分。失去这些，民营企业就是无水之鱼、无本之木，岌岌乎，危乎哉。

自清末以降，无论哪种民营企业（官助商办、洋人买办、海归创业或草根生长），绝大多数都没能活过20年。这其中最关键的原因，不是死于商业竞争或市场周期性波动，而是死于制度摩擦，即被一次次社会制度变革与震荡绞杀殆尽。而同一时期被我们在市场竞争中打败，甚至被逐出市场的外国公司（如英资联合利华等），100年后却挟其新技术、新产品，堂而皇之地卷土重来。洋人的民营企业之所以长命，关键在于它们赖以存在的市场经济的基本制度，如私人产权、自由竞争、合理分配及民主法制是一直存在并且不断完善的。而在中国，自改革开放以来市场经济体制虽逐步确立，但仍不完善，有时甚至还拉抽屉，往回退。在这过程中，民营企业的主要死因仍然是体制博弈而非市场竞争，这就是中国民营企业的历史悲剧和宿命。

如果说5年前我叙述民营企业的"野蛮生长"时，主要是检视民营企业在自改革开放以来的剧烈制度变迁中，所承受的从原罪到死亡的一系列痛苦经历，和从痛苦中挣扎出来的逃生之路，那这本《理想丰满》的重点，则是观察民营企业长期、持续、健康发展的外部体制和社会生态。换句话说，理想丰满是有前提的，即必须要有完善的市场经济体制和民主法制的政治体制，以及维护公平正义的社会体制。

我幼时尘饭涂羹，和小哥们儿叫板时就嚷嚷："你能行，就你尿得高？！"及至成年，始知要想尿得远，就必须要站得高，所谓从大处着眼，从远处着力。民营企业经历改革开放30年之后，要想跳出历史的周期律，就只有更加主动地推进经济、政治与社会体制改革，这就是"大处"，也是民营企业要想尿得远的"高处"。民营企业与市场经济改革的进步程度休戚相关。对此，我们从未丧失信心，即使面对挫折也是"一直都想走，从来都是留"，因为我们深信"我喜欢你（政府与市场经济）是因为你爱我"！

这本书的写作，仍然采取口语体，恰逢万通创立20年，公司内部先后组织过近20次讲座，听众都是从网上报名来的员工，历时5个月，总计有近400人次听讲，这是我和公司员工最广泛的面对面交流。本书书稿是在演讲记录的基础上改写而成的。万通公司品牌公关部张志喜、刘刚在组织方面用力甚勤，喻潇潇把所有录音转成文字记录稿，殊为不易，十分感谢。为了和《野蛮生长》风格保持一致，这次仍然请著名动漫画家聂峻创作了近40幅插图。全书的初稿写作、结构梳理及风格确定由我完成。我要特别感谢妻子王淑琪，她对全稿完成和最终厘定文字不遗余力，贡献良多。另外，中南博集天卷文化传媒的黄隽青、王勇、一草诸君和我一起讨论重要章节，提出了许多有益的建议，在此深表谢意。

书是生命的行状，所以中国传统士大夫的四大理想"起它一个号、坐它一乘轿、刻它一部稿、讨它一个小"中就有"著书立言"一说。我未能免俗，而且还幻想站得高、尿得远，终于授人以柄，幸好大家都知道"理想很丰满，现实很骨感"。

是为序。

2011年11月2日于台北

成为墓地里埋葬的最有钱的人对我没什么吸引力。夜半上床时，对自己说："你做了些了不起的事情。"这对我很重要。

——史蒂夫·乔布斯

1

第一章
理想

理想是件大事。我们从进幼儿园那天开始就频繁地碰到这两个字，人生每一阶段都有好人跟我们讲这个词，比如幼儿园阿姨、学校老师等。你会发现好人都是来跟你说理想，坏人都是跟你谈钱。有一些成功人士和贴了很多道德标签的人，也爱讲理想，我们的领导人更爱讲。所以理想这件事，在我们生活中似乎就像空气一样哪儿都有。其实对理想最大的考验，不在于是不是贴在墙上，也不在于怎么说，而在于每天你做决策、过日子时，怎么对这件事情进行不断的剪裁、度量，以及最后取得了什么样的结果。

愿景和价值观加起来叫理想

什么是理想？我想它包括两方面。

第一，理想是心中的愿景，也叫梦想、规划、憧憬，总之是对美好未来的描述。现在MBA课堂上把这叫愿景，而之前我们叫它梦想，或者用最朴素的表达方式：长大以后干什么。我在读商学院时，老师总让我们把愿景和规划、理想分清楚。在我看来其实分不清楚。老师讲愿景是没有时间概念的，也没有具体的行动目标和计划，此时的愿景就是一个梦，很虚。对于理想，你还可以稍微画张蓝图，而关于计划、规划，

理想丰满

则可以有更具体的路线图。做学术的人喜欢用"愿景"这个词，但我更喜欢用"理想"。几十年的生活经历让我深刻体会到，理想是梦想，是方向，实际上就是未来的某一件事，比如小朋友说长大了要当工程师、当警察、当明星，很具体。谈理想的人最重要的就是要有梦，要能用这个梦每天激励自己，然后自己挺高兴，开始有干劲。我记得法国有一位思想家傅立叶，他的梦想是要创造一个未来新社会。他怕自己睡懒觉，就让仆人每天在他该起床的时候说"该起床了，伟大的理想正在召唤你"。他每天用这件事激励自己，所以每天他都特兴奋。这个故事给我的印象太深了，所以我每天一睁眼也老想这句话。有朋友问：你20多年来每天睡那么晚、起那么早，还这么兴奋，你怎么有那么大的干劲呢？其实，这就是理想在发力，它会让你觉得生命有意义。

虽然理想可以让你兴奋，但它说起来比较抽象。2011年5月份，我中学时的班主任苏老师去世，我给她写了副挽联，上联是"一日可为师，况曾苦雨凄风下，孤灯残喘，诉说兴亡，托孤大义，七尺男儿要报国"，下联是"三生难唤回，只求劫波渡尽时，拾家重聚，教鞭再握，含饴弄孙，六旬慈颜又重生"。这位苏老师，是在我十几岁形成理想最关键时带的我，对我影响很大。我当时说要改造中国，实际上就跟这位老师有关，我跟她的关系基本上是"苦雨凄风下"，昏黄的灯光，下着雨，她心脏有问题，躺在床上，气息微弱地给我讲家国，讲她家族的历史，对我触动很大，从那以后我决定要折腾。

而现阶段，我的理想就是要创造有价值的空间，我每天多工作一点，让我们的写字楼做得更好一点、租金更高一点，这就有价值。决定做立体城市时，我觉得我在地球上矗起这样的城市，让住在里面的人更便捷、更环保、更幸福，我这生命就挺有意义。虽然立体城市还不能马上矗立在我眼前，每天我走它也走，我一直都没有接近它，可它老在前边吸引我，于是我就特有干劲；偶尔回头看，发现已经在寻梦的路上走出了相当远的距离。

要想寻梦，心中就要有理想，在每个人心中，理想的形态是不同的。比如当年万通六君子之一的王功权，理想对于他实际上有两个维度，一个是个人生活维度，旷达、真实、善良；另一个是社会维度，民主、法制、人权。他在微博里讲得非常多，我了解他是出于真心。商业上的理想，他已厌倦放弃，他现在追求的是个人生活和社会的维度，这是表达得比较清晰的理想追求。退出商场，有利于他更好地思考和践行理想。当年我们一起做事时，在操作过程中经常为过程或目标争执，就像我们要做某件事，他认为我们不能因商业利益放弃或失去人生的理想。我有时跟他开玩笑，说吃喝泡妞不影响理想，你不能因坚持理想就什么事都不干了。

同时，你会发现生活中每个有干劲的人，其实他心里都特别有梦想。为什么呢？这缘于理想一个很大的功用，就是自我激励。我在听马云的演讲时常常想：这个才100斤的肉身，哪儿来这么大的能量呢？他说，他的梦想是让天下没有难做的生意，他按照这个目标每天向前冲，每天都有使不完的劲。

尽管理想可以激励人，可实现理想的过程通常比较苦。很多人问过我这个问题，对此我有两个看法。第一，我不太把压力和辛苦当回事。每个世界冠军都说自己训练辛苦，这有什么意义？本来就是该做的事情，这相当于我老开的那个玩笑，说人是带着生殖器乱跑，为什么？因为出门就得带，这是必然的，老跟别人说苦有什么用，哪个人不苦？另外，苦这事没法借鉴，你是这么苦的，他是那么苦的，都很个体化。所以明知道别人的苦，当自己遇到时还得再苦一遍。有件事给我的印象特别深刻，我和功权在精神、理想和发展方面交流得比较多，有天他特别苦恼，半夜两点多给我打电话，当时我在北京，他在海口。我俩一直说到早上七八点，你想想说了多少话？

这事发生在1994年初。能够不停地打电话，不停地说，这是种在现实、理想焦灼中的状态，所以我说伟大是熬出来的，熬这件事没选择，咕嘟咕嘟地炖着，愣是炖烂了，最后精华的东西留了下来，这是诸如忍耐、坚守、痛苦、无助、兴奋等感觉交织在一起的状态。

比如，遇到债权人突然上门要债时自己真想发狂，为什么？委屈。首先，我们真觉得我们是在认真做事，我们没骗钱。其次，我们没挥霍，也完全没有拿钱去造掉，我们生活上也很节俭，但怎么就变成了这样？有次有个租赁公司的老总，也是我们的朋友，找我们要债，我们一见他就头大，但一直很耐心地跟他解释，后来我突然一下就火了，说你爱怎么着就怎么着，我感到特委屈。结果把他吓着了，他说你别生气，我知道你是好人。功权说，我们这不是动机问题，是能力问题，一定会还你的。我们不像有些人欠了钱就躲，第一我们从来不躲，第二会很好地接待，第三跟他们讲道理。后来，我们用这种正气赢得了债权人的理解，甚至是尊重，从而把事情摆平。

还有一次，有人举报说我们以商养政，组织反革命集团。那时我们刚做生意，那人在经济上跟我们有纠纷，后来扯皮时就这么告我们。有个朋友就代表政府来处理我们，当时我们和他还不认识。他看完我们的材料、了解了我们之后，认定我们是好人，有理想，懂自律，一定能成大事，便打算放我们一马，说你们自己去处理，如果处理好了我就不来找你们，处理不好、实在没办法了，我还得来办你们。我们紧急地把事情处理掉了，之后才结交上那个朋友。后来他一直很支持我们，但他永远都说：我决不拿你们一分钱，因为你们是有理想的，你们一定能成功，我看好你们。

最后这个朋友因为别的事情身陷囹圄。有一次下着雨，我在路边车里摇下玻璃车窗，他在司法医院一扇带铁栏杆的窗前站着，我们对看了好一会儿。过了段时间，这个朋友又出来了，我见到了他，他说当年一点都没看错人。有时候，精神上的力量到哪儿都会形成一个气场，感染周围的人。

第二，因为它是梦想，离实现总还有距离，所以会推动你学习。其实理想这件事挺实在也挺实用的，就像我把立体城市当成理想后，发现自己什么都不懂，便买了一堆书回来看，又不断召集团队开会研究，但还觉得不够，便到国外去看。为了实现既定的理想，你会不停地想方设法去学习。有梦想的人学习能力特别强,而且不拒绝任何新东西。我在十几岁时曾有过很多奇怪的想法,梦想自己成为一个思想家,因此就天天看书、琢磨。遇到家长不让通宵达旦地看书,我就在台灯上面罩张报纸偷偷地看,有一次困得睡着了,报纸差点被点着。十三四岁那会儿不懂文言文,但会逼着自己硬着头皮往下啃。那时要是没理想,我哪有那么大干劲啊!因为心里头那盏灯点亮了,剩下的事我们就都会做了。

有理想便会自我约束。你要达到目标很难,所有人都跟你竞争,你得放弃很多东西才能继续往前走。理想跟物质之间永远都有矛盾,但这需要个底线。坚持理想需要的所谓物质上的条件就是活着,比如在监狱里,不就是活着吗?有口汤喝,就能在监狱的墙上写很多东西,我到胡志明坐的监狱里看到过。产生理想、追求理想的成本可以是负数。日常生活中所谓物质上的东西不可能阻挡你,因为你总比在监狱里活得好,虽然实际上社会会诱惑你迷失,但不会阻挡你实现理想。就像很多民营企业,多困难啊,但照样能追求理想。跟后来从机关出来下海的人相比,当初我们是从最草根做起来的,处在闲杂人等里,混在社会最底层,所谓最底层,就是鸡鸣狗盗之徒,如逃犯、嫖客、黑势力、小姐等,什么人都有。然后我们从负数做起,借了三万块钱,开始倒腾。

什么能阻挡理想的脚步呢?死亡,这是唯一能阻挡的。只要死亡没有降临,一切都不能阻挡。天下所有奋斗的人都这样,除了死亡,在追求理想的道路上没有第二个障碍,剩下的都是诱惑,物质条件太好,有个爹就牛,都是诱惑人们迷失理想的外因。

关于社会诱惑这一点,我深有体会。我过去在单位工作时,机关分房的事曾几度令我很困惑,但仔细想了想,我觉得不应该把它当成烦恼。那个时候,想分到房首先要熬资历,要处理复杂的关系,上面几级领导相当于几元联立的方程组,谁都可以左右你,他们相当于方程组里的X和Y,是变量,你必须见人说人话,见鬼说鬼话,可能这个方程式平了,那个方程式又不平了。在单位里要么横到底,要么蔫到头。因为我心里头有别的梦想,我选择了离开。第二个单位说干满一年就可以有房，但那份工作离我梦想有点远，我又决定离开。第三个单位是国家体改委，当时单位说一年内就可以有房，我仍然觉得这对我的梦想是干扰，最后我跑到海南去了，按照自己的梦想，将很多诱惑扔掉，最后无意中变成了做房子的人，在住房选择上反倒比我在先前那几个单位自由度更大。我有时候回原单位，看到当年的同事们还在当时熬出来的房子里住着。理想有时候会逼着你舍弃当下确定的利益，选择未来和不确定的方向，这样的人生自然会跟别人不一样。

理想的背后其实涉及价值判断。好人喜欢跟我们讲理想，比如领导、教授、人生导师；坏人都是在讲具体事，如怎样搞定人、怎样拿钱等。

理想包含的价值判断非常重要，首先是是非的判断，其次是道德的裁量。我们每天碰到很多事，你得剪裁，确定好和不好、要还是不要。比如很多人说民营企业行贿，我们为什么不做呢？这就是道德判断在起作用。我觉得这件事是坏事，会妨碍我实现梦想，可能会在半道上把我整死，就像踢球一样，裁判罚一张红牌，我就出局了，那我前面20年可就白辛苦了！所以不利于梦想实现的事我不做。这样一剪裁，人生简单了，人也轻松了。

有人曾问我：理想到底对做企业或做事情有何动力？就像你说要做好人就要付出代价，但很多人因为坚持理想而失败，没有了一个施展抱负的舞台，这事情怎么处理？

我觉得，理想涵盖了很多，一个是愿景，还有一个是价值观。怎么处理这么复杂的事情？非常简单，靠价值观来处理。别人要争的事，比如偷税漏税害人，窝里斗互相掐，那是价值观有问题，我们有这个理想，不往死里掐就完了。理想是成功的基因，不是成功以后贴在身上的标签，但很多人理解颠倒了，我们讲好是原因，大是结果，不要把"大"变成原因，不是因为今天人家成功或牛了他才有理想，而是因为有理想，他的价值观跟人不一样，别人争的事他不争，别人吵架时他不吵，就像我们六个人早期有时候争执，都不是为钱，所以不伤和气。要是为钱争执，你坑我钱，我坑你钱，那和气就伤大了，我们从未发生过

追求理想, 顺便赚钱

这样的事。我们争的是这个企业怎么管理，因为除了功权、刘军学过企业管理，我们都没学过，大家这么管那么管，都争这玩意儿。

所以，在对待很多事情上，我们一定要脑子清醒。人生最困扰的是满脑子糨糊、是非观念太乱，今日之我跟昨日之我打架，明日之我又挑战今日之我，白天的我和晚上的我打架，晚上的我一醒来又后悔。这么多纠结闹心集在一起，这种人生便是最不快乐的人生。最快乐的人生是价值观单一，比如信佛的人持斋、礼佛、自律，看见荤腥和女色也不动心，他就很容易幸福。有理想的人会将自己的生命简化。我们是追求理想、顺便赚钱，而不是追求金钱、顺便谈谈理想；理想在钱前边。我爱讲王石的故事，他创业以来一直把理想放在前面，钱放在第二位。这27年他算账的方法非常简单，就是有利于公司发展的事、有利于股东的事、有利于自己成长的事放在第一位。因为理想，所以简单；因为简单，所以成功；因为成功，所以永远。

我们现在跟猎头公司打交道很多，他们不断猎来猎去的，很少谈理想，都在谈价钱。现在我们公司的老员工都是在价值观上比较接近，最后才谈钱的。有位老总在万通已将近20年，从没跟我谈过钱，正因为这样，大家内心就很纯净，很开心。我跟他没什么私下交往，因为性格不同，年龄有点差距，社会关系、朋友圈子不大一样，但价值观一致，他始终埋头往前走，顺便也没少赚钱。这就跟宗教信徒似的，我们一进万通，就好比进了这个庙，在这里大家念的经都是一样的，都把个人钱财之事放到第二位。庙里的和尚每天不太谈钱的事，但外边来的客人要谈钱，于是就放个功德箱随喜。所以价值观帮你选人、算账，帮你把一些复杂的事简单化，形成公司治理的方向。目标和价值观，两件事合起来叫理想。

这让我想起了经常听到的一种声音，说80后是理想被房价、现实粉碎的一代，没理想。这话我不信，为什么我不信？因为我求学时别人也说我们这代没什么理想，这是瞎掰。中国有十几亿人，不需要每个人都有这么多理想，多数人做守法公民就可以了，少数人对自己要求更高，有理想。如果一个社会任何一个人都要谈理想，那这个社会是虚伪的，绝对不健康。几万人里有一个真讲、真坚持，这是正常的概率分布。社会就这样，总会冒出来几个的。比如韩寒就很了不起，蒋方舟写点学校里的东西，也很有意思，你能说他们没理想？这些人未来绝对不比我们差，这个时代需要这样的角色。每个时代理想都不一样，天下大乱需要匡扶正义时，可能需要佐罗这样的侠客刀客；但天下太平了，经济发展需要科学，这时理想可能就跟执著有关，不再会是抛头颅洒热血这种亢奋的追求。

因此，我很看好80后这一代。如果总是用自己那一代的使命去衡量别人，这就相当于你更年期，你老说青春期不正常。人家不正常完了是希望，你不正常完了是死亡，差别大了。所以，我从来看到的都是希望，长江后浪推前浪，前浪死在沙滩上，怎样不死在沙滩上？非常简单——再变成后浪。怎么变成后浪？跟人学！因此我经常跟80后、90后聊天，然后转过来我也变成后浪，这样的话你才能找到时代给你的新的激情、立场、眼光和方法，而不是站在这里说年轻人不行。年轻人当然跟你想的不一样，凭什么要跟你想的一样？你跟你爹想的都不一样，凭什么要求他们跟你想的一样？一个时代有一个时代的理想，也有一个时代表达理想的特殊方法和追求理想的路径，没有绝对的好坏，但每个时代总有少数先进分子会一直坚持并追求，而多数人则是跟随。

理想让你看见别人看不见的地方

理想不能吃、不能喝，它还有什么别的作用？我觉得它能让你看见别人看不见的地方。以房地产为例，普通地产商只看房子的环境、户型；因为我们的梦想是要创造有价值的空间，所以我觉得除了社区，城市也有问题，比如在城市化过程中，拥堵使能耗增高、环境不好等。因此我们开始研究怎么改变这一摊大饼的城市化模式，于是就去请教、学习，最后发现了立体城市这种模式。立体城市就是适当地加大建筑密度，将就业与居住规划在一起，把整个城市体系依次规划好，快速建成，它是把摊大饼的城市变成摆小饼，把电子管的城市变成晶体管。现在有位网络作家写的小说《同城热恋》已出版，就是有关立体城市的。

立体城市这件事为什么别人没有先想到？其实这些相关知识在Google、百度上搜一下都能找到，因为我们有梦想，所以我们有动力和机会率先将它整合，把它和我们的业务、城市发展方式结合起来，最后去实践它。一旦搞定，将来人们就会说这家伙看得挺远，早有预见。再举个例子，万科的规模发展这么快，最早实现住宅产业化，这事其实早在1999年就开始了研究和准备。今天万科做200万平米的工业化住宅，比一般操作方式能节省3个月时间。大家现在说王石有远见，但回头想想，1999年王石为什么会想这件事？那就还得回到价值观上，因为做大众住宅是他当时的梦想，于是他就努力学习，并在这个学习过程中发现，要做大规模必须工业化。

2008年，我们制订了绿色战略，提出要把绿色变成竞争力。2010年，我们因为这个得了很多奖，包括政府的奖励。为什么当时会想到这一点？这还是跟我们的理想有关，我们说要创造有价值的空间，其中就包括环境价值、健康价值，都跟绿色节能有关，最终这个战略符合多数人的利益和城市发展趋势，这不是偶然的。

我发现IT行业也出现过这样的故事。IT业第一次泡沫破灭时，很多海归都觉得不行了，都卷起铺盖走人了，说中国IT有三件事解决不了，第一银行不能结算，第二没有物流，第三中国互联网基础设施不好，宽带没有，法律不健全。留下来的是阿里巴巴、新浪、搜狐、网易、百度，今天这些人成功了。当时那些聪明的人为什么走了？他们没有理想，只知道算账，觉得这种职业赚不到钱就走了。另外一些人是带着梦想来的，比如李彦宏在美国时就研究搜索引擎，他回来创业，就是要在中国把这个事做起来。有人看见了困难，有人看见了机会，看见机会的人是因为心里有梦想，而走的人心里装的是金钱，差别就这一点点。所以梦想会让你有远见，让你眼光独到。

作为买卖人，我们每天跟钱打交道，所有事都跟钱有关。坏钱叫赃款，好钱叫善款，中间的钱可以叫利润，也可以叫生活开支、一般消费。对于钱究竟是取还是舍？你捐出去了是善款，加一个"善"字，就有道德评价，你不仅帮助了别人，同时也获得了道德上的赞许，自己有满足感。像陈光标就希望别人说他是首善，用钱买了一个道德贞操，贴在墙上。有很多贪官污吏把钱藏在纸箱里，这叫赃款。中间的钱我们是可以要的，比如工资、分红。有一些钱恰好是介于黑钱、灰钱、白钱之间，这时就只能靠理想、价值观来处理。

曾经有个朋友被抓之前突然跑了，然后托人带话，让我把钱给他。从情感上来说我应该帮他，但这钱是善款还是赃款？这件事就包含了很多是非。怎么处理呢？我还是坚守我的理想，要想实现理想，前提是自律、合法，否则我就会被淘汰。于是我先打了个电话，问这个人离开单位后被通缉没有。如果没被通缉，那说明他还没有被定性为坏人，金钱往来还是可以的；如果他被通缉了，那就万万不可；另外内部立案没有，如果立了案，那性质也发生了变化。

后来我打听后得知没立案，只是在调查之中，我就带着钱去外地一家酒店里见他。当时他确实在公司里有个职务，我便写了个纸条说明他在公司兼职，这笔钱算是提前发给他的工作经费。后来他的问题升级，被抓获归案判了几年，但没有任何人来找我的麻烦，因为我说得清楚，没有违法。我要追求长远，这个梦想是一辈子的追求目标，所以自律变得无比重要。

还有跟这类似的事情，也是一个朋友出状况，他的家属来借钱，我跟王石商量借还是不借。当人家困难的时候，你借钱给人家，一般是拿不回来的，这样今后彼此见面心里会很纠结，于是我决定给他钱，数额相对少一些。我预支了我的工资（这部分我可以做主），并写了一张字条，要求这些钱只用于合法目的，不能干违规违纪的事。因为钱给出去以后，可能发生的事你无法控制，万一人家做了不合适的事情，将来查起来你会有一定的责任，所以要界定清楚。今天我还能很从容地讲这些故事，正是因为有理想，追大舍小，从而避免了很多意外。

因为我们有理想，在处理这类事情时就非常简单，叫守正出奇。和功权他们一起做事时，没人跟出纳勾结把钱拐走，如果拐走这叫不正。卖万通广场时，我们账上曾有上亿美金，那时是1993、1994年。后来当我们还不起债极困难时，人家都不信，说你们当初有那么多钱，没转到海外一点？最后我让债权人看我私人银行的折子，慢慢了解之后，那人说，你们不是有理想，你们是呆子。如果当时我切出去一块，按今天的说法就叫侵占，总有一天会被人发现抓起来。所以我从来都很坦然，我一分钱都不碰。我曾经想过，死不可怕，可怕的是没有尊严地死。万通在最困难时，我个人没干任何对不起大家的事情，这是一种信念，是公司最终活下来的根基，正因为这样是非才少。如果当时弄几百万到境外，这钱以后会有是非的，这是非到今天都洗不掉，拿橡皮都擦不掉。

这就是理想帮着减少了是非。我觉得理想特别像"上火"的"火"，火在哪儿都不知道，但这东西来了之后确实让人不舒服。理想就是一种火，它在哪儿不知道，但都会说，有时出了问题才会感觉到它的存在。当法律不健全时，理想变成了自律的动力，就像宗教信徒一样，他们的自律来源于敬畏，来源于追求。宗教信徒有美好的追求，他们敬畏神，所以他们就自律，自律就变成了好人，变成了好人就助人，助人就天下太平。企业也一样，因为有追求就有敬畏，有些事不能干，干了以后进不了天堂，干了以后理想就不能长远，所以企业就自律，自律以后就自助；所谓自助的过程就是觉悟的过程，自助而后助人，助人就是度人，这跟宗教信徒一模一样。

在追求理想、克己自律方面，柳传志做得也很有意思。我记得在联想股份制转制时，我们聊天谈到了股权、利益、管理，他说他把车、房都给别人，他就要企业管理的权力。因为他有梦想，结果他顺便也挣了钱，现在事业和生活都很好。王功权离开公司时，我们在亚运村一家酒店里进行交割，我给他支票，他在协议上签完字，我说：大哥，我现在就剩下理想，啥也没有了，钱全在你这儿，我就剩下一个公司、一堆事，还有负债。功权说，那咱俩换一下？我说，我还是想要理想。这个算账方法很有意思，所以直到今天，我们原来的几个合伙人在钱上都没怎么吵过架，这也跟理想有关。人生就是这样，当你坚持理想，有一个很大的目标时，你对钱的事情是可以淡定的：第一你会站在合规合法的一边，不会运作赃款、黑钱；第二你跟人谈判的余地很大。

除此之外，理想还能帮你识别人。创业初期那会儿，我们没有HR，怎么甄别人呢？当时我们用了很多奇怪的土招来试人。比如抓一大把钱让新人去办事，看他回来怎么报账，根据报账方式基本就可以把这个人对钱的态度看清楚。新来的人通常分为三种类型，一种稀里糊涂的，回来后把乱七八糟的一大堆票丢给你说事办完了，这种人大体上比较简单，做事比较快，但不好管理；一种规规矩矩的，办完事以后把票贴得特整齐，事情也执行得非常好；还有一种回来贴了一堆票，但你会发现票里有很多小猫腻，这类人工于心计，心思都在钱上，根本不可能和你谈理想，需要小心提防。我们给这些人钱的时候好像是不经意的，其实心里都有数。第一种人是性格有问题，第二种人职业操守好，第三种人道德上有问题。我们会经常试，有时候就是聊聊天，谈谈未来、梦想、价值观和是非，最后你会发现这样可以找到很多同伴。最典型的就是我们万通这六个人，当年都是热血青年，价值观相同，在一块儿都是谈不着边际的大事。

我们六个人里有四个人都是海南省委改革与发展研究所的。当我们做第一单业务时，为了把价钱砍下来，我们几个商量说由我出面跟对方要回扣，然后把钱拿回来交给公司，这是大家都知道的事。那会儿那么困难，碰到这么多钱，但我们从来没有动过私吞的念头，后来形成惯例，每次谁拿到额外的东西，一律交给公司，要求比共产党干部还严格。

现在万通也一直强调不能有第二利益来源。我有时候在外边做演讲，会得到一些酬金，也都交给公司公关部，由他们捐给公益基金。

在万通内部，大家价值观都很一致，在外部我们跟合作伙伴合作的时间都非常长，这也跟价值观有关。因为我们对社会、对大的事情的基本价值判断是一致的，当对具体某一件事情看法难免不一致时，我们回到价值观层面就不争吵了。我们不希望我们共同的价值观、理想受到伤害，所以其他事情都可以妥协。有了这样一个理想和价值观，在公司管理上就比较简单，在外面找合作伙伴找同类，也比较简单。

我曾去过阿布扎比看大清真寺。那么多人在里边做礼拜，也没人来组织，只要阿訇一召唤，大家各自都往清真寺走，做着同样的一个动作。只有宗教的管理成本是最低的，而军队、监狱成本最高，因为强制。自觉的成本最低。一个公司如果用一种很好的价值观来统率，最后大家都变成"教友"关系，这样会很省心。虽然语言不同、肤色不同，但全世界的穆斯林习惯是一样的，这就是因为他们的价值观一致。比如《古兰经》中讲五大功课都要做，有能力的人一生要去一次麦加等。我们到三大宗教的起源地耶路撒冷，发现犹太教、基督教、伊斯兰教各自教徒的姿势、动作、念的经全都不一样，但互不干扰。各自心里头的神不一样，你说你的，我说我的，但在同类中间他们是非常协调的，别人影响不了。理想以及理想附带的价值观，会为我们内部在人的管理上、外部在合作伙伴的选择上，创造出一个更好的环境，降低管人成本和合作之间的摩擦成本。

做好人就是买单，做坏人就是抢劫

有一些事当下很难判断，比如今天研发中心要不要设。我们每年在公司营业额里拿出0.5%的钱搞研发，鼓励创新，但其他很多规模差不多的公司并没有设。还有做商用不动产的未来怎么样，这事当下也看不见结果。对于这种事情，怎么来决策呢？我的工作就是看别人看不见的地方，算那些算不清楚的账，比如某件事优先跟谁合作这样的事情。

我们在做CBD竞标期间，有天晚上许总①问我，两家竞标公司都挺

---

① 北京万通地产公司董事长许立。

好，该怎么办？这有点像《非诚勿扰》节目，要我们决定亮谁灯、灭谁灯。我说，一个是看两家公司的商务条件怎么提，另一个考虑是看对方的企业性质和价值观。在双方开的商务条件一样的情况下，选不同的人合作，未来结果会不一样。在那两家竞标公司中，一个是民营主导的，一个是国有的，规模都一样，都很好。国有这家公司跟我们已有很多业务合作，对我们一直都很支持，而民营这家公司，跟我们没有直接的业务来往，并且过去曾在某些业务上有过一些误解，怎么选？我每天碰到的都是这种事。这时，价值观就会起重要作用。

我们要做受人尊敬的民营企业，我认为民营企业更有活力，未来更持久，而且民营企业还有一个特点——老板不变，我们跟他们合作，未来十年、二十年，这个人还在，正向优势会不断累积。国有机构好是好，但如果换人了这种累积就可能会中断，所以我们选了那家民营企业。大家知道彼此都是民营，我本身的价值观会更倾向于民营企业。

在公司外部事务中，不光要与合作伙伴打交道，还要与政府打交道。我们跟政府打交道，为得到好处要不断花钱。为了拿一个项目，我们已经花了好几千万，这跟相亲似的，本来我们只是想买一件新衣服，可为这件衣服搭了支口红，没想到口红比衣服还贵。这也跟价值观有关，因为有些人、企业把钱用在暗处，可能会节省一半成本，而我们要做好人，所以事都做在明处，做些公开的政府希望我们做的事，成本随之也就大了起来。

董事长的决策就是在不确定的环境和不确定的数字中去做一个确定的决策。在一个时空变化的未来当中，我们做一个相对确定的决策，让企业能够度过这些不确定性，走到理想附近。这是一个非常困难的事情，最终只能靠价值观来引导。

其实一个公司不是做事越多越好，而是正确地做事和做对的事情，或者用正确的方法做对的事情，这也是最难的。就如物业管理这件事，总是有客户投诉，各个项目的物业都面临着如何提高服务质量的课题，我们的价值观是学先进、傍大款、走正道，或者说是眼光好、手艺好、良心好，做"三好学生"，总之我们要做一个很正派的企业，这样有投诉的时候我们会妥善处理，同时我们还要对项目进行二次规划，不断改进。我们有缺点、有错误，这方面我们认账，该给人赔的我们要赔，这样客户在感谢我们积极主动解决问题的同时，也会进一步肯定我们，在我们另有项目的时候，他们还会来购买。与此相反，在物业问题方面，社会上还有另外一种处理办法，比如有人怂恿我给投诉者家中塞纸条威胁，反正都是打印的，条子一塞，肯定啥投诉也没有了。在北京还发生过这样的事，就是将领头闹事的一棍子闷倒，这个社区立即就消停了。

可见，价值观不同，做事的方法是完全不一样的。我老说做好人就是买单，做坏人就是抢劫；好人花钱买改正错误、提高满意度的单，做品牌也要买单。只要有人说他没梦想，就想挣点钱，那你得把自己的口袋看好，因为这个人会设法蒙走你口袋里的钱，甚至加害于你。我总说做好人很贵，做错的事情便宜，因为你老是占人便宜，坑蒙拐骗偷、懒馋占奸猾，全是拿别人的钱。"品味生活、品质万通"这八个字挺好，但是挺贵，好字都贵。坏人都不愿贴这好字，他要省钱，但他未来要付出的代价却可能非常大。就像我们有一项目在成都开盘，我们跟万科的业绩是一样的，因为我们为那八个字花钱了，大家相信你，在困难的时候还能支持你。而其他一些公司的业绩，则比我们两家差很多，更差的都跑了，那些只做一锤子买卖的公司则可能已经不在了。所以，理想和价值观让我们做对的事情，做贵的事情，做长远而有意义的事情。而错误的价值观则会引领企业做错的事情，可能当下会省点钱，但未来会付出更大的代价，乃至被淘汰出局。

理想不光能让人做对的事情，还能让人有毅力。四川有很多老太太一路磕头到布达拉宫，毅力来自于她们的信仰。我在台湾骑自行车环岛的时候9天骑了1100公里，我觉得我挺有毅力。但路上碰到一个妇女磕头环岛，我一看比我还猛，便停下来问她，你要走多少天？她不多说话，就说她要拜一拜。她心里头有一个东西，那就是景仰、信仰或崇拜。我飞了纽约50多次，其中最困难的一段时间是经常要打干扰素那一年。我十几年前去一家医院体检，因为针头不干净被传染了丙肝病毒，现在是健康带菌。当时医院的治疗方法是一周打一针干扰素，每次打完针后都会发三天烧，体温大致在37.5℃～38.5℃之间。那一年我打了将近50针，大约140多天都在发烧，每天面黄肌瘦的。当时，我的梦想是非要在纽约建一个"中国中心"，中间经历了很多曲折，直到2009年我才终于把合同签了下来。

古人讲君子必有坚忍不拔之志，才有坚忍不拔之力。人的毅力的弹性，就像橡皮筋能抻很长。就我这成天在外折腾、平素完全没有时间锻炼的身子骨，走130多公里戈壁滩照样也能扛下来。在年轻时我受的教育是：要实现理想，必须文明其精神、野蛮其体魄。为了让身体变得结实，我和几个发小故意喝生水、淋雨，慢慢地就变得能屈能伸，怎么都能活。理想就是黑暗隧道尽头的光明，因为有这个光明，你不会恐惧，你还会有动力坚持往前走。而如果这个东西灭掉，你就没了目标和方向，就会恐惧乃至迷失。

这让我想起了鲁迅的小说《过客》。在一个夏天，有个小孩支摊卖饭，路上来了个伤者，问路前边是什么，吃饭的人有的说是坟墓，有的说是鲜花，于是那个人继续往前走。在人生的路上，有的人看见坟墓，有的人看见鲜花，其实都是一个方向。人死都不怕，还怕活吗？反过来说一样，人活着都不怕，还怕死吗？死的时间很长，所以先要好好地活着。你心里头有鲜花，你可以不停地走；心里头是坟墓，你也可以不停地走——坟墓是宿命，鲜花是希望。当一个人有了宿命和希望时，都会有毅力，比如我逆来顺受，什么苦都认，这就是宿命；有的人看到的是鲜花，那他就是在奔向理想，拥抱未来。

现在大家都在讲"理想很丰满，现实很骨感"，怎样让有骨感的现实朝丰满的理想逐步接近？理想需要阶段性地被鼓励，就像马云那样卖点股票，套现一两亿港币，体验一下创业的阶段性成果，给自己一点鼓励。我们要把理想和现实之间这座桥一段段地接起来，在每一段都给自己一点回馈，让自己可以享受一下这些许的成功。这些阶段性的小成功连起来，必然能通向最终的理想。

墙上的美人与炕上的媳妇

理想是墙上挂的美人像，很漂亮；现实是炕上的媳妇，能够生儿子、过日子。如果不能把墙上的美人变成炕上的媳妇、最后生出孩子来过好日子，爱情的理想就会随风飘逝。美人给你的是理想，若能将美人变成炕上的媳妇，就能生出孩子让血脉延续，即使这理想在我这代实现不了，那下一代还有希望，这是一个正向激励过程。

这种正向激励，在我一个日本朋友身上体现得很明显。我这日本朋友叫命尾晃利，我们刚开始办公司不久，他就到我们公司来，是一个朋友介绍的。他做的是粉末技术工程，他们家族两代人就做这一件事，把筛子眼做到全世界最细，全世界最细筛子的市场他们家占百分之七八十的份额。他们家一辈子都在研究这个孔能小到什么地步。我去了以后发现他们的经济状况并不好，基本上赚不到钱，工厂冷冷清清的，但他不放弃。

生存不下去，有的人为理想而献身，用牺牲来结束，表明他没放弃。但这个人特有意思，跟万通相处最久，但结果跟万通从来没做成过生意，以至于后来他一来公司我们就说老人又来了。最后我们才知道，他家上一代帮助过孙中山。有一次王功权、易小迪和我在漓江与他见面，他居然说："从你们身上我看到了未来中国的影子。"他认为他看到了我们身上的理想和热情。这是因为，一方面他自己很执著地坚持他的专业理想；另一方面他当时已经六七十岁，以这种心态来看待年轻人很有理想、很热情地做事。常言道吉人自有天相或有贵人相助，这个贵人是怎么来的？他是闻着你的味儿来的！你要是盗贼，那可能是骚味儿、臭味儿，会有些坏人来；你要是好人，同样也会有人来。所以，理想这东西得信，你不信同道都走了，你一旦信了至少同道在这儿，这就好比你信佛，那信佛的人都来了，都成了哥们儿。理想特别像中药，虽然药性慢，可它解决根本问题。

信了理想，那我们要将墙上的美人变成炕上的媳妇，会遇到哪些障碍呢？

墙上的美人ち
炕上的媳妇

最主要的障碍就是制度摩擦。我看了许多案例后发现，造成多数民营企业在成长过程中死亡的原因，不是市场竞争，而是体制摩擦。我们在不同的阶段，有不同的体制摩擦方式，最近8年光房地产调控就出了40个文件，平均每年出台5个文件，每个文件管两三个月，体制摩擦很厉害。比如，发改委要求房子明码标价，抓出江西一个房地产公司示众，结果这个公司就死了。我觉得它至少不该死，这是体制性摩擦造成的伤害。

　　银行需要由政策性银行改制到商业银行。现在我们跟国有银行的合同关系、博弈关系是不公平的，行政命令一来，说停贷它就停贷，说收贷它就收贷。它违约咱不敢起诉，但咱违约是要死的，因为国有银行和咱是两个不对等的主体。很多民营企业在历次调控当中，都被一刀切的信贷政策和政策限制搞死了。造成民营企业死亡的原因中最主要的就是这种体制摩擦。如果是纯粹的市场竞争，这些民营企业扛不住时大不了把公司卖掉，或把股权质押让给别人，但老板不至于坐牢。现实却不是这样，很多老板成了这种体制摩擦的牺牲品，企业破产，自己则可能锒铛入狱。

　　这种体制转型的过程，有点像从土路坐拖拉机奔到高速公路，在这个过程中一车人都不知道该怎么走，开车人一边修车、一边换车，还希望半道上能找一辆好车再倒腾，最后终于上了高速公路，这就叫转型。在这过程中司机也不知道方向，车上人嚷嚷狠了他就停下来，这时车上人跟他求求情、保证不再嚷嚷了，他就继续往前开，车要颠散了就停下来，修好了继续跑。但大量的车都颠散熄火了，只有少数车最终能够上高速公路。今天我们好歹已经到了高速公路路牙上，因为我们所有的治理结构、价值观轻松干净，我们现在没有什么诉讼，也没有逾期贷款。

　　所以，在由现实通向理想的过程当中，最重要的避免死亡的方法，就是规避体制性摩擦，当体制转换、政策转换时，决不能生磕死扛。所以我才说，要听党的话，按政府要求办。这不是唱高调，我说的都是保命的话。只有这样，我们才能跟理想的距离越来越近，而且还能坚持。我们从负数开始创业，到今天能把公司利润做正，20年后还在这儿坚持，就是因为没在体制摩擦中牺牲，至于赚多少钱那是第二位的。

在处理大量复杂事情的时候，我们要按正确的价值观检点自己，以应对不确定性困难。很多年前，突然有个电话打来，说有个专案，要我去一趟。我一听这事挺严重，但转念一想，他们不直接到公司把我带走，还给我打个电话，估计事儿不会大到哪儿去。后来律师去了一下就没事了，原来是跟我们合作的一个小股东扯到了案子里。他当时说想提前分红，因为他是外企的，我们就给了他美元，没想到他拿着这个钱躲到国外去了，专案组调查发现是我们给的钱。但这件事我们是依法依规办的，所以能坦然面对。如果我们没有这个价值观，比如他干不正当的事，我们也跟着他一块儿玩，那我们早就挂了。

实际上在过去的20年里头，我们碰到过很多这种奇怪敏感的事，但我们每次到了河边掉头就走，没湿鞋就回到了我们认为正确的地方。我碰到过一个政府里的人，他说：我观察你们这个公司这么多年，发现你们老在河边站，却没湿鞋，拐个弯又回去了，很有意思。他说我们掌握政策的水平比较高，我说不是掌握政策的水平高，我就是听党的话而已。我15岁入团，20岁入党，共产党的基本教育和组织纪律我很清楚，比如不能行贿，不能干坏事，不能从事非组织活动，这主要是党教育得好。20年来，我们就是这样靠着价值观把偶然性事件用一种必然的方式处理掉，因为坚守了原则而没有出问题。

还有一个故事，很多年前我们收购了一家公司，有位领导在这个公司里遭人攻击，有人就认定我们跟这个领导有不可告人的事情。经查证，当然是没有。当初我们一到这家公司的时候，我就跟那位领导直接谈，说我们可以做朋友，但不做交易，交朋友不在中纪委禁止的范围之内。当时别人都说我不能那么说，会把人家得罪了。可我觉得就应该说清楚，否则每天见面时都各揣心事，就成了心理负担，你早点跟他说清楚，彼此的预期都设定好，今后的工作就能更顺利地开展，政府相关部门也就知道我们是什么样的企业，以后清盘、重组、破产，再大的事也都捎不到我们。

前些时候我们在泰达集团开董事会，泰达也换新领导了，正在做审计，其中一个审计重点就是它与民营企业的往来。我说很好，一定让你们看到一个令人尊敬的民营企业，因为我们是透明的。我们在海南时就下决心要做夜总会里的处女，虽然大家都不理解，说在那儿上班怎么可能有好人，但我们非要做好人，所以我们主动把董事会财务报告拿出来，靠这种办法规避掉别人的误解和猜忌。我们每年分红的时候，会要求控股公司上午开完股东会，下午就把支票送过去，分钱要快。分钱一慢，别人就可能会怀疑你的动机。跟国企合作，别人认为很难很复杂，但七八年来，我们始终与合作的国企相处得很好。

理想不能改变，过程可以妥协

在从现实走向理想的过程中，我们要学会妥协，因为通向理想的道路，通常是不确定的和曲折的。首先是向外妥协，比如我们要做处女，一时又没有别的地方上班，外边只有夜总会，那就先在夜总会里上着班。我人虽然在夜总会，但我心里有贞操，决不随便脱裤子；等到最后夜总会改成妇联领导下的阳光企业，外部环境回归正常，我才能顺利变成阳光下的劳动妇女。其次是向内妥协，即领导者不能用自己认定的理想绑架员工，因为有些理想并不被员工所认同。就像有些项目、有些事你非要做，你认为这事跟理想有关，绑架所有员工去做，最后公司保不准会垮掉。这就如一些集权制度的领导人，总爱用他个人的偏好绑架社会。你会发现很多极端的私人公司也是这种情况，结果自己出事，员工也跟着坐牢，比如以前很有名的南德集团。当你追求理想的时候，如果你所做的决定不能取得员工、同事的理解，有时候也得妥协，把进度放慢一点，照顾到大家的理解力和想法。

以前总批评我的是王功权，在发展过程中他总是说我：你不能强制我们按照你的理想去做，万一你的理想错了呢，我们都跟着牺牲了。这句话是对的，在一个组织架构中做一位理性的领导，不能让大家玉石俱焚。在看法不一致时你只能选择协商，有的人愿意，就继续一起往前走；有的人不愿意，那就给他们一个安全的通道，然后大家各自前行。

在这件事情上，我从王石身上学到了很多。中城联盟①有一个基金叫中城投资，这个基金现在是中国运行规模最大、管理最好、回报最高的房地产基金，我也是管理人之一。可当年做这事的时候只有8000万，我们内部有的地产商有大理想，说我们要做成中国最大的地产基金，如果批不下来就不做。当时王石说了这样一句话：现实就是这样，我们只要方向不改变，先做起来，再一点点往前走。于是我们从8000万的互助性基金，到现在是第七个年头，终于做成了中国最大的地产基金。这就是理想不能改变，过程可以妥协。中城联盟前段时间开会汇报工作，王石讲基金的目标是在下一个十年至少要做到200亿。当时大家都诧异，觉得大哥怎么这会儿这么激进？他的厉害就在于他看见了我们没有看见的地方。基金管理人陆林认为未来五年就能达到200亿，因为当你做成最大以后，再往上就容易了。从这件事情上，我看到了王石的判断力和领导艺术。先往前走，当条件成熟的时候再加快速度，万科每一次对于政策的表态也是这样的。我们要学会妥协，但目标不能改变。如果连目标都改变了，那就不叫妥协，叫投降，叫放弃理想。

我们在追求理想的过程中，怎么管好自己、改变自己，也很重要。人们在追求理想的过程中，通常会不停地埋怨别人，而不改变自己。最难的是管住自己，不让自己出问题，因为自己一出问题，理想也就烟消云散了。就如真功夫家族内斗，创始人夫妇离婚以后，丈夫、前妻两个家族死掐，这就是没管好自己。这些年来，经常有企业家在这方面出问题。李敖讲，世界上最可怕的动物就是前妻。人不是不能有前妻，但不能有成为敌

① 全称是中国城市房地产开发商策略联盟。

人的前妻，这也叫危机管理，有矛盾、有冲突并不可怕，但要管好。改变自己也包括性格的改变，曾看过一个电影《国王的演讲》，国王的口吃之所以能够矫正，是因为他决心改变自己。

如果你决定和朋友、同事一起实现理想，你又想当领导，那你就得习惯改变自己，其中最大的改变是你要学会受委屈。几年前我到我母亲那儿吃饭，她说你怎么看着那么疲劳？我调侃说"我现在除了我娘的儿子谁也不能得罪"。我母亲以为我受了什么委屈，一下就掉眼泪了。一个人不管做多大的领导，包容很重要，这个包容就是要让来自于各方面的批评、摩擦、冲突，到你这儿都消化掉，归于无形。

很多过来人会发现，十几岁的时候你会因为受不了气而拿刀砍人，但到四五十岁以后你什么气都能受，因为你把这些当一个屁放出去就完了，有时候只能自己安慰自己：所有的委屈过去就过去了，过两天就会好的。另外，你心里还有一个实实在在的理想存在着，这会让你开心。总之，要实现理想肯定是要受委屈。许立能胜任董事长，一个重要的品德就是能受委屈。包容、宽容是一种美德。很多人不能改变自己，在实现理想的道路上个性太张扬，或太急于证明自己，让别人都服从自己，最后玉石俱焚。

在改造自己方面，性格的改造是最痛苦的。知识的改变很快乐，因为多读书就好了；相貌的改变如美容、整形也不难，但要把一种很强的性格改变得到处都能受委屈，则很难很痛苦，这太摧残人了。一个性格很好、很柔弱的人，非要变成一个刚愎自用的人也是挺闹心的。性格的改变等于重造一个你，这一挑战是最大的。

我们前几年在阿拉善做公益的时候，王石正担任阿拉善生态协会第二任会长。他当兵出身，企业做得好，山又爬得高，什么极限他都敢挑战，很强势。而他说在阿拉善，他得改变自己，要妥协、倾听，因为这儿不是万科，这是一百个企业家在这儿做事情，每个人都是龙是凤。他在做会长那两年，只做了一件重要的事，就是把基金会批下来、把制度理顺，剩下的事他都是在认真倾听，然后顺势而为。如果他不改变，把那儿当万科，可能那一百个人早就炸窝了！就因为王石有很清醒的角色意识，所以他把工作做好了。

因此，成功的企业家、事业家，在走向理想的过程中，一个重要的功课就是改变自己、提升自己，特别是在一些关键地方能弥补自己的缺陷，让自己进步，让自己能够跟整体组织、外部环境和要求一致起来。就像对待微博，我发现有些领导喜欢死扛，对微博置之不理，但也有人非常快地适应了并顺势而为。我介于二者之间，天天琢磨，天天看，就是大家说的"潜水"。这也是改变，改变完了适应，最后带领组织顺应时势，继续坚持往前走。

要想把理想变成现实，我们需要避免体制性摩擦，需要能够处理好偶然事件，需要学会妥协，最终改变自己。当你第二天醒来的时候，你会发现，理想就站在你面前向你微笑，这时你才真的成功了。

程序正义比实质正义更重要。

——佚名

第二章

公平

公平这个问题，最近几年表现为收入差距大、两极分化、贫富不均，还有很多话题与之相关，比如官二代、富二代等。社会上关于公平的问题始终很纠结，抗议的人多数是民工、上访的、盲流、无业人员等弱势群体，他们发出的质疑、抗议，都在说不公平。社会上很多不安定因素或事件，也来自于对某件事情不公平的愤怒。

公平这个话题，现在几乎天天都在讨论，连领导人也特别爱说公平、正义。

起点公平就是机会均等

对公平这件事可以从不同的立场来看，在思想史上一直都有两种观点，一是起点的公平，一是终点的公平。所谓起点的公平，就像运动会上的跑步比赛，枪一响，大家都从同一起跑线起跑，但跑步的人速度有快有慢，否则刘翔也当不了冠军。强调起点公平暗含着在终点是有差距、不公平的。邓小平讲让一部分人先富起来这句话的时候起点是公平的。但从今天看，人们关注的所谓收入差距过大，是直接看向了终点，一部分人确实先富了起来，但差距有些大。

这是立场不同，所以心态就不一样。1989年我开始做生意那会儿，没人给我发工资，我和很多人一样也是下岗职工，那时大家是起点公平。折腾了20年，有的公司破产了，有的公司还在维持；有的收入多点，有的收入差点。20年后说不公平了，那之前这20年的政策难道错了？1989年我起跑时，大伙儿都一样，现在说收入差距给整大了，那我也有想法。

我比较倾向于起点公平，尤其是程序公平，制度设计要合理，追求相对公平，而不是绝对公平，因为绝对公平是不可能的。比如1949年，好像大家都公平了，但依然有不少人享受着特殊供应。如果大家都追求绝对公平，那结果会是普遍的平均加极端的特权。

强调起点公平、一致性或等同性，却不承认终点的必然差距，那在运动场上就没法玩。所以起点公平是强调竞争，愿意强调起点公平的，多数是自信的人、愿意创业的人、愿意保持市场竞争环境的人。就像在运动场上跑步，刘翔肯定愿意起点公平，因为他跑得快，起点公平实际上是激励大家奋力快跑。

从学术上来说，起点公平更多的是强调机会均等。机会均等就是讲垂直流动，每个人都有垂直流动的机会，而不是水平流动。水平流动是什么？水平流动就是你爹是穷人，你也是穷人，你走到哪儿都是穷人。机会均等了，你就有可能读书，有可能创业，我们都是因为开放了高考，才有机会垂直流动。首先我来到北京，然后我有机会去做生意，如果没有市场经济连做生意的权利都没有。实际上机会均等讲的就是起点公平，像美国哪个富翁是第二代？都是第一代，而且贫民、黑人也能当总统，这才是好的制度，机会均等。虽然这也不能做到百分之百均等，毕竟在同样的起跑线上，有人是非洲人，体力好；有人是荷兰人，体力不好。非洲人先天肯定跑得快，荷兰人再练也练不过非洲人的胳膊腿。但总体来说，大家都在这儿顺着跑道跑，你不能横着跑。

再比如说教育，不管有钱没钱，不管是官几代、富几代，大家受教育的机会或教育条件是一样的。公立教育由政府承担，就不能够有人受歧视。抛开那些私立的贵族学校不谈，有一些特别好的公立学校，像北京人大附中，收取高额费用，只能是特别的人或有特别关系者的孩子们才能进去，这就叫机会不均等。机会均等在教育上应该是有教无类，所有孩子都能够公平地接受教育，至于接受教育以后，孩子们是否努力就是另一回事了。像国外发达国家，学校教育水准都差不多，有些孩子就是不爱读书，天天玩，起点是公平的，但你没学出来，逐步落后于别人，那就不能怨政府。

另外，每个人有就业的权利。在国企小孩可以顶替父母岗位，非国企就没有这样的政策，这就可能发生机会不均等。大学毕业后大家自由择业，毕业生自己去网上找机会应聘，这就叫机会均等。但任何时代总会有一些人可能有些特殊背景，他们不需要这么辛苦，想去哪儿就可以去哪儿。比如"文革"时参军，普通人家的孩子要先到农村插队，但也有些干部子弟、军人子弟直接就可以去当兵。像华谊兄弟的王中军就是这样，他父亲是部队的一个领导，他想当兵直接就去了，等他开公司时才发现居然连入伍手续都没有，后来才回到北京补办。入伍时，部队首长问他，是想学技术还是想长干？那会儿学技术就是以后到工厂工作，长干就是永远在部队里学军事。他说我要长干，后来就当了侦察兵。显然，在那个年代他的机会跟普通人不一样。

还有就如现在看病，也存在机会是否均等的问题，我曾去301医院看望病人，发现病房拥挤的程度令人瞠目结舌。目前中国医疗资源十分紧缺，所以在看病过程中一定会有机会不均等。在三亚海棠湾我们的项目边上有一个301医院，投了20亿元，可能多数人还是没条件去那儿看病。据报载，目前中国医疗资源的80%是向公务员、特别是中高级干部倾斜的。显然，医疗资源不是对所有人都平等地开放，而机会均等则要求大家在教育、医疗、就业等方面都一样，不应该分这么多等级。

此外，对于社会事务的管理，也就是我们通常所讲的民主，也存在机会是否均等的问题。一个公民，我有权利对某件事情发表意见，然后参与社会管理，你不能说我是普通老百姓，我就不能管。在西方，社会管理方面的机会是开放的，你想做什么事有充分的自由，社会不给你设置障碍，只要你愿意做，在第一天你进入时门槛是一样的，至于以后你能不能像奥巴马一样从科级干部被选成总统，那要凭本事，这就是在起点上强调公平的结果。

结果公平等于普遍的平均加极端的特权

结果公平最极端的情形，就好比收入一刀切，大家拿一样的钱，回到"文革"时期，不管你是高中毕业还是大学毕业，不管你是哪个学校的，也不管你有没有能耐，收入都一样。家里的房子全是单位分的，大小都一样，不管你干好干坏，最后连悼词写得都一样。结果公平最容易做到，无非就是劫富济贫，把你们家的东西拿来跟他家拉平，在人类历史上有很多这样的例子。

朝鲜前两年搞过一次货币改革，因为他们之前几年允许小商小贩做点小买卖，这样在民间钱就多了起来，富人开始出现，政府便实行货币改革，拿新钱换旧钱。只有这样，富人们才能把钱吐出来。那次货币改革引起了社会相当的不满，人家刚有点钱，又被洗掉了。后来经济出现问题，财政部长在体育场上被枪毙了，说他出身地主，破坏社会主义经济。

咱们1949～1976年一直在强调结果公平，1956年搞合作化建人民公社，对民族资本家①进行社会主义改造，把他们的财产没收了，交给国有企业，变成国有资产。结果人人平等变成人人平均，而人人平均必然导致人人贫穷、人人不满。

从历史上看，结果公平都是不好的。这种结果公平，事实上是更大的不公平，它是普遍的平均加极端的特权，这两件事是并存的。举个例子，我刚到北京读书时在中央机关，那时我有一个特供本，普通老百

---

① 即今天的民营企业家。

姓买不到的东西，我在中央机关内部的购物商店里能买到，当时叫24号商店。在中央机关里有一套特权供应系统，是编号的。过年时我把东西拿回家时特高兴，因为别人买不着。我属于当时那个特权体系里最底层的。结果公平这种体制从来都是表面上大家拉平，但上面依然存在特权阶层。

比如卡扎菲政权体制是集权主义和部落传统相结合的非洲社会主义的一种，上面他们家享受特权，下边房子都是分的，强调结果公平。他的大儿子执掌利比亚电信业，四儿子领导国家安全委员会，七儿子管特种部队，反正赚钱的事都是他们家的，部队也是他们家的。媒体上曾有个利比亚的普通老百姓说我们每天都要表示对卡扎菲无限效忠，我们只有很少的机会赚钱，但我们赚钱一旦赚得多了就会有人来找我们，说是以国家的名义把我们国有化，没想到最后都变成了他们家族的财产。所以，结果公平最后一定会导致特权。

这就像封建社会，皇帝是特权，但普通老百姓都是一样的，你跟皇帝关系越近特权越大，最终形成普遍的平均加顶上的特权。太平天国也是农民认为社会不公平要平分土地才起义的，可太平军打到南京①以后，大家又造反了。主要因为两件事，第一大家都是一个村的，现在你当了皇上，让我们给你下跪，大家都不干；第二在女人方面搞特权，当时所有的太平天国普通将士不能够男女在一起，但高层可以自己偷着来，这就是特权，它很难做到绝对的结果公平。而太平天国提出的纲领是所谓的绝对公平，土地、吃饭、穿衣都是平均主义。

《水浒传》讲的也是结果公平，造反的原因是认为不公平，造反以后《水浒传》里提出等贵贱，这是中国农民起义提得最多的一件事，要求大家社会身份一样。《水浒传》里进一步具体化，叫大块吃肉，大碗喝酒，所有人的生活像在部队里似的都一样。

结果均等一定导致最高层特权，而这部分特权要维持，就要用暴力

① 当时叫天京。

起点的公平就是机会均等

结果的公平就是普遍的平均
加极端的特权

方法。全世界坚持结果公平最久的是古巴、朝鲜。古巴现在也在改革，扛不住了。我去过古巴，那里连卖甘蔗水都是国家控制，不许个人发财。因为个人只要起点上一公平，大家开始跑，肯定有跑得快的、跑得慢的，出现了这种情况就勒住，都是国家管，挣的钱先交给国家，国家再给每个人平均分配。不管什么人结婚，政府都给你几天假期、在公家酒店里度蜜月，政府还负责分房，当然房子造的水平很低，但都一样。

总体来看，西方能形成自由市场经济，就是因为传统的资本主义更多强调机会均等、起点公平，用社会政策来矫正由于起点公平和竞争带来的收入差距过大和社会福利、教育医疗方面的问题，用公益、慈善、再分配、税收等来补充，但不破坏起点公平，充分保持大家愿意跑、愿意去创业挣钱的劲头。不管是亚洲的社会主义、非洲的社会主义，还是传统的苏联社会主义，都是更多强调结果的公平，在分配上做文章，不在生产上做文章。

作为企业来说，大家收入差距都差不多，干多干少都一样，这就是1978年中国改革初期面临的问题。改革进行到今天，在挣钱速度上跑得快慢各有不同，有了差距是自然的。但如果差距太大，差距拉大的原因又不是机会均等，这就不行。机会是公开竞争的，大家都来争，谁能干谁就干，这样谁挣钱多一点，大家能接受。但如果说因为朋友、哥们儿给机会而挣到了钱，那就是机会不均等，起点上就有了不公平，会使得大家不服气。所以公司应该把制度设计好，让大家有动力干事，最后收入上能够有一些调节，比如用奖金、公共福利等来弥补，这样大家既能够努力工作，又能够爱护组织、维系体制。

在公平问题上，不把握这两件事情中间的度，就很难把政策制定好。就像农民工进城，不能说是农民工的小孩就不能上学，只有有北京户口的小孩才能上学。强调外地人跟北京人有同样的上学机会，这就是机会均等。再有就是收入分配上的调节，比如把个人所得税调到3500元这个档位，可以对低收入者减少些负担。中国的经济政策、社会政策始终在起点公平和结果公平之间不断摇摆，于是就有了所谓的左右之争。显然，两种公平对应的政策效果是明显不同的。

官二代，富二代

我们常听到一个词"基尼系数"，它是西方经济学理论中的专业术语，主要是用来衡量一个社会收入差距程度的指数。基尼系数到了0.5证明收入差距比较大，到1完全不能被接受。媒体上说中国的基尼系数已经到了很高，西方认为到了这么高国家一定会崩溃。事实上关于基尼系数，中国政府从来没有指定过哪个机构专门去做入户调查，是有些经济学家为了研究问题，组织一些人做些简单调查，不是准确的抽样，只是大家社会心理上的感觉，成为经济学家的演绎。

现在中国收入差距比过去几十年，特别是1976年以前大很多。我研究生刚毕业工作时，我母亲跟我打赌，她说你这一辈子都不可能赶上我。因为她觉得自己工资挺高，有好几百块钱，我硕士毕业时拿70多块钱，可如今我已经远远超过了她。因为按照她在毛泽东时代的概念，一辈子工资涨不了多少，那时候结果公平，大家都一样，所以她觉得不可能。如今不同，在全球100个富人里边，李彦宏曾经排在95位。中国有一亿以上投资能力的个人已经有2万人，这是私人银行调查的财富报告数据。有上千万投资能力者有几十万人，整个民间资产有60万亿，私人手里的钱非常多。不到20%的人拥有银行存款的80%，收入差距显然很大。但其中工资性收入带来的差距占的比例不是太大，最重要的是资本性的收入，比如股票投资，另外现在创业板上市后老板的股份可以变现，还有一种财产性收入，像房产投资等。

这从消费上也能看出来，中国在经济发展当中，人们生活有所好转，但普遍还有很多压力，如看病、住房，但另一方面，奢侈品商店在中国越开越多，北京国贸商圈LV都开了两家，爱马仕一个包几十万，还拥趸无数。我有一个朋友，2010年很开心，他帮外国一家公司卖飞机，那老板跟他讲，你在中国能卖出10架，咱们就算非常成功，因为每架飞机售价都在1000万美金以上，贵的要四五千万美金，很难卖。我前段时间在迪拜碰到了那个朋友，他说2010年他卖出去21架飞机，令老板大跌眼镜，笑得合不拢嘴。可见，中国有钱人非常多，飞机、游艇、豪宅最近几年很火暴。

我们讲的收入差距大，一种是显性的看得见的，但还有一种是隐性的。为什么有的人要仇官呢？因为官和富有一定的关系，比如每弄出一个贪官，都有八套十套房子，家里都有几百万元，贪上千万元都不稀罕，许宗衡3000多万元，现在上亿元的也都出来了。而且官越小，贪的钱越多。权力带来利益上的分配不公平，在中国目前这种社会现象很多，所以大家对官二代有意见，不是因为他是官二代挡住了我们升官的路，而是我们不知道他们从哪儿来那么多钱，还这么嚣张。有个省级官员和他太太贪污，他被判了无期徒刑，他太太被枪毙，但他把很多钱都转给了儿子，把儿子弄到国外，他儿子后来追一个女孩，钱被人家全部卷走，他又变成了穷人。这些人大部分隐性的收入，不在公开场合用，转移到境外或地下，不久前被枪毙掉的湖南某市纪委书记曾经讲："钱是一把刀，杀了我，我拿那么多钱也不敢用，都藏在家里。"在人们心中都知道这种收入差距，但又不能度量。前一种显性的收入差距，大家能够看得到，比如听说赵本山买飞机，总体上还能容忍，因为人家是卖艺的不容易，大家对这种收入差距容忍程度比当官的要大。后一种收入差距拉大带来的是对致富路径和过程，以及道德和法律合规性的讨论。

另一个关于公平的角度，涉及的是横向公平问题和纵向公平问题。横向公平问题就是不同职业、不同产权形式、不同阶层、不同性别之间的公平，这是横向来比。就像我们跟国企比，凭什么我们民营企业职工收入低，国企垄断收入还高？很多国企被查出用公家的钱买福利，比如团购房子分给员工，民营企业没办法这么做。另外有很多隐性问题，如国企的人就业比较稳定，竞争性不强，一份工作可以干一辈子，收入比

官二代·富二代

较多，民企则不够稳定。现在官二代有机会当官，富二代经商机会也比别人多，这样在起点上又不公平了。

从纵向来看，越往下传越不公平。过去科举是解决当官纵向不公平的问题，今天公务员考试也是。有个小地区招进的公务员都20多岁，一查他们家都是当地当官的，舆论哗然。现在采取公务员考试的办法，一个职位几万人考，各种各样的人都可以去考，通过不断筛选、竞争、提拔，使整体公务员的素质得以提升。通过民意基础加上竞争机制、外部监督，减少政府体制内纵向不公平，逐步可以做到在用人机制上透明诚信。

富二代、富三代问题怎么解决？西方解决的方法是收遗产税。美国收50%的遗产税，中国未来至少也得收一半。你得交现金，不能交资产、交股票、交房子。这样房子你得打折卖，还得缴税，所以有钱人交遗产税是为社会作贡献，一大半都会交给社会。政府收了遗产税以后办学校、改善医疗条件、治理环保等，最后普遍造福老百姓。比如李彦宏挣90多亿美金，至少一大半要交给社会，所以我们得感谢他，让他赶紧挣钱，挣了其中一半是给咱的。但现在中国没有这个税收，那么我们的孩子跟富二代之间就不公平。那些富二代全躺在那儿吃喝，但什么机会他都给你拦住，你有发明创造刚想折腾，他给你买了，他会把各个最有利的位置都占据住，把大家发展的路都挡住。而遗产税能够让所有的人自由创造财富，令竞争的起点更公平，也有利于社会形成创业奋斗的正面风气。

美国富豪为什么喜欢捐钱呢？在很大程度上跟遗产税有关。巴菲特到70岁左右开始琢磨这个事，最后说全捐了。因为这些股票是以股权形式存在的，他要是不捐，他死以后要交遗产税，那就得卖这些股票，这样股价就会跌，公司其他股东就不干了。但他捐给公益基金，他可以在活着的时候聘请专业人士来管，政府不能剥夺，永远是社会的，虽然他没有所有权，但他有支配权，可以通过信托和法律来保障。遗产税增加了社会公益的资产，促进财富在人群中横向再分配。

在中国为什么有时捐款没动力呢？因为你捐一块钱，等于捐了一块五毛钱，你捐的钱是税后的。我们做了一块五毛钱的好事，却几乎得不到肯定，那还不如不做了，省得还惹事，让人家知道自己有钱。遗产税鼓励了公益捐款，调节了结果公平。遗产税还能增加财政收入，现在根据统计中国有60万亿私人财产，假定今后20年之内，这些人陆陆续续过世，这些资产增长到100万亿、150万亿，可能遗产税就有50～75万亿。政府掌握时机推动遗产税法案很重要，但太早不行，太早大家就不挣钱了；太晚也不行，太晚已经交给了第二代。有一个报告里说，现在大概有20%左右的富人已经把权力交给了第二代，如果他已经交完了你才出遗产税，那就收不着了。遗产税过重会导致财富创造的动力减弱，也会导致资本外移，钱跑了。台湾的遗产税曾经是50%，很多台湾人就把钱转来转去，把公司迁出去或在遗产税低的地方躲过去。马英九上台后把遗产税降到10%，海外的钱又回到了台湾。中国香港地区和新加坡是没有遗产税的，所以很多人就移民过去了。

还有一种解决收入纵向公平的方法，用政治运动。我们过去五千年用的是农民起义，最近一百年用的是革命方法。当一代人刚刚挣到点钱就有人闹革命了，抄家、斗地主、没收，这样只能富一代，甚至半代。我有个朋友，他的父母曾经是富二代，1949年以前是地主，斗地主时把他们家的东西都没收了，他们家就变成了贫一代；改革开放这几年做生意，他赚钱了，又变成富一代，他的小孩成为了富二代。那位朋友跟他小孩说，你别高兴太早，如果世道一动荡，富二代过两天可能还是贫一代。

社会不断通过政治运动、革命方式来解决纵向不公平问题，这是不好的办法，因为每一代人的心里都结下了疙瘩，不能和解。你把人家东西抢走，总是不快乐的事情。抢的人是当下快乐，但因为你是抢的，不善于管理，这东西很快就没了。我们还是要着眼于法制、税收、公务员考试，通过一些理性的能够持续解决社会问题的方法来改进，而不应该用一些暴力的激进的革命方法，试图一夜间解决纵向不公平问题。

我们的一个合作伙伴怡和洋行的主席出生在上海，他说1949年军代表找他们签字，把他们家在大陆的东西没收了，分给广大人民，他觉得不公平。改革开放以后上海招商，把他们家原来在外滩的一栋楼卖给他，很贵。他觉得以前这是我们家的，你拿走了最后又卖给我，这不公平。所以公平这件事很难做到大家都满意，一部分人认为的公平，对另一部分人就不公平。追求公平的过程往往会导致更多的不公平。这种历史的循环和悖论我们经常会看到，令人悲哀和无奈。

社会公平比经济公平更重要

前面讲的是经济公平，在挣钱、分配、生活方面的公平。其实这方面的公平相对来说还好处理，毕竟钱的度量是具体的，公平的程度可以看得清楚，而社会公平则很难准确度量。比如公民参政议政的权利、受法律保护的权利，只有一个方法能够达成让人相对满意，那就是法制。司法要独立，生命的权利、财产的权利、发展的权利必须要得到保护，要让人有安全感。

我们看到有的国家和地区媒体上整天吵来吵去，为什么社会还基本稳定，没有什么大的折腾？从媒体上看这些地区很乱，但这些地区没有成立维稳部门，也没有专门的维稳经费，媒体上的吵恰好是社会公平和正义的一种出口，不平则鸣，大家可以言论自由。如果社会和人们的意见或不满被压制着，社会其实更不公平。而社会公平比经济公平重要，为什么呢？按收入差距的绝对比看，美国比中国大。但在美国，你感觉人们对这类事不太闹腾。后来我看到个研究，说这种情况是由三个原因造成的。

第一，在美国，任何一个人要想成为比尔·盖茨都是有机会的，没人拦着你。人们对比尔·盖茨服气，是由于比尔·盖茨的成功不是因为他多有权有势，也不是因为哪个官员支持他，而是在机会均等下他依靠自己的能力成功的。由于机会均等造成的差距，人们服气。

第二，游戏规则你可以参与制定，也就是说关于财富分配，人们参与了相关规则的制定，对结果的接受度就高。就像三个人一块分钱，其中两人暗中商量给我的比我想要的还多，比如100块钱决定给我三分之一，但我撒尿回来的工夫你俩都已商量好了，我就会想你俩可能分得更多。但如果我参与了分钱的决策过程，我可能会觉得20块钱就已满足，可由于我没参与，便会觉得不舒服。所以，参与和程序透明很重要。

第三，健全的社会再分配体系会进行调节，社会再分配体系就是第二次、第三次，甚至第四次再分配体系。人们知道富人的钱反正是要捐基金会的，所以心理平衡。

创造更多的社会公平，增强透明度，会使人们对收入差距的容忍度增大。两人在黑房子里会有怎样的行为模式？一个人想先下手为强，另一个人挨一拳后害怕他再打，就想无毒不丈夫，干脆一拳弄死他。一个破坏规则先下手，一个无毒不丈夫还以过分报复，这就是黑屋子里永远的游戏模式。透明度增强以后，一个人看另一个人离自己比较远，没拿武器，还在朝自己笑，知道对方没有恶意，然后两人开始商量怎么办，不行开门走人。宋庆龄基金会河南分会涉嫌滥用善款被挖了出来，它之所以能涉嫌滥用善款，都是不透明造成的，挖出来之后就踏实了起来。在中国私募基金会有1200个，为什么没人深挖私募基金会？为什么现在挖的全是公募基金会？因为公募基金会缺乏透明度。私募基金都是企业或老板自己弄的，他都捐钱了还贪污什么？这不合逻辑。

我们再来看看法律和独立的司法制度为什么很重要，为什么能够保证社会稳定，为什么能让大家满意和觉得公平。因为法律和独立的司法制度，最重要的首先是给人们以安全感。生命、财产安全是人第一位的需要，这个安全感要是没有了，我们就会觉得不公平。比如在台湾陈水扁被抓后，媒体天天都在报，政府还专门让媒体去参观他住的地方。政府司法部门这样做是要告诉人们，他没有受虐待，这是他的权利。在没正式定罪（三审定案）之前，陈水扁在收审期间还写了两本书，还能指挥选举，还可以随便见记者，这都是公民权利的体现。还有李庄的案子，如果不是公开审判，如果没有辩护制度，如果没有现在媒体的舆论环境，那可能就错判、枉判了。所以法制首先给予人身的安全感。这种安全感如果赋予所有人，那就是一种公平，公民就会有社会公平的感觉。

过去有些地方对付民营企业，是把企业家抓起来，查他的税，最后把他的企业搞垮，东西收归国有，比如山西对有些煤矿的处理，对煤老板资产的剥夺，河北钢铁企业的强行合并等，用一种运动的方式搞变相没收。现在还有人提议给每个民营企业强行塞一个国企，永远不分红，这不等于把民营的资产剥夺了吗？我相信，这种提议不会得到施行，但这种揣测本身就是一种不安全和不公平的反映。因此，如果不能用法律的方法保护人身安全、财产安全，那社会公平就很难体现和落实。

程序正义比实质正义更重要

领导人经常讲公平正义，但只是讲目标，不讲手段。正义有实质正义和程序正义之分。程序正义就是程序上没错，这事就算对了。实质正义总在讲道德，讲动机，讲族群差异。诉讼双方都说对方是坏人，都认为自己正确对方错。如果讲道理行不通，那就必须按照程序走，程序走完了听天由命，不能预设结论。凡是能预设审判结果的，都是人为操纵司法，反之则可以看成司法是独立的。比如现在，有时看到某人刚一被抓起来，大家都能知道他会被判几年刑，如果领导说他出不来了，他真就出不来了。很少有最初领导让进去、最后经过律师辩护没事了的。美国橄榄球运动员辛普森杀人案，最后没判刑放出来了，这就是不能预设结果。

司法独立很大程度上表现在程序上的完整和不能预设结果。就像李庄案，取证是一个程序，需不需要当事人做录音、拍照，你跟代理人说话是不是在有第三人存在等，有一套程序。这套程序的设计就是防止长官意志、领导干预，可以相对保持公平。司法独立要强调程序正义比实质正义更重要。有一本书写得很好，叫做《运送正义的方式》，就是讲要用程序正义来推动法制建设。就如参加运动比赛，大家都遵守一个共同认可的程序，比赛结果才能是公正的、令人信服的，最终被大家心悦诚服地接受。

独立言论可让社会容忍度增大

独立言论对于司法的公正和独立性很重要，比如公开审判，给大家说话的权利，这实际上就是公众监督。就像媒体批评浙江公安部门乱通缉，有人将这事传到了微博上，公安部门没办法就道歉了，可见独立言论可以监督权力、制约权力。早些年孙志刚被打死，媒体把这事报出来，后来就取消了收容制度；舆论监督、人民发表批评意见，形成压力，然后政府相关部门通过司法纠正，最后纳入正常程序解决。如果不能言论自由，不能公开形成舆论压力，关着门不按程序办案，一旦办错了案，就没办法见光，就不能被纠正。所以一方面要坚持程序正义，另一方面要用媒体监督，这样才能导致社会公平逐步得到伸张。遇有社会不公正的事第一找法院，第二找媒体，这是健康社会的标志，否则就像前段时间湖南有人冲进法院开枪，对法律都不再相信，那就只剩下暴力。

经济公平和社会公平互相制约、互为条件。如果经济不公平，社会公平做得好，满意度高，社会心理的承受力还可以接受；反过来，如果收入差距本身并不大，但社会公平做得不好，这个社会也会崩溃，"文革"就是这样。那时收入是公平的，甚至不发工资，都实物分配，但这并不能保证社会不动荡，显然更重要的是社会公平。"文革"是最大的社会不公平，司法不独立，甚至被砸烂，人们没有言论权，随便被斗争。

刚刚垮台的卡扎菲政权，就是靠秘密警察、高压手段控制国家，没有法律，什么事都由卡扎菲说了算。这样的不公平自然会导致社会崩溃。经济上收入差距大，引发了意见，但如果法制健全，言论自由，人们对法律有信心，就能提升民众对收入差距的忍耐力，所以这两件事可以平衡处理。

制度做好，结果一定是道德上公平

关于公平这件事，有时领导人讲的是道德公平，这种公平其实要靠制度公平才能落实，才能让大家有信心、感觉有希望。道德公平是制度公平的引导和开端，而设计一种制度，需要根据道德取向、价值取向、社会习惯、风俗和多数人的约定而制定。我们讲自由民主，这就是价值观，也是一种道德，有了这个意识，然后再设计制度。就像在西方，如果早期的启蒙运动思想家没有形成一种特定的价值观和道德，那后边的人就不会设计出这种相应的制度。所以观念、道德是制度文明、变革和创新的前提与引导。但光讲道德也不行，如果制度设计得不好，还是会让群众天天闹心和着急的，比如一会儿出现瘦肉精，一会儿又是染色馒头。没有市场惩罚机制等完善的制度，最后道德就不存在。不能总是等到出了问题，才呼吁大家要有道德良心、要做好人，这是一个商业社会，最终要将公平落实到制度上。

人类关于道德公平这件事已经吵了五千年，实际上很难有解，因为道德这件事是有历史性的。五千年前的道德跟现在的道德肯定不一样，而且，道德有阶级性。所以，不同人讲的道德可能是大不相同的。另外道德不是抽象的，而是具体的，都跟具体事、具体人、具体时代有关系，抽象地讲道德没有意义，因为你没讲明是谁的道德，比如房地产，商人的道德和政府的道德在某些方面一致、在某些方面不一致。商人道德讲赢利、股东分红、善待员工、社会公益，我们认为这就符合社会道德，不能说只有把房价降到老百姓买得起才合乎道德。而"老百姓"三个字代表的对象也千奇百怪，在中国有十几亿人，富人、中产阶级也是老百姓；对于低收入人群来说，你把房价降到500元/平米，他们可能还是会买不起，而那样做的结果是企业崩溃。

所以说道德应该是很具体的，商业有商业的道德，慈善有慈善的道德，政府人员有政府的道德。如果只是在道德上讨论公平，则很难达成一致，貌似高尚，实则不然。就像一个公司领导，没事时不去研究制度，不去把薪酬体系弄好，而是天天坐在办公室里讲道德，员工的工资得不到增长，那有什么用呢！因此，制度公平比道德公平更重要。所谓制度公平，就是用法制保障所有人的权利，包括言论自由，在这个基础上制定合理的经济制度、社会制度以及各方面的行业制度。把这些都做好了，不用讲道德，结果一定会是道德上的公平。

我和功权、潘石屹等六个人最开始做生意时，有一段时间内部经常闹别扭，后来我们讨论出一个游戏规则，叫"不怀疑动机"，因为一怀疑动机，划定谁是好人谁是坏人，变成道德指责，合伙人之间就会彼此伤心。对于具体事情，大家就事论事，每件事合不合理都是商量着办。后来我们将制度构建得越来越完善，彼此从来不提道德上的是是非非，这么多年过去了大家依然是好朋友。

住房制度方面，我认为如果把保障房、商品房等上升为道德问题，这件事就没解；如果把它变成制度问题就有解。停留在道德层面上，只会引发吵架。政府监督房价，原来说是房价要降10%，派督查小组到全国各地去问老百姓调控的效果，结果走了一圈，发现西安往下多调了一点，但小组成员问当地老百姓，还是有人觉得白给最好。这怎么办呢？到底调控多少合适呢？如果领导人说商家道德上有问题，社会认为官员道德上有问题，大家互相指责，却没人追踪制度建设、制度理性，那这个社会就永远都进步不了。

相对公平与绝对公平

公平除了道德公平与制度公平这种划分方式外，还可以分为相对公平与绝对公平。

第一，我们之前讲的那种借助一次革命让大家变得都一样，那是绝对公平；还有一种相对公平，即人们之间还是有些差距，但大家心里都能接受。相对公平就是容忍收入等各方面有一部分差距，绝对公平就是找个平均数实行一刀切。纵观历史，其实并没有出现过绝对公平，即便有，也是发生或存留了极短的时间，在一个很小的区域，在极少数人之间。比如说突然革命成功，所有有钱人都被消灭了，他们的财产都被平分掉，就在那当下及之后短短几个月里，免费分得财产的人都会为这种绝对公平开心。但几个月之后，有能耐的和没能耐的人财产积累陆陆续续又有差距，还是会回到相对公平的状态。即便是在"文革"那个强调绝对公平的年代，其实还是有人可以顿顿吃肉，有人常年吃不上肉。

我们现在应当更多地去关注相对公平，研究一下社会能容忍的相对公平是多大程度，也就是说收入差距大到多少社会可以接受。这实际上是讲一种心理公平，而绝对公平是一种事实公平。就收入差距的绝对数来说，美国比中国大，比尔·盖茨、巴菲特身价是500多亿美金，美国普通老百姓做个简单的除法运算就能知道那个数字是自己的多少倍；中国目前没到这个份上，李彦宏的个人资产也就90多亿美金。但你到美国去后会发现，美国社会很接受这个事，社会心理不闹腾，人们对生活的相对满意度还挺高。中国收入差距没有美国大，但媒体、老百姓闹心的程度比美国大得多。心理公平取决于社会公平，也取决于其他方面的机会均等。

机会均等在美国做得不错，所有人都有机会上大学或择校，也可以随时自主创业。美国大部分富人都是富一代，因为遗产税比较高，所以很少有人能垄断别人的机会；每个人都走自己的路，因为你要走路而让别人无路可走这种事很少。比尔·盖茨可以通过创业成为亿万富翁，其他人也可以创业，而且用很少的钱就可以，也可以向银行贷款，那里的银行都是民间银行。竞选期间，你对哪个候选人有意见，可以随便骂、随便批评，你本人也可以参加竞选，募款或自己拿钱出来都可以。而在中国，我们经常会听到"我没挣到钱，是别人挡了我的道，我觉得不公平"这样的抱怨。这种抱怨其实是可以理解的，比如在公司人才提拔这件事上，如果是通过业绩考核或专业能力考试选拔干部，大家通常会比较容易对选拔结果服气，但如果是领导选，你是靠跟领导的关系而获得提升，那大家就会觉得不公平。这种机会均等，会提高整个社会对于收入差距拉大的心理认同感，接受程度会提高。

第二，政策制定过程的透明性和不同利益群体参与的程度，也会影响公平。我们有时认为一件事不公平，是因为这件事什么游戏规则我们都不知道，忽然就出了结果。如果我们都是管理人员，这件事我们参与了，我们的意见也表达了，公司不停地开会讨论，并据此制订了规则，最后形成决议通知了下来，即使不太合理，我们也能接受，心理上也会比较满意；但如果从一开始就被蒙在鼓里，那大家的抗拒心理便会很大。在美国，国家政策的制定过程是透明的，国会电视台24小时播出大家辩论的实况。如果像这样让每个人的意见都有机会表达，那么在这种参与表达的过程中，人们对社会的满意度、对政策法律的满意度就会提高。

第三，社会的矫正体系比较完备，会使人们对公平的满意度提高。矫正体系就是公益、慈善和社会公共福利。虽然比尔·盖茨跟大家收入差距很大，但多数美国人的生活条件都差不多，中产阶级都有车有房，买了保险，社会福利做得非常好，人们看病几乎不花什么钱，另外不管谁多少钱，反正有遗产税，最后你都要捐给公益事业，因此大家不会对你羡慕嫉妒恨，也不会想打倒你。美国有12万个公益组织，涉及教育、医疗、科技、文化等各个方面，不管钱用在哪儿，最后得益的都是社会。

我还发现了两个有趣的现象，我们在微观上讲不公平，都是在跟认识的人扯。如果我们不认识中国某某首富，若有不满，可能也就是议论议论而已，不影响各自正常过日子。但要是我认识的人，比我多收入那么几百块钱，可能我就会闹心很长时间。比如我和年轻时的同学、同事在一起，他们当中当官的、做学问的很多，我是做生意的，他们会说我赚钱多，而我则说他们当官、做学问清闲，这都是熟人之间在比，很容易纠结。国外体制逐步变成生人社会，而且有钱的人、没钱的人，他们彼此之间除了在媒体上见面，生活中每个人都是相对独立的，人们在各自不同的范围内活动，不在一起搅和，各走各路，彼此之间就不会那么纠结，社会相对的公平感会提高，宽容度会增大。

此外，时间也会影响人的公平感。就像你昨天什么都没有，咱俩喝酒时称兄道弟，今天你突然一下赚钱了，忽然变成了我领导，我这心里可能就不大容易平衡。或者你的一个发小在你公司供职，你因为他工作出错而忽然拉下脸来炒他鱿鱼，他该多生气啊！而如果你之前不认识的一个人来你公司上班，他做错了一件事情，公司说要解聘，那他可能也就认了，不会有太大的心理不平衡。因此，如果昨天和今天的角色变化太频繁，对比太鲜明，人们的满意度、宽容度就会降低，但如果这个角色在大家进入时是既定的，而且很持久，这宽容度就会增大。我曾经去过一个台湾老板的家，那是坐落在阳明山上的一座大宅子，家里的司机、保安、服务人员都很职业化，管理和服务像酒店似的。我有次跟那老板的司机聊天，我问他每天住那么远，上班会不会很辛苦。他说他很满意这份工作，而且这么稳定，他就这能力，觉得很好。他觉得大陆人老恨不得第二天就发财似的，显得有些浮躁。在台湾，财产的分配制度已经实行了几十年，任何一个人进入时都是有次序感的，所以台湾社会长期稳定，当你毕业参加工作时，等于加入到一个已经开演的剧，你会自觉地找一个和自己对应的角色演，不会乱。但大陆正处于社会转型期，相当于剧院刚说要演戏，大家抢板凳，这个时候闹心的程度高，都觉得不公平，因为每个人的角色都不是事先确定的。据说，以前赖昌星有个司机，他从乡下出来当兵，退役后给老总开车，发现老总车后边每天都放着几十万现金，方便办事时送出去。他惦记着这个钱，后来终于有一天他忍不住拿着这个钱跑了，留了一封信说：我在这儿工作，每天看到这么多钱，精神上受不了，我家那么穷，有很多困难要解决，你们一个月给我的工资那么少，我看你们这些钱给别人也不是办什么好事，不如给我算了。他前年是农民，去年是当兵的，今年是司机，三年内换了很多角色，他心理不平衡，觉得社会不公平。如果把收入差距保持几代，人们彼此之间都不认识，那社会的宽容度也会相应增大，相对公平感也会提高，大家愿意接受一个稳定的秩序，在已经开演的剧里每个人都去找适合自己的位置，那这个社会就能够持续稳定地发展下去。

中国社会目前处于急剧转型期，要做到"公平"两个字很难，需要很长时间，所以我们一方面要追求公平，同时要理解在这两个字背后所发生的各种制度冲突、心理冲突，以及我们应该怎样努力以持久的微小变革，逐步接近相对公平。用一种革命的手段去追求短暂的绝对公平，那对社会稳定和国家强盛，绝对是有百害而无一利。

慈善基金会是政府、社会与政治的"沉默的伙伴"。

——李韬

第三章

公益与慈善

目前，公益慈善在中国备受关注，对于民营企业在这方面所做的工作，社会上有很多误解。我认为从中国目前的市场经济发展程度和成长阶段来看，中国的民营企业、富人或者说是财富创造者，在这件事上做得相当不错，但以后还应该做得更好。

巴比晚宴

我说民营企业在公益慈善方面做得相当不错是有根据的。第一，在目前中国法律制度、特别是税收制度还不健全的情况下，私人捐款2010年已经超过了国家部门包括国企的捐款。民营企业解决了70%的就业，上交了国家50%的税收，但只占用了30%的公共资源。国企占了70%的公共资源，才解决不到30%的就业，也才交了一半的税，赢利部分还只上缴15%给政府，可是它的捐款却没有民营企业多。

第二，中国的民营企业才是第一代，我和王石等人去全世界考察过很多公益基金，发现我们做得确实相当不错。西方市场经济发展短的有几十年、上百年，长的都已经几百年了。比如美国，和它进入市场经济最初30年相比，我们做得要好很多。像洛克菲勒基金会做得非常好，可他们家那个基金会是到第一代快结束、第二代将要接任时才开始设立的。我们现在是一代还在奋斗着呢，就已经开始捐钱了。这几年我们从公司到个人都在做慈善和公益，所以我们觉悟得不晚，动手也不晚。再和比尔·盖茨比，他1970年开公司，办基金会是20年以后的事。万通创建第15年就办了基金会，也比他起步早。巴菲特从赚钱到他决定全部捐出去是30多年以后的事，而我们的民营企业家没有哪个人是赚钱30年后才想起捐钱的，更何况在美国有50%的遗产税在前头等着，他们大规模捐给个人的私募慈善基金，在利益上并不吃亏。

关于裸捐，陈光标在不断号召提倡，而社会上响应者似乎并不多。巴菲特和比尔·盖茨曾经来中国请一些企业家吃饭，我也参加了，当时听两位先生讲话，有几点印象深刻。

比尔·盖茨强调捐款和慈善不应该影响自己的正常生活，就如我们每天能吃到肉，不能为了帮助别人，自己不吃肉，只吃蔬菜。作为

正常人来说，应该是在保障自己正常生活的前提下帮助别人。所谓舍己为人，是发生在极少数情况下，就像你跳下水救人，自己却牺牲了，但当时你并没有想死。在公益慈善当中，多数情况下不应一味提倡舍己助人，而应该护己，在保障自己正常的生活、工作状态的前提下，尽可能用富余的能力、时间和金钱去帮助别人。我觉得比尔·盖茨讲得很实在。

另外，比尔·盖茨和李连杰都强调，慈善公益不是有钱人的专利，是大家都要做的事情。每个人可能帮助别人的方法不同，但都可以去帮助别人，比如医生免费帮人做手术，老师免费教人读书，这用的都是能力；有的人能力弱一点，就陪伴老人，用的是时间，这也是很好的善心、义举；有些人财务能力强一点，时间少一点，就拿出金钱来帮助别人。每个人都可以做慈善，这应该变成社会普遍的道德，而不应该只是跟钱有关的事情。

巴菲特讲，捐款这件事要自愿，什么时候想明白了再弄。他说自己也是30多年后才想明白这件事，然后就做了。这是个人的事，不应该强迫。

说到裸捐，娃哈哈集团董事长兼总经理宗庆后强调：企业最主要的职责是好好经营，只要你努力经营企业，提供更多的就业机会、赚钱后大量缴税，这本身就是最大的善。如果你把钱都捐完了，企业没有了，或者说企业发展的动力没有了，你不能再挣钱，那日后再捐钱就没可能了。还有一种观点认为，企业捐不捐、捐多少，是个人的事，用不着谁来教谁，你自己要捐就捐，不能拿来作为衡量公众道德的一个标准。

我的观点是：从中国近代的历史过程和发生规律来看，有两点特别重要，首先不管怎么捐、捐多少，钱不能捐给政府，要捐给社会，捐给政府和捐给社会是不一样的。如果我们把钱捐给社会，那就意味着捐给各种各样的公益组织，钱还在民间。在美国有12万个公益组织，中国现在只有2000个。每一个公益组织都是相对独立的，这样社会越来越强大，公益舞台越来越大，政府越来越小，这是一个趋势，符合未来公民社会、法制社会的要求。

再者不应该全部捐，如果在捐款过程中伤害到财富创造的能力和自由企业制度，这样会破坏市场经济。如果上世纪50年代只捐10%，哪怕捐给政府捐错了，但企业还在挣钱、竞争、发展经济，这样市场经济的逻辑没有改变，民间创造财富的活力不会被抑制、消灭。捐款一旦变成裸捐，必然伤害到自由竞争的市场经济，伤害到现代企业制度，从而使财富创造的源流枯竭，经济崩溃，最终人们得到的福利反而会减少，甚至走向绝对贫困化。

我们主张理性慈善或公益，即通过公益组织，提高公益效率，然后企业持续地理性捐款。万通作出决定，每年上市公司捐利润的0.5%，非上市公司捐1%，进行公益慈善活动。高管、员工根据自身能力自愿捐，不使捐款影响大家正常的生活。

对于陈光标的高调慈善行为，社会各界评价不一。有媒体称之为慈善暴力，即你在晒你的善行时，可能伤了别人的自尊。台湾马英九就提到，善是好事情，但行善要照顾到接受者的观感和尊严，比如一个母亲，看到儿子跪在那儿跟别人要钱，你说她会不会伤心？你晒你的善等于晒了别人的穷，晒你的强等于晒了别人的弱，晒你的自尊就晒了别人的自卑，晒你的光荣就晒了别人的耻辱，这就是慈善带来的另一种伤害。

同时，高调慈善是不是遵守了法律？有人质疑陈光标到台湾那样发钱，是否违反了外汇管理局的规定，通常一个公民短期不可以带那么多现金过去，如果他在当地借了钱，回来以后还人民币，这属于逃汇行为，需要在法律上进行解释。还有你是不是善待员工，假如员工都没照顾好，你这样去晒钱就太不近情理。如果是万通，我为了个人做首善，把大家工资克扣一半，大家肯定不会支持。在万通我们相当于一个家庭、一个团体，不能伤害到最亲近的人的利益。

当然，即使这样，民众还是对我们有更大的期待。我们还应该继续进步，做得更好。

不过，社会和政府还是应该肯定大家，鼓励大家继续做社会公益和慈善。如果既不保护又不鼓励，也不制定出相应的免税政策，那大家就有可能觉得委屈。西方人捐一块钱等于只捐五毛钱，因为可以抵税；我们捐一块钱等于捐一块五毛钱，因为我们通常是将分红的一部分捐出去，而这部分是已经缴了税的。所以，社会应该对这些先富起来的人有积极客观的评价和鼓励，那样他们才有动力继续做下去，若社会再提更高的要求，他们也会积极回应，做到善无止境，通过扬善来推动社会进步。

道德与理性

关于慈善与公益这两个概念，有三个方面值得关注。

第一，东西方对这两个概念的定义不一样。在西方全部叫慈善基金，而在中国，有的叫慈善，有的叫公益，我们登记注册的就是万通公益基金会，但也有不少叫慈善基金的。这两者在中国到底有什么不同呢？我以为关于给予、施惠，无论是专业能力，还是在时间或金钱方面，它们都是一样的，不同的是给予的对象。慈善所给予的往往是某一类特定人群，比如特别穷困的人。而公益是关乎天下，施惠所有的人，比如环保，这是整个社会都需要的。公益不一定是施惠于弱势人群，就像我们把沙漠治理好了，全北京的人都能呼吸到新鲜空气。公益的范围大、人群广，类似于公共服务、公共产品和公共利益，而人们对慈善通常的理解就是优势者给弱势者，有钱人给贫困者，目标人群或受惠者很具体，很确定。

第二，它们的根源不同。慈善在中国传统文化里是道德上肯定的事，富而有仁，不能为富不仁。所谓仁者爱人，爱人就是施予人，但在极端的无产阶级革命话语体系里，慈善家被等同于坏人，就像在"文革"期间，做过慈善的人被叫做"装善人"、"伪善人"，地主给别人送粮食，大字报就会骂，慈善变成了贬义词。"文革"要建立无产阶级社会，普遍穷困、平均主义的社会，不存在谁给谁的问题。这几年随着财富阶层的兴起，社会观念的转变，慈善又变成了一个正面的词。慈善更多来源于中国传统，依赖于道德系统。

公益这个词在旧中国是没有的，改革开放以后才出现并逐渐被广泛使用，从字意来看就是公行天下、益于他人，这里借鉴了国外的慈善概念，用的是汉语词汇。有时候二者也会被等同，但慈善的历史更久更具传统性，公益则更偏重于制度而不是道德。

慈善更多是出于道德方面的考虑，被用来考量一个人有没有善心，他是好人还是坏人；公益是制度、是组织效率。慈善个人行为比较多，任何人都可以做，你可以不注册，考核慈善是用道德尺度、道德眼光。公益则往往是考虑组织性，如NGO[①]，人们更关注的是它怎么治理、谁去做、怎么维持、如何考核它实际的绩效等。我们曾去美国研究永久性公益基金会，一件重要的工作就是考虑其可度量性，而道德往往

---

① 指在特定法律系统下，不被视为政府部门的协会、社团、基金会、慈善信托、非营利公司或其他法人，不以营利为目的的非政府组织。

道德与理性

很难度量。

我最早参与发起的爱佑华夏基金会，是中国大陆第一个私募公益基金。我们研究并尝试了很多项目，先是和艾滋孤儿相关的项目，做得不太成功，因为那时对社会心理没把握好。我们把这些艾滋孤儿请到城里来，安排在爱心家庭里，这些小孩开始很紧张，待了几天后有些孩子开始产生对立情绪，他们没想到自己的生活那么苦，而城里人居然过得这么好，尤其当那些经济条件比较好的家庭带他们到百货公司想买什么就买什么的时候。后来我们又做给聋哑儿童装耳蜗的项目，一个耳蜗20万，我们专门到幼儿园给他们装；因为要进口医疗设备，效率很低，一年做不了几个。小孩装上人工耳蜗以后，还要接受好几年训练，才能够借助人工耳蜗像正常人一样听别人说话。接着我们又做贫困儿童先天性心脏病项目，这个项目成功了。在中国每年会有20万这类患病儿童，来自贫困家庭的占三分之一，我们设法找到他们并给予治疗。现在该基金成功救治过的患儿人数已经突破10000人，成为全国慈善基金中同类项目支出最大的基金，受到民政部表彰，并已成为全国性的私募公益基金。

这个基金会的发起人有我、王兵、李东升、朱新礼，最早在万泉新新花园的小办公室里办公，从300万开始，到现在每年能募四五千万。这个手术不会有医疗事故，一旦治好，终身不再复发。现在爱佑华夏已经成为全球最大的儿童心脏病公益基金。这是可以度量的，但道德怎么衡量？我们评首善，捐钱多的不一定就是首善，还要看效果。善是道德概念，善无止境，不分伯仲；做生意要看资产负债表、利润表、损益表，做公益也要用数量标准来说话。公益组织考核的最大标准是组织效率。

第三，慈善具有广泛性，参与人多，人人可为，而且没有门槛，随时随地都可以做，而公益却一定要注册基金（NGO），比慈善更加组织化、制度化和专业化，参与的人是少数、特定的人群。所以，我主张民营企业逐步由简单做慈善，转变成更多地去推动公益事业，通过组织、制度、效率的改善，通过治理结构的提升，通过专业人才的努力服务，逐步扩大公益的覆盖面，使它在被考核、被监督的前提下，更好、更有效地开展活动。现在北京有公益论坛、非公募基金会论坛等公益组织，很多企业在借助公益，更多是选择从公益这个角度来谈问题，注重NGO属性，侧重于组织效率、治理结构和专业性、独立性，从这个方面履行股东和企业对社会的责任，并使之制度化。这对公民社会的建设具有基础性作用，是近百年来社会进步的重要创新。

从1到180

从法律注册分类来看，公益组织目前分成公募和私募两大类。所谓私募，就是向特定对象、特定人员劝募；公募指的是可以向所有人募款。简单地说就是私募对熟人、公募对大众，有点像我们发股票，公募可以面向陌生人，通过一个机构承销，私募则只能找特定关系人去劝募。目前在中国，私募公益基金发展最快。公募基金是最保守的，大部分还是政府相关部门办的；私募基金是企业、包括个人发起的，更有活力。壹基金是第一个由私人和企业发起的公募基金。私募基金现在已经有1200家，三分之二是最近几年由企业和个人发起的专项私募公益基金。

私募基金有几个类型，现在社会上关注得比较多的一个是阿拉善生态协会，也叫企业家环保公益基金会。最早注册的是生态协会，后来演变成了公益基金。它是目前中国企业界参与人数最多、影响最广、历史最悠久、治理结构最清楚，也最复杂的专业环保组织。我从发起一直到现在都积极参与阿拉善的所有活动，做过两届执行理事，以及第三届的章程委员会主任，负责章程修改、通过以及监督。这个基金集合所有企业界和个人的力量，在中国沙尘暴的起源地阿拉善尝试治理沙尘暴的根源。它成功的地方是，现在已集合了180多个企业家，每年每人捐10万，持续在阿拉善地区治沙，目前最大的项目是在320平方公里的沙漠上种植梭梭林这种旱地植物，以达到固沙的目的。它和美国TNC大自然保护协会合作研究固沙，试图通过在干旱地上栽种一些特别作物，比如旱玉米，起到固沙作用，并解决一部分粮食问题。

此外，该基金还积极推动环保组织的发展。中国草根环保组织很多，但它们资金很有限，一年大概花不到10万块钱，弄个小团体，就开始做环保。比如在云南，几个人做了一个草根NGO，要保护滇池，他们测量、考察、提交报告，阿拉善就给他们钱，让他们去做；又如淮河污染很严重，有几个淮河卫士进行保护，他们也可以向阿拉善生态基金会申请资金。每年阿拉善基金会通过颁奖的方式鼓励一批草根NGO，以此来推动全国范围内环保事业的发展。

阿拉善基金会还注重培养绿色环保组织当中的领导者，并已和北大、美国印第安纳大学等一起培养了好几批环保人才。它还在青年学生里推动环保意识和环保行为，如组织"青国青城"活动，目前有几十所大学的学生会、学校环保组织都已参与到环保活动中。

不光致力于推动环保工作，阿拉善的治理结构也相对比较清晰，共有三大治理系统：一个是理事会，由捐赠人推荐人选到基金会担任执行理事；另一部分是监事会，监督这些资金使用情况；第三部分叫章程委员会，这是很多机构所没有的，章程委员会里有三个人，上一届是信义房屋的董事长周俊吉、雅昌公司的董事长万捷和我，凡不按章程办的，我们就说他们违规，要他们改正。这是代表性最大的、涉及人数最多的私募公益基金。

私募基金多数情况下发起人介于个人和多人之间，比如三五个人便可以组成，万通公益基金就这样。故宫也想用公益基金的方式保护文物，于是，王石、刘长乐、马化腾、陈东升、万捷和我等几个人，又发起组成了一个私募公益基金，每人捐几百万元成立故宫基金会，并跟台北故宫互动，借以促进两岸的文化交流与合作。

目前私募公益基金捐款人数最多的是阿拉善公益基金，有180多人，现在这个数字每天还在增加。最少的是单一捐款人（发起人）的私募公益基金，捐款人数和发起人数量直接相关，可多可少，如福耀玻璃曹德旺的河仁基金。曹总把他的股票捐到河仁基金会，现在市值三四十亿，这是国内目前规模最大的私募基金。一个人执行很简单，曹总说怎么办就怎么办，因为按照现在的管理条例，捐款人可以决定资金的使用方法，前提是为社会公益服务，不能为个人的盈利事业服务。现在，私募公益基金资金数量成长最快，比如由蒙牛集团牛根生捐赠并发起的老牛基金会有十几亿元。

捐款是源，花钱是流，中国的公益慈善捐款现在主要集中用于三大领域，其中救灾占整个捐款额的80%，其次是扶贫和教育。在国外医疗占很大比例，因为医疗技术是无止境的，需要持续探索，比如癌症治疗、基因研究等。这反映出中国现阶段还属于发展中国家，所以大部分捐款用于救助型项目。中国的私募公益基金也是这样，只有少量的捐款用于特殊领域，比如故宫基金会。美国的私募基金特别多，资助对象（项目）也特别多样化，比如有一个家族基金，发起人以前在特种部队待过，他就用这个基金去帮助美国在海外以特种部队作战方式，来维护国家利益，就像在伊朗解救人质等。在中国，未来私募公益基金的目标对象也会越来越复杂、越来越多，而前三大项目的支出比例会逐渐下降，多种目的、用途的私募公益基金支出会增加，就如我曾组织私募基金帮助崔永元做"口述历史"节目，又如黄怒波做的文化基金专门帮助诗人、作家等，逐步呈现出以发展型公益基金为主的趋势。

私募基金更适合对特定目的进行捐款，公募基金更适合对救灾、扶贫等项目捐款。壹基金理事会讨论战略时，我提醒说这是公募公益基金，它应该围绕前三大项目去做，否则捐款人不理解。壹基金的理念是每人每月捐一块钱，假如这个钱用于特种作战这样的特殊领域，大家会说那么多人都吃不饱饭，你们还搞这个！但你说扶贫、救灾，大家都能理解。私募基金则不一样，它是最活跃、成长最快、方式最灵活、资助项目最多样化的基金。

目前国内的公募基金有800多家，其中最大的一些都是政府办的。曾有报道说上海卢湾区红十字会报销招待费用1万块，加上之前发生的"郭美美事件"，引起了大家的关注。红十字会属于准政府部门。中国现在的800多家公募基金中，有五分之四都是政府各部门利用权力批的下属基金会，比如教育部门下边的教育基金会、民委下边的民族发展事业基金会等，由于牌照垄断和治理机关化，多数运作得并不好，不透明，但别人捐款需要通过它们，它们还要收10%的管理费，因为它们要养自己的人。2011年1月11日，壹基金成为第一家由民间部门和企业发起的公募基金，引起了媒体关注。它是由李连杰创办的公益基金，以前叫"红十字会下属李连杰计划"、"壹基金计划"。因为体制不顺，它没有拿到公募基金的牌照。但李连杰是个很好的领袖人物，他做公益很成功，具备领导者素质，这包括以下几点：眼光、决策、用人、沟通。在他的领导下，"壹基金计划"的品牌影响力和效果都不错，但李连杰向社会诉苦说它生出来就是个畸形，它必须要在红十字会下边运作，他募的每一笔钱都要用红十字会的名义，并且上交10%的管理费。救灾的事情有时非常急，但他每花一笔钱都需要红十字会批，这不仅影响效率，也容易引发矛盾。

后来红十字会想了个折中方案：允许李连杰在上海注册"李连杰壹基金"（私募基金）。"红十字会李连杰壹基金计划"把钱募来后，扣掉管理费，剩下的钱转到上海这个私募公益基金进行运作。但这于法、于情、于理都很别扭，李连杰意识到这个问题，媒体、公众也都对这一运作机制表示质疑。于是李连杰找到马云一起探讨后，决定把壹基金做成类似阿里巴巴式的公募平台，后来他又找到牛根生、马化腾、柳传志、马蔚华、王石和我，成立了筹备小组，最后由王石牵头，用了将近一年时间跟政府各部门沟通，终于在深圳注册了"壹基金公募公益基金"。

壹基金有自己不同的做法：第一，明确宣布它的运作经费不超过5%；第二，彻底透明化，每次开会捐款人、媒体可以在场；第三，所有理事不在里边支取任何费用，连差旅费都不报销，用餐都是吃盒饭。

由此可以看出，壹基金和红十字会做事的风格很不一样。这跟国企和民企的差别有点类似，因为各自的动力机制不一样。大家都愿意捐钱了，还会想着占便宜吗？但如果你是准公务员，动机和行为模式就很可能不一样，没准就会想着多报销点费用。

所以，企业家不是没有善心，关键是要给他们制度，给他们舞台让其折腾，这样他们的能力才能够施展出来；他们的作用不应是简单地拎着钱去散发，而是要去创造公益领域的制度效率。

类公益的NGO在中国叫做政府事业单位，它不挣钱，政府给点补贴，自己每年在外面拉钱办活动、做公益，比如文化促进会、扶贫促进会等。这几年成长最快、办得最好的是扶贫基金会，在何道峰做了秘书长后，团队和公益理念发生了很大变化，成为政府办的公募基金会里最有效率和品牌力的基金会；在民办的公募公益基金里则以壹基金为代表。

类公益的NGO在中国很特殊，它们承担着公益事项，但又没有登记成公益基金或社团。另一类比较特别的是民办非营利事业单位，他们去做文化事业，赚了钱不拿走，放在里面继续滚动；国外也有这种机构，赚钱以后抵税，节余的钱去做公益，叫做赢利的非营利组织。

还有一种是草根NGO，在中国目前有上千个，它们多数不登记，规模非常小，一年就10万、20万的支出；人也比较分散，非常少，有时就三五个人，做他们认为有价值的事情，比如偏远地方的文化保护等。这里面做得好的有梁从诫的"自然之友"，他是坚持最久、影响最大的草根NGO。

私募公益基金大部分由企业和企业家来做，所以捐款规模都比较大；草根NGO数量很多，但规模很小。目前草根NGO变成了公益基金组织的项目执行团队，就像万通公益基金要做一个项目，会像招标一样找若干个草根NGO，基金会给钱，这些NGO去做项目，"自然之友"就同时给好几家机构做项目。它们的专业能力和私募公益基金的钱结合，道义和专业相得益彰、共同发展。这几年草根NGO发展很快，主要原因就是私募公益基金发展了，需要它们。

同时，近几年外国慈善基金会在中国的分支机构也很活跃。这些公益基金很早就进入中国，但要在中国设立它们的正式机构手续很复杂，现在中国政府对它们的资金活动有限制。所以，和本土私募公益基金相比，它们的发展速度相对比较慢，但它们的背景和影响力很大，福特基金、盖茨基金、洛克菲勒基金、惠特利基金、大自然保护协会基金等，在中国都很活跃，它们在项目上多和中国的私募公益基金合作，但范围被限制在少数领域，比如救灾。

此外，中国港台方面的慈善组织在救实方面也很积极，如香港的乐施会就是一家全球性慈善组织，它们在救灾方面（比如汶川"5·12"地震）效率很高。台湾的慈济基金会也是全球性的慈善组织，它们在大陆救灾方面的活动相当踊跃。

目前中国公益组织、公益基金发展的基本趋势表明，只要政府在体制上给予支持和开放，比如让公益基金的注册更简化、方便，哪怕税收上没有优惠政策，民间慈善、公益的发展都要远远超出公众的期待，并且成长的速度也会越来越快。

公益组织的治理：独立、透明与专业

在治理结构上不管私募基金，还是公募基金，目前都面临着三个重要问题。

第一是独立性，它既不是政府的，也不应该完全依附于某一团体、企业、个人。现在看独立性都不够，政府的公募基金相当于准事业单位，如红十字会，它有财政拨款，相当于政府的一个下属部门；政府下边的公募公益基金大部分没有独立性可言。壹基金相对来说往前走了一步，但还在努力之中。私募公益基金大多是个人、企业捐款，它的独立性取决于能否和企业的经营完全分开，这在目前是一个挑战。如果不独立，治理上就会出现问题。就像有一次在电视台做节目，我问一个企业公益基金的理事长，你是公司的CEO，怎么又兼任公益基金的理事长呢？这两件事情本身是冲突的。独立性表现在业务上不能够交叉，人员上要绝对独立。

第二是透明度，一定要确保善款用到对的地方。如果不透明，没有监督，像上海卢湾区红十字会的人那样用善款大吃大喝，那别人就不会再捐款了。没有透明度，公益基金的募款一般很难成功，这类似于上市公司，你不透明，谁敢买你的股票呢？

现在万通公益基金、腾讯公益基金、爱佑华夏基金、友成基金、壹基金等透明度都很好，年报全部上网，管理费用绝不超过10%。爱佑华夏基金做得最好，每一单都能查到捐给了哪个小孩，并且可以跟这个小孩联系。看到被救助的小孩能活下来，会使人很有成就感，这让好事落在了实处，所以爱佑华夏基金发展得很快，已成为全球最大的儿童心脏病救助基金。

第三是专业性，中国目前特别缺少公益专业人才。壹基金现在在做北京师范大学壹基金公益学院，培养专门的公益人才。国外很多大学都开设了公益类科目，有专业教授和专业研究，中国这方面刚刚开始。从目前来看，政府管的公募公益基金，大量派机关干部去做，这不是好办法，因为人员不够专业。企业的私募公益基金大量派企业人员去做，也不够专业。这些做法使公益基金的专业化水准提高很慢，它们做项目经常东一榔头西一棒槌，治理水平也有限，机关派来的人容易把公益组织做成政府，就像红十字会；企业派来的人容易把它办成企业，什么事都问老板。这会导致它既不独立，又不专业。

而在治理上，最大的问题是组织效率。我参加的公益组织中，治理最复杂的是阿拉善基金和壹基金。阿拉善基金有180多人参与，怎么让有这么多人参与的公益组织提高组织效率呢？章程委员会总在研究治理结构，希望提高组织效率。它由生态协会和企业家环保基金会两个机构组成，后续参加生态协会的会员必须给企业家环保基金会捐10万块钱才能成为会员，然后你就能够参与选举理事会，理事会再选举理事长。这个选举极其复杂，2011年是换届之年，该协会会设立一个选举委员会，专门来处理选举事宜。这个协会里有将近20家台湾企业，台湾人特别会选举，帮我们建立了一整套有效的选举办法。但现在又碰到了新问题，因为各地发展的企业越来越多，按照海选制度，每个人都是选举人，也可以成为被选举人，若按简单的多数票当选，很容易造成拉帮结伙，各推自己的人，从而忽视整体愿景和组织协调，所以需要改善。企业成员对阿拉善基金的批评有两种，一种说应该保证大家共同参与，发展速度可以慢点，重点在于扩大影响；另一种说法是这样办事效率太低。

壹基金现在的理事长是周其仁，副理事长是王石，平时日常执行都是王石，秘书长是杨鹏，另外有九个理事，监事长是由深圳民政局派来的。从目前开会运作的情况看，壹基金的效率比阿拉善基金要高，在公募基金里采取了很规范的治理方法。未来基金会之间的竞争将来自四个方面，即独立性、透明度、专业性和组织效率的竞争。组织效率里有一条就是募款的效率和花钱的效率，因为你募款的速度越快，募的数量越大，你必须捐出去越快，捐的数量越大，这才有效率。公家的公募基金募款能力很弱，花钱能力很小，管理费提的比例越来越大。如果他一年能募10亿，那点管理费不算什么，但如果它募不到钱，那管理费的比例就会越提越高。壹基金为什么敢说不超过5%呢？因为它募款能力强，募款多了，管理费比例不就小了吗？这就是效率的比较。

怎样提高募款效率？我曾受过TNC的募款培训，听到一个方法很有意思，这方法听着没效率，但实际上效率非常高。西方人经常对有钱人的遗嘱表示关注，中国人可能会不习惯，但西方人可以接受。一般人临终前给钱会很大方，那些募款人就和有钱人讨论遗嘱，让他们在遗嘱里尽量将捐赠数额写得多一些。这样看着没有效率，因为离人家过世还早呢！但如果有一千个目标人，按照概率，每年总会有几个走的，所以募款效率其实相当高，而且遗嘱是立即生效的。

另外要研究花钱的效率，爱佑华夏基金的花钱效率就很高，这样会导致它的募款效率进一步提高，大家愿意给它捐钱，这就形成了良性循环。万通公益基金也在努力做到这点，目前它已成为北京私募公益基金中的治理标杆。它的独立性不错，11个理事中，万通公司只占3个；在5个人组成的项目委员会中，万通只占1人。另外理事长也不是万通的人，是从全国人大环资委研究室退休下来的专家，他有环境保护政策、法律方面的知识背景和经历，我以前都不认识，是别人介绍的；秘书长也不是万通的，是猎头公司找的哈佛肯尼迪政府学院的毕业生，这个人以前在国际NGO做过，很专业。在业务方面，它所做的事情跟万通的营利机构是绝对分开的，目前它已经做了40多个生态社区，它愿意做哪儿、跟谁做，全由基金会自己决定，我也不知道，都是在网上看公开的内容。这就是独立性，表现在人员和业务两方面都要独立。

此外，在透明度方面，万通公益基金的年报、日常事务都挂在网上，平时每三个月给捐款公司做一次汇报，年底再做一次总结。专业性方面，尽量聘请专业人才，聚焦在生态环保项目上，保证项目能够做到可度量，这样每年便有大量可度量的成果，比如碳减排具体减了多少吨，有一个数量化的标准。万通公益基金履行了企业的社会责任，通过公益回报社会，同时也让万通的价值观跟社区、人群、社群之间的关系更加密切。

069
第三章

貌离神合：公司做公益的理想境界

公益与公司之间的关系是什么样的？从民营企业的角度来看，做慈善公益最初有两种主要动机。一种动机属于寻租补偿，就是政府给过我一个优惠政策，让我在这儿赚了5000万，为了对当地政府表示感谢，我就捐一笔钱办所学校。还有一种动机源于感恩，这也是中国人的传统，过去在穷的时候没能力，得到过乡里乡亲的很多帮助，现在有能力了，回过头来用捐款的方式表示感恩、还愿，比如陈发树、曹德旺等，他们经常讲小时候的故事，小时候的经历变成了今天做慈善的动力。

不过，现在又出现了另外一种动机，就是建立现代开放社会下的公民社会组织，即现代NGO，通过组织创新和公益基金的方式，通过良性治理提高组织效率的方式，推动公益事业的持续发展。目前逐渐出现了一些理性、专业的公益事业推动者，其中以壹基金、爱佑华夏基金、南都基金、友成基金、万通基金、万科基金等各种私募公益基金为代表，形成了新的公益力量。这应该是公益事业的未来，现在也是公益事业发展最有效的推动力量和领导者。

现如今在处理公益与公司之间的关系时有两种方式，一种是貌合神离，一种是貌离神合。貌合神离是早期不规范时的做法，做的事情都是重叠的，比如某著名企业的老总既在营利部门当CEO，又在公益组织做领导，这就是貌合。神离表现在公益和企业这两件事并不搭界。但很多企业把营利事业和非营利事业裹得太紧，对独立的公益价值观、公益战略、公益人才思考不够，这种情况往往会导致公众对企业公益的怀疑，比如大家就曾对陈发树的公益基金、牛根生的老牛基金质疑很多。这些问题是阶段性的，现在越来越少。貌离神合是公司战略和公益战略在价值观上有交集，在具体事项上、业务上完全分开，比如万通公益基金做生态社区，同时企业也强调绿色价值观，这是有交集的，但在做事情上各自独立、互不搭界。再比如说强生基金，它的价值观是促进生命的健康与幸福，公益方面也是这样，但在做事情上各自独立，没有直接关系。这样才能保证两件事情同时发展，公益越做越好，企业的营利事业也越做越好，大家相信你的公益性，同时也会更认可你的品牌，更确信、尊重你的价值观，整个公益事业就能够进入良性轨道。貌离神合是我们必须追求的境界，也是国际上跨国公司在企业社会责任方面取得成功的重要方法。我相信未来只要中国的市场经济不断发展，法制环境不断健全，全社会在道德层面上给财富人士、企业、公民等更多支持、赞美和鼓励，中国的公益事业一定会持续健康发展。

必须使董事会成为公司成功的战略性力量。

——［美］苏珊·F.舒尔茨

4

第四章

董事会

英国于1856年颁布了世界上第一部单行公司法，即《合众公司法》，1908年颁布了世界上第一部统一的公司法。在世界历史上，伴随着意大利地中海沿岸的现代资本主义起源，董事会已有300多年历史。中央电视台曾拍过一部纪录片《公司的力量》，就讲到了当时的董事会。我们在1949年以前有《公司法》，但1949年以后就没有了，直到1993年才又重新出现。所以说，中国共产党执政后现代公司董事会的历史非常短，只有18年。

中国民营企业的历史有多久呢？民营企业从1978年改革开放之初就产生了：先是出现了个体户，后来又有了红帽子企业、集体企业、乡镇企业、私人企业，一直到1993年之前，已经有很多种类的民营企业存在，但它们都没有董事会。换句话说，1949年以后，民营企业的历史要早于董事会的历史，中国大部分老民营企业都经历了从没有董事会到有董事会这样一个过程。

万通故事

万通是1991年创办的，当时的企业叫全民联营，虽然这个"全民"一分钱也没出。注册的时候因为没有《公司法》，没有办法注册成今天

必须使董事会成为公司成功的战略性力量

的有限责任公司或股份公司，只能注册成"全民联营"。那时的万通很少开董事会。全民联营是个什么概念呢？首先表现为公司名字特别长，工商登记条例当时是有的，要有地名、行业名，还要表明由几家公司投资或合资，如果是总公司，还要加一个"总"字，但没有"有限"、"股份"这样的字眼，所以公司最初的名字叫"海南农业高技术联合开发投资总公司"。公司名称里首先要有"海南"，另外要加上"农业"。我们当时做种衣剂，就是在种子外包一层膜，让它能够抗病毒、产量高，因此叫"农业联合开发"。我们找到两家没有出钱的假全民企业盖章，当时也需要成立一个董事会，但不是按有限责任公司或股份公司的要求成立，而是因为你是联合在一块儿的，所以总要有一个联合的管理机构。

回想起来，我们比其他公司更重视董事会，一开始做得就比别人认真，所以1993年过渡到正式董事会的时候比较顺畅。那时我们的董事会有一个挂名的董事长，有全民单位背景，我任执行董事长，王功权任法人代表，而公司治理结构的重心是总经理。当时我没有做过生意，也没有做过房地产，而王功权做过公司经理，做过房地产，因此一定要让他来做。今天看来这些做法都是对的。所以说，找对一个人，事情就好办了。

那时公司最大的官是法人代表，他比董事长重要。在当时的治理环境下，我们组成了一个骨干团队，成员包括我、王功权、刘军、王启富、潘石屹、易小迪，我们这6个人也都是董事会成员，自己叫自己董事。在民营企业早期，人们对这种形式上的董事会并没有什么概念，但知道谁重要。那时法人代表、总经理重要，出纳、办公室主任也重要，因为出纳管现金，办公室主任管图章。我以前在牟其中的南德公司做过办公室主任，图章都是被拴在一网兜的网眼上，把手上面还标明是几号，方便随时拣选出来用。但董事会、董事长不重要，1993年以前很多民营企业是没有董事会的。我们当时是在联营的形式下，才叫董事会的，也没有人太在意。

1993年有《公司法》以后，董事会就变得正规了。在过渡期出了一个文件，是关于有限责任公司、股份公司、企业集团的条例，里面对董事会的规定增多了。我们1993年3月份组建万通集团时，依据的就是这个条例。从那时起，我由原来的执行董事长变成董事长，功权是总经理，但董事会的实际工作内容基本上是原来的延续，没有太多的变化，只是人员方面有些变动，以前没有出资、挂名的人都没有了，就剩下我们实际出资和运行公司的6个人和少数其他投资者。《公司法》出来以后有一个特别规定，即董事长必须是法人代表，于是公司的治理逐步由以总经理为核心过渡到以董事长为核心。

就万通来说，这个变化不那么明显，因为我们跟功权一直合作得很好，一直以6个人为核心，每个人说话的权利是一样的。在按照《公司法》来规范董事会之前，我们已经向有关部门报批，确认我们是一个私人合伙的集体企业，并明确了各自的产权关系，采取了平均分配的方法。大家凑了两三万块钱，当时并不知道哪个算股本，哪个算债务。我们那时的合作，缺了任何一个角色都不会有这样的结果，每个人的作用都是一样的，就像一只由六块板组成的木桶，缺一块板都不能成为桶。大家在董事会讲话的分量是一样的，每个人投票的含金量也是一样的。

在董事会正式发挥作用之前，我们一直有这样的习惯和约定，使得后来的过渡很顺利。那时，我们提倡不能有第二利益来源，今天我们把这叫"追求理想、顺便赚钱"，所以我们从来没有为金钱的事情操过心。大家都在谈理想、谈工作，我们还约定绝不改变身份，人在阵地在。前些年，有一次我跟潘石屹一块儿去台湾，我问他：跟张欣结婚以后，张欣拿着外籍身份，你身份变了吗？他说：没有，你们都不变，我也没变。

1992年，经过认真讨论，平均年龄也就20多岁的我们写过一篇文章《披荆斩棘，共赴未来》，确定了合作的思想基础、利益基础，非常理性。1993年《公司法》出来以后，我们没有经历利益上的震荡、观念上的冲突，直接把合伙人关系延伸到董事会。

董事会逐步由名义上的变成法律上的，同时也由软的逐步变成硬的。1993年以后，公司的任何决定都是由董事会做出的。我们这6个人最初叫常务董事，以区别于其他几个董事，强调我们的重要性。从那以后董事会就变硬了，因为《公司法》明确规定公司决策的核心是董事会，而不是经理会。

《公司法》非常清楚地规定了董事会能做的7件事情，包括投资决策、预算等，其中特别重要的是高管的提名权。在此之前是大家协商，没有条文明确规定谁当董事长、谁当总经理；现在的《公司法》仍有一个遗漏，即没有规定董事长的提名办法，但规定了董事长提名总经理、总经理提名副总经理的程序，但这些都要经董事会讨论批准。

治理结构的重心转到董事会，出纳、办公室主任就不再像以前那么重要。董事会构成，也就是什么样的人可以进董事会变得很重要，因为董事会是票决制，要数人头的。《公司法》规定董事会人数最多在13～15人之间，需要大家举手表决问题。如果发生诉讼，董事会成员表决通过的决定是要作为裁决依据的，因此公司章程里必须写清楚董事会成员的人数。最近万通地产公司的董事会人数略有变化，那公司章程就得跟着变更，因为将来要举手表决的就是这些人，这是他们法定的权利。所以，董事会成员的增减有时会是一件大费周折的工作。

万通成立初期是在不断探讨董事会的构成，以及越来越细的规定中改善治理结构的。比如董事会人数到底应该设计成单数还是双数，这件事很重要，因为它牵扯到董事会投票的艺术。大家普遍认为应该是单数，这样可以自然产生多数和少数，而董事会的投票规则通常是多数投票过半就有效。但后来我们也设计过双数，这种情况下，董事长在赞成票数与反对票数相同的时候可以多投一票，也就是说他有两票，这样的设计就加大了董事长的权重。在遇到争执和扯不清楚的问题时，董事长多出来的那一票就成了起决定作用的秤砣，放哪边，哪边就胜出。万通创建初期的骨干有6个人，是双数，所以有一个阶段我可以多投一票；后来创建董事会时，股东派出董事占到多数，我这多的一票就没有了。

经理人员要不要参加董事会？曾经有一段时间，我们有很多经理人员参加董事会，有总经理、副总经理、总经理助理，他们同时又是常务董事。后来我们发现，如果很多经理人员参加董事会，董事会治理上就会出现悖论，因为总经理是董事长提名，副总经理是总经理提名、董事会批准的，如果这个副总经理同时又是董事，那么他们就可以串通起来，让董事会不能罢免他；董事会没办法作出罢免决定，这个副总就可以为所欲为。所以，后来我们规定只有总经理可以进董事会，这样保证副总是在董事会的任命下产生，董事会如果需要调整，就可以直接开会任用或罢免。这次万通地产在董事会换届时，有人提出是不是要邀请副总参加。我仍然坚持副总不能参加董事会，因为要避免公司在治理上容易出现悖论，从而影响董事会独立有效地作出决定的问题。

雄起的秘密

董事会现在是越来越重要、越来越硬了，主要原因是投资人财产意识的觉醒和对出资人权利及责任的坚守。为什么以前大家觉得董事会不重要呢？因为股东及董事们对财产的意识都不清楚，比如1991年我们办公司时，没有人想着自己赚钱，我们的共同目标是生存。在那个年代，生存是我们首要或者说是唯一的目标。在共同为这个目标努力工作的同时，我们每天开会都在讲理想，都在探讨在别人眼里有点虚的事。公司开会时我们也会谈财务、资金，但很少把这种事直接跟个人对财产的权利对应起来。我相信，那个时代，包括《公司法》刚刚颁布的一段时间内，大多数民营企业都是这样的，大家对董事会代表的财产关系意识刚刚觉醒。

1998年以后，伴随着个人财产意识的觉醒，人们对于董事会说话的权利要求越来越清晰。大家开始计算自己代表多少钱，这个事情做完后个人的财富会改变多少，等等。那时整个中国经济进入快速的财富创造期，出现了个人财富的排行榜，出现了汽车、房子、奢侈品等，高消费的东西越来越多，大家发现钱很重要，不光能解决吃饭问题，还能炫耀，还能搞定很多事、变成实现个人梦想的舞台。这些因素使得大家在董事会上说话的权利和责任意识日益加强，也要求各自说的话越来越认真，而且必须要有价值，因为说错说对会直接影响到个人的利益。

就外部原因而言，法律的强制性也在起作用。比如打官司时，董事会到底有没有决议，对法院仲裁结果至关重要。对于民营企业，打官司时最能体现董事会价值，平时股东之间大家都好商量，都没什么事；如果哪天公司有一笔钱被某股东拿走，要是董事会有签字，这算股东之间的纠纷；没有签字就叫侵占，在这种情况下可以举报他，警察可以抓他。据我了解，一些民营企业有董事会，但平时不怎么开。从规范治理角度来说，拿走任何一笔钱，如奖金、赠与、分红等，都得有董事会决议。比如我们当时个人没钱买房子，公司就买了一批恩济花园的房子奖励给高管，这件事就需要董事会决议。如果董事会决议通过了，那这件事就是合法的，否则就算侵占。这时董事会真是太重要了。我碰到过很多民营企业，董事会都是在打官司之后起作用，所以民营企业在董事会层面上，常常人情化、形式化。

我对董事会规范化这事比较看重。我们曾与别人有一个合作，合作一段时间后要开董事会。我们是小股东，那边有大股东，大股东也是民营公司。我是召集人，出面与他们约好开会时间和地点。结果到了开会那天，没人主持会议，事先也没准备很规范的文件，开会之前也没说清楚哪些人出席，会议现场什么人都有，整个会议进程中，大家都嘻嘻哈哈地聊天。

这件事情发生之后，我直接跟对方说我们不参加这个项目，后来我们退出了这个投资。因为我觉得，如果一开始董事会、股东会等管理不规范，没有规范化意识，而且又是好几方在合作，将来一定会吵架的，而且吵起架来最后都没有一个标准。所以在公司治理上面，我们特别敏感，也特别规范、自信，当然这与我们早期有很多事在治理上吃过亏也有关。

在公司的外部合作中，董事会很重要，而诉讼、实际经营运作、对上市公司管理规范及透明度方面，对董事会的要求也越来越多。在外部运作过程中，董事会通过的法律文件越来越重要，而经理会的东西一般不太重要，没人看。这导致了权力中心逐步转移到董事会。比如给员工加工资这件事，总经理能决定某个员工的薪资标准，但员工的整个薪酬体系他是没法调整的，这件事得要董事会点头。此外，总经理、副总经理的工资也不是他们自己可以定的，需要由董事会决定。年底发放奖金的额度也是董事会定，但具体分给每个人多少可以由总经理做主。我们每年年底开董事会时，许总会告诉我给员工的奖金总数，具体发给每个人多少我并不知道，董事会也不过问。但给高管发放奖金的数额则要等到年报审计出来以后，根据业绩再经董事会批准，这事可能会拖很久，因为董事会要审查每一年业绩、指标的完成情况，董事会内部如果有分歧，那就要反复沟通，达成一致意见后才能搞定。

再有就是投资，按照《公司法》，投资任何项目都要经董事会批准，总经理本人没有决定权说要投什么项目。如果要进行项目投标，董事会事先会给总经理授权。就像我们在上海投标一个项目，之前董事会开了一个电话会讨论，决定授权总经理在一定预算范围内参与竞标，并规定高到多少就不许再举手。后来投标二号地块，预算数额比实际要大，最后连举了70多次手才拿到地。

风险投资机制进入中国以后，董事会变得更重要。2000年亚信上市以后，带动了大量国外风险投资进入中国，并让我们知道团队比钱重要。以前大家认为在投资中钱比人重要，有钱就牛逼；项目也很重要，有项目就可以赚钱。而风险投资的观念是人比钱重要。

我们是第一个投资亚信的，在亚信的注册、创业方面也帮了忙。它是由中国留学生创立的，后来在纳斯达克上市，身价一下就上升到好几亿美金。亚信创立之初，我们在心理上有很大优势，一直认为钱最大，所以当他们让我们按照14元/股的价格参与增资扩股时，我们觉得他们很不够哥们儿。我们是在他们最缺资金的时候投了第一笔钱，才过了不到一年，怎么就变成每股14块钱了呢？况且他们的利润、资产规模也比我们小很多。亚信说在美国就是这样，他们的团队值钱。最后因意见达不成一致，在只赚了三倍的情况下我们就退出了。如果当时没有退出，现在至少能赚一亿美金。后来我们才发现，在风险投资领域，这十几块钱一股的价格代表的是对人的信任，对团队未来创造财富能力的信任。正因为这样，风险投资进来的时候，董事会才会如此受重视。因为在董事会里，不仅有团队，还有资方、独立人士，这是公司未来发展的资源，这个架构非常讲究。

在董事会里，什么样的人可以带来资源，什么样的人是体制约束，什么样的人是动力呢？在通常情况下，风险投资进入以后，公司会让创始人继续担任董事长，以保持他在权力核心当中的主导作用，这是很重要的。也有一些创业者在风险投资进入后经营失败，于是就会出现董事会和团队之间博弈的现象，最后在董事会里决胜负，把不合适的人赶走。当年新浪就是这样把王志东请走的，虽然王志东是公司的创办人。新浪发生的这个事件，让大家都开始关注董事会的重要性。

总之，现在权力越来越集中于董事会，在资本市场上更是这样，政府对上市公司的监管包括高管、经理会，重点是董事会，对董事会的会议记录、信息披露、审计，董事会专业委员会的设立、关联交易、任职资格等要求越来越复杂。显然，越是这样，越能凸显出董事会的重要性。

前不久我参加独立董事考试，其中有个问题是：董事会是公司治理当中的决策中心还是权力机构？正确的答案是：董事会不是权力机构，股东会是权力机构，董事会是决策核心；它在股东会闭会期间，受股东委托形成权力决策中心，建立一套决策机制代表股东利益。

中军的错愕

好的董事会都会经常开会，我们在开会地点选择上比较费心思；根据决策内容的不同，要选择形成决策的环境，如果特别想通过某件事，就会选我们有心理优势的地方，比如在公司总部，我们是主场。这在法律上很重要，因为行为地是和管辖地直接相关的，万一将来发生诉讼，董事会在哪儿开，打官司的管辖地就可能在哪儿。有一些重要决策，如果是跑到一个小岛上去开会并做出的，那万一有诉讼，管辖地就会有争议。

有时我们也会到沟通对象所在地去开会，比如万通控股公司最近的一次董事会会议，原来定了在北京开的，后来我坚持到天津开，因为天津万通控股公司的大股东领导班子发生变化，我们希望对方了解我们，以达成一个良好的沟通。到天津后，我们请控股公司的新董事长跟大家见面、讲话，一起吃个饭，大家彼此认识一下。泰达成为万通控股公司的大股东之后，公司但凡遇到重要的事情，都会去那儿开董事会，要沟通就上门。

有些董事不熟悉房地产，我就选择不同的业态空间开会，让董事们有机会体会房地产业的变化，形成决策的专业背景。比如北京星美影城刚开业时，我就安排在那儿开过一次董事会，大家一起看电影，知道这个空间可以这样设计。我们的董事会在新光天地也开过，还在北京香港马会俱乐部、兰会所开过。开会的过程本身就变成潜移默化的沟通。如果总封闭在办公室里抽烟开会，就会搞得大家都头昏脑涨。在外开会可能需要多花一点成本，但会有很好的效果，而且经常会有些意外的收获，就像我们去兰会所开会，兰会所很高兴，我们之间也建立了很好的沟通。我们到新光天地，老板专门交代底下人带我们去参观，这就使董事会同时变成了我们"学先进"的一次机遇。我们曾想安排到李宁公司开董事会，可惜后来时间不凑巧。开会地点的选择一定要很讲究，不然白白浪费了大好的机会；换个地方，大家的心情会不一样，彼此间的话题也会多一些。

不停地换地方、借地方开会是万通董事会的传统，别人并不完全知道，因此有时会很诧异。前一阵子，因为要和华谊兄弟等公司一起在苏州太湖投资华谊兄弟电影主题公园，我就想借华谊的地方开一回董事会，让董事们对影视娱乐行业增进了解。有一天我给王中军打电话："喂，哥们儿，我想去你们公司开董事会！"中军愣了，不解地问："怎么来我这儿开会？是什么意思？"于是我把万通借地方开会的习惯跟他介绍了一遍，听得出来，他还是将信将疑。过了一个星期，我们在苏州开会，我又详细解释来龙去脉，他这才明白过来。后来，中军特别认真地让公司秘书和办公室协助我们在华谊开了董事会，而且率主要管理团队的人向我们董事详细介绍了影视娱乐行业的情况以及华谊的发展战略与经营方式。事后，董事们都反映效果非常好。

开好董事会要考虑到决策者的知识背景。如果大家是一个决策团队，我们强调人员配置上要有一些差别，但在一些将要决策的重大事情上，应该尽可能促成共识，特别是要在信息对称上下工夫。所以我们每次董事会都做培训，比如控股公司是非公开发行的公众公司，我们有两百多个股东，就是公众公司，但又没有公开发行股票。这在公司运行当中是挺复杂的事情。我们开会研究要不要上市，两次请证监会负责监管的司局长来做培训，讨论相关问题，这样大家知识背景逐渐趋同，就容易取得共识。

滨海新区发达了，我们的董事会特意请滨海新区的董事长、中新生态新城的总经理来给我们做培训。还有万通要转换成投资公司，有很多不明白的地方，就请王功权来给大家做培训，他曾是中国最好的创业投资机构鼎辉投资的主要合伙人，非常有经验。前阵子碰到阳光壹佰的小易①，想起他在远距离管理团队和项目方面很有一套，也想请易总给我们做培训。前段时间跟潘石屹在讨论区域集中和分散的话题，过一段时间

① 万通六君子之一的易小迪，现任阳光壹佰置业集团有限公司董事长。

根据决策内容的不同
要选择形成决策的环境

也想请潘总来给我们做培训。只要别人有比我们好的地方，我们就可以邀请他们来给我们做培训。培训一般安排在董事会开会前，培训者先讲半小时，之后我们会再讨论半小时。我们每次董事会期间都会做这样的培训，而且每次培训后大家都会有进步。这是公司很好的传统，民营企业里这样做的不多。

培训还有公关的作用。平时跟政府监管部门沟通不多，所以我们请监管部门领导、请土地规划部门领导来做董事会培训。培训多了，领导对你的看法会改变，比如公司发展战略和投资等话题，大家可以集体对话和讨论，这样别人对公司的印象一般都会是正面的，这种阳光、透明、良性的公关让我们受益匪浅。同时我们还请媒体人来做培训，探讨媒体跟企业的关系等。现在微博很发达，我们就请新浪微博的主管给我们培训。利用董事会培训，一年四五次，这样董事的知识结构就会趋同，容易达成共识。

关注董事会的程序和仪式感也是我的工作。程序是组织化的标志，比如军人敬礼，你不这样，秩序感、组织的认同感就没了。现在我们董事会的开场台词都是一样的：先说明是第几届第几次董事会，并宣布会议开始；然后通报应到董事多少名、实到多少名、委托多少名，接着宣布董事人数符合章程要求，决议有效，可以开会。这都是标准台词。接下来再说列席的还有谁，告诉大家谁来了。列席者有听的权利，不能讲话，让发言时才可以发言。我发现有些组织列席人发言比主要参会者还多，最后不知道该听谁的。我们有时候请高管或项目人员列席，需要求证、说明时，才让他们补充。再接下来如果有表决，我们有举手的程序，以下三个都要说到：赞成的请举手，反对的请举手，弃权的请举手。很多法制健全的国家，把这个程序叫"三读通过"。在法治国家，这样程序性的事都很重要。最后是会议结束程序，所有的议题按照章程办，不能加临时议题，程序都是法定的，有事先通知。临时议题在董事会召开前五六天还有机会加入，但不能边开会边增加议题。全部程序结束后，请监事长就程序是不是合规、表决事项有没有违法等做发言，必须这样说："今天的会议所有按预定通知的议案都已讨论表决，程序合规，监事会没有意见。"这些做法在打官司时会很重要。法律上有程序正义和实质正义，程序正义就是说只要程序上没有问题，就是对的；实质正义就是我是好心的就行了，只问动机，或只强调结果，不关注程序是否合规。

另外在会议室开会要有仪式感。仪式感像宗教一样，能够增加认同感和组织的有效性。我有时参加别的公司的董事会，不太习惯他们太随意的做法。这就好比你念经得去庙里，你不能在夜总会里念经，因为仪式和场景会改变人的思维、情感和决策。我以前给一位老板打工的时候，参加过两次丧事，一次是下属公司的老总，一次是老板的母亲。我发现到葬礼现场以后，人家哭我也跟着哭，出来以后我觉得很怪，又不是我爹我妈，我跟他们也不太熟，怎么到那儿就哭了？后来我发现是环境决定的，那种场景和仪式，人们进去后很少有不哭的。所以在八宝山表现的悲伤不一定是真悲伤，有的时候是情景反应，因为作为哺乳类动物，情感会传染，就像动物界那样，一个喊了，其他的都会跟着喊。营造环境对于开会的效果有很大的帮助。比如我们国家开人大会议，几面红旗、一个国徽，永远是那个配置，很有庄重感。

橡皮图章与名人俱乐部

董事会的类型千奇百怪，运作的方式也各不相同。最多的一种董事会是橡皮图章董事会，我们公司也有过，但不在上面，而是在下面的很多项目公司、合资公司。很多知名房企也是这样，下面有很多项目，那些董事会几乎都是橡皮图章。因为这些董事会会做一个授权，跟上面的决策机制有联系。否则我们几十个项目下边几十个董事会，都是钢铁、木头图章，都这么硬，那谁都没法当好这个董事长，每天都在扯皮。

一般复杂的公司体系当中，下边的董事会多数是橡皮图章。还有一些属于绝对控股的，比如股东占了百分之八九十的股份，有时候他找几个人弄个董事会，也是橡皮图章，签签字而已。股东的权重不同，有时候董事会的软硬度就不一样。股东权重在这两种情况下都会使董事会变成橡皮图章：一种是大股东权重非常大，另一种是股东权重特别分散，分散到股东的声音基本听不到，这些股东会选出一个董事来。后者在美国很常见，这些美国公司的股权高度分散，大部分都是外部董事，这些外部董事有时候往往就是橡皮图章。其实美国所谓五百强公司，他们的董事会都是一帮朋友的橡皮图章，CEO才能作决定，雷曼出事也是出于这个原因。

有一类董事会像是名人俱乐部，比如中国有些公司在股权分散的时候，大家认为找名人容易取得分散的小股东的信任，所以就形成了名人俱乐部似的董事会。名人除了他们的品牌、个人信用和能力之外，完全没有时间来管理公司。我们有体会，只要请到名人来做董事，基本是挂名的多，不起什么实际作用，这种董事会就变成既好看又软的豪华橡皮图章董事会。很多股权分散的公司愿意这么做，是为了省事，既能成为橡皮图章，又能轻易取信于股民。

也有一类叫内部人控制型董事会，由于公司股权分散，内部经理人特别是创办者权力巨大，基本上由总经理、副总经理、财务主管等组成，股东很少，外部董事也不起作用。这些董事会逐步代表管理团队的利益，而不代表股东利益。比如在欧洲有这样的情况，因为内部人控制不能通过一个人来达成，内部CEO就会邀请朋友加入，变成了权力悖论，他们通过的决议都是对他们有利的，自己永远也不会炒自己。这种董事会风险很大，比如安然。有时名人俱乐部加上内部人控制的董事会，会造成极大的治理风险，因为外部不监管，都相信名人，内部经理人又天天算他们自己的账。国内外很多大公司出事就缘于此。

还有一类是事务性的董事会，而不是决策型的董事会。我也兼了不少别的公司的独立董事，发现有的公司董事会讨论事情，不该董事会讨论的事他们也讨论。好处是省事，董事会讨论完了，经理会就不讨论了，但有时候会导致权限划分、责任不够清楚。另外董事会介入太多具体运作和经营管理的细节，在决策上反而会弱化，这样早晚会使董事会在事实上虚化和异化掉。必须强调董事会是一个决策中心，而不是执行和运作中心。

总之，第一，我希望董事会是硬的、真的，应该是铁图章、金图章，而不是橡皮图章。第二，我希望董事会不是名人俱乐部，而是功能性的。我们需要开拓资源，需要治理上的制约，就要有财务专家、法律专家，比如这次万通上市公司更换董事，有个独立董事人选非常好，她在房地产专业领域的研究很深，特别是商业模式方面，我们就请她来，她答应了。我们需要这样一个人，因为我们要转型。这就是善治，根据功能、责任、资源的需要来选人。第三，我认为好的董事会不应该是内部人控制的，而应该由股东委派、经理人代表（比如总经理代表）和独立董事组成。第四，董事会应该是决策性的，不应该是事务性的，决策重点集中在战略方面，包括治理结构上的合理安排、薪酬、用人、投资者关系、区域分布、分红政策等，应尽力避免陷入日常经营的事务当中。

在董事会中，内部董事和外部董事，包括大股东的董事和小股东的董事，到底该怎么划分呢？到今天为止，这个事情仍然没有准确的办法，因为董事和董事长的提名机制在《公司法》中都没有规定，需要各股东自己协商。《公司法》上并没有说董事一定要由股东指派，但习惯上都是股东派的，也没有规定大股东大到多少时可以派多少董事、小股东再小也必须派几个等。所以在控股公司和地产公司，经常出现小股东要推选董事的现象，我们甚至会专门在网上征询小股东推派董事。但派出董事以后，效果并不理想，因为小股东协商存在成本和由谁来牵头的问题，组织不确定，小股东就会产生看戏的心态，不行就走了，而且走的频率比较高。比如上市公司刚刚由小股东推选出一个董事，过两天这个公司把股票卖了，这个董事就又要更换。在控股公司，我们也征询过小股东意见，希望他们委派若干个董事，但他们之间达成一致意见的概率比较小。

在董事会当中，有多少外部董事比较合适呢？《公司法》对于上市公司的规定已经很清楚，独立董事不能少于三分之一。但非上市公司到底应该是多少，人们并不清楚，甚至非上市公司要不要外部董事或独立董事，也都没有明文规定，都是自选动作。万通的控股公司比较规范，从1993年开始就一直有外部董事，中信公司的老总、首创证券的老总都做过我们的独立董事，虽然我们没有上市。现在我们仍然有外部董事，而且这种运行方式比较成熟；我们没有上市的公司按照上市公司的治理标准，外部董事人数也是三分之一。

现在外部董事在选择方法上有很多讲究，是找熟人、找名人，还是找起作用的人？我们经历过请熟人和请名人的阶段，现在已过渡到请能决策的人这个阶段。2010年控股公司换届时，独立董事甄选是根据功能需要，比如我们选证券律师，要求有上市经验，熟悉《公司法》，可以改变我们的经验结构。

我有次跟默多克新闻集团的中国老总（万通控股现任独立董事）高群耀聊天，他是做IT的，在微软做过很长时间。我问他怎么跑到新闻集团去了？他说，老默当时找他就是要在公司高管结构中找一个外行人，因为今后是互联网时代，要找一个懂IT的人。我觉得默多克非常清醒，这个做法很对。所以我们换届的时候，我也想找不是房地产行业的人。我找到高群耀，因为他理解默多克为什么找他这件事。那时我跟他没什么私交，专门约他谈了一次，结果他答应了。他去万通董事会第一天就介绍了默多克的公司，包括电影系统是怎么赢利的，《阿凡达》、《拆弹部队》是怎么做的。现在我们董事会开得就比较有意思。这段时间高先生又要去纽约，他最近被提拔为全球副总裁，需要跟总部汇报。所以请他来参加我们的董事会，不是希望找个外人来唱赞歌的，而是完全出于功能性的考虑。这样选择外部董事，带来了公司知识结构的变化，同时也把我们的真实信息传递给了新闻集团。

我请高群耀做独立董事时有一个细节，他说他不能马上答应我，他要报告给默多克，要报告总部。后来他告诉我，默多克非常支持，还专门给他打电话说，万通正在纽约建"中国中心"，应该支持。他得到总部批准，参加了我们的董事会。这样我们跟新闻集团又建立了紧密的沟通渠道。董事会人员的组成是大有讲究的，不是胡乱几个人就行，要考虑到治理上的平衡性，另外还要保证顺畅，权力划分和授权要清楚，避免权力之间形成悖论，在结构上要能形成互补。

董事会在国企当中，有时所处的位置很尴尬。在部分国企中，实际上经常发生党政联席会或党组会取代董事会的事情。在"中国中心"非常较劲时，我们要开信用证，当时请的是泰达公司担保。泰达那边说担保没问题，因为我们还有反担保。弄完之后需要我签字，正赶上我在西安出差，没办法，最后没航班了，只得包了飞机赶过去。签字时突然发现，泰达里面真正起作用的是一个类似董事会的机构，叫党政联席会。而银行要的文件中一定要有担保方的董事会决议。银行问，那你们董事会里的人跟党政联席会的人是不是一致的？泰达方说不太一致，有的人是董事，但不在党政联席会里面。银行说，从法律上来讲，尤其我们是给美国开信用证，没董事会真不行。最后泰达将董事会和党政联席会都开了，但签字是让挂名董事签的。这事给我的印象特别深刻。

有家特大的国企上市后，有个老外参加了董事会。那老外每天履行着董事的职责，等着开董事会。可这家国企的董事会一般不怎么开，这老外也没事干，又不懂中文。见隔壁小会议室里老开会，他不知道啥意思，有一次他也跟了进去，对方说我们在开党组会，你是董事会里的，在隔壁开。后来有次开了董事会之后，有人又跑到小会议室里开会，这老外又跟了进去。小会议室里的人说我们是党组会，只有党员才能开，你又不是党员，所以你不能开。跟他这么一说，老外就回国了。他明白了，大屋开的会不决定事，小会议室里开的会才决定事，大屋开完会了有一些人还得到小会议室里去开，但小会议室里开的是党组会，只有党员才能参加。

结果过了半年，这老外又回来了，开完董事会他又跟着进了小会议室。小会议室里的人说跟你说了这是党组会，你又不是党员，怎么又进来了？老外说不对，我已经是党员了。小会议室里的人说，你怎么是党员了？老外说，我在英国参加了共产党。小会议室里的人哭笑不得，说你那党员身份不行。

规则内的规则

在公司治理中，董事会的运作有很多讲究。

第一，董事会开会的时间频率有讲究。到底董事会一年开几次比较好？按照法律规定开两次就行，但实际不行。我个人觉得四到六次比较合适，实际上就是一个季度至少开一次，把几个议题归拢，没有什么事就培训，保持董事会的人经常见面。开会的频率不能太少，但也不能每个月都开，因为董事会有董事会的成本。人和人见面的频率很重要，像家人或公司同事那样天天见面，彼此关系就很亲密。我算了一下，我跟公司主要同事见面，比跟家人见面的次数要多。董事会的人见的次数少，比如独立董事，通常每三个月开董事会时才见面；遇到有单独事项比如临时投标、需要找人签字时，也会召开临时性的董事会沟通，这种沟通通常是功能性的，和正式的区别很大。另外我们现在用网络视频来开董事会，这个方法是有效的，但我觉得不能代替面对面的沟通，就好像网恋的人总得见面，否则日子没法过，孩子也生不出来。所以，还是要建立面对面的沟通机制。

第二，董事会成员之间的沟通非常重要。我最近发现我们公司新来的高管很担心，总觉得董事会有很多不同的声音，但后来又发现议题都通过了。实际上这是他们不理解这么多年来万通董事会治理当中所形成的传统和中间的沟通技巧。对于一些可通过可不通过的议题，我们事先不作太频繁的沟通，打个电话或一般沟通就可以，在会上就表现为大家的话题比较分散、意见比较多。我们也想借此机会听一下多方面的意见，尤其是独立董事，充分让他独立，他会上怎么讲都可以。有些独立董事不怎么独立，总怕大家在意见上冲突，引起负面效果，他们中间有人据此开玩笑说，这事我按政协方式还是按人大方式说？我说既不按政协，也不按人大，按你咨询公司的方式说，或按打官司律师的方式说。律师打官司就是挑毛病，咨询公司是善于建议，得往硬里说。

在董事会决策中，对于一些涉及重大战略方向的议题，一定会事先沟通，而且要充分、反复沟通，不达成一致意见，绝不上会。如最近的一次控股公司开会，很多高管都觉得议题这么多，哪个通过、哪个不通过呢？其实我们事先都已充分沟通过，所以很快都通过了。

我自从当董事长以后，这么多年一直坚持每次董事会根据议题的重要性，全部事先沟通。泰达投资万通后，我坚持每次都面对面地跟泰达的领导沟通所有议题。正因为如此，七年下来，我们董事会开得都比较有效、顺畅、和谐。凡是有争议、有不同看法的都在会前处理。我在中央党校教书的时候，当时流传一个顺口溜，叫做"小会解决大问题，大会解决小问题，不开会解决最重要的问题，开会解决次重要问题，文件解决小问题，批示解决大问题"。当时中央党校有很多顺口溜，讲组织运作当中的一些艺术。

一个人要做领导，沟通是第一位的能力，你的眼光、智慧、经验必须通过沟通才能赢得大家的理解和支持。沟通还有一个好处，在中国沟通是给面子的过程，中国人之间的交往模式，面子有时候比内容、比里子更重要。所以，不断地沟通是互相尊重的表现，这样大家在心理上就比较舒服，开会就比较容易达成一致。千万不要把非常重大的议题未经沟通就直接拿到会上，否则这事80%会搁浅。

第三，在董事会里，文件的准备也很重要。参加一个活动，你给人的第一印象取决于外表；文件也是这样，一定要做得干干净净、漂漂亮亮，比如PPT做得漂不漂亮？是用动漫来沟通还是写一篇文字？文件做得清晰、明了，就容易传达信息，拿在手上也觉得很舒服，这对董事会规范化和董事开会进入适当的心境很重要。

现在万通公司董事会每次都把文件印得非常清楚，尤其上市公司开董事会，还会配一张光碟。我参加别的公司的董事会时，发现有的文件字体大小不一样，财务报表没有装订，格式也很乱，有的甚至没书面文件，说是在电脑上看一看就行了。有的董事年龄大，喜欢看纸质的文件。在这种情况下，如果文件准备不好，就会让人感觉公司在治理上不细致。我曾参加过一个公司的董事会，公司赚钱很多，文件准备得却很粗糙，也不规范，很难迅速找到会议议题相对应的内容，决议后边也没留出签字的地方。

文件准备好之后，该怎么送达呢？按照《公司法》，相关文件要在董事会开会前一周、有的要求是前十天送达，发邮件、纸质送达形式都可以，但一定要送达，一定要让董事会成员提前看，不然将来会形成法律上的纠纷。这是程序上的问题。记得在筹备一个董事会的时候，我们又想让董事会成员看，又不想让他们太挑剔，怎么算这个日子就很有学问。法律没有规定非得是相应工作日内送达，最好是他们收到文件后马上休了一个长假，没怎么顾上看，然后就来开会了，而我们的文件也按规定送达了。每次董事会秘书问我什么时候送这个文件，我总会说按照规定的时间掐到最后一天，因为太晚就会违规，太提前他们看了也会忘，大概在开会前7天到10天送达最合适。

第四，董事会的会议记录要完整，因为将来打官司，会议记录是一个佐证。记录完了以后，要让大家当场签字。现在证监会、银监会对于一些银行的董事会都要录音。这些程序都很重要，尤其是在大家潜在看法分歧比较大的时候，这些细节就特别重要。这都是治理良好的董事会或股权又集中又分散而且有制约的董事会所必需的。

现在经常会听到人们说董事会的成本，那么董事会的成本由哪些方面构成呢？对此《公司法》有要求。第一是董事经费，就是给董事的钱。现在有执行董事、独立董事、独立执行董事、非独立执行董事、外部非独立董事、外部执行董事等，分得很细。这表明每个董事在公司里承担的工作责任不一样，比如我是执行董事，每天在这儿干活是有工资的，这是一部分成本。但其他董事也有一笔费用，就是我们通常讲的董事经费或车马费。这些钱用来买他的时间和智慧，他要承担相应的责任。这个费用支付标准在《公司法》里没有规定，给的技巧是根据董事会这些人的身份、责任来拿捏。比如要独立董事保持独立性，给钱数额应该是多少，有一个临界点，超过这个数字就变成行贿。比如给独立董事一年二十万、五十万，他要是在乎这个钱，就老得支持我；你给得少，他可能就没积极性。董事保险在全球是一个险种，我们现在没给董事买过，实际上董事有履职保险，哪些免责，哪些不免责，将来在诉讼的时候是很讲究的。所以独立董事可能会说我承担责任，你又没买保险，车马费也不给，我每天来干什么？我们的独立董事有时候也会提到这些事情，那我们就会追加数额，但给独立董事的一定要少于其他董事。

到底给独立董事多少钱合适？证监会有一些规定，现在上市公司独立董事的薪酬普遍在十万到二十万之间，多数是十万左右。我们现在上市公司的独立董事就是一个月一万。另外有些国企的人是不能拿的，我们就定得稍微低点，因为你给他，他回去又交了，没有起到个人补贴激励的作用；但如果不给，就变成歧视，也是不行的。

再有就是这个钱怎么给的问题。比如国企这部分，你让他报销票据，还是给他现金呢？如果给他现金，他回去就要上交。我们目前采取的方法是来自国企的实报实销，其他的给现金，税由公司代扣代缴。但还有一个问题，如果他经常不来开会，那就等于没有买到智慧、经验，董事会花了钱没有达到效果，这该怎么办？我们就把钱装在信封里，每次参会后，你就把它拿走；你若不来，我就把信封收回。因此，对董事有一个要求，叫勤勉、尽职、履行责任，这既是履职态度，也是发放的艺术。

我发现有些民营企业请我做董事，会给我一个卡，我也不知道里面是多少。我怕给多了是行贿，将来我说不清楚，于是会问他们其他人有没有，其他人是多少。我当董事长这么多年以来，对这些细节性事情都很注意，所以不犯错误。我们发放的方法也很透明，不会弄一个卡塞给人家，让别人认为我们有可能在私下里多给钱。我们就是明着将信封放在那儿，让参会者可以堂而皇之地拿走；这些钱在预算里也会披露，这样才能表示公司在治理上是干净的。

如果执行董事很多，薪酬部分数额就会增大，董事会费用就会比较高。我和万通公司的许总都在董事会，如果我们俩在董事会里都有薪酬，那董事会的预算就会非常高。所以我在上市公司里是不领薪酬的，但还是会有四万块钱给我，这是董事经费。现在我的薪酬是在控股公司，最近算控股公司董事会的成本时，我提出来只领一块钱，不再领一百多万的薪酬，这样预算不增加。因为我还是股东，有些分红给我，我生活能维持。

另外是例行的预算，董事会要请秘书、司机、董事会证券事务代表、股权事务代表、其他辅助性工作人员等，有会议费、差旅费、公关费、文印费、固定资产费用、耗材、损耗，形成董事会的成本。我们的成本高低和治理水平有关，比如开会要选择地方，文件要做得漂亮，这些东西都会加大成本。但换来的是治理结构上的改善和公司董事会的有效运作，所以这部分成本是要花的。

还有一项成本叫特别预算，董事会会有一些特别事项，比如我们要上市，为上市需要花的钱叫特别预算。有时候跟某项诉讼或某项董事会的法律事务有关，我们要作尽职调查，也会产生费用。

为什么讲董事会成本呢？因为成本清楚了以后，有利于我们对经营团队进行考核。公司费用包括董事会的费用和日常经营管理的费用，要把它分开报告。董事会的成本是保证董事会有效治理和董事会决策的水平，经理层的费用是保持公司日常运营的开支。我们改成投资控股公司之后，投资者关系加强，新的网站要设立，这部分也算在了董事会特别预算里。

总之，董事会最重要的是提高决策能力，因为它是一个决策中心，要在不同的角色当中找到共同点来形成决策核心，保证决策的有效性，提高决策能力。董事会如果没有达到这样一个水平，不能发挥每个董事的专业经验和知识背景，决策能力不够，公司发展的水平就值得忧虑。我认为决策应该是既有制约又有协调，既能保证战略的明确性，又能够保证不同意见的充分表达和吸收。

董事会有两种决策方式，一种集权式的，一种分权式的，我们希望的模式是统分结合；我们可以有很多不同意见，但我们要求决策的方向是一致的，能够达成战略一致性。若按照百分制来评判，集权的决策模型经常可以做90分以上的伟大决策，但也经常做60分以下不及格的决策；这两件事容易抵消，短期内出现传奇，但长期看组织稳定性不好。统分结合的决策模式类似于我们讲的民主模式，大部分做60～80分的决策，很难做出90分的决策，但这种组织稳定性好，能延续下来，积小胜为大胜，最后形成连续正向积累的公司，那时我们的优势才能发挥出来。这种决策模型、这样的董事会治理结果就是长而久、好而慢，最后发展成为一个卓越的公司。董事会治理的模式和决策能力，会形成它的决策风格、决策习惯，这些都决定了公司最后的成败。

好的董事长应当只做三件事：看别人看不见的地方，算别人算不清的账，做别人不做的事。

——冯仑

第五章
董事长

董事长是公司的一把手和公司团队的核心。我算是中国最资深的董事长之一，20年来我只做过这一个职务，没做过任何总经理之类的职务。在《公司法》出台之前，我就担任董事长，一直到现在仍然是这个岗位，因此对这个角色的扮演，我有一些自己的观察和体会。

从虚到实再到半虚半实

说到董事长，就要谈谈董事长在中国的演变过程。1993年《公司法》出台以前，董事长这个职务只是名誉性的角色。当时根据企业改革的规定，我们那时成立的公司不叫有限公司或股份公司，而是由两家以上的公司一起签个协议，组建一个新的实体，叫联营企业。联营企业里有董事会和董事长，但没有任何法规详细载明董事长是干什么的，而公司所有的权力核心都围绕着法人代表和总经理，法人代表这个职务也没具体规定做什么，经常是大家一起协商着办，负面一点也可以叫博弈。

公司创办时，王功权任法人代表。1993年以前，有关公司的大小事情，外部有关部门都只找法人代表，如银行签字等。王功权在80年代末曾受到过不公正待遇，他被抓起来，后经查明没有问题后，又被释放了，这个过程大概有11个月。他出来以后，我介绍他去南德集团牟其中那里工作，牟其中看重他曾当过法人代表，认为他是一个人才，就让我俩分管公司西北和东南的业务。

牟其中有个特别的习惯，爱让公司新来的人坐在门口风最大的地方，就像监狱里新人一般睡在最差的地方、大哥睡在里边最暖和的地方一样。王功权刚去的时候也受到过这样的待遇，后来牟其中听说他当过法人代表，起初还不信，忙叫人事部门通知王功权把营业执照复印件拿来给他看了才相信。于是，王功权的桌子被挪到了远离门口有隔屏的好位置。可见在那时，法人代表很受重视；而董事长这个职务并不重要。

就万通来说，1993年以前，我是执行董事长，其他几个人是总经理、副总经理，自然形成了一个团队。我们对角色的分配不是特别清楚，董事长没有法定地位，我开玩笑这叫"勇挑粪桶"，就是你自己主动去找事做，久而久之形成大家对你的尊敬。在这个阶段，我们是按梁山泊的方式形成领导团队，在法律上没有很硬的约束。

1993年出现的《公司法》，明确规定董事长必须是法人代表，我自然就成了法人代表，潘石屹也做过很短时间的法人代表。以后公司陆陆续续换届，董事会越来越规范，万通逐步从江湖体制转为公司制度，最主要的是董事会建立了，规范了，我也就顺着把法人代表和董事长做到了今天。董事长这个角色在法律上是第一责任人，需要代表公司去应诉、签字等。前几年《公司法》修改版说，董事长可以是法人，也可以不是。万通也作了一些处理，在公司系统内有很多跟我有关的董事会，有些我还是做董事长，但让别人做法人代表，兜了个圈子，像是否定之否定。

1993年以前法人代表是实际控制人，1993年以后那个老《公司法》中法人和董事长等同，但有时候并不一定是实际控制人，可能总经理是实际控制人。而几年前修改了的新《公司法》弱化了总经理和法人、自然人之间的重要性，强调了制度架构的稳定性。你只要有董事会，有正常的治理结构，谁当法人代表不重要。这样法人被弱化，公司治理结构被强化，在好的治理结构下，谁做法人都行。

从中国历史沿革来看，公司经历了董事长从很虚到很实、到现在半虚半实的过程。1993年以前，你如果管资金，那我必须认识你，因为那时控制公司的是法人和出纳，法人管着章、签字权，出纳需要到银行办钱的事儿，我必须都认识。而现在起主导作用的是程序，该办就办，彼此不认识也可以。我发现以前自己跟钱特别近，每天都能感觉到钱在身边晃悠，现在却发现钱就像空气一样，你说它在就在，说不在就不在。我看到的是大家每天上班，工作程序让每人都经手事情的一部分，有什么事了就由董事会开会做决议，而签字动钱只是其中的一个环节，没有一个人能把所有事办完。

随着公司组织的发育、扩大、复杂化，每个人的角色都由原来的全能角色变成局部角色，这是现代组织发育很重要的特点。分工越来越细，但系统越来越紧密，在复杂的组织里，董事长变成组织当中的一个角色，而不是唯一的重心，这是一种进步。

董事长的法定权力其实很小。《公司法》规定董事长就做三件事：第一当法人代表。第二主持董事会，不过公司章程规定董事长不在时，副董事长也可以主持，副董事长不在时，董事也可以主持，而且董事长只是主持会议，并不能够决定事情。第三是签署公司的债券和有价证券。这三件事没什么实质性，后来又加了一件事，即总经理的产生由董事长提名，副总经理再由总经理提名，这个提名权很大，但也要经过董事会批准。最近万通上市公司更换管理团队时，就是走的这种程序。除了总经理授权这项，董事长没有任何行政管理权力，职责归结起来就是签字、主持会议、当法人代表、代表公司去打官司等。

虽然《公司法》给董事长规定的权力很弱，但实际操作的时候权力却很大，让人感觉公司都围绕着董事长转，如果他不签字，很多事就办不了。董事长形成了一个枢纽，比如对外签合同、发股票、募款摊派、捐助等；政府、证监会、银行也都需要找法人代表，因为他们认为法人代表说话能算数；证监会所有的上市材料、报汇材料都要求法人代表签字，对外应诉、送传票、打官司也是这样。有些地方银行做贷款，以前让法人代表现场签字就行，现在有些银行怕这个法人代表不是真的，还要求拍照或录像。外部的要求把法人代表变成第一责任人，所以董事长内化为公司无形的权力和管理中心，公司所有事都要跟董事长商量。

现在公司的治理结构要求董事会分成法定的固定会议和临时董事会，董事会研究钱和人的事，权力很大，包括公司经营计划、奖金分配、人员任用、资产重组、投资等。董事会的表决程序是简单多数，二分之一或三分之二同意即可。董事长往往代表大股东在推荐或提名董事上有主动权，这就确保了他对董事们的影响力。他对董事们的影响力越大，权力自然就越大，就像我不做万通地产的董事长了，但作为大股东，还是有董事的提名权，对董事会有实质性的影响力。如果董事跟控股股东的意见出现不一致，可以像西方解散议会一样，开临时股东会解散董事会，另选一批董事。只要这个董事长有股东背景，就意味着我可以选择董事会成员。这样等于把董事会和董事长的权力重叠了，董事长拥有了管理整个公司的最终主动权。

总经理是董事会任命的管理团队中的主要角色，这个角色的产生有一套程序，董事长可以代表股东来决定董事会的组成，进而提名总经理，再由总经理提名其他高级管理人员，于是董事长的权力变得很实。

这是一个法律过程，但在实际运作过程中又分两类，一类是董事长为公司的创始人，比如我在万通做了20年，创办者在公司会有魅力递增（增魅）的过程，社会心理学就是这么说的。由于年龄差距和独特的经历，每个公司创办人都会被大家涂上奇奇怪怪的色彩。潘石屹曾在微博上说"江湖大佬"的时代过去了，那是因为像任志强、潘石屹、我、王石等以前曾经被赋予了很多传奇色彩，并逐渐被美化，甚至神化。这些会让法定权力又加一层保护，最终形成心理优势。

过去有个很有影响的老干部，当时别人跟他提意见说：你怎么还不退休，占着茅坑不拉屎？他说：茅坑是老子挖的，拉不拉屎是我的权力！他这样说好像很不讲理，但公司创办人心里往往就是这么想的，尽管实际上是不对的，会形成公司权力重心配置失衡的问题。在多数情况下，一般要等到这种创办人退休了以后，公司才能逐步进入更加理性的治理当中去。回忆过往，万通集团里面所有的股东，只有我们这些创办人股东还活着，其余被抓起来的、流亡的、客死国外的都有，所以能活下来的确有点传奇。创办人作为董事长，他本身的传奇加上股权和法定的游戏空间，会让他的权力过大。

另外一类就是董事长是非创办人，是由股东委派的，他们会更按程序、规则来处理事情，但需要更多协调的时间，花费更大的精力，然后逐渐在工作当中形成他的威信。虽然这类董事长有法律赋予他的权力，但有时这种法律赋予他的权力并不确保他就真有力量，古代有些儿皇帝就是这样；而另一些人没有大职务，却有很大的权力，这来源于人们内心的认同，来自于这些人的经验、领导风格和人格魅力，比如很多宗教领袖或氏族长老，有时没有法定权力，但他说一句话，底下人就会奋不顾身地去执行。其实在公司里也是这样，一个领导者最好兼具法律给你的运作空间和自己的领导风格，然后让追随者对你有信心，使权力成为发展事业的动力和方向。

股东委派的董事长，如果不是创办人，最大的挑战就是怎样建立自己的领导风格，建立法律以外的影响力和在团队当中的核心地位。创业者的无形影响力经过多年自然形成，这是筛选竞争出来的，两者有很大的差别。不管怎样产生的董事长，只要你不是创办人，挑战就比创办人大。但不管怎样一个团体，创办人最终都会走掉，比如美国有四十多任总统，华盛顿也就干了几年，但他通过制度传承，保证了国家有效运转和社会进步，而不是依靠某一个人的带动而发生传奇式的变化。所以要更多相信体制，而不是个人。

经验、逻辑和直觉

知道了董事长在中国的演变过程，那么我们怎样做董事长呢？按照

《公司法》规定，总经理可以管很多事情，那么董事长该做什么？很少做事或什么事都不做，就挂个名签个字吗？一般来说董事长并不愿意这样，也不放心；但如果什么都管，管得非常具体，让总经理没事做了，那也不行。所以董事长和总经理有一个权力边界，既然在治理结构里规定有这两个角色，那他们之间肯定存在差异，同时又有衔接。法律再怎么规定、文字写得再清楚，人和人之间打交道不可能完全按文字来，有些东西是靠默契。这就好比两人过日子，你能全部写成条例按照条例过吗？但是相对来说，有约定划清楚权力范围比没约定要好。

我认为董事长要做的最重要的三件事情，就是"看别人看不见的地方、算别人算不清的账、做别人不做的事"，其他事情则可以由总经理去做。

什么叫看别人看不见的地方？在MBA课堂上把这叫做战略决策，就是做什么、怎么做、在哪儿做、和谁做、做多少。而对于战略决策，董事长有两个特别不同的发展方向，第一个是王石这样的，一直是洁身自好，有理想，有想法，很自律，很强调公司利益要大于个人利益。所谓公司利益就是股东利益，万科公司长远利益大于王石的利益，这个概念非常清楚，这样的好处我们大家都已看到。不过，万科的大股东是华润，华润是国企。如果华润是一个永久稳定的存在，那对万科的长远利益是没问题的，但如果华润是一个变动的存在，那就可能影响万科的长远利益。从这个角度说，把万科的股份置于一个更稳定、更理性的股东管控之下，则对万科是有利的。怎样才能做到这一步？在这个问题上，柳传志同王石的做法不一样，王石一直坚信自己这个逻辑，所以他不成为股东，也不希望自己底下的人成为股东。但柳传志，差不多到了一个阶段之后，他做了件跟王石非常不一样的事情，他自己变成了股东，他认为这是对公司负责。柳传志一直讲企业要有主人，他说企业如果没有主人，发展就不可能持续。

企业没有主人发展就不可能持续，那什么叫没有主人？没有主人有两个意思，一个是在跨国公司这种背景下，CEO实际凌驾于股东之上，相当于内部控制，公司等于没有主人。柳传志讲他们收购了IBM的PC业务以后，实际上CEO是没主人的，他只对短期业绩负责，对长远利益不负责。另一个意思是可能有国企这样虚拟的产权所有者存在，实际上最后也等于没有主人。柳传志就把它变成了自己跟泛海集团的关系，泛海进入联想使柳传志本身成为公司的重要股东。柳传志旗下的两员大将：郭为先行成为公司的小股东，后来他又去融资，联想把自己在神州数码的股份全部卖给了他，郭为变成老板；杨元庆最近又增持股份，变成联想集团的个人大股东。

所以，在柳传志的逻辑里面，企业要有主人的含义是要变成股东，这个股东最好是明确到个人，这样的话企业就有主人了。这是柳传志的安排，也是董事长的工作，董事长要对企业的长远规划作出安排，柳传志是这个逻辑。而王石认为，创办者和他底下的人是不是股东不是问题，他认为只要有一个好的经理人团队，有一种正确的价值观和商业模式，企业就会持续健康地成长，不管谁是股东都可以持续发展。这就是两位董事长因看法不同，对自己下面和股东层面的人作出的不同安排。这是目前中国最顶级的董事长在思考问题上的两个逻辑方向，但这两个逻辑方向都有一个共同点，就是作为董事长，你应该看别人看不见的地方、算别人算不清的账、做别人不做的事。

再比如我们现在每天做的都是跟房地产有关的事情，那我们是要做住宅，还是做商用不动产呢？有一次在阿拉善，我和王石、胡葆森三人讨论到天亮，看法还是不一样，因为每个人所看见的未来世界不一样，作的选择也不一样。王石认为，万科应该只做住宅，别的都不做，现在万科就是这么做的；胡总说，他只在河南一个地方做住宅，因为要在全国做，那他的商业模式就跟万科的没差别了。这相当于大家都来拍电视连续剧，你拍青春偶像剧，他拍家庭伦理戏，都是情感戏，但还是不一样，都一样就不好卖了。我们三个人心里对未来中国的房地产有不一样的愿景，包括对自己公司和个人定位都有不同假定，而这些假定的形成主要基于对趋势、规律、机会和风险等看不见的地方的判断。

看别人看不到的地方

算别人算不清的账

做别人不做的事

那么，怎么对看不见的地方进行判断？

第一，看未来的发展趋势，而趋势又是由背后的规律决定的。另外就是看机会、风险，还要看人才，你先看见了，你先做，最后大家就会认为你有先见之明。你先看到了这些东西，你就是领导者；不能先看到，你就是个跟随者；看错了、看反了，你就是失败者。我们提出要"察于未萌、投资未来"，"察于未萌"是前提。韩非子讲"智者察于未萌，愚者黯于成事"，聪明人在这事还没开始之前就都明白了，笨蛋等这事都过了还迷糊着。这就需要领导者在大量的不确定和风险当中去寻找、去过滤、去判断，每天面对海量信息，需要有方法、思考、学习。自己要体验、观察、大量地跑，这样看到的才是最直接的东西，有助于获取第一手信息，比如我们想做美国的房地产，我10年里跑了50趟纽约；我们要做台湾市场，不到5年时间里我去了30趟台湾。就这样不停地跑动，不停地去感受，而且不放过各种常规的和非常规的方法去深入了解这些地方。我在每次出差时都会换不同的住处，几乎住遍了纽约所有独具特色的酒店。同样一笔差旅费，怎么花是一门学问，住过一家酒店和住过几十个酒店，人生经验会大不相同。所以现在我们也做酒店时，从消费者体验来说，我能看到一般人没看到的东西。

说到酒店，在台湾有一种汽车旅馆，也叫情人旅馆。我曾带着公司的人一起去考察过，让他们看看车是怎么开到顶楼的。这种直接体验能让你把握最真实、重要的东西，同时配合资料研究。这种人生经验的不断积累，会让你具有一种感知能力，让你看到的跟别人眼里的东西不一样，这就相当于一个经验丰富的医生，他光看X光片就能看到我们看不到的东西。

有次出差途中，我在iPad里看了一部韩国电影《黄海》，拍得非常凶猛、血腥，但我觉得很真实，因为我经常去韩国，接触过电影里所描述的那些朝鲜人，所以经验和文艺有时候可以互动。我特别爱看小报、八卦杂志，如《南都娱乐周刊》、《博客天下》等，可以让你了解到很多奇怪的事情。看到报道击毙拉登的新闻，我想起自己去过拉登曾经的藏身之地、位于阿富汗和巴基斯坦交界处的托拉博拉，当时我就有很多感觉、经验的联想。

现在，有很多人会觉得奇怪：为什么有些董事长，比如王石，天天都在外面瞎转呢？我说王石这是在上班，他爬山过程中看到的高度就跟别人不一样，在不同的高度看见的世界是不一样的。他去全世界旅行，拓展他的思维空间，就会看到别人看不到的地方。他去哈佛读商业伦理，我在纽约跟他讨论商业伦理时，发现他讲得很对，他要把万科变成国际上令人尊敬的企业，必须有国际视野和商业伦理，才能把万科带到更高更广和更好的境界。

第二，根据逻辑分析能力作出判断。董事长要具有一些专业的逻辑能力，诸如经济学、法学、社会学，这些基本的逻辑判断、分析很重要，因为我们需要通过逻辑来整理大量的信息，最后从中发现一些规律性的东西，并由此来判断未来的趋势。我们在台湾做投资，对两岸关系问题就需要作出判断。我在读博士的时候，写的博士论文就是专门研究台湾的，我眼里就会有别人没有注意到的未来两岸关系的定位和发展趋势。

第三，完全靠感知，像通常讲女人的直觉一样，要能将很多本能和信息、经验、情感交织在一起。刚才所说的两个因素越丰富，感知的能力才越强。如果前两个都不具备，那感知能力就会很差，如同婴儿绝不会对失恋这种事有感觉，因为他从来没有过类似的生命体验。有时我在酒店大堂里等人，就会观察周围的人，猜想他们分别是什么样的社会角色，以前做什么、现在做什么，这很像在读小说，是挺有趣的心理体验。现在房地产政策、宏观经济政策出台，我会作出一些判断和决策，很多也是跟感知有关。改革30年以来，我们的政策不断在摇摆、前进、后退，我累积所有经历过的事情，能够感知到现在的某些信号可能意味着什么。相对于很多年轻人来说，由于没有过去的经验，也没有机会专门研究这些事情，所以同样面对媒体传递出来的一个信息，我认为要接收的，他可能会感知不到，比如中国政策的大周期、小周期，在什么时候政策会朝偏左的方向倾斜，什么时候政策又会偏右，大概几年会有变化等，我有我的经验和看法，这有助于我在每阶段都能作出对的决策。

要看到别人看不见的地方，无非就是这三条：经验、逻辑和直觉。通常看见是很容易的，但看明白、看穿、看透很难，很多事情常常需要从反面去看，所谓年轻人相信假的、老年人怀疑真的，其实就是这个道理。就好像你看见一个美人，觉得养眼，但很少会想到除了美丽，她还有烦人的一面。所以张爱玲讲，人生最大的遗憾就是漂亮女人拉屎也是臭的。她看到了另一面，不光是看见，还看穿了，把美人撕开了看，最后偶像的价值就往下掉，从墙上掉到地上。现在互联网世界最大的拆解能力，就是把所有偶像都摔到地上，还原真实。传统媒体是单向度媒体，就是我说你听，精英控制话语权，可以去欺骗、包装；现在互联网是扁平、多向度传播，每一个人既是媒体，也是受众、传播者，比如发微博。所以，纸里包不住火，伪装终将被撕去。

嫁给不同的人，命运绝对不同

我认为董事长最难做的一件事情是算别人算不清的账。你看见了别人看不见的地方，就要作决定，这就牵扯到了算不清的账，因为你是投资未来，而很多人只要现在。比如我需要500亿建立体城市，这叫投资未来，但我现在也可以用这个钱马上去买地、盖房，这叫现实。多数人会说后者赚多少钱能算清楚，这叫算得清楚的账；前者万一打水漂了怎么办？因此没人敢做决策，因为算不清账。

马云在10年前说让天下没有难做的生意，当时没人相信，今天都信了，现在房子、汽车什么的都能在网上卖。我说立体城市如何好，董事会、股东响应的人不多，因为大家都只算能算得清的账，而对那属于未来算不清的账没有概念和把握。但我心里对未来是清楚的，现在这个事情越来越靠谱，最近有风险投资跟进，对公司的估值已经涨了10倍。这时，大家才慢慢觉得这事恐怕是真的了，要不然怎么有人投钱呢？于是

嫁给不同的人 命运绝对不同

跟随者就越来越多。

对于算别人算不清的账，咱们再来看王石和柳传志对于公司的发展安排。我一直强调世界上算不清未来有多少账，算不清有多少幸福，算不清什么时候死，这都是算不清的事情。再伟大的人都无法穷尽未来，人只能在哲学层面上穷尽未来，在现实生活中谁也做不到。就像柳传志的逻辑在他可以掌控的时候是对的，如果情况发生了改变，把股份给了一个不合适的人，那这种安排还不如王石的逻辑。但王石的逻辑是假定其他股东都很理性，觉得万科的团队不错，价值观和商业模式都挺好，放手让你操作，不动你。万一换了其他人来当董事长，他说现在的商业模式不对，万科还是做金融吧，这时候你也没办法，因为你没有任何抗拒能力。所以这两种发展安排在他们还能掌控局面时都是对的，除此之外都有可能不对。人不能穷尽未来，因为未来太久，是永远。

永远有多远？谁也说不清楚，而这正是历史的精彩之处，因为这样历史才有波折，才有起伏，人类才会去思考。如果一个人能安排以后穷尽未来，那历史就没意义了。所以很多安排都有假定成分在里面，这也是董事长的创造性空间，一个董事长的创造性空间就是其对未来的假定，然后据此作今天的安排。但无论你再怎么做，也人算不如天算，所以董事长的智慧极限也就在其生命极限上，没有一个董事长能把后面三代都安排完，现在的安排所依据的假定也是在一个非常有限的前提下才能付诸实施的。

算这些算不清的账，就是算现在和未来。多数人会算现在，实现未来理想的中间环节是不确定的，谁愿意算未来呢？神才是算未来的，所以神永远在我们头上；祖宗是算我们过去的，所以祖宗总被埋在地下。另外每个人心里头的未来也不一样，会有争议。因此董事长面临的挑战是如何说服董事会，拿一部分钱做未来的事情，更多的钱做现在的事，从而在现在和未来之间作好分配。比如我们在新加坡做研发中心、在公司做培训，这是做未来的事，跟眼下挣钱没有直接关系。公司领导人每天要算的很多事是在分配资源的时候，把多少分配给现在，多少分配给未来，而"未来"两个字是没有具体时间的，有时候是三五年，有时候是10年。比如对人的培养，什么时候见效呢？有的20年以后才见效。董事长在董事会里面，就是推动公司做未来的事情。马云说过：明天很美好，今天很残酷，后天更美好，但很多人看不到明天就死亡了。所以当一个领导者就是在今天、明天、后天，还有昨天之间，不断地过滤和作决定。哪些属于算不清的账呢？针对同样一件事，时间不同，对这件事的价值观选择就不同；这件事合不合理，若是根据价值观来筛选，而不在于这件事本身值多少钱，那这笔账的算法就不一样。比如同样一百块钱，如果用作赃款我就不做，用作善款我可能会做，但也不能全做，全做公司就无法持续发展了，中间还得留点利润。公司在做决策时，赚不赚钱有时不是唯一标准，还有很多社会价值方面的考量。就如绿色环保这件事，即使少赚5%我也愿意做。价值观决定了公司是不是一个负责任、令人尊敬的公司，而做这样的公司常常是要花成本的。

同样一件事，究竟该跟谁做，也是很有讲究的，这很像女孩找老公，嫁给不同的人，命运绝对不同。很多人都不主张早恋，我小孩有约会时，我却很鼓励她，她觉得很奇怪。纵观人类历史，你会发现幸福跟恋爱的起始年龄没关系，历史上没有一个特定的规律说几岁开始谈恋爱就一定行。《红楼梦》里的林黛玉十三四岁就恋爱了，过去和现在也有很多女孩20多岁才恋爱，晚恋不一定就幸福，早恋也有幸福和不幸福的，这跟年龄没关系，但与女孩跟谁恋爱绝对有关系，我关心这个，不关心她什么时候开始恋爱。在孩子18岁以前我有监护人权利，只要求她在公开场合约会就行了。18岁以后这些我都不再管。但她跟谁恋爱，能决定她一生会成为什么样的人，能过什么样的生活。如果她跟恋爱对象都很上进，比如两人一起努力读书备考清华，那这个恋爱越早开始越好；如果她跟一个黑社会烂仔在一起，即使等到25岁开始恋爱也不行。公司也是一样，不在于做什么，而在于跟谁做。我们做新城国际项目，有很多选择对象：私人的、国企的、外资的，专业机构、非专业机构，甚至还有来路不明的钱。早些年我们不懂，只要给我们钱，我们都叫爹，后来发现不行，好钱才叫爹，坏钱我们不要。

当初，我们选择跟香港置地合作做新城国际项目，按照合作方的要求，光中介费算下来就要付8000万，包括结构顾问、机电顾问等。在北京所有做公寓、住宅项目的公司中没有一家花这么多钱的。当时很多人说我们是大股东，没必要花这么多钱，并担心对方会黑我们的钱。可我觉得，人家是超级大款，大老远跑这儿来，不可能是为了占我们这点便宜。我们公司的情况很像嫁到城里的农村姑娘，觉得城里什么都贵、城里人不会过日子，就像在乡下河沟里洗澡不花钱，城里热水要收钱；在乡下不需要抹化妆品，进城买瓶洗面奶都得很多钱。可如果不花这个钱，不改变原有的生活习惯，那这个姑娘就不能入乡随俗成为城里人，而永远是乡下人。所以我说，你要做城里人媳妇，这笔钱你就得花；既然要变成像人家一样的好公司，那我们就得付这个成本。现在我们感受到了好处：跟香港置地合作十年来，我们的观念完全改变了，变成了"城里人"。我们在北京CBD①做Z3项目时，另一家合作伙伴也出现了这种问题，老觉得我们花钱多。我跟那老板说，你不想做城里人，那你就别花这钱，现在全世界最牛的建筑都花这钱，你不肯花，那你就做一个乡下人的炮楼子吧。

在外部找合作伙伴时，找比我们强大的公司合作，这是我们的首选。这样不仅可以迅速成为城里人，还能再成为城里的贵族。千万不能找比我们还差的合作伙伴，这和对方的规模大小无关，而是和它的价值观、做事方法、经验等有关，它可能会把我们往下拖。过去北京江湖女子有一句豪言壮语叫"吃大款、喝大款、傍大款、消灭大款，最终自己成为大款"，这里除了"消灭大款"不能做，其余都是对的。人一生就是要找这样的机会，最终让自己成为"大款"。

在合作中，跟谁做，选择什么样的价值观，什么时间做，这些考量

---

① Central Business District的简称，即中央商务区，指一个国家或大城市里进行主要商业活动的地区。

使得每件事情都可以有无限多的组合，这是困扰董事长做决策最多也是最难的一点。在上海做商用不动产，我们有10个亿，那这个项目应该跟谁合作呢？如果没有好的合作伙伴，我们会选择不做。最近有机会跟香港置地一起投标项目，我就毫不犹豫地决定做。香港置地成立120年了，信用绝对好，它挣的钱都是干干净净的，和这样的公司合作，我们当然要做！选择一个新的合作伙伴，除了对方专业上要很强之外，我还希望这些专业能转化成万通未来的优势。决策的顺序永远是未来和现在要平衡，好和坏要取好，优和差要取优。这样钱的作用才可以放大到无限。

我们在做立体城市规划时，想请国外一家很牛的机构做顾问，我们花钱请他们，但他们不做。他们说没来过中国，对这里的人和做事习惯不了解。但之前他们跟香港置地是长期合作伙伴，有次见面时他们顺便提及：在中国大陆有家叫万通的公司想和我们合作，这家公司你们了解吗？香港置地说这是家好公司，结果他们马上给我们打电话，同意合作。所以，过去的一个决策会影响后边很多事情。如果当时你碰上一个坏人，他不仅让你做不了城里人，还可能偷税漏税、行贿乱搞、拖你下水。各种决策的累积成就了企业的现况，现在我们不欠钱，没有官司，因为一开始我们就决定跟好人在一起，近朱者赤，我们也变成了好人。董事长的工作，就是算这类算不清的账，算现在和未来，算是非善恶，算合作伙伴的优劣，在这个框架内决定用这些钱做什么。

做别人不做的事

在董事长的工作中，还必须做别人不做的事，比如我们现在一直在做培训，因为我们想让万通理想丰满。万通从1991年刚创办时就开始做培训了，企业创办初期，在写完《披荆斩棘、共赴未来》之后，我们6个人刚挣到第一笔钱，就开始内部培训。那时我们平均年龄还不到30岁，这算是青年干部培训，这种培训一直坚持到今天。万通七八年前就有了历史陈列馆，跟员工做沟通训练时使用。我们一直说要做好人，说到大家最后形成了心理定式和行为习惯，以至于做坏事会有心理障碍，这就是20年坚持培训的结果。

董事长不仅要带好公司，还要培养公司气质，让公司成为一个优质公司。我们知道，家教和气质有关，说一个孩子气质好，其实不是看婴儿，而是看成人以后。可气质从何而来？都是从婴儿时就开始培养的！我有个同学，从孩子生下来就开始锻炼他的独立性，把小孩扔在地上，让他自己找东西吃，说这是练本能，结果这孩子后来挺能干的。气质是从小开始，每天按同一个方法调教后累积起来的。董事长做未来，就要培养公司的气质，像养孩子一样，先养后教，在教中养，在养中教，等到公司这个孩子长大成人，举手投足间就有了教养，变成了气质。

培养公司的气质，就意味着董事长要做未来，那么什么叫做未来呢？所谓的做未来，就是把一个简单的工作反复做，不厌其烦地做，不停地讲。总经理不能天天这么做，他要管当年财务业绩；董事长的职责则是要建立一些在未来可能成功的机会，像我们公司的立体城市、台湾和纽约的投资机会等，这些都是在做未来。

对于董事长来说，他要去做前瞻性的工作，要做战略性决策。董事会给你权力，你可以提名总经理，有组阁的权力，也就是用人的权力。董事长必须团结董事会其他成员一起做好这项工作，比如架构董事会、选谁来做独立董事、董事会成员配比、董事会成员的年龄构成、专业知识背景的组合等，以及选择合理的总经理、把控专业团队的更替等。建立一整套制度，进行绩效管理，保证执行和考核，这些都是董事长要做的工作。

除此之外，董事长另一个很重要的职责就是承担责任，不能做了决策不承担责任。古代晁错就犯了一个最大的错误，他撩起很多事让皇上决策，最后他不承担责任跑了。历史上很多人物都这样，敢作决定，不敢扛事。大哥就是扛事的，你敢拿刀砍人，你就得有能力去承担砍人的后果。承担责任这件事不复杂，但需要勇气和牺牲精神，因为有些决策是有风险的。以前万通在最困难的时候，让一个经理去做一件事，他不敢做，最后托病要跑，我感觉他一半是吓病了，一半是装病，我就跑去看他，见面时什么话也没说，放下一张字条我就走了。纸条上写的是，所有这些事都是我强迫他做的，我愿意承担一切法律责任。后来他就把这件事做了，我们到今天还是好朋友。

还有一次，公司有个离职的同事犯了事，人家要来抓人，需要赔付将近4000万的债务。我想了半天，觉得一旦被抓，他这辈子可能就完了。鉴于他跟公司有点关系，我决定扛下来，于是我就签了字，结果没抓这个人，这笔账前几年才还完。这个人后来还小有成就，弄的公司也上市了。总之一句话，董事长要做别人不做的事情，主要包括四件事：做未来、决策、用人、承担责任。

继任的法宝：从科级干部到大国总统

对于董事长，《公司法》没有规定任期要求，在董事会人员中只对独立董事有6年、两届的任期限制。董事长只要有大股东支持，从理论上来说可以干到死。现在如果有股东背景的董事长不干了，绝大部分是出于自愿，因为没有人能强迫他卸任，这是一个游戏规则。但董事长不可能干到永远，毕竟会有生老病死或类似于收购、兼并等事情发生。

那么，创始股东以外的董事长用什么方法来产生呢？

按照过去的做法，董事长的产生有两种方式，一种是股东之间协商，在股权差不多的情况下，协商、博弈是唯一的方法。但通过简单协商产生的董事长，往往很难做到能力、毅力、责任、价值观都正好胜任，而是因为谁权力大、影响力大，就选谁。这种方式选上来的董事长若成为CEO式的人物，会给公司的未来发展带来很多不利因素。我们看到很多打架的民营公司，在董事长这个职位上来回换，就是相互掰手腕的结果，而这样选上来的人通常不可能有运作公司的实际权力，还给公司造成了很大波动。

此外还有一种情况，就是由绝对大股东指派，比如家族企业指派自己儿子当董事长。这种选法也有很大的不确定性，这个董事长不一定称职。国有企业的大股东更荒唐，选择董事长很多是安慰、福利性质的，比如国资委安排个局级干部去当董事长，不能保证选拔的人有能力对资产负责、并具有企业家素质和领导能力。还有的做法是通过董事长以外的方式来控制公司，比如派总经理控制财权，再派财务总监把董事长架空，这样把公司的治理结构完全抛弃了，靠人与人之间的控制来运作公司，会使公司越来越不规范，以至于成为某些大股东手里的玩物，最后多数公司会垮掉。

董事长这个角色被虚化、弱化和扭曲化，必然会导致公司没有办法运行。无论怎样，现有的法律框架都没有很好的制度基础可以确保理性地产生董事长，这是目前公司治理中的一个缺憾。

对于如何产生董事长，我们面临这样几个选择。第一种人选人，也是最简单的方法，无论是大股东、国资委，还是家族企业，大多数都采用这种做法。第二种叫机制选人。第三种是价值观选人。人选人这件事不靠谱，绝对成功不了，因为没有绝对的安全性。中国古代五千年历史中选皇帝都是人选人，都是老子选儿子，重点只在于选哪个儿子而已，最终发现只有不到10%是靠谱的，五千年历史中只有五百年是好皇帝在治理国家，其他的全是烂皇帝。那10%靠谱的皇帝，其中大部分还不是自然选出来的，而是杀出来的。好皇帝里有一种是开国太祖，靠竞争出来的，比如刘邦，就不是秦始皇选出来的；还有一种是王朝到中间出现衰落、危机，几个兄弟之间杀出来的，比如李世民、雍正。好皇帝都难以通过人选人的方式产生，公司就更难了。

此外，还有一种方法是人选人加机制选人，比如竞选。美国总统选举是人选人，但几亿人都有投票权，自下而上选，再加上竞争，最后一个人胜出。奥巴马在当总统之前，虽然是参议员，但最多算科级调研员，是社区的工作人员。他没有经过各种各样的培训，现在总统这个岗位上，竟然还作了两个非常狠的决定：击毙索马里海盗和拉登。他怎么能刚过40岁就从科级小干部变成世界第一经济大国的总统呢？在美国体制下，当总统是演员也行、作风不正派的也行、小干部也行，美国的历任总统中，只有尼克松、福特等极少数人之前当过副总统，其他人当总统之前多数连科级干部都不是。这是让制度、机制选人的结果，哪怕这个人选有个人瑕疵，但由于国家治理系统非常有效，他也能做出很好的决策。

比如奥巴马是黑人，有人质疑他的上几代人有可能是穆斯林，但在反对恐怖主义和维护美国价值观上，他一点都不含糊。在美国当总统，不管什么样的人，在价值观上面都没人敢妥协。他们的竞选机制，就像运动会一样，人人都可以进场吆喝，各种组合分别对垒，从小组赛到决赛，最后总会有一个胜出，那输的人还不记仇，当年竞选总统时呼声很高的希拉里现在就成了奥巴马幕僚中很重要的一员。张朝阳有一天跟我讲，美国就是用一年半的总统大选，让一个普通人变成领袖。奥巴马演讲很厉害，他要从科级干部水平讲到总统水准，要暴露在那么多挑剔的媒体面前，个人所有的历史要被人检查，家里有多少钱要被人看，领导能力要被人挑剔，经过这样严酷的一年半的选举，最后从科级干部锤炼成有领导国家能力的人，并在其他专业系统的有效运作下，很快在一整套有效的组织制度中行使他的职责。

至于用价值观选人，宗教就是典型的代表，你对教义掌握得最好，每天身体力行、以身作则，最后众望所归，大家就会选你。

通过以上比较，我觉得未来董事长的产生，不应该通过人选人的方式，而应该通过机制来遴选，再加上价值观的过滤。因此，要设计出一套好的继任者计划及继任制度，使董事长成为一个领导者，而不是一个管理者。领导者和管理者最大的分别，就是领导者总是站在船的最前面，他要看未来、把舵、决策和承担风险，而管理者是根据已有的决策，把日常的细微事情执行落实到位。领导者最重要的是做脖子以上的事情，就是公司战略、价值观、用人以及建立治理结构的制度，最后承担责任，而管理者做脖子以下的事情，包括产品生产、劳动者管理、营销、财务控制、绩效等。

做脖子以上的事，最需要的是前瞻力、决策力、承担责任的能力，这是对董事长的品质要求、能力要求，如果这些东西做不好，那你就不是一个称职的领导者。万通目前最大的考验是，要想变成永续经营的优秀企业，就必须尽快建立起筛选董事长的良好机制，这是让公司未来一代代健康发展下去的决定性因素。

空间的价值创造比地段更重要。

——冯仑

6

第六章

房地产（上）

房地产这个行业存在了很多年，但真正成为一个产业，是在欧洲工业革命以后，伴随着现代市场经济不断发展而兴起的。之前的房子不是商品房，都是自己建、自己住，不管是朝廷还是民间，很少交易买卖。

近几百年，房地产跟其他东西一样被商品化以后，开始有了现代的房产生意和买卖，"二战"以后特别明显，其发展过程大体有三个阶段。

规律I：发展三阶段

房地产业的发展，大体上可以分为三个阶段，每个阶段有着各自不同的表现。

第一阶段，是在人均GDP8000美元以前，这时市场上所谓的房地产问题都是住宅问题。这个阶段是从人均GDP不到1000美元时开始的，然后往上爬到8000美元。这其间大家讨论的住房问题全都与住宅有关，包括阶级分化、矛盾、社会心理冲突等。

在从18世纪60年代开始的英国工业革命中，曾出现过大量"羊吃人"的事件，农民失去土地，工业化使人（即农民工）拥向城市，于是就出现了拥挤、脏乱、房子不够住、工人阶级特别困难等状况。在随后的德国工业革命中，也出现了城市住房拥挤现象。那时恩格斯写过一本书叫《论住宅问题》，讲的就是这个阶段由住宅区分形成的阶级差别。

"二战"以后经济恢复，美国和欧洲所有的老兵回到家乡，这时又出现住宅危机，开始大建住宅，经济从人均GDP一千多美金上升到四五千美金时，出现了房荒。那时美国长岛出现了一家房地产公司，当时纽约和美国东岸一半以上的住宅都是这家公司做的，它只做住宅，盖房速度特别快，建的房子不是豪华奢侈型的，而是相当于现在的保障房。今天美国纽约正在叫卖一栋迄今为止最贵的住宅，价值八千万美金，而那时的房子一套也就几万到十几万美金。

亚洲地区经济快速增长以后，在新加坡等国家以及中国台湾和香港等地区，都先后有一个阶段因城市化和人口聚集带来了住房的挑战，它们大都采取了不同的政策。比如新加坡采取组屋政策，政府管一部分，另一部分交给市场，完全自由买卖，开发商自己决定房子大小、价格等。欧美解决住宅问题也是沿着这个方向，只不过保障的多少不同而已。像德国保障60%～80%，大部分人都是租房，不鼓励市场交易，但允许长租。美国是彻底自由化、市场化，住宅几乎都是市场交易，保障部分占得很少。我们现在去纽约的曼哈顿，沿着东边的哈德逊河边，会看到很多上世纪六七十年代建的类似于经济适用房的住宅。那时美国经济正处于战后恢复进入快跑状态的阶段，人均GDP接近8000美元。

中国最近十几年，每天都在讲房地产，我们的市场三分之二都是住宅，2010年房地产52000亿人民币的市场，住宅卖了46000亿，所以中国的房地产问题还是住宅问题。

这个问题的复杂性在于它的背景，经济快速成长，城市膨胀，人们大量从原来传统的居住地区拥向城市，并变成了失地农民、城市边缘人口、新的弱势群体。城市里原来的人，一些人有了钱，开始买更大的房子，另一些人用房子作为财富的标志，开始炫耀。这样的事在印度发生过，比如有个富人一下子建了20层楼，把他们家族全装在里边，引起了公众的批评。

住宅问题一方面是满足基本需求，另一方面和阶层分化以及整个社会消费观念的改变相伴相随，这样引发的矛盾就会特别多，慢慢演化为道德问题、社会心理问题，以及政府职能怎么定位的问题。

中国人均住房面积从改革开放之初的1.9平米发展到现在的30平米，已经接近日本，但我们仍然忧心大家买不起房。这个话题放在行业的大规律中来看，要等人均GDP提高到8000美元时才能解决，因为那时人们所有的温饱、基本生活需求等问题都已解决。当GDP处于这个阶段，人均住房面积在欧洲接近45～50平米，美国更多。在全世界，所有人均GDP达到8000美元的地区，人均住房面积都可以达到35～40平米。现在中国大陆人均GDP超过1万美元的城市已经有10个以上，如果再发展10年，县城人均GDP将由4000美元达到6000～7000美元，省会城市则会超过8000美元，那时住宅问题这个社会话题就要退位了。

现在大陆的房地产公司，其实都是住宅公司。从2010年以来，媒体话题开始转向讨论商用不动产，偶尔还会提及工业不动产或投资性、金融性的房地产。这就意味着市场发展快要进入第二个阶段，即商用不动产的黄金时代。也许10年，甚至5年以后，大家议论得最多的就是商用不动产公司了。

今天，住宅公司在美国已不是主角，唯一的例外是几年前因为要保障低收入人群而过分放贷引起了次贷危机，大家才把房地产当中的住宅问题又拎出来说。而其原因是住宅房地产没办法成长，于是一些金融机构就让不够条件的客户不必首付就先入住，然后将房子不断估值，估值以后再给客户现金，让他们去买东西、大量消费，最后终于引发了整个次贷危机。所以，次贷危机实际上是过度消费住宅引起的，美国最大的住宅公司因为要扩大生意，只好想尽各种办法，包括不动产金融的所谓创新，来刺激大家消费住宅。

了解了这一点，我们就知道到了人均GDP8000美元时，住宅开发的脚步就会放慢甚至停下来，很多住宅公司将会面临很大挑战。目前中国已经有10个城市人均GDP超过了8000美元。2008年万通开始提出来要作转型商用不动产、房地产投资、工业地产的准备，就跟这个研究有关。

第二个阶段，是人均GDP从8000美元到25000美元。我们根据研究结果作出这样的预测：从人均GDP8000美元到15000美元，以及从15000美元到25000美元，都会是商用不动产的活跃期。为什么分成两段呢？因为在人均GDP8000到15000美元这个时期，商用不动产里边社区性商业是最火的。所谓社区性商业，就是围绕着一个社区所开发的商铺和购物中心，主要为周边居住的人服务，满足由居住派生出的需求。比如新鸿基，它在早期转型的时候，全都是做住宅，加上社区性商业。万达做的也是这样的商用不动产，它们都是围绕着社区、居住来发展，而不是在CBD里建巨大的酒店、写字楼。这时个别情况下也可以做酒店和写字楼，但做这些项目的风险要大于社区性商业。

当人均GDP继续向25000美元发展时，就应该转向CBD核心区的投资性商用不动产、商用物业，这将更加高档。这部分在每个国家其实都不多，因为人均GDP达到25000美元的城市，在全球也没有太多，比如东京、巴黎、柏林、纽约等，这些地方是大型商用不动产特别发达的地区，如纽约曼哈顿人均GDP60000美元，而整个美国人均GDP40000美元。所以，美国目前的主角是商用不动产。纽约大的地产公司很少做住宅，只做一小部分极高端的，剩下的全是做大型写字楼、酒店、公共设施。这是一个规律，我们逐步由商用不动产取代住宅，再由社区性商业过渡到CBD商用物业。这个变化直接影响到我们在投资决策上的选择，比如我们现在做万通中心，都是选人均GDP8000美元以上的地方，我们在那里做一些社区性商业，也做一些CBD大的项目。比如杭州的项目就是社区性商业，这是要卖掉的。在北京的Z3项目，位于CBD核心地区，我们会长期持有。

第三个阶段，是人均GDP达到25000美元以后。到了这个阶段，房地产应该怎么做？此时房地产公司的最大空间，就是商用不动产和金融配合，逐步形成金融引导、支持高端的商用不动产长期持有和在此基础上形成的金融产品交易。

举个例子，假定我们在CBD核心区有很好的写字楼，租得又非常稳定，这个时候投资就有价值，因为租金很稳定。那么我们就可以去做REITS①，把不动产用信托的方法上市，或用抵押贷款证券化的方法把它卖掉，使这种不动产以金融产品的形式流动起来。这种产品在金融市场特别受欢迎。目前美国房地产公司最大一单交易是390亿美元，共170栋写字楼的信托一次性地卖给了黑石公司，创造了地球上有史以来最大的金融性房地产交易。当时，这家房地产公司住宅交易的市值最多才120亿美金，而商用不动产市值则达到了250亿美金。

在一个成熟的市场中，随着经济发展水平的逐渐提高，主角在变，公司的估值、资产的价值、投资的方式统统都在变。从估值方面来看，资本市场上对纯粹住宅开发公司的PE（市盈率）一般在5～7倍。如果是纯商用不动产的PE，一般在10～15倍。因为它有长期的现金流，未来收入稳定，资产增值、溢价，包括用财务会计的方法都会导致商用不动产公司的估值要高于纯粹住宅开发公司。而金融性流动资金聚集规模大，投资的规模可以把若干资产、若干个写字楼、若干个购物中心打包一起交易，所以它的价值量、公司规模、投资规模又大于一般商用不动产的某个公司。这给我们未来的投资指明了一个方向。

在这三个不同阶段，房地产公司竞争的着力点是不一样的。住宅公司竞争的是规模、成本、速度。首先规模要足够大，另外成本要降低，速度要加快，跟制造业是一样的。住宅公司就是一个制造公司，与郭台铭雇人做代工挣的钱是一样性质的。

住宅业强调周转、成本、规模，商用不动产强调服务、运营能力。在空间里你怎么给人提供服务，这跟规模有关系，但不绝对依赖拥有的物业数量。假定每平米租金回报率是20%，我只有10万平米，另一家公司每平米租金回报率是2%，他有100万平米，那么在市场上估值，我的10万平米有可能比他的100万平米估值还要高，估值的根据是租金回报率，所以

① 房地产投资信托基金。

商用不动产公司经营的重点逐步会转到运营和经营上，而不是简单地拼规模。举个例子，北京的嘉里中心、国贸共有100万平米，租金是目前北京市最高的，物业品质、位置也是最好的。一个二线城市有1000万平米还不如这100万平米，因为它租金回报率低，不具有投资价值，估值上不来。

金融性不动产的核心在于金融产品的创造和财务安排的能力，比如美国Sam[1]的地产公司，为什么它能够有本事卖掉那么多写字楼？就是因为它创造了REITS这种形式。它通过这个方式做得很大，然后不断收购别人的不动产。它的模式是一边建一边收购，收购完之后把这个写字楼经营到一个水准，每年再卖几栋、再收几栋，所以REITS的回报就很好。卖的价钱是根据资本市场的周期，有技巧。剩下出租的那部分，如果有不好的可以抵消掉，这样不停地扩张REITS，它的规模就比别人发展得更快。所以金融性房地产最重要的核心能力是产品设计，包括资产的管理能力，以及未来的流动性和在资本市场上的机会把握。它已经跟建房子这件事越来越遥远，如果你站在金融性房地产的角度来看，建房子就成了价值链最下边的力气活儿。

竞争重点的变化带来了每一个公司创造价值的能力和毛利水平的变化，从成熟的市场来看，住宅的毛利是低的，商用不动产的回报在美国长期都在16%以上，金融性不动产的回报率又高于商用不动产。对于普通人来说，这非常好理解，比如城市化了，我们总是需要空间，需要安稳地住下来，生孩子过日子；等把这个事解决了，你还得花钱买点东西改善生活，经常购置消费品，给小孩买奶粉、婴儿车、衣服等。即便经济困难，你一年也得换两身衣服，而现在大家几乎每个季节都要购置五六套衣服，这个时候就需要购物中心。你有了汽车，就需要加油站，

---

[1] 1968年，Sam Zell和Robert Lurie共同成立公司，现在该公司已发展为4只著名REITS：美国最大的办公物业REIT-Equity Office Properties Trust；美国最大的住宅类物业REIT-Equity Residential；最大的自建房屋REIT-Equity Lifestyle Properties和商业融资REIT-Equity Lifestyle Properties。

有了加油站，购物中心就越建越大、越建越远。等这些事都弄完了，你还有钱，就开始研究投资，然后你要开始创业，创业就得找办公楼，或开个餐馆，或增加厂房，消费需求越来越旺盛。如果到这个时候你还有钱，你就会买保险。于是社保的钱、退休基金的钱越来越多，十年二十年以后，养老的钱要找很稳定的收租性物业，转过来又推动了商用物业的投资与持有。

再往下发展，最终钱多到一定时候全都变成了金融产品，存银行、买基金、买股票等，于是金融性房地产就开始多了起来，多到一定程度也可能成为泡沫。

一个经济体的成长大体需要30～50年，然后可以维持人均GDP在25000～30000美元这个水准。这时GDP越来越看不见，就像人刚有钱，乍富的时候你能看见他穿身好衣服、买辆车、置套房。到了一定时候，这人又回归简朴，穿简单的衣服，房子也不奢侈，低调奢华。那GDP都跑哪儿去了呢？你进到屋里能看见，挂幅几百万的画，在海外买东西，或买了股票，GDP看不见了，但都得用房子装进去。你会发现那时银行保险箱生意很火，你把画放到博物馆里，博物馆也开始火。就如这次大家突然发现日本有50多座核电站，这些核电站也是GDP，占了日本用电量的30%。这些核电站周围的工厂、厂房都需要不动产去服务。所以随着经济不断增长，GDP会逐渐由看得见转向看不见，由一个地区转向全球，然后在不同的状态下不动产跟随着去做一些服务。在服务当中，我们才能看到究竟这个行业在哪儿发展、投资。

总之，房地产行业的发展规律就是随着人均GDP的增长，投资重点依次由住宅向商用不动产和金融不动产递进，价值链也相应由低端建筑业、土地整理业向中端的商用物业运营与服务及高端的金融服务业演进。按照这个逻辑，我们就知道该干什么。就像一个人，我们知道一个人从婴儿、青年、中年、老年到死亡，每一阶段要做什么事情。所以，我们事先作了准备，在未来的发展中，一个阶段做一个阶段的事。

规律II：三种模式的演进

在房地产市场中，随着GDP的变化，房地产商业模式总体看是朝着两个方向发展，具体来说有三种模式。

第一个方向是往价值链下游发展，房地产业变成建筑业和土地开发业，房地产公司变成代建公司、建筑公司、土地整理公司等。第二个方向是往价值链上游做，房地产公司转入服务业和金融业。万通目前的选择就是往上游做，以能力导向、品牌导向、品质导向、服务导向为目标。如果我们往下游做，一定是以规模导向、成本导向、速度导向为指引，做到土地行业，就会变成关系导向。万通现在还处于中间，开始了往上的过程，并成为一种趋势。这相当于一个人，你往下堕落，进入江湖，这是一套活法，也挺有意思，吃喝嫖赌抽、坑蒙拐骗偷、懒馋占奸猾，什么都可以干。你要往上做，就得襟怀坦荡、理想丰满，还得刻苦忍耐、努力学习、乐于助人、关怀他人，这又是一套活法。总之，你不能乱，你不能干这个又干那个。做男人或做女人，不同角色各有规定动作，自选动作不能太多。企业也是一样，要搞清楚我们只能走哪条路。

在房地产公司的三种发展模式中，第一种是最初级的，叫地主加工头模式，这种模式处在往下游做这个方向上。在中国，如果你仔细了解一些房地产公司的历史，会发现这种类型的相当多，以前都是施工单位，比如合生创展、珠江等。它们是从广东农村做施工开始发展起来的。碧桂园也是施工单位，北方地区出来的一些民间英雄也是。为什么说他们是地主呢？因为他们对地看得特别重，认为有地就能赚钱。比如碧桂园圈的地是最多的。为什么是工头？因为施工能力特别强，建筑过程中会省材料、省成本，工程管理比较好，成本控制得也比较好，但如果走到另一个极端就会变成偷工减料。市场上就曾经出现过这样的事，有些公司用的钢筋都比别人细一点，能拔掉一根就拔掉一根，比如一根柱子用20根钢筋，它绑的时候拿掉一根。有一个大客户告诉我，他在北京买了套房，打通楼板一看吓坏了，柱子里用的不是钢筋，是竹签，这楼还能住吗？这种模式还创造了"纵向一体化"的做法。它买地是通过自己家人或公司关联的途径，水泥、门窗是自己家采购的，设计也是自己家人担纲的，施工更是自己家操办，卖楼的是自己家，最后管这房子的也是自己家，自己家的关联企业在中间每一层都吃掉一道利润。这种商业模式像是从毛巾里拧水，拧出一点算一点。

这就是规模成本的竞争，所以这种模式的企业地越买越多，施工过程中关联交易越来越多，成本控制越来越严格，同时也越来越过分，最后形成这些企业的基本文化和做事特征。相对于其他企业，它们有时也具有竞争力，那是在地区人均GDP刚刚过一两千美元的时候，房荒、住房饥渴爆发的时期，但往后就不好说，这是通常的规律。

第二种模式叫厂长加资本家模式，这种模式也处在往下游做的方向上，刚才所说的那些公司如果再努力一点，理性一点，就会提升和演化成这种模式，在中国最典型的就是万科。它比前面那种地主加工头的模式更理性、更负责任，买地和制造过程更专业化。它不是用简单手工作坊的工头方式思维，而是采取工厂化思维，就是把住宅当成一个工业化产品，加以标准化，提高它的质量，合理控制成本，扩大规模。

在全球其他地方也有过这样的历史。有一次我和王石去看日本的住宅，当地人让我们一定要去丰田，在我们印象中丰田是做汽车的，他们说丰田房屋是日本最大的住宅公司，因为它收购了几家住宅公司。我们去后发现了两件事情，第一丰田房屋的梦住宅，当时在博览会上讲的是未来住宅，包括所有未来社会生活的理想，做得非常好，当然这些东西对比我们现在要做的立体城市显得很普通，就像20年前，你看到现在我们用的这么小的手机会觉得很神奇，而今天大家却习以为常。当时我们很受冲击。另外我们去看了住宅工厂，它跟做汽车一样，丰田房屋的人理解汽车是移动的房屋，房屋是固定的汽车，房子有两室一厅，汽车也是两室一厅，前边驾驶员室相当于厨房，后边两排座位，有个后厢，相当于卧室和客厅；汽车里边有空调、冰箱、音乐、天窗，什么都有，只不过是可移动的罢了。他们按照这个思路来做住宅，像分解汽车一样分解住宅，比如汽车几大件有骨架、轮胎、车窗、玻璃、轿身，整个住宅也是，分为基础部分、墙体部分、屋顶部分、门窗部分、厨卫部分；流水线上做窗户非常简单，标准的木头被输送到流水线上，到终点出来就成了标准尺寸的窗框，跟做汽车一样；橱柜也是这样操作。这是极致的工厂化。

八年前万科提出住宅产业化，万科那时已经请了日本专家，一直在帮它们用工业化的方法做住宅。所以现在万科的阳台，整体看越来越像日本的，做得很精细；墙体都一样，灯柱也都差不多；外挂的阳台，找了水泥厂整体浇铸，做得很精致，比农民工慢慢砌的好很多。

我们当时曾去考察过万科的松山湖基地，就是住宅产业化的实验基地。他们每天都在实验做屋顶、墙体。2011年万科住宅产业化的产品有两百万平米，这个数字每年都在增加。万科用工厂化方式解决了第一个模式不能解决的品质、服务质量和速度问题。这种厂长加资本家的模式比非产业化的模式要节省三个月时间，周转率快了，就在速度上获得了竞争优势。

厂长加资本家模式，目前带来的矛盾就是它的成本比非住宅产业化公司大概多200~400元1平米，它在节能环保方面既有正向促进，同时也有成本压力。它在木材的使用损耗上要减少很多。现在绿色和平组织天天在中国盯着万科查，因为它是全球最大的住宅公司，工地上用的木材最多，有相当多的木材来自非洲，砍完以后做成模板。住宅产业化以后，用钢模取代木模，用竹子取代木头，这样就可以大大节能。快速建住宅的过程要追求速度，而你越做得精细、低碳、节能、环保，时间上花得也就越长，而工厂化方式在规模上会有优势，另外质量上也不错，这是竞争优势。现在很多地方政府要快速建保障房，它们就找万科代建。

另外这种公司快速成长必须依赖于资本市场快速融资。所以，万科发展最快的这几年也在资本市场上大量融资，没有这些大量融资，就没有办法支持快速成长。快速融资又要求你的治理结构、人才、价值观、品牌要足够好，并能遵守资本市场上所有的游戏规则，成为资本市场上的品牌。这才能够双轮驱动这个模式快速成长，抵消初级模式所带来的负面东西。

第三种模式，我们称之为导演加制片模式，这种模式处在往上游走的方向上。最近我发现看电影的人多了，电影市场2010年的票房超过100亿；现在我们有6000多块银幕，每年还会增加上千块。

中国一年生产四百多部电影，我们进电影院认真去看的不超过十部，因为我们在选导演，选冯小刚、张艺谋、姜文等的电影看。冯小刚讲过一句话：把人蒙进电影院是件挺不容易的事。最不容易的是导演，明星并不重要，有很多电影都是明星拍的，我们也没看。电影市场上这么多导演，有的导演不差钱，比如张艺谋，你想拿钱投资他极不容易。有个朋友告诉我，说差不多谈好了在《金陵十三钗》里能投10%，但后来人家根本不要你的钱，因为你只要投进去就能赚。冯小刚也是，大家说《非诚勿扰2》这儿不好那儿不好，那还卖了5个亿呢！电影市场最终是跟着导演走的。

导演起的作用，第一是故事，第二是制作过程，第三是市场营销。制作过程包括明星的选择、服装道具，以及拍摄进度、时间等，都是很专业的活儿。导演的品牌就意味着票房，你再差，比如说张艺谋拍《山楂树之恋》，也有将近2亿的票房。要是我们拍，可能200万票房都没有。《千里走单骑》也是很简单的文艺片，它也有1亿票房。所以导演的水准决定了票房，票房就是它的市场份额。

我们做"中国中心"这个项目时，在纽约找当地的合作伙伴，政府、中介给我们找了七八家，它们可以分成三类。一类是传统的房地产商，跟中国现在的私人房地产商一样，就是家族有钱，做活很好，也很慢，人家用了三代人和一百年历史证明它们的信用。第二类钱很多，做事情快，这些人叫REITS，他们要不断分红、分现金出去，这些公司对于速度要求挺高，规模很大，财务精准，但专业性稍差，活儿比较粗糙。第三类并不出什么钱，叫收费开发商。我发现美国很多事跟中国完

一个创意，一个故事
使这个土地的空间发生了价值变化

全相反，在美国有些人不出钱就能当大哥，而在中国有钱才是大哥；在中国大陆，地产商到处拿钱求人拿地、求人买房，而美国这些人自己出很少的钱，但是水平很高。我开始研究他们，越看越觉得这些大哥像电影导演，有一块地，谁都不敢做了，找他们最合适，这相当于我有一个电影剧本，自己不敢拍，首先想到的是找冯小刚，就这么简单。

纽约只要出来一块地，大家首先想到的就是找这些大哥。假定有100亩地，有5个开发商想做，那就有5种现金流量、5种产品形态、5种建筑形式、5种利润率，可能会产生从15%～80%不一样的回报率。在不充分竞争的情况下，比如在中国，通常谁都会做，都是自己干。纽约则不一样，通常在拿到好位置的土地后，我不能随便干，得找个好导演，找个好开发商。我自己做是15%利润，他做有70%，也有的能做到80%，但可能会做得太悬、太有创意。怕万一有风险，我就找能做70%的，让他出一点钱，10%或5%都可，我再加20%给他作为鼓励，否则他不干。最后他出10%，再加上我给他20%，他拿走30%，我还能挣40%，比较原来只挣15%，我会觉得这样挺合适。

纽约少数顶尖的地产商就变成了这类收费开发商。收费开发商后边跟着钱，比如瑞雷特公司。瑞雷特做的经典案例是时代华纳中心，在曼哈顿中央公园边上。它才出了5%的钱，却分走了45%的利润，出钱的人也就挣50%左右。一家叫阿波罗（Apollo）的金融公司跟着瑞雷特，瑞雷特到哪儿它都跟着，就跟今天王中军要傍着冯小刚一样。我们跟瑞雷特打过交道，发现它做生意确实狠，眼光确实独特。我也到过它的老板家，去看他们开会。它比别人多挣20%、30%，回报率从来没低过30%。纽约形成的这样一种地产商，他们在商用不动产领域里最受尊敬。投资电视节目《门徒》的川普也是收费开发商。这些人就像导演一样，最顶尖的不动产公司创造性远大于建筑能力，它的职责是去编这个故事，然后再请人把它做出来。

中国有没有这样的地产商呢？也有，但不多。最典型的是成都的邓鸿，"九寨天堂"就是他的作品。在那样一个偏远的地方，他把藏羌文化放在室内，跟室外互动，给人特别的体验，同时还能挣钱。他用的其实都是别人给的钱，但没有他，这块地就赚不着钱。你找三流、四流的开发商，最后可能也就是建成了一个洗头房、烂酒店，过两天就没了。还有一个典型是张艺谋，他是最好的商用不动产导演加制片模式的实行者。他创作了广西阳朔的《印象·刘三姐》。这个旅游地产如果按当地政府的规划和当地开发商的想法，可能就是弄条街，有餐馆、洗头的、捏脚的、做火锅的，再卖点旅游纪念品，晚上夜总会、按摩，也就到头了。张艺谋去了，给他们做了《印象·刘三姐》，一晚上最贵的票卖上千块钱，每年2.5亿的营业额，带动了很多人去。然后有人开始盖五星级酒店，比当年按传统方式做水准要高出一大块，收入要高得多。自然山水变成了资本。一个创意、一个故事，使这块土地和空间发生了价值变化，而这个品牌使得很多人去追随。邓鸿在做完"九寨天堂"以后又做了成都的新国展，旁边建了个大剧院，还有一个120万平米的室内综合体，有冲浪、写字楼，可居住，极具想象力。他就像导演一样，所以政府低价给他地，银行给他钱，然后他挣很多钱。他是学美术的，在美国待过，用的是一个艺术家的思维方式。

为什么立体城市选在成都？因为成都政府相信一个伟大的想法和创造能给城市带来价值。另外一些城市则只会做我刚才说的捏脚、发廊一类的项目，以为这叫商业不动产。而在成都，立体城市则是一个大剧本。为了最好地利用土地价值，你必须采用导演加制片模式，实际上就是要找到最有创造性的人把这个空间的故事讲好，把它的服务、营运的价值充分挖掘出来。

在这个过程中谁挣最多的钱呢？回报率最高的是导演。从拍电影角度来说，很多剧本不是导演自己写的，钱也不是导演出的，最后出名的却是导演。导演挣三部分钱：第一是权益金，即百分之几的干股，这是斯皮尔伯格发明的；第二是很高的制片费；第三是票房分账，即票房超过多少还得给他分成。他唯一的风险就是品牌。其他人都挣一部分，比如院线只挣很小一部分，外加卖爆米花的收入；编剧拿一个剧本钱，演员挣个劳务费，投资人还有一个版权，再做一些衍生品的开发，做主题公园还得再投资。

我们在美国做的"中国中心"坐落在自由塔高层，这个自由塔的业主也是用招标方式再招一个收费开发商。当楼房已经盖到70多层时，业主觉得不踏实，认为还得找一个好导演，把这个楼再重新包装一次，等于电影都拍一半了，说不行，我们不能做导演，我们不是干这个的。现在谁中标了呢？德斯家族。港务局和德斯都欢迎我们加入收费开发商的团队，因为中国客人会越来越多。业主每年给收费开发商钱，收费开发商也投些钱，就一点点，整个建筑30多亿美金，你放1亿美金，表示愿意共担一部分风险；业主每年支付一大笔管理费，最后这幢摩天大楼才能有效地运转起来。

收费开发商一接手就改剧本，出于安全考虑，先把顶楼餐厅砍了，然后把观光平台做好。这对我们是好消息，因为"中国中心"有餐厅，这样整个25万平米、500多米高的大厦里，就我们一家有餐厅。业主算过账，这样一来，减少了餐厅的风险和投资，观光平台又增加了收入，最后还是赚的。"中国中心"的生意好了，租金稳定，他也很乐意。

万通最近始终在强调手艺要好，若是手艺不好，就不会有人请。所以我们说一定要做三好学生：眼光好、手艺好、良心好，这三条就是导演的基本品质和核心竞争力，只有这样，所有有地的人才会来找你。比如立体城市，如果在成都落地建成，让大家看到第一部作品，那么万通由此也会开始向导演加制片的角色转换，才能在未来的竞争中，在往上游走的商业模式当中，真正站住脚，成为不可取代的好地产公司。

空间价值的创造比地段更重要

说到空间价值，我要先说说形势法则。所谓形势法则，就是讲一件事情到底是什么。举个例子，什么叫窗帘？有人说把这块布挂起来就叫窗帘，也有人说百叶窗是窗帘，但如果用形势法则来理解，窗帘就是调节光线和空气的一个工具。房地产也一样，我们回到形势法则，房地产做的是空间生意，而不是平面生意；它是做有经济价值的空间，四堵墙加个顶，这就是我们经营的空间，我们要考虑如何让这个空间值钱。正是人们在一特定空间里从事的活动方式和经济收入（现金流）不同，才让它的价值不一样。户外空间如被日本核辐射了的太平洋，这个空间是无边界无限制的，没有经济价值。我们要做的空间生意是在稀缺性的条件下，用人为的方式制造出一个空间并让它有价值，它越稀缺我们就越有独立定价的能力。我们在纽约做"中国中心"，这一空间就非常稀缺，我们就有定价的主动权。当时很多人跟我们讲，你要做"中国中心"，纽约那么多地方都可以选，为什么非要到自由塔？我说我要做一个唯一性空间，一个具有自然垄断条件的空间，也就是一个最有价值的空间。

万通的使命，是创造有价值的空间，具体说就是：第一，我们要做空间生意；第二，我们要让空间有价值。我觉得其他一些地产公司写的某些LOGO和广告语跟房地产没有太大关系，比如创造生活，或者以人为本，这用在任何别的公司都可以；这种情形在消费品、医药、保健类企业中更为明显。而创造有价值的空间，既说明了我们的行业属性，也说明了我们的生意经营的是什么东西，以及朝什么方向走才会使公司更有价值。

我认为地段的重要性次于空间的创造性。政府给我一块地，无论在哪儿我都有能力让它赚钱，因为我可以制造出一个独特的体验空间使它有价值。比如九寨天堂，要从成都搭乘飞机然后开车才能抵达，周边都是荒地，但它以藏羌文化为主题制造了一个特别梦幻的酒店，你进去以后分不清楚是室内室外，它把风情街修在室内，大玻璃一打开又像是户外；在室内你能感觉到森林里的空气、鸟鸣等，也能体验到逛街的乐趣，这就是独特的空间体验。正因如此，人们纷至沓来，不火都不行。

所以，我认为在空间方面的创造能力其实比地段的选择更重要，因此我们做地产生意的就应把精力集中在创造性上，而不是每天去找地。

地不是不重要，但如果我们好不容易找到一块地，却不在空间价值的创造上下工夫，那么就会导致地是肉价钱，房子却成了豆腐价。我们不是建筑业，建筑业只负责把它建起来，而房地产是让空间具有稀缺性和创造独特价值，把这两个角色的区别厘清了，将有助于我们在地段的选择和创造性这两件事情上保持平衡。

我们在北京CBD的Z3那儿拿了一块地，大家说这个地段非常好。但最近周边要建18栋200米以上的楼，地段相同，我们应该比什么？那就是比空间的创造性。我们要让大家在万通这个写字楼里享受独特的体验和服务。房地产的本质是空间竞争，而空间竞争的根本在于如何让空间有经济价值。

刚才谈的是空间价值，现在我们说说土地。对于土地，我们究竟应该买多少呢？是不是地越多越好？有的地产公司土地储备了1000万、2000万平米，大家都说地多牛逼，其实牛的根本不是地，而是指由地所取得的可建造的空间面积，是空间，不是土地。

有的公司爱夸耀自己拥有的土地亩数多，那这个公司还只处在小学生水平，平面大了你责任就大，比如在给你的100亩地上你只能盖10平米，你要这100亩非累死不可。所以，实际上大家还是应该比空间。所谓"土地储备"应该改一个词，叫"空间储备"。这个想法上的一点改变，可能会使公司创造出数十亿乃至超过百亿的价值。假定我们在廊坊有1万亩地，是一级开发，这1万亩是平面概念，1万亩的建筑指标是500万平米，而买1万亩地照现在的市场价格要150~200亿，这才能换来500万平米所对应的建筑空间。但若做立体城市，我们只需要买1500亩地，就可以有600万平米的建筑空间，买地用钱超不过50亿。所以前一种思维是用平面做地，后一种思维是把这个空间的指标做大，用科学创新的方法，用研发来推动我们获得这样一个空间。如果你不是去创造立体城市，政府都不可能给你这个指标。我们换了一种思维，把所有的精力集中在空间上，而不从平面上去想问题，就创造了100亿价值，这100亿可以由投资者、客户和当地政府等各方面来分享。公司要推动创新和

空间价值的创造比地段更重要

研发，最重要的是能够回到房地产的本来意义上考虑做生意。有这一点点改变（创新），我们的眼光就可能会超过很多专业的分析师、财经记者、同行。

由此引申出另一个观念变化，即土地是无限的，而不是有限的。如果你是做平面生意，你会觉得这边盖房子把土地用完了，那边就不能再建，那土地资源很快就没有了；但要从空间上来看，我们往上盖就可以了。现在建500米以下的建筑是常规技术，已经很容易实现，所以哪儿要是没地了，当地政府就应该提高容积率，这样大家就又有地方待了。天津滨海新区2200多平方公里，按照规划，毛容积率是在1以下，净容积率也都不到2。北京市现在规划下的建筑，容积率算下来不到1。你只要往上盖，实际上永远都是有地的。

1929年纽约都在嚷嚷没地了，大家都很紧张。那个时候房子只能盖到3层楼高，当时都是木石结构的，墙还特别厚。大家疯狂地圈地，地价昂贵。电影《泰坦尼克号》里，有个把太太放救生艇上、自己选择死亡的绅士就是纽约的大地产商，华尔道夫酒店边上到处都是他们家的地。

随着涌进来的人越来越多，房子越来越紧张，土地便愈发珍贵，人们一筹莫展。正在这时，金融危机来了，大家都在寻找出路，其中一个方向就是用什么办法把房子向上发展，把地腾出来。令人欣喜的是，有三项技术发明，将这一梦想实现了：第一就是钢结构的兴起，大家知道钢结构的高度可以超越通常的限制，现在全世界超高建筑都是钢结构，所以它改变了历史；第二用玻璃解决建筑的自重问题，玻璃轻得多，所以楼建高了倒不了；第三是电梯有了大幅度的改进，可以把人输送到上面任何一个点。钢结构、玻璃和电梯计纽约进入到摩天大楼时代，从此城市往高层空间发展，地又多了出来。1949年纽约到处是摩天大楼，特别是曼哈顿中城大楼林立，人口密度陡增，一平方公里容纳人数超过10万。

如果我们能够不断地往天上发展，那就意味着土地是无限的。现在无论哪个城市，任何一个理性的领导，如果说地没了，那只说明你规划没做好；只要你对房地产的理解回到空间上来，那地就永远都有。

土地是无限的，但又是受约束的；土地是受价格决定的，它既是无限的，但在一个时点上又是绝对的。价格不动，土地就逐渐稀缺，变成有限；价格逐渐上扬，土地就因空间价值上扬、加高和拆改的动力加大而变成无限。比如这个地方盖房了，就不能马上再拆，这就成了有限；这件事情如何能打破呢？只能靠价格。土地是经济要素，只要空间的价格在改变，土地的价格在改变，就有了拆迁的经济利益和合理性，于是就会有人来拆迁，这就意味着土地供应会不断增加。拆迁以后创造出新的更高价格的空间，从这个角度来说，土地确实又是无限的。

现在建筑技术不断进步，土地的要素价格不断提升，让土地成为无限。建筑技术的进步使现在盖到1000米也不难，土地价格随着人口的增加、经济的发展，不断在变，所以拆迁动力总是有的，特别是在老城区，我们盖的任何一座房子，在前面都被人盖过好几次。万通中心、万通广场的土地在之前就都是有人盖过房的。一个城市土地是无限的，我说的是城市，因为只有城市土地才能变成经济资源，如果是戈壁滩，那土地就不是经济资源，因为没人在那儿制造有价值的空间。

如何让钱对我们低头

在公司层面上，土地储备策略体现了从两个方向发展公司的能力。第一个方向是用钱傻买地的能力，比如说拿到1万亩地，因此拥有500万平米的建筑空间指标。第二个方向，就是公司提高创造有价值空间的能力，包括建筑设计、绿色环保的能力，让空间更舒服和更有价值。天津生态新城的新新家园，它就可以给人带来健康和舒适度，我们在这个空间还营运着餐厅、酒吧、电影院等，满足各种各样的需要。这样公司就变成了类似电影行业的"导演加制片模式"，别人有地有钱都来找我们，因为这样一个空间在他们手上可能租金是5块钱，万通出手就能做到

10块钱，他给万通3块钱执行费之后还能挣7块钱。这段时间在北京CBD整个投标的12个地块中，我们投了11个，各项评分我们有三个第一、四个第二，在这次参加投标的所有民营、国有企业里，在专业领域，也就是创造空间的能力上，我们是明显领先的。有了这个第一，那些有钱的大机构在第二轮时就会来找我们，冲着这个名次，他们会很愿意给我们出钱，占点小股，然后再请我们来管，因为他们相信我们有能力把这个空间做好。钱跟钱相比的时候，钱多的就牛逼，比如说我有100万，你有5万，那我肯定是大爷心态；钱在手艺人面前永远是要低头的，因为手艺人的东西需要用钱才能买到；但手艺跟艺术再一比，手艺也相形见绌，必须低头。手艺是工匠练出来的，而艺术这件事有赖于创造力。有天晚上我参加奥迪艺术与设计大奖赛，开场是谭盾的音乐——水的摇滚和四重奏，你多有钱都得对谭盾肃然起敬。因此，我发现钱有时候也很谦虚，关键是站在它面前的东西要比它更值得尊敬、更难得到。钱在一代人手里就可以挣出来，一个手艺历经三代都不一定能学好，而艺术这件事很特别，二十代人里都未必能出一个艺术家，它需要很多特别的创造力，所以钱对艺术会特别趋之若鹜。艺术是有唯一性的，而且要有特别的体验。

作为一个房地产企业，我们逐步在创造有价值的空间上下工夫，然后逐步让钱对我们表示敬意。我们用手艺换得跟投资者一起做新作品的权利，我们用创新的方法、很少的代价去获得权利，比如说立体城市。我们做这个标的的同时，也带来整个房地产行业竞争能力、土地策略等一系列变化，最终会改变行业规则，把房地产变成微软一样的生意，创造无限大的价值。

房地产的下游是建筑业，相当于制造业；中游是服务业，相当于手艺活；上游是金融业，相当于艺术。建筑业的功能就是我们想好了一个空间的创意，让它帮助我们实现，相当于艺术家设计了一个作品，然后请电焊工帮他焊出来，电焊工挣的钱跟艺术家比差远了。现在很多地产公司每天忙的事都是建筑业的事。我们目前也会有这样的倾向，如水电

如何让钱对我们低头？

气热这些事都要管。这就好比给政府代建。我们的努力目标是不做电焊工，我们要做艺术家，要把空间研究透、规划好，把运营做好。如果我们朝这个方向努力，房地产生意就能被做成服务业、金融业。也就是说，我们有两种选择，一种选择是制造空间，一种选择是运营和创造空间。

不过，我们在转型时期还是会做类似建筑业的工作，但做的是高端代工。有的建筑公司做最简单的民宅，有的建筑公司做酒店、超高建筑，那后者赚的钱会比前者多。所以我们要保持高端，做差异化的产品。2011年4月份我们发布了一个在台北的项目，叫"万通台北2011"，在阳明山上，底下有温泉，边上有高尔夫球场，出门可以上山，看淡水河，看琼瑶小说所描写的淡水夕阳，很浪漫，会让有购买力的客户动心。这个项目是度假公寓，共276套，我们会卖到大陆来，它的创造性在哪里呢？

第一，我们不需要买地，当地合作方出地，我们出钱，我们用市场和专业能力换得在这个地方制造空间的权利。第二，按照大陆客人的需要，把这个空间加以重新设计。我们先后组织了100多个客户去那里看，在大陆做了6次市场调查，把这个空间的目标客户需求搞清楚，对它的价值作了重新规划和提升。第三，我们发觉两岸制度差别，造成了这个产品的稀缺性和价值点：它是永久性产权，这在大陆非常重要；另外大陆房产遗产税至少要收一半左右，而台湾的遗产税不超过10%，所以你要想留给子孙房产，台北的房子比大陆更能保值，更值得收入囊中。第四，在台北你可以待一周不乏味，它有很好的历史、文化底蕴，以及饮食和健康医疗体系。在三亚，即使和亲密爱人在一起，你待三天也会烦的，因为除了空气、阳光和海水，城市没有其他内容让你有待下去的理由；台北让你看千遍也不厌倦，你可以随时体会到台北不同文化下的精致生活。第五，它的医疗保障体系比较好，把老人安置在那里比在大陆安心，那儿的救援、医疗等整个照顾体系非常好，也不用担心语言不通。最后，那边的房价比三亚还低。我们发掘了这么多跟空间有关的要素，创造了这样一个产品，最近客户反应非常热烈。它是完全市场化的，不需要预售许可证，我们想什么时候开工、想什么时候卖、卖什么价格都由自己决定。

房地产行业的本质是学会找一个空间，把这个空间的经济价值挖掘出来，这样才能制造它的价值并使之最大化。我们选择在住宅行业继续做，但是要做高端住宅，这不是要跟政府的政策对着干，而是要寻找、创造新的价值空间。比如在三亚、台北，我们做出特别好的养生住宅，或者就是投资品，在高端市场坚持细分，数量不必多，这样我们仍然能找到很好的生存空间，而且边际利润会更大。

另外一个选择就是要做成服务业和金融业，这就更需要注重引领能力。商业不动产的引领能力就是要提高每平米的租金回报率，通过改善服务来提高和增强市场融资的竞争力和招租的能力，比如我们现在的万通中心、服务公寓在北京一直保持着出租率和租金第一名。我们有这样的服务能力，所以别人做服务公寓、写字楼就会来找我们。我们要把房地产做成服务业，这实际上是一个观念上的改变，也是公司未来的一个重点发展方向。

眼观六路，耳听四方

在当下的社会生活中，住宅是最被关注的话题。实际上现在社会各界都在发声，各有不同的立场，各有各自的道理，但到底谁正确或谁正确的概率高一点呢？原始社会你可以赖账，因为没凭据，现在随时都可以录音，上网一Google，谁对谁错马上就一清二楚。

那么，现在具体有哪几种人在讲话呢？第一是买房人，抱怨价格高、质量差，价高买不起，质次买了闹心。但买了房的人多数不抱怨价高，因为这是公共汽车原理，上了车的人都不希望别人再上来。买了房的人通常都是抱怨质次，但不抱怨价高，因为只要一算账就会发现，谁对我最好呢？不是老婆，也不是老公，对我最好的是房子，涨了一倍！

而这一倍又带来了很多新的憧憬。

第二是政府，政府始终要讲公平，总是说既要保障大多数人基本住房的权利，又要保持市场的健康稳定发展，希望保持社会的基本公平秩序和公平的道德取向。政府讲的都是永远正确的话，但做起来总是会或多或少偏离一些。

第三是经济学家，经济学家在讲灾难、危机，总是说要出事，没有一个经济学家说现在什么都好，否则他们就失去了存在的意义。自由的经济学家都是在讲问题，比如谢国忠，还有我社科院金融所的师兄。后来我发现经济学家如果不讲危机，基本上就没成就，而且会失业。因为没有问题，怎么能表现你有方法、有见解呢！我曾参加过一次原来同事的聚会，我工作的最后一个公家单位是国务院下属的体制改革研究机构，我说你们当年预见的所有危机都没发生，今天又开始预见新危机，这纯粹是在吓唬我们。我是生意人，如果我没作准备，危机真来的时候，我就死了，而如果你们预测的那个危机没来，我可能就错过了发展机会。只有我自己预测危机，而如果这个危机真的来了，这时候我才心理平衡，才会觉得这个代价承担得起。历史上，经济学家几乎都在研究危机问题，然后据此来提供解决方案。他们跟算命先生一样，不加时间、地点、情节，所以永远都是正确的。社会心理学有一种自我印证的心理机制，算命先生为什么有市场？因为每个人听后都会将自己的情况对号入座，老给自己找理由来证明算命先生是对的。

第四是商人，商人讲的是机会，因为没有机会，他就得关门。别人办丧事他就卖棺材，总得有活干。商人永远是在看未来、看希望，这是我们做生意唯一的自信。如果每天在这儿也跟经济学家一样，预测未来不行了就把公司关了，那企业还怎么发展？企业发展恰好相反，别人都说不好时，我们会想着怎么找到一种方法，让自己找到空间，活到未来，最后让大家承认我们今天的决策是对的，跟着我们走。

这四种声音我们天天都能听到，作为政府的决策者，要善于倾听、择其善者而从之。政府要管事，但要管得适度。第一，政府要管保障房，不要管商品房，应该让市场去调节商品房的供需与价格。比如说别墅，这是一个商品房市场问题，肯定不属于保障问题，那你就让他卖，多少价钱都别管。而我们目前是全管。保障房应该限购，新加坡也是这样做的；但商品房市场你也用这办法管，好比男人生病到妇科去抓药，肯定是不行的。

第二，政府要管品质，不要管价格。全世界住宅市场上政府管的最重要的是品质，而不是去行政定价。我们在台湾开发的那个项目，要到2013年底才能做完。住宅在大陆18个月得搞定，如果是高层，那就更得快了。台湾这个项目怎么可以这么慢呢？因为，在台湾，我们什么时候卖，政府不管，但政府管控品质，你不干够这个时间，它会认为你的品质做得不到位，因为它已精确计算了每道工序需要多长时间，对你的品质监督非常严格。所以，政府管品质是非常重要的，是为了确保大家的居住安全；至于价格，你有能力，你就享受这品质，你没能力，你就租房。

据我了解，美国也是这样，地基验收一道，墙体验收一道，屋顶验收一道，里边电线、电器部分再验收一道，每一道都有一个验收的节点，不是说把房子全盖好了才验收。这样施工进度可能会拖延，但品质确实会好，对大家生命和财产安全以及未来的价值保障都很好。有一次碰到一美国住宅开发商，我问他什么时候能卖，他说什么时间都行，政府不管，随时可以卖，没人买说明他不行，客户买了觉得后悔，那就打官司。台湾现在也一样，而且市场会发展出建筑经纪公司，在客户和开发商之间有一个公司来管钱，是商业化的，他管错了要承担连带责任，相当于评级公司一样，都是市场化了的游戏规则。

品质意味着什么？很多人突然发现买的房不隔音，楼上楼下的事全能听见，跟听实况转播似的。这就是政府定的标准太低，有的还是上世纪80年代的标准。这个标准对于开发商来说成本便宜，如果标准一提高，成本就要增加。而我们的政府几十年来一直没提升这个标准，该管的事没管。

第三要管公平，而不应该去做损害公平的事情。在现行政策下出现的不公平有三种。首先是在买房人和未买房人之间制造了不公平，因为政府管制的结果是让前面买房人的资产大幅缩水。你说为多数人谋利益，但其实买了房的人多，现在实际上没买房的人是少数。没有买房的人里，年轻的和年老的如何公平？年轻人还有未来，你现在就宠他，就对那些年老的、几乎没有了未来的人不公平。这些问题都应兼顾。其次是私权力部门和公权力部门之间的公平。社会上有一些很有趣的现象，偶尔抓到一个贪官，会发现每个贪官后边都有女人，但女人还是没有他的房子多。比如李刚有5套房，江苏那儿被双规的财政厅副厅长张美芳有7套房。反腐倡廉偶尔揪出来的贪官怎么有那么多套房？他们的公权力显然多于普通人，这就是公平问题，透视出了体制上的寻租优势。

《新世纪周刊》曾经做过一个研究，北京这三年所有的保障房60%落入了公权力部门，而不是落入到真正需要的人手里。参加第一轮摇号的还是老百姓，到第二轮就变成了内部分房。公务员系统肯定不是低收入阶层，这么多人想考进去，肯定不是奔着低收入去的，至少是中收入，还有可能成为高收入。至于怎样成为高收入，有合法和不合法两种途径。现在中收入的人有保障系统，单位天天给他们盖房，国务院机关管理局就有住宅中心，每年他们在内部分房；上海有一个局长更夸张，弄了30多套房。

而且，现在大型国企只把利润的15%上缴财政，剩下的钱在内部循环，变成了团购。比如某个权力部门看到一块地不错，它们单位有200个职工，于是就找一家开发商去招标，招完以后按市场价七折全部团购，内部员工分完以后按市场价再卖掉。这个公平政府要怎么去处理呢？

还有，道德上公平与不公平，怎么处理？我们讲历史唯物主义，发现道德有历史性，比如500年前贞操就是天大的事，出问题的女人要被沉塘。现在微博上有人说"性是纯洁的，不要用爱情来玷污它"，还出现了木子美等，她们不但没有受到批判，反而因为语言或行为另类而名声大噪，拥有庞大的粉丝团。因此，当讲道德公平时，你首先应该告诉我是什么时代的道德，而不能抽象地讲。道德公平要被放在一个特定历史背景下，机会均等意味着起点公平，平均分配讲的是终点公平。政府讲道德公平也应该讲明是什么时间的道德。我更倾向于机会均等，运动员起跑以后速度有快有慢，但起点上的机会均等必须要保证。而我们现在是讲结果公平，也就是终点上的公平，大家直接将现有的东西均分了，那这样谁还愿意奋斗呢？

　　道德公平是取机会均等还是结果公平，这个要掂量好，否则讲公平正义没有基础。公平正义是需要很多制度支持的。比如我买套房，到底产权是不是我的，70年以后有可能被收走吗？如果这东西是我的，谁也拿不走，那我就会感觉到公平。政府做得不好我可以批评，不至于因言获罪，那我才觉得有正义。在道德公平这个问题上，政府应该管得具体些，而不应该变成一种讨巧和文过饰非。

　　眼下，中国社会每件事都有四种看法：极左、极右、中左、中右，有的人还活在毛泽东时代，有的人则活在未来时代，这中间差了一百年。你根据哪个道德标准治理这个国家，要想清楚。不清楚的时候笼统提出一个道德号召，实际上是无力的和没有方向感的。

只爱一点点，不爱那么多。

——李敖

第七章
房地产（下）

现在中国的房地产问题，到底有多严重？究竟是疾病，还是青春痘？这两个问题的性质不一样。女孩在青春期，脸上会长痘痘，这究竟是不是病，医生都没有统一的意见。面对以上情况，家长可以有两种选择——聪明的只做两件事，安慰和等待。等到孩子年过二十，脸上自然又光洁如玉，因为这是一个成长必经的过程；如果你把它当成病，到处求医问药，有可能会整得小姑娘内分泌越来越乱，最后保不住会落下坑或疤痕，留下遗憾。

今天中国的房地产问题，就面临着这样两种选择。而对这个问题的不同看法，导致在社会上有一些争论。

住宅问题：青春痘还是疾病？

中国房地产目前面临的问题是什么？今天所谓的房地产问题，其实就是住宅问题。在发展中国家，特别是新兴工业化国家和快速城市化的地区，住宅一直都是问题。我年轻时看过恩格斯于1872年出版的一本有关住宅问题的书《论住宅问题》，其中有一篇就提到工业革命初期英国工人阶级的住宅问题。台湾在上世纪80年代末所发生的无壳蜗牛运动，也跟住宅有关。前段时间，查韦斯让军队开进了高尔夫球场，把富人的高尔夫球场改成经济适用房。而波及全球的美国次贷问题也是住宅问题。

在人均GDP达到8000美金之前，住宅问题是所有新兴工业化国家和经济起飞、快速城市化的国家与地区普遍存在的问题，这个问题急不得，但又不能不急。所谓急不得就是没到人均GDP8000美金这个阶段，这事解决不了；不急不行是因为大家都在吵。

既然这样，要熬到什么时候才能解决这个问题？我们看中国的住宅，从北京、上海、西安、杭州一直到邯郸、保定，大家会觉得这个问题的重要程度是不一样的。北京、上海几乎是在饱和状态下，首次置业占的比重已经很低，改善性置业是最主要的。而二三线城市刚刚开始首次置业浪潮。所以住宅问题是跟人均GDP有关的，它是随着这些区域经济水平的变化而变化的。

那么，住宅这个问题今天到底有多严重？究竟是疾病，还是青春痘？这两个问题的性质不一样。女孩在青春期的时候，脸上会长痘痘，它究竟是不是病，医生都没有统一的意见。但家长可以有两种选择——聪明的只做两件事，就是安慰和等待，等到孩子年过二十，脸上自然又光洁如玉，因为这是一个成长必经的过程；如果你要把它当成病，到处求医问药，有可能会整得小姑娘内分泌越来越乱，最后保不住会落下坑或疤痕，那这个痘痘问题就被整歪了。

今天我们判断房地产住宅问题也是这样，站在领导者的角度来说，你首先要判断它是青春痘还是病，如果是青春痘那就多加安慰，全世界没有一个市场经济国家的政府能保障人们35岁以前都买得起房。

医学理论中有两个词最难搞清楚：中医用得最多的一个词叫"上火"，那么火在哪儿呢？不知道。西医里面最让人犯晕的一个词叫"内分泌"，内分泌失调这个事很复杂，你要去调，但具体怎么调，医生也没法说清楚。西医通常会给病人开些药，让病人边吃边检查然后调整处方。中医会开出完全不一样的中药方子，也有不用药的，说针灸或拔罐就能解决问题。人在青春期和更年期内分泌问题都多，这就好像我们经济社会的转型期，系统最容易出问题。这也意味着所有问题都不是只有一个答案，因为你要转，从旧轨道转到新轨道，有的人用旧的标准，有的人用新的标准，很难众口一词。

今天中国的住宅问题就面临着这样两种选择，站在行业的立场来看，这些都是青春痘的问题，长大了自然就会好；但政府、媒体更多时候会认定这是病，需要去医院治疗。

买不起房的因素有四个。最初认为主要来源于开发商，说黑心的开发商把房价炒高了，于是政府和媒体合力对开发商进行道德批判。除了舆论批评，政府还通过限制开发贷款、限制土地来源、增设土地增值税等措施限制开发商发展。调控几年后发现，地方政府也得对住宅问题负责任，于是最近三两年，大家又都在批评地方政府，说当地领导不好好建保障房，不负责任，不关注民生。地方政府不干了，说我手里又没钱，保障民生应该是中央政府的职责！中央政府意识到这件事自己最有责任，于是决定拿350亿出来支持做保障房，又要管住租金不让它涨，同时还鼓励年轻人租房。这样六七年转了一圈，到底是什么因素导致上火的呢？原来这是大家集体造成的自我上火，每个人都有责任，开发商、地方政府、投机买房人、不该买或买不起房的年轻人、中央政府都有责任，住宅问题成了一部众说纷纭的韩剧，很纠结也很感人，每一点拿出来都挺有道理，婆婆也挺好，媳妇也挺好，但又都委屈，都抹泪。

这样本来是青春痘的问题，由于处理方式不对，结果真有可能变成内分泌混乱，最后把这个病一直拖到青春期之后，青年、中年仍受影响，它留下的后遗症就是去市场化。

本来住宅问题分为两部分，一部分是保障性的，一部分是商品房。保障性的管吃饱，但不管吃好，就好比开夏利和富康；商品房管吃好吃爽，相当于开奔驰、宝马。在拥有奔驰、宝马之前，应该赶紧先整个夏利，让大家有一个基本的代步工具，然后各走各道，互不影响，等条件具备了再鼓励大家自行购置更多或更好的车辆。但我们没有从一开始就做这项工作，而是怪房地产商、市场，用体制、文件来管市场，让市场

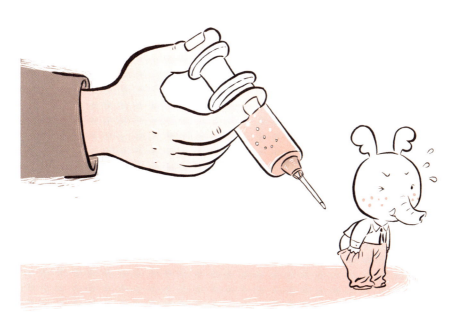

住宅问题：是青春痘还是疾病？

变成政府的下级，领导把市场当下级管，开个会就发布一些政策下来让市场听话。

我们没有区分开市场、准市场和非市场，比如说保障房在新加坡有一部分就是非市场，叫公租廉租，还有一部分是准市场（组屋的高端部分），另外一部分是完全市场。我们是把市场逼回到非市场的道路上，这样就出现了很多有趣的效果适得其反的调控措施。

首先是土地成本和房价反向调控。土地价格越拧越死，土地供应越来越紧缺，这么贵的地，占掉整个项目60%的成本，而你又让房价降低。其中总有一个是假的。

政府把地价越调越高，却又希望房价越来越低，没有办法，只能是去市场化，就是你买了地，第一不拥有完全产权，只有70年的使用权，相当于交70年租金；第二两年内不开发要收回。除此，政府还要定价，一房一价，而且还要限购等。如果是市场经济，既然我已经租了50年或70年，那么我多长时间开发应该权力在我，但中国不允许企业独立平等地和政府去讨论这个问题。这就像我曾讲过的一个笑话，有兄弟俩，哥哥让弟弟去拿一个东西，弟弟到哥哥家一进屋就看见嫂子在洗澡，随即愣在了那里。嫂子说了句话：你对得起你哥吗？弟弟转过身去。嫂子说：你对得起自己吗？意思是说，既然你都看见了又不有所作为，憋着自己难受。他一看，不行，得赶紧走。这时，嫂子又说：你对得起我吗？也就是说这个弟弟怎么都不对，开始看了不该看的，对不起哥哥；愣在那里转过身自己难受，对不起自己；真走了嫂子已经性起，又对不起嫂子。这个笑话很贴切地描述了大家进退维谷的局面。现在很多中小地产公司，往前做对不起一些政策；待在那里不动自己难受，对不起自己；完全不做了对不起客户，因为市场还有需求。

弟弟与嫂子的笑话，让我想起了另外一个比喻，是有关囤地、捂盘的。囤地、捂盘这事，就相当于娶媳妇时被指定第一年必须生孩子，只要不生孩子就算捂妻、囤性，政府就要收回结婚证，不再能生。人性是不可以这样来管理的。而作为企业的理性决策，70年中我有权根据市场变化来决定开工时间，不能要求我在市场不好的情况下必须两年内开工。虽然市场好不好我也不一定知道，但你只要一发文件，市场就肯定不会好。所以，这里面已经不是市场经济的基本理念在支配企业行为了。

房价也是这样的，政府提供公共服务就可以了，保障房你可以自己定价，但你不能来管我商品房的价格。北京商品房涨价幅度、打折尺度政府都要管，企业就没办法根据清晰、明确和长远的市场预期决定怎么做生意。比如我们买地时，市场说有10个客户都可以来买房；等政府把地卖给了我们，同时告诉我们只有一半人可以买，剩下的谁买就抓谁。先把地高价卖给我们，同时还把客户赶走，这等于谋财害命啊！

调控到现在，政府一直没有走严格分轨的制度。把商品的归商品、保障的归保障，管住保障房、放开商品房，这就是新加坡的成功模式；但我们却是让市场陪着保障玩、让市场解决保障问题。这就好比让一个男人到妇科医院去替女人生孩子，这是两个跨着界没法办的事儿。你要让市场替保障那部分解决问题，市场会说NO，因为无论你房价降到多少，还是会有人买不起。保障问题本是政府的责任，不应该转移视线，怪罪市场，把所有人都拖进来，使政策越来越去市场化。

市场经济其实非常简单，产权、要素要自由流动、自由定价、自由竞争、自担风险、自我分享利益。但现在的住宅政策却和这些基本规律越来越背离，结果就像搅一锅粥，越搅越稠，越搅越搅不动，厨师自己搅得过瘾，因为他能锻炼肌肉，但粥锅里面的东西越来越难分清、越来越无解。

保障房一边倒政策也会带来新的不公平。首先，保障的范围模糊化在随着公部门的权力寻租而不断扩大。关于保障的范围现在有三种提法。住房和城乡建设部保障司提出来最需要保障的只有5%的家庭，这是他们统计的。中央政府提出城市人口的20%要由政府纳入保障。在上海、重庆还有一些地方政府提出要保70%。到底保多少现在弄不清，这就会有中间地带，把不该保障的人纳入了保障。任志强微博上有个数据说北京公租房面积为133平米，公租房是用于保障的小户型，为什么盖那么大呢？有人就发评论说，政府部门又在内部分房，包括政府机构公务员。

公务员在中国到底是低收入、中收入还是高收入阶层？高收入阶层肯定不是，除非贪官。但是我相信99%的中国人都认为纳入低收入阶层不对，所以他们怎么也算是中收入阶层，多数还偏上一点。那么，公务员为什么全都变相被纳入了保障范畴呢？中央机关内部全部在推行保障房。所以，这就带来了公权力与私权力之间不公平的问题。

目前，如果这种公权力得不到约束，我们保障房的大部分利益就会流向公部门，最后会在公平的名义下制造出更多的不公平。公务员缺不缺房？举两个例子，一个李刚就有5套房，这是河北；江苏的财政厅副厅长有7套房，这都是贪官。你说这是偶然的，但这些人多数至少还可以有两套房。刚大学毕业的公务员抱怨说买不了房，但刚毕业你干什么都应该买不了房啊！所以应该说，35岁以下的公务员和社会上的其他从业人员相比，他们薪资的总体保障要比一般人好，他们更有权力，住房问题更容易解决。国企挣的钱很大一部分不上缴财政，全在内部转成了福利。审计署审计的所有国企最大的错误都是拿国有资产做福利，这叫什么公平呢？

管制必定造成短缺，短缺会造成黑市加特权。现在土地管制越来越严，土地指标就出现了黑市。这就像在北京买车，一实行摇号管制，黑市就应运而生，因为你一管制就有人能特批。住宅问题用管制的方法解决，接近于平均分配的方法，必然会导致短缺和特权。这件事情历史已经作过结论了。1949年，我们城镇人口的人均住房面积是1.8平米。1949年以后一直采取政府分配住房的办法，即所谓公平分配。中国改革开放从1979年开始，1999年住房商品化以后，现在城镇人均住房面积已经到了30平米，接近日本。但这人均30平米的获得，不是靠管制和政府包分配来解决的，而是靠竞争和商品房供应来解决的。假定一个年轻人一出学校，政府就把住房分配给他，那政府会说，既然你住了我的保障房，那么我就对你有要求，必须乖乖听话，还必须放弃自由，你不能自由迁徙，也别想去异地创业。买了商品房，人身是自由的，想挪个地方折腾，可以把房卖了拔腿走路，但若买了保障房，按照规定你几年内不能动。你贷款买商品房是为银行服务，买保障房则要对政府听命一生，你不能随时从河南到上海、从天津到北京去创业，因为保障房不让卖，想到北京买房又不可能，你没有现成的5年纳税记录。最后，年轻人的外出流动创业就没了动力。

市场经济当中最重要的要素流动是人的流动，美国创办Google和Facebook的企业家全是25～35岁的年轻人，就是因为可以自由选择、自主择业，想住哪儿住哪儿，想干什么干什么。而我们不适当地扩大保障面积，会导致劳动力要素流动停滞，然后整个市场经济竞争活力就会弱化、中国的经济发展必将减缓。曾看到过报道，公务员考试时经常上千人蜂拥着争考一个职位，就都是这些政策引导的。如果年轻人都往那里钻，不再有人去创业，未来中国可能连阿里巴巴、百度都没有了，因为年轻人的创业激情、创业活力、市场经济当中的活力因素都被窒息了。

不爱那么多，只爱一点点

现在还有一个问题，就是未来我们的人口和家庭结构发生变化以后，现在的政策将难以应对。现在的独生子女非常值得同情，上面的老人太多，至少有6个：祖父母辈有2个（其实可能远远不止），父母辈有4个，两个人扛6个人的幸福，再加上小两口自己，然后再加上孩子。上面的人到了70岁左右，平均每天至少有一个人在医院。30岁以后的独生子女，很重要的一件事情就是去医院或火葬场，但这两件事都办完了，他们可能会得到两套房子，或者还有祖父母的房子。现在这些政策如果是长期的，最后大家会说，我们不要保障，我们家房子都多了，小两口有三套房，卖一套可以养活自己，还可以出租一套，自己住一套。不幸的是，那个时候房子的租金会少很多，第一需要租房的人少了，第二房子多了不值钱，相对于未来可能的贬值，现在的保障房就成了贵的房子，也就是说，很可能到十五二十年以后，今天的保障房成了高价房，那个时候社会又开始纠结。所以还不如把它变成双轨制，保障到一个应保的范围，不是尽量多地保，而是尽量多地不保。

要让市场自己去选择，因为自我选择和别人选择差距非常大。如果你的对象是父母帮你找的，你过得不幸福一定怨父母；但如果你自己和人私奔，过得再不幸你也不会找父母抱怨。同样的道理，如果现在这房是我在市场上买的，将来我再卖出去，亏了我也认。但如果现在不让我买市场上的房，你给我一个保障承诺，过十年保障房变成了高价房，那我还得生气。应当尽可能多地让人自由选择，让市场来决定，这样政府未来面对的社会矛盾才会越来越少。

这就像海南当年有将近两万家房地产公司，后来全破产了，但没有一家公司到政府门口要饭吃，因为那都是你自己选择的。所以对政府来说，你想要未来社会的矛盾冲突能够有序合理地解决，最好就是减少管制和过度干预市场。

政府和企业的边界，相当于谈恋爱，核心问题是多少爱等于幸福。这个东西很难拿捏，经常是爱过了，变成爱死他（她）了。这样不是把一个英雄男人（或好女人）窒息了，就是把一个男人（或女人）给逼走了，然后爱又转化为恨，中间就有很多纠结。凡是后来因爱产生矛盾的，多数都是因为开始爱得太多。爱得少些，男女之间矛盾反而不会那么大。家长爱孩子也是这样的，老母亲看到天气变化了，马上连夜打电话，叮嘱孩子加衣服，最后你会发现这些爱是她的需要，不一定是孩子的需要。所以我们的政府也好，领导也好，很多政策和关怀只是政府的需要，不是人们和市场的需要。就像政府怕我们不交房，把我们的钱管起来。美国政府从来不管这事，真的出现诈骗了，市场会想办法，于是就有了评级公司、建筑经纪公司等市场机构来管。

不爱那么多
只爱一点点

李敖在监狱里写过一首诗叫《只爱一点点》，说"不爱那么多，只爱一点点，别人的爱情比海深，我的爱情浅"。政府跟企业、社会要保持一个适当的距离，这样才能保持市场和社会的活力，同时减少政府未来的压力。

　　现在政府做的最重要的事情就是去市场化，在房地产领域已经是非市场化为主导，通行的是非市场化规则。资本金全球最高，买地要一次性付款，不能贷款。房价政府来定，卖了房钱由建委管着。买地时一个价，买完地政府把一半客户赶走，这叫限购。税要先收，房子却只有70年使用权。这已经不再是市场经济，这些政策是非市场化的，等于政府让市场来帮它解决自己没解决好的保障住房问题。

　　目前在住宅领域，全世界共有三种做法。第一种是住宅公共政策，一种极端市场化的美国方法，所有一切都靠市场来解决，包括穷人的事。比如说你很穷，买不起房，市场化怎么解决？第一，往远里走；第二，供过于求，房价下降；第三，因为土地是私有的，有些人在自家私有土地上盖上房子出租，市场能解决这些问题。

　　第二种是以德国为主的欧洲政策。在美国的政策下住宅市场无限大，所以全球最大的住宅公司一直在美国，三年前变成了万科。德国和欧洲同美国反了过来，认为住房就是公共福利，不应该进入市场老被买来卖去。德国处理住房问题有两种方法：第一，少买房，能租就租；第二，买了房尽量别再交易。德国大概50%的人都租房子住，因为买一套房麻烦，卖的时候也麻烦，又不升值。因此，德国没有大住宅公司，虽然德国经济总量一直是世界第二或第三。德国的住房政策就是这样的，所以在德国人们一般不怎么讨论住宅问题，并且也没有引起过大的社会问题。

　　第三种是新加坡采取的折中政策，百分之七八十保障，百分之二三十完全市场化，但这是两股道，各走各道，一股道叫私人房地产，另一股道叫政府房地产。政府房地产管保障；私人房地产则可以随便你做豪宅。新加坡采取的也是土地私有制，但不存在招拍挂，没那么多复杂的政策，两股道各自发展互不影响。

我国目前很有意思，从1999年到2006年大概类似美国的政策，什么都让市场解决，取消所有福利分房，政府啥都不管，统统丢给市场。过段时间出现了一些问题，其实这些问题我一直觉得就像姑娘脸上的青春痘，忍耐一段时间就会过去。到2006年时政府忍耐不住，又开始改变政策，改成类似于新加坡的政策，希望市场解决一部分，政府解决一部分。这么发展了五年，发现还是解决不了问题，结果从2010年到2011年又有点像要变成德国的意思，索性不存在市场问题，都保障。如果这种政策一直执行下去，中国不可能再有大的住宅公司，现在住宅公司都会变成政府的代建公司，相当于帮政府盖房子的加工厂。

中国住房政策的演变大概就是这样的，我们由美国化政策变成新加坡式政策，最后又变成了德国式政策，此后都消停了，这部分不作为产业，也不作为商品市场，总之能解决住房问题就行。这样一来房地产企业的生存空间就会减少，就不会有特别大的住宅公司出现。政府如果把住房问题交给市场，地产企业就可以发展；政府如果不把住房问题交给市场，而是作为公共福利政策的一部分，当然就不需要有大型住宅公司的出现。所以随着中国逐渐改为类似德国式的住房政策，我相信大部分住宅类房地产公司都面临着转型或退出的问题。

此外，我们在市场上还碰到一个有关中国文化的问题，中国是以家族为单位而不是以个人为单位来理财的，如果家族里有一个人特别有能力，那么这个人就会给全家人都买房；而西方人是独立个性文化，就是如果姐姐买不起房，弟弟再有钱也不会管的。在中国不行，你有钱了，你要不给兄弟买，老太太就不干了，兄弟之间就没法见面了。不光是兄弟之间要买，兄弟的孩子你还得买。我们就有这样的客户，是个企业家。他对我说，我在你这儿都买六套房了：我自己买了一套，给父母买了一套，后来又给丈母娘买了套，再后来孩子大了，又给孩子买了一套，因为还有兄弟，老太太说给兄弟也买一套吧，我觉得我的房子小，我又换了一套，加起来共六套。所以，中国住宅问题不是完全靠政府来保障的，实际上民间家族自我保障的功能也挺强大，有时候统计数字很难说是准确的。你根据统计数据判断这些人是买不起房的，但实际上他们可能都买了。合理的保障房政策应当能有效面对未来的老龄化社会和中国文化传统带来的一系列挑战。

现在政策出得很零乱、频繁，有很多原因。现在政策制定的成本很低，保障政策是公共政策，而公共政策因为涉及民众的很多利益，本身应该有一个比较长期的讨论、利益群体的博弈，来加大政策制定的成本。应当建立事先博弈的机制，这样政策的实施才能有效。而现在制定政策的过程非常简单，就是写个文件，发个通知，而且有开头没结尾，文件都有自什么日期起实施，但从来不知道是什么时候结束。后边的政策跟前面的政策打架也没人管，反正一直出，不断出，更重要的是对政策出了以后造成的失误和无效还不能批评。这样的政策就容易变成大量制造的廉价游戏。事先不博弈，事后博弈，结果"实施细则"或"司法解释"必然是上有政策下有对策愈演愈烈，政府效力不断递减，政府威信和信誉越来越差。

我们要改进保障房这样公共政策的制定过程，让它更加科学理性，让不同利益群体有合理的博弈空间，政策制定错了以后要有纠错机制，这样民生问题才能比较顺畅合理地落实。

住宅公司的黄金率

在物理学中，有一种黄金分割，但凡有物体要被切割时，总有一个最理想的分割比例，叫黄金分割率。那住宅公司的黄金率是什么？我对所有销售额超过100亿的住宅公司过往五年来的报表作了研究，要找出其中的黄金率。

对于住宅公司来说，销售额是净资产的两到三倍比较合适。所有好的住宅公司都是在这个范围内。万科490亿净资产，销售额1080亿，后者是前者的两倍多。我们住宅资产不到20亿，卖43亿，后者也是前者的两倍多，都是这样。我们为什么规模小？我们上市时间太短，此间只融了一次资，如果再给三年时间，我们能融到100亿，那随便两倍出去就是200亿。好一点挣三倍，坏一点不到两倍，不到两倍算不及格，但超过两倍到三倍是要有条件的。

需要什么条件呢？净负债率不能超过100%。净负债率是总负债减现金和现金等价物作为分子，分母是净资产。这个比例就是强调你的硬风险、非流动性，债务减去现金那就是硬的债务，对应你的净资产，如果超过100%，那净资产不够还硬债务的，当下财务风险就非常大，应该停下来。总资产负债率是把现金裹在一起，有时候弄不清。

净负债率超过100%，有可能拉大你的营业额，可以接近3，但有可能出现危机，突然一下心肌梗死。万科的净负债率27%，是好公司；我们11%，杠杆用得不够，但也做到两倍多，那就是正常，个子小点，但有可能未来了不起。你要做到比例是3，还有一种可能，那就是净现金流是负，你收不回来钱也卖。万科净现金流有100亿，是标准的好公司。我们净现金流去年是12亿，净负债率11%，也是好公司，虽然体量小，但也很健康。有些到3倍的公司，净现金流多数都是负的，净负债率超过100%，比如你有200亿净资产，卖400亿是正常的，但你卖到600亿，那就是靠高负债率、净现金流为负来支撑，也就是靠高风险支持。

住宅公司的黄金率就这三个指标：销售额是净资产的两三倍，净负债率不要超过50%，还可以提高一点，另外要保持现金流为正。龙湖、恒大在三四年前，规模并不大，但为什么一跃而起，这是投资者经常问我的问题，我也很疑惑。后来我仔细看了他们的报表才发现，这是公司的生命周期和决策背景造成的。

这两家公司在快速成长的阶段是处于它的青春期，我们今年20年，他们大概十四五年。在青春期有什么特征呢？就是敢冒风险，敢做风险决策，以大为导向。我们也有过这样的时候，比如1991年创办公司到1995年期间，全面扩张，什么都干。我们做过汽车叫"三口乐"，就是三口之家用的车，有点像吉利，还拉到保利大厦展览过；此外典当行也做过，什么怪生意都做过。因为那时的我们就好像青春期刚挣钱，敢做风险决策。

而我们在三五年前，就提出来要持续健康稳定地发展，要求低风险、中速度、高回报的决策。3年以前恒大上市时它的净负债率是780%，如果在资本市场小阳春的时机中没上市，这个公司就没了。但它上市以后，做了正确的决策，没再扩张，赶紧还债，于是形成了现在的营业额，它也是两倍多，净负债率是40%，就好比青春期做了高风险决策，决策完以后长大成人，后边的事做对了，就不再继续高负债。

还有绿城，上市前负债率将近200%，上市后负债率一直维持在130%左右。今天它的营业额也是净资产的两倍多，但高负债运行，赌性一直很大。龙湖女老板比恒大赌性小一点，但上市前也是高风险，因为要快速成长，上市以前负债率230%；上市成功以后把债还了，现在净负债率在40%左右，走上了成熟健康的发展道路。

净资产怎么增加？一个是自我积累，一个是外延扩张，即并购、再融资。市场好时再融资，市场不好时也许做并购，这就是策略。掌握住宅公司的黄金率，实际就掌握了对住宅公司领导的主动权。

最近投资者问为什么你不做董事长了？现在公司董事会在更换，以前的地产公司董事会董事长、副董事长、监事长都换了。这是因为我认为公司状况非常安全，我非常有自信，而且对未来我们已经都规划清楚了，所以才敢调整。一般来说，创办人总担心公司离不开自己，其实不是这样。我们最重要的是对规律的把握。作为控股公司，我们对下边的上市公司给的指标很清楚，只要做到两倍半即五六十亿就可以了，不要求太高，净负债率还在50%以下，现金流为正。企业就好比一个人，你要保持健康还是牛逼，这两件事情要分清楚。年轻要牛逼，老了要健康；我们在年轻的时候也牛逼过了，该折腾的事也折腾了，现在是中年，对健康关注远多于对牛逼的关注。但企业还必须不断创新，所以我们还有立体城市，还有其他一些东西，通过这些东西使万通进入新的境界，创造新的业绩。

在住宅领域里有一个逆向淘汰机制，是由市场和制度监管环境造成的。这是很可悲的事。正向机制是优胜劣汰，那反向淘汰机制就是劣胜优汰。

首先，项目公司比总公司赚钱多，多项目公司不如单项目公司赚钱。比如我们有一块地赚了5000万，用两年时间把事情做完，规规矩矩上税，剩下的钱你还要买地，地已经翻了一番，不够，又得再借钱，去买一块更大的地，做第二个、第三个项目，公司就在往下走。就如最近报出来的棕榈泉，做一个棕榈泉本来已经赚钱了，但接下来要做好几个项目，结果全是负债，因为地价涨得不比房价慢。

其次，好公司不如坏公司赚钱多。地产行业好公司为什么赚钱少呢？因为缴税高。我们历年都是这样，A股房地产公司都是股东拿的不如政府拿的多，股东分一块钱，政府拿一块四到一块六的税。坏公司不结算，私人公司很多也不结算，就这么耗着，楼烂尾了没法结算，税钱不缴，或中间做手脚不透明，自然比好公司赚钱多。

再者，上市公司不如非上市公司赚钱。除了税以外，上市公司的维持成本也很高，比如投资者关系、培训基地、公关、品牌等，因为你要做一个永续发展的公司，有很多基础的东西要做。整个系统的组织结构庞大、管理成本高。

显然，这是一种逆向淘汰机制，在整个住宅领域里，国内几万家公司中，少数公司是非常好的，多数公司是中间的，少量公司确实做得不好，这样才形成了社会上整体的观感，暴利、偷税漏税、腐败粘连比较多。互联网公司其实赚钱比我们多很多，报表显示网游公司毛利都80%~90%，他们挣这么多钱还没人骂，反而因为是高技术而备受推崇，我们赚这点钱最后被指责为黑心开发商，这跟淘汰机制有关。互联网是正向淘汰机制，首先钱是自己和风险投资的，另外财务透明，垄断起来比较困难。所以今天大家批评的百度和腾讯，实际上也是市场竞争出来的，不是说一上来谁就给它权力，也没有拿特许牌，都是创业者闯出来的，这说明它们是有市场能力和符合市场需要的。

中国电信一上来就从政府拿到牌照，而且可以双向收费，那挣钱的方式和速度肯定是不一样的。互联网鼓励企业家的创新能力，企业可以通过创新得到超额利润。而住宅公司长期以来的反向淘汰机制，令社会看不见企业家的贡献，看不到企业家在推动社会进步方面所起的作用，不给企业家创新能力定价。互联网是相反的，每个企业家的能力在资本市场上是有定价的。逆向淘汰机制使社会对于地产商和住宅公司的道德评价扭曲了，不对称。这个不对称和互联网的不对称正好是相反的，互联网公司做的好人好事可能没这么多，但得到的评价更高；获得的毛利比我们多，但没人注意。在公益慈善方面地产公司做得最多，虽然我们的毛利还没人家高，赚钱又少，干活又多，捐钱又多，最后得到的评价反而更低，这真是历史的误会。

商用不动产的美国模式

在国内，操作商用不动产的模式大概有两类。一类我称之为过渡模式，最具代表性的是王健林模式和SOHO模式。它建成以后，采用以售带租的方式，售是最重要的，比如说万达广场，销售大量住宅和一部分店铺，留下来的这部分出租。

目前中国大部分所谓商用不动产就是这种模式，它们以商用不动产的名义去要项目，实际上是在做住宅。这样的好处是现金压力比较小，现金周转比较快，但都有一个共同的问题，那就是在商用物业上的专业性不够。这种模式的租金回报率普遍偏低，因为它的出发点是整个项目的财务平衡，最终理想也就是在这一堆住宅中间盖个购物中心，从而把"商用物业"这名目做实，所以不会从商用不动产方面去考虑。如果他拿到的项目是只有购物中心，没有任何住宅，那就会有更多专业性方面的要求和考虑。国外有很多专门做购物中心的管理机构、投资机构和基金，就非常专业。

我觉得形成这种过渡模式有如下几个原因：第一，从香港的经验看，商用不动产的开发者大体是从传统住宅公司转过来的，一开始就做专业的商用不动产有现金压力，做社区性商业比较稳当，而且通过拿住宅项目，可以逐步积累商用不动产的物业。第二，我们的政府规划都是小而全，就是你要做社区就必须配套，像万科就做过这样的过渡模式，大概有20%～30%的地需要做社区商业。政府的规划管理是只要拿一片地，就必须有百分之多少的配套，这导致很多住宅公司不得不去做这种所谓的商用不动产。比如世纪金源是要做住宅的，但规划里要求有配套，你得有酒店、写字楼，还得有卖场，所以就成了一个很大的购物中心。第三，由于咱们的土地制度比较特殊，最近两年拿住宅土地的手续越来越复杂，但拿商用地就容易得多。比如，在广州盖亚运场馆，政府会给优惠；再比如，政府需要有一个代表城市形象的超高建筑，通常会承诺开发商盖住宅的附加条件。这成为很多公司多拿地的理由。这样做商用不动产，骨子里是住宅，只是把它稍微作点变形，商用成为实际上的附属。

不过，有一个例外是SOHO，在CBD里叫商住两用，做住宅和办公室混用的产品，现在又主要在卖商铺。前段时间听潘石屹说起他的策略，他画了三个圆圈。第一个圆圈是中国最发达的地方，比如北京、上海。第二个圆圈是CBD，是最发达城市里最发达的地方。第三个圆圈画的是CBD商用不动产。他采用的模式是快销、直接商用。

另一类是经典模式。过渡性模式在中国目前特定情况下行之有效，但我认为再过三年左右时间，这种模式会受到很大挑战，特别是在一线城市。在人均GDP达到15000～20000美元之后，经典模式或者我们讲的美国模式会成为主导，这种标准的商用不动产模式在中国会有更持久的竞争性空间。

万通跳过了过渡模式，现在做的绝大部分是商用不动产，比如万通中心、纽约"中国中心"，都是按照经典模式或美国模式来做的。我们从一开始就是要出租的，考虑到最终的使用者，以租养建，靠租户给我们租约和租金来带动开发。美国模式概括成四句话就是"中期持有、能力导向、资本权益为核心、收入多样化"。

第一是中期持有。中期持有的"中"什么意思呢？很多人做房地产长期持有不卖。中期是多长时间？7～9年。从商用不动产来看它价值最大化的时间有一个点，在这个点租金回报率达到最高，也是资本市场的高点，这两个高点吻合的时候，不动产证券化即变现是赚钱最多的机会。这个时间一般短的5～7年，长一点7～9年，总能碰到一次这样的机会。碰到机会你就可以卖了，这就叫中期持有。

一般的楼，你在养租时比如开业，建10万平米的写字楼需要3年，租满需要一年半到两年，5年后租金开始正常，然后换一轮租约。中国平均一两年租约就可以换，在美国要更长，一般5～7年。比较好的租客，租约就比较长，比较稳定。一轮完了之后，我们其实在等待看股票是不是好，如果有一个好的PE，定个价就把它卖了。这样赚的钱要比散售赚得更多。由于没有散售，我们不用缴很多税，在整个过程中，物业的估值这几年一直在涨，未来如果租金回报好，我们财务可以用估值法来计算。如果这样的物业多，你直接把它上市了，也可能还是你的。在资本市场上通过上市来融资，一部分可以变现。中期持有就是要拿捏这样一个点，通过证券化来处理这部分资产。

另外一个条件是你需要足够多的商业不动产，美国最大的REITS之父Sam有170多栋写字楼，他的做法是每年卖3栋，又新收购2栋，然后再把它租满，就这么来回挣钱，回报一直很好；最后170栋卖给黑石公司套现390亿美金。我到它的芝加哥总部看过，CEO带我看他们的写字楼，整体的配置、管理、营运非常专业。而三年前，中国没有一栋写字楼达到国际化标准，当时国贸三期还正在建。跨国公司往往需要同声传译系统跟全世界的合作伙伴开会，这些都达不到。

按照万通目前的规划，比如说现在有六个万通中心，以后每年再增加两个，逐步就可以滚动起来；可能做到十几个以后，每年在资本市场上卖一个，然后又收进来一个。这既不是不卖，也不是散售，我们叫中期持有。

第二叫能力导向。做商用不动产跟做住宅开发的思维方向不一样。住宅是规模导向，比如说开工多少面积，卖出去多少套，竞争的是规模成本和周转速度。但商用不动产应该培养能力，特别是导演加制片的能力，即给你一个空间，你来研究怎么把业态组合得正好，物业的品质也做得正好。这就像过去宋玉写过的一篇《登徒子好色赋》，说美人"增之一分则太长，减之一分则太短；著粉则太白，施朱则太赤"，就是美得正好。如果我们现在用开发性思维来做，不是用能力导向来做，浪费的面积就会非常大。如一些房子走道太宽不合适，走道太窄又影响人的心情。

还有，购物中心规模多大最好，在不同城市肯定是不一样的，里面放的东西也是不一样的。在中国购物中心里第一是超市，第二是食街，这些地方人是最多的。而日本购物中心最多是卖服务的，比如卖宠物、卖旅游、卖保险等，卖服装的其次，超市面积也没那么大。我们的经济水平决定必需品占最多。日本高级MALL里面给狗做趾甲、描眉毛、做服装的占了一大堆，因为日本人均GDP比我们高。我们根据收入来摆业态。比如谭鱼头很难开在CBD核心地方，但高档粤菜、西餐、日餐可以。你必须选对了品牌，相当于拍电影用新人有风险，赌的是老板选演员的能力。

我们在天津有个万通中心，它除了写字楼还可以放医疗中心，因此有了跟GE合资的高级医疗健康体检中心，光这一个机构就用掉了1万平米。另外还有英语培训、瘦身、牙医、眼科等。在新加坡，甚至外科手术都可以在写字楼里做。纽约从1946年以后第一阶段全是纯写字楼，不挣钱，后来单一功能没有竞争性，逐步出现了多种功能混合的建筑综合体，可以娱乐、观光等，楼体还可以变成媒体卖广告。

中国回报率最高的商用不动产是八宝山告别厅，它一般只有30平米，哭一场收2000块钱，大概45分钟一场，一年差不多可以收入700万。设施非常简单：铁床、标准化花圈、通到火化炉的传送带。管理的事也很简单，最好管得差一点，透点风，冬天更冷，路有点不平，来的人不小心绊一跤，哭得更悲切。所以有时候这个空间具有唯一性，最终要创造出差别性体验，这才有价值。

第三是以资本权益为核心。商业不动产里强调的是我投的钱回报有多少，而不是强调这个物业是不是我的，这是美国模式的一个主要特点。在美国，长期以来，收费开发商投资商用不动产的回报率都在26%以上，他们中间会加很多夹层的融资，然后带动杠杆，最后回报率很高。而物业到底是谁的，自己拥有多少，他们并不在意。比如瑞雷特，在位于曼哈顿的时代华纳中心项目上出了5%的钱，但这个物业不是他们的，最后他们赚了45%的利润。他们从来不讲我有多少面积可以出租，而只讲回报率。有多少可出租面积这件事只有基金公司讲，因为他是管理者，要证明他的管理能力。投资性的公司只讲回报率。因为你有能力，别人的资金回报做到5%，你能做到20%，高出的这15个百分点就是你融资的空间，融资的空间又会带来杠杆。收费开发商就像张艺谋、冯小刚这种导演，能力特别强，中间借给他钱，哪怕利息加多些，他都能承受，因为他赚得更多。

大约八九年前，美国洛克菲勒集团要在上海做个大项目（现在叫外滩源），跟我们谈财务融资。他们来了三个人，一个懂房地产营运的人，一个律师，一个建筑师，营运相当于编剧本的，建筑师是制片人，律师告诉你怎么融资，最后说他们出300万美元，回报率是500%，但最后一个退出，中间会有很多钱进来，包括我们的。这个项目后来没有做成，中间有很多原因，但这个财务模式给了我们很大刺激：它拿着这个项目全世界找钱，是怎么规划这件事、怎么谈判的？怎么用很少的钱获得很大的回报？就像张艺谋，他不出钱，电影版权也不是他的，但他赚最多的钱。所以算账要算我们的资本权益回报，跟这个物业最终拥有多少面积没关系。

第四是收入多样化。导演收三笔钱，一笔钱叫权益金，就是干股；第二是制片费，相当于房地产项目管理费；第三是票房分账。像张艺谋这样的导演，拍电影肯定不赔钱，所以才有人给他投资。钱是懒馋占奸猾的东西，拥有钱的人都又懒又馋还要占便宜，还想跑得快。资本的属性就是这样，第一是想不劳而获，有钱就不想干活了；第二他馋，老想挣钱，看什么挣钱他都想上；第三他想占便宜，想比别人多挣钱；第四他跑得快，一有风险就想撤。要吸引这些钱过来你必须是反过来的，第一要勤奋；第二得心态平和，挣手艺活儿的钱，不牟取暴利；第三让别人先退，我们最后退出。你能做到这些，就能融到资了。你有跟钱的属性相反的美德，钱才会委身于你，投资者还愿意多付你钱，因为他们懒，所以你还会拿到资产管理费，如果能变现的话，他还愿意给你点奖金，这就是收益多样化。

那么收多少钱呢？在美国，好的收费开发商能收到五笔钱。第一是项目管理费，一般为3%～5%，如果说是10亿美金的项目，这笔收入就很大，相当于制片费。第二是正常的物业管理的钱。第三是财富管理。物业管理跟财富管理不一样，前者是简单的价值形态的管理，后者是增值收入，比如未来资产处置，这是财富管理的后端。把它卖掉还会给你奖励，日常的招租业绩好了也会给你奖励，你可以挣各种各样的钱。我们现在跟别人合作一些物业项目，开发和管理分设成两个公司，物业我们不是百分之百拥有，但管理公司我们是大股东。你得是能人又是好人，必须满足这两个条件，别人才愿意把钱给你。

关于商用不动产和财务安排，美国模式的逻辑和方法非常简单，就是由私人的钱加私募的钱做前面三个环节，然后用公募的钱做最后一到两个环节。比如拿到地，我出一部分钱，私募基金出一部分钱，基金退出要一到两年，你把它变成在建工程，在建工程基金又把前面买了。在建工程变成可以出租的物业，孵化一两年，把租金回报调到最好，然后在公开市场上公募，这个是按照它的PE算的，价格（利润）空间大，正因为有这个空间，前面的私募基金才能退出。

现在用这种方法做得最好的是新加坡的凯德。它用土地基金先做，卖给在建工程基金，在建工程基金再卖给孵化基金，然后拿到一个物

171
第七章

业先来招租，等到物业非常成熟了，大概是三到五年，然后进入公开市场，再退出，所有前面的基金逐一退出变现。公开市场上的PE足够支持前面这种退出，这是财务安排的理想模式，在美国、新加坡等国家以及香港等地区都是这样的。在过渡模式下，自己拿一部分钱，从头做到尾，靠贷款死扛，那就没法做了。

美国一家大公司做商用不动产非常有经验，现在洛克菲勒中心百分之百是他们家族的，这个物业是他们收购的。他们一开始是用家族的钱加私募基金做，然后上市，用私人的钱收购上市公司和洛克菲勒中心的股权，然后慢慢全部收购，最后再退市，就变成了他们家族的。另外他们同时管着七个基金，跟凯德一样，凯德是纵向基金加横向基金大概十五六个。铁狮门公司也一样，往往用他的基金跟他私人的钱配合，私人出一部分，基金出一部分，先去买地，然后在建工程融资，融完资以后前面买地的钱就退出来了，在建工程一直建到可以出租，这个时候完整的物业可以抵押，再拿出钱来把在建工程基金退出来，或卖给基金。然后开始养，等两年以后租金好了再上市。

在美国长期做商用不动产，你的自有资金占5%～15%都可以。银行和基金选择你，是因为你是有能力的导演。超常的能力会创造超额的回报空间，然后用超额的回报空间带动私人和私募的钱，最后公开退出市场。

商用不动产有许多专业门槛，所以更加类型化、专业化，有做酒店的，有做购物中心、写字楼的，比如日本的永旺现在是亚洲做购物中心最好的。它们后边的钱也同样各具专业性。如果你回报率特别低，但回报时间长，也不怕，有寿险公司跟着你，寿险公司的钱是市场上最便宜的钱，它就要求安全、时间长。商用不动产回报率由高到低的顺序是购物中心、写字楼，最后是酒店、公寓。购物中心会找到PE，因为PE是非常狠毒的钱，追求高回报，因而可以忍受相对的高风险。

"钱"这个东西，说起来只有一个字，仔细看却极其复杂，但也是各走各道。跟人一样，同样是一个简单的"人"字，细分起来有男人、女人，老人、小孩，好人、坏人。钱也这样，你能把不同类型的钱搞清楚，把自己的能力表现出来，后面不同的钱自然就跟了过来。

就像我们做观光医疗，这是一种业态。我们做中国第一家观光医疗，钱从哪儿出？我会去了解全世界跟这件事有关的钱一共有多少种，在亚洲活跃的有多少种，我们直接找他们开会，这事就成了。在互联网时代，最大的好处就是搜索成本大大降低，创造的能力越来越强。

在商用不动产里，还会有一些另类的物业，更赚钱，更有唯一性，比如前面提到的八宝山告别厅。另外我在迪拜看赛马，碰上洛杉矶奥运会的组织者之一尤伯罗斯，他曾经把体育的物业和体育运动结合起来，把体育场的看台做成酒店和餐厅。假定这儿每次都有好的比赛，餐厅得卖多少钱？酒店阳台一打开，躺床上都能看比赛，这房间卖多少钱？这是另类不动产当中的一种创造。赛马场那儿有一个主要的看台，后边有很多包厢，国王有时都在那儿观看。边上有一家酒店，这家酒店特别容易出租，整个建筑做成了一只鹰的感觉，因为在沙漠里鹰是勇敢的象征。

现在有很多特别的物业空间，比如植物工厂，在建筑里种水果、蔬菜，它以后既不是写字楼，也不是娱乐场所，也不是庄稼地，它成为一个另类的商用不动产，计算回报的方式将会改变。这些研究会扩大我们的思维，我们可能会在某一个常规业态里加些新东西。比如中国每个城市都有体育场，但不怎么赚钱。它只是个看台，啥也没有，可是如果你把这个看台跟酒店、餐厅等其他设施混合在一起，它可能就赚钱了。现在西班牙马德里皇马主场的体育场就是这么设计的，它包厢也能卖，广告也能卖，光物业就能赚钱。

我曾看过一栋很有意思的半截子楼，以前放在那儿没人弄，最后有位艺术家把它改造成一个"文革"的断壁残垣，在里边开了一间酒吧，生意很火。它也是另类不动产，艺术家会带来特别的元素，使这个空间具有吸引力和价值。所以我觉得做商用不动产最大的一个挑战，就是你知识面、精力、阅历、观察要极其丰富、敏感，这样碰到一个空间时，你就会知道怎么规划它，怎么讲故事和放什么东西进去让它赚钱。

吃软饭，戴绿帽，挣硬钱。

——冯仑

8

第八章
立体城市

关于立体城市，我们已经听到了很多传说，许多媒体报道中都讲到过，小说《同城热恋》里有故事描写，还有未来的网游立体城市等。如果以前它像是墙上的美人，那么今天我们要把她请下来，让她成为炕上能生孩了的媳妇。

遥远的故事

立体城市的概念来源于一个非常有趣的故事。三年前，有个朋友告诉我说：有位神人有本天书要给你看，一般人看不懂，写书这人认为只有你能看懂。我拿来一看，是一本很厚的白皮书，叫《中国梦》，内容极其复杂，里面写到解决中国经济问题的几大梦想。其中一个梦想是建超高密度的巨构建筑，灵感来自于日本曾经做过的空中城市、迪拜的金字塔。中国要拉动内需，就要建很多这样的大家伙，如果在北京建上12个，让北京人住进去，剩下的就全是绿地，这是他的一个梦想。还有一个梦想是种电，不是发电，而是像种庄稼一样种电，这事我现在还没弄明白。看完这书以后，我发现它在讲一种大交换理论，用的是一种新的语言体系。后来朋友说作者想见我，并且悄悄告诉了我作者的名字。后来，朋友带我见了这个人。在交谈中，我说这就叫立体城市，因为你讲的无非就是把城市撩起来。他说这个说法好。名字是我提的，思路是他在书里写的。

我问他为什么找到我呢？他说他研究了中国的地产商，认为我是有理想的，不光赚眼前的钱，还能够看到钱以外的地方；另外这复杂的理论，只有我能看懂。我当然谢谢他的夸奖，接下来他问我能不能去实施，并给我描述实施的方法以及资本市场的运作方式，复杂程度超出所有人的想象。我说这件事情要落地，就要组建一个公司，要按我的想法来做，用万通的资源来推动初期的工作。于是我找到郝杰斌，组建了公司，开始了立体城市的追梦之旅。

3年过去后，我在哥本哈根第一次对外讲，然后在中国反复讲，在实践当中不断去研究。我们不断面对各方面的质疑，但并不着急，因为我有经验，讲一件有意思的新事，不讲上两三年是没人会相信的。这就像谈恋爱，你追她，一开始她会有抵触，但你坚持追上几年，突然不追了，她可能会觉得她自己错了，反而会回来找你。

我们在纽约做"中国中心"就是这样，2003年我刚开始去折腾的时候，没有人觉得这事靠谱。我在纽约见到靳羽西[①]时，她也认为这不可能。她说：在美国被拉登强拆的地方盖一座最高的楼，然后里面有"中国中心"，这让美国人精神上、价值观上受不了，我是华裔我都受不了。她建议我改个名字，或换个地方。我说我不换地方，我只想在这儿做。7年过去了，这两年每年"中国中心"都在主持"中美商业领袖圆桌会议"，每次这些商业巨头包括市长布隆伯格都会讲"中国中心"，特别是谈到金融危机以后纽约的发展和中美关系时都少不了这一话题，他们对我们高度肯定。现在除了纽约合作组织以外，不少著名投资机构都对我们的项目表现出高度热情，希望能参与。

① 美籍华人，羽西化妆品公司副总裁，世界著名电视节目主持人、制作人、畅销书作家、慈善活动家，在美国主持《看东方》电视节目，获得过"杰出妇女奖"、"终生成就奖"。

我已经讲了两年立体城市的故事，现在我只要讲一遍，别人就认为可行。一开始讲十遍别人都认为不行，如今只要我们在一个城市落地，不需要多讲，别人都来找你，这就是创新在市场上必然的经历。我们已经走过了构想、萌芽阶段，并经过社会检验，接受过各方面的质疑，并作了大量调整，现在大家都能听得懂了。这个过程在公司内部也是一样，当我刚开始说的时候，我的团队都认为完全不可思议，在背后说董事长疯了，但现在大家已不再这么认为了。创新者要有理想，正因为有理想，你才能坚持到底并获得认可。

没有边界的城市

我们现在正做立体城市，那做立体城市的理论依据是什么？背景当然是中国现在城市化发展非常快，但使命感主要来自于中国目前城市化的错误模式所导致的几大痼疾，即高污染，高能耗，交通混乱、拥堵、功能紊乱，以及生活费用高昂，地价房价高升，幸福感严重受挫。中国城市化最流行的一种做法就是把现有城市扯大，即所谓拉大城市框架，每个书记、市长都念这个经，仿佛城市一大就自然城市化了。我前一段时间回老家西安，发现小时候家长不让去的野地，甚至是我姐姐作为知识青年插队的农村，现在都成了主城区。其他城市也一样，动辄重新规划新区，少则几百平方公里，多则上千甚至数千平方公里。

这里有两个故事，是关于这个"大"的，一个是真实的，一个是手机上的笑话。真实的故事是，2010年上半年我帮滨州一个房地产公司看项目，中午吃完饭以后，我急着回北京。他们不让走，说再聊会儿，我说一定得回北京吃晚饭。副市长说不用着急，这儿就是北京的二十二环。虽是调侃，但也说明现在城市摊大饼，城市和城市之间的界限已经很难分清楚。各地都出现了怪现象，西安和咸阳两个城市中间有很多空地，现在提出来"西咸一体化"；河南的郑州跟开封现在也一起了，叫

"郑汴一体化"，你会发现好多城市的省会城市和周边都实行一体化，也许有一天都化到华盛顿、纽约去了。手机上的笑话是，有个老板对小姐说，明天在北京八环给你买别墅。那小姐挺高兴，上了出租车问司机八环在哪儿。司机一听就跟她开玩笑，说十环在河北，十六环在河南，你说八环在哪儿！

这两个故事，说明了现在中国城市发展采用的是摊大饼的模式。摊大饼使城市发展到这么大，带来了许多难以克服的新问题。

第一交通拥堵，大家买的房子离办公地越来越远，上班越来越辛苦。北京的拥堵分地上和地下，地下坐地铁的人开玩笑说都把人挤成相片了，或者说再挤就要生孩子了；地上是拥堵越来越严重，以至于北京现在把治堵当成了首要工作。北京不叫首都叫"首堵"，意思是天下最堵的地方。

前段时间电视里播了一个故事，是讲北京住房问题的。两个年轻人在同一家公司工作，一个人买了房，一个人没买房，两个人比较幸福指数。没买房子的原来认为买房子的挺幸福，你买了房娶了媳妇，而我下班没地方去，只好在公司附近溜达，早早睡觉。买房的说我比你惨，下班6点到家9点，吃了饭连生孩子的干劲都没有了，第二天早上5点多又开始往公司跑，每天就是来回在路上奔波，到现在连小孩都没有。所以他说，我还不如不买房，在公司边上租个宿舍，虽然娶不成媳妇，可大把时间归我，想看电影，想去哪儿，都挺方便，每天还能多睡俩小时。有个年轻人说，他谈了个女朋友，那女孩每天下班回来9点就睡觉，说路上太累，每天睡觉时都没力气拥抱，背对着他睡，像上了年纪的女人。这就是交通拥堵带给人的生活状态。

我在北京有专车司机，每天要花至少4个小时在路上。我原来在西三环住，每天赶到东三环上班，一天来回3小时；中间如果只出去一趟，来回怎么也得一小时。这4小时若是在海南，都够从海口到三亚一个来回了。最近发现大家老得快，其实跟这个有关，太摧残人了。早上9点开会，7点就得起来，拥堵给人带来的焦虑可想而知。有人说现在出租车司机都带着脉动的饮料瓶，瓶口很大，碰到堵得实在不行了，内急时就请瓶子帮忙，这都是真实的事。现在患前列腺疾病去医院的人越来越多，各种心理疾病、生理疾病都出现了，都是城市病。

第二个问题是环境污染。政府不可能永远都像办奥运会期间那样来管蓝天，北京的空气一天比一天糟糕，空气质量之坏已经成为外交事件，美国大使馆不断反映空气太差，说是用仪器测试连最低容忍值都测不到，不知道糟到了什么程度。我们针锋相对，说根据《国际法》，美国大使馆这个地方属于美国领土，你测不出来那是美国空气不好。

空气污染和城市压力带来很多疾病，体检结果显示，不管女性、男性，得特殊疾病的人越来越多。有一年我们北京公司有三个员工患了子宫肌瘤，最后都做手术了。癌症现在也是越来越多。环境污染已经使得北京成了最不适宜居住的地方，很多人觉得在北京是在冒着生命危险赚钱。更可怕的是城市人的生殖能力在减弱，威胁到中华民族的血脉。有资料显示，改革30年来女性胸围增大了两厘米以上，但男性精子的活力却下降了50%。

第三个问题是功能规划不合理，造成了城市生活的不方便。现在几乎每个省会城市都有两个CBD，而人均GDP大多都不超过1万美元。纽约人均GDP6万美元，一个城市也就有一个CBD，东京人均GDP5万美元，也只有一个CBD。全世界很多比我们发达的国家的城市都只有一个CBD，可我们都是两个以上，比如沈阳有三个，在西安现有两个，准备弄第三个。上海已经有三个了，嘉定还要搞一个CBD。每个小地区还有小CBD，城市资源越来越分散。北京现在有三个CBD：中关村、金融街、国贸。

另外，居住地和就业地是完全分开的，比如你在东边上班，可能在北边住，上班一个地方、睡觉一个地方、娱乐一个地方、看病一个地方、谈恋爱一个地方，每天奔来奔去，全都是乱的。不像过去我们在农村，在一个村里就把事都办了，你可能会在老村口约会，在麦垛上偷情，回到家里养猪、下田干活，不用出村，全都能解决。打补丁式的一味拉大城市框架，必然导致城市功能紊乱，生活与就业、娱乐、医疗、教育的分离又必然加剧这种紊乱。

之所以会形成这种规划上的毛病，最重要的原因就是公权力不受制约。每一任领导都是靠卖地解决财政收入，然后拿这个钱再解决城市发展中的问题，所以一个新市长来了在东边卖；东边地卖完了以后，下一个书记来了，又说向西发展；再下一个书记又说向北部挺进。最后这个城市摊得越来越大，地都卖完了，只好再讲别的故事。在决定创办新城或功能区这件事上，当地书记定了就能办，人大、政协、专家、媒体都不能干预，公权力几乎不受制约，干对干错反正也没人管，而且还能被提拔。所以公权力没有制约、预算没有约束，必然导致城市无限蔓延。

在美国为什么没有出现这种现象呢？为什么纽约经历了几百年，只出现了一个30平方公里的CBD（曼哈顿）呢？首先市长想随便征地是行不通的，因为地都在私人手里，你得花钱跟人家买，人家可以不卖。第二你如果扩得太大，把主城区的房价拉下来了也不行。因为增加一个新城，土地供应就增加，稀释了整个市场，主城区房价就会下来，这样就会有人反对你，媒体骂你，最后选举时不投你票，你就得下台，所以他不敢这么做。另外预算这部分是要由议会批的，不是市长可以随便定的。

在纽约有件事给我的印象特别深刻，有一年纽约州州长因为召妓被捅出来而下台，按照法定程序，他的职位由副州长继任。这个新州长眼睛弱视，几乎接近于盲人，人们都叫他瞎州长。但这个人很了不起，哈佛毕业，非常聪明，眼睛虽然看不见，但别的能力比如触觉、听觉、思维都特别强。我有次在纽约听新州长在早餐会上给商界领导人做演讲，他一进来大家都站起来鼓掌，非常尊敬他。在演讲开始之前，我猜想他会讲什么呢？是不是也讲堂而皇之的大道理呢？结果他上来一小时只讲了一件事，就是预算。他说，我上台两个星期，把以前所有的预算都看了一遍，认为有几个预算应该调整，希望你们支持。因为议员选举都要靠这些商界大佬的支持，所以他必须说服他们，然后由他们再去影响议员修改预算，这样他才能有钱做他想做的事。他讲某条路多少米，是不是应该短一点，可以省出多少钱来等。而我们的预算，书记、市长自己定，把钱花完了再编预算，把不疼不痒的内容挂到网上，然后琢磨着跟人大怎么说，形式上对付一下。

第四，城市化带来的巨大困难是生活费用越来越高，心理越来越郁闷，幸福感越来越低，房子多了、钱包瘪了，屋子大了、幸福没了。所以现在大家又开始讨论幸福问题，开始比哪个地方的人们更幸福。我觉得成都人的幸福感一直比较高，因为那里的人比较会管理自己的欲望，比如喜欢喝个跟头酒、打打小麻将、吃点麻辣烫、谈场小恋爱，很愉快很满足。很多成都人把谈恋爱叫小恋爱，全中国只有成都这么洒脱，很多地方都把恋爱当生命大事办。媒体曾经报道说，东北某城市有一男子和老婆及岳父家感情、事业纠缠不清，因为要开店，岳父不借钱，跟老婆闹冲突，最后杀了10口人。北京郊区有一家因拆迁补偿，突然有了钱，家人各自见钱乱心，亲情不再，有一男遂起杀心，将一门斩尽，酿成人伦惨剧。总之，现在的城市化进程使人们生存越来越困难，带来了很多不幸福，所以全社会又开始讲绿色GDP、幸福指数，试图在城市发展跟人们幸福生活之间找平衡。

我们作为有社会责任感的民营企业，应该去面对并积极寻找一些解决方法。我们思考的逻辑和市民想的其实是一样的，首先关心户型、小区绿化、周边配套，然后是社区和社区之间的关系，最后必然关注城市体系和发展模式。对地产公司来说，五年以前户型是大事，现在的大事是社区和周边的关系；户型也重要，但没有以前那么重要，消费者不断把视野从室内的体验、生活扩大到城市之间不同功能区的互动，以及自己的方便程度、城市的合理性等。

摊大饼，还是摞小饼

要解决当下城市化进程中的这几大疾病，我们得换一个药方。原来是摊大饼模式，就是平面城市，北京目前按城区规划，容积率不到1，三环以外空地还很多，基础设施、成本开支都很大。我们现在想反其道而行之，把饼缩小并重叠起来，往高垒。这样一来，城市就有了几个新特征：第一，它是立体的，不是平面的；第二，密度肯定加大，高密度或中密度，容积率超过1，接近10；第三，里边的空间布局比原来复杂几十倍，原来是平面布局，比如购物中心在这儿，周边是写字楼、商业、学校，现在我们把它们压缩到一起并拔高，系统会更复杂；第四，管理更具集约性。我们知道以前的老收音机是电子管的，很大；后来发展成晶体管，就是半导体；现在是高级的集成电路，一个指甲盖大小的物件里什么都能装下。我们的思路就是把城市由电子管变成晶体管，变小一点、高一点、密一点，但功能更好。

在地球上密度最大的地方，一平方公里能装一百万人，这就是现在南非贫民窟里的现实。那只有三四层高的破旧屋子里，人们面对面、背贴背生活；如果那里人和人抱在一起睡，那么那些地方的人还可以再增加10万。那儿的监狱里边人口密度更大。这都是贫困带来的超高密度。而地球上有一个叫做芝加哥的地方，一平方公里最多盖了1200万平米的建筑。我们的任务是要在人和建筑之间找到合理的数字。同样的人口数量，区区100万平米是一个令人痛苦的数字，而1200万平米则又可能会令人窒息。究竟在一平方公里的面积上盖多少房子，装多少人，有多少人就业，如何组织交通，才能做到节能环保和可持续发展，让人很舒服，比目前摊大饼的模式更好呢？

经过大量比对研究，我们认为比较好的尺度是一平方公里可以建600万平米的地上建筑加30万平米的地下建筑。600万平米比芝加哥少一半，显然舒服很多；装10万人口，毛容积率是6，比通常的稍高一点，净容积率做到8.2，比北京国贸一带CBD地区要低，那里的平均容积率超过了

11。600万平米分给10万人用，其中340万平米的住宅给10万人晚上睡觉用，一人34平米，这比我们现在城市人均28平米要大，并且已经高于日本的平均数了；比北京的望京、国贸甚至美国的曼哈顿都要舒服得多。

北京大望京地区在17平方公里的土地上建了700万平米的建筑，用了20年时间，装了25万人。而我们开工5年就能做好，因为我们研究了很多快速建筑的方法。如果我们也装进25万人，最多需要2平方公里，节省了大量土地，但舒适度比望京要高，望京没什么好医院、好学校和农业。我们即将实际投资建设的第一个立体城市，所有指标都须先于世界最理想的低碳城市（阿布扎比的马斯达尔城）和中国正在实施的生态城市（天津中新生态新城），比如现在地球上有个跟我们规划中的立体城市类似的地方，可以佐证我们的想法是可行的。它在日本的大丸有地区，1.2平方公里建了700万平米建筑，看着很舒服。它的地下三层是打通的，中间可以跑汽车，容积率是10。它是旧城改造出的立体城市，不是新建的。另一个将要建的准立体城市位于韩国首尔的龙山火车站附近，在800亩土地上建380万平米的建筑，由一位法国设计师设计，380万平米全都连成一片，上下左右都连通，非常不错。目前万通正在跟这家业主讨论合作，我们会参加其中一部分项目。首尔有1200多万人，密度非常大，他们认为做这样的项目很合理。

所以，在地球上建立立体城市并非无先例可循，只要人口密度够大，房价够高，交通够困难，城市经济发展到人均GDP超过1万美金以上，立体城市就更加显示出它的合理性、经济性和便捷性。

我们往回倒一百年去看城市是怎样由平面变为立体的。在西方为什么纽约、曼哈顿没有变成摊大饼呢？曼哈顿已经建了几百年，可才只建了30平方公里，只倒腾中城和下城，上城基本上没有什么东西。最重要的原因是土地私有制度的约束，竞争效率的要求。另外，公权力太小，不可能有长官意志，随意改规划，拉大城市框架。

在中国，我们看办公楼大小和是谁的，就知道那个城市的市场化程度。政府的楼越牛，那个地方市场经济就越不发达。如果这个城市最高

的楼是商业机构，那这个地方商业气氛就好。比如上海陆家嘴，不是政府楼最高，高的都是环球金融中心等。你到贵州看，贵阳最气派的楼是人民政府、法院的。在纽约，政府的楼还是一百年前市议会的小圆楼，没有警卫，市长坐中间，跟拳击台一样，周围围着其他工作人员。市长布隆伯格是彭博社的老板，亿万富翁，他说这样信息传播最快，我一喊你就能听见，效率高。

另一个原因是技术革命带来的，纽约在1929年时土地没了，所有人都着急圈地。那时最神气的是地产公司。纽约当时地紧张是因为盖房太多太快，那时房子是用石头和木头建的。石头能建多高？比如教堂比较高，有洋葱顶、圆顶、尖顶，但没法住人，只能是钟楼上藏个敲钟人，一般都在三层以下。1929年金融危机出现了一个机会。钢铁大王要卖钢铁，于是想能不能用钢来建房子。有人就开始研发，后来证明成功了，一下就可以建很高。地基结构做好，这房子就不会倒，而且可以往上延伸。但石头垒到十层就垒不上去了，金字塔是斜着才能垒那么高的。石头的自重非常大，吊起来很难，会砸死人的。后来研究用轻的材料比如玻璃。还有就是人怎么上去，这样电梯就出来了。总之，钢结构、玻璃加电梯，开启了摩天大楼时代。从1932年开始，大家比赛建高楼，有了空间、面积，就可以出租、赚钱。1946年帝国大厦建完，成为纽约最高的建筑，结束了纽约疯狂盖摩天大楼的时代。这使原来的地一下多了出来，纽约变成了立体城市，现在一平方公里有800万到1000万平米的建筑。

今天恰好我们面前又出现了机会，仿佛当年曼哈顿摩天大楼时代的机遇，只不过今天叫立体城市，要用新技术、新发明，把若干摩天大楼梳理好，摆布合理，让它们功能上互通互联，而且低碳环保。现在地不够了，城市病出来了，但钢结构更进步了，甚至是轻钢，500米以下是常规技术，最高的楼1100米，在拉登老家吉达，现在又说有1200米的了。我不久前到迪拜塔去体验了一下，它的高速电梯800米只用60秒，没感觉就上去了。纳米技术使材料自重大大降低。信息革命带来互联网，可以点对点地控制。如果过去立体城市装十万人，那么你满楼道吆喝都找不着人。现在很简单，发个短信打个电话，还有摄像头、中央控制，巨大的建筑体系里可以实现有序管理。如果现在建1800米高可能会有挑战，但立体城市最高点才450米，其余的平均高度是120米。现在最大的单体建筑120万平米在成都已经开工，我们比它略多一点，没有超出现在的技术能力范围。

我们规划的立体城市，在一平方公里范围内建的600万平米建筑是这样分配的：65%是建筑，35%是绿地。其中340万平米是住宅，其余是商业、学校、医疗等，包括60万平米的医院、30万平米的商业、10万平米的立体农业、106万平米的写字楼，还有一部分是知识工厂。在这里有三大产业保证同城生活、就业，就是医疗健康产业、立体农业、互联网的知识工厂。

医疗健康产业是我们进一步城市化当中最短缺的产业，而且是不会被淘汰的永远的朝阳产业。比如我做一个成衣厂，过两年厂子可能被淘汰了，厂房就得换别的，但医院可以一百年不倒。我们安排60万平米做四个医院，这叫医疗城，有专科医院、综合医院，还有普通的平民医院。

立体农业是第二产业，在日本叫植物工厂。在房间里生产水果、蔬菜甚至粮食，这在日本已经很多了。如果房间里住人，要三米高，但如果种草莓一米高就够了，可以做三层，所以一百平米的室内面积可以当做三百平米的农田。植物白天有阳光的时候生长，晚上睡觉不长，我们把它放在室内，白天用自然光，晚上用人造光源，让它二十四小时长，面积增加了三倍，时间光照增加了两倍，所以产量、经济效益大了很多（增加8~15倍）。当然投资也要增加，是普通农业的3~5倍。这是立体农业。10万平米建筑空间种植的西红柿够10万人食用，植物工厂解决了立体城市所需的水果和蔬菜。

我们曾经专门到日本去考察全世界很成熟的植物工厂，发现以后在冰箱里边都可以种西红柿。现在植物工厂有的是货柜式的，有的是冰箱式的，在欧洲不仅是植物，连养殖业、畜牧业都可以。你看餐馆不就是在屋里养鱼、养虾？在荷兰有在楼里养猪的，现在正在施工，很快就能建成了。它的技术能够让猪的粪便不臭，而且可以集中起来做成沼气发电。养猪是大玻璃房，晚上看猪像是行为艺术，上面养猪，中间杀猪，在一楼就可以开餐馆吃火腿肠。我们跟刘永好合作，他说他现在养猪都养在五层楼上。

第三个产业是跟互联网相关的知识工厂，比如阿里巴巴的淘宝社区，包括现在的物流、一些创业的公司等。这三大产业能容纳55%的人就业。10万人里假定7万人是劳动人口，那么有5万多人是在这里就业的，这5万多人抬腿就能上班，想吃西红柿打个电话马上就可以直接配送到户。外来的人、流动的人口我们也测算过，比如老人一个星期出去一趟，小孩可能两个星期出去一趟，经过计算来设计交通容量。白天最多可以装15~20万人，晚上大概10万人。

居住、就业、娱乐、教育、医疗有效地整合在一起，它们之间的距离是多少呢？步行距离最远是1000米，通常都在600米，而且全都可以用自行车、电瓶车等各种现代的环保节能工具往来。大家再也不用一天四个多小时在城里折腾，你每天多出四个小时可以谈恋爱，建立和谐社会，而不是吵架。另外也亲近了自然，有大量时间学习。

买得起、住得惯的城市

立体城市能够彻底解决减少碳排放的问题。现在立体城市整体能源系统的设计是水、电、气三联供。这分布式能源有一个中央工厂，比如水厂、电厂，经过传输系统到达各个端口使用，就地解决、就地循环，比传统的城市能耗降低35%。此外，立体城市的绿化容积率比传统城市要高一倍，35%是公共用地，另外还有楼间的垂直绿化、屋顶绿化、植物工厂，等等。

吃软饭
戴绿帽
挣硬钱

人们在立体城市中的生活消费会大大降低，比如不用开车上下班，房价也降了下来。精装修的房子每平米售价在一万块钱以内，在很多大城市这个价钱是很便宜的。我们会在立体城市里做公租房、廉租房、保障房，也会做商品房和少量很贵的房，但总体平均价不会高于这个数。在这样一个比传统城市便利的地方，花费却会少很多。

它的管理系统也会大大改进，城市管理模式发生了变化。以前是街道、居委会、开发区和政府分割式管理，条条块块，彼此没有关联；立体城市则尽可能借助技术将这些不同功能放到一个整体系统里加以管理，比如说刷一下门禁就能进来，不用门卫，尽可能少用不确定的人来管，更多地使用信息技术。在立体城市，我们会推广应用云计算系统，目前已经跟一个宽带基地讨论好了，建立云立方这样一个大盒子，这样各家电脑都不用主机，直接用一个显示器就行，所有知识、信息全给你储存到那儿。立体城市让城市更便利，让生活更幸福，让空气更好，让花更香、叶更绿，这就是我们给大家展示的中密度的立体城市。

立体城市要落地，需要选址。我们有三个条件：第一必须在轨道交通附近，这样能够快速解决立体城市的出行问题。第二要节约土地，我们是追求理想、顺便赚钱，因此会同时给城市带来非常大的经济效益，各地政府也应该以成本价来鼓励这种创新。与望京相比，我们省了10平方公里的地；另外我们总投资530亿，城市建设部分的投资也要300多亿，整体上每年税收会有30～50亿，每年GDP有100亿，创造这么高的经济效益，还能解决5万多人就业。第三是大小，我们的标准是1拖1，就是一平方公里空地加1平方公里建筑，建筑周围那1平方公里做都市农业，来配合空气环保，这样也更漂亮。我们现在在成都是1拖4.5，就是1平方公里加4.5平方公里的都市农业用地，这样能够保证植物工厂提供的蔬菜、水果足够满足立体城市需求，而且做到绝对无污染、供应及时。

目前北京附近的廊坊、天津滨海新区、重庆、青岛、上海、西安都来邀请，我们也去看过，但是我们最重视的是成都，因为成都不仅符合前面所讲的标准，更重要的是鼓励创新。比如邓鸿做的新国展里头有大量创新，另外还有"九寨天堂"；成都能够接纳大型创新的事情，并且实施得很好。立体城市在成都做发布、展览的过程中，得到了市委、市政府的高度肯定和非常多的鼓励。在中国，成都的文化、消费习惯以及对科技的推广应用，都表现出了明显的优势。现在成都是西部天堂，美国的一本重要杂志公布中国最有活力的十大城市，西部就选了成都。

我们的研发基地设在新加坡。新加坡是全球高密度城市，它本身也是立体城市，所以很有经验，政府非常支持。我们和新加坡国立大学一起建立研发中心，持续推动立体城市的研究，用研究来推动我们讲的"吃软饭、戴绿帽、挣硬钱"的理论，这种研究就是"吃软饭"。

我们还整合了全球其他一些研究力量，目前已经建立了一支国际团队，包括芝加哥、纽约、东京、首尔、伦敦等全球的专家。因为立体城市这个项目，我深刻体会到"吃软饭"的重要性，并整合全球智慧来解决中国问题，让梦想照进现实。

我们在做一个全球的竞赛，由新加坡国立大学牵头，邀请全球十大最重要的建筑院校包括MIT、哈佛建筑学院、中国同济大学和清华大学教育机构的研究生来共同研究立体城市。我们请他们针对不同地形特点进行设计：有的在丘陵，有的在海边，有的在沙漠，有的在老城区，有的在新城区，在这些不同的地方建一平方公里的立体城市，怎么做才最合适？这个竞赛已在7月份向全球发布了。竞赛结束之后，我们下一个目标是把立体城市进一步深入，变成可复制的样板，变成适合5万人、10万人、20万人居住的不同规模的标准套餐，由各城市的领导来选，你想要哪个，我就给你做哪个，快速复制。这样做起来，中国的城市化将会掀起一次城市革命，彻底改变摊大饼的做法，用摞小饼的方式发展，使中国的城市变得更好、更美丽。万通自身没有这么多钱，但我们在追求理想、顺便赚钱的时候让大家一起参与建设并赚钱，我们会用我们的专业知识、技术以及一部分直接投资来推动这场巨大的城市革命。

另外，我们还在推动网络科技和立体城市的结合。我们现在跟巨人公司讨论合作开发一款网游，让大家每天下班空闲的时候去立体城市里玩，在玩的过程中，你会得到像Q币一样的万通币，这些币可以在立体城市当中流通，也许能买房打折或抵交你的服务费。为了把网游的想象力开发出来，我们在组织网络作家写书，先出了一本叫《同城热恋》的小说，这是都市言情版，讲在立体城市里怎么谈恋爱；接下来要出战争版、灾难版、惊悚版、科幻版等各种版本，然后再组织人在这个基础上开发网游。这样，在还没有买这个房，还没有进入立体城市时，你就已经熟悉了立体城市里的所有游戏规则，在iPhone、iPad上先有体验。我们会把这件事和更多年轻人结合起来，因为立体城市是未来，而青年人将拥有未来。这就是我们的梦想，也希望大家在这个梦想中能感受到幸福。

理想
丰满

梦想首先得说出来，才能最终做出来。

——冯仑

第九章
中国中心

从2003年一直到现在，万通在纽约做"中国中心"，这已经成为中美经贸关系中一个标志性事件，它对于万通的历史发展也具有重要影响。"中国中心"在做什么？今后它可能发展成什么样子？我想从头讲讲它的故事。

虽死犹生

我们从2003年开始介入这件事情，一直到2009年才正式签约。"9·11"事件中，本·拉登把世贸强行"拆迁"了，无形中创造了新的房地产项目机会，美国人想在这里重建新的世贸中心。

万通和土地方、业务方、合作伙伴进行了长达6年的前期谈判，中间有许多曲折，我在《野蛮生长》里也说到过。经过锲而不舍的推动，2009年金融危机期间，在很多人认为这件事不可能成功的时候，我们竟然在纽约签约了，这令很多人觉得非常奇怪。

全球金融危机给了我们转机，特别是雷曼倒台这件事。在全球危机的大背景下，美国需要信心，纽约更需要信心，这就需要发生一件让大家充满希望的事情。于是我们迅速完成了谈判、签约。

在做生意的过程中，我看多了不断发生着的喜事、丧事，发现人类

虽死犹生

历史上充满惊奇。当别人办喜事的时候，你可能在办丧事，而别人办的丧事，却有可能变成你的喜事。我们在签约这件喜事的过程中，一直能感受到雷曼事件给当时美国经济带来的悲观、消沉、无助的气氛。同时我发现美国处理公司遗体的能力特别强。

雷曼是美国一家拥有一百多年历史的大公司，处理它却仅花了一个星期时间，然后就被大家忘记了。雷曼原来的总部大厦我去过很多次，很气派，可一星期后就换了牌子，雷曼的任何痕迹都看不见了。我当时觉得美国人心肠真硬，他们对这家全球知名公司嘲弄、打击后马上毁尸灭迹，还贴出那张著名的照片：一个戴眼镜的大哥抱着箱子出来。今天再到纽约，好像雷曼在地球上从来没存在过一样。这就是美国体制，让人产生敬畏，因为它创新能力太强，从不恋旧，永远在看未来。

回想以前从海南回来的时候，中国发生了很多金融机构重组的事件，像广东粤海、北京中农信等，它们都死得很纠结、很漫长；而美国这类机构基本上都是猝死，但其实是很快乐的。曾经有一个记者问我：你最希望怎么样死去？我说我希望猝死，因为这个过程没痛苦、没预感、没恐惧。李敖也说过最希望在高潮中死去（俗称马上风）或心脏病突发，前者就是在做爱的时候突然死掉，这也是一种猝死。

欧美历史上有很多大公司都是猝死，比如德累斯顿、贝尔斯顿、王安的公司、AT&T，还有一些风行一时的互联网公司等，所以当雷曼死了的时候，没有人抚尸痛哭，因为已经成了习惯。雷曼死得快，但新生公司也出现得快，很快又出现了一批好公司，像Facebook、Google等，而老公司像新闻集团的默多克仍然在拍《阿凡达》这种大片，还在创新。不久前纽约追寻娱乐潮流的Lady GaGa大红大紫，过去的大哥大姐几乎没人再提。纽约人想问题非常利索，死了就是死了。

我碰到主办签约的美国律师，他说他肢解公司尸体很开心，因为终于吃到了一块肥肉，价值五千万美金。原来律师承担了雷曼一部分资产清盘的工作，可以获取律师费五千万。这就好像在纽约停留了很多秃鹫，等你一死，所有的律师、投行、会计师就把尸体吃干净。这个市场化处理公司尸体的过程太快了。

雷曼倒闭后，有几个雷曼的人到我们美国万通应聘。以前他们曾经代表雷曼跟我们谈项目，因为雷曼承诺成为"中国中心"的投资合作伙伴，结果后来他们成了我们公司员工。他们认为这很正常，离开雷曼就要很快去找新的工作机会。雷曼中还有人去了古根汉姆家族管不动产，立即又做了一个基金，然后代表这个基金和我们谈新的合作，彼此就像刚开始一样，心里没有任何纠结。美国的商业精神让人感到非常有朝气、有希望，这样一种商业力量，它怎么会垮呢？

万通美国公司的老总告诉我，美国政府为了鼓励市民用新能源，让他们家改造房顶，并且可以退税。刚说完才两个月，他们就收到了新能源补贴的支票。美国的市场效率快得惊人，整个经济的运转就是这样。

中国经济是靠从上到下的强大外力来推，内部产生动力的机制远不如美国。民营企业是有动力的，更多的国企其实没动力，或者说有动力，但方向远离市场。美国人的作风非常务实、直接，如果在全球找生意伙伴，我喜欢跟美国人做生意，他们很进取，永远面对现实，从来不抱幻想，置之死地而后生，拥有超级竞争的精神。

梦想首先得说出来，才能最终做出来

在签约的时候，纽约一个副市长讲，在纽约只要出现以哪个国家来命名的什么中心，通常就预示着一个新时代的开始。最早英国人来纽约建了一个"英国中心"，就在洛克菲勒中心对面，一栋两千平米的小楼里，有一块基石上写着"英国中心"。后来美国人强大了，在全球建美国中心，现在北京、上海都有美国中心，叫"美洲俱乐部"。之后日本人强大了，在全球建"日本中心"，在纽约最典型的就是洛克菲勒中心被日本人收购，成为了"日本中心"。德国人强大了，开始在全球建"德国中心"。他说今天中国人来到纽约要建"中国中心"，那将是中国时代的开始。根据国家中心在纽约交替出现的故事，可以写出这一百年来世界的经济史。

我曾经碰到一个在伦敦政经学院读书的中国小孩，他说常常会因为自己的中国身份而纠结。他说在北京奥运会之后，全世界突然发现中国很牛，做事很猛，而且做得很好，都在表扬。他作为中国人也感到自豪。可后来发现批评中国的也很多，因为中国的制造业大规模进入欧美市场，使这些地区的就业受到冲击，另外贸易逆差、币值等问题都引发了对中国的批评。他们老师经常让他来谈中国，他不知道该怎么讲，也不知道是好还是坏，所以陷入了自我身份的认同困境。

到底是用西方价值观还是按照中国教育的口径来评判自己的国家？按照以前在中国接受的教育，当然是要往好里说。可是在国外课堂上要不断面对老师、同学们根据课程学到的理论和分析方法提出的各种新问题，致使他对中国原先的了解、定位变得模糊。他必须学习理性地去思考、研究，看中国在全球究竟扮演着什么样的角色，是被欢迎还是排斥、拒绝？或者是欲拒还迎、欲迎还拒？

"中国中心"在纽约落户以后，实际也有过他这样的心路历程。有一个阶段大家非常欢迎，纽约市长、很多媒体不断在表扬这件事，把"中国中心"作为中美关系良好的证明。但有些媒体认为，中国现在过于强大，在给美国施加压力，居然在新世贸最顶端做"中国中心"。我们在签约的时候就有人说共产党来了。这种时候我们需要采取一些公关方法。

纽约新世贸原来有541米，叫自由塔，象征自由、民主、法制的美国精神。在我们签约前两个星期，政府方面明确说不许叫自由塔，要叫世贸一号楼，因为奥巴马上台以后，他是民主党，偏向于中产阶级，比以前的共和党更加开放，他为了表现和解的姿态，避免刺激，决定改名。结果我们叫"中国中心"，有人把这两件事联系起来，说美国衰退了，连自由都不敢叫了，是因为共产党来了等等。我们需要通过"中国中心"向美国传达积极正面的信息，给中美经贸合作交流以及中美关系输

梦想首先得说出来,才能最终做出来

入正面信号。

我们之所以能够顺利签约还有赖于两个方面，一个是时隔两年之后，中国外汇储备大幅度增加，对企业走出去有了新的推动力，中国企业出去办事得到很多人的支持。我们在审批上比以前要顺利，经过北京市发改委、国家发改委等环节都非常快。

另外我们吸取了以往的教训，以前我们在开信用证环节上耽误了很多时间，这回我们用自己的力量和资源直接开信用证，进出口银行接受了我们的资信。上一次我们让泰达给我们担保，结果手续做到一半，泰达董事会与党政联席会的纠葛，颇费了一番周折。世界上的事情从来都是这样，求人之事大，求己之事小；求人之事慢，求己之事快；求人之事难，求己之事易。我们把求人之事改为求己之事，结果变容易了。美方要求我们先开出信用证然后再签约，我们提前一个星期就开出来了。所以美国的金融危机、中国政府推动企业走出去以及万通自身的进步，促使签约能够按时完成。

在建"中国中心"的过程中，对于怎样把梦想说出来让大家能够接受这件事，我深有体会。我们需要不停地说，这事看起来挺简单，但你坚持说十年二十年，最终让这件事成为必然，其实还是挺难的。但梦想首先是说出来的，才能最终做出来。

我们最初在纽约谈这件事情的时候，所有人都不相信，认为这怎么可能跟中国人有关呢，美国人得自己建才对。当时我和靳羽西聊起这件事时，她说她都接受不了，虽然她是华裔，在美国生活太久了，抬头看到最高这座楼上面是"中国中心"，她心里都别扭。但我们还是坚持说，到今天已经快八年了，终于在纽约成立了"中国中心"。

最近万通在做立体城市，团队觉得这件事儿很难，因为到哪儿人家都不理解。我用"中国中心"的事情鼓励他们：你们就说吧，三年以后肯定有人理解！现在才说了两年，我们在成都所有的前期规划工作就都通过了，关于土地价格和位置政府也都批准了。以前人微言轻，喇叭小，你得说六年；现在稍微扬起点脖子，喇叭分贝变高了，说两年别人就信了。

其实把梦想变成现实，把墙上的美人变成炕上的媳妇，靠的就是说。很多年轻人追求梦想，但是不好意思说，老是偷偷找一个青年导师私下聊，这样没用。有梦想就要大声说出来，这样才可以检验到底靠不靠谱，因为你一说出来就会招致很多批评，你需要一个个问题来解答。在立体城市这件事上，一开始我们梦想建一个600万平米的巨构建筑，别人不停地批评，你说他也说，最后把最初构想的巨构建筑物改成了巨大的建筑体系，有些地方连，有些地方不连，底下连，上面不连，慢慢调整、不断改变成大家都能接受的中间状态，最后付诸实施。

主流、双向、高端

"中国中心"在签约以后，就面临着定位与设计方面的挑战，我们在这件事上也已经研究了六七年。它的位置在541米的北美最高建筑的上面，有两万平米，实际上是楼中楼。我们怎样把这两万平米规划好？用它来做什么？怎么定位？

我们决定把"中国中心"做成中美展开商务活动的特别空间，用来进行经贸、文化、政治方面的活动；我们要把这个空间做得让人愿意来，并且使用方便，回去以后还想来，这样价值就出来了。

首先，我们的服务对象是主流商务人群，他们是能够影响两国经贸发展的重要企业人物，比如中国的柳传志。美国对我们的期待也是这样，这个定位是双方需要的。纽约前任州长帕塔吉来中国，他说你既然要建"中国中心"，就应该能吸引中国最重要的老板们，他开了个名单，让我请这些人来吃饭。后来别人告诉我，这也是测试，如果你不能把这些人请到，你说做"中国中心"，人家不会信。他开的名单有张朝阳、陈峰、马蔚华、宁高宁等，最后都请来了，在京城俱乐部吃完饭以后他便认可我们了。之前有一次开财富五百强会议，纽合组织（纽约合作组织的简称）也希望我请一批这样的人，包括郭广昌、马云、王中军等，他们非常支持，都来了。但就在来的前一小时，柳传志给我打电话，说实在有别的事，问能不能不来。后来人家说必须来，因为联想当时刚收购了IBM之PC业务，全球关注，如果不能请来，说明你不够主流。我跟柳总说不管怎样来一下，哪怕待一会儿就走。结果他还是来了，待了差不多一小时。办完这两件事之后，我们也就清楚地知道了美国方面对"中国中心"的期待。

将"中国中心"做成中美展开商务活动特别空间的这个定位非常重要，能够使"中国中心"成为真正的象征。以往中国人在国外做生意的形式，大部分是商品市场、餐馆、中国城等，在当地经济中都是比较边缘的。比如纽约有50万华人，大部分在中国城，属于边缘经济，华尔街才是主流经济。围绕这个定位，我们做了很多工作。这两年我们每年都举办中美商业领袖圆桌会议，由"中国中心"承办，中国主流的商业领导人每年都会去20～30个，美方最重要的商业领袖也来20～30人。中国驻纽约总领事专门到"中国中心"访问过，帮助推动"中国中心"在当地的发展。我们在多个层面跟美国的主流社会建立了互动关系。

"中国中心"提供的服务有俱乐部、活动中心、商务中心、写字楼。在设计空间的时候，我们重点考虑的问题是：如何才能让人流连忘返、赞不绝口、回味无穷呢？我希望摒弃一些符号性的设计，比如灯笼、花格窗、龙、福字什么的，不能光搞这些简单形式，而应提升到精神层面来创作。

我曾经到西班牙马德里去参观过"美国中心"，受到了特别大的启发。我在路上想"美国中心"会设计成什么样？一堆高楼大厦？自由女神？山姆大叔、卡通？如果是这样，那就没什么意思。结果我到了以后，看到楼非常炫、很有色彩感。建筑里四壁都是门，没有墙，你走哪条路都能出去，任何一边关上门后从外面看都像大堂的门。这就象征着开放与自由的美国精神，它把美国精神与空间设计融汇到一起。还有更精彩的地方是在十个楼层，由五位全球最酷的设计师设计了五种风格的客房：有LV箱包式的，你可以住在LV的箱子里；有洞穴式的；有船舱式的；还有一种是日本式的。任何一个客人要体验完这五种风格，都至少要住五个晚上，这种创新、风格多样又刺激了需求，拉升了营业收入。美国精神就是多样性、创新，但不管怎样花哨，最后都要落实到钱上，因为要让它赚钱。这就是美国文化，它不是为多样而多样，不是为创新而创新，其最终核心是商业利益。

那么"中国中心"应该怎样设计才能使中国文化精髓和生意很好地结合呢？我们找建筑师、设计师来讨论，他们说理解起来很吃力，做到很困难，而且现在也没有完全做到。我希望这个空间设计能达到这样的境界：闭起眼睛，你感觉是在中国；睁开眼睛，看到的又是世界；要把中国精神融入进去。如果睁开眼睛看到的都是中国元素，闭上眼睛想到的还是一个传统的、陈旧的，或格式化、僵化的中国，那这个设计就肯定失败。我希望有一个面向未来的、包容性强的、创新的、有生命力和中式文化气质的中国。

我们组织了一个国际团队，他们目前已经完成了初步设计。中国的艺术家创作了一种折叠园林的空间意向，前段时间在前门23号展出过，它把"中国中心"的空间分成两种，一种是官式空间，像四合院、故宫，方方正正的；一种是民间的空间，叫园林。四合院一般是达官贵人住，尤其是三进院、四套院；园林则是江南和民间的。中国的艺术家把五层楼打通，让园林立起来，再折起来，很有创意。另外我们请了日本最当红的设计师、设计北京三里屯瑜舍的隈研吾来做室内再创造，他把花格窗光影和现代材料、生态绿植结合在一起。我们还请了纽约最好的灯光设计师、艺术家等，这个团队打造出来的"中国中心"可以确保在主流人群当中是受欢迎的。我在纽约曾和默克多的太太邓文迪谈到过这些，她说这些设计者在这儿，这个地方肯定会有人来。我们针对两万平米的空间进行设计上的再创作，希望能带来更大的吸引力和更高的延展价值。

前段时间我把设计方案给中国一流的企业家陈东升、王中军、马蔚华看，他们都比较肯定。王中军在家具、艺术品等软装饰方面给了很多意见。我希望设计过程本身将会成为一个吸引人的话题。

我们还面临着营运管理方面的问题。"中国中心"一共有四种最重要的功能，每一种功能都牵扯到运营问题。

第一是营运俱乐部。我考察过美国最主要的俱乐部，和俱乐部管理公司、营销卖卡公司等各种各样的人讨论，发现俱乐部不容易经营。俱乐部分成很多种类型，"中国中心"的俱乐部属于商务性的，不是乡村休闲俱乐部，比如高尔夫俱乐部打球很重要，吃饭不见得重要，但"中国中心"以开会、会谈、社交为重要功能，所以餐饮很重要。另外，我们这个俱乐部成员的身份也非常重要，所以必须要有很好的私密性。

美国最大的一家俱乐部管理公司，同时也管理着中国的北京京城俱乐部，我们向他们学到了很多东西。在美国，曾有俱乐部把希拉里给拒绝了，这很能反映美国人对俱乐部的看法。美国俱乐部强调的是身份认同，但并不意味着豪华。中国俱乐部更多的是强调物质上的外在东西，真正对于内在的精神气质和精神价值倒不太重视。比如中国人搞俱乐部，在用词上都是比谁豪华，只要给钱就能进，什么人都可以。

而美国对俱乐部的概念更强调是同类人，然后是身份的审核，而不是钱。美国有一些顶级俱乐部，房子破破烂烂的，里面也没什么豪华东西，就是历史悠久，它强调的是身份认同，人们在里面沟通，跟钱没关系，虽然这些人都很有钱。而中国俱乐部是双方面的，场所本身要表现出物质上外在化的奢华，所以在中国人概念里俱乐部是奢华之地，在西方人概念中俱乐部是一些同类人聚会的地方，大家聚在一起就行了，至于这个地方怎么样你随意，你愿不愿奢华没人管。在这点上中国和美国的俱乐部有很大的不同。在纽约有一个哈佛俱乐部，位于一座老楼内，里面安安静静的，大家可以吃饭、沟通等，不过只有哈佛的校友可以到这里来，非校友不行。

"中国中心"在纽约做得很像美国的俱乐部，我们叫主流、双向、高端。所谓主流就是代表中国经济大家认可的方向和人群；所谓高端，因为地方空间小，"中国中心"就两万平米，不像沃尔玛地方大，人越多越好，所以定位于高端品质。为这事我访问过美国各种各样的俱乐部，也进行了专门研究。我是从北京京城俱乐部开始研究的，京城俱乐部是北京第一家商务性俱乐部，我从1994年起就成为它的会员，一直到今天还是。当时做"中国中心"研究商业模式时，我想这家俱乐部是美国人管的，就开始跟京城俱乐部的美方管理人员讨论，讨论完之后他们把我介绍给了他们总部。这是家俱乐部管理公司，是靠俱乐部来赚钱的，这属于又一种模式，这种模式叫经营俱乐部，刚才提到的哈佛俱乐部不经营，纯属聚会型的。当然，管理京城俱乐部的这家公司管理着两个系列的俱乐部，一个系列是商务型的，叫商务社交型俱乐部；另一个系列是乡村、高尔夫这种休闲型俱乐部。北京京城俱乐部是商务型俱乐部。商务型俱乐部注重社交，以商务人士社交为主，休闲为辅。

这些俱乐部经营模式是这样的：在某个地方是否决定要做，首先看能卖出多少张会员卡。怎么赢利呢？它有品牌，管理得好，首先跟一个业主签约，这位业主做俱乐部，请它来管理；像酒店管理公司似的，它告诉这位业主怎么装修，然后去卖会员卡。卖会员卡的钱刚好够装修费，比如京城俱乐部，当时没卖那么多，到现在才卖了1200张会员卡。会员的数量和所享受的品质有关，和空间、人数有一个恰当的比例，就像五星级酒店，一般一个客房要两到三个人打理。俱乐部也如此，比如多少平米有多少人，人不能太多，太多私密性就没了，每个人单价又是多少，最后算出一个卖卡价。1994年时京城俱乐部卖的卡是5000美金/张，在当时是很贵的。那时公司买了两张卡，我和潘石屹成为了它的会员。如果卖1000张卡，收入就是500万美金，500万美金用于装修，这是第一笔钱，这钱管理公司不挣，但装修费它也不出。第二笔钱是维持费，比如现在每年大概两万人民币维持京城俱乐部的会员身份，交了这个钱还能继续当会员，不交会员身份就没了，假定有1000个会员，每年维持费2000万，这个钱俱乐部是要挣走的。第三笔钱是每天酒水、消费这些收入，这部分钱持平就行，如果不够，就用第二笔钱将差额补回来。如果会员卡卖得更好，卖得更贵，或装修装得更巧，可能用不了500万美金，400万美金就OK了，那剩下的100万美金也算赚的。

管理京城俱乐部的这家公司就是这样经营的，所以它看哪儿能开办俱乐部就在哪儿开办，一点点在全球扩张。不过有时经济状况的波动可能导致俱乐部会员减少，会员减少了，活动就会减少，月费相应就会减少，这样它便维持不住，第二笔钱和第三笔钱加起来都还亏，这样恶性循环下去会导致破产。所以这家公司最近关了很多俱乐部。我们在讨论"中国中心"时曾想请它来管理，最后发现不太合适。在美国有些俱乐部也是作为生意来经营的，这样卖卡就成为了一门学问，因此在美国又生发出一些卖卡公司，专门帮助各种俱乐部卖卡。对于"中国中心"来说，还是以聚为主，顺便在这里消费，我们不把它做成一种完全赢利的模式，因为在"中国中心"我们还有房租等各种收入。所以卖会员卡不会成为我们最重要的收入来源，这样的话就跟美国俱乐部的运作方式不太一样。

我觉得中国的俱乐部目前确实有以聚财为目标的，服务品质倒未必好，我参加了很多企业界各种各样的俱乐部，有收费100万元的，有收费200万元的，这其中我觉得收费最少活动组织得最好的是泰山会，以前叫俱乐部，现在叫泰山会，几乎不交什么钱，每次活动由两个会员实报实销分摊，就是平时不用交钱，活动时比如这次花了20万元，由两个会员平分负担，然后每个人按姓氏笔画顺序轮流支付活动费用，大概七八年轮一次。另外泰山会也强调以私人感情交流为主，发展的范围比较小，一共才16个会员，你如果想参加，会有一年的观察期，跟大家玩儿一年之后没人说不，第二年你就可以参加了；如果在这一年当中有人觉得不开心，那你就不能参加了，因此也拒绝了一些很有名的人。

泰山会16个会员彼此之间都玩得特别熟。这是一种小俱乐部，现在微博上叫群，相当于一个群。这其中有柳传志、史玉柱、鲁志祥等。鲁志祥跟柳传志之所以能有后来的资本故事，最主要就是跟泰山会有关系，在泰山会里彼此非常了解。泰山会每年有两次活动，2011年去的是俄罗斯的圣彼得堡与莫斯科，待了七八天，都挺开心的。这些活动，大家都不带随从，不带家属，强调会员之间的交流，真正让大家在一起。位于海口的金鼎俱乐部越来越像泰山会，也是强调私人之间的深度交流，这个俱乐部陈峰是理事长，我是执行理事长。

同样，香港马会也是非常出名的俱乐部，有着上百年的历史，他们在发展会员上特别下工夫，采取的是邀请制。你觉得你有钱去申请，人家还不见得接纳你。它越这样，就越显得这个会员资格的价值高。现在经常有人找我帮忙在北京马会订餐，因为只有会员才有资格订餐，而且结账的时候，会员本人必须到场。这虽然很麻烦，但它坚持这条原则，把它认为不适合这个会所的人屏蔽掉，因此也确实做到了真正的物以类聚人以群分，也保证了其主流定位。北京马会到现在发展了不到五百个会员，用了两年时间，会员质量很高。

第二是餐饮。北京马会的餐厅非常成功，大家现在一约就是去马会吃饭。"中国中心"俱乐部在费尽苦心研究，究竟是做亚洲餐找中国大厨开发菜系、我们找人管理，还是直接找美国的上市餐饮公司来管理呢？

第三是服务品质，在细节上要做得非常好。比如像马会，每次你去的时候，他都站在门口带着你，你有任何要求，他都会记下来，服务很细致，活动品质也很好。这对"中国中心"来说都是很好的榜样。

第四是商务中心和会议中心、活动中心。我们在纽约做了关于商务中心的大量调查后发现，在纽约做生意的中国人目前有两类，一类是中资机构的外派，他们的机构规模不够大，多数是使用一百平米左右空间、租两年时间；还有一类是临时来开会需要办公室，比如路演。现在中国在美国股票市场上市的有五百多家企业，其中在纳斯达克和纽交所上市的有两百多家，占美国股票市场市值的15%，这些公司大部分每年都要去纽约路演、开会。他们需要大量的短期办公室或商务活动会议室。还有就是中国和美国的经贸官员活动很多，他们需要开会、接见，每年经贸活动的代表团，去得最多的是纽约。我们要考虑纽约本地市场的需求情况，于是请美国专业管理公司RA来管理。运营商确定以后，未来的服务、营销也就都确定了，他们能够带来本地化的很多生意，而我们会带来中国大陆的生意。在纽约，办鸡尾酒会、婚礼、时装秀、艺术展览等都需要很大的空间，而4000平米这样的大空间活动中心在当地非常短缺，所以活动中心在纽约市场非常好，我们也是请美国的一家公司来管理。

此外，还有简单的办公室出租，一租两年三年，这部分由我们自己来运营；俱乐部、商务中心、活动中心、会议中心等都是在找全球我们认为最合适、最好的专业机构来运营。这种管理模式相当于在国内做酒店要找喜来登、君悦来管理一样，我们设计空间，让他们来指导，中间有利益关系。最大的难度是运营上的挑战，需要找到好运营商。比如商务中心在全世界找到十几家运营商，他们都提供了建议书，要来竞争这样一个机会，但你选谁是很关键的决策。我们原则上第一选纽约的，如果跟中国有关系，那更好；第二选专业能力在纽约被公认是最好的。

在运营当中有个问题，从现在开始到2014年上半年期间物理空间还没有建成，怎么运营？我们用互联网虚拟的"中国中心"来运营。我们在七号楼有一个办公室，我们把已经设计出来的"中国中心"搬到互联网上，用电子商务的方式服务、虚拟运营。比如我想订餐，马上会跳出俱乐部的餐厅服务界面。我们的餐分两种，一种是商务正餐，还有一种是24小时的简餐；如果你想要中式的简餐，我们在纽约的"中国中心"运营机构会给你安排，这是将来会搬到自由塔里的服务，现在先让你在自由塔外提前享受。在网上你说要带五个人到纽约路演三天，需要会议室开会，我们也会给你报价，你在网上支付，我们会把一切给你安排好。现在"中国中心"在网上每天都有客人，并已经在中国开始了营销。这样在中国中心正式开业之前，就已经有收入了，和未来的"中国中心"可以顺畅衔接。

近朱者赤

对于"中国中心"，合作伙伴的选择很重要。我们从立项第一天开始就得益于纽约合作组织，随着合作的深入，我们也越来越了解纽约经济的发展模式。这个组织非常有趣，也非常有效。它是由纽约一百家最大的跨国公司（其中三分之二是五百强公司）组成的NGO，参加的人都是这些公司的CEO，现任主席是默多克，同时他请了一位女职业经理人凯西来帮忙。职业经理人可以连任，主席是有任期的。它的很多机构职能和运作方法非常独特，下面的机构分成三块，一块是组织内部每年定期的活动，活动中强调亲自参与，不像中国有很多大组织，说起来很大，但每次开会来不了几个人。每一次活动，这些公司的CEO都来，由于每个人都亲自参与，大家也都很愿意来。如果这个公司CEO去，那个公司来了个副总，那以后很多人可能就不去了。每次参加都给你记账，这体现了美国人的务实精神。比如你参加两个小时是多少钱，不同CEO每小时价钱不一样，到年底时公布你为纽约做了多少公益事业，会折合成多少美元体现在公司报告里，算是你对纽约的贡献。跟我们现在捐钱给万通公益基金不一样的是，他们捐的是时间。对于大公司的CEO来说，捐时间比捐钱还重要，因为他的智慧、资源和能力都有巨大的价值。

纽合组织有一个基金，由每家公司出一百万美金，凑起来一个亿，分成三部分使用。第一部分叫公益基金，就是做公益慈善；第二部分是创业投资，相当于VC，投资对象为纽约的一些年轻人，投了以后，赚的钱仍然捐到基金里不拿走，所以这个基金越滚越大；第三部分叫引导基金，相当于招商引资的鱼饵，拿这个钱去跟人合作赚钱，吸引更多的人来投资纽约。跟万通合作的就是这第三部分钱，它用这个钱来吸引我们在纽约做"中国中心"，它现在投资两百万在我们的项目股本里，占的比例并不大，但它在本地帮我们做了很多协调，是我们最有力的支持者。这个基金请了最好的基金管理人，每年都在赚钱，然后补充第一部分在公益慈善方面花掉的钱。

纽合组织帮助纽约市政府做发展规划、出谋划策，起到为经济界和政府搭桥沟通的作用，有点像我们的工商联。纽合组织是纽约最重要的和政府互动的非政府组织，有着悠久的历史，同时也有很好的传承。它的模式是由麦肯锡公司早年帮助设计的，相当于影子政府，因为有太多超级大哥在里面，所以对纽约当地经济影响很大。除了纽约以外，伦敦也有个伦敦合作组织。我们现在在纽约有任何重要的事项，都首先跟合作伙伴商量，由它们帮我们出面沟通、推动。

我们第二个合作伙伴是纽约港务局。在法律的产权结构上，世贸的土地由纽约和新泽西两个港务局所有，因为这个地方是纽约曼哈顿岛的下城，有港口，所以港务局拥有这些土地。港务局是州政府下属的，相当于我们政府的企业，所以土地不属于私人，但上面的建筑物属于投资人所有，投资人每年需要付给港务局地租。纽约港务局是一个政府企业，和任何一个地区的国家或政府企业类似，就是责任心比私人企业差，另外人事变动非常快。从我们最初打交道到现在，他们的人已经换了四茬。港务局上边就是纽约政府，影响纽约州和新泽西州政府的还有他们的参议院、州长等。这个伙伴因为办事效率低，使我们的谈判时间拖得比较长，但也有一个好处，因为不是私人企业，它有时候会考虑到整体州政府和美国的利益，而不完全拘泥于个人的短期收益。我们在大格局、发展方向上讨论，我们双方对"中国中心"的理解是一样的，就是不一定要赚最多的钱，而是要赚合适的钱，要找到对的人来做对的事情。

第三个伙伴是道格拉斯·德思，它现在是做到第三代的家族企业。这家地产公司非常有趣，从现在老板的爷爷开始就在纽约46街做房地产，从没离开这条街。他爷爷当年断言这条街一定会火；他做的最有毅力的事情就是在近三十年里每天在报纸上做小广告，很小一点点，大约也就一指宽的版面，就说一件事，"这条街必火"；结果现在这条街果真火了，而这条街的产权又全是他们家的，于是他们成为纽约最牛的不动产持有者。三代人说一条街，德思家族在纽约是殷实诚信的代表，这

近朱者赤

个家族曾经发生过很多恩怨情仇的故事，有点像《基督山伯爵》里的情节，媒体上都报道过。

港务局建大楼需要招标找收费开发商。这相当于找冯小刚拍电影，我有钱但我不会拍，只有找到专业的人拍，最后电影才能卖出价去，但这个版权是我的。收费开发商就是导演，他要经营未来的物业，包括跟万通打交道建"中国中心"。这个楼里有25万平米需要他们来管理。招标过程中，先后有六家纽约最著名、最有实力的家族和基金来应标。招标条件是拿一亿美元放在这个项目里，在业主当中做一个小股东，就像酒店管理公司让你管酒店，你得投3%～5%。经过长达九个月的竞标，德思家族最终胜出，目前一号楼由德思来管。万通是它最重要的客户和合作伙伴。

德思公司做事非常用心、专业，他们接手以后，向我们提了很多好建议，处处替我们着想。他说"中国中心"如果能火，整个一号楼就会火。现在中国和美国是最重要的两大经济体，如果"中国中心"好，美国和中国都会好。

德思公司在纽约做了最绿色的铂金级纽约时报大厦，我们公司很多高管都去参观过。我们也希望有机会参与管理25万平米的北美最高楼，他们同意未来在管理公司里让万通放一千万美元进去，跟他们共同来管。这样我们就会积累对超高建筑管理的经验，为未来在中国管理超高建筑积累能力和优势。

除此之外，我们跟德思公司还分别确定了投资对方的项目，我们会在德思纽约的新出租公寓项目中投资，他们会参与我们在台北的项目。台北项目是经由新加坡平台来达成的，即我们先投资到新加坡，再从新加坡转投台北。德思在新加坡这家公司里有投资。相信未来"中国中心"在这些好伙伴的支持下会非常顺利的。

最后一个合作伙伴是新闻集团。万通控股公司现在的独立董事就有默多克的全球副总裁和中国的CEO高群耀先生，默多克自始至终都对"中国中心"非常支持，当"中国中心"签约之后，他亲自让人打电话转达他对我们的祝贺。我去纽约跟他见面，他和夫人都对"中国中心"的未来发展表示极大的期待。他们提议取代当年雷曼在"中国中心"的位置，因为雷曼垮了，希望雷曼的份额可以由新闻集团来代替。目前我们正在谈商务条件，如无意外，它将会成为"中国中心"的新伙伴。

"中国中心"将会成为万通在全球展示专业能力的窗口，也会帮助万通在经验上和专业能力上不断提升，为团队的训练打造起到关键作用。

戒欺。

——金庸

10

第十章

商会

这几年"商会"这个词在媒体上出现的频率越来越高，它在今天的中国有什么作用？未来会怎样发展？我认为它对未来的市场经济、社会环境和制度变化都非常重要。

商人会馆与行会

中国商人的起源时间比较晚，像有名的范蠡，他当官、做生意，后来还把西施给拐走了。但他在当时只是偶然现象，不是社会的主流。大家公认的中国商业萌芽（资本主义萌芽）是在明代，《清明上河图》里可以看到桥上有很多吆喝做买卖的人。明清之际，商人逐步多起来，于是出现了商人聚合的形式。从描写晋商的电视剧《乔家大院》里可以看到，商人们最早是以家族、宗族为纽带发展出商业联系，并利用这种宗族力量控制商业资源，扩大自己地盘的。

在山西，钱庄不大用外村人，因为中国长期是农业社会，一个村的人住久了，都是熟人，就有道德约束，在这个小范围内，唾沫星子都能淹死人，一旦道德上出问题，几代人都翻不了身。商业联系的开始是用熟人、亲缘的方式，有的还采用大户之间结亲家的方式，比如《乔家大院》里的故事。这样商人之间的利益稳定起来，逐步形成一些行业垄断，彼此互相支持，还可以跟官府发生关系。但它的活动范围是有限的，随着战乱、流动和生意规模的扩大，有时候发展到外地就受到局限，人生地不熟，两眼一抹黑，所以亲缘之后又发展出地缘，来自同一地区的商人经常在一起混，进而在当地发展出会馆。商人会馆集合跨地区的地方商人，大家在会馆里面聊天，还可以住宿。大家合作谈事情，维护共同的利益和声誉，同时也做点好人好事，比如陕西和山西是一个商帮，在北京就有了山陕会馆。

会馆其实在很早的时候就有，但在商人兴起之前，大部分属于政治性的，那时会馆主要是给来北京赶考的人或进京的外地官员住的，穷人不可能住那里，都是有文化的精英住在那里。

到明末清初商业发展以后，会馆变成商人特有的组织形式，大家互通商情，也可以互相做买卖，还有就是维护利益，在会馆里逐步发展出大哥型人物，帮助解决困难，做些好人好事、照顾乡亲。至清末中国的会馆已经非常多，胡葆森曾建议我去河南一个很偏僻的山里看看，那里有个老房子当时就是商人会馆。现在北京南城有各式各样商人会馆的老房子。

商人会馆是以地缘来结盟的一种商人组织，但随着事业发展，生意越来越大，逐渐超出了本地人的范围，比如陕西人会跟天津人做，天津人可能跟广东人做，最后大家发现，除了地区以外，更重要的是行业。所以逐步又由地方性的会馆扩大为行业组织，就是行会，即行业协会的前身。后来行会逐步取代了简单的地域性会馆，同行有了更多的联系，有的还叫工会、同盟。不同行会拜不同的神，有的拜关公、有的拜鲁班等，这相当于它们的形象规划CIS①，同时也有各自的口号，发展得非常快。

行会做的事情涵盖了会馆的事项，还增加了一些内容。继承的内容

---

① Corporate Identity System的简称，即司肖，指把企业形象作为一个整体进行建设和发展，是企业的识别系统。

是通商情、彼此联络、传递信息、维护大家利益，增加的是制订行业标准，有了道德自律，行会成员破了规矩就会被踢出去，行业标准逐步变成很大的约束。有了标准，实际上就有了公断，行会可以作为第三方来判定商人之间的纠纷，还可以代表行业跟政府沟通，就商人的利益与政府讨价还价。

随着行会的力量越来越大、影响范围越来越广，逐步发现所有的商人都有共同利益，他们是数量很大的社会人群，有他们的习惯、观念、心理和利益诉求，不同行业之间应该联合起来。这时出现了商会。商会是在会馆、行会基础上发展出来的代表整体商人利益的组织。它标志着商人整体上社会角色的确定和社会心理上共同认知的形成，同时也形成了商人之间共同的道德规范以及他们对社会的主动影响。

清末和民国初年，本土经济发展，还有甲午战争、鸦片战争、义和团、八国联军、辛亥革命、洋务运动等，使中国大门不断开放，外国人和中国人做生意越来越多，于是外国商人之间的联系方式也给传了过来。1902年中国上海产生第一个商会组织，它有5个董事、75个会员。

此后，清政府专门颁布法律鼓励大家成立商会，上千个商会如雨后春笋般出现。它已经摆脱了传统会馆的影响，逐步出现了现代商业组织的一些形态，特别是跟外国人做生意的、留过洋的、当买办出身的这些人，开始学会按西方或日本的方式组建现代商会。从1902年起到1911年辛亥革命，中国虽然还没有进入现代社会，但已经有了很复杂的商会组织。

这种商会第一重要的职能仍然是沟通信息、联谊等。第二，开始成立商会下面的各种分支，有总的商会，也有专业商会，各个商会分别制定各自的定位和标准。第三，开始积极主动地维护商人权利，包括跟政府讨论政策，那时主要是进出口贸易的政策，还协助地方政府维稳。上海的商会养了商团（就是商会下面雇佣一部分武装力量），这部分商团后来在辛亥革命中变成了支持孙中山的力量。第四，有了更大公断的空间。跟西欧、地中海沿岸威尼斯商人发展的观念和路径不一样，他们发

给别人面子
就是尊重别人、降低自己、委屈自己

展出生人文化用法律来解决彼此纠纷的模式，现代法律很多是从那儿发展来的。

中国长期是农耕社会，人们固定居住，不是游牧的生活状态，因此认祖宗、讲面子。游牧民族的祖宗则不大容易找。在蒙古，如果有亲人去世了，大家很快就地埋了，戈壁滩上很难再找到坟头。他们会拿些石头摆在那儿，挂一些经幡。有首歌叫《敖包相会》，歌里唱的敖包就是拜祖和约会的地方，这是唯一能识别的标志。而在中国，本土农耕民族一代一代传承，修庙、敬祖宗，岁数大的族长德高望重，祖宗非常重要。另外很讲面子，给别人面子就是尊重别人、降低自己、委屈自己。商会的公断和私了是同时存在的。比如两人吵架了，商会大佬叫他们出来一起喝喝茶，和和稀泥事情就完了，又像公断，也像私了，但一定有第三方出面。这种风格传承到今天也还有。在房地产行业，早几年我们一起去爬山，其间有一个人突然去世了。王石建议说把当事人都叫来，每人出一些钱，把事情解决了吧。这其中也有不同意见，但最后大家认为大哥说这么办就这么办吧。这就是中国的传统。

房地产行业经常会遇到这样的事，比如大家都抢一块地，任志强就把大家找到一起吃个饭，说这回你来，下回他来，你拿了给他些茶水钱，他拿了给你些茶水钱。商会内的公断都带有中国历史上特有的私了和给面子的性质。

目前中国经过三十多年改革，商会的表现形式和运营内容也呈现多样化，现在企业界已形成了不同的行业组织，特别是企业家之间各种各样的圈子组织。国企有国企的一套玩法，这种组织更活跃的是在民营这部分。比如阿拉善生态协会，有次我到上海，请阿拉善在上海的会员吃饭，一下就来了三十多个，我说请大家吃饭聊天，因为我是阿拉善章程委员会主席，也是创办人之一。前段时间我去深圳，请阿拉善在广东的成员聚一聚，来了有六十多个，分享王石在哈佛大学读书的经历，也讲了下阿拉善，包括红树林的环保治理问题。这就变成了一个持续凝聚的通道，在这过程中大家由价值观上的认同变成私人朋友，最后变成业务伙伴，都有可能。

中国民间企业家最大的有两个圈子组织，一个是中国企业家俱乐部，由《中国企业家》杂志逐步拓展演化而来，现在柳传志是主要召集人，轮值理事长这届是胡葆森，我们都参加了这个俱乐部。这个俱乐部比较活跃，每年主要的活动是中国企业领袖年会，因为在杂志旗下，这个年会顺便有点收益。俱乐部门槛费也比较高，大约100万人民币，现在有百十来个会员。

另一个更大更有影响力的是中国企业家论坛。这是一个公益性论坛，没有任何牟利的动机，我也是发起人之一。论坛有个理事会，每年正月十五在亚布力开会，有个五星级酒店被会员收购后作为固定的会场。在国内有个私募基金会，资助整个开会流程。中国企业家论坛夏季会议在不同城市召开，中国企业家论坛企业领袖峰会每年12月份在北京国贸召开。企业领袖峰会和亚布力论坛是中国主流民营企业参加得最多的活动。

同时，还有行业性组织，如中城联盟。中城联盟现在的门槛费是1000万，这1000万放在基金里面，退出时会退还的。中城联盟是地产行业当中最成熟的策略联盟，已成立了12年，现任主席是任志强。现在中城联盟有42个成员，每年发展不超过5个，满额50个。目前想要参加该联盟的人很多，但它的门槛很高，所以它又叫好公司大公司俱乐部，前提是好公司俱乐部，也就是价值观认同，不能是些坏开发商。中城联盟有自己的产品，叫联盟新城，这是行业当中最成功的企业家策略联盟组织。

此外，还有各种各样的地方性商会。地方性商会组织现在算是民营企业的主流形态之一，商会组织也分成两组，有一些是官办的，有一些是民办的。中国这些企业家圈子、商会及地方有影响的民营企业，构成了中国民间商业生态当中的主流群体。

国企也是主流的一部分，但不大愿意自己出来挑头组织什么东西，它是被动的。现在有个百人会，是由和讯传媒积极发起组织的，里面有很多国企及金融界的领导人，这个机构是民营和国企跨界的。中国整个企业家生态圈子都已逐步固定化，比如郭广昌领导的浙江商会，基本上把浙江企业都囊括到了里面；中城联盟则基本把房地产企业都囊括了进来。这些组织都越来越稳定，而这些都是"中国中心"未来的客户，我们也希望他们都能够积极参与。比如柳传志就对"中国中心"非常支持，有次他去美国，专门替我去跟对方谈，回来后给了我很多鼓励。马蔚华为"中国中心"的事，在纽约也帮了我们两三次忙。王石也很支持"中国中心"，开始他还有些怀疑，但到最后关键时刻他说坚决支持，一定要做成。实际上，在"中国中心"酝酿、建设过程中，得到了中国企业界主流人群不断的支持。在今年初，陈东升带领很多人去"中国中心"专门看我们的设计，也提了很多很好的建议。

此外，华夏同学会也是个比较有名的组织，主要由中欧和长江CEO班的人组成，由鼎天投资公司董事长王兵牵头成立。华夏同学会是深度的学习型组织，每年有两次正式活动，平时基本不收什么钱，但活动办得非常好，现在大家非常认可，活动出席率都在90%以上。该会还附带成立了华夏慈善基金会。

从以上讲述中，我们可以看到商会、尤其是部分企业家组织目前的发展状况。而从商会的发展历史来看，它主要有三大功能：第一联络、结商情；第二建立游戏规则，包括行业的游戏规则和商人之间的规则，不管是潜规则还是直接的规则，约束力很大；第三维护商人权益，与政府沟通，形成对商人有利的社会环境、政治环境和法律环境。这是商会存在最重要的意义，也是对中国一百多年来沉淀下来的商会精神的继承，同样也是现代市场经济国家、发达国家和地区的商会普遍做的事情。

工商联与官办商会

刚才讲了商会，现在来讲讲工商联。1976年改革开放以来工商联逐渐得到了恢复，前几年又增加了一项帽子叫总商会，所以现在商人的组织有两顶帽子，一顶叫工商联，另一顶叫总商会。总商会想承担一些历史上商会的责任，工商联主要扮演社会主义传统制度架构下的定位和角色。

那么，工商联的基本定位是什么？定位是党统一战线下的群众组织，目的是成为党的统一战线。它营运着两件事：第一件事是联谊，统战部经常举办活动，在工商联里商人们见面沟通的机会还很多，各个行业、各个地区的都有；第二件事是和政府沟通、陈情。我开玩笑说工商联现在的角色跟妇联差不多，是代表弱势群体陈情的通道。房地产调控的时候，房地产商会准备资料给工商联的领导，再由他呈送到国务院，国务院开专门会议时去跟总理讲一讲，发挥桥梁和沟通作用。

工商联跟商会又有很大的不同。一是人员组成不同，商会在过去是独立的，根据你的行业地位、做人的品德、影响力来公推行业领导人，比如虞洽卿在民国时是上海宁波商会的会长，在宁波商人里是带头大哥，并不需要政府任命。这个地区或行业内做得最好的人被推举为大哥，然后大哥可以保护大家。有一段时间在房地产行业，万科带头降价，中小地产公司意见比较多，他们觉得你是大哥，你得照顾大家，不能不打招呼就降价，这样大家会更困难的。工商联里的人是由统战部定的，它的领导人都是统战部给的名单，现在有的民营企业为了要进工商联，就像我们地方官要升官一样，不断请客、送礼，不断往统战部跑。二是经费来源不同，在工商联工作的人员都是准公务员，他们的经费由统战部核定，由国家财政支出，人员都是有级别的：工商联党组书记、工商联主席是正部级，剩下的有些是副部级等。比如尹明善是著名民营企业家，当了重庆工商联副主席后享受副省级待遇。而过去商会的运作费基本上是两种：会员交的会费或大哥自己出。工商联今天虽然也跟我们收点会费，但很少，占它整个机关运行费用的十分之一都不到，大部分是政府拨款。

第三，参加工商联的企业和不参加工商联的企业也不同，参加工商联的民营企业家、商人有优先被政治安排的可能。在统战部内部有一个处是专门管民营企业的，哪些民营企业听党的话，这些企业家就可能被安排到人大、政协，成为人大代表或担任工商联的领导职务。这在历史上的商会中没有出现过，它是现时中国特色的一种制度安排。

工商联从任命到经费、未来的机会发展都是由统战部系统直接主导安排的，它是不独立的、附属于统战部门的、以民间形式出现的商人之间的组织。

说到工商联，就得说说现在的企业家。现在企业家基本上分成三类人。一类叫纯商务人，就是草根本能的商务人，都很能干，挣钱，享受。第二类是红顶商人，大部分是政协、人大的，或被统战部政治安排的，又做生意，又有政协、人大的身份，基本上跟政府互动，有时也代表政府出来讲一些话。这类人有的生意做得很好，有的生意做得并不很好，但跟政府的关系很好，名头很大。第三类是所谓纯市场或类似精英的一批人。这批人既不是政协也不是人大的，但企业做得很好，而且完全市场化，教育背景也很好，主要由海归和原来体制内出来的人共同构成。

民间商会

这几年随着改革开放、市场经济的发展，社会上出现了另一种从民间自发生长出来、恢复到原来意义上的商会，发展得最快最好的是浙江商会和温州商会。

第一，它是地域、地缘的结合。温州人在全世界做买卖，他们急需在各个地方建立联系，在河南平顶山、驻马店都能看到温州商会，一开始他们没有注册，也没有严格的上下级关系。万通批发市场招商时吸引了很多温州商会的会员。这些商会一开始是草根性、民间性、地缘性的，后来有了行业性，逐步恢复到商会本来的面目。

十年前我去温州，温州商会的会长接待我，同时叫来几个副会长，他们当时要成立一个基金，请大家坐在一起商量怎么出钱。因为有这几个大佬出现，大家都彼此信任，也不要法律文件，就把钱都交齐了。浙江商会在民间集资中起了很大的组织、纽带作用。曾被法院审判的吴英①，也是在这个土壤下成长起来的，商会组织给了她一定的扶持和信用上的保证。

最近十几年以来，民间商会越来越成熟，他们经常在海外打官司，比如说温州出产的打火机，占了全球的70%，国外公司起诉他们倾销，他们就由商会请律师，共同维护商人的利益；奥康皮鞋也是这么做的。

民间商会不同于工商联，但他们的上级组织最后逐步变成由工商联管，比如中国现在最大的商会是美容美发商会，这个商会的成立需要工商联批准。房地产行业成立不动产商会，也有将近十年的历史了，也是工商联批准的，这样商会下边才可以成立各地区的不动产商会。

各个行业和地区性商会组织的成立要由统战部授权、工商联批准，工商联变成其他商会的主管部门。最近中央出了中共中央、国务院关于加强和改进新形势下工商联工作的意见的文件，在这之后各地工商联大力推动商会组织的发展。我有一次到广西见合作伙伴，他让我参加河北广西商会的成立活动，现场有二百多人。而地方上的商会，比如陕西北京商会受北京市民政局社团登记处和陕西驻北京办事处的双重领导，后者是局级单位。商会跟工商联是没有直接联系的，受地方派出机构和注册地民政部门的领导，体系非常复杂。陕西省在全国包括香港、台湾，以及国外已经有上百个陕西商会。其他小地方也可以成立自己的商会。

做奥康皮鞋的皮鞋大王王振涛是温州大佬，他曾邀请我和江南春去参加温州瓯海区商会的上海分会，这只是区商会在上海的分会，名头这么小，与会者却有上千人，比一般省级的商会活动排场还大。温州有温

---

① 原浙江本色控股集团有限公司法人代表，因涉嫌非法吸收公众存款罪，于2007年3月16日被逮捕。

州商会，区里有区商会，区商会在全国还有分支，可见商人的网络像毛细血管一样密布在各个地方。

北京有陕西商会，陕西商会下边有榆林商会。榆林实行医改，成为全国第一个看病不要钱的地区，因为当地民营企业、煤老板捐了十个亿给政府成立公益基金。他们会员手里的现金还有几百亿，要在北京做事情。地区经济越发展，商会就越发达。中国目前已形成了复杂的商会网络图。

商会做的第一件事是以地缘、业缘、亲缘等各种方式举办联谊活动。比如陕西商会成立时，张朝阳、冯军、杨宁这些在北京的陕西人去陕西人在北京开的餐馆吃饭、开会。浙江商会也是这样，逢年过节搞聚会、论坛、文艺演出以加强联系。

有次陈东升请我去一年一度的湖北商会会长大会讲话，现场好几百人，各地湖北商会的会长全在那儿。目前商会之间的联系很多，多到大家觉得时间精力都不够分配。我跟湖北商会陈东升会长还去浙江商会学习，商会成了信息沟通的枢纽，继承了传统商会最重要的功能。

现在有了互联网，得到信息的成本非常低，不必非得见面说。但我发现见面和不见面还是不一样，人得面对面才有面子，天天不见面，俩人从来不认识，这面子建立不起来，所以见面主要还是情感沟通。哺乳类动物活动是群居、社会性的，必须发生关系。像坐牢关小号就是为了让一个人孤独致死，人多的时候则会互相掐，生命力旺盛。所以见面能增强感情、熟悉度，对每一个人的品德、为人进行深入了解。一些私密的信息也要通过面对面讲，比如收购信息，这些东西互联网上是没有的，有一些企业不是上市公司，它没有披露的义务。

第二是结伙牟利，最典型的是浙江商会。浙江商会的云峰基金弄得风生水起，领导人是浙江的马云、虞锋等；义乌有个大佬听说马云在弄，就投了一个亿。现在郭广昌在做光耀基金，很多投资也都来自浙江商会会员。浙江商会是最喜欢扎堆的，他们总在一起做生意，一块玩。相比起来，陕西商会不怎么结伙做生意，也就在一起结伴聊天，所以最近他们说要学习浙江商会，不能老在一起只谈大事、不去做挣钱的事。

第三是抱团做公益，比如不动产商会和中城联盟有公益委员会，大家一起来做公益活动。经常看到很多商会在遇到大灾大难时募款。陕西商会换届成立时，发现很多犯人的孩子流落社会，商会就有人开始收留这些孩子，组织募捐。现在在中国已经有四个救助这类孩子的基地，这成为我们陕西人的骄傲。

现在，公益成了商会的重要工作。个别商会会员出现困难时也需要商会给予帮助。在中城联盟内部甚至演化出一种救援机制，如果会员出了状况不能够经营企业，可以和中城联盟的基金签托管协议，由他们托管你的公司，因为都是同行，没准比你管得还好。等到你可以接管企业时再还给你，你付一笔托管费就可以了。万一有会员破产，中城联盟基金会拿出一百万送给他，作为安家费，体现商会组织对于成员的关爱。因为有这么多的救援机制，现在中城联盟的凝聚力越来越强。

第四是政商沟通，工商联跟政府是一体的，所以渠道非常通畅。其他商会隶属于一些地方派出机构，政商之间的沟通也很通畅。比如北京陕西商会，陕西驻京办事处派了个处长做商会的副会长，商会办公有一部分在驻京办事处，省里面有什么要求通过办事处传达，而商会要回陕西做什么事情也通过办事处和省里沟通。

随着商会影响力的扩大，还可以通过它约请各种各样有影响力的人，包括政府部门的主管、相关部门的专家，以商会名义跟他们讨论些当下的问题，比如这几年出台了50个文件来调控房地产，这些文件的起草过程、出台、实施、反馈、校正过程，商会都有参与。

最后是勉力维权，这件事很难做。我做过不动产商会的一任轮值主席，曾试图在维权上多做些工作，专门约请谙熟房地产业的大律师共同讨论怎么维权。当时贵州有个地产老板被当地的老百姓包围，比卡扎菲还惨。老百姓到他的大厦里吃喝拉撒，搞得现场臭不可闻，外面到处贴着谩骂他的标语，老板躲在楼上不敢出来。后来他通过朋友给我打电话求助，我找的律师发现这个项目是政府很早以前以文件形式批下来的，离他不远处有家国企跟他做得一模一样，但没人敢去那儿闹。于是我们试图帮他维权，但过程非常艰难，结果并不理想。关于维权，商会做得不够好，也就没有办法有效开展工作。

浙江商会与陕西商会

关于浙江商会，它现在究竟有多大的影响力？明星一样的风云人物像马云、虞锋、郭广昌等都加入了浙江商会，在世博会期间郭广昌还带头组织民企馆，有效提升了民营企业和浙江商会的影响力。

我曾去滨州帮一个房地产老板看地，那里的商会会长接待我，他说他十几岁就来这儿，做了二十多年了，以前是钉鞋的，现在成了商会会长，这里会员的事他都要帮忙，有些生意令他感兴趣了也跟着一起做。他说这里的书记跟他关系很好，他随时可以去找书记，他的办公室跟书记办公室挨着，政府也说要尊重商会，因为商会跟当地经济关联紧密。后来晚上吃饭时福建商会会长来了，政府在这里也给他安排了个办公室。所以商会能够帮助提升当地经济水平，而且能有效沟通政商两个方面。

现在，北京浙江商会会长要换届，因为银泰老板沈国军任期结束了，有人推荐让我去做，说我祖籍是浙江，只是在西安长大而已。我说我不能做会长，但可以参加商会活动。在北京的浙江商人有将近六十万，北京有温州村、浙江村，最著名的是浙江村，全部都是浙江人，现在大部分发展得都不错。该商会每次开会都有上千人参加，每年浙江领导还专门请北京市委书记、市长吃饭，创造机会使在北京的浙江商会见领导，反映情况和沟通。因为北京市委书记是政治局委员，一般浙江商人见不着，北京商人都很难见着。

浙江商会在很多地方建立了固定的会馆、会所，非常高级。最典型、最有影响的是杭州的江南会，它在西湖边上几栋老式建筑里，是由

戒欺

马云、郭广昌、陈天桥、丁磊、鲁冠球等浙江商人出钱做的。江南会开幕那天我也去了，成了它的会员。金庸还为商会题写了商训叫"戒欺"，就是要讲诚信的意思。会所的餐饮、服务、设计都做得非常好。开幕那天晚上市委书记等都参加了，没有官架子，跟大家一起看表演。江南会成为浙江商人聚集的一个重要场所，我经常会接到它各种各样的活动邀请，比如2010年索罗斯来，就在江南会跟大家交流。浙江商会在上海还有一个会所，由郭广昌领衔的上海浙江商会一手操办。山西商会在北京大望路有晋商会馆。这逐步又恢复到早期会馆的形态。

浙江商会每年会举办浙商大会，我参加过两次，在杭州每一次都几千人，那一周差不多整个城内都是浙商，全球的浙商都来了，成为浙江最有影响力的商人活动，现在被其他地方效仿，比如山西有晋商大会，河南有客商大会（客家商人大会），陕西有秦商大会，湖北有鄂商大会等。浙江商会的经费特别多，执行理事都要捐钱，商会组织经费完全来自民间，主要用来为大家做事情。

北京陕西商会在换届之后，由我、陈宏、张朝阳、冯军来主持，我们强调商会的独立性，商会的基点还是商人的共同利益，所以要有自主性。我们跟政府之间是透明的，经常向政府汇报工作，但从法律上来说我们成立商会，需要政府的备案和批准就行了，剩下的就独立活动。这些想法得到了陕西办事处的理解和支持，现在我们有很大的活动空间。

换届时我们有了自己的商训，这样能形成会员共同的文化认同和统一的价值观，让商会能持续发展下去。陕西商人和中国经济社会的发展历史很吻合，从秦朝到汉代，陕西的商人拥有天下三分之二的财富，曾经非常发达，像今天的浙商一样。《史记》里有一段话讲陕西商人的特点，它说，沿海那些商人会算账、计较、精明，但不厚道，而陕西商人厚道、踏实，也可以说是木讷、迟钝。有很多文献描绘陕西人比较中庸、给人面子、内秀等。结合这些，我们提出的商训是"抱朴守忠"，由书法家写好刻了一个匾挂在会所墙上，强调秦商的厚道、诚信。

商会属于民间组织，民间组织必须有三个条件才能发展好。

第一是创办人要有献身精神。创办人不能牟私利，像中城联盟、阿拉善、爱佑华夏公益基金等成功的民间组织都很看重这点。

第二是收钱的成本要降低。一个组织要维持，不能为了收钱天天打电话，钱还老收不上来。中城联盟有一个很好的机制，就是每年基金分配时，直接把要交的钱扣掉，这样收费成本为零，所以中城联盟发展得很好。为了降低收费成本，陕西商会还想了个办法，一次收三年的钱，没带钱现场刷卡，我们付手续费。以前商会搞拍卖活动，有很多拍完之后找不着人付款了，后来现场备有POS机，你拍完之后马上就刷卡，所以现在陕西商会应收的钱都百分之百到账。

现在，商会的筹款机制也很有讲究。很多商会组织给钱就能当副会长，变成买职务，这样会使商会变味，不够严肃。陕西商会设计的制度是你先得选上，选上以后有筹款义务，给你一定时间去筹，筹得到你就完成任务，筹不到就自己拿。这是跟爱佑华夏基金学的，爱佑华夏曾经让我管西南区的筹款，一年要筹几百万，筹不上就得自己出。当时我想不着急，下半年去找几个哥们儿商量筹点款就可以了，结果"5·12"地震时这些人都已经捐了很多款，下半年不好意思再找人捐了，年底我自己就给捐上了。现在陕西商会也是这样来运作的。

第三是要制度创新，如果不创新，把商会变成了机关、衙门或江湖组织，那就没人愿意来了。创新的重点之一是要学会有序、透明地更换一把手，这是中国民间组织最重要的进步和尝试。如果第一任会长一直做下去，一方面他肯定很累，同时跟他好的在一起，不跟他好的就走了，所以要有任期制，只做一届，不能连任，更换的程序必须透明，并保证连续性，商会组织中的成员就会预期明确，合理竞争，从而达到有效治理。

现在陕西商会是每一次换届都选第一副会长，他有三年时间协助会长工作，以后会长卸任，第一副会长自动升任为会长，然后再选一个副会长，这样他可以为商会认真做六年事儿，我开玩笑说这叫备位，就像备胎一样。陕西商会现在的第一副会长是陈宏，我已经做了一年会长，再过两年就轮到他当会长了。退下来的会长进咨询委员会，里面包括陕西在京的各种专家、学者、领导。

制度创新让一把手的更替更有序化、透明化、可预期，这个组织就更稳定，最典型的是中城联盟，现在已经到第六任，只要你愿意做贡献，就都有可能选上。退下来的主席成立提名委员会，每次大家报名担任主席，由提名委员会选出两个人，最后当场票决，当场交接。陕西商会也经过了这样的制度性变化，商会花大价钱请了一个秘书长，他是研究生毕业，可以给大家提供专业化服务。陕西商会的这些创新获得了商界普遍的肯定，同时还有陕西省政府充分的肯定。

陕西商会还负责品牌化运作，做了一本杂志叫《秦腔汇》，请专业公司做形象顾问，还要做电视节目等。陕西在京者有很多，如影视界的张艺谋、闫妮，经济界的张维迎等，陕西商会经常组织大家以各种形式沟通乡情、联谊互动，逐渐做成了一个品牌。陕西商会还组建了创投基金，比如IT领域的风险投资、天使基金。它在会员里募款，大家非常积极，主要是投资愿意折腾的"陕西娃"，另外只投IT业，因为在IT里边有很多成功的导师，像搜狐的张朝阳、空中网的杨宁等，他们组成投资委员会，现在是杨宁在组织。天使投资基金一开始规模不大，也就三五千万人民币，但足够了，五年十年以后，会有一批陕西籍青年创业成功。

同时，陕西商会还帮助陕西省政府招商引资。最近我们代表商会去见陕西省领导，他们有个新城市发展拓展计划，我们就跟他们讨论建立体城市，决定由秦商出资，我来组织，陕西省政府给予政策支持。现在陕西人仅在北京控制的资产就超过两千亿，包括国有、民营的。

商会还能够让大家互相帮助、结伙赚钱。现在陕西商会内部开始谈共同招标土地，解决一些咨询性问题，比如说有些公司遇到发展瓶颈，商会内部派人去给他们做指导。在北京还要恢复建造历史上的山陕会馆等。

我们希望通过商会让政府从更多视角来了解陕西，改变自古以来陕西给人的封闭、守旧、木讷形象。前段时间陕西省省长来北京出差，我们请他来商会，但没让他去办事处，因为办事处像个政府机关。我们请他到张朝阳的SOHU办公室去，在那里省长和我们玩微博。我们通过这样的方式让政府人员了解陕西企业所做的新经济活动。

在今天，商会已经成为中国经济持续稳定发展的重要力量，也是商人之间建立横向联系、情感认同、伸张共同利益主张的渠道。随着中国市场经济的不断完善，未来必然会发展出更多自治性、自主性的独立商人组织，它们必须在法律架构和社会政治制度下有序地扩大发展空间，它们同社会的发展不仅是同步的，而且是不可阻挡的。

要贞操，就得忍受不舒服。

——冯仑

11

第十一章

绿贞操

目前节能环保已经成为国家的长期战略，万通和跨国公司一样也率先提出了绿色公司战略，甚至嚷嚷着要"吃软饭、戴绿帽、挣硬钱"，这背后究竟有什么样的道理和故事呢？

绿贞操

关于绿色环保，我给它取了个名字叫绿贞操。它怎么突然就变成了一件必然的大事呢？我发现有两种观点，一种观点认为，这件事是现实存在的，比如很多地方出现了土地干涸等景象，疾病的原因越来越多地被归咎于空气和环境不好等。有些人说气候变暖、地球快融化了，一位朋友到了南极，用可以把衣服脱了光着膀子的行为来证明地球真的"暖化"了，还有人比较珠穆朗玛峰几十年来的高度变化，发现峰顶的雪融化了一些，珠峰变矮了；这些都说明我们现在要呵护地球，不能再让它变暖了。另一种观点认为，这是发达国家操纵的一个话题。欧洲人是最早开始讨论环保话题的，有人就认为他们是为了设定我们经常讲的欧盟标准，比如水和食品的标准，其目的是卖技术、卖设备，因为只有使用欧洲的设备才可以达到这个标准。持这种观点的人认为，欧洲人把这个话题说成了一件特别伟大的事，让全世界的人都来讨论，这样欧洲人最后才有主动权，才能够制定他的规则，在下一轮全球竞争当中成为老大，因为全世界的环保、节能产品都找他买，他就控制了未来的新能源市场，并且新能源需求不断在扩大。有人还专门为这个话题出了书。

我参加过两次全球气候大会，发现很多贫穷国家都持第二种观点。这件事情演变成全球利用气候问题进行经济、政治、科技和国际势力等方面大范围的博弈，谁掌握话语权非常重要。它背后表现出来的是发达地区与非发达地区、环境先破坏的地区和环境后破坏或正在被破坏地区的较量，比如不发达国家想让发达国家给钱才能把环境搞好，但发达国家只同意给它们做计划，或提供贷款帮助对方买设备。

在碳排放方面，按什么标准呢？中国就这个问题不断跟欧美较劲。如果按照人均排放量考核，现在中国碳排放量排第一，那么中国就得多埋单。但中国说我们进入现代社会比较晚，西方发达国家排放高的时候我们没找过你们，那时候中国正发生鸦片战争，今天你们把产品、制造业都推到中国来了，然后又说中国把地球搞脏了，还让我们承担责任，这不公平。

一个话题背后有很多话题以外的故事，就像现实当中我们总说爱情是大事，但这话题是不是人为制造出来的？今天你认为爱情是理所当然的事，但人类50万年历史中，爱情只有5000年历史，另外495000年里人类没有爱情，所以不能说爱情这件事就是人类社会必须有的。词典上记载，"爱情"这个词出现得很晚，汉语里最早的词是吃、肉，钱也先于爱情。在马克思的《马克思摩尔根〈古代社会〉一书摘要》和恩格斯的《家庭、私有制和国家的起源》等有关人类社会发展的著作里都有这种观点。

人最初没有私有财产，大家共享打来的食物，后来发现剩下的不知道归谁。这就是剩余财产的处理问题，然后出现了部落酋长或氏族长老对剩余价值的占有。那时候人的寿命短，活到三十岁就可能病死了，他想把东西留给自己的孩子，那么怎么保证孩子肯定是自己的呢？于是由原来的群婚乱交变成了一对一交往，叫做一夫一妻制，这样就保证孩子是自己的，所以一夫一妻制就起源于吃剩下的那一点肉，不是什么伟大的事。

但之后发现有漏洞，结婚以前女方万一跟别人怀上了，最后生下来的孩子还不是你的。于是有人发现人是唯一有处女膜的哺乳类动物，老虎、狮子都没有，因此就有了处女崇拜。女人结婚时必须是处女，否则就被认定是坏女人。可万一她不能生小孩呢？于是又发明了纳妾制度，妾就是替大姐生孩子的，但人类后来发现二姨太、三姨太越来越多，都没限制了。为了把一对一的关系道德化、神圣化，就编了一个词叫爱情，一对多叫滥情、偷情，总之都是坏词，只有一对一是好词。一对一加上处女崇拜、一夫一妻婚姻制度等，让离婚变得特别困难，这就等于用绳索将女人套住了，保证她生的孩子肯定是自己的，这样财产就可以传下去。

爱情在学术上讲是一对一感情的道德表现，它是和私有制、家庭、一夫一妻制同时产生的，都只有五千年左右的历史。而今天爱情变得很伟大，电影电视天天说。这就跟说气候变暖一样，真有其事吗？两个人在一起肯定很稳定、有益无害，那是不是其他的方式就都不对了呢？气候这个问题和爱情一样，变成了道德问题，如今你不讲节能环保就是道德不好，所以我把这事叫绿贞操。

只有创造、主导话题，才能够确立规则，一旦拥有话语权，就能够主导局面、分配资源、决策未来，我看到了这样一个逻辑。比如说立体城市，城市化带来了交通拥堵、污染、高房价、城市功能不合理等很多问题，我们用建立体城市的方法可以解决，于是就创造了这样一个话题，就有了主动权，就能够更有力地改变城市化的发展模式。这是我到处宣讲的结果，讲了三五年，我就成了这个话题的主导者，逐步在这方面确定了游戏规则，最后就可以决策未来。

气候变暖究竟是不是真的存在？以我们短暂的生命没有办法来检验，地球这一变是几千年、上万年的事，我们才能活几十年。也许有人说原来感觉很凉快，现在变热了，但这不是科学，是你个人的看法。

我在哥本哈根参加全球气候大会时，很多人都在为地球操心。美国一些科学家解密了一个科学档案，说通过科学验证这事根本不存在。如果把年头拉长看，地球有一段时间在变冷，比如冰河时期，但它有时候也变暖，短时间看变化明显，但放在几千年、上万年历史中看，就很难判断。另外从局部看有的地区在变暖，有的地区却在变冷。

我们必须整体来看地球，比如中国的沙漠化，大家说事情很严重，但某一个区域沙漠化以后，发现另一个区域绿洲变多了。在我国内蒙古和非洲，沙子是会搬家的，风一吹，沙包不断在走。所以从地球整个表面来看，沙漠、湖泊、绿树、山等包括地震以后的地壳都不断在变，不能短时期来看问题。

气候变暖对地球的影响到底有多大？有人认为影响非常大，每年气温升高一度，那多年以后冰山上的雪就全化了，就会洪水滔天；有的人认为不会这样，因为有的地方会冰冻得更厚，总体来讲是平衡的。但在那次哥本哈根气候大会上，科学家一解密，会场上的人就都有点坐不住了，说如果这是真的，那我们不成傻子了吗？我想不管是真是假，环保都属于有益无害的事情，水、空气干净点总比不干净好，温度适中总比越来越高好。作为普通老百姓来说，节能环保怎么做都是有利于健康的事。少吹一会儿空调，尽量用自然风，对身体都没坏处。所以我不拒绝绿色环保，而且还很欢迎，要认真去做。

我到奥地利时发现，人们在房子里不开空调，而是用电扇，出门时不开车，而是走路或骑自行车，穿的衣服大多是纯棉布、款式简单的。他们说这都是为了地球好。我开玩笑说地球舒服了，但是人不舒服，那人要地球干什么？现在都说人过度舒服、地球不舒服、人类快要毁灭了，好几千年里有很多伟大的人都这么吓唬过人类，但其实也都没事。那么到底地球舒服和人舒服之间要掌握个什么度呢？

如果人们全不用空调，很多空调厂关门了，地球舒服了，肯定有很多人不舒服。如果人们都不坐汽车了，又会有多少人下岗？大家只能干一件事，就是去挖地种庄稼，这样地球就舒服了吗？地球不希望热，但希望大家去刨它吗？什么情况下地球舒服、人也舒服？人的舒服可以度量、感知，但地球舒不舒服都是人说的，人说地球变暖了，咱也不知道是不是事实，地球也没投诉。

对于这个问题，需要平衡技术、成本和人的舒适度之间的关系。第一，开发节能环保技术的最终目的是让地球舒服。第二，需要多少钱实现技术让地球舒服？这钱你愿不愿意出？人不愿意出，地球就得忍耐一会儿，人愿意出，地球就更舒服一点。第三，我们先别管未来的事，重点想想怎样让生活继续的同时不降低人现有的舒服度。在农村山路坎坷，村民不知道汽车时他不觉得痛苦；但坐了一回车，觉得很舒服，回头再让他走山路，他就不愿意了。所以我们可以让现有的舒服继续，新的舒服慢慢增加或有限地控制一下，在建筑上做点改善，少用一点空调，但不是说绝对不用。

我发现中国社会对气候问题这件事情的态度很有意思。我在哥本哈根和坎昆的两次全球气候大会上都很少看到国企，基本上都是民营企业在参与。按理说中石油、中国电信等大国企对环境问题的影响肯定比民营企业要大，可他们都不去开会，都是民营企业在那儿嚷嚷，包括阿拉善生态协会、万通公益基金、万科公益基金等这样的民间组织。

这么伟大的事没见着国企参与，然后汽油还涨价，这好比直接从地球身上抽血，但不给地球埋单。中国企业家俱乐部召开中国绿色公司年会四年了，每一次都是民营企业去得最多，国企领导没什么人去。民营企业中去得最多的是房地产公司。公益组织当中也全是民间和私人发起的组织去，政府部门下面的公益组织几乎都没有出现过。

国企为什么没有动力？政府这么倡导，他们为什么不去参与？在坎昆开会时媒体也在问，但没有答案。中国民营企业有七百万家，解决了70%的就业，提供了50%的税收，民间公益捐款大大超过国企，却只占用了30%包括信贷在内的公共资源；国企占了70%的公共资源，仅提供了30%的就业，也不大张旗鼓地去干让地球舒服这么伟大的事，这是很值得玩味的现象。

要贞操，就得忍受不舒服

大家认为"绿色"是好的、必须的，这就成了价值观和道德层面的事情，成为一种贞操观念，像封建社会里女人要有贞操一样。有了这个绿色，公司就是好公司，人就是好人，说明你有觉悟，公司是负责任的。

我读历史、文学读了几十年，发现贞操有四个特点。第一是必须的，不能商量。在老电影《自梳女》里，广东、福建一带有些女人决定终身不嫁，就自己梳起头来，叫自梳女。有个自梳女春情萌发，和一个男人有了私情被人发现，最后全村人把她装在猪笼里沉塘。这是必须的，因为所有人都认为这是坏事，就像今天抓了小偷所有人都喊打一样。社会一旦形成道德力量，就会释放出巨大的压力。在印度等地，也听说有红杏出墙的女人被用石头砸死或烧死这样的事。因为贞操是必须的，虽然它不是法律约束，但道德意味着在情感、风俗、行为上形成了一致性和不可抗拒性，比法律更具有现实的"合理性"。

第二，贞操的评价标准和痛苦程度成反比。你坚守贞操时越痛苦评价越高，越舒服评价越低。偷人养汉的女人被骂成婊子，但如果她守寡几十年，就会有牌坊立在家门口。慈禧曾经觉得节妇烈女太少，一查发现是标准定得太高，守寡20年才能立个牌坊，于是她把这个标准降低，10年就可以申请，这样有资格立牌坊的人就多出了很多。

在安徽有个棠越牌坊群①，也叫牌坊村，我发现这些牌坊有两个级别，一种是由民间到礼部申请，最后中央核准，由皇上题个字，叫恩荣，但得自己家埋单，这个档次属于守节10年左右的。还有一种是20年以上的，由地方政府申报到礼部，再由皇上同意批"圣旨"，这是由政

---

① 位于安徽歙县郑村镇棠樾村东大道上，共七座牌坊，明建三座，清建四座。三座明坊为鲍灿坊、慈孝里坊、鲍象贤尚书坊，四座清坊为鲍文龄妻节孝坊、鲍漱芳乐善好施坊、鲍文渊妻节孝坊、鲍逢昌孝子坊。

府出钱的，规格更高。牌坊一般都立在街口，像现代的路边广告似的，每个人路过时都可以看到。

还有更伟大的例子，安徽棠樾有一个少女才十六七岁就开始守寡，一直守到七十多岁，差不多一辈子就在家里待着，成为当时妇女界的楷模，后来当地给她修了祠堂，棠樾也因此成为中国唯一有女祠的地方。贞操就是这样，评价越高，意味着受的苦越大。

我在西安读中学时，有一年夏天很热，我看到一位老师家门口坐着一个妇女，穿戴特整齐地在外面晒着，就是不进屋。班主任跟我说这是陕西规矩，丈夫不在家老婆不能一个人在家里待着，为了表示她的贞操，就在外面坐着一直等到丈夫回来。所以贞操和快乐成反比。

第三，贞操和效率也成反比。守贞操60年，本来能生很多孩子，现在不能生了。女人跟丈夫不好也不能离婚，又不能偷人养汉，这就失去了很多生养的机会，牺牲了效率。

第四，贞操不能用橡皮把它擦掉，或用手术的方法再补起来。比如环保，如果碳排放很多，你可以通过碳交易，花钱买指标，把碳足迹擦掉，像用橡皮把以前干的坏事抹掉一样，但贞操不行，你一旦失去贞操，再干好人好事，都很难被人接受，坏印象永远都抹不掉。贞操一旦失去了便补不回来，花多少钱都没用。

从这个角度来看，环保一旦变成了贞操，我们也必须遵守这几个规律。一旦确定了价值观，我们就必须明确认同三点。第一是必须的，不能商量。第二不能那么舒服，得减少一些快乐，比如我们要多种树、少坐汽车、少用空调，换句话说，不难受不足以证明自己有贞操。不少公司现在提倡俭朴生活，比如办公室楼道里的灯经常是黑的，这当然不舒服，但得到了"绿贞操"的评价。第三要节能环保就得牺牲点效率，比如做节能建筑、绿色建筑，比不节能的建筑要多花时间、多花成本，这都会牺牲我们的财务效率。

我们把绿色的价值观上升为贞操观念，就必须要不遗余力地去推动，去坚持，适当放慢脚步，更从容地去从事这项工作，忍受一些不舒

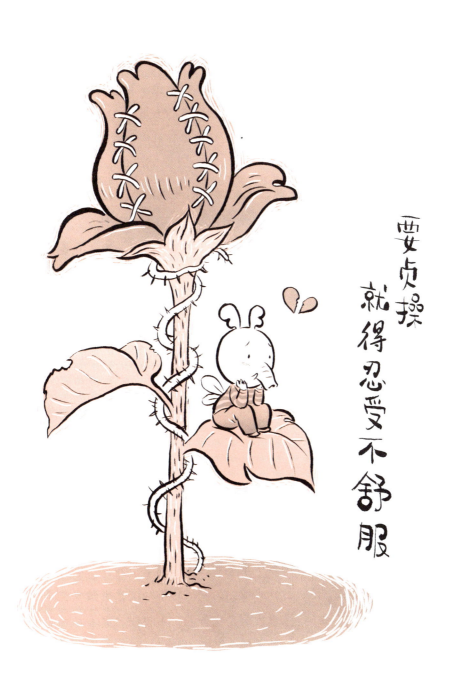

要贞操
就得忍受不舒服

服的地方，逐渐把不舒服当成习惯，把自律当成美德，公司才能够变成公认的好公司。

当然，这还需要不断地去宣讲，道德就是用唾沫和语言锤炼成的，因为道德不是法律，它之所以能够约束人，是因为在熟人间和一个区域以内，形成了共同的是非标准，这就叫众口铄金。有时甚至需要人以死明志，以证明自己的贞操。所以道德和语言的力量很大，要保证这个价值观的推行，我们必须不断地说，而且要说到最后谁都不敢不这么去做才行。

绿色环保成为贞操观念，就会对我们的生活产生出越来越大的影响。至于绿色环保怎么与人们生活密切联系，在台湾我体会得非常多。有一次我们有一个行程，其间有点时间可以自由走一走，我们看到了个垃圾焚烧塔，有人说到那上面玩儿吧。我们当时一听垃圾焚烧，心想多脏啊，去那上面干吗？那人却说那上面有个餐厅，特别干净。然后我们就上了垃圾焚烧塔。垃圾焚烧塔底下部分是焚烧垃圾的地方，上面有个大烟囱，为了表示空气质量、环境等绝对没问题，垃圾焚烧塔上弄了个餐厅。出人意料的是这个餐厅人很多，差点没位置。能把垃圾焚烧掉，空气质量还那么好，上面还建有餐厅，让人可以在上面观光；垃圾脏乱臭，而观光要美，把这两件事放到一起能处理得这么好，挺让我感动的。

还有件事情，也是有关台湾的。在台湾街道上，经常会见到一堆人坐在地上，把咱们俗称的矿泉水瓶洗干净，撕下标签来然后分好类。我当时想这是什么人，在这么细心地整理瓶子。后来我去访问了慈济才知道，这是慈济的义工。台湾管矿泉水瓶叫宝特瓶，每天有大量的义工在回收这些东西，然后把它打碎弄成粉，制成化学纤维，再做成衣服或毯子，救灾时送给灾区。这个过程全是义务的，不收钱。更重要的是他们利用这些还赚了一些钱，赚的钱用来做电视节目，叫大爱电视台。这让我感觉到，台湾环保已经体现了一种公民意识，已变成了实际行动。

我参加过很多的绿色组织活动，印象最深的就是2010年在芝加哥举行的绿色建筑大会，其中有件事给了我很大的震撼，除正常活动外，那天有个重头活动是鲍威尔的演讲。一般演讲也就几百名听众，可那场演讲现场有18000人。会场空间很大，音响也非常好。18000人听演讲，大家很安静，都在等鲍威尔出场。当时我是和中城联盟的朋友一起去的，"中国中心"的人帮忙联系，在前面给我们安排了一个区，我们坐在那儿。在鲍威尔之前演讲的是美国绿色建筑委员会主席理查德，他讲的中心意思是，绿色对于我们来说是宗教，是价值观，是永远的敬畏，因为是价值观，所以要自律，要有行动，要终生为之奉献。

　　理查德讲完以后，鲍威尔开始讲。因为用的是英文，我听不太懂，就记住了两个故事。一个是鲍威尔讲他退休以后无所事事，天天看着老婆，再没人来汇报工作。他生长在美国纽约黑人区，黑人区的社区状况现在也在改进，但不如曼哈顿区好。后来他想要做一件事情，即把他从小上学的一个地方，改造成绿色建筑。因为他和绿色建筑委员会有关系，所以他现身说法，和绿色建筑委员会的专家一起，把老房子改造成了绿色建筑。后来他讲到美国就是美国，不会衰落。他毕竟当过国务卿。他说我告诉你们，因为美国有包容，有自己的价值观，有自由。接着他讲了个故事，他当时还是参谋长联席会议主席，有一天从马尔道夫出来，街边有很多小推车，卖上面有些盐粒儿的那种小食品，他爱吃那种小食品，就过去买了一些，买了以后付钱时，卖家说你不用付钱，你是鲍威尔。他说我是鲍威尔也要付钱的，我要吃这食物就得付钱。卖家说你已经给过我钱了。鲍威尔有些诧异，我怎么给过你钱了？卖家说感谢美国，感谢你领导的美国。鲍威尔很好奇，问为什么。卖家说我是外国移民，我移到这个国家之后，这个国家给我机会，让我能够赚钱，还能免一些税，就等于你们已经给了我钱，所以今天这些食品你不用再给我钱了。

　　鲍威尔讲这个故事时，他说自己很感动，如果美国能给所有新移民、外来者这样一些信息，美国是包容的，有自由的，能让你生存发展，美国就不会衰落。这演讲给了我很大的震撼，他是从这个角度来看美国强大的。讲完之后，人们报以经久不息的掌声。所谓"经久不息的掌声"分两种，一种是坐着的，一种是站着的。站着经久不息是最牛的，当时我一看大家都站起来了，于是我也站了起来。这是美国政治家在绿色大会上的演讲，而且听众是18000人！这是我在节能环保当中碰到的最有感触的事情。

标配与顶配

要想卓有成效地推进绿色环保，技术就显得很重要。从技术层面来看，这几年全世界绿色节能方面的技术是海量的，比如说减少能耗，在局部小范围内都有大量技术，并且呈几何级数增长。这么多技术怎么选？是偏向先进性，还是侧重于适用性或经济性？这需要决策者来选择。

麦肯锡公司曾经研究过建筑、技术和成本之间的关系，发现三分之一的新技术的成本是低于现有技术的，可以省钱，但有三分之一的技术比现在的成本要高，还有三分之一是持平的。所谓决策，其实就是从中组合出一个自己可以承受的成本，这样才能持续地推动绿色产品技术的发展。

我们做不同标准的绿色（浅绿、中绿和深绿），成本是不一样的。如果选择国内住宅绿色三星的建筑标准（深绿），每平米要增加300到500块钱的成本，这是买绿贞操的代价，可见贞操是很贵的。如果要做100万平米的项目，就要多花3亿到5亿元。

现在绿色环保技术可以划分为两类，一类叫主动式技术，一类叫被动式技术。总体来看，主动式技术贵，被动式技术便宜。比如空调是主动式技术；把窗户开大点，遮阳系统调一调，这叫被动式技术，空气、温度会因此发生很大变化，成本低些。我主张在条件允许的情况下，更多使用被动式技术。例如我在安徽看到很多中国传统式的老房子，他们在房间里挖一口井，把井口做大，夏天从井口透出来的凉气能调节空气，旁边再弄个竹帘子，用绳子不断地拉，可以把从井里冒出来的冷气扇到屋子里，这很节省成本。如果我们做别墅，这些技术都可以借鉴，比空调更加干净、省钱。

此外，不同的产品对能耗的要求、设计和使用都不一样。住宅产品能耗的分摊是谁买房谁负担，公共部分大家分担得不多，开发商是一次性投入，最后经过销售收回，剩下的各家业主自己解决。比如有人家天天要开空调，那就多交些电费。最近我们有个客户因为煤气问题在闹纠纷，当时房子设计的时候把两户共用的煤气开关设在一户人家中，结果两家煤气用量有点算不清，最后弄得特别僵，把警察都叫来了。所以在对住宅产品的设计上，虽然针对的是各自独立的消费者，相对来说简单，但也要设计好。万通做零碳建筑的试验，叫原形屋，是按英国技术来做的，就是它排放出来的碳能量最后可以被系统自己吸收并抵消掉，实现零排放。这个原形屋在上海世博会英国馆里展出了，现在我们正式在天竺新新家园做，估计会很快推出来。

在地产方面，商用地产对能源依赖非常大，设计产品特别讲究，能源的设计应该越早介入越好，而且一定要从整个系统来考虑，否则产品出来以后，使用者和业主都会有巨大的负担和损失。最典型的就是北京首都国际机场T3航站楼，它空间超大，中间柱子很少，这样能耗很大，造成T3航站楼夏天热冬天冷，因为这么大的空间，需要巨大的空调系统才能调节好温度，业主运营时发现成本巨高，于是多数时间不能使设备按设计标准运行，结果盖得非常好看，但用起来感觉并不舒服。英国的大机场就不是这样，它做了四个小空间，外面再套个大空间，这样更容易调节温度。所以必须考虑能源系统运营的成本，光要面子会造成巨大浪费，匹配才是最重要的。有一次我去杭州小灵通的新办公楼，它的过道十几米宽，底下餐厅全是大屋顶，我跟那个老板说你们电费一年至少5000万，他说真是这样，觉得很闹心。

商用不动产应该在公共空间的能源系统上做独立设计，这样才能保证商用建筑在节能方面做得更好。美国绿色建筑委员会的LEED标准是目前全球最严格有效的，在全球每一天都有两百万平米的LEED建筑出现，效率很高。它在认证过程中，有很多特别的地方，比如外墙做好以后写字楼怎么认定，包括基础部分和未来部分等，非常严格。万通中心的D座正在做LEED金级认证，我们要拿到这个认证，需要多花400万人民币来改造。这将成为北京第一家获得LEED认证的办公楼。

任何一座建筑都可以成为绿色产品，在国外绿色建筑已经成为标配，就像买汽车一样，不是顶配。早期国外的绿色建筑是顶配，顶级配制才有绿色，现在不是了。但国内目前还算是顶配，标配里没有包括这一项。目前在美国每年新增房产项目百分之百都是绿色建筑，绿色建筑比不绿色的建筑要多增加租金，或高出售价10%～15%。这就是市场在为绿贞操买单。我们在天津生态新城的新新家园，做的就是绿色建筑的顶配，卖的价钱比市场价要高约15%，政府还有很多奖励、扶持政策。

我注意到，有相当多的公益组织、专家都在强调行为比技术重要。比如随手关灯减少碳排放，这比发明技术来得快，因为发明技术的过程本身还有碳排放。只有行为的改变可以只减少不增加碳排放，是绝对好的；技术进步带来的碳排放，不能完全说服大家，有时增加的还要多于减少的。

行为的改变有很多，比如不用空调改用电扇、换节能灯等。有的行为我认为是矛盾的，比如不用餐巾纸改用手绢，但手绢越擦越脏，擦完了又吃东西，带来的病菌、感染也会产生大量碳排放。所以这个度到底怎么掌握很重要。阿拉善生态协会为此专门出过一本书，就是教大家怎样用最简单的行为改变以达到环保的效果。

万通公司也有行为上的改变，比如公司每年给员工四天带薪公益时间，让大家去参加一些公益活动，通过环保意识的增强逐步改变大家的行为，创造一个共同的行动准则，使公司员工自觉地参与到节能环保当中去。

价值观与组织

从组织层面来看，国内环保组织非常多，目前最大的是阿拉善生态协会，它在倡导、推动民间环保方面，产生了巨大的示范和带动效应。

阿拉善生态协会做的最重要的一件事就是在阿拉善地区选了300多平方公里的沙漠，进行重点根治，通过梭梭林的种植来固沙，解决沙漠的迁移问题。这是和美国大自然保护协会共同合作的，这几年做得很执著。第二件事是每年评选生态奖，颁给国内优秀的环保人士和民间自然守护者，现在影响越来越大。获奖的有淮河卫士等。第三件事是培养绿色领导力，对公益方面的专业人才和民间草根公益组织予以支持。国内有大量的草根环保NGO，其中有代表性的是梁从诫先生创办的"自然之友"。

现在新崛起的还有专业的企业公益基金，比如万通公益基金会。它是专业的环保公益基金，目前已经做了将近50个生态社区，得到了多方面的肯定。这是一种可持续、有企业捐赠的私募公益基金，现在它已成为民间环保组织中的重要力量。

现在国外绿色建筑组织非常多，全球影响力最大的是美国绿色建筑委员会，每年它开年会时都有近5万人参加。2010年我代表国内中城联盟绿色建筑委员会去参加了芝加哥的美国绿色建筑年度大会，发现这一机构的执行效率非常高。我看到有18000人在闭幕式时听委员会主席演讲，PPT里重复播放着一个教堂的故事，讲述教堂怎么建立、人怎么进去、怎么跟神对话、改变行为等，这位主席坚信，必须把绿色当成宗教来做，相信LEED就是相信善，就能真正改变自己，做有益于他人的事情，推动绿色建筑的发展，最后成为善人、绿色的人。

美国绿色建筑委员会有这么大的能量，主要源于它们在价值观上的坚守。对照国内，一些官办组织虽然搞了很多绿色的东西，但推不动。你当一般工作去做，肯定干不过宗教。全世界宗教组织时间最长，几千年来前赴后继，传承的生命力特别旺盛。所以做节能环保这件事，在组织上也必是价值观驱动才最有效率。

另外，它们内部组织结构十分合理，分工也很有效。他们有专业的董事会、CEO，以及非常多的专家，而且全都是义工。那位主席告诉大家：这是一生的伟大事业，我们要像追求神一样追求我们的绿色梦想。

全世界还有很多环保组织，比如大自然保护基金等，影响力都十分大。国内环保组织的发展还不够，规模很小，从业人员很少，专业水平也不够。大量政府办的环保机构，由于没有价值观的支持和引导，机制上都是依附于政府某个部门，没有形成发自内心的、由下而上的强大驱动力量，因而反倒不如阿拉善生态协会和自然之友之类的民间组织更具号召力和推动力。

中国是全球第一大能源消费国，房地产行业在每年的能耗中占到35%，所以房地产行业在节能减排、坚守绿贞操这件事上应该是最责无旁贷的，这也是万通在三年前转型时提出绿色战略的依据。今后我们仍然会按照绿色战略来打造绿色产品，创造绿色GDP，让公司在节能环保和环境责任方面做得更好。

一个好的旅行家决不知道他往哪里去，更好的甚至不知道从何处而来。他甚至忘却了自己的姓名。

——林语堂

12

第十二章

旅行

旅行成为了我做企业以后最重要的经历之一，我没想到此生能走这么多地方。其实旅行的体验对公司管理很有帮助，我一年有两个月时间在各地旅行，当然有些是借工作之便。我经常去一些以前不怎么去或没去过的地方，这样可以对世界上的东西不断地观察，我觉得旅行有益于健身、益智。当然，女性旅行有时会有另一种体验，比如亲情、美丽、悠闲，我的旅行特点比较男人，通过很尖锐的刺激促进思考，那种很幽美的地方我反而待不住。

反过来看，我的内心已经被摧残得很不完美，我自己写过一副对联，上联是"蟹肥菊黄，蘸月煮酒，有多少峥嵘岁月奔来眼底"，下联是"风清月朗，逐日揽卷，恰无数天下英雄零落成泥"。对我而言，看到的世界总是两面的，其中有非常惨烈的那一面，而在公司上班的年轻白领一定不会有这种心境。我为什么说"零落成泥"？当年到海南的那批企业家中，最近死了好几个，所以我会有这样的感慨。

不过，感慨归感慨，旅行还是带给了我很多独特的体验。据秘书统计，我2010年一共飞了210次，其中有100次是国际旅行。在地球上我已经去了70多个国家，中国几乎所有的县我都去过了，很多省会城市更是去了多次。我年轻时总想走天下，现在看已经走了一大半了。在这个过程中，我越来越体会到为什么老男人要玩、小男人要思考，因为通过玩可以扩大视野和增加人生体验。我习惯在旅行中进行观察和瞎琢磨。

没有恐怖的恐怖主义

　　旅行可以让你的眼睛看到世界的真实，这是一件很开心也很痛苦的事，你需要不断否定以前的经验和别人的教导。因为我是读人文科学的，在旅行中最重要的还是睁开眼睛看世界、看人，所以我不放过任何一个看世界、看人的机会。比如在非洲大草原上看哺乳类动物，再和人作对比。我只是想看清楚人跟动物到底怎么回事，我一直都这样好奇，对人无限好奇。旅行中别人很在意享受或挑战什么的，而我一路都在看人，同行的人、前面的人、后面的人、不同文化的人、不同人的交往模式、眼神、手势等，这是我旅行的乐趣。

　　对历史、人物、制度变迁这些文化信息，我也很有兴趣，我一直有个特别的愿望，想写一本叫《到历史现场读大历史》的书。因为我去过很多地方，在莫斯科看过古拉格集中营博物馆，"二战"以前斯大林时期的。古拉格集中营分布得非常多。看集中营这个过程，可以仔细体会俄罗斯的制度变迁，俄罗斯怎么变成了现在的体制？为什么是这种体制？所以，旅行对我来说永远是在观察、思考社会，这不禁让我想到为什么近现代国外有几个国家有几点特别相同：第一是改革，第二是内部互相侵占、屠杀，第三是闹饥荒。朝鲜闹饥荒，韩国从来不闹饥荒，我把这理解为人类在探索走向天堂之路时迷失了方向，结果生灵涂炭，经济坠落，人民贫困。

　　我在越南听到了件非常悲惨的事，1975年越共进城以后消灭富人，那些家里有点钱的人怎么办？花钱，100两黄金买一条私船偷渡。后来政府知道有这生意以后，就与海盗一样的船家勾结，洗劫这些人的黄金。你们不是要买船吗？100两黄金一条船，交了黄金然后发个证件。逃跑的人多数逃到半道就死了，闷死的、渴死的、热死的、饿死的、病死的、掉海里淹死的都有。跟我讲这件事情的大姐那时刚结婚，她丈夫要跑，打算跑出去以后再回来带她，结果一去几十年没消息。在她丈夫走了不久，她哥哥又开始跑，跑了又没消息，结果她母亲眼睛哭瞎了，后来她也要跑，跑到半道政策改变不让跑了，上船走出一段后她又回来了，把钱都上缴了。

回家看到她父亲正在火盆里烧钱，为什么？因为币制改革。币制改革是什么？就是1块新钱换100块旧钱，但你拿旧钱来换新钱时要讲清楚钱的来源，以及缴税没有。这样一来，战乱变动，很多人说得清楚的凭证找不到了，这样就有可能抓你、关你、斗你。所以他父亲一边掉着眼泪在家里烧钱，一边说大河都干了，小河没有意义了，也就是国家都这样了，别再较劲了……那位大姐跟我讲的时候声泪俱下，到现在她还是一个人，说她没结婚吧，她结婚了；说她有老公吧，老公跑没影了。因此，在旅行当中我对世界的看法越来越完整，就像拼图一样，这儿拼一块那儿拼一块，有的是在历史长河当中拼，有的是横向拼，我把越南、柬埔寨、朝鲜、古巴、俄罗斯穿起来看，这项制度当中的一些共性就非常清楚了。

所以，在旅行中给我印象最深的都是一些特别不舒服的地方。2009年我和王石48小时纵穿阿富汗，从喀什出发，经过吉尔吉斯斯坦、乌兹别克斯坦，跨过一条河，进入阿富汗北部，翻过兴都库什山，闯入喀布尔，再往南通过拉布尔山口到巴基斯坦的白沙瓦。和拉布尔山口相连的是特拉波拉地区，也就是所谓的部落区。那段旅行紧张而难忘，让我看到了世界最真实的一面。后来我专门去读与之有关的小说《追风筝的人》、《灿烂千阳》，前面那部小说还被拍成了电影，是一个在美国的阿富汗侨民写的。

我们在前往乌兹别克斯坦途中，不断听到传来的信息说很危险。我们是一个由国内12辆自驾车组成的车队，我和王石等人的最终目的地是印度，去那儿参加胡锦涛主席出席的一个访问活动。外交部说如果途中出了事情，会影响到后面的活动。当时我们面临着几种选择，一种是坐飞机到巴基斯坦，越过阿富汗，把车从其他地方拖过去；还有一种是直接飞印度。我们在那儿商量，都表示不甘心。最后负责人说明天早上7点出发，如果谁迟到了，我们就不等了。到了早上果然准时出发，在车上

通过玩可以扩大视野和人生体验

发现有两个人（都是文化人）没起来，而做买卖的人都起来了。

为什么我们一定要去？因为这个风险我们已经过滤过一次了，这几年在此发生恐怖人质事件的概率比在北京遇到车祸的概率还小，你在北京被车撞死的可能性比在阿富汗成为人质的可能性要大。于是我们把所有通讯设备关掉，爱谁谁了。当然我们也作了准备，花钱请当地大哥保护我们，在北部地区是马苏德控制的，但过了喀布尔再往南，这个大哥的力量也控制不住，我们就又找了一伙在破皮卡车上扛枪的"大胡子"来保护我们。

我们进入阿富汗地界，到了马扎里沙里夫，这是一个重镇，路上人又多又乱，都是做生意的。我们被领到了一套大房子里，见到一个满脸胡子的大高个，后面站着两个壮汉，两肩都扛着枪。翻译告诉我们这是市长，门口的是武装保卫。市长对我们说了一会儿话，意思是欢迎，并邀请我们去他家吃饭。到了他家，发现全部被武装包围了，吃的东西都放在地上，弄不好就踩了。我们吃完了赶紧出来，被前呼后拥的武装人员裹到车上拉了就跑。在这个过程中我们觉得挺有压力。接下来半夜里穿过兴都库什山，路过巴米扬大佛的坟场，凌晨到了喀布尔。

我们听说在喀布尔所有的女性都必须将脸蒙起来，这里是阿富汗对这项风俗执行得最严格的地区。当时我们队里有四位女性，我们说一定要包住，因为在塔利班时期，不包住的女性就好比公共财产，谁都可以拿走，而且会有人拿石头砸你，把你当成异类。按照当地习俗，女性不能独立在街上走，一定要有家里的男人带着。但我们的人不习惯，觉得蒙起来特别闷，就想在看见有当地人时裹一下蒙事儿，但如何面对成天伴随在左右的当地武装保卫人员呢？这种文化的冲突令我们非常尴尬。那些大哥的职责是保护你、盯着你，但你老露着脸又违反了他们的教义，这该怎么办？更尴尬的事是女士要方便时，他们还得拎着枪跟着，这更违反规矩。后来几位女士想了个办法，三个人围起来让一个人方便，大家轮流来，让他们离得稍微远一点，拿着枪四周看着。因为他们的工作是有报酬的，所以钱有时候比文化更有力量。

在喀布尔的国际饭店外面，沿途有很多人提着枪，到处都是关卡，由武装保卫人员过去说一阵子话，对方就放行了，但我们看不清楚哪伙是哪伙。去山上的酒店共有三道哨卡，这是外国人唯一可以去的地方。酒店房间很差，早上醒来，竟然发现所有保护我们的人都不见了，原来他们的大哥到这儿罩不住了，半夜就跑了，把我们撂这儿了。途中我们还把军大衣给了他们，原以为会一路被他们保护，结果大衣也没了。

我们只能另想办法，申请了一个联军的特别通行证。在喀布尔有美国军队，还有多国部队的联军，我们得去找他们补给。这是我第一次看见军事基地，全部被马刺一样十字交叉的铁丝网围着，一层又一层，然后一路岗哨，到了里边有一个沃尔玛超市，竟然有小店专门卖碟，让人立即感觉到了美国社会。他们住的地方比我们盖的TownHouse①还好，非常整齐。我们在商店里买东西，碰到几个美国特种部队的大兵，对我们说：你们是中国人，我们知道你们几个人几点几分要从这里通过。原来他们提前都得到通知了。

在超市里我们买了很多东西，走出去没多远，又没人管我们了，路上有巡逻的装甲车，天上还有飞机。我们车里边有人在照相，结果引来巡逻的士兵拿枪顶着我们。他们怎么能看见呢？原来人家有一种像夜视镜一样的东西，能透过车的茶色玻璃看见你，你说话他们在天上都能听见。

通行证也只能管这一段，于是我们只好又去找人来保护，但后来这批人更没组织，一上来就跟我们要东西，我们也不知道这是哪伙人，就给他们了。这伙人带着我们一直走到拉布尔山口，要过边境时，他们把我们身上值钱的东西、衣服全扒掉，像趁火打劫，我们也很害怕，把冲锋衣什么的都给了他们。

战争期间国家到底是什么样子的，以前我们没看见过，现在才知

———————————

① 一种三层左右、独门独户、前后有私家花园及车库或车位的联排式住宅，从形式上说，接近于联排别墅。

道军营、军事基地、营房、炮楼是什么样的。我们在军事基地超市门口碰到的一个上海人特别有意思，他在这里的中餐馆做生意，他说生意还不错，因为只有他一个人敢在这儿做，"胆子大就是我的竞争力"。他还在申请去伊拉克，但现在还没有获得批准，在这些地方做生意，要么死，要么发财，只有两种可能，但世界上没有比挣钱这件事更激动人心的了。他说自己只有小学文化，但比别人强的就是胆子特大，而且不怕吃苦。在这个地方的中餐，他说多少钱就多少钱，所以他也赚到钱了。在战争中，挣钱这件事不会停止。

我们在军事基地里看到的是一个法治社会，在基地门口看到的是很多正常人的生活，在路上我感觉到的是兵荒马乱，因为每三步五步就能看见一个人拎着枪，田野里被打坏的坦克、汽车随处可见。集市上乱哄哄的，跟咱们改革开放初期的农贸市场差不多，也不给人特别恐怖的感觉。入侵者与本地人、战争与和平，好像这两件事混到了一起。人适应动乱确实挺快的，当我们快要离开阿富汗时，发现看不见人拿着枪反而不习惯了，突然看见有人穿西装反而觉得挺奇怪。后来我又去了以色列，看见好多漂亮小姑娘在泡酒吧，她们把枪搁一边，走的时候枪一拎就回家睡觉了。在以色列当兵的犹太人，只要家是耶路撒冷的，枪都可以带回家。

白沙瓦给了我们最大的刺激，也改变了我对世界的很多看法。记得电影《第一滴血》里主人公在白沙瓦买武器，拎着就进了阿富汗。我于是特地找人带我去看卖枪的地方。卖枪的人都包着头、大胡子，摆弄着枪，看到中国人觉得很奇怪。白沙瓦属于巴基斯坦，对中国人还算友好。他们告诉我，最好的手枪是中国造的，大概两三百美元一支，随便买。我们问还有什么大家伙没有，他说这边没有，那边有一条街专卖大家伙。那是很深的一条沟，都是卖武器的，从手枪到导弹全都有。导弹是零件装拼的，有一些是跟苏联打仗时缴获的，机枪、火箭筒满街都是。离这儿不远的另外一个小城市里有条"军装一条街"，世界各国的军装都可以做。中国古代有"竖起吃粮旗，自有当兵人"的说法，你只要拉杆旗，说有粮吃，马上就有人来当兵，现在看来还真是这样的，这事世界上没人管得了。我发现地球上还真有相当多的自由空间。

在全世界军事组织当中，美国人控制着国际上的军事资源服务公司，它是用商业方法运作的最大的雇佣军体系。雇佣军是职业打仗的，平时闲着没事，在家待着，一有活就出去干。互联网时代以后，雇佣军体系发展起来，据说卡扎菲也用雇佣军。美国这家公司里面的将军比五角大楼里的还多，退役的都在这儿干活。它有巨大的数据库，把所有相关人员的资料以及各自专长之类的全部录入，平时邮件联系，比如阿富汗有活，需要会说普什图语的，他们上网一检索就查到了，然后发邮件，谈好价钱，轻武器自带，重武器到现场给配。这些人战斗力挺强的，并以此为乐，他们习惯了丛林和沙漠，带自己的武器，跟我们打球有自己的球拍一样，用得有了感情。

世界上有一些小国家比如安哥拉，把政权更迭这件事都做成了生意，比如你想推一个人上台，就花5000万美元配一个连左右的特种部队，把政府武装干掉，胜利后在联合国里可以按美国的意愿进行投票，然后获得关税、土地、矿产等资源性补偿，这样5000万就拿回来了，也不赔本。世界上很多动荡之事都跟这种军事服务公司在背后运作有关系。

我们到了白沙瓦以后，第三天就赶上一个爆炸，让我印象深刻。去了一次阿富汗以后，我们的胆子渐渐大了。我一路拿着一本《古兰经》，放在车上保佑平安。当地人看见我们中国人还拿着《古兰经》，都对我们点头，真主的确也很保佑我们。

在白沙瓦我们去逛商场，发现人极其拥挤；巴基斯坦也是这样。有时一个小汽车里能钻出五六条大汉来。在穆斯林地区人口密度非常高，全球人口密度最高的地方是在伊斯兰国家。

以前我们总有一个偏见，认为恐怖主义跟穆斯林有关，但从阿富汗回来以后，我写了一篇文章，题目叫《没有恐怖的恐怖主义》。在穆斯林地区，我看到人们都很祥和、友善，在人口这么拥挤的地方，大家彼此之间关系却很好。其实恐怖主义事出有因、查有实据。它起因于"二战"以后现代化的选择方式，包括现在非洲的事情。"二战"以后有两种现代化的选择方式，一种选西方方式，就是世俗化，社会充满物质、消费，跟咱们改革开放初期一样，原教旨主义已经不是主流，世俗政权来管理社会，按西方方式发展经济，没有了宗教警察和道德警察，宪法制定也都越来越多地借鉴西方文化。走这条路的有伊朗、沙特、海湾几国等。这些国家境内的原教旨主义者在反抗的过程中，逐步把矛头对准西方，最典型的就是伊朗的霍梅尼推翻了巴列维，把巴列维赶到了美国，使其客死他乡，然后伊朗回到原教旨主义社会，这是一个反复的过程。

另外有一支是学苏联，除了亚洲国家走十月革命的路以外，非洲也有。当时有一些青年上校搞密谋组织，以列宁主义方式组织政党，发动军事政变，取得了政权。这其中包括萨达姆、纳赛尔、卡扎菲等，他们建立了自己的社会主义制度，他们的偶像都是列宁，基本原则是列宁主义政党与部落传统相结合。

这种选择造成大量秘密警察杀害持不同政见的人，比如萨达姆一上台开会就列了个名单，名单念完就听见隔壁"砰砰砰"的枪声，名单上的人全被打死了，然后讨论第二项议题，说同意的举手。大家都必须举手，没有民主。按这个模式发展的非洲社会主义国家有坦桑尼亚和利比亚等。

现代所谓的恐怖主义，不管是巴列维式的西方方式，还是苏联方式，最后都对原教旨主义持不同政见者采取极端镇压的方式，而原教旨主义的特点就是他们的精神世界联系特别密切，最后形成对整个西方、本国统治者的不满。部落社会主义带来了裙带关系、集权以及财富集中和王室腐败，比如你看卡扎菲的儿子们，不是管电信，就是管特种部队。

在这种情况下，原教旨主义发动人民推翻这些政权，形成暴力对抗，这变成伊斯兰世界相当大的具有社会基础的反抗运动，而这个反抗运动有的矛头指向西方，也有的矛头指向苏联。所以西方认为他们是恐怖分子，但拉登他们的根源都是要建立伊斯兰统一民族国家，而且要把外来的异教徒赶走，恢复到最初的伊斯兰世界给他们规定的理想社会中。从这个角度，我觉得把这叫做"没有恐怖的恐怖主义"更合适。

恐怖分子和一般刑事犯罪分子的不同之处，就在于他们有一套意识形态在后面做支持。比如制造"9·11"事件中的11个人提前一年就知道了他们要执行一项任务，最后等待他们的会是死亡。但一年之内没有任何人违反纪律把这事告诉家里人，并且在出发去执行任务之前，他们都把节余的四万多美元寄回组织，没有贪污。这得有多大的精神力量支撑啊，只有被超级意识形态征服了的人才能做到。

人果真是禽兽不如

以上讲的是社会，下面我们看人和动物的比较。我去过很多次非洲看动物。我们总说人优于动物，人在某些时候确实会干一些很伟大的事，包括道德或情感上的，总之把自己美化得很厉害。但我觉得人经常犯错误，有很大的欠缺，一方面人和动物不同，有自觉意识，会做一些动物做不了的事，另一方面人有伪装和谎言，有比动物还野蛮的一面，有破坏力。而人在世界上，又要跟别人合作去创造，所以要把制度设计好，把人类的野蛮、谎言都过滤掉，这是一件无奈的事情。

首先，如果以人之心度老虎、狮子之腹，就像以小人之心度君子之腹一样。在南非，当地人告诉我们，看见狮子千万别动，你一动就有危险。可大家想想，人为什么一见到狮子就跑呢？因为我们假定它是要吃人的。但当地有经验的人告诉我们，其实它看不见你，它的视网膜分辨率很低，你要不动，对它来说你就像一棵树，它对你一点兴趣都没有。你一动弹，它认为你是个大家伙，像山一样压过来，它一紧张，就要扑你。狮子四五天吃一餐40磅左右的鲜肉，吃饱以后对人一点兴趣都没有，即使饿的时候也尽量不吃人，因为人肉不好吃，它不习惯，而且也从没吃过。就像现在让你吃老鼠肉，你从没吃过，多数情况下也会拒绝。

有一次我们坐的车停在路上，狮子就在边上蹭，吓得我们都不敢动。这狮子看车底下阴凉，就躺底下歇息了，我们等了好久，狮子才溜达走了。我们等它走得看不见了，打着车撒丫子就跑。一路上走走歇歇，确实也没有遇到过危险。有时候人与人之间也这样，你用自己的眼光假定一件事情，然后去反应，结果错误的举动会招致对方更坏更激烈的反应，你有可能就会牺牲。

另外，有时人真是禽兽不如。和人相比，动物守规则，比如羚羊界交配的规律是雄性竞争，胜出的才有交配权。在非洲我们发现，一群雄性羚羊打完以后一个大哥产生了，剩下那些落败的没有再来争抢的。要是人就会争风吃醋，人家结婚了还去折腾，不讲规则。羚羊大哥办完事回来以后它们哥儿几个挺好，又一块儿混了，下个交配期来了时大家再打一次，真是按规则办。人不行，即便是大哥的女人，有时小弟也敢抢，不按规矩来。

动物界没有强奸，必须是雄性动物征得雌性动物的同意，然后才开始交配（繁殖）。同意的标志是气味和姿势，雌性动物摆出一个特别的姿势欢迎雄性动物，或散发一种气味让它闻到。角斗胜出的大哥办事时也要先用鼻子闻，确定对方同意了才开始，而不是说因为它打胜了，想干什么就干什么。而人的世界里有强奸，这就是人不如禽兽的地方。

再者，动物不撒谎，而人类世界充斥着谎言。动物释放的信息如果有误导，那也是为了保护自己，而不是出于伤害的目的，像变色龙，它变色不是为了去杀害同类，而人有时会为侵害别人而撒谎，比如诈骗。动物都是坦坦荡荡的，每天该干什么就干什么，打得过就打，打不过就死。动物的世界是真实的社会。

最后，人还会把本能上升为美德，而且经常吹捧自己，比如人类经常讴歌母爱伟大，但哺乳类动物里哪个母亲不爱护孩子？它们照样会为孩子跟入侵者拼命，但从来没给（当然也没这个能力）自己挂个牌子说

人果真是禽兽不如

自己是伟大的母亲。但人类却经常会做出因金钱反目、母子相残、弑父杀母等恶劣行径。其实这就是人脸皮厚，你拿他没辙。我觉得挺惭愧，所以我现在提醒自己，千万别把一些本能当成美德，到处跟人去说，本能就是遗传的结果，是几十万年人类遗传的很多能力之一。

大胆说话，越说胆子越大

旅行给我的另一个启发是，它让人没有恐惧。人生下来时胆子很小，但小孩走得越远，胆子就会越大。我看过了战争、动物，经过了以色列，到过巴勒斯坦、加沙、黎巴嫩，看到了耶路撒冷老城，也看到了宗教形成的冲突。这过程当中，我对人和社会越来越了解，也看到了各种文化的不同，最后变得淡定，变得宽容，也变得胆大。

小时候，我们看到戏剧里的坏人都是横眉立目、五大三粗的，非常脸谱化，所以旅行时见到异族、异人，本能地就会害怕，但你接触得多了，反而就不怕了。虽然有人是满脸大胡子，但人很温柔，还会帮助你。我们经过特别的地区像耶路撒冷时，以为当地坏人很多，但跟他们接触后发现，大多数人都很友善，甚至监狱里的罪犯也有柔软的心。你把人都了解了，就不恐惧了，因为你跟任何一个人都有办法沟通，都能发现人性的光芒。对人了解了，你便有了自信，在沟通当中就能建立起彼此的正确定位和互动模式，在和陌生人说话时，你就会知道要怎样说第一句话才能让对方放松警惕并产生交谈的欲望，或当语言不通的时候怎么进行沟通。这一过程，就是不断解放自己的观念、学会和陌生人说话的过程，这需要突破自我。

王石讲他去印度尼西亚爬山，是由食人生番带领的。我问他生番饿了会不会吃你，他说本来很紧张，食人生番光着身子，底下就裹了一块布片，看着挺吓人；但他们也不是什么人都吃，妥善的沟通很重要。所以要让大家彼此放松、有安全感，怎么先开口说话很重要。

我去台湾骑自行车环岛时，发现说话是一件大事情。虽然大家都是中国人，但文化背景不同，你说笑话他不乐，他说事儿你也没感觉，可我们连续11天从早到晚在一起，这就需要找话题。大陆人比较爱问统一的事，台湾人不关心，都说是小事，人家不爱听关于国家、社会的事，爱听怎么挣钱、买什么保险、拜什么神之类的话题，可这事咱们不擅长，对神也没感觉。

跟陌生人说话能说多久也是个大问题。与台湾文化的差别是表现在个别相处的时候，而不是表现在公共相处的时候。就像参加社交Party，俩人一见钟情结婚了，婚后一相处才发现文化的差别，因为人多的时候是按公共规则相处，交换名片，你好我好，大家把自己都包装起来了，而文化差别则更多出现在上床的时候和花钱的时候。

有个苏州女大学生跟老外结了婚，婚后发现老外把钱算得特清楚。女人很生气，觉着自己比卖淫的还不如，可老外觉得很奇怪：你的钱为什么要跟我的混在一起？将来算不清怎么办？后来双方又争论女方母亲该怎么养的问题，对中国人来说，父母有病需要钱，孩子就得拿，只要有能力，没得商量，拼命也得治啊！但老外不同意，她就说她老公不孝顺，可老外说孝顺是你们中国人的事，我们讲权利义务，俩人于是不停地吵架，所以当人们真正在生活中相处时，文化冲突才会显现。

在旅行中难免恐惧，因此我们要学会和陌生人说话，能先开口说，并且能说很久，要善于令彼此放松、良好互动，这样才能够解决恐惧问题，这样的人，也才能不停地去新的地方，逐步变得自由，到全世界任何地方都不会再恐惧。在这个过程中，你要学会理解文化差别，尊重习俗。

在习俗方面，汉族的传统是比较随意的，汉族所有的词都可以从正反两面说，你要说他懦弱，他说好死不如赖活着，或能屈能伸大丈夫。文明程度高的种族文化就是词多、理由多、磨叽；文明程度低的种族文化是词少、果断，说拿刀砍人就砍人。汉族文化使这个民族很难琢磨，脑子里天天在变，其他如犹太、埃及、印度等文明古国的人也这样，满脑子都是哲学，并且这些哲学搁哪儿都能用，可以管所有的事。我读书时曾经看哲学看蒙了，跟老师较劲说书上写事物是既有区别又有联系，我说这不跟没说一样吗？老师说这是哲学的普遍原理。我想哲学就是讲世界普遍性的学问。

由于各地习俗不同，出外交流时一定要注意文化差别，如果彼此不了解、不尊重，就容易造成紧张气氛。有次我和王石去朝鲜参观一个战争博物馆。朝鲜有个军人负责讲解，我在现场发表了一些评论，结果人家马上怒目而视，把我们看成是反动派。因为他们的文化是一元化教育灌输形成的，我们已经改革开放了，对每件事情可以有很多看法，可以比较自由地表达，结果让人家很不开心。这就会造成危险，如果进一步发生冲突，他就会把你设定成对立面。在旅行中，要不断去学习、了解这些文化，然后大胆说话，越说胆子越大，就会变得很轻松很自如。

没有方向是最大的恐惧

在旅行中，还可以发现美丽新世界。2011年过年时，我和史玉柱、陈东升、美特斯邦威的老板周成建去了一个圣诞岛，它是地球上华人比例比较高的一个岛，在澳大利亚西部，从帕斯需要飞四五个小时，从印尼大概飞45分钟。当新加坡还是英国殖民地时，这个岛曾属英国管辖，后来新加坡独立了，当时没钱，也顾不上监管，便以250万英镑的价钱卖给了澳大利亚。岛上有1700人，其中70%是华人后裔，但我们大陆人几乎从没去过。这些华人都是早先马来西亚、印尼、新加坡的华侨，或这些华侨的后人，他们有的人甚至不会讲中文。我们在Google上搜索到这个岛，把它的资料认真研究了才决定去，但民航很难凑齐人数，后来只好开史玉柱的飞机过去。

那个岛上目前是澳大利亚人任总督，由当地选举出的一些华人来管

大胆说话，越说胆子越大

理。岛上华人的经商能力充分得到了表现：一共就两个超市，全是华人控制；华人都在做生意、开餐馆。这些华人很重视教育，把小孩都送到岛外去了，岛上华人开始减少。这个岛上只有一家企业，是做硫矿的，华人有70%的股份，占岛上收入的80%。岛的面积是130平方公里，整个经济、社会基本上都是华人控制。

另外，岛上还有3000多非法移民。我们在的时候，就看到当地新闻报道说一条船翻了，又死了多少人。世界上非法移民分两种，一种是穷难民，基本待在国家边境，比如约旦河西岸，一打仗就跑，这是战争难民。还有一些富难民，比如"二战"时期跑到上海的那些犹太人，这类难民通过买通人蛇集团，可以在全世界跑。

我们在这个岛上看到的难民居住区都被铁丝网拦了起来，有阿富汗人、伊朗人、伊拉克人，都是从战乱地区来的，属于当地有钱人。他们给人蛇一笔钱，人蛇给他们办假身份，坐飞机全世界辗转，最后飞到印度尼西亚，再给一笔钱，人蛇给他们配船，让他们划船去冲海岸线。澳大利亚政府在海岸线上配了三只军舰巡逻，不让他们往里边冲。这是最后一道关隘，这些人只要冲上这个岛，就变成了澳大利亚人，待遇立即就不同了。当地媒体每天都在报道今天冲过来多少、拦回去多少；那些被拦回去的，有的被淹死了，有的就退回去了，退回去的可以找人蛇要求退钱。只要冲过防线，到达小岛，按照澳大利亚的法律，这些人就有了人权，澳大利亚政府必须给他们毛毯、牛奶，以及其他岛民享有的基本权利。

这些难民过来后进入铁丝网里，铁丝网只是围一围，不让你乱跑，但里边吃住都挺好，房子盖的比咱们地震过渡的板房好很多，有家属的单独一个区，没家属的光棍一个区。我们去看当地的学校，有一个班专门是难民子弟，衣服穿得比本地居民还好，都是政府白给的。如果照顾不好，他们可以起诉政府，受教育权在澳大利亚宪法里是公民的基本权利，难民子弟享受跟澳大利亚公民一样的待遇。他们在那里需要待一年半载甄别身份，然后看你有什么技能，可以到澳大利亚本土去就业。如果你是老弱病残，一般会被设法遣送到安全的第三国，而不会被遣送回母国。所以澳大利亚有一个巨大的社会问题，纳税人说我们交这么多税，每年有很多都给难民了，这不公平。我们在圣诞岛观察到，人权基本都是落实在生存权利、受教育权利，以及不被伤害的权利上。世界上贫困难民活动半径小，有钱的难民则可以全世界跑。

有一次我参加"玄奘之旅"，到甘肃、宁夏一带走玄奘取经最难的那条路线，132公里的戈壁滩，我们徒步走了4天。人有时候需要挑战一下自己的极限，不这样出去旅行，就不会知道走路也是一件挺难的事。我去非洲后发现，人因为能直立行走，创造了很多不一样的东西，比如人会唱歌，可以在发声时交换呼吸，可以有旋律，动物则不行，动物通常只能发一个单音，因为它四肢向下，心脏不支持，只能号叫。还有就是人的繁殖方式跟动物不一样，人可以全方位各种姿势面对面地交配（做爱），而动物不能，因为它心脏不支持。在性关系中，人是唯一有高潮的哺乳类动物，其他哺乳类动物性交时间不超过12秒，没有高潮。人类的心脏和大脑因为直立行走得到了解放。

有次我去爬山，王石说得慢慢走，要学会走路。我当时觉得很奇怪，走路还需要学吗？他说会走路的人感觉不到累，因为心脏和呼吸有一个节奏。人跑步时为什么容易累呢？因为心跳速度和你的步子配合得不好。如果突然走快或走慢，心跳和呼吸来不及调整以适应步幅，就会有心都快跳出来了的感觉。你走路时只要心跳跟你的步幅是一致的，人就不会觉得累，甚至可以达到一个境界：如果路是平的话，你可以一直走，甚至可以边走边睡。

我们走戈壁滩的速度是每小时4～5公里，中间得休息几次。戈壁滩周边没有任何其他景色，是自然界最不适合人居住的地方，玄奘在这里有过很多故事。在炎炎烈日下的戈壁滩长走，有的人脚磨破了，有的人中暑倒下了，这赤裸的土地，时时会让人产生恐惧和无助。这和在热带雨林里行走的感觉完全不一样，在沙漠里你会有无奈和恐惧，因为你不知道边在哪儿，茫茫戈壁会让你觉得人很渺小。

另有一次我在戈壁滩上开车旅行，其间忽然发现我们掉队了，前面的车找不着了，我们又开了一个多小时，仍然没有找到方向，手机也都没有信号，这时候我们很恐惧，就停下来了。为了节省汽油，当地司机把车灭了，车里开始巨热无比，司机又一再说不能开窗户，因为开窗户更热，当然我们更不可能跑出去晒，只好就那样待在车里等待接应。因此，没有方向时的困难比有方向时更令人恐惧。

在这种情况下，司机根据经验，自己跑出去找前车压过的车辙印，终于找到后把车开过去，横在车辙印上，他说如果再来车，就一定会停下来。然后我们就在那儿等了一个多小时，终于有辆大货车停了下来，司机写了张纸条给人家后又回来了。我们问他到底该怎么走出去，他说他写了张纸条，让大货车司机出去找到能打电话的地方，打给我们的人，让我们的人到这个方位来接应。我们说这货车司机要是把那张纸条扔了怎么办？他说不会的，在沙漠里，人和人的信任是第一位的。我们又等了快俩小时，终于看见我们的人开车来了。

在旅行中会体会到很多人生道理，比如刚才提到的没有方向的恐惧和有方向的恐惧，以及求生过程中信任的重要性。做企业也一样，当企业没有方向时，比有方向但没把这事办好还令人恐惧，因为你不知道为什么企业就死掉了。做企业找方向感就是定战略，要让公司有一个明确的未来方向和发展路径。2009年我50岁生日时，我送给自己一件礼物，就是在台湾骑自行车环岛一圈，9天骑了1100公里，途中我看到了很多大陆人平时没有注意到的台湾，也给自己的后半生定了位，把方向调得更准。

在旅行当中，我还发现了一些足不出户的旅行办法。我碰到过很多怪人，也看过一些文学作品，都是讲如何足不出户而去旅行的。比如在美国有一位做不动产经营特别有名的金融家，让我到他在纽约上东区的家看他的青铜博物馆。他家很大，佣人拿着饮料过来，小小的个子，长得很怪。他说他的佣人都是全世界最奇怪的人，全是那些极其偏远地方的人种，他轮流用这些人来做佣人，跟他们聊天，这样全世界任何地方他都可以知道。他金融做得好，也是因为思路开阔。

很早时我看过一本松本清张[1]写的推理小说《点与线》，里面有一个主谋杀人犯，是位生病的中年妇女。因为生病她不能出门，但她特别想出门，她就开始研究列车时刻表，要怎么坐车，在哪个站停几分钟，在哪个地方换乘，在哪儿有什么旅馆、会吃到什么东西等。结果她把日本每个地方都玩得特别熟，跟她聊天的人会觉得她哪儿都去过，这叫按图索骥。后来她设计了一个杀人案，因为她知道在一个车站的1站台和6站台之间只有3分钟时间可以彼此看得见，她便利用这3分钟做了一起案子，故事很复杂。你可以通过读书、上网、看电影等方法，获得亲临现场的感觉，扩大你对生命的体验，然后你再去思考，让生命变得更有价值。

　　旅行当中很多有趣的小事会对你的工作有帮助。我经常飞，发现全世界各国机场的管理运营方式和经验，跟我们目前的工作也有点关系。比如说北京首都国际机场T3航站楼是全世界最大的机场，却最不方便。每次国际旅行需要提前一个半小时到那儿，国内旅行也要提前一小时，因为登机口太遥远，需要步行很长一段时间，而且冬天很冷、夏天很热。英国、法国的新机场人也很多，机场的繁忙程度不亚于T3航站楼，但他们为什么不做这么大的机场呢？我觉得这和体制有关系，我们的体制不是客户导向，是领导导向、面子导向、规模导向，要表现大国风范、世界第一，业主是公家，没有人真正考虑客户满意度，没有人对此负终极责任。如果这个机场是市场化机构或半民营的，那对客户体验就会非常重视，因为一遭投诉机场就会有大麻烦。在西方的机场，他们对公共投资的民间监督很严格，大的预算很难通过，对客户最终的体验要求高。另外，运营机场的机构是私人的，它们对空间运营成本很在意。T3航站楼那么多大玻璃，夏天光照进来，空调制冷需要大量电，发现电费高，它就不开了，于是特别闷热。巴黎、伦敦机场做几个小盒子，外面再罩个大盒

---

① 日本著名推理作家，生于1909年，卒于1992年。

子，大盒子是为了面子，小盒子是实用。因为小房子能耗低，可以分割来处理能源的问题，每个都挺方便，而且步行距离很短。新加坡、东京的机场也都很实用。这就是体制不同造成的服务方式和标准的不同。

旅行还会经常跟酒店打交道，我发现国外的酒店很少卖大堂，那么酒店竞争力在哪里？大部分国外酒店都是卖洗手间、卖床、卖餐厅，比如丽兹卡尔顿有两个睡眠中心，拥有全球最好的睡觉设施，因为他们认为酒店就是睡觉的，所以床是最重要的，床毡子垫几层、枕头的松软程度该多少合适等，都非常讲究；他们的床品每年也销售很多。而凡是特别注重大堂的，床有时候反而会很不舒服。另外西方的洗手间做得很人性化。我们的酒店更多是面子上的心思花得多，在建筑上花很多钱，在房间里边花的钱并不多。

除此之外，吃饭也很好玩，我们出去时经常产生吃当地餐还是吃中餐的选择问题。我碰到过很多的中国企业家，有些人固执地只吃中餐，比如远大的张跃，他不仅只吃中餐，还要自己做，要吃很好吃的中餐。有次我们去奥地利访问莫扎特的故乡，晚上两点还找不到张跃，大家都很着急，后来这哥们儿高高兴兴地回来了，他说："我一个人吃饭去了，我自己敲开一家餐馆，让他们帮我做，我也做，一边做一边喝酒，一边看看电视，不知不觉就这么晚了。"这是我碰到的最极端的例子。

后来我们每次一出去，都是张跃安排吃的，我负责找地方，他来做饭，我陪人聊天。有次去哥本哈根开气候大会，他打电话让我一定要去他那儿吃饭。我们过去一看，桌上摆着很多菜，他说他已经吃一下午了，吃一会儿做一个，觉得不好吃，就让餐厅再做。去纽约时，我发现王中军跟张跃有点像，非得吃中餐，结果活动老安排正式西餐，吃得他很不舒服，他经常从会场跑出去，到外边吃碗面、喝碗粥。

但还有一种观点认为既然出去了，要了解当地文化，就要吃当地餐，觉得只吃中餐太土，最典型的代表是王石，旅行中坚决不肯吃中餐。最近王石在微博上还在讲这个事情，有时候大家团体活动，都安排好吃中餐，他一个人把大家撂下，找地方吃西餐去了。有一两次王石妥协了，说那就凑合着吃吧，但他还是会一边吃一边发表不同意见，说你们下次再这样，我就走。在吃饭这件事情上，我观察到了不同人的不同性格。

在吃饭的选择这个问题上，没有什么对和不对，创业者也许就是因为执拗，才能够把事情做好吧。我性格比较随意，吃中餐肯定舒服，吃西餐也能填饱肚子。但我的性格就是想让大家舒服，能妥协就妥协。旅行对企业、对人生都有帮助，开心也很重要。

亮出你的舌苔或空空荡荡。

——马原

13

第十三章

男人

现代社会是男权社会，世界上的秩序、规则，基本上都是男人在制定，男人按照他们认为有利的方法和需要来组织社会生活和判断未来，只有极少数地方看得到女人主宰的身影。

　　在商业社会的日常经营中，打斗得最多的是男人，他们在决策、管理和交往中打下了性别的烙印，民营企业也更多是男人在管理，所以有必要来讨论男人的事。

动物性与社会性

　　男人的本性经过了几十万年的人类进化，从男女自然角色发生重大变化到阶级产生，再到现代一夫一妻制度，终于发展成为男权社会。在原始社会，男女性别差别很小，大家面对严酷的现实环境，需要像其他动物一样自然地生存。男女最早的自然分工缘于剩余财产，比如捕获猎物时抓了两只野猪，吃了一只，剩下一只就交给女人看守，女人于是就学会了驯养，这样的自然分工让女人留守而男人在外征战，所以最早的畜牧业跟女人有关，但最早的战争和男人有关。有了现代的一夫一妻制家庭，女人主要扮演在家里生育、哺乳和抚育孩子的角色，男人在外管理社会和进行竞争性活动，并按照女人驯化动物的方式驯化女人，把女人放在家里。

男人充分体现了作为雄性哺乳类动物的本能：创造和征服。《精子战争》一书中讲到，雌性哺乳类动物是一个月排一次卵子，正常情况下一生排卵270～320个，而男人一天就能制造上亿精子，所以在自然选择过程中，男性是靠精子数量来取得遗传优势的。而女性的卵子是靠选择来承接这种优势，因为每一次怀孕都会带来十个月的痛苦和一生的责任，因此女性表现为安全的需要和选择的慎重。男性自然生命的表达方式和征服有关，他需要在外面保持活力，像狮子、老虎一样，先在同性之间征战，只有征服所有同类当中的弱者，才能获得交配权，把他们最好的基因遗传下来。

在现代社会中，男人的外向性、竞争性和哺乳类动物最初的本能有关系，他们在征服当中产生快感。而女人是在安全当中产生快感。男人在杀戮、奔跑和播种中找到快乐，女人在等待、安全和抚育过程中找到快乐。在哺乳类动物中雄性单一个体的交配机会远多于雌性。男人自然创造生命的过程所留下的烙印，逐步演化成创造社会、创造事物以及不断开拓、革命的男性角色特征，因为对新事物充满好奇，所以始终保持旺盛的精力。

男性始终处于社会生活的核心，他们有更多的资源、自由，也有更多的期待和压力，所以男人在创造事业方面成功率会更高，同时也会带来更多的自信，这促使他们做更多探索未来的事情。自然分工和性别特征，使得男人在智力、体力方面比女人更适合在外经受自然环境、社会环境的挑战，这样就形成了男性基本的思考模式、决策模式和行为习惯。比如对于爬山、打仗等，男人比女人更容易冲动、兴奋，男人爱看暴力片、战争片，像《速度与激情5》，这能给他们带来刺激。相反女性更爱看爱情片、生活片、伦理片。

人类社会逐步把性别角色固定下来以后，创造了人与人之间的交往模式，现实中男性在公司里变得更加主动，创业活动中男性更多，战争中男性身影更多，创造奇迹方面男性也更多。在社会活动、革命中男性更为强硬。如在打仗中，卡扎菲在他身边配备了一堆女保镖，但都由他支配。

现代社会留有很多哺乳类动物的痕迹。在动物界主要是体力竞争，比如老虎、狮子竞争交配权，看谁猛、狠、块头大；现代社会则逐步把肌肉、力量演化为智慧、金钱、权力、才能、技能，拥有这些方面优势的男人拥有更多选择生命遗传或交配的优先机会，大家看到这类人的浪漫故事会更多一些，比如皇上、贪官、明星、富人等。其实，这种事实上的不平等，是早在上万年之前就已形成的。

纸做的爱情

媒体经常会讨论新好男人的话题，但女人和男人对此的看法差距非常大，比如男人之间可以原谅很多在女人眼里看起来很不好的习惯、做法，我发现男人基本上可以分成四种。

第一种是外面软、里面也软的男人，比如文学作品里的小职员、好好先生，像契诃夫小说《套中人》里的男主角，低眉顺眼，做事谨慎，非常听话，回家规规矩矩过日子，照顾老婆孩子。影视剧中的很多上海男人也是这样，属于最普通的居家男人。

第二种是里边硬、外边软的男人，最典型的就是在外巴结领导、回家打老婆。他们在外特老实、不自信，回家却不允许老婆看不起自己，表现得很强硬。这类事情容易发生在校园里男学生干部找女同学恋爱结婚之后。比如某一位学生会主席在学校里特了不起，运动、演讲、社会活动都非常棒，但毕业以后当了公务员，很快学会了溜须拍马、看人下菜碟，这样慢慢混，越来越软，当年在学校里的锋芒没有了。如果他的妻子刚好是当年的女同学，这位妻子很可能会因此奚落他、打心眼里鄙视他，这时男人需要表现自己，就特别容易发火，逐步变成外边软、里边硬的男人。

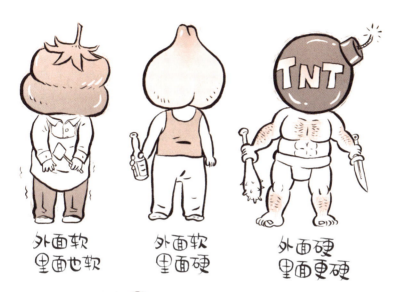

外面软
里面也软　　　　外面软
　　　　里面硬　　　　外面硬
　　　　　　　　里面更硬

外面硬
里面软

第三种是外边硬、里边也硬的男人，这种男人江湖上很多，他们在外边硬，走到哪儿都绝不受欺负，横冲直撞，回到家里也大大咧咧的，有时一言不合就拳脚相加。这种男人在生活中就是个糙爷们儿，特别猛，多生活在社会底层，特别是像东北、内蒙古这样的地方，这样的男人比较多。

第四种是外边硬、里边软的男人，在外是条好汉，回到家对身边的女人呵护有加，像有些江湖片里的大哥，比如《古惑仔》里的陈浩南。《速度与激情5》里的大哥也这样，在外边很猛，当他的女人怀孕以后，他又会很软。他在外边要征战、斗争，性格很强硬，但对自己身边的人又很负责任，非常呵护、温情。

这四种男人在女人眼里是萝卜、白菜各有所爱，但多数人都会偏爱最后一种。在不同的阶段、不同的生命中，这四种男人和女人之间的故事演绎出所有爱情小说中的精彩与悲壮。

爱情现在已经扩大到可以跟婚姻没关系，你只要跟一个人一直好很长时间，就可以叫爱情。比如赵四小姐跟张学良，一开始很多人认为他们不是爱情，但她扛了37年，就成了爱情。所以爱情是被美化和道德化了的一对一、稳定的两性关系，目的是确保私有财产的有效继承。因此，爱情是纸做的，婚姻是金做的。

在自然选择、生命过程中，女人要的是安全、舒服和稳定，故而女人更倾向于爱情的观念：持久专一。在现实生活中女性对于爱情的接受度和美誉度普遍要高，而男人的精子本性是在挑战这件事情，因为他不断在外征服、创造，形成了性的优势，加上他生命能力的迸发，导致他对爱情的持久性不够。另外由于历史上有纳妾制度，可以钻空子，合理地不断扩大爱情定义的空间，因此男人在遵守爱情观念方面比女人犯的错误多，文学作品中也有很多类似的例子。

男女感知的顺序也是不一样的。女人很强调爱情，爱情就是要确信一对一的忠诚，爱情也就是爱了才发情，自然冲动有一个发动和传导的机制。当她没有情感发动的时候，她对于生命过程不敢下决心，因为生一回孩子责任重大，所以她会强调爱在先、发情在后。这个传导机制表现为拘谨、慎重选择，确定它的安全性和对结果的把握。

男人从自然本能方面来说是反过来的，爱情就是情爱，首先发情，然后发现还能相处，再慢慢开始爱。女人认为我要相信你，你要尊重我，然后我们才能产生性，男人认为这事你都不信任我，我们俩怎么谈爱呢？女人却说我们还没爱呢，你怎么净谈这事啊！所以这个逻辑顺序经常导致少男少女在初恋的时候产生冲突。男人可以把性和爱分开，先性后爱，而女人很难把性和爱分开，一定是爱了才有性。正因为这样，男人犯错误的机会才更多，很多时候是先有了性，后来又没了爱。所以大家会觉得男人更随意，而女人则更拘谨，也更符合我们传统爱情的规范。

王功权曾在微博上讲，因为作风问题犯了严重错误，老婆把他拉到民政局，坚决开除了他的家籍。男人在爱情上的操守要比女人差，也因此创造了更多离奇的故事。

精子与财富传承

男人对待性的随意态度，导致财产发生分离的问题越来越多。他们在发展事业的过程中，会和很多异性发生关系，这中间不断产生出情感故事。性与财富、征服、暴力交织在一起，也成为文学作品中和历史上最被人津津乐道的看点。

传统社会中的老一辈企业家，他们婚姻的基本模式是一个太太，后面若干个小老婆，偶尔还会在外面拈花惹草，然后生出一堆孩子，有注册的、有没注册的。这样他们的财产在第二代注定要被分割，随着他们精子的不断扩散，财产也就随之扩散。现在有了高科技，可以让男人逃脱财产随精子一起分散的宿命，香港"二李"已做出了示范。李嘉诚的儿子李泽楷和李兆基的儿子李家杰都是第二代，如果俩儿子各娶一媳妇，李家财产实际上就被分成了四份，下边每个人再有几个小孩，财产就越分越小。假定儿子都没媳妇，直接有孙子，那往下传就可以少分掉一半。过去这件事没有办法操作，因为生孩子你不能控制，现在有了试管婴儿，可以直接用基因工程来解决，每一次人工受孕至少生俩，多了能生三个，而且孩子的母亲跟财产没有关系，保证财产垂直传下来。这是人类发明试管婴儿的无心之柳，但这样有可能会导致性的泛滥。一些人事先说好可以生，但不能结婚，生完了女人撤出，孩子留下。这表明男性既要财产集中不流失，又要性的自由，不愿承担家庭责任。

男性的本能终于通过科技得到了又一次释放，男人在现代社会当中的自由空间变得越来越大。当然女人的财富也可以用这种方式来传承。现在媒体也越来越开放，性、家庭、婚姻、子女、爱情逐步都可以分开，一对一的传统爱情的约束在现代社会减弱，大家开始重新审视爱情观念。

再来看看现代家庭与男人之间的关系。传统家庭通常有四个前提，所以能一直稳定地存在。一个是要合法地生孩子，这是家庭最基本的功能，这样财产能传递下去。如果是非婚生子女就很容易受歧视。第二是安全、稳定的性生活，在过去传统社会人和人的交往机会非常少，有了家庭，性生活就可以经常性地安全进行，彼此共同承担生命延续的责任。第三是出于经济原因，两人在一起盖一床被子，吃一口锅里的饭，能省很多钱，所以在贫困时人对家庭的向心力、凝聚力很强，安乐的时候则往往容易出事，所谓饱暖思淫欲。第四是养老扶持，以前社会没有养老体系，人老了以后由子女来养或两位老人之间互相扶持。

这四条是家庭存在的基础和理由。在四条都存在的情况下，男人对家庭的依赖性是比较大的，那时男人在家里待的时间会比较长，也比较认真，因为离开了家庭，他甚至有可能活不下去。在中国，云南佤族对一个男人最大的惩罚就是把他赶出家去，这个男人有可能会因此而死，因为外面没吃的，风吹雨淋，老虎、豹子随时可能把他吃掉。现代社会发生了很大变化，中产阶级发展到一定阶段，对这四样东西的依赖程度就开始减弱，如果财富越来越多，实际上这四条就几乎都不需要了。这缘于三个方面。第一，你自己可以合法地生孩子，现在单亲妈妈、单亲爸爸很多，还可以直接找精子公司人工生孩子，这个孩子也可以上户口，不需要结婚。

前段时间碰到一位女士，40岁左右，有8个孩子，生日还在同一天。她的孩子都是人造的，比如把卵子和精子取出来，凑够数配好后，放到她和另外两个代孕妇女的肚子里，最后剖腹产，她生3个，那俩妇女生5个，共8个。她一共花了100多万人民币，现在这8个小孩给人做代言，将那100多万又挣回来了。这8个小孩很可爱，长得还都很像。未来社会要男就男要女就女，要几点生就几点生，要生几个就生几个。这都是技术的发展对未来社会产生的影响。

这件事让我想起另外一件事情，很离奇的。在重庆边郊一农村，有个女人长得很健壮，像个男人，找婆家很难找，后来有家人很穷，就把她给娶了。娶了以后给人生了孩子，干活劲特别大，婆婆特喜欢，可老公却不喜欢，为什么？她的小弟弟长出来了，原来是隐蔽的，现在长出来了，出来以后觉得妖孽、丢人，她就跑了。跑了以后在工厂里打工，打工时就很像个男人，但她知道自己还有另一套家伙，不知道该怎么处理。后来有个女孩爱上了她，她老拒绝那女孩，因为她觉得自己有毛病，而那女孩不行，死活都喜欢她。她说我有病，那女孩问啥病，她死活不说，后来扛不住就说了这事，那女孩说你骗人，这事太离谱了。她说不骗你，就把裤子脱了让那女孩看。一看她就勃起了，最后两人办事了。办事以后，又回乡离婚，跟这个女孩结了婚，结婚以后那女孩生了孩子。她后来在报纸上说实在太苦闷，想做手术，大概需要5万块钱，但她没钱，希望谁能够帮助她。但医生说两套家伙留一套，你要是留男的，生命可能会很短暂，活不长；要留女的你以后得跟老婆离婚。这是一种两性角色的错位。

第二，也可以有稳定的性生活。避孕套的发明，使人类性的快乐和生育可以分开。古代社会夫妻之间因为很少节育、避孕措施，所以不断在生，而现代社会则可以单纯地追求性。

第三，经济已经不成问题，只要这个人收入高，分开后也能生活得很好，生病了有专业的护士伺候，晚上加班太晚了可以去住酒店，或请保姆。随着现代社会的开放以及伦理变化，家人之间、夫妻之间的黏合剂在松弛，男人的本能更加释放，越来越像5000年前天天在外边打猎折腾时的光景。所有家庭的功能可以通过社会专业化的服务机构来解决，比如买菜，现在超市里什么样的半成品都有，而且打个电话就可以叫外卖。过去传统的女性美德、贤惠表现不出来了，黏合剂的力量在减弱。

现在，男人对家庭的看法改变了，他觉得从社会上能得到更多家庭不能给的东西，所以对家庭的概念在淡漠。而女人一如既往，希望从家庭里得到所有，比如安全、稳定、持久快乐、互相扶持等。因此目前有关家庭的冲突越来越多，特别是社会上比较活跃的这些男人，对家庭的依赖减少，于是冲突增强。

泡女明星的"死亡定律"

我发现了一条民营企业的死亡定律：凡是男性企业家开始追逐女明星，这家企业就离死亡不远了。我看到过很多这样的故事，像有老板追李小冉、殷桃，后来演变为扑朔迷离的"砍鄢颇事件"；周正毅追求杨恭如，后来遇到危机，现在还没从牢里出来；刘波和女明星也有过故事，最后跑到了日本；李厚霖跟明星的故事曾经名噪一时，现在也已销声匿迹，等等。谁要沾上女明星，这公司就悬了。

明星是生活在虚荣、浮华、感性、冲动的环境里，她们的工作、生命需要不断绽放出光芒，但商人是很无趣的，每天开会、做生意，这在明星看来很无聊，所以商人一般都呆板，但一谈到钱却很会算、很理性。当企业家追求女明星期间，难免会用冲动、虚荣的情绪来决策经营上的事情时，那就完了。比如砍人这件事情，那就是虚荣心作祟，你为什么非要追求女明星？明星就好像爱马仕的包，够好够虚荣，但装东西

泡女明星的"死亡定律"

并不实用；无印良品最实用，装东西远比爱马仕轻便、省力，好比老百姓过日子，更实在。开公司这件事远不像徐静蕾在电影里演的那么好玩，可你得坚持，因为财富就是一点点累积的。

所以民营企业家要切记，不要一冲动就去追逐女明星，如果要追逐，只有在两种情况下可以规避风险，第一种是你把企业交给别人打理，和企业之间形成一道防火墙，你不能让别的股东跟着你一起陷进去；第二种是你追求的女明星可以脱离娱乐圈回归到正常生活中。我也看到过这样做的朋友，没有影响工作和生活，否则企业一定会陷入名利场。企业家用明星式的思维来投资，那么企业就离死亡不远了。

长江后浪推前浪，前浪死在沙滩上。

——佚名

14

第十四章

90后

人类的理想总是由后代来延续的。要看一个大人心目中的未来，可以看他是怎么教导和安排自己孩子的。毛泽东把儿子送到苏联、送到农村、送到战场上去，就是希望有人接续他建立他那革命的理想社会；邓小平送子女去美国留学，于是有了改革开放三十年，中国在此间重拾自尊，发展有道。反过来，从孩子身上既折射出上一代人的理想，也会展现出他们自己的时代风采。现今，90后已无可抗拒地长大成人，他们身上既有我们的影子，又有他们自己顽强坚守和塑造的未来梦。我曾以《风马牛》杂志编辑的身份与两个正在海外读书的90后聊了回天，很有趣，下边是聊天的主要内容（两位90后的姓名系化名）。

家庭与环境

风马牛：咱们先聊一聊你们小时候的生活环境，可以说说你们的家庭、亲人，家里最有意思或对你们最有影响的事。

康蕊：其实我爸妈从小就不怎么管我，也不要求我一定要拿班里第一名什么的，他们没有天天看着我学习。

风马牛：你幼儿园在哪儿上的？

康蕊：北大幼儿园，就在北大对面。

风马牛：在幼儿园是寄宿吗？

康蕊：是走读。但之前对家长没太多印象，直到我9岁去美国，在那里跟妈妈一起生活了3年，才对母亲的概念更清晰起来。之前爸爸很忙，所以对爸爸也没什么印象。到后来逐渐有些问题要请教老爸，才慢慢和他亲近了起来。我就是从这么宽松的家庭中走出来的。

风马牛：你6岁以前在幼儿园时，是谁带的你呢？

康蕊：家里的阿姨。

风马牛：你小时候生活的环境衣食无忧？

康蕊：对，很幸福，很幸运。

风马牛：你跟你妈妈在美国，那3年给你留下最深的印象是什么？

康蕊：在美国我正处于一个转变期，因为我小时候脾气很怪，又是在什么都不知道的情况下到的美国。我不会说那边的语言，不知道那边的小孩过的是什么样的生活，就像一个婴儿般被扔了过去，爬着也好、走着也好、跑着也好，你得往前走，当时对我来说刺激多于任何别的感觉。

风马牛：你现在又去美国读了大学，你觉得你对美国的感觉有没有变化？

康蕊：我刚回国那段时间，觉得在美国那3年特好，因为我对美国文化有了个基本认识，英语也不再是问题。但有一次，我妈所在研究所的所长、也是我妈以前的老板，他在吃饭的时候质问我：你觉得那3年给你带来的真的都是好的东西吗？它真的对你有促进作用吗？促进在哪里？它对你有没有产生过负面影响？后来我发现那3年我过得还是挺苦的，它对我后来整个人性格的形成影响很大。当时出去可能是一种比较被动的状态，因为不了解那里的语言、文化，这次出去上大学我就会比较主动，因为我了解了美国，我知道我是去干什么的。

风马牛：如果你现在不需要顾虑在国内的父母，就考虑你一个人，你愿意留在美国吗？

康蕊：不愿意。

风马牛：为什么呢？

康蕊：说实话我不是特别喜欢美国，有客观原因。如果你不是美国公民，在美国不好找工作，有很多公司会拒绝你，即使你可能有很好的学历、能力。我又不可能去转美国国籍，所以我在找工作方面不占优势。对我来说，美国那个社会不是自己的家，再者我比较了解他们的文化，以及人与人之间怎么交往，觉得还是有不能接受的东西。

风马牛：你回国以后在一个重点中学度过了你的初中和高中，在这段时间里，你最困惑和最不能够理解的是什么问题呢？

康蕊：我最开始没有意识到这个问题，总体来说我在人大附中从初二到高三待的这5年还是挺快乐、踏实的。因为那时中考了，什么都不想，就只想着好好学习。上高中之后，身边的同学都积极向上，这就促使你也积极向上，过得很单纯。但后来我发现，在国外待的那3年其实对我的影响还是非常深刻的，所以价值观方面西化得很厉害，以前我一直不敢承认这个事实，总觉得好像有点负面。

风马牛：比如你总是比较直率，敢于表达自己的情绪、感觉，对吗？

康蕊：对，就是说什么事情都挂在脸上，有傻大姐这种感觉。我活得很纯粹。在这方面可能会跟国内的同学不太一样，但他们也不会当面跟你说怎么不好，以至于我当时也没有意识到。直到高三毕业之后，我才终于有勇气证实自己其实西化得很厉害，并且能比较正面地看待这个问题。因为美国那3年给我的一个烙印就是，我特怕别人不接受我。

风马牛：在此期间，你是学生干部，对吧？

康蕊：在学生会一个部门当副部长。

风马牛：你能做学生会的一个干部，应该说大家很接受你啊？

康蕊：我们是竞选，有两关，第一关是前部长审完你投进去的表格，先小范围开会，再在大礼堂召集全校的学生代表开会。可能那时选人就是凭借一面之交的感觉，这其实跟美国的竞选有点像，我选的这个职位不是学生会主席，不需要老师或校方具有很大的认同感，所以成功的可能性还挺大。

风马牛：几个人报名参选？

康蕊：当时四个。

风马牛：你是四选二选中的？

康蕊：对，之前我不太清楚有多少人选，先筛了一轮之后剩下四个人去大礼堂。

风马牛：你面对多少人发表演讲？

康蕊：几百人吧。

风马牛：你觉得学校里有很多竞选的机会吗？你都参加了吗？

康蕊：对，学生会竞选这事对我的成长是一个促进的过程，我觉得是一条分水岭。在此之前，我初中好好学习，高一再好好学习，都是水到渠成的过程。

风马牛：这让你知道有了目标？

康蕊：对，有了目标，还要去追，为这目标我要去计划每天干些什么事情。其实当时附中竞选的机会挺多，比如说学生会或社团。社团比较小，所以内部就都解决了，只有学生会这样的机构可能会全校竞选。

风马牛：你参加学校的共青团了吗？

康蕊：我是团员。

风马牛：在学校的时候你觉得团组织的活动怎么样？

康蕊：当时我们有学生会和团委，它们搞不同的活动。

风马牛：你对入团的过程有印象吗？

康蕊：我初三时入的团，记得写了一份申请书，然后在全班面前读一读，好像基本上就没问题了，到高中基本上班里的同学都是团员。

风马牛：你能说清楚共青团的宗旨是什么的吗？

康蕊：好像忘了。

风马牛：忘了很正常，上世纪70年代我上中学那会儿入团特别不容易，能入团的人特别少。我高中毕业时班里50个人，只有不到20个人是团员。现在差不多到高中毕业时大家全是团员。

何怡：我还帮人写过入团申请书呢！我就上网搜了搜，给别人写了一份，貌似入团还挺顺利的。

康蕊：其实在网上查一下入团申请书的格式就可以，都是套话。

风马牛：你们在学校的时候政治课多吗？上课讲《宪法》吗？

康蕊：《宪法》不讲。可能到大学之后学法律专业才会讲到《宪法》吧。

风马牛：初中、高中的时候都没有讲过《宪法》？

康蕊：是这样的，我们初中一直有政治课，但中考不包括政治。北京高中是文理分科，高一时什么都学，文科的是地理、历史、政治，理科的是生物、化学、物理。但到高二时，如果你要学文科的话，就不学理科那三科了。

风马牛：关于政治课，你在高中学了什么？

康蕊：高中学了三年，会涉及《宪法》，这是需要背的。

风马牛：你在高中学政治时的情形，现在还有印象吗？

康蕊：其实我当时最讨厌的就是政治课。历史课你至少能找到一些规律，把文字后面的逻辑关系搞清楚就行，但政治课本完全就是死记硬背了。

风马牛：对于《宪法》，你现在还知道它是什么吗？

康蕊：《宪法》就是规定国家性质的法律。

风马牛：这是你上大学知道的，还是当时知道的？

康蕊：这是当时知道的，因为初中的时候就背过，从初中到高中不停地背。

风马牛：在学校政治课上讲不讲西方的自由、民主、人权？是作为正面讲还是反面讲的？

康蕊："自由"不会着重讲。人权问题大家都会接触到，但课本上不会提。"民主"的话，他（老师）会说我们这套其实挺民主的。

风马牛：你回家，父母跟你最常讨论的是什么话题呢？

康蕊：我有一些对社会的困惑会去问问他们，这是为什么呀？为什么会这样呢？这样的话怎么办呢？

风马牛：你觉得父母对你有怎样的影响？

康蕊：肯定非常多，但像我爸妈从来都不说自由、民主、人权，因为那是很西化的东西。

风马牛：你在学校有过赚钱的经历吗？

康蕊：学校里还没有，但我有同学创业。几个同学搞了一个关于留学的小中介公司。他们拉一些人去出国考察，收点费，然后给他们找住的地方。

风马牛：到目前为止，你们班的同学有辍学自己创业的吗？

康蕊：没有。

风马牛：你们这一个文科班，后来考到国外的学生有多少？

康蕊：国外就去了三个，包括我在内，另外两个，一个去了哈佛，一个去了MIT（麻省理工学院）。

风马牛：都是不错的学校，剩下国内的大部分都上哪儿了？

康蕊：北大、清华、人大。

风马牛：最差的呢？

康蕊：最差的就是香港的浸会大学，我们学校去了四个。

风马牛：不错，你们这个班都是"一本"，没有考"二本"的？

康蕊：没有，"二本"的就都复读了。我们当时是唯一的一个文科实验班。

风马牛：父母回家跟你聊点什么呢？

康蕊：聊未来，尤其是到现在了，想想你以后该干吗，比如说这个暑假干吗去，学点什么呀？未来怎么安排？会聊这样一些乱七八糟的事情。

风马牛：你觉得未来你应该是个什么样的人？或你期待自己是一个什么样的状态？

康蕊：对现在的我来说，最重要的是现在这个家庭、我爸妈，所以不管我做什么，我得让我爸妈开开心心、无忧无虑的。不管是在精神方面也好，物质方面也好。

风马牛：不给他们添乱？

康蕊：对，首先我得能养活我自己，然后在此基础上，我要能供养我爸妈。这对我来说是一件特别基本、特别重要的事情，不管我做什么行业，我期望至少能把我这一家的老人养好，让他们开开心心的。

风马牛：你将来要照顾的可能是六个老人，因为你另一半有两个，祖父母辈的至少还有两个，这是独生子女必须面对的事。你觉得未来你有特别的冲动想从事一个什么样的行业或做一个什么样的人吗？

康蕊：做一个什么样的人可能会有设想，但是行业的话，其实还不清楚。我肯定得自立，到30岁时我最好已经成立了一个属于自己的家庭，我爸妈过得开开心心的，同时我也能为这个社会做点什么。其实这一直是我希望自己能够达到的一种境界，就是我不会成为社会的负担的同时，在某一个方面，虽然现在还不知道是以什么样的形式，能为这个社会做一点事情。

风马牛：为社会做一点事情，你是指哪方面？只要对社会有益的事都可以？还是在哪方面有一些小想法？

康蕊：为社会做事、服务，为了达到这个目标可以走很多不同的路。我现在还没有特别确定我会聚焦在哪个行业。

风马牛：比如说你可以做社会工作者，去做社区项目、帮助老人，或者是一些公益组织、公益团体，参加一些所谓的公共事务管理，比如说政治活动，这都是为社会做点事情。这里面你个人比较喜欢哪一类？

康蕊：对我来说都可以，就看我自己以后能做什么了。因为我觉得，现在只是一种设想，我不知道我到底能不能达到那个状态，所以走一步是一步，到最后落到哪个行业看命吧。

风马牛：如果就选一个专业，你觉得未来你会选哪个专业？

康蕊：目前来说不是商业，比如我不会去想做一个大老板，挣很多钱，以那样的方式去回报社会、促进GDP，不是这方面。

风马牛：你对经商没有太大兴趣？

康蕊：对。可能会像何怡一样，更贴近社会、更贴近人的生活。

风马牛：何怡，你对这个问题是怎么想的？

何怡：我特别不喜欢给自己设限，让我在撒哈拉大沙漠拯救野生动物也可以，让我在北京边上搞一个小房子每天上下班也可以，但我觉得一定得是自己开心，而且能干实事。如果能进公益组织或国际组织，我非常愿意。我也愿意做媒体，但我现在觉得，做媒体可能更多的是一种方式，而不是目标。因为我做媒体的终极目标是希望让更多的人听到我的声音。

中国梦

风马牛：不说个人了，说说社会。想想20年以后，你们希望中国是什么样的？或者希望你身边的社会是什么样的？这是一个有关中国梦的问题，或者你们根本就没想过？

康蕊：这样宏观的蓝图是没有想过，这样说出来可能不是非常正统。

风马牛：没事。

康蕊：我觉得现在国家经济发展到类似于瓶颈的地方了，需要通过别的方式再让经济去发展。因为现在已经出现了很多社会问题，不去解决这些问题，经济很难再持续发展下去。所以未来20年可能需要去解决一些除了经济以外的重要问题。

何怡：我希望20年以后，报纸每天的头版头条讲的不是GDP增长多少，或者我们国家今年赚了多少钱之类的，钱在这个社会上的地位能够稍微降低一点，人们就能更重视一些精神层面的东西，这听上去可能很虚，但有一些原本看不见、摸不着的东西，可能会变得更看得见、摸得着一点。

康蕊：我记得有人说，我们当时批判美国社会特别追求物欲、崇拜金钱，现在看起来中国社会其实也是那样。另外我觉得中国现在不是一个法制化社会，我特别希望中国能够法制化起来。中国的很多问题说到根上之后就会触及太多人的利益，这件事情根本改变不了，于是就遇到一个特别大的瓶颈，就跟经济发展一样，这条路你走不下去了。

风马牛：关于社会最不满意的三件事，你觉得是什么？

何怡：我觉得第一就是仇富和仇官，人的心态不好。另外我比较关注民生方面，我觉得教育是一个非常大的问题，可能也是自己经历过不同教育体制的缘故吧。

风马牛：南方科技大学那件事你知道吗？

康蕊：这事挺好的。

风马牛：我觉得那个校长很棒！韩寒那篇文章《没希望工程》写得挺好。事情不大，但它对传统的教育体制发出挑战。因为西方教育体制非常简单，学校文凭是竞争的结果。哈佛、耶鲁等不是教育部指定的一类学校，而是自己竞争出来的。当年斯坦福要办学校，他跑到哈佛去，没人答理他。于是他回家自己办了一所学校，用他孩子的名字，现在这个学校也挺好，但是教育部也没有授予他学士、博士点，人家没有这一套。现在中国如果校长说我们自己招生，自己发文凭，那么教育部就会威胁他说你这个文凭不好使。

康蕊：我觉得太官僚主义了。

何怡：说到底一切都是体制问题。

康蕊：如果能法制化，这问题就能解决了。说到官僚主义，中国很多事情的运作方式都已经渗透到一些大学、高中的学生会竞选中了，特别肮脏苟且。

风马牛：都在里面互相交易？

康蕊：比如说私下请客吃饭，基本上已经完全社会化了，学生时代过得就不纯洁了。你在学生会想有什么作为，必须得去讨好你的部长、老师等。

何怡：我看过蒋方舟写的一篇文章，就是讲清华这方面的事儿，她从一个学生角度看现在大学生的现状，我觉得写得还不错。

风马牛：你不认为有些事情不是独有的而是任何一个国家都可以

有的？

何怡：对。

康蕊：你看印度它很民主，但它的政府太弱了，老感觉这是很矛盾的事情。现在这样的制度需要刺激或竞争才能改变，但竞争带给这个国家的并不完全都是正面的东西。虽然我不知道到最后我们是不是需要它，但我觉得中国特别需要一个强政府。我有点担心一个问题，就是现在中国的孩子和愤青们尤其容易被忽悠。比如在人人网说到政府出现了一件很可怕的事情，然后大家就会都相信，但谁也没有办法去证实这件事情到底有没有发生。

风马牛：我没上过人人网，你觉得像这些年轻人上的网站上，对于一个公众事件，大家是跟着政府媒体走的多，还是独立判断、反对的多？

康蕊：不一定是独立判断，但绝大多数都是和主流观点相反的。现在人人网也会进行过滤。

何怡：现在网上反动的段子非常多，提到主流的都是讽刺。

康蕊：基本上没有正面的。有正面的就会有人骂，基本上一个人说"好"，然后就会有99个人站出来说"不好"。

风马牛：这种状态你们觉得是因为什么？他们生活的现实跟所说的差距大吗？

康蕊：因为大家知道，你说的并不是事实。

何怡：对，现在越来越多的人明白了。

康蕊：你越不说大家就越相信，现在已经完全成了这种情况。

何怡：尤其像这种社交网络，其实是你个人人权的体现，像我们那里面有很大一部分都是出国的同学。

康蕊：即使不是出国的，像北大、清华的这些孩子，也没有非常正面地说现在做得好。

风马牛：我还有一个问题，现在中国跟世界的关系中最重要的是中美关系，你们认为中美关系现在应该是什么样？或者以后应该怎么发展？因为这是中国跟世界的关系，老大、老二嘛。

康蕊：这已经是没有办法忽视的问题了。

风马牛：比如说我们有三种选择，一种是跟随、一种是对抗、一种是含糊，个别问题跟随、个别问题对抗。

康蕊：我觉得跟流氓玩就得用流氓的手段。我不是特喜欢美国这个国家，因为我觉得一是他们很闭塞，二是他们好斗，唯恐天下不乱。我们可以跟它对抗，但我们需要玩阴的。

何怡：玩点智谋。

康蕊：比如说南海那件事情，它不能治你，就把它那群小兄弟叫过去，天天给你闹事。

何怡：我个人相信追求共同的利益要大于抗争。国际关系课程的老师总是讲，冷战时期在有两个大国的国际局势里，这两个大国之间的一切关系都影响着整个世界格局的变化。所以，如果以维护整个世界的安定和更好的发展为目标的话，我认为一定要追求合作大于对抗。因为冷战就证明了，战争只会带来更多的问题。

康蕊：两个国家之间真的能够达到那种关系吗？

何怡：你在美国待过好几年，我去过美国，但没在那儿长住过，所以感觉是不一样的。

康蕊：我是一个国家观念非常强的人。

风马牛：就是说，你的社会制度、价值观跟世界主流文化不一样，大家就紧张。我看到有一篇文章讲得很好，说美国强大的时候全世界没那么紧张，因为英国人知道它还是自由企业制度，还是自由、民主、法制、宪政，所以它强大了以后对自己不会产生什么影响，而且事实证明它俩还是哥们儿。苏联要强大了以后全世界就很紧张。当中国强大以后，由于我们的政党制度、社会制度、文明价值观念等都和他们不一样，不管谁好谁坏，只要我们越来越强大，人家就得要否定自己，所以跟世界的关系就变得不相容。

何怡：另一方面我又觉得这是很对的，因为这个世界现在实在太全球化了，由于利益的相连，我老觉得到最后就天下大同了，"国家"的概念会越来越弱。

康蕊：其实真正了解中国的外国人，他们也知道中国特色社会主义到底是什么样的概念。我觉得民主、自由、人权都是外国人批评中国的一个幌子。

风马牛：因为如果不批评，他自己存在的合理性就没有了，如果他的经济又不如你，那他怎么办呢？就相当于我们否定别人实际上是为了自己更好地活下去。我不如你有钱，我总得有个继续活下去的理由吧，要不我怎么混呢？中国跟世界的关系也一样，中国强大以后面临的问题就是，你的价值体系和世界已有的所谓的文明价值体系怎样来互相对话、沟通，或创造一种新的文明，或彼此有一方要改变，这可能是最后冲突的重点。

康蕊：从这个问题延伸下去，我有时会想如果世界所有的国家都在发展，我们去哪儿？我们的政治体系要怎么发展？

风马牛：最近听说还有劣质民主、优质民主。所谓优质民主，就是说消灭了贿选，投票率又比较高，选出的政治领导通常都是真正的精英。选举就是把权力赋予道德好、能力强、可信赖的人，希望未来竞争出这样的结局。这些想法是未来领导者要考虑的问题，不管你们这一代人里谁当未来的领导者，这些问题都必须面对。

价值观

风马牛：咱们再谈谈关于价值观的事。比如贞操观念，可以说你们的观点，也可以说你们同学的观点。社会上有两种态度：一种是河北大学组织了贞操检查团，只要你在大学里有同居或婚前性行为，被学校发现就要退学，这是一种极端的做法；另外还有一种观点，就是完全不应该管，同性恋都无所谓，这种事情是个人的事情，不影响别人。你们怎么看？

康蕊：我更赞同后者。那天我们去听讲座，北大的王博教授讲顺其自然，你会有自己的想法、判断、选择，不一定非得让别人跟你想的一样，你也没有权利去评论别人做的选择是不是对的、道德的。我尊重每一个人的选择，就像何怡说的，你可以有你自己的想法，可以不接受同性恋，但你不一定非得攻击别人，不一定非得让别人跟你想的一样。

风马牛：我想你们两位应该都比较欣慰，因为你们的家庭对你们在这方面观念上都没有太多的束缚。

康蕊：其实我爸妈对同性恋这事挺不开放的，有很长一段时间，我跟我妈说同性恋，她都会特别紧张，她特别怕我被同化。我上大学了有很多朋友，他们中有同性恋，我会跟我妈讲这些事。我想告诉她同性恋也是人，他们也是正常人，你要不仔细看，你不会知道他们是同性恋，不要标签化，不要把这事跟这人有没有道德联系起来。

风马牛：比如说对于婚前性行为、同居、同性恋，你们都是表示尊重每一个人的选择？

何怡：我们认为这些跟道德一点关系都没有，它跟两件事有关：幸福观、安全。

康蕊：不是说你有婚前性行为，你就是一个不道德的人。我突然想到，美国法律规定21岁之前不能喝酒，但有时比如说在外面开Party，很多美国孩子都会去喝酒，如果你被抓到，可能就要去法院做一些处理。我在美国的一个朋友，很不巧地遇到了这件事情，我们帮他看法律文件，根据这条法律你是有罪的，你的确是触犯了这条规定，但这并不影响你以后去参加政治竞选。

风马牛：也就是说，这件事情跟道德没有关系。

康蕊：对。其实我感觉这是一个挺西化的观点，我很矛盾。我出国之后会想，我在中国看到很多现象，它是不是中国文化，中国文化到底是什么呢？我们现在在中国崇拜的那些东西是吗？

风马牛：陷入一种两难境地，因为真正中国的东西你也弄不清是什么，现在掺杂了很多乱七八糟的事。还有一个问题，在中国传统价值观念里孝顺很重要，比如说今天你们可能要承担未来6个人的养老。你们怎样看"孝"这件事情呢？

康蕊：我觉得"孝"是我为父母作出一些考虑，然后再去作决定，我觉得这并不是一件约束我自由的事情。我爸妈的好坏、生活得幸福与否，在面对一些抉择时，我会率先考虑到。比如我肯定不会嫁给一个外国人。国外的朋友就会说你怎么能这样呢，你要是遇到真爱肯定就得嫁给他。但对我来说，我人生的幸福里面包括我爸妈的幸福，而我希望能找一个跟他们能沟通的女婿，我很愿意自主地去作这个决定，我爸妈也是那种很开放的人，所以他们不会说"你必须怎么样"。

何怡：我觉得它应该不是控制你人格的东西，应该是建立在你自己开心的基础上，然后再去考虑。就像康蕊说的，如果她找一个外国男朋友，又能让她爸妈开心，她自己也开心了，这个逻辑是通的，那就没问题。但如果说，你为你爸妈作这个决定，并不能让你自己开心，这就是矛盾，在我看来不能说她不孝，或者那就不是一个健康的"孝"。

风马牛：也就是说，你把"孝"和个性发展、自我幸福统一起来？

何怡：对。

风马牛：如果统一不起来，你选择顺从还是按照传统来说不"孝"的选择？

何怡：这得看什么样的父母。"孝"有很多方法，就像我们说爱本身是一件很好的事情，可是如果方法错误了，它传递的爱也就错误了。"孝"本身是件非常美好的事情，可如果你"孝"的方法错了，那两边就都错了。

风马牛：在中国传统文化里"孝"是个核心问题。在"孝"的过程当中有两类情况：一类是父母比较强势、有能力，他们自己也会打理，家境比较好。一般来说子女相对物质上的压力小，可能精神上会有压力。像我刚才说的以后可能要照顾6个老人的情况，到你们35～40岁的时候，夫妻两个人，每一天都有一个人要去医院探视某位老人，医院还这么混乱，为这件事情你会急躁。你觉得作为子女应该怎么来处理这些事情？

何怡：一定要照顾。

风马牛：无条件的?

何怡：对，我觉得是无条件的，这就是责任。

康蕊：我高中的时候学孔子的《论语》，有句话具体怎么说我忘了，但印象特别深刻。孔子说既然你爸妈在你刚被生下来的那3年，基本上为了养你什么都做不了，那为什么你不能在你爸妈快不行了的时候，什么都不做去照顾他们3年?

风马牛：所谓"责任"就是为别人着想，自己要作一些牺牲。

何怡：那是肯定的。

风马牛：我觉得你们两个很相似。另外中国传统文化里有很多美德，比如助人为乐，典型的就是雷锋。在现在这个社会里，因为大家都讲究金钱，免费去帮助别人的道德观念变得很珍稀，你觉得在现代社会，究竟是用钱买服务好，还是鼓励做雷锋好?

康蕊：我觉得凡事都有个度，有些服务还是需要的，并且需要给别人发工资让他们有能力去购买，这跟互相帮助并不是很冲突。

风马牛：如果你有精力也有能力，你很愿意免费去帮助别人?

康蕊：我觉得可以，但问题是，我们现在可能会受客观条件的影响，你还得先帮自己才能帮别人，连自己都帮不了怎么帮别人?

风马牛：你认为雷锋精神是很重要的，或者说是很需要的?

康蕊：听您说到互相帮助的问题，我想到学校竞争很激烈，有些成绩好的同学，他们都是一群特别聪明的人，他们都有特别好的机会，比如说被保送上好高中，但他们之间其实很多时候不愿意互相帮助。

风马牛：当帮助别人的时候损害自己的利益，当帮助和竞争出现矛盾的时候，有时候会从竞争上考虑更多?

康蕊：但问题是不一定互相帮助就有损你自己的利益。比如说帮同学讲道题算什么呀，我觉得自己的利益考虑得太重，人就不愿意去帮助别人了，有点可怕。

风马牛：你们还是很希望大家能够互相帮助，人和人之间有温暖，这样你也会有安全感。另外关于金钱，都知道现在很拜金，你们怎么看金钱？

康蕊：虽然我爸妈不是特别有钱，但他们让我从小到大过得还是挺无忧无虑的，没有说我需要什么东西的时候特别稀缺。所以我觉得我的观点可能比较理想化。我觉得钱多到你自己能过得舒服就够了，不需要太多，太多钱还会惹事情。

何怡：我觉得我可能比她更理想化一点，因为我从小不仅在体制外，而且是在无忧无虑的环境中长大的。所以从某种程度上来说，我认为钱所买不到的幸福比钱所买得到的幸福要大。人类的幸福感假设是100%，我认为钱所带来的幸福感是50%或者更少，更多的是需要钱以外的东西。我也是很理想化的。

康蕊：妈妈就一直说，你以后不用去赚太多钱，但一定要赚足够的钱。她说要想做事情，不想有求于人，你自己就得有一定的财力，这样才不会去犯错误。

风马牛：是。可能你们两个都不存在这个问题，假定说你们找了一个男朋友，买不起房，你们会选择跟他租房，还是说一定要让他买房？

何怡：得看那个男的什么样，看我愿不愿意跟他一起租房。重点不是租不租房，而是跟谁租房。

康蕊：找男朋友这事就比较复杂了。对我来说，如果我觉得他是一个比较积极向上、可以一起奋斗的人，那我无所谓现在的状态是怎样的，只要我们一直能提升我们的状态就可以。

何怡：对我们来说，它应该不是用来追求幸福的手段。

康蕊：如果你是一个从农村走出来的姑娘，那看法就完全不一样。

何怡：可是我没法站在她们的立场讲话，所以我只能站在自己的立场上讲话。

风马牛：另外一个问题，比如早恋、谈对象，你们觉得理想的爱情和婚姻应该是什么样的？

何怡：我觉得就不应该有"早恋"这个词，哪儿有什么早不早的，恋就恋了。

康蕊：对，其实我觉得，学习跟早恋并不是一件很冲突的事情。

风马牛：我也说过人类历史上没有一个研究说明几岁恋爱跟幸福是绝对挂钩的。比如现在张柏芝和谢霆锋的婚姻失败了，大家就说不相信爱情了。你们怎么看呢？

康蕊：我觉得理想的婚姻不是激情，也不是传统意义上的情意绵绵，而是你不能把它定义为家人或爱情的一种特殊的只有夫妻之间才有的关系。

风马牛：伙伴关系？

康蕊：也不能这么说，其实它三个都有。

何怡：第四类感情。

康蕊：我看我爸妈就觉得他们俩挺好的。因为我记忆之中他们没怎么吵过架，肯定也互相生气过，但没在我跟前吵过。我觉得他们两个人的关系就没有办法去界定。

风马牛：又像伙伴，又像亲人，又像恋人？

康蕊：就是什么都像一点，两个人很默契，能互相考虑对方的一些想法，去容忍一些事情。

风马牛：其实父母对你们在这个观点上的影响是最大的？

康蕊：对，我觉得是这样的。

何怡：由于父母的影响，所以我觉得一定要找一个精神伴侣，灵魂的契合很重要，价值观一定要一样。两个人如果要一起走下去，一定要保持在同步前进的状态。

风马牛：也就是说，在一起，价值观其实比别的更重要？

何怡：对。说白了，就是这个人一定得能跟你说上话。

康蕊：就是得能交流。

风马牛：不是天天上床，是天天说话，偶尔上床，天天说话。

康蕊：上不上床都无所谓了。

何怡：到最后你也上不了床了，只能讲话。

康蕊：老夫老妻坐在那儿聊天、晒太阳。

风马牛：能说话，当然价值观就比较一致。文学作品中有很多美好的爱情故事，它们还很激励你们吗？

何怡：其实我们这代人挺矛盾的，一方面听那些童话故事长大，当还没有长到想接受现实的时候，就开始接受一些事实，并发现这些事实跟童话故事相违背，但必须要接受。所以我觉得，我们不是那样绝对相信，比如我不相信永远、一生一世，我觉得它们只是文学创作的一种极端的表现形式，不是一个真实的东西。但同时又会有那种追求美好的心。

风马牛：你初恋的时候，最先想到的是什么事情？比如说对爱情的好奇？或者文学作品里有一个梦，你想去追寻它？

康蕊：像琼瑶小说里的那种爱情特纠结，我觉得那种事情并不现实，我更崇拜现实中我所接触到的比较成功的爱情。我不会特别想追寻那种浪漫，特别唯美的爱是不可求的。

何怡：我们现在都是理性向往。

风马牛：比如说现在私奔，大家都把私奔吹捧为爱情的伟大，你们怎么看？

何怡：第一反应，我觉得这是一个不负责任的事。

康蕊：极其不负责任。

何怡：就跟自杀挺像的，是一种逃避的方法。

康蕊：我不知道以后要嫁给什么样的人，这个东西得听命、得听缘分，所以我就会不断地提升自己，去努力学习，缘分之神来了我能抓住它，这是我现在人生特别大的一个动力。

何怡：是，我觉得是一个很强大的向上的作用力。

风马牛：你们觉得要找对人，或者价值观相同？

何怡：对，一定是让你有向上欲望的人。

康蕊：我们可以找精神上合适的人，不是说物质上合适的人。因为我们的物质还不错。

风马牛：不求人呢？

康蕊：所以你就更容易成为剩女了。

何怡：对，尤其你再多读几年书。

康蕊：我爸妈现在就跟我开玩笑说，你以后别学历太高了，免得找不着老公。

何怡：去《非诚勿扰》，哈。

生活态度

风马牛：咱们再说说娱乐。因为现在生活中很多事都被娱乐化了。我觉得微博出现以后，媒体、互联网特别发达，最近把很多人的脸都摔到地上了，包括过去很多我们认为很神圣的东西。

康蕊：比如说？

风马牛：比如地震的时候王石说了一句话，如果没有互联网，其实什么事也没有，还有这段时间马云的事，以及蒙牛牛根生的事情等。现实生活中所有正面的东西，你会发现要么被娱乐化，要么被消极、庸俗化。现在娱乐节目里相亲节目特别多，你对这事怎么看？

何怡：我看过李敖上小S的那期《康熙来了》，他一直跟蔡康永和小S开玩笑说，我之所以上你们《康熙来了》，并不是因为我跟汪小菲母亲的那些事情，其实是因为我想通过这个方式来告诉你们，我认为《康熙来了》可以做得更有社会责任感一些，你们不应该只是做娱乐。他认为《康熙来了》现在过度娱乐化了。小S和蔡康永当时就挺无奈，因为这毕竟是一个娱乐节目，所以打哈哈就过去了。我想在娱乐化和社会责任感之间应该怎么划清界限。后来我个人得出一个结论：你可以做很娱乐化的事情，但必须要清楚，你个人一定要有一个尺度。比如说小S和蔡康永两人就拿捏得不错。现在的问题是很多人把娱乐化的世界变成了自己的世界。

风马牛： 比如说现在的相亲节目，以及其他形式的娱乐节目，范围越来越宽，越来越像港台的娱乐节目，你们觉得正常吗？

康蕊： 其实挺正常的，需要提高的是一种辨别力，或者说是一种自我感觉。我不是在抨击教育体制，但我们的教育体制确实是让孩子从小到大没有自己的辨别力，家长跟你说这是对的就是对的，学校跟你说这是对的就是对的，课本说这是对的就是对的。所以他们在接受很多别的思想之后就受到影响。娱乐本身这件事情不是坏的，大家开心一笑，但是你不能真正把它当成特想去追求的一件事。

何怡： 比如我很欣赏蔡康永，因为我觉得他是一个特别有数的人，他做的《康熙来了》是一档非常娱乐化的节目，他把这件事情做得非常成功，在节目里他是一个非常娱乐化的主持人，可是同时他有自己完整的人格，有非常不娱乐化、具备社会责任感的一面，是一个读书人的形象。娱乐只是他的一部分。这是很重要的。

康蕊： 娱乐化这个问题可能牵扯到两方面：一方面是在演艺圈里的人该怎么做，这牵扯到社会责任感的事情；另一方面就是作为一个观众你要怎么看，这牵扯到辨别力的事情。

何怡： 总之它不能过度。

康蕊： 其实不管是在咱们这个社会，还是在美国，都存在这个问题。美国家长也会说你这个人那么有影响力，在歌词里你就不能说脏话，不能说关于性、泡妞的事。比如孩子玩的游戏不能太血腥。

风马牛： 现在人们经常讲"收入差距大"，你们怎么看两极分化这一问题？

康蕊： 我感觉两极分化特别大，是一个挺可怕的事情。

风马牛： 那我反问你，差距多大算是不可怕？比如5倍、10倍、20倍、100倍……多少倍是可以理解、接受的？

康蕊： 我在英国、美国，接触到特别穷、特别富的人都不多，接触的都是比较中间的人。大家都挺安逸的，心态很平和。但我们在国内就见到仇富心理，贫富差距现在已经让人心不安宁了，这是贫富差距最危险的事情。

风马牛：国外同样有贫富差距，但你只在中国感觉到这事引发了特别的躁动和不安？

康蕊：对。

风马牛：但在美国好像感觉不到这件事。

康蕊：可能是因为他们那里富的人太富，穷的人太穷了吧。

何怡：你不知道他藏在哪儿了。

风马牛：大家都是中产阶级。

何怡：我觉得贫富差距本身不是一个问题，当它被摆在台面上，让人看得太清楚了，就成了问题。

康蕊：或者说成为大家的愤怒。

风马牛：现在社会上有很多人仇富、仇官，仇官是因为官和富有时候会勾结，你们也会仇吗？

康蕊：我感觉这是某种制度问题，我们应该把一些制度改掉，这样让商业更自由化之后，就不需要官、商勾结在一起了。

何怡：我认为到最后都是制度问题。

康蕊：如果不改的话，永远都会产生这种现象，产生之后你还得隐瞒着。

风马牛：关于慈善你们怎么看？包括现在红十字会出现了郭美美这个事情，你们觉得怎么样？

康蕊：我感觉大家特别气愤，这是因为没有监督机制，其实某种意义上就是贪。现在特可怕的就是网络上谁说什么，特别是有关骂政府的，很大一部分人就会完全没有依据地去相信他，因为大家不信任政府。我每次回来的时候，都会给我爸看人人网，我说你看现在小孩就是这么想的，我们这一代就是如此不相信政府、讽刺天朝。

风马牛：你们认为像红十字会这样的公家慈善搞得有点不伦不类了？

康蕊：就是觉得它腐败了，因为它没有监督机制，我们捐的钱也不知道去哪儿了。而且腐败可能很严重，大家会愤愤不平。

风马牛：你们觉得民间慈善怎么样？

康蕊：民间慈善其实可以发挥更大的作用，因为现在政府办的公益慈善出现了一些问题。

何怡：对，我觉得民间慈善应该成为做慈善的主流。

康蕊：其实美国政府也没搞慈善。

何怡：对，都是民间的。

康蕊：除了政府救济金。

何怡：那叫"福利"，不是慈善了。

康蕊：对，福利。但是你说"福利"跟"慈善"有什么差别？

何怡：政府给你福利，政府管不到的地方就搞慈善。

风马牛：你读经济学，工资叫一次分配，公共福利叫二次分配，慈善是三次分配，慈善不是制度性的，就是个人意愿、自由，自己愿意去做。对民间慈善你们还是肯定的？

康蕊：肯定的。

风马牛：现在中国已经有1200家由企业和私人发起的私募公益基金，这些基金发展的速度特别快。韩寒讲得很好，为什么现在不让发展，要限制？因为它们一发展就把公家比下去了。

康蕊：但是就得比，不比公家怎么能提升呢？说到这事我就特别气愤。

何怡：为什么每次说到中国的事，到最后大家都有一种抓狂的感觉？

康蕊：其实大家心里都明白，你政府不可能顾及到社会的每一个角落，但你非要说你可以，然后你还不让别人去帮你做，太郁闷了。

风马牛：就是NGO不够发达，民间社会能做的事政府不允许民间社会去做。

康蕊：然后你还不做，或者做得很烂。

风马牛：另外像陈光标，他老是高调慈善、提倡裸捐，你们怎么看呢？他到台湾，拿着钱到处发。

何怡：我不太理解他为什么要高调做善事。

康蕊：我觉得他这样做目的就不对了。

何怡：对，动机就不纯了。

康蕊：他是为了培养自己的声誉而去做这件事情。你要真正帮助一个人，不需要把这个东西娱乐化，把它摆在公众面前。

何怡：我能想到的做慈善唯一高调的理由就是让更多的人去关注这件事情，进而劝导别人。

康蕊：但是他那样做并不能达到这样的效果。

小时候，乡愁是一枚小小的邮票。

我在这头，母亲在那头。

长大后，乡愁是一张窄窄的船票。

我在这头，新娘在那头。

后来啊，乡愁是一方矮矮的坟墓。

我在外头，母亲在里头。

而现在，乡愁是一湾浅浅的海峡。

我在这头，大陆在那头。

——余光中

15

第十五章

台湾（上）：
人民幸福

大陆和台湾隔绝太久，彼此看对方都会有误差，很有趣。这些年来，从我们这边看台湾，最大的感觉是乱："议会"打架、天天选举，媒体骂骂咧咧，而且谁都敢骂，但又都不否认台湾经济水平高、社会和人民都很中国。现在，很多大陆人还会觉得台湾城市不如大陆好看，比较旧。当然，从台湾人的角度来看大陆，也一定会有很多特别的看点。

我最初也是带着这些观点去看台湾的，去的次数多了，可以贴近看、深入看了，却发现完全不是这么回事。总之，台湾的和谐在生活里，动乱与不和谐全在电视里，而咱们这儿的和谐是在新闻里，一出门就碰见不和谐。

为什么会出现这种差异呢？这跟媒体有很大的关系。我们这边把电视报纸的功能叫做宣传，而台湾的报纸电视是媒体，媒体是什么？媒体就是只讲坏的、不讲好的，有时甚至是只讲自己坏、专讲别人好；对媒体来说，坏事件即好新闻，也就是说狗咬人不是新闻，人咬狗才是新闻。通过媒体看见的台湾比较乱，但现实生活中感觉正好相反，在台湾我感觉到的是人民幸福、很和谐；我对台湾的概括就是党无宁日，官不聊生，人民幸福。

权利保障

人民幸福的根源是什么呢？我认为最重要的就是权利的保障，即你的东西就是你的，你能够表达的就是可以表达的。这个权利可以分成财产权、言论权、人身安全不受侵犯等几类。

首先，保证人民幸福的第一项权利是财产权、私有产权，这个东西是我的就是我的，谁也拿不走，会让我有安全感。如果这件东西今天是你的，明天可能又不是你的，或者说是你的又不是你的，比如私家车，一旦实行单双号限行，这车虽然是你的，但今天不让开，这等于有一半不是你的了。再比如说，这房子是你的，但70年以后，没准又要交钱，这到底算你的还是不算你的呢？在台湾，是你的就是你的，产权这件事情是天经地义的。

产权这件事情在台湾根深蒂固到什么程度呢？国民党军败退到台湾之后，实行土地改革，各家的土地要划界。在台湾，大家喜欢拜神、敬神，到处有庙。划地界的时候，碰到庙就不能划，要绕开。这些庙的产权不属于某一个人，而是登记在土地公名下，于是就出现了很多土地的"地主"是土地公、以及这个娘娘那个娘娘的现象，这些"地主"全都被作为土地所有者造册。这些土地所产生的收益，到现在为止，已经五六十年了，都放在那儿，谁都不敢碰，很大一笔钱呢。这就是产权，政府没办法剥夺，而且从来不谈这件事情，产权属性相当稳固。

我曾碰到过一个台湾老兵，他说政府对答应他的事都认账，是他的就是他的，"有些我都认为不是自己的，最后还是得到了。"这个老兵是山东人，在抗战结束后，家里很有钱，他们家把这些钱装进一个坛子埋在饭桌底下，结果被人陷害，告诉了附近的土匪。于是有人绑他的票，他的家人只好把这一坛子钱给人家，把他赎了回来。接着赶上解放区搞土改，家里人被吊起来往死里整，他就找以前的长工说情。那时候已经成立了农会，长工们都翻身了，反过来斗地主。那长工告诉他：你要积极表示想参军，帮共产党到前线打国民党军，就可能饶你一条命。于是他积极表态，在山东帮助解放区的人推小推车，打国民党军打了一年。但他还惦记着家，一年以后回去了，后来又随堂哥到青岛，投了国民党军（中央军），然后随国民党军到广州，最后败退到台湾。后来他在金门干了一段时间，现在退休了，已经80多岁。

老兵说他现在的房子是蒋介石给他的。他们初到（台湾）的时候，蒋介石说打回大陆后，要把他们家里原来的地还给他们，并让他们每一个人都在地图上划出了自己家那块地，并就那块地颁发了个土地证，叫"战士授田证"。这就等于把土地产权落实了，借此鼓动国民党军打回大陆。后来他们看反攻大陆一点戏都没有，觉得这就是一张废纸，于是大发牢骚，这时候蒋介石居然决定由政府出面将这些土地折合成钱给他们，同时收回"战士授田证"。他拿这些钱盖了现在的房子。也就是说，蒋介石把大家原来认为不可能再拥有的财产，还是给变现了。

在台湾，土地公都可以有产权，而且没人敢侵犯，哪怕是虚拟的土地财产，最后都要给你变现。台湾财产权清晰，人就安定；人有恒产，就有恒心，然后生活就踏实。

其次，保证人民幸福的第二项权利是言论自由。在台湾，老百姓可以批评政府、批评商家、批评任何人，只要不违法，说什么都行。所以我们在台湾经常可以看到网络上甚至电视上有公开批评政府的言论和节目，比如《全民大焖锅》、《全民最大党》、《全民开讲》等节目每天都在骂政府、政党、政治人物，多伟大的"总统"都有可能被编排成活报剧人物，在电视里被人耍弄，老百姓看了以后非常痛快。可见如果有言论自由，见官能骂，见谁不顺眼都敢说，老百姓有了宣泄的出口，反而不会引起暴动。这种言论上的自由也是台湾老百姓生活幸福的一部分。

台湾有很多政论节目，也培养了很多专门靠做节目骂政府、批评政府吃饭的名嘴，比如爆料天王邱毅，还有一口气做《全民开讲》十几年的涛哥[①]，以及陈文茜等一批人。我曾有一次去参观李涛的《全民开讲》现场，那是一个骂政府骂了十多年的老牌节目，特别有意思。我跟李涛聊天时说：你这十几年坚持每天都批评、爆料、监督政府，还都是针对新鲜事，也挺不容易的。他却表现得很兴奋。恰好那期间爆出新闻：陈水扁跟马英九交接时，有一千多箱文件，居然被陈水扁偷偷从"总统府"运出来没有交接。那期的话题就是对这件事在《全民开讲》展开讨论。节目每次都会邀请一些法律专家、媒体人、大学教授等专业人士从不同角度展开辩论和分析，专家有些是固定的，有些是隔三差五来。它成为台湾最早的批评性政论节目。基本上，每天都会针对时下最热点的新闻事件展开讨论，任何政治人物都可以骂。这档节目的制作成本非常低，现场没有观众，每期会给专家们一些车马费，但也不多，几千台币而已。在录制时间上也会严格控制，专家们每天准时赶过来，坐下来刚喘口气，就马上开始录节目，你说两句，我说两句，水平非常高，到点了就立刻结束，时间掐得非常准。谈笑中李涛说，在陈水扁时代，陈水扁也曾刁难过这档节目，让他们闭嘴，但毕竟台湾人民有言论自由的权利，有法律保障人们自由说话，所以他也只能暗示、搞点小动作，没有公开把节目封掉，因为公开封掉就是违法。

光骂还不过瘾，台湾还有保障集会、游行的权利。在马英九刚上台那阵子，我有一次刚好去台湾，就看到有人在街上游行并骂他，骂就骂了，马英九也没跟人急或跟人打官司，"总统"打官司反而显得他很琐碎、很不堪。我一路走，一路看他们骂，觉得有些地方骂得也不一定对，但街上的人们就是这样继续骂。

我还曾遇到过组织红衫军的副总指挥，我很好奇地问他：为什么那么多人组织集会，最后台湾却没乱？台湾一百万人都来参加集会，最后台湾居然好好的，这是为什么？最后我听到两种解释：集会是一种法定权利，要在法律允许的范围内去集会；群众游行是提出了申请并获得市

---

① 台湾资深记者李涛。

政府批准的，而且被指定了路线，人民是在法律允许范围内来游行。这一点很有趣：在一个法制社会，集会、游行是法律赋予的权利，你只要申请，就都会获得批准，只要不妨碍其他人的公共利益就可以。

最后，保证人民幸福的第三项权利是人身权利。台湾人的人身权利也是有保障的。我们看一个极端的例子，还是关于陈水扁的。他在"总统"任期内贪腐并被揭露，检调部门就开始独立地进行调查。也许有人会问，马英九会不会就此事有什么批示？台湾人告诉我，马英九绝对不敢碰这事，他只要一碰，就会下台，因为司法是独立的，他只要碰了，就变成了政治迫害。

陈水扁进监狱后，通过媒体，人们连他每天吃什么都知道，因为当他还只是嫌疑人、没有被定罪时，就还是公民，那就有知情权和被知情权。他被关在哪儿，看守所是哪一年建的，多大面积，都得透明。陈水扁在被关押期间，还出了两本书，他还有出版权。另外他还有指挥政党选举的权利，并且他想见谁就见谁。不过也有拘押禁见，就是禁止他和相同案子的人串供。除了可能与他串供和帮他逃亡的人之外，其他人他都能见。最有意思的是有一个老太太，她是陈水扁的死忠分子，她知道陈水扁爱吃一种食物，居然常年坚持做这种食物，定期送给陈水扁吃。二审的时候陈水扁还享有这些权利，因为台湾是三审定案，三审终审之后他才会被投入监狱服刑。三审之前，陈水扁在里边作曲、写书、见客这些权利全都有保障。更有意思的是他的待遇，"总统"退休待遇他一直都享有。整个审判过程中，首先是整个程序公开透明，其次是他的所有权利在不同阶段是受不同程度保护的。

价值观相同

台湾人民的幸福感在很大程度上还来源于价值观的趋同性和一致性。人们对很多事情闹心，是因为对同样一件事情很难有相同看法。转

财产权、言论自由、人身安全、

型社会的价值观特别分裂，比如凤姐，你可能会想，现在的人怎么能这样？但社会奇奇怪怪的现象和价值观都超乎意料，很多灵魂都在迷失，在发散，在跳跃，在选择，在彷徨，在不满，在焦躁，在苦闷。台湾人不是说没有苦闷，没有焦躁，而是总体上社会价值观相对一致，人心笃定。

　　其实台湾在经济起飞、人均GDP8000美元以前价值观曾经也是非常混乱的。我参观过台北的一个历史陈列馆，里面有很多上世纪五六十年代超级意识形态控制下的标语、火柴盒，上面都是"反共防谍"的内容，印满了谩骂共产党、共产主义，主张所谓三民主义统一中国的字样。那时，在台湾眷村餐厅，经常能听到国民党军的军歌，唱的内容，意识形态色彩非常鲜明——打到对岸、消灭"共匪"。可见当时老百姓的生活里都充斥着这些口号和内容。

　　台湾有一部电影，叫《泪王子》，是最近两年拍的，讲的就是在眷村里发生的一个故事。两个同学，其中一个在军队的情报部门，另一个曾经为了救一个小孩进入过共产党统治的区域。后者因这件事情被军情部的同学举报，最后被定为"通匪罪"，作为匪谍而遭枪毙。该片描述了眷村政治化的生活。台湾随着经济的发展，意识形态逐渐庸俗化、碎片化、世俗化，最终被完全消解。所谓庸俗化，是把一件很正经的事情，比如一首很正经很经典的歌曲，弄得怪腔怪调的；所谓碎片化，就是把原有的正统意识形态一点点撕破、扯碎；所谓世俗化，拜金主义就是典型的例子。你这时候再讲理想、主义，就没人愿意听，大家在乎的是世俗的故事，比如大家都曾关心梁洛施拿了多少钱、值不值的话题。有人告诉我，她这样做是最值的，23岁前孩子也生了，该经历的事也都经历了，未来一辈子的钱也都有了，而且还守着大把的青春，愿意过什么日子都可以。这样一种价值观和传统的价值观（如爱情至上、家庭至上等观念）是完全不同的，与传统美德相距甚远。这样会逐步导致原有的意识形态空洞化，变成空壳。

　　那怎样来重建呢？我认为，重建一整套新的社会价值体系和观念，大概需要借助三种力量。

第一种力量是中国文化传统、儒家传统。比如"礼、义、廉、耻"，"忠、孝、仁、义"。从1949年到现在，台湾的中国传统文化一直根深蒂固，从未中断。尤其在台湾的教育体系里，关于中国传统文化的训练一直有，所以很多人可以很快回归到中国传统的价值体系中。就像近年来大陆国学也开始复兴，也在走同样的路，希望在传统里寻找今天行为的合理性，来解释今天的是非。

第二种力量是现代佛教。由于经济快速增长，台湾出现了现代佛教的复兴。国民党军从大陆败退到台湾，拉的壮丁中有两个是和尚，一个是今天的星云法师，另一个是法鼓山的圣严法师。他们离开军队后，自创门派，建立道场。台湾佛教四大道场能够发展得很好，这和中产阶级的支持有很大关系。在台湾，经济增长后，大量本土的中产阶级和海外留学回来的中产阶级开始信奉现代佛教，捐了很多钱，由此掀起了台湾的现代佛教热潮。这种佛教都是人生佛教，像星云法师讲的就都很现世，比大乘还宽，是很现实的佛教。它和中国传统的有些东西走得很近，再加上有很好的组织和传媒工具，很快就主导了中产阶级的心灵观念。一些电视台比如慈济做得很好的大爱电视台，制作了大量催人泪下、感人至深的亲情故事，如挽救失足青年、敦促家庭和睦，等等。据说拍这些电视剧的所有经费都来自于信徒的捐赠和公益收入，成本很低，电视剧场景也不复杂，在一个屋子里不断地演。现代佛教的兴起和复兴，使台湾大量中产阶级的灵魂有了安放之处。从传统文化罐里汲取一点、现代佛教罐里又汲取一点，这人心就踏实了。与此同时，台湾还有很多土道教：我在台湾骑自行车环岛的时候发现，台湾的庙宇是世界上密度最大、数量最多的。只要有一个村就有一个庙，有一个故事就会生出一个要膜拜的对象，比如拜妈祖，拜土地公，拜王母娘娘，什么都拜。我曾经连着两年在台湾过年，观察春节期间大家怎么拜神，百姓们抢头香是当地一个盛大的活动，庙宇的门都被挤破了。

第三种力量是现代的普世价值观，也就是我们所熟悉的自由、民主、人权、法制。台湾的高层，英美留洋回来的人特别多，整体上受西方价值观影响较大。台湾目前的宪政体制和社会经济的法制框架主要是依据这套思想体系建立起来的。

由此可见，在台湾底层，老百姓信的是传统的土道教和本土宗教，中产阶级信现代佛教的居多，而所谓精英、高级白领、高级管理人员这部分则持普世价值观。现在台北人均GDP20000美元，比北京高一倍。然而台湾人的精神世界大体上是清晰的，灵魂轨迹是看得到的，灵魂有安放之处，心就定了；心平则气和，气和则人顺，人顺则事成，事成则心平，又转回来了。

举两个例子，第一，最近几年在大陆最闹心的是"房子"，我也老问台湾人这个问题。我知道台湾曾有过无壳蜗牛运动，上世纪80年代也有人抗议房价的事，但很短暂，并没有形成一直以来连续数年的话题。我相信台湾当时也存在跟大陆今天一样的问题，一些年轻人大学毕业后住不起房，面临就业压力等，但在台湾哪怕人均GDP在10000美元以前那段时间，在这些问题上，并没有闹腾着不消停。这就跟价值观有关。有一次我去爬玉山，有一个做向导的台湾大姐，40岁左右，我们一路聊天。问到她房子的事，她说她有三个小孩，没买房，还是租房。我说你为什么不买？她说："我买不起，就租。一租就租了十几二十年，因为小孩一直在这儿上学，也不方便换地方。"我问："你不骂政府吗？不骂地产商吗？"她说："赚不到钱是我能力的问题，是我命不好，跟别人没关系。"我当时听了很诧异，分析起来她提到了两点：第一，认命，命不好。显然宗教才会这么解释。第二，认定自己只有这个能力。她认可竞争社会是开放的，机会是均等的，也有很多人创业成功挣了很多钱，但自己没这个能力，租房就租房。后来我到香港，碰到一个投行的职员，我也问他，你在香港买不起房，怎么办？他说"赶紧赚钱"。我说你不骂地产商、不骂政府？他说偶尔骂骂，但还是"赶紧赚钱，赚了钱再说"。

第二个闹心事是所谓的两极分化，即收入差距太大。台湾人对收入差距这件事怎么看呢？有一次我去台湾，正好看到一张报纸的头版有这样一则新闻：某富豪在信义区开了一家名为"贝拉菲塔"的顶级品牌的百货公司（比咱们新光天地还高档），爱马仕、LV那儿都有。这个百货公司是怎么来的呢？起因是这个富豪有一对双胞胎女儿，爱若掌上明珠。她们刚从海外留学回来时，有天这位富豪爸爸问她们想做什么，姐俩说想开个餐馆或酒吧，她们的妈妈则说她就想开个爱马仕店，因为她特别喜欢爱马仕的包。富豪爸爸说：都满足你们，干脆给你们开家百货公司吧！果真，这个身为台湾最大电子公司副董事长的父亲，就买了一块地，盖了一家百货公司，然后真就交给了娘儿仨打理。后来我还专门去了这两个女儿开的酒吧，确认真有其事。就这么个故事，如果放在大陆，这叫富二代炫富，很多人会问你这个钱哪儿来的？年纪轻轻的为啥不好好劳动？诸如此类，估计报纸上能骂好几天。我问台湾当地人，他们的第一反应是说这么好一个店还没去过，要去看看；还有的反应是说这俩小孩命真好。没有更多评论。这就是价值观，也是宗教在内心的投射。因此，有信仰就会有敬畏，就会自省，就会认命；相反，没有信仰，就容易目空一切，就容易骂社会、骂政府、骂一切人，坚信"造反有理"。

经济富裕

人民幸福的第三大指标当然是经济富裕。去台北，猛一看，这个城市不像北京上海那么光鲜亮丽，但仔细一看，比北京有味道。大陆的城市适合远观，不可近玩。台北这个城市和街道，可以近玩，但不宜远观。

大陆的城市，比如说北京，人均GDP一万多美元，但GDP总量中政府占了大头。我们的GDP是投资、贸易和消费，大量的钱被用来建很多公共设施，所以在同样的GDP下，人们口袋里的钱其实没有台湾人多。我们因为政府的公权力大，所以城市就漂亮，想规划什么就规划什么，而台湾当局的公权力很小，私人的权力很大。台北市政府像个酒店，进去以后，你要什么服务，政府都给你提供，甚至有人为盲人代书，有人给你递茶。台湾是服务型政府，自己不投资什么东西，所以它的马路也不能强拆，高大建筑也没钱去弄，同样的GDP，钱都跑到老百姓口袋里了。在台湾，虽然公共的部分（街道、建筑物等）不好看，但私人有钱，所以各家会对自己地界里的东西好好捯饬，因为这个东西一辈子都是自己的，他的责任感就特别强，就有动力把它搞得尽善尽美。所以近看台湾私人地界上的建筑、陈设都很讲究，这是人民幸福的一个标志。

台湾的老百姓富裕还体现在另外一个方面，就是社会保障。台湾社会保障系统里存的钱很多，都在政府手里，政府帮着代管：当你看病、上学需要的时候，这些钱还交给你，另外因为你交了税，政府会把这些税还用在你身上。有一个台湾朋友的哥哥得了癌症，我问他，这要花很多钱吗？他说不要，花钱很少，台湾搞全民健保，健康、保险都是政府管，自己只出很少一部分。台湾没有人说看不起病，通过纳税、交健保的钱，最后形成了整个公共福利，这是台湾生活水平高的一个标志。我去看过一些医院，不管是私人医院，还是公立的医院、政府的医院，医疗设施、服务水准的确很高。所以一些台商、台干在大陆生了病以后，第一件事就是回台湾，在大陆第一是看不起，第二是不敢看，医院服务态度恶劣、病患需要排队求人，这些都把他们吓到了。而台湾医疗服务体系完善、服务态度非常好，费用也低，即使把往返机票钱都折算进去，也比在大陆看病省钱。此外对于社会福利保障这部分，国民党从大陆败退台湾，一共差不多有200万军人（他们叫老荣民）及其家属，政府后来给了他们很多安置，社会也给予很多特别的照顾，他们都很满意。

公务员系统在台湾叫军公教，军人、公务员、教师整个保障又比普通民众更好一点。另外还有大量的NGO存在，这部分包括大量企业、企业家捐款成立的慈善基金，而这些慈善基金又被用来帮助弱势群体。最典型的就是慈济公德会，慈济现在成为全球华人当中最大的慈善组织，证严法师和她的弟子从最初手工缝制东西做慈善开始，借助家庭、阿妈的帮助，将其发展成为今天全球华人的骄傲。这些都会让人感觉到安定和温暖，是人民生活富裕和安康祥和的表现。

公权力被关进笼子

在台湾做官是一件非常痛苦的事情。我听说在台湾如果有一个人要去当部长，家里得开会讨论，并且多数家庭成员都不赞成，因为那会是件很闹心和很辛苦的差事。

第一，财产要透明。不光是现在要透明，以前的一些与家族有关联的人和事（生意）也都要透明。比如说我经常看到关于马英九老婆买了多少股票、有几处房产，连战有多少银行存款等报道。最后我就发现马英九的钱还不如连战多，因为连战家族本来就有很多财富，他继承下来，也会打理。在这种情况下，如果你对你的财产来源坚信没有问题，家里人才能同意你去当官。

第二，任期有限。财产透明有时也不可怕，因为如果能当一辈子官，迟早总能帮家里做点事。但台湾官员的任期很短，说是一届，中间还随时有可能被赶下台，比如"行政院长"有时干一两年就被轰下台或引咎辞职了。为了这么一点时间，把家底都抖搂出去，这事不值当。在台湾"部长"这个层面，没有人能够连续干十年二十年的，多数人都是任职半届、一届就结束了，因为是选举制，选举完了以后，新的执政党重新组阁并安排人事。比如国民党执政以后，民进党很多当"部长"的就都歇了。

第三，不能谋私。因为政府不是想干吗就干吗，比如批地什么的。政府管制越多，权力越大，徇私的空间就越大。台湾是完全竞争的市场经济，政府不管什么，所以官员除了给大家服务，很难以权谋私，而且还必须被媒体、反对党拿着放大镜天天盯着看，没事都要找碴儿，万一有事（比如陈水扁），基本就会被整死了。在这种情形下，通常只有两类人想去做官，一类是理想主义者，比如说一些学者，像现在台湾经建会主委刘忆如，她是教授，很清廉，也不做生意，她用专业知识、专业能力服务社会，也积累经验，哪怕回来再做学者都可以；另一类是有钱人，家里不差钱，出去服务社会，万一出一个伟大的人物也不错，可以光宗耀祖。只有这两类人在台湾做官有积极性，凡是没有理想、家里还得做买卖的人，都不愿意搅和这事。美国和日本其实也这样。这大概就是民主社会的官场规则吧。

在台湾做官需要特别好的涵养，因为要经常去"立法院"被修理，"内阁成员"、"部长"都要到"立法院"去面对质询。如果你这个"部长"是国民党，那你到"立法院"，民进党就会随便收拾你，让你一上午站在那儿任人挑刺和批评，甚至给你画漫画丑化你。你的回答稍有不妥，对方就开始攻击你。这些"议员"都是名嘴，受教育水平也很高，你要能在"立法院"扛得住折腾，这本身就需要特别好的涵养。

另外，媒体有时候也会无中生有、造谣、谩骂、批评，你要扛不住就做不了这个官。所以有的官员家里人就很憋屈，说受这气干吗，咱又不缺钱，为啥天天让人这么糟蹋你。此外，地方"议会"的"议员"和政府基层官员，为要不断博取选民的支持，就必须要服务于基层。你要态度好、身体好。我有次在一个会上，意外碰见"立法院长"王金平，他态度谦和，跟普通人一样。还有一次开会是马英九在台上跟大家聊，他的谦卑、温良，超乎我的想象，绝对让人肃然起敬。官场生态包括政党竞争，逐步使台湾的官员都具备了涵养、温和与耐心。

官场还有风险，偶尔也会遭受暴力冲突和暗杀，比如"五都"选举当中连胜文受伤，被法院裁判是误伤，虽然连胜文不赞成。所以在台湾真是官不聊生，人民幸福。官员体系除了服务不能索取，除了倾听不能训斥，除了检讨不能牛逼。比如说台湾飓风之后，有个村庄被泥石流淹了，马英九不断鞠躬，在电视上向公众道歉。

我记得韩寒曾写过一篇博客，叫《未来最快乐的事》，就是有一天当我们把权力关进笼子里，而我们能够弹冠相庆，这就是节日。

在台湾跟政府打交道，和我在纽约跟政府打交道感觉是一样的。我在纽约做"中国中心"期间，纽约市政府的市长布隆伯格三次竞选连任市长，自己拿出了3.2亿美金。被选上以后，坚持七年每天坐地铁上班，一年只拿一块钱工资。他手下的招商局局长，也是亿万富翁，给我们服务，最多喝过一杯啤酒，我们给他礼品，他都交回去，而且提醒我们下次不要拿了。但所有事情他都尽心尽力负责，有一次嗓子都哑了，发着烧，还坚持给我们讲。我很感动，心想他哪儿来这么大干劲啊，他又不差钱，他的工资也只是一年拿一块钱！这就是理想主义者和专业人才的精神。在台湾也是，你只要约见任何政府服务人员、公务人员，过程总是非常顺利，而且谈得很清楚。这样的政府你才觉得是服务型政府，才会让人民有幸福的感觉。

匹夫兴亡，天下有责。

——冯仑

16

第十六章

台湾（下）：
社会万象

两岸抗日电影的"大不同"

我曾经有段时间集中看了台湾的所有抗日电影。抗日这件事情在两岸都是共同的，都主张中华民族要积极地抵御、反抗外来的侵略，但在表达上两者又不一样。台湾的抗战电影，令我有的时候泣不成声，有的时候荡气回肠，有的时候又生出无限遐想。

大陆早期的抗战电影有点趋同。它首先是穷人的抗战，比如《小兵张嘎》、《地雷战》、《地道战》、《敌后武工队》，很少演绎一个绅士、地主、大户人家去抗战。但台湾电影演绎的全是将军、绅士、老爷或海归、名流去抗战。比如说《梅花》这部电影，它写了一个大户人家，母亲非常端庄、秀丽，受过良好的中国传统文化教育，她有两个儿子，一个是海归，想在日本人手下讨口饭吃，家里人非常鄙视他，另一个跪着跟母亲辞行去参加抗日。还有一个电影叫《笕桥英雄传》，是讲一个航校里空军的故事，里面有个飞行员的太太，也是一个海归，当丈夫上天和日本空军较量的时候，她在家里贤淑、安静地等待，习画、写字，给他加油。同在中国土地上发生的抗日斗争，但两边选取的角度不一样。台湾描写的是政府或富人的抗战，我们描写的都是穷人的抗战。

另外为什么要抗战，两类电影对这件事情的解释也非常不一样。台湾电影提到抗战的重要原因是保种，保护中华民族生存的基本条件，让

两岸抗日电影大不同

文化、种族得以延续，是种族之争、文化之争。刚才讲的电影《梅花》里，老太太实际上是用儒家精神勉励孩子，并说如果不能完成抗战的使命，就不许回家。这和古代"岳母刺字"的故事很类似。

同时，台湾拍的抗战电影表现正面战场厮杀的居多，比如说淞沪抗战、长沙保卫战、台儿庄大战，包括滇缅抗战那条路线上的空军，整体上都是大规模、正规军作战。我看过一个纪录片叫《一寸河山一寸血》，非常长，都是讲的正面战场。而大陆的抗战电影都是敌后的，我们称它是民间抗日，而不是政府抗日。当然，那个时候政府在蒋介石手里。比如说《敌后武工队》、《地道战》、《地雷战》等大陆拍摄的经典抗战电影，都是敌后的、乡下的、小规模的、个别人的。当然改革开放以后，我们也拍了一些正面战场的，比如说百团大战。

从电影中能看出，台湾方面认为，抗战这件事，国民党和国民政府是主体，中华民族的儒家精神是支持，抗战是有担当的富人组织的抗战。

匹夫兴亡，天下有责

以前，我和多数人一样有一个固定的思维，就是"天下兴亡，匹夫有责"。作为一个年轻人，如果路遇不平，你应该挺身而出、拔剑而起，然后投身伟大的事业，用一己之力去改造天下，成就人们的幸福，这是我15岁时接受的教育，也是我今天一直折腾的一个动力。但是在看蒋介石的纪念堂时，我便琢磨，想法就改变了。蒋介石死了以后，修的纪念堂的格局有正面像，有礼仪兵，上面写了伟大的好词，都是要忠勇、奋斗、爱国、献身。可是，每个人对这些词的理解是不一样的，都以为天下是己任，但各自的"己"是不一样的，"任"也不一样，都以为只有按我的"己任"，中国才会有前途。那就少不了会有动乱和争斗。我们儒家精神讲的"天下兴亡、匹夫有责"，实际上就是一个造反有理的根据，认为我看不顺眼了我就"有责"改变，"有责"很多时候其实就是"造反"的意思。可如果有20个人，而每一个人心里都有一个对未来世界的不同看法，那就会有20个己任、20个责，各自都不一样，那就会彼此掐起来。还有一句话叫"王侯将相，宁有种乎"，就是你可以当我也可以当，凭什么就是你？这更是对所有的秩序提出了挑战。所以，我觉得应该作一个理性的检讨，应该倒过来，把这句话改为"匹夫兴亡，天下有责"。就是说我过得好不好，由管天下的那个人负责，比如报纸上说，一定要解决教育的投入问题，我的孩子上不起学，我没责，因为如果我有责我就有理由造反了，但这件事政府有责，我们大家就要让政府把这事给我们办好。

我们把我们的权力给了管天下的人，管天下的人就要管我们吃喝、管孩子上学、确保交通不堵、空气不污染，做到地震发生的时候救我们，战争爆发的时候保护我们。

对此，我坚定了自己要做一个良民的决心，从此以后要更加好好地做生意，绝不以天下为己任，谁管天下我就跟谁提建议、主张权利、争取利益，但自己偏不揽责，死不让天降大任，绝不揭竿而起。

是非去了，留下的是人性

大陆这边有革命烈士陵园，台湾有忠烈祠。从名字来看，一个很革命，一个则很中国。在革命烈士陵园的名单中，只有少数是家世背景不错的人，多数是苦难深重的老百姓，他们起来反抗，最后光荣牺牲了。所以从小在我们印象中，就只有刘胡兰、董存瑞，他们都有深仇大恨，只有共产党和他领导下的八路军、解放军、革命烈士壮烈无比，革命烈士的鲜血染红了红领巾、革命红旗，所有地主都是大坏蛋，对待他们就是要"牵他的牛，砍他的头"。而在忠烈祠里，几乎80%的抗日英雄都是来自家境良好的大户人家，其战场上英勇壮烈的程度令我不可思议。比如说讲到共产党打山西的时候，有一个高中文化、大户人家出身的女孩，一直抵抗共产党的进攻，抵抗到最后，眼看城破，最后宁死不屈，喝了毒药，扑在了自己点燃的柴堆上。在一个历史关头，在两党、两种命运、两种己任的较量当中都会有各自的追随者，而为了各自的所谓正确的东西，出现了惨烈的牺牲者，出现了各自的英雄形象。

我在台湾桃园附近看到一座塑像，纪念的是一位军人，曾有一个小学生落水，这位军人奋不顾身地去救这个孩子，不幸身亡，然后"政治部"给他立了这座塑像。碑上刻的字讲述的是这个人的生平，他是河南人，参军，历经抗战、内战，建立了很多功勋。可见，不管你当年在战场上跟谁英勇搏斗拼力厮杀，对立的双方各自都有人性的光辉在闪耀，他们看到小孩掉在水里时都会奋不顾身地去救。因为大家都还是普通人，都会有普通人的关爱、理性、温情。

有次在台湾，我偶尔从报纸上看到一条消息，是表彰一个国民党军老战士的。这个人从大陆败退到台湾之后，一直没再结婚，台湾对于这些老兵都给予了很好的俸禄，这个老人拿到钱以后，大部分都捐给了弱势群体和需要受教育的孩子，几十年如一日，所以报纸上表彰他。这个人在1949年之前跟共产党打仗时，也杀过我们的人，他居然会坚持几十年做这样的好人好事，跟我们的雷锋差不多，雷锋是出力，这个老战士是出钱。放在现在看，他们都是好人，都有善心，都知道能不打仗咱就不打仗，要和平，要过太平日子。所以，领导人的责任非常重要，如果你选定的己任、指引的方向和道路是错的，那么所有跟随者都会陷入历史的荒诞中去，被时间所嘲弄。最近大家看龙应台写的《大江大海》，也在讲这些事。这种差异性的背后，我们需要自己找到一个基点，就是人性、理性和通过法制、协商来最终获得社会的渐进式变化。

大叙事与小话题

从讲话方式上看，台湾人跟大陆人也特别不一样。除了台湾话很软以外，更重要的是两边讲的内容很不同。4年以前，阿拉善组织企业家去台湾，见了很多台湾大佬，发现聊的话题很奇怪，大陆人总是在问统一、国家、民族之类的大事。台湾这些陪同的企业家，包括导游，都感到很困惑，他们没法儿回答这些问题，因为他们根本就不考虑这些事。他们说那里人们想的都是具体事，跟过日子相关，比如哪儿打折啦，或最近出了什么好电影啦之类的，最多聊聊选举中自己会投谁的票，但这个话题也就讨论一阵子而已。他们很奇怪：你们怎么老想这么多大事？

我回来以后，看了一篇龙应台写的《你所不知道的台湾》，讲她跟妈妈看戏，听到别人聊天，讲的故事角度很不一样。后来她得出一个结论：民主的社会是小叙事，集权的社会是大叙事，是宏观叙事，都是特伟大的事。就是说民主社会全是鸡零狗碎的小事，不谈大事。按这个尺度一看，至少大陆现在的变化也大了，40后、50后一谈大事，80后、90后全走了，不爱听。

龙应台讲了几个道理，首先，在集权社会、专制社会，你没自由，啥也不让干，一切都是泛意识形态的，你上个厕所都跟革命有关，你娶妻生子也跟领袖有关，这就是大叙事。另外也没小钱，没钱你怎么自由？街上不许开餐馆，开餐馆叫资本主义，这就是专制、集权社会下的生活方式。如果你碰到闹心的事对社会不满意，还不能说，你谈大事只能吹捧，方向都给你限制了，你一谈不同意的观点，轻则批判，重则枪毙。

我们知道张大中创业的资金是来自他母亲平反的补偿金。他母亲叫王佩英，受过很好的教育，1949年以前曾经是一个地下党，1949年以后在一个部委里面工作。三年经济灾害以后，她对当时的政策提出了疑问，不停地提，政府就收拾她，先是把她当精神病，关在清河的精神病医院里，张大中连着三年，每个月骑自行车去看他妈。在当时，不遵照领袖的意愿说话的人基本上都是这个下场。后来"文革"了，精神病医院不要她，她被关在单位旁边的牛棚里，张大中有一天去看她的时候，发现她已经不会说话了，原来下巴被打脱臼了。可他母亲还要表达，不让说就写，一共写了几百上千张纸条，结果被说成"反革命气焰十分嚣张"。最残忍的是他们哥儿几个被叫去参加单位的会议，讨论他母亲是不是应该被判刑、枪毙。当时所有跟政府意识不一致的人，在被枪毙之前是一定要让革命群众讨论的。那天在工人体育场宣判时，他们在电线杆子底下听到母亲被判处死刑、押赴刑场立即执行的消息，几近崩溃。但他们在刑场上没有看见母亲的尸体，因为她在路上就被勒死了。"文革"以后，大中不断申诉要求平反，平反以后，一个孩子领到1000块钱，他就拿着这1000块钱创办了大中电器，这就是民营企业的产生方式之一。这真是时代的大悲剧！

在一个民主社会，人家用不着谈大事，爱说啥说啥，言论自由，就像现在的80后、90后，他们可以在网上畅所欲言，有不同意见就可以骂政府。另外，个人的自由空间特别大，比如在台湾有人玩香、玩石头，活得很精致。他们可以去玩美食，可以去做背包客，个人的兴趣可以无限发展，没有人干涉，所以心里曾经憋足的那股劲很容易就泄了。一个拥有自由的人，他的心情和不拥有自由的人肯定是不一样的。

在这样的社会环境下，即使碰上个坏的领导人，民众也犯不着闹革命，因为民主社会有任期制，这个领导人再坏，熬个八年十年，他也就下台了，不可能永远待在那个位置上，大家可以先忍忍，这几年里吃喝泡妞娶媳妇买房该干吗干吗，反正几年以后他就得走人，他的任期没有我生命长，我就把他耗走完事。万一这个领导人为非作歹过头了，还有法律管着他，不管他的官职多大多牛，照样可以依法收审或判刑。这是一套游戏规则。这套游戏规则，消灭了革命的动机、暴力的冲动、政变的诱因，所以你会发现在西方经典的民主社会，这一二百年里基本上没发生过什么政变。国家大事都不用操心了，所以个人自由可以被无限伸展，小话题、小叙事便成为生活中最主要的语言表达对象。

大叙事与小话题

在宪政框架内卸下历史包袱

台湾历史上有挺多事件，远的有"二二八"事件，稍近一点的有"美丽岛"事件、"自由中国"运动等。所谓党外运动，指的是体制外的反抗体制思想文化运动和社会街头运动。在台湾当年的威权体制下，发生过非常多的冤案，像"二二八"事件中大规模的武力镇压，伤害、杀害了一些人，给台湾民众留下了非常多的痛苦记忆。有一个电影叫《悲情城市》，讲述在日本人撤退、国民政府到达台湾之后搞的"二二八"白色恐怖，到处抓人、杀人、滥杀无辜。这个电影非常生动地表现了当时台湾本地人的失落、没有归属感，不知道自己是皇民还是国民，不知道应该如何自处，这都是当时台湾本地精英的一些想法。

后来解严以后，台湾怎么处理"二二八"事件呢？国民党非常诚恳地认错、鞠躬。这件事发生在1946年，但一直到现在，马英九每年都要代表国民党道歉，而且还要去看望这些受难者家属。另外他们给"二二八"事件的受害者一些金钱上的安慰，给其后人一些照顾，这叫抚恤。

他们还成立了真相调查委员会，将对"二二八"事件整个过程的调查一直持续到现在，不断披露当时的一些历史事实，来厘清责任、吸取教训、总结过去，和公众一起面对这场悲剧，共同寻求和解之道。这是一种智慧，就是坚持在宪政框架内依法定程序调查真相、审结案件、有错必纠，从而依靠宪政和法制安全卸下历史包袱，而不是简单地搞政治平反、翻烧饼，在意识形态两头翻过来倒过去。

"军中乐园"与"国军"的性问题

我看过李敖的书，讲述台湾金门"军中乐园"的事情。当时台湾十万精壮男人守卫金门，国共对峙，这些人的性苦闷怎么解决？李敖披露了一些细节。国民党把这件事当成了大事来办。

"军中乐园"与"国军"的性问题

那时国民党军认为，性这事情如果不解决，有可能引起军民关系冲突，所以应该正视并加以解决。这一点可能受日本人影响，在日俄战争期间，有一次打仗时，日本人发现他们的一个旅突然走不动道了，没一点战斗力，后来才知道，原来这个旅的士兵在驻地跟当地一些妓女乱搞得了性病，导致战斗力大规模下降。从那时起日本人开始重视这个问题，开始招募慰安妇，把这些女人变为部队编制，定期体检，保证卫生，来解决行军当中的性问题。日本人统治台湾50年，这种观念对台湾也产生了影响。

那个时候台湾是有公娼制度的，你可以在马路边上开店接客。前几年陈水扁扫黄把最后一个公娼店关掉时，一个老妓女还上街组织游行，反对政府，抗议说政府不让她们吃饭了。所以，在守卫金门那个时期，军中增加这个编制，是合乎当时社会的接受程度和习惯的。

这个所谓的"军中乐园"，由台湾部队"总政治部"下属思想部门管辖，管辖部门通过市场化运作，相当于招聘、招标，找了个管妓院最有经验的人来经营"军中乐园"。战士按照级别不同领票，周末两天排队在那儿快速解决问题，按级别分别可以待15、20，或30分钟，小姐每天在那儿待着，每周要体检。长官待的时间可以长一点，可以找漂亮一点的，整个运营方式完全像一个公开的妓寨。每到周末，很多大陆败退到台湾的老兵，思乡之情无法慰藉，就在这儿跟当地小姐缠绵和倾诉。对这种军中妓寨，他们自己也爱调侃，留下一些不太文雅的对联，如有一副对联，上联是"金门厦门门对门"，下联是"大炮小炮炮打炮"，挺有娱乐精神。军队有十万兵丁，在当时当地没有发生过一起调戏、强暴良家妇女的事情，靠妓寨里这些劳动妇女就把十万大军的纪律和军民关系给搞定了。

这期间只发生过两起意外事件。一件事与一个老兵有关，他老买5号，聊着聊着大家就聊出感情了，他很投入，把每个月的钱都贴补给那个大妹子，还想跟人结婚，结果那女的不干，因为她可能还要回台湾本岛，不在金门。她的某些言语伤了那老兵的自尊，这哥们儿很不忿，认为自己的情感被欺骗了，竟然拿枪把这小姐给毙了。

第二起事件是有个小姐在里边干了很久，自己小孩也长大了，她就想干点私活儿，居然离开了"军中乐园"，自己在外支摊儿单干，让自己女儿也在那儿做人肉生意，把部队的人勾引出来，挣得多一点。这件事情被揪出来以后，政府强行把她赶走，然后规定这类小姐必须到"军中乐园"，必须"双指"，即在指定时间、指定场所服务。后来，"军中乐园"不断被社会人士批评。之后，两岸越来越和平，冲突的可能性减少，现在金门的驻军就剩几千到一万人，这个问题自然也就不再是大问题。

领袖和政策"市场化"

在台湾，政党天天折腾，党内不断有矛盾冲突，而且完全曝光在媒体上，阴谋变阳谋。另外在党外要跟反对党竞争，更是喧嚣。不过他们是按照规则在斗，所以也不影响社会大众整体的生活，不会让大众有不安全感。民众看政党吵架就好像看运动场上的比赛，不见出声反倒感觉诧异。

台湾的政党实际上和我们习惯意识中的政党概念很不一样。台湾的政党数量很多，现在有一百七十多个，刚开放党禁时将近三百个。注册一个党跟我们注册一个皮包公司一样简单。台湾一百七十多个党中，光共产党就有两个，一个是台南农民王老养创建的，他一直申请成立共产党，前两年批了下来。这个党就他一个人，后来又找了个人，他是主席。陈水扁堂兄也成立了个共产党，用的还是大陆的党章。

台湾开放党禁以后，政党竞争造成的直接结果有两个。第一，党外运动自动消失。所谓党外运动，就是原来没开放党禁时，老有一些人在外边反对国民党，越反对越牛逼，比如说当年的"美丽岛"事件、"自由中国"运动，你只要骂国民党，你就是英雄。对于这些反对派人士，国民党当局越镇压，参与者就越多，这些人在台湾生存不下去，就跑到海外，政府也严加防范，不允许回台，但他们反倒斗志高昂，屡屡冲关。据说有一天有一帮海外国民党体制外的反对派，开会时情绪激愤昂扬，说我们一定要打回去。后来有人告诉他们说已经开放了党禁报禁，可以随时回台，谁都可以注册政党，可以随便骂政府了，这帮人立即泄了气，觉得没事可干了。成立政党直接面临的一个问题是：谁给钱？自己吃饭问题得先解决啊！于是他们纷纷回台找饭辙，党外运动烟消云散。

政党竞争的第二个结果是，三百多个政党竞争出两个主要的政党来，就是国民党和民进党，另外还有几个稍微有点规模的小党。两党制不是设计出来的，是在一堆政党里竞争出来的。从全球范围看，所有两党制国家都没有经过精心设计或安排，主要的两个政党都是竞争出来的，与之相伴的一直还有许多小党，这是自由竞争的结果，跟可乐市场一样：市场上有大量的可乐品种，最后竞争出两个，百事和可口可乐，当然同时还有娃哈哈、非常可乐等各种小可乐品牌存在。家电行业中国美、苏宁也是两大，但其他小的卖场也还活着。所以开放党禁、政党竞争的直接结果就是两大政党冲在前面，其他小党边缘化、空壳化。

台湾这几年，各种小党在两党的主轴下不断竞争，比如亲民党想作为第三党出来，没成功；新党从国民党分出来，也要成立第三党，也不行。现在其他一些小党在搞联盟，甚至要把所有小党联合在一起和大党竞争，这跟卖可乐的市场竞争态势是一样的。

政党要怎么竞争才能进入前两名呢？有人说只要有钱就行。但为什么起点相同，有的党能筹到钱，有的党却没人给钱呢？我记得有次在台北走过一条街道时，发现有一个楼被贴了封条，仔细一看是亲民党党部，我当时很奇怪，宋楚瑜在大陆被礼遇，牛逼大了，回去后怎么连党部都被封了呢？在我们印象中，党是特别伟大的组织，怎么总部都能被封呢？后来有人告诉我说是因为他们交不起水电费。我又奇怪：宋楚瑜这么牛逼，怎么连水电费都弄不来呢？别人说没人给他钱，因为他竞选

一卖领袖
二卖政策

领袖和政策"市场化"

不可能被选上，这就相当于拍电影，这个明星票房号召力不行，我给他钱干什么！后来我又了解到，宋楚瑜来大陆，租的是南方航空公司的飞机，后来账都结不了。你选不上，我给你钱不打水漂了吗？那你为什么选不上呢？因为你没有人气，提不出好的政策，不受大家欢迎。

政党卖的是什么东西呢？打个比方说，政党卖的第一是领袖，道理跟影视市场推明星类似，这个人身上具备的特质应符合一个时期内民众的心理期待和寄托，主要包括他的品德、能力、人格特质、形象。比如马英九政治上干净、不贪腐，人又长得帅，这都可能是获得选票的理由，特别是陈水扁下台后，人们厌烦并抛弃了贪腐的领袖，从而在心理上期待一个马英九式的领导人，这时选举，马英九胜出就毫无悬念了。第二是卖政策，这些政策有远的有近的、有虚的有实的，比如实的，每个人健保能享受多少钱、减税多少。也有虚的，比如未来要把城市建成什么样，建立什么目标。此外对一些特别敏感的问题，你得能提出不同见解，比如两岸关系。你卖"独"是一部分人同意，你卖"统"是一部分人同意，你卖"不统不独维持现状"也是一部分人同意，任何一个政策都不可能百分之百获得赞成，那你就要拿捏哪种政策能得到多数人支持。政党竞争的结果是，要么领袖不行、但政策好，要是你既提不出好政策、领袖又不够有能力，那铁定没人给你钱，因为给你钱也选不上，谁傻啊！

宋楚瑜上次竞选失败在新票案上。国民党在威权时期有一笔特别的外交运作和选举经费，这部分节余存在宋楚瑜个人账户上。李登辉说被他贪污了，宋又说不清楚，因为确实在他个人账户上，他等于为李登辉背了黑锅，在这件事情上他有了污点，作为领袖，很多人就都不信任他了。再一个原因是他也没有提出什么好的政策来。这样当然没有人会支持他。

可乐竞争的是口味、是品质、是服务，政治家竞争的是政策和领袖，你个人的品质代表政党的品质，比如马英九清廉，大家看贪腐看不过眼，所以心理上对清廉的人就特别喜欢，一下子就选上了。这跟卖东西是一样的，正好这个市场有空当，有需求，产品一被推出就会受到追捧。

台湾政党最初是全能政党，特别是两蒋时期，所以在国民党很多文献里都是以"党国"自称。那时候国民党中央党部很气派，有一个很大很完整的楼。我有一次去那里见连战，他讲这个地方当时是他选的，当时他是"行政院长"，想着上班方便，那边"总统府"，这边"党中央"，来回走就可以了，没想到后来他成在野党了，现在只有一个方便，就是出去抗议比较方便，回来喝口水又出去折腾了。在当时情况下，党和政是一体的，但没想到结果变成了一个历史的讽刺。

现在台湾的政党逐步变成"议会"党团，可以在"议会"里辩论、投票，通过控制"议会"来影响立法。这些"议会"党团也成了选举提名的工具，你选举时需要的提名、动员是要靠政党的。另外政策储备也需要人，需要智库。现在政党的工作内容主要是选举和组织工作占了大头，因为以前一党制时有支部，现在基层也不怎么活动，也交不了太多钱，所以如今的政党模式越来越像美国。美国的政党自从电视媒体出现以后，就变成了一个选举工具；选举时你说你是哪个党就是哪个党，你赞成哪个党的政策，做个简单手续，你就是这个党的成员了，平时没基层组织活动，不开会，不过组织生活，也不交党费，什么活动都没有，跟我们的政党概念不太一样。

政党变成这种定位后，就一定要接触选民，就像我们企业要接触客户一样，政党总部也越来越移向客户。现在无论是国民党，还是民进党，它们的总部、中央都越来越接近于市场，比如国民党总部就在一个胡同的马路边上，好像通常所说的门脸房，一眼就能看见，也没人站岗，谁都可以进去。开"中常会"的会议室都很简陋，因为要省钱。国民党把党产处置完了以后，就变成了没有资产的政党。国民党原来一直背着一个包袱，就是党产，从大陆败退到台湾后，有大量的资产变成了党产，用党产来支持运作，所以一直都腐败，包括搞选举，会用金钱去买票等。马英九上台以后，逐步把党产通过信托的方式回归社会，所以它现在没钱，租不到好地方，里面很多人都是义工，因为党没有那么多钱雇这些人。再往下地方党部更是设在马路边的街铺里，因为好招呼选民，竞选开始时，街铺招牌一翻就可以变成党部开始折腾。

民进党也是这样，在高雄相当于咱们王府井这样的地方，一个马路的十字路口有个大牌子：民进党总部。这个牌子像麦当劳的标志一样立在那儿，因为它要接近选民，便于动员，便于沟通。所以政党的办公地点都越来越平民化，越来越开放、简朴，有点像香港的一些银行、米铺。政党已经去除了神秘化。我到过澎湖，还到过其他很多地方，马路上随处可见小党部的招牌。

政党功能上去意识形态化，导致它变成选举工具。我在"五都"选举前路过国民党中央党部，想去那儿找朋友聊聊。他们说今天不行，因为是选举最关键的时候，干部都下乡去动员了，人人都怕失手，很紧张。他们当时最重要的目标是至少要保"三都"，后来结果是达到了，但整体压力非常之大，让人感觉整个党都在为选举折腾。

另外政党竞争会使人们担心的极端化情况弱化，两党政策渐趋中间路线。因为在威权制度下，政府想问题的方法都是意识形态化的，都是两极化的，比如"共匪"、"蒋匪"，水火不相容，势不两立，没有中间余地。开放党禁以后，第一次政党轮替，导致政党之间政策选择上比较理性。比如说国民党是"九二共识"，民进党则坚持"台独"、去中国化，要两个中国，不断拉抬族群分裂，搅动冲突。但完成二次政党轮替以后再选举，所有政策都在向中间靠，理性坚持跟大陆和平友好相处，发展经济，经济优于政治，民进党也不再操纵"台独"议题和族群分裂，而是谈具体的民生问题和城市建设。

蔡英文是伦敦政经学院的博士，马英九是哈佛大学法律系博士，蔡英文带领民进党的这次选举都是趋中间化，"五都"选举以后又提出新的大陆政策，要跟大陆和平共处，找到共同点和差异点。

美国事实上也是这样。美国选举到今天，两百年下来，两党轮换，最后都是中间偏左、中间偏右，谁都不走极端，没人敢反对现行的基本制度和宪政体制。共和党上台没有要把民主党赶尽杀绝或把这些人的讲法加以批判，民主党上台也没有这样，而是在维持原来宪政、法制和政策的框架下做一些微调。台湾现在也这样，这也是我去台湾多了以后，一次比一次觉得安心的地方。以往大陆人总是很担心：民进党上台怎么办？老让我来投资，会不会把我们赶出来，或把东西没收？还有些人担心，说我们跟民进党打交道行不行呢？万一以后国民党上台了又该怎么办？现在看这些担心都可以去除。

我觉得，未来台湾政党的生态也类似于企业，有代际更替、选拔，也都是竞争，是看你的业绩，看你的人望，你有领袖气质你就能出来。如果你其他方面都很好，但一上镜头不够有领袖气质，那政党就可能不提名你，因为提名了你也选不上，就像歌星红不了，我还捧你干吗。所以政党变得离每个人都很近，与每个人的生活也有关，但又不会直接支配自己的生活。

也会有人说，有时会看到他们在"议会"里打架，怎么又说他们不走极端呢？其实这也是政党生态的一个方面，因为在台湾政党太多，需要竞争，小党又没广告费，所以他们必须在开"国会"，包括在"立法院"开会时，趁有镜头对着时大力表现，让大家记住这个政党，同时告诉他的选民和支持者说，我在替你们干活，一点没闲着。但镜头一撤，他们又都会跟什么事也没发生一样。党无宁日，但没有影响到社会正常发展，相反给社会的正常发展找到了很多表达观点、情绪宣泄的出口。

347
第十六章

选举让"人民最大"

在台湾，选举是最频繁的，差不多每个季度都有，是亚洲选举密度最大的地区。有县市长选举、"立法委员"选举，现在又有"五都"选举，还有最基层的"议会"选举，以及最高领导人"总统"选举，总是在不断地选。

台湾的地方选举是从1949年国民党政权自大陆撤到台湾以后开始的，乡长、里长、县长等这些选举有县议会、乡议会，它选举的过程已经成为一个社会常态，在台湾普通老百姓当中，觉得选举这件事很正常，就像我们在大陆看见有人戴着红箍吆五喝六不觉得奇怪一样，台湾人看见拿着旗选举的人也不会觉得诧异。都是中国人，但的确也有不同的文化。

台湾的选举可以看成是一个产业，它有一整套产业化系统，包括选举公关、选举财经、选举理容、选举研究等。我在台湾"政府书店"也买到过专门研究选举技术问题的书籍。

选举对一个社会到底有什么功用？它对老百姓的生活有什么实质性影响？我觉得第一个作用是令官员非常谦卑。人民变选民，选民变最大，官员所有的权力都是被选出来的，你能不能当这个官是需要人民同意的。集权式的提拔是看上头，选举是看下头、点人头。一个官员对任何人都要及时地握手、点头、回应，态度必须得好，你不好记者一写，明天就少好多票。

我们看到，出了事情，作为最高领导人马英九不断地鞠躬，以至于太过谦卑了被施明德骂，还有很多台湾人认为马英九永远是"总统候选人"，意思是他腰杆不够硬、说话不够坚定，老在迎合不同的选民，认为他没有领导力，不敢大刀阔斧地做对的事情。

在台湾政治人物讲得最多的是要勤跑基层，没事就跑，以前台湾人对宋楚瑜最好的评价就是叫"走透透"，他踏遍了台湾每一个地方。马英九在竞选时也曾骑自行车到台湾乡下，跟老百姓一起住。有一次我在台湾开会，意外碰到台湾国民党资深大佬王金平，他是"立法院"院长。按理说他位阶很高，但看不到有任何让他跟普通人隔开的措施。还有一次是马英九演讲，他在台上回答问题时非常诚恳、认真和谦恭。这让大陆的企业家感觉很奇怪、很舒服也很亲近。还有一次到澎湖，赶上选县长。他们旅游局局长安排我们吃饭，说一会儿县长会跟你打个招呼。这个县长当时还是候选人，他过来以后给大家敬酒，然后看了一下表，说我必须走了，还要去当地整条街挨家挨户握手，因为正是吃饭的时候，家里都有人。他就天天这么跑，每个人的手都要握到。我问他，你握人家也握，到底有没有用啊？他说这握总比不握强，到底有多少用不知道，反正一定要去。

由于这样频繁地选举，实际上任何官都不是永久的，你任期结束后，又变成了老百姓，你还得过日子，所以不能得罪人。

不断选举还消灭了上访。有一"立法委员"告诉我说，这主要跟选举有关。你有不平时，地区的议员就会帮你，如果他不帮你他就选不上。比如在乡里，我有什么困难跟议员讲，议员必须替我嚷嚷。如果不帮助我解决，下回我就把这事跟媒体说，媒体发布以后你形象就变坏了，你就没有选票了。为了要选举得票，这些事情便总有人来管，有时候甚至是几拨人抢着解决同一件事。

这样一种选举规则，加上媒体监督、法律监督和政府权力制约，实际上就消化了上访这样一种现象。这并不是说没有判错、干错的事，任何一个社会都不是上帝直接管的，上帝都是通过人来管的，而人都会犯错，问题是怎么纠错，一个好的社会和政府就是这样，可以由下而上和由上而下自我纠正错误。如果是封闭的组织，没有长期的开放式选举，那么只能是从上到下纠正。比如你写封信给领导批示，他要来管就解决了，如果他不管就解决不了。

选举会使想要从政的人不得不为人民服务，而且必须办让大家感觉得到的具体事。有一次我碰到一个台北市的议员，以前是电视台主持人，形象很清朗，有一定的知名度。我问你怎么从政了、不再做节目了？他说我积累了一些经验以后，觉得应该出来为社会服务，我在这个选区有三万票左右，已经当选两届议员了，我能够拿这些选票，用大陆的话讲是为人民服务得来的。

这时候有电话打进来，他说你等一下，我现在要做事情。然后他就用闽南语说了一通，我也听不大懂。电话讲完以后，他说今天有六票进账，很开心。我问怎么回事，他说他有三个电话，第一个电话是私人的，有时候家人、朋友打，费用也是私人出；第二个电话是办公室、秘书有事情打；第三个电话是公开到社会上的，不认识的人谁都可以打。刚才就是有个社会上不认识的人让他帮忙置放骨灰盒，他把这个事情解决了，又得到些选票。我很好奇，这事怎么跟选票有关？他说，找他的人就一件事，这几天去灵骨塔拜祭先人，找他帮忙把放在低位区的灵骨暂时挪到高位区显眼的地方，有面子也方便行礼。这是令一家大小全都满意并且会感念一辈子的好事，今后选举时这些票就是稳拿的。这就像每天攒钱一样，他在攒他的票，只要不断为人民服务，他的票就会越来越多，连着十几二十年下来，几万张票就这么来了。

另有一次我到嘉义，看到路边有很多花圈，可又不像送给死人的，因为都是红底黄字，我很不解，朋友告诉我这是红喜事，比如结婚、生孩子、孩子满月等。我问怎么摆这么多？他说这事很重要，特别是你要想拉选票的话。他讲了一个故事，说有个人平时跟大家往来也不多，但他不管谁家有红白喜事，都去送花圈，送去时就在那儿站一会儿。台湾对这种风俗传统非常重视，所以只要你去了，人家就记得你。他坚持了十几年，这个选区里的人都记着他，这样就积累了很多选票，每次选举都能选上。他和选民之间的关系，也都是通过服务和给面子来维系的。

我问某个议员：你们和政府怎么互动？政府官员为什么买议员的账？他说我们会在预算的时候跟政府讨价还价。如果政府不把我选区里的事搞好，你的预算我就不给你过；这就变成了一种博弈，通过博弈来帮自己的选区落实点具体有益的事。

选举就是一场热闹有序的运动会

不断选举，还能实现政府的有序更迭，使大家的预期变得比较清楚，这就不会引发混乱。选举很热闹，相当于我们去看一场比赛，表面上纷纷扰扰、乌泱乌泱的，其实里面有一些明确的规则，令整个赛场和赛程处于稳定状态当中。它通过预期、规则、决策的管理来保持稳定。台湾选举的社会状态，很像我们奥运会主体育场鸟巢，同时进去8万人，但大家都能够很舒服地看完比赛回来，因为有三样东西我们是清楚的：第一，我们知道运动员不管怎么打都不会打到台上来，不会发展成打群架，因为有第三方制定的规则，运动场里的对抗是有序的竞争，而不是暴力的群体事件。第二，程序是透明的，大家都将知道比赛后谁赢谁输，这件事大家都在这儿看呢。如果拳击台突然没电了，那可能就有人打黑拳，最后乱打起来；但只要亮着灯，这事就不可能发生，所以公开透明非常重要。第三，选手都是经过训练的。如果拳击选手是没经过培训的，从村里随便拉上一个人来开打，这人又啃又咬又踹的，一打就乱，就没法儿比赛了，所以必须是按规则培训出来的选手才能参赛，这样拳击比赛就有了观赏价值，我们才敢买票进去看。

在一个法制社会中进行充分选举，实际上跟我们在鸟巢里看比赛是一样的，可能会有人起哄，但不会乱。选手是按规则在打，也有被打伤的，但打完了他们俩下来还是朋友。那些政治家、参与选举的候选人也相当于专业选手，普通的选民就是观众，这些观众看这些选手比赛，该起哄起哄，该鼓掌鼓掌，你赞成这一队，他赞成那一队，每个人都是拉拉队员，但彼此都不会结仇。

台湾的"总统"选举、"五都"选举，起哄、造势、晚会闹完了以后，选举结束，选票一公布，大家就立即安静下来，各回各家，各找各妈。比如马英九当选那天晚上，他发表胜选演讲，就相当于打球打赢了，在冠军领奖台上发表获奖感言；那边谢长廷败选了也演讲。然后竞选总部关门，街上都被打扫得干干净净，第二天大家该干吗干吗。所以台湾的选举看上去眼花缭乱，但本质上就是一场球赛。当然这个社会偶尔也会出现足球流氓。比如说在选举时有一个坏人来放一枪，但整个比赛还要照常进行，而且越来越有规则，越来越文明。

所以选举是把关在黑屋子里的乱打，变成运动场上公开的博弈，只不过这个运动会的演员是政治家，而不是拳击运动员，观众变成了选民，而不是拳迷。经常性的良性选举会使社会沉浸在开运动会的这样一个状态里，最后所有参与者的心理也变成了运动员和场内观众的状态。

选举对社会和候选人都有净化作用。人们心目中的选举曾经是又打又闹、街上又脏又乱的状态。有个朋友给我看了张上世纪50年代台湾选举时的照片，马路上两边人都抢胳膊准备动手，朋友告诉我说当时的选举有时就这样，但现在不可能发生，你看现在的照片，每一个人都彬彬有礼，像球赛一样，你一边我一边，一吹哨子大家开玩。他给我看另外一张现在的照片，选举造势晚会结束以后，地上都是干净的。他说以前刚开始选举时，党派和竞选人造势，吃流水席，吃完了以后地上很脏没人管，地上垃圾越来越多，老百姓很有意见，就很抵制，说如果你们再搞这么脏我们明天就都不投你们的票了，于是这些候选人的支持者造势活动结束后一定先打扫完卫生才散，为的是明天可以多几票。后来选举时，候选人的支持者们各自都准备了专门打扫卫生的队伍，和竞争对手比谁打扫得干净。

选举也会令原来超级意识形态的对立、情绪化逐步变成理性化。比如说原来陈水扁用外省人、本省人、"台独"这些话题操纵议题，撕裂族群，造成很大的心理上对抗，就是过分的意识形态化，但经过最近几轮选举，越来越理性化了。比如这次"五都"选举，蔡英文不许讲族群、统独问题，而就政策讨论政策，这使蔡英文在民进党内得到了更好的支持。

选民变成80后以后，他们不关心这些大话题，他们关心小事情。在"五都"选举前几个月，我有一次去西门町的一些潮店，里面有很多年轻的电影制作人、设计师等，他们谈论这些话题的时候说，这件事很简单，我们也不看蓝绿，就看你这个团队有没有好的执行力，够不够专业，候选人能不能把你讲的事情落实，这相当于我们选一个经理，他得真能干活儿。这些年轻人可能都有不同的背景，但他们都趋于理性化、中性化。现在民进党蔡英文讲到对大陆政策是"和而不同"，也就表现出往中间靠的态度。

选举就是一场热闹有序的运动会

此外，选举还跟生活越来越亲近。有一个广告公司给我一份选举策划文案，第一部分都是讲这个人的故事的。每一个选举人都要讲一个故事，就跟我们造一个明星一样，他得有标志性口号，他的服装得能感动人，他要用很亲切的办法跟人们打交道。这就相当于我们做企业的要琢磨怎样赢得客户。

同时，选举还跟金钱有关。很多人好奇：选举是因为你的观点、政策赢了，还是你的钱赢了？人们在批评某个选举结果时，总是说钱赢了。选举应该是民心、政策、意志在起作用才对。的确，选举的时候是需要钱的，有企业给，也有个人给。现在的趋势是给钱的在减少，在台湾越往北方，因为人们受的教育更好、更理性，给钱的概率也就越来越小。

台湾在政党轮替的第一轮之前给钱的比较多，政党轮替了两次以后，现在给钱的比较少，因为政党跟资产、企业都脱钩了。对候选人的金钱支持叫政治献金，现在台湾用法律把它管起来了，这是一个进步。日本、美国早就设立了《献金法》。台湾也有法律来管这些政治献金。跟选举有关的钱有三种钱，第一种钱叫硬钱，我直接给你，你拿我的钱去竞选。第二种是软钱，我不给你，但我拿钱做广告，骂你的竞争对手，这样你当选的概率大。第三种是自己的钱，就是候选人自己家拿钱。现在全世界选举制度完善的国家或地区，对这三种钱的管法是这样的：第一种钱都有严格的上限限制，比如在台湾，对于硬钱，一般企业限50万新台币（相当于10万人民币），个人限20万新台币（相当于4万人民币），这些献金捐献了以后是要登记披露的。至于第二种软钱，各国不一样，有管有不管的。美国有一段时间管，有一段时间又管得不是特别严，因为这关系到言论自由，现在更是不太好界定，因为在要求绝对言论自由的国家，这类事有时候是没法儿管。第三种钱是全世界都不管的。我自己家拿钱，你怎么管呢？比如说美国纽约市长布隆伯格，选了三任市长，花了自己家三亿多美元。

台湾早期选举时，给小额的钱方法很简单：助选者会把要推选的人的名字写在外衣里衬上，看见选民时左手扯开外衣让对方看见竞选人的名字，右手就把选民的钱接过去。有个台湾的党务工作人员告诉我，曾经有一次选举，到了危险的时候，党内最高领导人就告诉他，拿献金把选举结果买回来，但他没有去执行，因为他觉得会有危险。

现在开始抓贿选。我几个月前去参观台北焚烧垃圾的环保烟囱，有一个旋转餐厅就在它顶部，表明它的空气质量有多么好。在这烟囱底下我看见一幅抓贿选的公益广告，上面说抓一个给500万奖金。如果你拿20万去贿选，选举时我把你举报了我可以得500万，除非你给我500万以上，否则我揭发你还挣钱，没哪个人会替你遮掩。由于奖金非常高，这就使每个人拿钱去贿赂选举人这件事变得不合算。

为什么要给钱？我问过一个行业协会的领导人，他说我每次选举也会拿钱，但我是自己家拿钱。因为我要当这个行业的头，我得替大家办事，得有人在政府或一些公职岗位上帮我，所以他们选举的时候我要拿些钱帮助他们选举，这样我在行业里可以保持我的地位，比如说我去竞标土地会有利些，这也算是潜在的长期利益。

在金钱和选举之间经常会听到一个概念叫"绑桩脚"。"绑桩脚"是绑自己人，并不是说拿钱去搞定对方的人。但最近的发展趋势是大家没有积极性了。因为选民一开始时，偶尔去"绑桩脚"，还能绑得住，后来你给他钱，但也无法了解他最后到底投了谁的票，因为他可能两边钱都会拿，所以作用不大，亏不起，逐渐"绑桩脚"的积极性就减弱了，金钱在选举当中的作用逐步减弱，而民意、民心、政见、领导人的特质，这些东西越来越重要。

这些在美国更明显，美国现在都是小额捐款，因为有了互联网。一个政党拥有越多的小额捐款，表明你越有民意基础。美国更多的是限制你大额捐款，比如说捐五千、一万，这些数字就很大。这样使竞选的过程更公平。总之，完善《献金法》，鼓励小额捐款，捐款使用透明化，只要做到了这三条，金钱对选举的腐蚀作用就能够大大降低，也使选举能够真正体现民意。

选举在实际过程中的变化是更加市场化、专业化、娱乐化、产业化。每年的大型选举，实际上是一个政策促销过程，也是政治领导人明星化的推广过程。比如陈水扁选举时要把自己装扮得非常年轻，每一个领导人的特质非常清楚，就像企业说的差异化营销，否则的话，如果大家都一样，那公众怎么来认识并记住你呢？

陈水扁那年的选举有一个特别柔性的广告，很打动人，是他儿子替他设计的。广告画面是深夜时分，一个男人的背影，他抱着一个妇女，帮助她去洗手间，广告词是：有一个男人这样地爱着他的太太，二十多年来，每天都这样。因为陈水扁的太太车祸受伤，一直是瘫痪状态，这个画面可能是他们家经常发生的事情，我相信有点生活基础。这个片子播放以后，打动了很多女性选民，她们认为这样的男人值得托付，就是说把权力托付给他也是可以放心的。这次"五都"选举，苏贞昌是用了他女婿的团队，他女婿是个纪录片导演，把他塑造成一个邻家大叔的形象，很能干很热情，亲切而乡土。

选举的过程会逐步让每一个政治人物的个性特征、理念、气质、形象都非常清晰。这样就出现了与之相关的产业。比如说有一家公司专门做选举广告，有路牌广告、平面广告、互联网广告，做CI、VI[①]这些东西，包括你的旗帜、颜色、办公场地、广播车、义工形象等，都需要规划。政治领导人的形象需要政治化妆师来打造，比如以前许信良是光头，眉毛比较细，每一次要出镜时都要给他画一画眉毛，这样拍出来的效果更有力量，因为眉毛太细会让人感觉不靠谱，浓眉大眼会增加可信度。

选举需要募款，造势。募了款怎么管理和使用？这就需要财务，比如说请客吃饭，请几十次饭，上百桌菜，每桌多少标准，诸如此类，都需要有专人打理，选举财经就慢慢开始发展起来，帮助计算造势晚会、平面广告、吃饭费用等，并且需要披露结果。

举办造势晚会，大型活动的管理也是专业化的。现场不能太扰民，

---

① Visual Identity的简称，即企业VI视觉设计，通译为视觉识别系统。

不能发生冲突，还要有气氛，会邀请很多明星，完全像嘉年华大派对一样，这样开出来的晚会效果就会很好。

整个选举过程，专业化已经细分到每个方面，然后按市场营销的方式去做。所以这几年，台湾发展出来很多专业人物，比如说倒扁时红衫军总策划就是一个广告界高人，在选举期间经常会有人请他来做策划、包装。

总之，不管是什么样的背景，现代社会都离不开选举这件事情，它实际上就是一种政治意见的良性竞争。如何把这种竞争纳入到法制、透明和公开的轨道上，使意见市场能够正常地发育、使政治人物的参与和能力有规则地进行公开比拼？这就相当于有一个运动场，比赛规则已经制定好，只要你按照规则来报名，都可以来参加百米赛跑，最后的冠军奖只发一个。这样就可以诞生出一代又一代有竞争力的运动员，而且会跑得越来越快，因为训练的技术在改变，观众的素质在提高，市场也在成熟。

我曾经碰到一个在新竹县参加当地县议会选举的年轻人，他在大陆的学校读的博士，同时也在台湾受过教育，他们家上一代有人就通过选举成为地方上的县长。后来他爸爸不参选了，让他出来参选。他坚定地要清廉政治，要用新的方法来参与选举。他坚持与大家沟通，他说他要让这个选举变得更加干净，这就是他的理想。

在运动会中，乱打拿不到冠军，你拿到冠军别人也不认账，最后大家都认识到按规则比赛才能够打出成绩，才能够让你这个奖杯变得有价值。这就是选举本身的自我净化和内在约束机制。

民主是一个慢撒气的过程

"民主"到底应该是什么，大家回答的方式有很多种。学术界讲民主是一种制度，一种价值观。老百姓讲民主就是选举。有一些人讲民主是一种生活方式，如有一本书叫《民主的细节》。还有人讲民主就是乱哄哄的，一天到晚吵来吵去。

我认为，民主首先就是权利（如言论自由和选举）的表达机制，这是学术说法。简单说就是让人说话，说话是我的权利，我爱怎么说怎么说，只要不违法我就说，违法了你可以起诉我。我发现全世界不管走到哪个国家，说不民主的意思都是不让人说话。但这个社会怎样才能让人说话？这事儿也挺复杂，说少了不民主，说多了太民主，保不准还会引发社会动乱，也闹腾。民主对说话这件事，是卡在说的后果上还是卡在能不能说？最近我琢磨后发现，民主的关键是让人说，而人们对于说出来后的结果有时其实并不在乎。

比如台湾，天天说，说出来的事没办，或办得不如意，最后有个解释也就这样了，但如果不让说又不让办，你憋久了，就会炒了老板（官员或执政党）或开始折腾。陈水扁贪腐以后，施明德组织了红衫军100万人上街，让阿扁下台，最后阿扁没下台，他也歇了。我专门找了施明德，问他几个问题。我说我对台湾民主有些事弄不明白，100万人这么大声说，台湾也让你说，为什么最后他没下台你就歇了呢？依着咱的干劲，都说到了这份儿上，冲进去把他赶走不就完了！

施明德跟我解释：宪政的基础是言论自由，是表达，不是一定要这个结果。他们是按法律、在宪政给的框架下去做的。他说当时他们也想过，陈水扁也诱导他们冲进去，如果一冲进去，他就变成了独裁者，因为如果陈水扁跑了，他虽是成功者，但社会宪政基础崩溃了，就要重新建立政府和秩序，这个成功者就一定是独裁者，"作为独裁者在历史上的地位就是破坏宪政基础，这事我不能干。"

如果抓住了陈水扁，他又会面临新的问题：杀掉还是特赦？杀掉，台湾将会陷入动乱，甚至内战；放掉、特赦，人家说这么坏的一个人怎么能特赦呢？那就得让他坐牢，终身监禁。"我选择不进去，今天他不是也要坐牢吗？"

另外他觉得他们这么大的民众愿望表达以后，下次选举民进党肯定选不上，选不上社会就已经进步了，而且陈水扁到时候也得守规则必须

民主是一个慢撒气的过程

下台；如果他们冲进去了，这事揪扯起来，陈水扁就有借口不下台，最后台湾会陷入长期内乱，台湾的民主将倒退30年、50年。

我很感佩他的社会责任意识，又接着问他倒扁的时候，每个人寄100块钱给他，事情收场以后为什么没有出现财富丑闻？这太不容易了。他回答说：我就不碰钱，所有的钱都是最后经过审计的。

我又问，那么多人，街道怎么没乱没脏或堵塞交通？他回答说他们每天都有人主动打扫，有义工。当你表达言论时，不能侵害公共利益。那些没有参加红衫军的人的利益你一定要照顾，不能影响他们的正常生活和工作。

民主表达怎么结束？相当于两口子吵架，你已经表达了怨愤，老不结束就相当于闹离婚的过程，结束了这个家庭还可以继续过日子。所以我问施明德，结束这事当时他是怎么想的？施明德说，成功有两种，一种是把别人打倒，还有一种用自囚来证明对方的失败。施明德自己把自己关在屋里，一直关到陈水扁下台才出来，用自囚的方式证明陈水扁的无耻，于是大家统一时间让红衫军理性收场。

跟他的交流给了我很多启发。第一，要尊重法律和宪政基础，要有规则；第二，表达的成本要透明、理性；第三，表达不能侵害到公共利益和影响到他人的正常法律权利；最后，表达要有一个截止点，到什么时候停下来这件事很重要。所以，在一个民主制度下，这个表达不会影响到社会的安定，这也是前面讲到台湾是党无宁日、官不聊生，但人民幸福的原因之一。

通常，在没有经验时，我们会觉得一表达就乱了。比如泰国，领导人的政治法律意识和参与者的民主素养就不同，泰国不断的街头表达，一搞就会影响交通、影响生活，特别恶劣的是把机场占领了，让游客都不能走，这种表达台湾没发生过。如果台湾政治人物没有宪政和法制基础上的共识，台湾的百万倒扁就有可能变成泰国那样。但由于他们的政治理性和法律意识，台湾这么一个才2300万人口的地方，动员100万人上街，居然秩序井然，而且对现有宪政体制不仅没有造成伤害，反而有一个很好的互动，这是东亚民主的奇迹。当然也得感谢陈水扁，因为他也遵守了游戏规则，到点了一分钟不多待就撤，下台以后接受司法审判，他也没有因为可能面对审判就搞政变。

在台湾"立法院"门口，经常有人支个棚就表达意见，不管他有什么问题，都可以坐那儿不停地说。过一段时间再去看，人可能已经离开了。他那个搭棚子的地方都是由政府指定的。台湾允许你在"立法院"、"行政院"门口搭棚，但你不能搭到路中间，把所有的交通都堵塞，那样的话就会被起诉扰乱公共秩序，甚至被判坐牢。表达让大家有主人的感觉。如果去别人家做客，一般不太敢说话，或寄人篱下也不太敢说话；一旦回到自己家，是主人，很放松，想怎么说都可以。这就是民主的感觉。

民主也是一个慢撒气的过程，好比一辆汽车出事，有两种可能的方式：如果是爆胎，一下车就翻了，可能车毁人亡；如果是车胎慢撒气，你可以有时间慢慢把车开到一个安全的地方，踏踏实实地来修理。这就是民主的妙处。

大陆企业家刚到台湾时往往会感到不太习惯，觉得媒体怎么老在骂。台湾的官员说，每件事都有人骂，习惯了就好。我现在都习惯了，看到网上总有骂的，照单全收。凤姐在网上（微博）被骂惨了，但她牛，不理不睬，零关注。凤姐写的那些事都是特别夸张的，但人家有表达的权利，她也不要求什么结果，又不妨碍别人吃喝，所以她遵守了上面四条规则。骂凤姐的有些粗口，基本可以算是人身攻击。但凤姐胜似闲庭信步，一会儿说要跟奥巴马怎么了，一会儿又说要跟另外的谁怎么了，她尽情享受表达的自由。

民主的表达机制带来的心理效应，和我们现在微博和互联网带来的效应是一样的，很多人都可以胡说，但社会怎么样呢？该吃饭吃饭，该玩玩，这是一个慢慢适应的过程，最后大家心理都变得很强大，而且又能借此娱乐。我觉得都是乱而有序的。

媒体描述中的台湾，和生活当中的台湾是不一样的，互联网的社会和我们真实的社会也是不一样的。比如说互联网的社会挺乱，黄色、暴力、骂人天天都有，但我们每天出门遵守秩序该干吗干吗，两件事可以同时存在。

这种表达很重要，可以引起管理者、当政者、执政者的警惕，然后形成一个纠错机制。比如说在公司，如果大家都这么表达，对公司领导来说会形成压力，他会去考虑改进。举个简单例子，我有一次出差，有员工表示买不起房，我很受触动，因为我们自己是做这行的，自己的员工却买不起房，这的确有点问题。回来以后我就跟董事会的人商量，制定一个政策，让每个员工都有一次机会以优惠价格买公司的房，最多优惠可以到七折。现在已经开始实施，员工的买房压力有了很大的缓解。

小到企业，大到社会，实际上对表达权利的尊重，意味着管理者有向善和持续纠错的能力；表达、倾听、纠错、再表达、再纠错这样一个过程，造成组织里良性发展、进步，这才是最重要的。

表达还会使我们的领导者、管理者获得一个合法性的民意支持。如果不让我表达，我虽然还在这儿，但心里不服，结果必然就会疏离、隔膜、逃避、反抗，组织就开始崩溃。公司真正的合法性，应该不完全是法律意义上的，比如说有股东会、董事会，尽管这是一个必要的和强制性的条件，但要把这个组织治理好，光有这个还不够，更重要的是大家发自内心的拥护、支持，使这个管理团队能够代表公司多数人的智慧、意愿和对发展的期待。这才是合法性的本质。

哪个效率更高

到底集权和民主哪个效率更高？我相信在今天，在中国，很多人会认为集权效率高。但我得出的结论不是这样的。如果从短期看，集权效率确实更高；但从长期来看，民主效率更高。这个时间的节点是50年，

50年以内集权效率高，50年以后，这个效率就低了。为什么呢？因为集权的一个前提是要有聪明的伟大人物来领导，而这个领袖一般干50年就到头了，之后社会会陷入新的一波不确定，又可能把前边创造的东西给毁坏掉。比如中国社会5000年里有好皇帝的时间是多少？10%，即500年。这500年效率是高的，但另外那4500年效率是低的，这正是我们中国到了清朝仍然还积贫积弱的原因。如果这点不成立，我们就很难理解，我们都已经集权5000年了，如果一直效率高，早就繁荣富强得不得了了，哪还有美国什么事啊！

伟大皇帝的出现有两种途径，但都服从竞争规律，第一就是开国者（太祖），都是很牛逼的；第二是中兴时期，皇朝经过内乱出现一个新皇帝，挽狂澜于将倒。这两种皇帝都是通过杀人竞争出来的。剩下的皇帝，如汉献帝、汉灵帝，都治国无方，最后引发社会矛盾，土地兼并、豪强掠夺，以至于农民起义，进入下一个王朝。所以从长期来看，我们中国历史的经验和全世界历史的经验都证明，集权的效率是低的，它毁坏财富的能力超强。

有一次，一个有名的理财师给我们开会，他一上来就说：你们是财富创造者不假，但你们也是财富的毁坏者，因为你们所有的伟大想法、所有的事情都不按规则办，都夸大自己的能力。的确，我们在财富问题和社会管理上都存在这个问题。

比如一个公司的创办人，他在管理公司的初期和晚期往往都会被神化，权力过分集中；随着跟大家年龄差距越来越大，人们听到的都是传说故事，这些故事再经过各部门往下传导，结果可能就被神化了，这位创业者便会志得意满，夸大自己的能力，甚至滥用自己的权力，实际上就开始破坏财富。所以早期创造财富的神话必定会膨胀这些领导者的权力，令组织没法儿约束这个权力，最终导致破坏财富，这就是很多创业者的悲剧故事。如果有一个持续有效的民主体制，那就会开启一个连续、正向的积累过程，就像美国那样，这200年来，民众情绪也是一个慢撒气的过程，人们该骂的都骂了，但没发生过政变，财富和社会整体文明每年都在积累。

我们就某一件事来看，集权有效率，但就系统来看，集权没效率，民主有效率。比如说我们开奥运会，要把那么复杂壮观的一个鸟巢建起来，还要调动那么多人为开幕式排练，肯定是集权有效率。朝鲜的《阿里郎》比我们还有效率。但外地人来北京的权利，北京人开车的权利全都被妨碍了。所以集权在某一点上的有效率是以牺牲其他人的权利和系统的效率为前提的，你看不见的这些沉没成本是巨大的。为了成就某一件事情就可以破坏一切规则，造成了领导制度中不依法办事、不照章办事、不按程序办事的基因恶性膨胀，最后导致其他方面的制度缺失会更多。

民主体制是什么呢？它在这一点上的效率似乎是低了，但它平衡了所有人的权利和公共的利益，它的整体和系统是有效率的。也就是说，系统的效率就是在尊重每一个人的公共权利和个人权利的基础上来追求整体的优化。

从公司来说，如果我不顾一切干某件事，非要把这件事干成的话，那么在这件事干成的同时，我可能就会损失系统的效率，公司乱了，团队散了，系统紊乱甚至崩溃了，之后再挣钱就很难了。所以在一个企业里，同样存在这样的问题，领导人一定要追求系统效率，而不是追求单点效率。我老讲万科是均好，均好就是系统效率高。而我们很多个体老板，个人的集权、单点效率高，系统却没效率。

曾有一个公司老板跟万通、万科都很熟，我们当时要做品牌、做CI、VI，要花几百万，万通、万科都投钱了，当时开论证会时，这个人也在。他说这是瞎扯，耽误工夫，你们就养了一帮读书人，给自己脸上贴金，谁不会？有你这工夫我房子都卖出去了。十多年下来，现在反过来了，这个公司现在一次只能做一个项目，而且他要来跟我们借品牌，他愿意花钱用我们的牌子，我们这些年系统能力在提高，抗风险能力在增大。我记得8年前，有一个业主说要投诉万通，我们很紧张，但今天我们经过整体系统的建设后，如果他的投诉是合法的，我们可以依法积极处理，如果是不合法的，甚至是恶意的，我们也会依法起诉他，我们的抵抗力强了很多。

万科有一个金色家园，墙上有一个维权标语挂了一年多，我问王石怎么不摘掉，太难看了，他说对万科没影响，品牌足够强大，而且我们还要起诉这些人。这是一种状态。如果你是高度集权的，你单点的有效率可能会失去系统的有效性，而当系统失灵以后，单点是很脆弱的。我们做企业是追求系统的有效性，通过系统的改善和优化最终争取在每个点上都有改善，而这个改善能够累积起来。

在集权体制下的公司会出现伟大人物。如果按100分打分的话，这个伟大人物有可能作95分的决策，非常了不起。但接下来，如果你是公司创办者，犯起错误来就没底线，就可能作出30分的决策。这些决策水平的分布是跳动的、不确定的，但总体趋势很可能是往下走的。而民主体制下领导决策正确的概率几乎都是60~80分，因为他们有底线，绝不会作出不及格的决策。

王石曾在美国有一个发言，别人问到他选接班人的问题时，他的回答也是不选一个接班人，而是选择一个团队、一个体系、一个制度。这样的事历史上谁做过呢？华盛顿做过，很成功。华盛顿在独立战争胜利后，做了10年总统，但他更牛的是制定了一部200年几乎没变的宪法。美国在华盛顿之后经历了四十多任总统，其中发生过拉链门、窃听门、水门等各种事件，但这个国家还是一个强大的国家，系统整体有效。

我想起克林顿当总统期间，有一次国会没批政府的预算，克林顿的政府就不上班了，大家都散步玩去了，却没一个人敢进攻这个国家。这个国家依然很强大，因为它系统还在运作，谁敢惹？

领导人选择确保累积式（渐进式）的进步还是跳跃式的传奇，这是个大问题，有时候也会令我很困惑。我现在看上去平和得像大学老师，但二十多年前开始折腾时，我内心最享受的实际上是江湖式生活，就像台湾、香港那些江湖片、战争片，包括像《教父》里的故事。长期在不规则的地方折腾，我们浑身的能力都是对付这些烂事的，可如今，在公司越来越法制化、越来越现代化、管理越来越细之后，我那些所谓伟大的想法基本上就没法落实了，比如说做立体城市。因为公司这个体系是整体有效的，所以就没法做特别邪乎的事，我不得不选择：如果强加给这个组织，按我一个人的想法做，可能在我活着的时候，在大家帮助下，我们做成了一个传奇，但对这个体系造成了伤害。我后来决定折中，把这些邪乎的事摘出来，自己花钱组织人折腾，等折腾到大家觉得可以接受了，就再装回来，如果损失了就当是我自己玩了一把。我就想玩一个尽兴，但又不想伤害到组织和体系。

今天万科也一样，王石现在对万科的影响越来越不重要，最重要的是他这个体系和团队建立起来了，虽然这个团队作的都是60～80分的决策，但它厉害而持久。连续的正向积累和伟大领袖跳跃式的折腾，前者平淡、平庸、无趣、持久，却价值日增，后者精彩、传奇、动人、令人眼花缭乱，却往往毁坏价值。

如果回溯到200年前，中国历史上出现过的伟大领袖比美国多，但因为折腾得多，财富积累很少。美国的200年里，每个总统都被骂过，都出过点事，除了华盛顿、林肯，你能说出名字的总统没几个，黑人能当，白人能当，谁都可以当。它这个体系保证了每个总统做的决策大概都会在60～80分之间，因为制度（体系）有效，决策水平差不到哪儿去。所以，200年前美国是需要扶贫的，但现在人家是世界第一大经济强国。

我们改革开放这30年，差不多都是60～80分的决策，所以有时候我也对一些经济学家说，你们老批评政府是你们的权利，民主允许表达，但从讨论的角度来说，实际上只要我们的政府做60～80分的决策，不要改变方向，坚持下去，未来中国就会非常强大。如果你总要求我们的领导人像毛泽东当年那样做一些传奇式的决策，那万一我们有一些决策成功，剩下的全是失败，不就又会倒退回过去了吗？

集权和民主的体制差别在于，集权是创造和毁灭同时发生的，但很精彩、够吸引人、够传奇；民主是寓惊奇于平淡之中，是在缓慢的过程中正向积累它的优势，一旦过了某个临界点，这个优势才能被大家看到，平时都是看不到这个优势的。比如前一段时间说我们的经济总量已经超过了日本，不把日本人放在眼里，前阵子日本地震，大家突然发现，小日本竟然已经有了几十个核电站，而我们这么大国家才12个，这个动力差距太大了！我看到微博上很多人说为此感到震惊。

另外日本遇到九级地震这么大的灾难，房子没有砸死一个人。我在汶川地震之后，曾到日本阪神地区专门考察过日本的防震体系和制度，不禁肃然起敬。我们后来引进了日本救灾手册，由万通公益基金捐给政府机关单位，希望会有些帮助。日本的房子在灾后前三天不会砸死人，平时房子里都备有救急物品和食物。它的建筑结构让它不会塌，整体性能好，在楼上有一个逃生系统，有一个滑轮可以下来，所以日本地震后的第一天到第三天，政府是不管救人的，政府救煤气管道、救机场、救高速公路，因为日本是城市化国家，煤气管道如果爆裂，一旦着火很多人就会被烧死。所以阪神地震中被烧死的最多，这回也是，主要还是火灾，社会的体系非常有效。

我曾看到过一张日本照片。一个年轻的妈妈把一个孩子抱在怀里，非常安静地和孩子在那儿等待后边的救援，没有任何悲怆和惊慌，也没有任何绝望，非常安静。这张照片和我看到的汶川的照片是不一样的。还有一张照片，楼梯上两边坐着人，非常冷静，中间留出来过道让其他人走，这就叫系统有效。这是民主积累的系统有效，不到危急的时候你看不出来。

从公司角度来说，如果大家选择的结果倾向于我说的后一种，我们就应该在公司里更好地建立体系、制度、系统，靠大家的专业精神把公司系统建立得更好，逐渐把领导人个人的影响力弱化掉，有序代际更替。有没有创业领袖都不要紧，不管谁干，公司都会是好公司，这才叫成功。也就是说，我们今天要在公司做一件华盛顿制度传承那样的事情，即完成价值体系的传播和基因植入，使企业组织能够永远良性地运转下去，让公司基业长青。

别幻想复制自己。

——冯仑

17

第十七章

传承

中国民营企业发展到今天，存活下来的好公司长的有30年，短的将近10年，万通也已有20年。现在大家越来越多地关注富二代的话题，比如汪小菲娶媳妇、富二代开车撞人等。我在上海还看到有专门做富二代自律培训的名为"接力中国"的组织。

我经常接触到一些富二代，在交流中我看到他们眼里有希望、信心，也有惶惑、踌躇甚至恐惧。几十亿财产和事业突然降临在二十几岁的年轻人身上，会让他们感觉不安。所以我有时会和他们的家长讲，就让他们做点自己想做的事情吧。从各方面看，企业的传承、财富的传承、精神的传承在今天的民营企业里已经变成了第一代创业者不得不面对的问题。

这件事为什么会给大家造成这么多困扰？因为它十之八九都做不好，但还得做，就像人们追求爱情，十之八九都不顺利，有时只是昙花一现，但最后日子还得过，传承也是这样。创业者设计传承方案的时候像谈恋爱，制订了很多计划，做了很多美梦，结果看到的却是继承者的改弦更张，甚至背叛。

宗教找继承人经常讲徒孙不如徒子，徒子徒孙能超过祖师爷的很少。所以传承这件事的成功概率确实不大，和最初的辉煌相比，继承者总是黯然失色或出乎意外。

中国社会也是这样，几千年来不断在选皇帝，从孩童时代就开始培养他们，最后也还是要面临王朝衰落，再经过动乱、杀伐出新皇帝，这件事情似乎成了一个悖论，但又不能不面对，需要在不可能的环境下尽可能作出好的选择。

富人的财富早晚是大家的，不必仇富

传承包括四个方面：财产的传承、人的传承、体制制度的传承、精神价值观的传承。读书时经常讲继承老一辈的传统、理想，脖子上系个红领巾，那都是精神传承，比较抽象，但财产传承则比较具体。

首先看财产的传承，今天在中国要把财产传下去，我个人认为是不大可能的。第一从中国的历史看，明代是中国资本主义萌芽时期，中国民营企业发展的黄金时期是1927～1937年，就是北洋政府倒台、蒋中正北伐后在南京建立国民政府一直到抗战前这段时间，但那代民营企业的财富都没有传承下来，在1945年以后战乱中民营企业损失很大，再加上1956年进行社会主义改造，民族资本家被迫把财产都裸捐了。所以在中国历史上，财富很少有传承成功的。

土地也一样，1945年以前大陆把有地的人叫地主，抗战以后实行土改，把地主杀了、土地抢了，分给没地的人，所以对于地主来说没有传承。对于拿到土地的人来说也没有传承，1956年全国发展人民公社，国家又把地拿走了，所以也没传下来，今天仍然是土地国有，农民只是租用，免费在国家的土地上耕种而已。

到了我们这代，经过改革开放，民营企业进入第二个黄金时期。从以往的制度、基因、文化、历史来看，在中国没有传承财产的智慧和制度条件。那么接下来能不能传下去呢？我认为不确定，八成也传不下去。

第一，先来看看税收。假定你有一套房子价值100万，你如果要卖掉，需要交增值税、所得税等，这样一大半所得都交掉了。如果你不卖，死的时候得交遗产税（这个税不远的将来就会征收），遗产税至少交50%，就是价值100万的遗产要交50万的税。如果遗产是房子，就得先变卖房产，换得现金，这一过程完成后，可能只能剩下70～80万，再交完遗产税，所剩不过20～30万而已。若遗产是现金，也一样要交税，只不过损耗少一点，但也得交一半多。股权或其他财产的转让也要交税。

这样看来，第二代没什么可指望的，所以也不用仇富，政府都替人民安排好了，富人的财产都是大家的，就算你坐拥百亿，除非你有本事不死，一旦去世，这都是社会的钱，有产者想把钱在中国传下去的梦想显然要大打折扣。对于老百姓来说应该鼓励富人好好赚钱，因为他越富，咱沾光越多。所以，就像富人想把钱都传给第二代一样，仇富本身其实也是不理性的。

在中国、美国这样有高额遗产税的国家，都很难实现财富的纵向传承。中国社会遗产税的法律一旦正式颁布，我相信全国人民都会拍手称快的，但各路首富、二富可能就没精打采不想干活了。所以目前很多中国人把财富转移到低税区的地方，像新加坡等国家以及中国香港和台湾等地区，它们的综合税率大概是10%或11%。但如果你转移的方式方法不对，不仅转不过去，甚至还要坐牢。资产转移到境外，操作不好就违法，中国现在的法律是堵，中间会有风险。另外，比如你把财产转美国去了，美国遗产税是50%，比中国执法、税务还严，而且它在全球征税，就算以后你在中国炸个油饼，都得在美国交税。新加坡不是全球征税，最近新加坡大选，其中辩论得最激烈的话题就是新移民给他们社会带来的挑战。台湾声称全球征税，但因为它是一个地区，并不是一个主权国家，所以实际上没法征收。

除了税收，目前财富继承人也是个很大的问题。现在民营企业家最大的挑战就是老婆有限，孩子更少，如果孩子再没教育好，那传承百分之百有风险。在这种情况下，我觉得使用信托的方法比较好，把财产做个信托，通过专业团队来管理，使子女变成受益人，但不成为经营者。

富人的财富早晚是大家的.

不必仇富

这样就可以把家族财产交给专业人士来管，挣的钱专业人士拿一部分，即所谓的管理费；受益人拿一部分，这样可防止辛苦创下的家业被不争气的孩子糟蹋掉，从而规避风险。通过信托，比如可将受益人分成三份，孩子拿一份，公益基金拿一份，另外一份给家族其他人。这种方式在西方很流行，最后子女饿不死但也富不了，他永远能有一份比工资略多点的收入，但想创业他还得再折腾。

富人的财产早晚是大家的，如果都是这种制度，富人挣再多的钱，穷人也无所谓，反正你最后信托给公益基金，你的后代也就拿着比我工资略高一点的收入。这是要靠时间的，给富人点时间，等到临死之前他总得琢磨这事情，他一琢磨，发现可用的就这套制度，也没别的可选。比如巴菲特，我不认为他在道德上会比我们更高尚，如果将财富全留给后代，他要交遗产税，那他所持的股票就要全部卖掉，一卖公司立即不值钱。他只有将财富交给比尔·盖茨，比尔·盖茨是最会挣钱的人，这样他死后第一省了税，第二公司股价不会往下跌，他的财产不会缩水。这是制度安排，不是道德安排，如果是道德情操的话，为什么早几年不想这事，老了快死了才想这事？希望中国未来也这样，把制度设计好，那些有钱人老了快死的时候，他自然会采用这套制度。

按制度操作之后，有专业团队帮着管理财富，后代不至于饿死就行。这样的话富人的财富等于是社会财富，富人只是辛苦而已，证明了你很能干，满足了虚荣心，但并不证明你的后代能有多少福气。比如说巴菲特，财产如果不捐，股价维持不住，后代能不能交得起遗产税都不知道，所以按美国的制度他不捐不行。我可以举个例子，陈逸飞去世后，他儿子跟后妈打官司，后来在底下怎么调解的？很简单，一打官司，这事在美国吵嚷起来，人们发现这人死了，税务局马上开始收遗产税，在税务局没弄清之前，需要先押一笔钱，打完官司再说。这样里外一算，再加上诉讼费、律师费，没准还赔钱。两人一看不行，不如在中国和解。美国就是这样一种制度。

传承实际上包括四方面的内容，财富的传承、制度的传承、人的传承、价值观的传承。究竟要传承什么？其实这个属于价值观和体制的范畴。就像美国和中国封建社会的传承内容截然不同，封建社会只传承给人，结果老出事；华盛顿就传价值观，至于总统是什么人无所谓，结果这个价值观一直传到现在。

第二，再来看公司治理，财产从第一代往第二代传时，在公司治理方面也有很大风险。因为很多民营企业的制度、治理不像上市公司那么先进、透明，多数比较传统。大部分民营企业的决策模型、内部治理结构和决策环境都偏向大比例私人股权、集权或家长制。这对公司财产的安全性不好，它和透明、有制约、相对分权的治理模型在决策上成功的概率是不一样的。假定你的治理结构完全私人化，私人占50%以上的股份，属于集权决策模型，如果正确的决策按100分满分算的话，那他经常会作出从负90分到正90分的决策，太跳跃，很不稳定，正确的概率不高。比如真功夫集团创始人因为夫妻吵架上法庭影响到公司决策，还有些大老板拿公司资金去行贿被抓等。这就是因为公司是你的，你怎么做决定都没人能拦你。

万通是上市公司，基本不会出现这种情况。首先，我没有动力，因为我在公司里的股份不足以让我冒这个险，我仅占30%以下的股份，我冒险挣了钱，大家分70%，我就分30%，而一旦出事，坐牢的百分之百会是我，我不会那么傻。

其次，由于治理结构规范，我们有董事会、监事会、职业经理人，机构是完全透明的，按公司设计的流程我轻易拿不到钱。私人公司的老板可以拿十万、上百万现金去搞定人，但我不行。所以股权相对分散、透明的董事会加上合理治理、外部监督，这样的公司财富往下传承成功的可能性大一些，但大部分民营企业不是这种情况。

公司在良好的治理结构下，决策模型带来正确的概率相对会高一些，多数情况下，所作决策是60～80分，最差的决策不低于60分，最好的决策不高于80分，不会出现大起大落的传奇，有利于连续的正向积累。万通自身的发展就经历了两个阶段，从创业到盲目扩张时期犯了很多错误，我们把它纠正过来收拾干净，大概是十年前，然后才进入到现在的治理环境：每天都有进步，没什么特别伟大的事，三五年有点大变化，比如上市、投资者进来，一直是连续的正向积累，作不出毁灭性或自杀式的决策。这种模型让财富传承成功的概率相对大一点。

企业治理有机毁人亡和人机分离两种模式，第一种结果通常是因为治理方法上出了一点事，公司就没了，比如牟其中的南德集团、胡志标的爱多集团。好的治理结构是人机分离模式，领导人出事坐牢了，公司还在，甚至可能发展得更好。比如物美，它的创办人出事了，但这家公司一直存在，市值还涨了，柳传志还对它增加了投资。再比如国美，黄光裕出状况了，公司由别人打理，还在继续发展。这些都是上市公司，老板的股权是受约束、透明的，这对财产的传承起决定性作用。

第三，婚姻中的女人对财产的传递也是重要的制约因素。何鸿燊的故事曾引起了很大反响，他有四个太太，最宠爱的是四姨太，大太太在财产问题上已经退出了，不争了。二太太跟三太太联手对付四太太，所有豪门恩怨的故事其实都是重复的。如果老爷子一蹬腿，财产就分成四份了，下边还有二十几个小孩，再往下分，就分没了。所以财产的传承跟婚姻有很大关系。

这种婚姻结构在中国老式家庭中很普遍，比如台湾的王永庆有三个太太，现在王永庆家族的财产以三娘系为主，其他两个也都分一点，财产就分散了。还有香港的"小甜甜"龚如心，她老公被绑架后失踪了，她经常和一个风水先生在一起，她死之后这个风水先生陈振聪拿着"遗嘱"来索要财产，结果打官司没成功，大姐的脸面却都掉地上了，后来家里其他人把财产捐给慈善机构了。

中国A股最大的股权过户是因为离婚，当事人是孙陶然，他是蓝色光标公司5个发起人之一，公司上市了，他拥有的股权市值大概两三亿，因为离婚，他把价值一亿多股权将近50%的份额转到前妻名下。全世界这种故事非常多，每离一次婚就分一半，离两次婚基本就没财产可传了。万通以前有一个美国员工叫米尔斯，越战时他在老挝打过仗，战争结束以后回去挣了钱，接着离了三次婚，又成了穷光蛋，只好又来亚洲赚钱，希望万通给他机会。

我在美国经常碰到这种人。有个美国人原来在纽约做大律师，工作非常好，突然有一天告诉我他要到达拉斯去了，因为离婚被分走一半财产后没钱了，只能找一个小地方当律师，消费低一点。中国婚姻财产的离婚分配相对还算温柔，只分婚后共同财产，美国连未来挣的钱都要给老婆分，甚至老婆现在用什么香水，未来还得用什么香水，非常具体。比如杰克·韦尔奇离婚签的协议就极其具体。在美国做名人的离婚律师，跟做大公司生意一样，标的很高，很赚钱。

对于妻子，财产是按照法律来分，婚外女人分不到太多，因为你没有婚姻关系，但非婚生子女和婚生子女有同样的继承权利。最典型的就是香港的"二李"，梁洛施为李泽楷生了三个孩子，他们都是有继承财产的平等权利的，但他们的妈妈（梁洛施）分不走一文。另一个大佬家也是，第二代直接人工受孕，一下生三个孩子，孩子们连妈是谁都不知道。如果香港的做法传到大陆，那么跟有钱人生孩子的会越来越多，跟有钱人结婚的可能性则越来越小。

以上讲的便是财产传承中要面临的三个巨大挑战：税务问题、治理结构问题、婚姻家庭问题。解决这些问题成功的概率非常小，有些人费尽心机用二三十年来解决，做得还行，但非常累。比如曾经是台湾首富的一位大佬花了20年时间，在活着时就把股权传给子女，这样不管离婚或遗产税都躲了过去，但媒体都在批评他。这个家族到第三代不可能再如此玩一遍，毕竟程序太复杂、子女太分散，而且第二代有兄弟四五个，越往下传承越困难。

中国大陆目前也出现了这种情况，一些上市公司很有钱的股东，在活着时就把股份都转给子女。因为小孩还小不懂事，由他儿子的监护人再做一个信托，18岁以前还是由家长来管理，但儿子是受益人，赚的每一分钱将来都是他的。这样就将控制权、收益权和未来的财产所有权阶段性地做了划分。现在香港有很多富豪在设计这样一种制度，但生前处理资产的转移问题，在大陆还不是很普遍。一个社会要想让多数富人不去做这种投机取巧的事情，活着时好好赚钱、死了以后捐给众人，那就必须给财富创造者以安全感、荣誉感，挣钱的过程中要尊重他、鼓励他，这才可能让他感恩，做更多善事，不躲避遗产税。

西方有遗产税，所以富人生前捐款越来越多，比如比尔·盖茨和巴菲特，因为他们死后财产一大半会因为交遗产税变成政府的财产，不如在活着的时候就捐给公益基金，这个基金以后还可以按他生前的设计去运行，他说了算。因此中国应该鼓励私人的公益（慈善）基金会成立，因为人们觉得捐给基金会至少不会被不适当的人乱搞，比如一些公职人员拿这些钱去大吃大喝、办国有企业等。

这样的事在历史上曾发生过，1956年民营企业裸捐以后，政府拿这个钱办了国有企业，使其变成了国有资产，经济差点崩溃。因为大家不相信政府会管得比自己好，所以还不如鼓励他们成立基金会，由基金会找专业人才进行有效治理，这样财富的所有者跟社会之间的矛盾就会减少，形成普通民众跟财富创造者之间的良性互动，最终达成财富所有者、企业家与社会的和解。

只要给时间，让所有人看到财富创造者的财富最终会流向社会、惠及民众，这样真正的和谐社会就有可能建立。如果社会试图用革命的方法剥夺富人财产，那就会乱套，会让社会进入一个倒循环，最后谁也不去挣钱，导致社会动乱和倒退。这样的事"文革"做过，朝鲜做过，柬埔寨做过，越南也做过，都曾引发过经济崩溃，于是后来又都不得不改革，开放私人经济，鼓励致富。总之，用法律和制度确保大家安心创造财富、行善，这才是财富传承方面积极和正面的信号。

时代环境变化导致永远不可能复制自己

关于传人的问题，人总想复制跟自己一样的人，儿子最好模样跟自己差不多，精神、理想、能力也都跟自己一样，然后就能把自己的事业一代代传承并发扬下去。但我们看到的永远是遗憾和不满意，因为每个人的成长环境不一样，不可能拷贝出同样的人。

我和我一个同学的孩子聊天，他父母觉得这孩子特不像自己，父母最爱说他们当年如何有理想、上学怎么艰难，他却不想听。电视剧《雪花那个飘》、《北风那个吹》里讲的就是老一辈成长的环境，在那样的环境里容易产生英雄主义情结。中国历史上有很多伟大人物和角色榜样，比如成吉思汗、关羽、岳飞、项羽，随时都会激发出年轻人的英雄情怀。另外，中国历史苦难深重，也会激发男人匡扶正义、以天下为己任的愿望和理想。

然而现在，人一安乐就不想大事了。有个年轻人已经27岁，对于养家、娶媳妇、生孩子、买车、买房很多人生庸俗的事，他一点也不急，说反正我们家就我一个，有父母管。如果从小把他踢到蚁族的圈子里，那他每天就得奋斗。所以苦难会带来责任感，悲情催发豪情。

今天这一代成长的环境变了，历史故事仍然有人在讲，但都改成戏说了，台词都是今天的，讲的也是今天的故事，已经无法让人产生庄严、神圣和崇高感了。比如貂蝉在历史上是办大事的，在电视剧里却被整成一坐台小姐。网游里所有历史上崇高的东西都被碎片化。现在大家挣点钱、喝个咖啡、唱支歌、看个电影，没有战乱、灾难，家长希望孩子有英雄主义情结，这件事基本不可能。

我有个在新加坡的朋友，老爱对儿子说：当年我考大学，多困难我都考上了，但现在条件这么好，你怎么就是不好好读书，天天玩游戏呢？结果，没想到这孩子竟然在世界上得了游戏大奖，运动、跑步、皮划艇样样都玩，后来进了特种部队，成为像"海豹突击队员"那样的角色，也被最好的大学直接录取，这让朋友很吃惊。我说现在孩子用功的方法变了，今天的学校就是喜欢这样的学生。我们那个时代已经完全不能复制了，那时头悬梁、锥刺股，拿个瓶子装些萤火虫照着读书，还有凿壁偷光什么的，是那时的环境，今天在网络上泡着的就是读书人。

时代环境变化导致你永远不可能复制一个自己，所以人和人的传承是没有办法做到完全满意的。唯一能满意的就是你选的人可以应对未来的挑战，而不是应对你曾经面临过的挑战。

在人的传承上，光靠人选人成功率非常低。说到这里，我想起了新希望集团刘永好的闺女刘畅。有天在成都我跟刘永好开会，晚上吃饭时他的女儿刘畅很高兴，说要请大家看电影《建党伟业》。我说你怎么对这部电影这么大兴趣？她说我是团委书记。后来有次在他们家吃饭，我很好奇，又跟她聊起团委书记的事情，我说你怎么想起来去做团委书记？所有人都知道新希望集团是特大的民营企业，有好几万员工呢！她说团委书记非常有意思，开始她并不是很想做，后来团市委来动员她，这样的话她就做了，做了以后才觉得压力挺大，因为员工这么多，要做好这个团委书记将会面临诸多挑战。

她在国外读书生活过很久，回来以后我们有时会在一些活动上碰到。有次在金鼎组织的活动中跟她聊天，她说有段时间也比较苦闷，从国外回来后找不到感觉。我说最近这段时间你好像找到了感觉。她说觉得自己想明白了，然后就去做了团委书记，因为觉得只有跟新希望集团下面的年轻人建立起更好的沟通，将来才能更好地参与企业的管理。

最近因为立体城市的事，我跟他父亲经常开会，有时候她会在跟前，慢慢地开始跟我们一起讨论问题。她经常会有一些很有意思的想法，吸收新东西比较快，跟年轻人打交道也比较顺，在这个阶段帮她父亲做了很好的衔接。另一方面刘永好也很注意给她一些机会，他经常对我们这些朋友说，如果去成都，有机会要到家里吃个饭聊聊天。几年下来，我发现刘畅跟上一代的企业家多数都已很熟悉，同时也变成了民营企业第二代当中的核心人物。有天我在上海见到另外一个老板的孩子，聊天过程中发现他对刘畅充满敬意。所以，我认为在民营企业的第二代当中，刘畅会成为非常有领导力的继承者。

前段时间跟王石在美国玩的时候，我跟王石开玩笑说，你儿子最近情况不太好。王石说你说的又是那个儿子？我说是。因为有个叫王珂的

别幻想复制自己

人跟演员刘涛结了婚，媒体上八卦很多，说王珂是王石的儿子，所以我跟王石开这个玩笑。有天晚上我女儿给我看她知道的很多名人孩子的网页，他们在网上炫一些东西。这些孩子没有太大的使命感，可能是因为计划生育导致了这种情况。

有次在天津碰到个广东老板，我问他有几个孩子。他说一个老婆一个孩子。我说你这什么意思？他说你问我几个孩子，我没法回答，我只能说一个老婆一个孩子，离了结了再生，所以我五个孩子不违法，一个老婆一个孩子。

现代家庭中孩子数量比较少，传承当中风险在加大。所以，我希望民营企业的选人体制能够逐步改变成让制度选人，让业绩来证明人，让价值观来凝聚人，让事业来激励人。在事业传承上，企业家面对的不应是具体的某个人，而应是所有人。

公司的中级管理者和高管，也都应该用制度来选。举一个例子，在美国政府观看拉登被击毙的直播画面里，奥巴马总统没有坐在正中间的位置。按照传统规矩，大哥什么时候都得坐中间，你看萨达姆、金正日的照片，哪个时候他们都在中间。这张照片反映了美国的制度授权清楚，中间的人是主要责任人。

奥巴马在竞选前也就相当于中国的科级干部，通过一年半的全美演讲，竞选成了大哥。这个过程就是制度选人，因为谁都可以报名，接近于奥运会的游戏规则。制度选人就是根据第三方规则在透明环境下进行公平竞争，每个人都有进入的机会，对最后胜出者大家才是服气的。

制度选人必须建立一个有效的系统。美国制度让决策成为扯皮制度，比如议会、三权分立，都在扯皮，而行政是独裁系统，执行非常有效。一旦决策以后，所有系统都是独裁的，但决策之前是扯皮的。这样做是高成本决策，低成本执行，低成本纠错。

决策扯皮要花成本，一个政策、法案的讨论通常要一到两年，美国的国会电视台天天在播，决策成本很高，但执行成本低，因为大家都扯完了，该怎么做就怎么做。另外纠错成本低，因为有舆论监督，有反对党，天天在帮你纠错，不可能等你把错误犯大了再说，因为还没等你犯大，就会让媒体给折腾下去。

公司也这样，如果是相对集权的体制，就是决策成本低，一个人说了算（所谓拍板快），必然造成执行成本高，因为你一下拍板了，底下人都没理解，大家也没有参与讨论，执行的时候就经常会阳奉阴违。结果纠错成本也高，因为谁也不敢对大哥说不，看着车毁人亡，大家除了表示同情、悼念，毫无办法。

从公司治理来说，一定要避免把创办者、大股东变成集权制度下的神，避免放纵他想怎么干就怎么干、大家执行的时候东倒西歪、最后自尝苦果的悲剧。我们应该建立一种好的治理结构，将决策的成本适当提高，拖的时间可能会长一点，但所有的决策都是60～80分，执行有效，即使有毛病，在此过程中也会被大家提出来，小错不断，大错不犯，系统有效，积小胜为大胜。总之，如果制度选人和系统有效结合起来，公司就会比单一的人选人制度更能降低风险、更可持续。

制度传承与系统有效

制度传承的目标应该是打造一种财产安全、系统有效、合理激励的公司治理制度。它有以下几个特征：

第一，股权设置上避免一股独大，适度加强公司资本的社会化构成。一个人占51%以上股份就是一股独大，不管是民营、国企、外资，风险都很高，这意味着整个决策机制都寄希望于一个人，而人不是神、不可能永远正确。人是有缺陷、会犯错误的，能力是相对的，所以应该建立股权相对分散、又能够统一协调、理性议事的治理结构，来维持制度的稳定性、连续性和有效性。

一个好公司的股权设置，大股东应该在30%～40%之间，另外还有其他股东（小股东）和散户。这样比较容易作出接近80分的决策。太过分散也未必好，比如像万科的股权分散到最大股东也才占16%的股份，当创办人还在时，没有问题，但往后走，公司权力过于分散，形不成合力、主导，容易作出低于60分的决策，而且公司多头用力，逐渐也会走下坡路，过去这样的事例非常多。所以合理的股权结构应该避免两极化，就是过于分散和过于集中，而应该建立相对集中、统一协调、适度社会化的治理结构，保证公司有一个好的决策环境。

第二，公司要建立一整套透明的制度。一个是对内透明，公司没有什么需要隐瞒大家的事。比如我们8年前设立万通历史陈列馆时，就是想告诉大家第一桶金是怎么来的，否则大家会猜测所谓的"原罪"，把创业者往坏里想。这在夫妻、朋友中间也是一样的道理，你知道他的信息越多，其实你越会把对方往好里想。如果把互不相识的两个男人放在黑屋子里，他们就都可能会想着先下手为强，很容易会打起来。因为在黑暗当中，人容易把事情或对方往坏里想。在对环境不明确的情况下，人有防卫本能，高估风险，但在透明条件下，人有安全感，就可以良性互动，甚至给予正面激励。

透明度很重要，比如我不做万通上市公司董事长了，公司也要审计我，把结果就放在网上，让大家看。董事长做的事情也在大家约束之下，包括我每次报销，大家都可以看董事长是不是自律的。现在公司的财务、利益、关联交易都很透明。一旦透明，就会获得信任感，增强凝聚力，或给大家揭弊、纠错的机会，从而防微杜渐，净化组织。

对外也要透明，这样外部对你也会有信任，别人看你才不会往坏里想。最好的透明方法就是上市，有了法律强制性的透明义务，信息都要披露，比如买房子、资产处置。上市公司的信用比不上市公司的信用要高，用不上市公司的股票去银行抵押贷款，银行一般不借。但用上市公司的股票就可以从银行拿到贷款，因为除了可流动以外，上市公司很重要的一点就是透明。

公司对外的透明度还可以有效促进内部约束力的加强，包括人的制度约束、道德约束、行为约束等，保证更好地执行制度和传承。人在黑屋子里没人看见的时候，可以随意变换姿势，但灯光一打开，你变换姿势时就会觉得别扭，这叫自律，因为人有道德羞耻感。越透明不雅姿势越少。所以将公司置于完全透明的环境下，就可以减少多余动作，确保好的制度可以有效地传承下去。

公司需要把内部制度和外部社会的接口纳入管理范围。公司作为一个组织除了营利功能以外，还要满足别的功能，比如企业社会责任的功能，公益和营利需要分开，不能又像公司又像慈善机构。一个组织越细分，它的功能协调越好，系统健康，组织生命力才越强。单细胞的组织，生命力都很弱，但如果多细胞组织很多功能混在一起，界限不清楚，也会很乱。有些民营企业，私人消费、捐款都从公司出，公司就很容易崩溃。

私人股东不能从公司里拿钱消费，比如买房。你应该建立私人公司，以便和公众公司的业务分开，同时也应和公益的事分开。私人业务可以相对不透明，跟上市公司不一样，个人兴趣可以放在私人公司里去处理。

私人跟合作伙伴等外部系统的关系也要制度化、合约化，跟政府各部门的外部系统也应建立很好的接口，这样企业的传承就不会受干扰。

民营企业如果把自己的事业分成营利事业、私人公司、公益事业这样三部分，组织功能就比较完善了，系统之间才会有跟外部世界的正常接口。公益有公益的法律规范，私人有私人的游戏规则，上市公司有公众公司的规则，这样以后也不累，可以做更多的事情。我现在发起了六个公益基金活动，还能跑得过来。

要确保制度传承，品牌也很重要。因为一个品牌里边有精神层面，也有物体层面，比如可口可乐是做碳酸饮料的，品牌已经固化了，如果可口可乐做房地产，品牌损失就太大了。品牌约束会使继承者不轻易做跨行业决策。比如共产党用红颜色，这也是品牌颜色，它可以强化制度记忆。万通做绿色，品牌、口号、LOGO等软性东西会让个人不太敢去挑战违反制度约束的事情。

国家也是这样。美国建国头十年出台了宪法，华盛顿在宪法内活动，到点就退，至今已经两百年了，这个制度依然传承得很好，宪法也没怎么被改过。所以美国的品牌、经济实力都传承了下来，科级干部、演员、拉链不严的人都可以当总统，经济还可以发展得很好。通过建立无缺陷的制度以弥补有缺陷的人的失误，创造不平凡的业绩，这才叫系统有效，这也是民营企业事业传承唯一正确的努力方向。

终结者还是开启者

价值观的传承最可参考的是宗教，不管什么教，都有自己的价值观，佛教、基督教、伊斯兰教都一样。价值观的传承有点像养孩子，也有点像腌咸菜。所谓养孩子，孩子小时候都是光着屁股出来的，看不出什么差别，十年之后，你会发现这家孩子跟那家孩子就不一样，气质不同，这是由味道、状态、相貌、语言等综合起来的肉体以外的品牌特征，是靠一天天的时间养成的。价值观最大的挑战就是时间。

比如万通员工的气质跟很多私营企业员工的气质就不太一样，我们讲理想，讲"学先进、走正道、追求理想、顺便赚钱"等讲了20年，不断把同类的人聚集，让另类的人离开。这就跟养孩子一样，你要把公司的气质、精神文化传递下去，要靠时间和重复训练。这也像腌咸菜，放进去是白菜，弄了点卤，拿个石头压着，盖上盖子，一个月后拿出来就成了泡菜，比白菜好吃。这个过程就要在特定环境下，加特定的外部力量，封闭起来、重复。

训练中得有经典，哪怕五页纸，比如《道德经》的五千字。经典就是故事加启示录。所有宗教经典写的都不是学术著作、文学著作，而是故事偏点文学，启示录偏点哲学。《圣经》是最典型的，里边有大量的故事，你可以当文学看，也有很多启示录，像哲理性的短句，朗朗上口、易于传播。

公司也要有启示录，万通20周年时，《万通全书》逐步变成公司里的《圣经》，里边有很多故事，故事后面有点启示录，挺好玩的。比如"吃软饭、戴绿帽、挣硬钱"，有点调侃，不那么严谨，但传达的意思很清楚。企业精神价值传承最重要的方法就是编好自己内部的故事，同时把这些启示录贴墙上、搁桌子上，到处都是，每天提醒大家。

另外要有场所，比如腌咸菜的泡菜坛子，就是一个外部环境；宗教叫教堂、清真寺、庙。企业的泡菜坛子就是学校，要建立自己的培训机构，进来的新员工是白菜帮子，搁进去三个月以后是泡菜，有它的作息时间、整套程序、游戏规则。

庙里头还得有人，就是传承的人，也叫布道者。人和神之间有一个启示者叫先知，比如穆罕默德、释迦牟尼、基督等。他下边是人，比如十二使徒，经典、信念通过具体的布道者来传承。企业的布道者是我们的高管、中层管理者，他们承担着传播、传承、训练的职责。

创办人是最好的布道者，因为公司是你创办的，可以将历史和现状连接上，然后下边再有一些人来传播公司使命、价值观，比如"守正出奇"。我们还会有很多仪式性的活动，比如反省日、长城宣誓、生活节等。这些仪式性活动有利于价值观的内化。中国古代讲幼童发蒙时要背书，要背到变成用肌肉读，不用嘴读。像读"人之初、性本善"一句话最后要变成肌肉的活动，要深化到骨髓里，升华为终身的信仰。我觉得这个方法是对的，你开始重复的时候会有抗拒，因为内心有你以前装进去的东西，现在要塞进去另一个东西，那就得使点劲，把旧东西逐渐压转、与塞进去的东西融合，变成新东西，最后经过反复咀嚼，逐渐理解、升华。

有人专门研究历史上的思想改造运动，发现它用的就是这套程序，把意识形态逐步内化为一种不可改变的行为模式。它有四步程序：第一步是学习动员，搞一个运动时，先说这件事很伟大，提升士气，似乎不搞不行；第二就是对照检查，这么伟大的事看你做得怎么样，结果发现哪都没做好，离组织的要求太远，内心极度不安，深度忏悔；第三步组织处理，叫思想从严、组织从宽，思想上要求大家很高，但具体处理的时候让大家都过得去；第四阶段就是升华，大家感恩于组织上给的教育，特别是又给了一次政治生命。如此往复，练得对组织深信不疑。

基督教也这样，教民到教堂忏悔，说自己是浑蛋，出门时主也没杀他、没扣他钱，然后他感谢主。

所以，精神价值的传承要靠经典，要有场所、传道者和活动、仪式。随着公司发展的时间越来越长，民营企业需要考虑这四个方面的工作。对于创办人最大的挑战，就是个人的定位：你要做终结者还是开启者。所谓终结者就是人选人，越选越差，不去树立企业的核心价值观，大家赚完钱一拍两散，或过分追求个人财产最大化，公司变成一个人的公司，对外、对内都不透明，家庭关系混乱等，这些都可能使你变成终结者。

我希望自己能够像华盛顿一样成为万通的开启者。华盛顿终结了英国的殖民地，开启了民主宪政的共和国。我在万通今后十年做的工作就是开启未来的大门，终结掉野蛮生长的阶段。每一个创业者都应成为过去历史的终结者和成就未来的开启者，这样企业才能有未来，才能永续发展。